Staat und Reich bei Ernst Rudolf Huber

Rechtshistorische Reihe

Band 306

Peter Lang
Frankfurt am Main · Berlin · Bern · Bruxelles · New York · Oxford · Wien

Martin Jürgens

Staat und Reich bei Ernst Rudolf Huber

Sein Leben und Werk bis 1945 aus rechtsgeschichtlicher Sicht

Peter Lang
Europäischer Verlag der Wissenschaften

Bibliografische Information Der Deutschen Bibliothek
Die Deutsche Bibliothek verzeichnet diese Publikation in der Deutschen Nationalbibliografie; detaillierte bibliografische Daten sind im Internet über <http://dnb.ddb.de> abrufbar.

Zugl.: Heidelberg, Univ., Diss., 2004

Diese Arbeit wurde von Herrn Professor Dr. Elmar Wadle
zur Aufnahme in diese Reihe empfohlen.

D 16
ISSN 0344-290X
ISBN 3-631-53322-5

www.peterlang.de

Meinen Eltern

Vorwort

Die vorliegende Arbeit, die im Sommersemester 2004 von der Rechtswissenschaftlichen Fakultät der Universität Heidelberg als Dissertation angenommen wurde, befasst sich mit dem Leben und Werk des deutschen Staats- und Verfassungsrechtlers Ernst Rudolf Huber.

Fast 15 Jahre nach dessen Tod versucht diese Monographie mit ihrem biographischen Einstieg zunächst eine Annäherung an die historische Person Ernst Rudolf Huber, bevor dann eine Einordnung seiner enormen Veröffentlichungsleistung in das Staatsrecht der Jahre 1919-1945 erfolgt.Während die Zahl wissenschaftlicher Arbeiten über vergleichbar herausragende Persönlichkeiten des deutschen Staatsrechts kaum mehr zu überblicken ist, stellt diese Dissertation wohl die erste umfangreiche Auseinandersetzung mit Ernst Rudolf Huber aus rechtsgeschichtlicher Sicht dar.

Danken möchte ich an dieser Stelle in erster Linie Herrn Prof. Dr. Klaus-Peter Schroeder für die Überlassung dieses spannenden und herausfordernden Themas. Ebenso bedanke ich mich für die außerordentlich schnelle und hilfreiche Durchsicht, welche den positiven Abschluss ganz wesentlich gefördert hat. Ich danke auch Herrn Prof. Dr. Ulrich Hufeld für die zügige und interessierte Erstellung des Zweitgutachtens.

Großen Dank schulde ich Herrn Prof. Dr. Elmar Wadle, der meine Arbeit wohlwollend beobachtet und ihre Aufnahme in die „Rechtshistorische Reihe“ befürwortet hat.

Ganz besonderer Dank gilt aber meinen Eltern, die mir die Konzentration auf diese Dissertation erst ermöglicht haben und meiner Frau Vanessa für ihre Nachsicht, hilfreiche Unterstützung und unendliche Geduld im Umgang mit dem Computer.

Köln, im November 2004

Inhaltsverzeichnis

Abkürzungsverzeichnis

a.A.	andere(r) Ansicht
aaO	am angegebenen Ort
AöR	Archiv des öffentlichen Rechts
Abs.	Absatz
Aufl.	Auflage
BDC	Berlin Document Center
BGB	Bürgerliches Gesetzbuch
CAU	Christian-Albrechts-Universität zu Kiel
ders.	derselbe
dies.	dieselbe(n)
d.h.	das heißt
Diss.	Dissertation
DJZ	Deutsche Juristen-Zeitung
DÖV	Die öffentliche Verwaltung
DR	Deutsches Recht
DRW	Deutsche Rechtswissenschaft
Dt. Volkstum	Deutsches Volkstum. Halbmonatsschrift für das deutsche Geistesleben
DuR	Demokratie und Recht
DVBl	Deutsches Verwaltungsblatt
DZA	Deutsches Zentralarchiv
ErmG	Ermächtigungsgesetz
FAZ	Frankfurter Allgemeine Zeitung
ff.	fortfolgende, folgende Seiten
Fn.	Fußnote
FS	Festschrift
Hrsg., hrsg.	Herausgeber, herausgegeben
GG	Grundgesetz
HGB	Handelsgesetzbuch
JuS	Juristische Schulung
JW	Juristische Wochenschrift
JZ	Juristenzeitung
n.F.	neue Fassung, neue Folge
NJW	Neue Juristische Wochenschrift
NSDAP	Nationalsozialistische Deutsche Arbeiterpartei
NSLB	Nationalsozialistischer Lehrerbund
OKW	Oberkommando der Wehrmacht
PA	Personalakte
RG	Reichsgericht
RGBl.	Reichsgesetzblatt

RGZ	Amtliche Sammlung der Entscheidungen des Reichsgerichts in Zivilsachen
Ring	Der Ring. Politische Wochenschrift. Ab Jg. 4 (1931) unter dem Titel: Der Ring. Konservative Wochenschrift
RVBl.	Reichsverwaltungsblatt
SavZRG (germ. Abt.)	Zeitschrift der Savigny-Stiftung für Rechtsgeschichte (germanistische Abteilung)
SS	Sommersemester
StGB	Strafgesetzbuch
StPO	Strafprozessordnung
str.	streitig
UAG	Universitätsarchiv Göttingen
UAH	Universitätsarchiv Heidelberg
VerwArch	Verwaltungsarchiv
v.	vom, von
VVDStRL	Veröffentlichungen der Vereinigung der Deutschen Staatsrechtslehrer
WRV	Verfassung des Deutschen Reiches vom 11.08.1919
WS	Wintersemester
ZAkDR	Zeitschrift der Akademie für Deutsches Recht
ZfP	Zeitschrift für Politik
ZgesStW	Zeitschrift für die gesamte Staatswissenschaft
ZNR	Zeitschrift für Neuere Rechtsgeschichte
ZÖR	Zeitschrift des öffentlichen Rechts
ZPO	Zivilprozessordnung

A. Einleitung

Am 28. Oktober 1990 verstarb Ernst Rudolf Huber, emeritierter Professor für öffentliches Recht an der Universität Göttingen und Honorarprofessor an der Universität Freiburg. Mit ihm hat die Rechtswissenschaft des 20. Jahrhunderts eine hochinteressante, wenngleich nicht unumstrittene Persönlichkeit verloren. Denn sein Leben, das am 8. Juni 1903 in Oberstein an der Nahe begann, umspannt vier für einen Staatsrechtler faszinierende, aber eben auch problematische Epochen deutscher Geschichte. So erlebte Huber als Jugendlicher noch bewusst das Kaiserreich. Die wissenschaftliche Ausbildung erfolgte während der Weimarer Republik, in der Ende der zwanziger Jahre seine ersten Publikationen erschienen. Nach 1933 bekleidete Huber in rascher Folge akademische Lehrämter und erreichte den ersten wissenschaftlichen Zenit seines Gelehrtenlebens. Trotz zunächst schwieriger Nachkriegsjahre gelang es ihm schließlich, seinen wissenschaftlichen Ruf wiederherzustellen, um nach der Emeritierung einen überaus aktiven Ruhestand in der Bundesrepublik Deutschland erleben zu können.

Hubers Rolle während des Nationalsozialismus und die Frage, wie man nach 1945 in Wissenschaftskreisen damit umgehen sollte, hatte jahrelang zu Auseinandersetzungen inner- und außerhalb der deutschen Staatsrechtslehre geführt und wird gleichfalls Untersuchungsgegenstand dieser Arbeit sein. Das Hauptaugenmerk der Dissertation ist allerdings darauf gerichtet, das Lebenswerk Ernst Rudolf Hubers zu würdigen. Ein ebenso anspruchsvolles wie schwieriges Vorhaben, hat Huber doch während seines mehr als 60jährigen Wirkens ein Gesamtwerk enormen Ausmaßes geschaffen. Neben 29 Büchern, 3 wichtigen Quelleneditionen und über 220 Aufsätzen ragt das heute wohl bekannteste Ergebnis seiner Schaffenskraft, die 1957-1984 erschienene siebenbändige Deutsche Verfassungsgeschichte, heraus. Seinem materiellen Verfassungsbegriff folgend, präsentiert Huber auf fast 8000 Seiten „ein Gesamtgefüge geistiger Bewegungen, sozialer Auseinandersetzungen und politischer Ordnungselemente – ein(en) Inbegriff von Ideen, Interessen und Institutionen, die sich im Kampf, im Ausgleich und in wechselseitiger Durchdringung jeweils zum Ganzen der Verfassungswirklichkeit einer Epoche verbinden“ (Huber, Dt. Verfassungsgeschichte Bd. II, 2. Aufl. 1968, S. VII).

Der Anspruch, Hubers Gesamtwerk würdigen zu wollen, muss in Anbetracht einer solchen Fülle von Veröffentlichungen in zweierlei Hinsicht eingeschränkt werden: Zunächst schließt die Arbeit mit dem Jahr 1945, der einschneidenden Zäsur in Hubers Gelehrtenleben. Darüber hinaus konzentriert sich der Schwerpunkt dieser Studie, die Untersuchung des „Verfassungsrecht(s) des Großdeutschen Reiches“, auf die von Huber entfaltete Trias aus Volk, Bewegung und Führer, mit Hilfe derer er den wohl nicht nur aus heutiger Sicht aussichtslosen Versuch unternahm, das Staatsrecht auch nach 1933 noch in einer Verfassung zu systematisieren.

Die vertiefende Untersuchung über Ernst Rudolf Huber gliedert sich in drei Abschnitte: Um sein Werk inhaltlich verstehen und beurteilen zu können, ist es unerlässlich, zunächst seine Biographie zu erschließen. Ohne späteren Würdigungen vorgreifen zu wollen, bilden die historischen Zeitumstände einen wichtigen Aspekt für eine Werkexegese. Gerade der Umbruch von der liberalen Weimarer Republik zu dem totalitären „Dritten Reich" erfordert eine Beschäftigung mit den geschichtlichen Zusammenhängen, auf die fortlaufend hingewiesen wird. Darüber hinaus erscheinen in Hubers Biographie verschiedene Persönlichkeiten, die im späteren Verlauf der Arbeit wiederholt Erwähnung finden. Inhaltliche Abgrenzungen, die Huber von anderen Vertretern seiner Zeit unterscheiden, finden hier ihren historischen und persönlichen Hintergrund. Vor allem die wissenschaftlich ergiebige Begegnung mit Carl Schmitt, auf deren Ergebnisse im Verlauf der Arbeit zurückzukommen ist, wird ausführlich herausgestellt.

Der zweite Teil der Dissertation analysiert das noch während der Weimarer Republik verfasste Werk Hubers. Dabei werden seine Veröffentlichungen nicht einzeln untersucht, sondern in den für die Weimarer Staatsrechtslehre typischen Stationen begutachtet. So beschäftigt sich die Arbeit nach einem kurzen staatsphilosophischen Einstieg zunächst mit dem Richtungs- und Methodenstreit, der das deutsche Staatsrecht in verschiedene Gruppierungen spaltete und dessen Auswirkungen untrennbar mit den politischen Auseinandersetzungen der Weimarer Endzeit verbunden sind. Während das Kapitel „Die Weimarer Verfassungsdiskussion" Hubers Standort in den Streitpunkten des Weimarer Staatsrechts behandelt, stellte sich für Huber in den letzten Jahren der Republik die Frage, ob der Staat noch mit Hilfe einer Verfassungsreform oder nur über eine Verfassungsüberwindung gerettet werden konnte.

Die historische Wirklichkeit hat die Frage auf ihre Weise beantwortet. Hitler wurde am 30. Januar 1933 deutscher Reichskanzler. Damit brach für die Staatsrechtslehre eine Phase des Niedergangs an, die für die einzelnen Rechtslehrer aber unterschiedliche Konsequenzen hatte. Huber entschied sich für aktive Mitarbeit. Er blieb nicht nur im Amt, sondern stieg infolge der nationalsozialistischen Machtergreifung auf der Karriereleiter zügig empor. Den letzten Abschnitt und Schwerpunkt der Dissertation bildet daher die Auseinandersetzung mit der Problematik „Rechtswissenschaft im Nationalsozialismus".

Untersuchungen dieser Art setzten erst mit einer zeitlichen Zäsur von gut 20 Jahren nach Ende des nationalsozialistischen Regimes in Deutschland ein. Persönliche Verletzungen, Verstrickungen oder auch nur Unsicherheiten über die eigene Rolle zwischen 1933 und 1945 überdeckten zunächst das fachinterne Forschungsinteresse. Die mittlerweile weitgehend verstorbene Täter- und Opfergeneration, die Historisierung dieses Zeitraumes und die seit den 60er Jahren erschienene Vielzahl an Publikationen ermöglicht nunmehr aber eine distanzierte wissenschaftliche Betrachtungsweise der Thematik.

Die Darstellung und Analyse der Veröffentlichungen Hubers werden im Verlauf der Arbeit immer in einen Zusammenhang mit der allgemeinen Entwicklung des deutschen Staatsrechts gestellt. So erschließt sich dem Leser der notwendige rechtliche und historische Hintergrund, um Hubers Umgang mit der verfassungsrechtlichen Wirklichkeit und seine wissenschaftlichen Erklärungsversuche verstehen zu können. Insbesondere die der Staatsrechtslehre im Nationalsozialismus zugedachte Rolle lässt sich ausschließlich im rechtsgeschichtlichen Kontext begreifen.

Betrachtet man den Umgang der nationalsozialistischen Regierung mit dem aus der Weimarer Zeit übernommenen Recht, fällt auf, dass dieses nur teilweise und erst im Verlauf der Machtkonsolidierung durch neu gesetztes Recht abgelöst wurde. Man unternahm aus nachvollziehbaren Gründen gar nicht den Versuch, ohne das alte Recht auszukommen: Zunächst lassen sich Rechtsordnungen nicht so schnell ändern wie Herrschaftsverhältnisse. Alle erfolgreichen Revolutionen stehen vor dem Problem, dass die bisherigen Rechtsordnungen zu umfangreich und zu komplex sind, als dass sie mit einem Schlag gegen eine neue ausgetauscht werden könnten. Darüber hinaus war das neue Regime auf die mit der Weimarer Republik unzufriedenen Eliten aus der Wirtschaft sowie der Beamten- und Richterschaft angewiesen. Um sich deren Loyalität zu versichern, musste die Fassade eines „nationalen Rechtsstaates“ erhalten bleiben. In einem ersten Schritt änderte man deshalb nur diejenigen Teile der Rechtsordnung, die für die Machtsicherung unerlässlich waren. Die großen Gesetzeskodifikationen, wie das BGB, HGB, StGB, ZPO und StPO blieben, von Einzelkorrekturen abgesehen, in Kraft.

Ergebnis dieser gezielten Rechtssetzungstätigkeit war die Etablierung eines von Ernst Fraenkel als „Doppelstaat“ beschriebenen Verhältnisses von Normstaat und Maßnahmenstaat, dessen Gewichtung im Verlauf des Regimes zunehmend zum Maßnahmenstaat tendierte. War man sich bewusst, dass eine sofortige Änderung der Rechtsordnung nicht möglich bzw. problematisch gewesen wäre, so lag in der Passivität gegenüber der alten Rechtsordnung kein Anerkenntnis ihres Inhalts. Die nationalsozialistischen Rechtsvorstellungen sollten vollständig durchgesetzt werden. Der Weg dahin führte zunächst aber nicht über den Gesetzgeber, sondern über den Praktiker, die Rechtsanwendung wurde zum Gesetzgebungsersatz.

Die Staatsrechtslehre war im nationalsozialistischen Regime damit auf eine dienende, kommentierende und gelegentlich präzisierende Rolle beschränkt. Sie wurde benötigt, um für die Rechtsanwender die Instrumente der Rechtsumwandlung zu entwickeln und zugänglich zu machen. Außerdem erforderte der Studienbetrieb den weiteren Einsatz der Hochschullehrer. Darüber hinaus hatte die Rechtswissenschaft bei den nationalsozialistischen Machthabern keinen hohen Stellenwert. Einerseits war die antiintellektuelle Ausrichtung des Nationalsozialismus ohnehin wissenschaftsfeindlich. Zudem hegte Hitler einen tiefen Groll gegen Juristen, bedeutete jede Norm doch Bindung, Machtbindung vertrug sich aber nicht mit der ihm vorschwebenden Führerdiktatur. So reduzierte sich die Aufgabe der Rechtswissenschaftler auf die eines Erfüllungsgehilfen für das neue Regime. Selbständiges Nachdenken, Erörterung von Reformvorschlägen in freier Diskussion und ein Dialog zwischen Wissenschaft und Reichsregierung hatten ihr Feld verloren.

Die Rechtsentwicklung nach 1933 hatte jedoch vor allem zur Folge, dass von einer „Nationalsozialistischen Staatsrechtslehre" nicht gesprochen werden konnte. Zu uneinheitlich waren die Staatsrechtler nach geistigem Profil, persönlichen Zielen, ihrer Identifikation mit dem Nationalsozialismus und der unterschiedlichen Nähe zur Macht. Auch ihr wissenschaftlicher Gegenstand, das NS-Verfassungsrecht, war so verwirrend und instabil, ja geradezu auf Rechtsunsicherheit ausgerichtet, dass der Versuch, das „NS-Verfassungsrecht" in ein logisches „System" zu bringen, sinnlos war. Die stattdessen von den Machthabern als „dynamisch" gefeierte Verfassung bedeutete die Maximierung einer ungeschriebenen Grundordnung, ihr Ziel bestand in einer völlig willkürlichen Verfassungslage.

Auf der Ebene des Staatsrechts herrschten gleichzeitig Machtkämpfe und permanent widerrufbare Entscheidungen. Undurchschaubare Kompetenzverteilungen und Konkurrenzneid sollten dafür sorgen, die Führerdiktatur unangefochten zu etablieren. Wo die Entscheidungsgewalt auf eine mystisch überhöhte Figur konzentriert wurde, hatte jede Staatsordnung die Bindungswirkung zur Folge, die es auszuschließen galt. Das letzte aber genau auf eine solche Verfassung zielende Unternehmen von Belang war das 1939 herausgegebene Werk von Ernst Rudolf Huber, das „Verfassungsrecht des Großdeutschen Reiches".

B. Ernst Rudolf Huber – Sein Leben und Werk im Überblick

I. Aufstieg

1. Die Anfänge

a. Elternhaus und Jugendjahre

Ernst Rudolf Huber wurde am 8. Juni 1903 in Oberstein an der Nahe als Sohn des Kaufmanns *August Rudolf Huber* und dessen Ehefrau *Helene*, geb. *Wild*, geboren. *Huber* war „evangelischen Bekenntnisses"[1] und oldenburgischer Staatsbürger, da Oberstein zum Fürstentum Birkenfeld (Oldenburg) gehörte. Nach dem Besuch der Volksschule (1909-1912) und der städtischen Oberrealschule bestand er Ostern 1921 die Reifeprüfung.[2]

Hubers Jugendjahre verbleiben bisher weitgehend im Dunkeln,[3] da der persönliche Nachlass bis heute unzugänglich ist. Bekannt ist lediglich seine Zugehörigkeit zur Deutschen Jugendbewegung,[4] einer Vereinigung, die sich 1895 in Berlin-Steglitz zusammengeschlossen hatte, um die bürgerlichen Vorgaben des 19. Jahrhunderts mit Hilfe der „Meissnerformel"[5] abzustreifen und das Leben nach neuen, teilweise revolutionären Prinzipien zu gestalten.

Huber stieß 1919 zur Jugendbewegung. Er gehörte zu den Gründungsmitgliedern des Nerother Wandervogels[6], bei dem er insgesamt vier Jahre verbrachte. Damit trat *Huber* seinem Bund zu einem Zeitpunkt bei, als gerade große Teile der organisierten Jugend ihre Grundausrichtung änderten. War sie in ihren ersten Jahren noch vor allem romantisch verklärt gewesen, so zeigte sie sich jetzt straf-

---

[1] Lebenslauf aus der Personalakte *Huber*. Archiv der Universität Bonn

[2] Die wenigen Lebensdaten stammen aus dem Lebenslauf der Personalakte *Huber*. Archiv der Universität Bonn

[3] Seit Herbst 2000 wird *Hubers* Nachlass im Bundesarchiv Koblenz gesichtet und bearbeitet. Nach Kenntnis des Verfassers ist dieser allerdings momentan noch nicht für die wissenschaftliche Öffentlichkeit einsehbar. Bezogen auf seine Laufbahn als Hochschullehrer und ansatzweise auch auf seine Studienzeit können dagegen die schon freigegebenen Bestände anderer Archive weiterhelfen.

[4] Nach Auskunft von *Hans-Jürgen Toews*, *Hubers* letztem Assistenten (*Starck* Ernst Rudolf Huber 18. Juni 1903-28. Oktober 1990, in: Jahrbuch der Akademie der Wissenschaften in Göttingen, S. 232-243 (232f).

[5] Verkündet im Jahr 1913 auf dem Hohen Meissner, einem Berg bei Kassel: „Die freideutsche Jugend will aus eigener Bestimmung, vor eigener Verantwortung, mit innerer Wahrhaftigkeit ihr Leben gestalten. Für diese innere Freiheit tritt sie unter allen Umständen geschlossen ein" (*Schoeps*, Die letzten dreißig Jahre, S. 34).

[6] *Starck*, Ernst Rudolf Huber 1903-1990, in aaO, S. 232

fer, politischer und militärischer. Man trug Uniformen, eine nationale Gesinnung dominierte, und die Ablehnung der Republik wurde offen zur Schau getragen.[7]

Nach den in so genannten „Weistümern" festgelegten Prinzipien war der Nerother Wandervogel ein Männerbund. Er gliederte sich streng hierarchisch nach dem Führerprinzip und verlangte „Adelsherrschaft" und „Gefolgschaftstreue". Politisch und konfessionell war er neutral. Die Auswahl der Führungspersonen erfolgte nicht nach Abstammung oder Schulbildung, sondern allein unter Leistungsgesichtspunkten.[8] Innerhalb der Deutschen Jugendbewegung wurde der Nerother Wandervogel der völkischen Richtung zugerechnet. Trotz aller Differenzierungen beabsichtigte jene Strömung stets die Schaffung *eines* deutschen Gemeinwesens, also ein Deutsches Reich, das die Volksgrenzen weitestgehend berücksichtigte.[9] Durch solche Ideen wurde innerhalb der Jugend eine Aufbruchsstimmung erzeugt, die sich bis zu dem Sendungsbewusstsein steigerte, dass es an ihrer Generation liege, Deutschlands Zukunft zu schaffen. Nicht grundlos schlossen die „Weistümer" mit dem Aufruf: „Als Männer wollen wir gestalten, was wir als Jugendtraum geschaut."[10]

Es ist schwierig zu beurteilen, welchen Einfluss die Jahre bei der Jugendbewegung auf *Huber* hatten. Seine lebenslange Bindung zu Personen und Ideen der damaligen Zeit nutzten ihm jedenfalls während seiner wissenschaftlichen Laufbahn immer wieder. So lernte er *Dr. Wilhelm Stapel*, den Herausgeber des „Deutschen Volkstums", über die Jugendbewegung kennen und erhielt damit Zugang zu einem bedeutenden Veröffentlichungsorgan seiner späteren Schriften.[11] Vor allem aber entstammten viele Fürsprecher *Hubers* dem umfangreichen Beziehungsgeflecht jener Kreise. Diese sollten nach 1945 entscheidenden Anteil bei seinen Bemühungen um einen akademischen Neuanfang haben.

---

[7] Gerade diese Wesensänderung bedauerte *Huber* 1931 in einem Aufsatz: „Denn was seit jener Zeit (1921, der Verf.) unter dem Namen und in den Formen, mit den Symbolen und selbstverständlich auch mit den „Ideologien" der Jugendbewegung auftritt, hat mit dem einmaligen und nicht wiederholbaren Ereignis der deutschen Jugendbewegung nur die Schale gemein... . Was dann blieb, waren Organisationen mit den Zielen und Ideen, aber ohne den Geist, der dem Wandervogel Sinn und Haltung gab." (*Huber* (gezeichnet M.W.), Besprechung: *Stählin*, Die Deutsche Jugendbewegung. Ihre Geschichte, ihr Wesen ihre Formen. In: Der Ring 4. Jg. (1931), S. 236-237 (236)).

[8] Abdruck der Weistümer in: *Krolle*, „Bündische Umtriebe" – Die Geschichte des Nerother Wandervogels vor und unter dem NS-Staat, S. 145; *Kindt*, Dokumentation der Jugendbewegung in drei Bänden, Bd. III: Die bündische Zeit (1920-1933), S. 220f

[9] *Glatzel*, Der Jungdeutsche Bund, in: *Kindt*, Dokumentation der Jugendbewegung, Bd. I: Grundschriften der Deutschen Jugendbewegung, S. 221

[10] *Krolle*, „Bündische Umtriebe" – Die Geschichte des Nerother Wandervogels vor und unter dem NS-Staat, S. 145

[11] *Walkenhaus*, Konservatives Staatsdenken, S. 133; Bezug *Stapels* zur Jugendbewegung: *Kindt*, Dokumentation der Jugendbewegung, Bd. III: Die bündische Zeit (1920-1933), S. 797. In *Stapels* Zeitschrift, einem konservativ-revolutionären Blatt, hat *Huber* in den Jahren 1928-1934 einen großen Teil seiner politisch motivierten Schriften veröffentlicht.

b. Studium

Im Sommersemester 1921 immatrikulierte sich *Ernst Rudolf Huber* an der Universität Tübingen für die Fächer Geschichte, Philosophie und Literaturwissenschaft. Obwohl *Huber* wegen einer vorübergehenden Tätigkeit im väterlichen Betrieb[12] nur zwei Semester in Tübingen studierte, traf er dort bereits auf Dozenten, die er rückblickend als seine „akademischen Lehrer"[13] bezeichnete. So erwähnte er in der Einleitung zur „Deutschen Verfassungsgeschichte" dankend die Tübinger Professoren *Johannes Haller*[14] und *Adalbert Wahl*,[15] weil sie ihm den Zugang zu den Wissenschaften eröffnet hätten.

Im Wintersemester 1922/23 setzte *Huber* sein Studium mit den neuen Fächern Nationalökonomie und Rechtswissenschaften an der Ludwig-Maximilians-Universität zu München fort.[16] Über den dortigen Studienverlauf fehlen jegliche Informationen, da die Belegblätter aufgrund der Zerstörung des Universitätsarchivs im Zweiten Weltkrieg verbrannt sind. Von den Münchner Hochschullehrern nannte *Huber* später die Dozenten *Hermann Oncken*[17] und *Karl Rothenbücher*[18] als „akademische Lehrer".[19] An *Rothenbücher* beeindruck-

---

[12] Lebenslauf aus der Personakte *Huber*. Archiv der Universität Bonn

[13] *Huber*, Deutsche Verfassungsgeschichte seit 1789 Bd. VII, S. VIII

[14] *Johannes Haller*, Dr. phil. und Dr. theol.. Habilitiert in Basel 1897, Extraordinarius in Marburg 1902, ordentlicher Professor ebenfalls dort 1904, Gießen 1904, Tübingen 1913 (*Lüdtke* (Hrsg.), Kürschners Deutscher Gelehrtenkalender 1928/29 Dritte Ausgabe, Spalte 801).

[15] *Adalbert Wahl*, Dr. phil.. Habilitiert in Freiburg/Breisgau 1900, außerordentlicher Professor ebenda 1905, ordentlicher Professor in Hamburg 1908-1910, in Tübingen seit 1910, WS 1918/19 vorübergehend in Dorpat, Rektor der Universität Tübingen 1921-22 (*Lüdtke* (Hrsg.), Kürschners Deutscher Gelehrtenkalender 1928/29 Dritte Ausgabe, Spalte 2557).

[16] Die Immatrikulation erfolgte am 26.10.1922. Studentenkartei I. Archiv der Universität München

[17] *Karl Hermann Gerhard Oncken* (1869-1945), Studium der Geschichte 1887-1891 in Berlin und Heidelberg. Anschließend Tätigkeit im „Großherzoglichen Haus- und Centralarchiv", das er 1894 wieder verließ. Es folgte der Entschluss, die Hochschullehrerlaufbahn einzuschlagen: 1898 Habilitation, Privatdozent in Berlin. Austauschprofessur in Chicago 1905/06, seit 1906 Lehrstuhl in Gießen, 1907-1923 Hochschullehrer in Heidelberg. Engagement bei der Nationalliberalen Partei. Seit 1923 in München, bis er 1928 nach Berlin wechselte. *Oncken* war geprägt durch eine gemäßigt-liberale Grundauffassung auf dem Boden der politischen Ideen *Gustav Stresemanns* und seiner Deutschen Volkspartei. Nach 1933 geriet er schnell mit den neuen Machthabern in Konflikt. Ausgerechnet sein Münchner Schüler *Walter Frank* leitete 1935 eine infame Hetzkampagne gegen seinen früheren Förderer ein. Infolgedessen wurde er Ende Februar 1935 auf *Franks* Betreiben zwangsemeritiert (*Eckhardt* (Hrsg.), Findbuch zum Nachlass Prof. Hermann Oncken, S. VII).

[18] *Karl Rothenbücher* (1880-1932), Studium der Rechtswissenschaften in München und Berlin. Promotion 1906, Habilitation 1908 in München. Bereits 1910 Extraordinarius in München und seit 1912 ordentlicher Professor für Staats- und Kirchenrecht an der Universität München. Beeinflusst durch die historische Methode *K. von Amiras* und die Rechtssoziologie *Max*

te *Huber* vor allem, dass dieser „die Verfassung nicht nur als Normgefüge, sondern als `Wirklichkeit` zu begreifen und darzustellen verstanden habe."[20]

Nach drei Semestern in München exmatrikulierte sich *Huber* am 29. März 1924, um das Studium der Rechtswissenschaften in Bonn fortzusetzen.[21] Da sein vornehmliches Studieninteresse bereits damals dem Staatsrecht galt, war der Wechsel an den Rhein kein Zufall.[22] Denn dort lehrten mit *Rudolf Smend*, *Erich Kaufmann*, *Carl Schmitt*, *Richard Thoma* und dem Kirchenrechtler *Johannes Heckel* seinerzeit namhafte Persönlichkeiten, die das deutsche Staatsrecht in seiner gesamten Bandbreite repräsentierten.[23] Besonders angezogen fühlte sich *Huber* nach eigener Aussage von den Ansichten *Kaufmanns* und *Schmitts*. Durch sie war in Bonn die neue Verfassungslehre präsent, die sich vom überlieferten staatsrechtlichen Positivismus abwandte und die Verfassungswirklichkeit in den Mittelpunkt ihrer Untersuchungen stellte.[24] So betonte *Huber* beispielsweise immer wieder, dass die Veröffentlichung von *Kaufmanns* Schrift „Kritik der neukantischen Rechtsphilosophie"[25] im Jahr 1921 Auslöser seiner Begeisterung für die neue Staatsrechtslehre gewesen sei.[26] *Carl Schmitt* trat für *Huber* dagegen vor allem in seiner Eigenschaft als mitreißender Dozent und späterer Lehrer hervor.[27] Der besondere Stellenwert, den das Lehrangebot *Schmitts* für *Huber* hatte, lässt sich auch mit Hilfe der studentischen Vorlesungsblätter belegen. Da-

---

Webers. Mitherausgeber der Zeitschrift für öffentliches Recht (ZöR) (*Neumeyer*, Karl Rothenbücher, in: ZöR 13 (1933), S. 1-7).

19 *Huber*, Deutsche Verfassungsgeschichte seit 1789 Bd. VII, S. VIII

20 *Huber*, Carl Schmitt in der Reichskrise der Weimarer Endzeit, in: *Quaritsch* (Hrsg.), Complexio Oppositorum – Über Carl Schmitt, S. 33-70 (35)

21 Studentenkartei I. Archiv der Universität München

22 *Huber*, Verfassungswirklichkeit und Verfassungswert im Staatsdenken der Weimarer Zeit, in: *Thümmel* (Hrsg.), Arbeiten zur Rechtsgeschichte. Festschrift für Gustaf Klemens Schmelzeisen, S. 126-141 (126)

23 *Friesenhahn*, Juristen an der Universität Bonn, in: *ders.* (Hrsg.), Juristen und Nationalökonomen an der Universität Bonn, S. 40

24 Eine genaue Darstellung des sog. „Richtungs- und Methodenstreits" innerhalb der deutschen Staatsrechtslehre und die Einordnung des Denkstandorts *Hubers* in diese Auseinandersetzung erfolgt in einem gesonderten Kapitel im weiteren Verlauf der Arbeit.

25 *Kaufmann*, Kritik der neukantischen Rechtsphilosophie, Tübingen 1921

26 *Huber*, Verfassungswirklichkeit und Verfassungswert im Staatsdenken der Weimarer Zeit, in: aaO, S. 129

27 So schrieb *Huber* noch 1978 an *Schmitt*: „Diese herausfordernde Art des Fragens zog mich von Beginn an in ihren Bann. ... Wie wesentlich war für uns, Ihre Schüler, die durch Sie geschaffene Ebene freimütiger Diskussion, auf der sich auch zwischen uns Jüngeren eine so starke Bindung fürs Leben entwickelt hat. Lassen Sie sich aus Anlass der Vollendung des neunten Lebensjahrzehnts danken für diesen damals in Bonn gelegten Grund lebendiger Lehre und Forschung, der sich, unbeeinträchtigt durch die Erosionen und Eruptionen der Zeit, erhalten hat und der sich vielleicht doch auch hinfort als beständig erweisen wird." (Schreiben *Hubers* an *Schmitt* vom 8. Juli aus Anlass dessen 90. Geburtstages am 11. Juli 1978. Nachlass Schmitt, Nordrhein-Westfälisches Hauptstaatsarchiv Düsseldorf, RW 265-6290/1f).

nach nahm *Huber* während seiner Bonner Studienzeit[28] jedes Semester an den von *Carl Schmitt* angebotenen staatsrechtlich-politischen Seminaren teil. Im Rückblick war sich *Huber* daher auch sicher, in *Schmitts* Veranstaltungen seine ersten Anregungen zu wissenschaftlicher Arbeit erhalten zu haben.[29]

Hubers Begegnung mit *Carl Schmitt* sollte zum Ausgangspunkt einer langen beruflichen und persönlichen Beziehung zwischen den beiden Wissenschaftlern werden. *Huber*, der im Nachhinein als „das beste Pferd im Stall *Carl Schmitts*"[30] bezeichnet wurde, betonte später noch oft, wie wichtig die Auseinandersetzung mit *Schmitt* für seine wissenschaftliche Entwicklung gewesen sei.

Das erste konkrete Ergebnis ihrer Zusammenarbeit war *Hubers* Dissertation, für deren Betreuung er *Schmitt* als Doktorvater gewinnen konnte, nachdem *Huber* im Januar 1926 sein Referendarexamen am Oberlandesgericht Köln[31] abgelegt hatte. Noch im selben Jahr promovierte er im Staatskirchenrecht über das Problem der Auseinandersetzung zwischen Kirche und Staat. Seine Dissertation umfasste zwei selbständige Abhandlungen, die die „Gewährleistung des kirchlichen Eigentums" und die „Ablösung der staatlichen Leistungen an die Kirchen" zum Gegenstand hatten. Ein Jahr später veröffentlichte *Huber* die Arbeit unter dem Gesamttitel: „Die Garantie der kirchlichen Vermögensrechte in der Weimarer Verfassung"[32] und legte damit die Grundlage für eine Vielzahl wissenschaftlicher Publikationen. Am 20. Mai 1927 wurde *Huber* in Bonn offiziell „mit dem Prädikat `sehr gut`" zum „doctor iuris" promoviert.[33]

Parallel zu seiner Dissertation absolvierte *Huber* zwischen Februar 1926 und August 1929 die vorgeschriebenen Stationen des juristischen Vorbereitungsdienstes.[34] Das Abschlussexamen für den höheren Justiz- und Verwaltungs-

---

[28] Die Studienzeit *Hubers* in Bonn endete nach dem SS 1925 am 03.08.1925. Abgangszeugnis aus der Personalakte *Huber*. Archiv der Universität Bonn

[29] *Huber*, Lebenslauf (Stand 1931), Archiv der Universität Bonn. Das unterstreicht auch ein Brief *Hubers* an *Schmitt* vom 08.07.1978: „Die bescheidenen Referate, die ich damals bei Ihnen halten durfte (das erste über *Heinrich Göpperts* `Staat und Wirtschaft`) waren der Anfang eines viele Jahre andauernden wissenschaftlichen Gesprächs und für mich zugleich die ersten Gehversuche auf dem Weg zur eigenen Arbeit."(Nachlass Schmitt, Nordrhein-Westfälisches Hauptstaatsarchiv Düsseldorf, RW 265-6290/2).

[30] Brief *Wendts* an *Glatzel* v. 30.08.1956, UAG Kur PA ERH, p. 48

[31] *Huber* erreichte im Prüfungsgebiet Privatrecht, Strafrecht, Prozessrecht und Rechtsgeschichte die Note „vollbefriedigend" und im Bereich Öffentliches Recht und Wirtschaftswissenschaft das Prädikat „gut": Prüfungszeugnis aus der Personalakte *Huber*. Archiv der Universität Bonn

[32] Veröffentlicht als: *Huber*, Die Garantie der kirchlichen Vermögensrechte in der Weimarer Verfassung. Zwei Abhandlungen zum Problem der Auseinandersetzung von Staat und Kirche. J. C. B. Mohr (Paul Siebeck), Tübingen 1927

[33] Brief *Hubers* an den Verleger *Oskar Siebeck* vom 15.02.1927. Archiv des Verlags J. C. B. Mohr (Paul Siebeck)

[34] AG Oberstein/Nahe (2/1926-12/1926), RP Birkenfeld (1/1927-8/1927), LG Koblenz (9/1927-3/1928), LG Bonn (4/1928-2/1929), OLG Köln (3/1929-8/1929). Melde- und Perso-

dienst, die so genannte „Große Staatsprüfung", bestand er am 17. März 1930 vor der juristischen Staats-Prüfungs-Kommission in Oldenburg[35] mit der Note „gut".[36] Nachdem *Huber* am 18. März zum Beamten auf Widerruf ernannt worden war, stand er von März bis November 1930 als Assessor in den Diensten des Innenministers von Oldenburg. Von dieser Tätigkeit ließ sich *Huber* jedoch sofort beurlauben, da es sein erklärtes Ziel war, in Bonn seine wissenschaftliche Laufbahn fortzusetzen.

c. Assistent und Privatdozent in Bonn

Auf Empfehlung *Carl Schmitts* arbeitete *Huber* seit April 1928 neben seinem juristischen Vorbereitungsdienst als akademische Hilfskraft am Industrierechtlichen Seminar der Universität Bonn.[37] Dessen Leiter, *Heinrich Göppert*,[38] erkannte schnell, wie herausragend *Hubers* wissenschaftliche Leistungen waren und bot ihm an, eine Habilitation auf dem Gebiet des Wirtschaftsverwaltungsrechts zu betreuen. Inspiriert durch *Göppert*, etablierte *Huber* damit als erster das Wirtschaftsverwaltungsrecht in großem Stil neben dem Wirtschaftsprivatrecht als selbständiges Rechtsgebiet. Der „Rechtsschutz im Wirtschaftsverwaltungsrecht I. Teil"[39] wurde Gegenstand seiner Habilitationsschrift.

Neben *Heinrich Göppert* bestellte die Bonner Fakultät *Johannes Heckel* zum Zweitgutachter. Man begründete dessen Auswahl mit der von *Huber* erstrebten Lehrbefugnis für Staatskirchenrecht und der Tatsache, dass *Huber* für seine Arbeit bei verwaltungsrechtlichen Fragen oft den Rat *Heckels* eingeholt habe.[40] Am 24. Juni 1931 habilitierte sich *Huber* an der Universität Bonn. Dabei wurde

---

nalbogen zum Bundesgesetz nach Art. 131 GG für die dienstfähigen Angehörigen des öffentlichen Dienstes, die das 65. Lebensjahr noch nicht vollendet haben, 22 UI H 58, p. 2 (Teil der UAG Kur PA ERH).

[35] Die Stationen AG Oberstein, RP Birkenfeld und der Prüfungsort Oldenburg ergaben sich aus *Hubers* oldenburgischer Staatsangehörigkeit. Die Tätigkeiten in Koblenz, Bonn und Köln hatten die vorübergehende Übernahme in den preußischen Vorbereitungsdienst zur Voraussetzung.

[36] Prüfungsurkunde vom 17.03.1930 aus der Personalakte *Huber*. Archiv der Universität Bonn

[37] *Huber*, Carl Schmitt in der Reichskrise der Weimarer Endzeit, in: aaO, S. 35

[38] *Heinrich Göppert* (1867-1937) Exzellenz, Wirklicher Geheimrat und ehemaliger Unterstaatssekretär im Reichswirtschaftsamt und Staatskommissar für die Berliner Börse. Ab 1920 Inhaber des besonderen Lehrstuhls für Handels- und Arbeitsrecht, der in Bonn als Stiftungsprofessur eingerichtet wurde. Gleichzeitig fungierte er als Leiter des Industrierechtlichen Seminars. Nach 1933 kam er als „Halbjude" in Konflikt mit den neuen Machthabern und wurde im März 1935 auf eigenen Wunsch vorzeitig emeritiert. (*Höpfner*, Die Universität Bonn im Dritten Reich, S. 29; Personalakte *Göppert*. Archiv der Universität Bonn).

[39] Veröffentlicht als: *Huber*, Wirtschaftsverwaltungsrecht. Institutionen des öffentlichen Arbeits- und Unternehmensrechts. J. C. B. Mohr (Paul Siebeck), Tübingen 1932

[40] Mitteilung der Fakultät an *Huber* vom 15.04.1931, Personalakte *Huber*. Archiv der Universität Bonn

ihm die Lehrbefugnis für die Fächer Staats- und Verwaltungsrecht, Staatskirchenrecht, Arbeits- und Wirtschaftsrecht verliehen.[41] Seit Juli 1931 führte das Personalverzeichnis der Bonner Universität *Huber* als „Privatdozent".[42] Im Anschluss daran blieb *Huber* zunächst als außerplanmäßiger Assistent am Juristischen Seminar beschäftigt. Dort begegnete er seiner späteren Frau, *Dr. Tula Simons*, die im Seminar, ebenfalls als Assistentin, für *Carl Schmitt* arbeitete.[43]

Als Privatdozent hielt *Huber* vor allem Vorlesungen zum Wirtschaftsrecht, las aber ebenso über die Grundrechte und Grundpflichten der Weimarer Verfassung und bot im öffentlichen Recht Übungen mit schriftlichen Arbeiten an.[44] Am 14. Juli wurde *Hubers* venia legendi auf das gesamte Kirchenrecht ausgedehnt.[45]

Die für das Sommersemester 1933 vorgesehenen Lehrveranstaltungen konnten von *Huber* nicht mehr durchgeführt werden. Am 28. April 1933 beauftragte ihn der preußische Minister für Wissenschaft, Kunst und Volksbildung mit einer Lehrstuhlvertretung in Kiel.[46]

d. Politische Aktivitäten

Nach dem Zusammenbruch der alten monarchischen Ordnung und den inneren und äußeren Krisen, in denen sich Deutschland nach dem Ersten Weltkrieg befand, kam es innerhalb des konservativen Spektrums zu einer Spaltung. Während der „Altkonservativismus" die Fortsetzung herkömmlicher, konservativ-nationalstaatlicher Traditionen in den veränderten sozialen und ökonomischen Verhältnissen der Weimarer Verfassungsordnung forderte, beschritt der in den zwanziger Jahren entstandene „Jungkonservativismus" neue Wege. Er versuchte, sich radikal von der politischen Vorstellungswelt des „Geistes von Weimar" abzugrenzen.[47] Entschieden wurden daher Parteienpluralismus, der demokrati-

---

[41] Schreiben des Dekans an den Rektor vom 25.06.1931, Personalakte *Huber*. Archiv der Universität Bonn

[42] Personal- und Vorlesungsverzeichnis der Universität Bonn WS 1931/32

[43] Personalverzeichnis der Universität Bonn, SS 1932
Huber hat *Dr. Tula Simons*, die Tochter des Reichsgerichtspräsidenten *Simons* am 01.07.1933 geheiratet. Aus der Ehe gingen fünf Söhne hervor, die zwischen 1934 und 1942 geboren wurden.

[44] Schreiben des Dekans *Thoma* an den Minister für Wissenschaft, Kunst und Volksbildung vom 12.10.1931. Rep. 76 Kultusministerium Düsseldorfer Abgabe Nr. 873 Seiten 241-243. Geheimes Staatsarchiv Preußischer Kulturbesitz

[45] Mitteilung des Dekans an *Huber* vom 19.07.1932, Personalakte *Huber*. Archiv der Universität Bonn

[46] *Eckert*, Was war die Kieler Schule ?, in: *Säcker* (Hrsg.), Recht und Rechtslehre im Nationalsozialismus, S. 37-70 (49).

[47] Als die wichtigsten konservativ-revolutionären Zirkel der Weimarer Zeit werden im allgemeinen der „TAT-Kreis" mit seinem gleichnamigen, von *Hans Zehrer* geleiteten Publikati-

sche Wertekompromiss und die diesen Ordnungsprinzipien immanente Ideenformation des Liberalismus bekämpft. An die Stelle des Individuums, für dessen Rechte der Liberalismus gestritten hatte, setzte der „Jungkonservativismus" ganzheitliche Kategorien wie „Volk", „Staat" und „Rasse".[48]

Huber erlebte den Ausgang des Ersten Weltkrieges und den gesellschaftlichen Neuaufbau als Jugendlicher. Er selbst hat seine Eindrücke von dieser Zeit wiederholt geschildert. Frieden, äußere Sicherheit und eine verlässliche innere Ordnung waren danach für seine Altersstufe eine „traumhafte Erinnerung oder nebelhafte Hoffnung"[49]. Wie die Vertreter des Jungkonservativismus beklagte er sich über die Krisen, die Zerstrittenheit und Gewalttätigkeiten der Weimarer Zeit und verachtete den Individualismus und die Parteiendemokratie, die er als Ergebnis des herrschenden Liberalismus begriff. *Huber* war damit ein typischer Repräsentant des konservativ-revolutionären Spektrums, das in hohem Maße intellektuell und elitär geprägt war.[50] Bezeichnenderweise verbreitete daher auch *Huber* seine politischen Vorstellungen vor allem in gesellschaftlichen Klubs und anderen Publikationsforen, ein Werben um die breite Öffentlichkeit fand dagegen kaum statt.

Neben der Veröffentlichung revolutionärer Artikel in jungkonservativen Zeitschriften geriet *Huber* im Juli 1932 jedoch auch aktiv in die politischen Verwicklungen der Weimarer Endzeit. *Carl Schmitt*, der damals als staatsrechtlicher Berater der Reichsregierung den lang ersehnten Zugang zu höchsten politischen Stellen in Berlin erhalten hatte, zog den Privatdozenten *Huber* zu den Beratungen über einen Staatsnotstandsplan hinzu, dessen erklärtes Ziel es war, „die Republik vor ihren Gegnern von rechts und links" zu retten.[51]

Huber äußerte sich 1986 in fesselnder Weise über die damaligen Geschehnisse.[52] In diesem Bericht beleuchtete er aus der Perspektive eines engen Mitarbeiters erstmals *Schmitts* bisher nur in Fragmenten bekannte Rolle zur Zeit der bei-

---

onsorgan und die „Ring-Bewegung" mit ihrem politischen Organ „Der Ring" und der Zeitschrift „Deutsches Volkstum" genannt. Bedeutung erlangten außerdem der „Juni-Klub", der 1919 um *Moeller van den Bruck*, *Max Hildebert Boehm* und *Heinrich von Gleichen* entstanden war und später im „Herrenklub" aufging. Bekannt waren darüber hinaus noch die Anhänger der Programmatiker *Ernst* und *Friedrich Georg Jünger* und *Edgar Jung* (*Walkenhaus*, Konservatives Staatsdenken, S. 129; *Knoll*, Der autoritäre Staat, in: *Schumann* (Hrsg.), Konservativismus, S. 224-243 (224)).

[48] *Walkenhaus*, Konservatives Staatsdenken, S. 127

[49] *Huber*, Carl Schmitt in der Reichskrise der Weimarer Endzeit, in: aaO, S. 34

[50] Der Zustrom von der Rechtswissenschaft in die Organisationen des revolutionären Konservativismus hielt sich jedoch in Grenzen. Neben *Ernst Rudolf Huber* sind *Carl Schmitt*, *Ernst Forsthoff*, *Ernst Friesenhahn*, *Otto Koellreutter*, *Heinrich Herrfahrdt* und *Friedrich Grimm* zu nennen (*Walkenhaus*, Konservatives Staatsdenken, S. 132).

[51] *Klein*, Zum Gedenken an Ernst Rudolf Huber, in: AöR Bd. 116 (1991), S. 112-119 (113)

[52] *Huber*, Carl Schmitt in der Reichskrise der Weimarer Endzeit, in: aaO, S. 33ff

den letzten Reichsregierungen. Dabei teilte *Huber* bisher unbekannte Zusammenhänge mit, deren letzter Zeuge vielleicht er selbst war.[53]

Danach vertrat *Schmitt* bei einem Treffen im Juli 1932 gegenüber *Huber* die Ansicht, „dass sich die bevorstehende Reichskrise nach der Reichstagswahl vom 31. Juli 1932 drastisch verschärfen werde, zur Lösung der zu erwartenden Konflikte werde es besonderer Maßnahmen bedürfen".[54] Wenige Wochen später erreichte *Huber* ein Telegramm *Schmitts* mit der Bitte, ihn am folgenden Tag in Plettenberg zu treffen, um ihm anschließend für einige Zeit in Berlin zur Verfügung zu stehen.[55] *Huber* fuhr daraufhin zu *Schmitt* und ließ sich in seinen Auftrag einweisen. Hierbei handelte es sich um die rechtstechnische Formulierung der präsidialen Notverordnungen[56] und die Ausarbeitung eines diese Maßnahmen rechtfertigenden Aufrufs des Reichspräsidenten an die Nation. Obwohl *Huber* die ihm gestellte Aufgabe zur Zufriedenheit des in Plettenberg informierten *Schmitt* erledigte, ist es nie zu einer praktischen Umsetzung des Notstandsplans gekommen. Er scheiterte, weil Reichskanzler *von Papen* es nach der tumultartigen Reichstagssitzung vom 12. September 1932 nicht mehr wagte, das Vorhaben in die Tat umzusetzen.

Wegen der politisch unsicheren Situation zum Jahresende verlängerte *Huber* seinen Aufenthalt und befand sich noch im Dezember 1932 in Berlin, während seine Lehrverpflichtungen in Bonn mit Rücksicht auf „eine besondere Aufgabe für das Ministerium" ruhten.[57] Damit erlebte er auch das Misslingen des zweiten Notstandsvorhabens vom 2. Dezember 1932 und den damit besiegelten Rücktritt

---

[53] Kennzeichnend für die damalige Quellenlage ist der Umstand, dass *Huber* vieles von dem, was er zu berichten hatte, „nicht aktenmäßig belegen" konnte. Vielmehr war er gezwungen, sich „weithin auf eigene Erinnerungen" und auf „Bruchstücke eigener Aufzeichnungen und Briefschaften" zu stützen. (*Huber*, Carl Schmitt in der Reichskrise der Weimarer Endzeit, in: aaO, S. 33) Seine eigenen schriftlichen Hinterlassenschaften hatte *Huber* bei der Flucht aus Straßburg 1944 eingebüßt (*Pyta*; *Seiberth*, Die Staatskrise der Weimarer Republik im Spiegel des Tagebuchs von Carl Schmitt, in: Der Staat 1999, Heft 3, S. 423-448 (425).
Quellen aus dem Universitätsarchiv Bonn belegen *Hubers* Version insoweit, dass er sich im besagten Zeitraum auf *Schmitts* persönlichen Wunsch hin in Berlin befand, um ihn in einer nicht näher erläuterten Angelegenheit zu unterstützen. Personalakte Huber.

[54] *Huber*, Carl Schmitt in der Reichskrise der Weimarer Endzeit, in: aaO, S. 37

[55] *Pyta*; *Seiberth*, Die Staatskrise der Weimarer Republik im Spiegel des Tagebuchs von Carl Schmitt, in: aaO, S. 442; *Blasius*, Carl Schmitt – Preußischer Staatsrat in Hitlers Reich, S 55-57

[56] Dieser Notstandsplan enthielt vier Punkte: Der Reichstag sollte aufgelöst werden, eine Neuwahl jedoch über die verfassungsmäßig vorgesehene Frist hinaus verzögert werden. Weiterhin sollten alle Polizeikräfte dem Reich untergeordnet werden und im Falle des Widerstands der beiden extremistischen Parteien (NSDAP und KPD) die rechtlichen Voraussetzungen für deren Verbot geschaffen werden (*Huber*, Carl Schmitt in der Reichskrise der Weimarer Endzeit, in: aaO, S. 41f).

[57] Kurator der Universität Bonn an die Fakultät am 02.11.1932, Personalakte *Huber*. Archiv der Universität Bonn

des Reichskanzlers *von Papen* als unmittelbarer Beobachter. Erst im Januar 1933 kehrte *Huber* wieder nach Bonn zurück und betrachtete das Scheitern des dritten Notstandsplans unter Reichskanzler *von Schleicher* wieder aus der Distanz. Nach den Mutmaßungen *Hubers* war *Schmitt* erneut daran beteiligt, da die Formulierung des Notstandsplans „die Hand eines versierten Juristen verriet“[58].

Noch Jahrzehnte später war sich *Huber* sicher, dass *Schmitt* bereits im Juli 1932 in die politischen Vorhaben der Reichsregierung, insbesondere in den nur kurze Zeit später stattfindenden „Preußenschlag“ eingeweiht war und er im Anschluss wichtige Aufgaben für die Regierung übernehmen sollte.[59] Für dessen Beteiligung und Kenntnis sprach für *Huber* „vor allem, dass der `20. Juli` das Grunderlebnis *Schmitts* damaligen staatspolitischen Wirkens war und blieb. Denn es war nicht von ungefähr, dass die Reichsregierung ihm später die führende Vertretung des Reichs im Leipziger Prozess übertrug“.[60] *Hubers* Ansicht ließ sich wissenschaftlich nie hinreichend belegen. Die Auswertung der Tagebücher *Schmitts* spricht sogar eindeutig dagegen, dass diesem die streng geheimen Vorbereitungen bekannt waren oder man ihn gar an den eigentlichen Vorbereitungen beteiligte.[61]

2. Ernst Rudolf Huber in Kiel

a. Hubers Berufung an die Christian-Albrechts-Universität

Aufgrund der Anweisung, eine Lehrstuhlvertretung zu übernehmen, wechselte *Ernst Rudolf Huber* zum Sommersemester 1933 an die Universität Kiel. Nach einer persönlichen Einweisung im Berliner Wissenschaftsministerium trat er seine Stelle am 4. Mai 1933 in der Christian-Albrechts-Universität an.[62] Als Mitglied des Lehrkörpers erschien er erstmalig im Personalverzeichnis, das den Stand nach Abschluss des Sommersemesters 1933 wiedergab.[63] Danach war

---

[58] *Huber*, Carl Schmitt in der Reichskrise der Weimarer Endzeit, in: aaO, S. 49

[59] Siehe dazu den umfangreichen Briefwechsel zwischen *Huber* und *Schmitt*, in dem *Schmitt* versuchte, seinen Schüler für politische Aktivitäten in Berlin als persönlichen Mitarbeiter zu gewinnen. Nachlass Schmitt, Nordrhein-Westfälisches Hauptstaatsarchiv Düsseldorf, RW 6254-6261

Huber lehnte das Angebots *Schmitts* wegen „persönlicher Unabkömmlichkeit“ in Bonn ab. Schreiben des Dekans an *Schmitt* vom 28.07.1932, Personalakte *Huber*. Archiv der Universität Bonn

[60] *Huber*, Carl Schmitt in der Reichskrise der Weimarer Endzeit, in: aaO, S. 38

[61] Ausführlich dazu: *Pyta*; *Seiberth*, Die Staatskrise der Weimarer Republik im Spiegel des Tagebuchs von Carl Schmitt, in: aaO, S. 423-448 insbes. S. 434

[62] *Volbehr*, Professoren und Dozenten der Christian-Albrechts-Universität zu Kiel, S. 45

[63] Personal- und Vorlesungsverzeichnis der Christian-Albrechts-Universität (CAU), SS 1933

Dr. Rudolf Huber aus Bonn damit beauftragt, den beurlaubten *Prof. Dr. Schücking*[64] zu vertreten. Seine Ernennung zum Ordinarius wurde am 28. Oktober rückwirkend zum 1. August 1933 vollzogen.[65] Damit erhielt Huber das Ordinariat für Öffentliches Recht, das nun mit dem Wirtschafts- und Arbeitsrecht verbunden wurde. Zur gleichen Zeit übertrug man dem vormaligen *Radbruch*-Schüler *Georg Dahm*, der sich mit seinem Lehrer zerstritten hatte, das strafrechtliche Ordinariat von *Hermann Kantorowicz*. *Karl Larenz* trat an die Stelle von *Gerhart Husserl*.

Diese drei kaum 30 Jahre alten Dozenten waren dazu ausersehen, den Kern der so genannten „Kieler Schule" zu bilden. Neben ihnen zählten dazu: *Busse*, *Eckhardt*, *Michaelis*, *Ritterbusch*, *Schaffstein*, *Siebert* und *Wieacker*.[66]

b. Die Einrichtung der Kieler Schule

Die Kieler Rechts- und Staatswissenschaftliche Fakultät sollte nach den Plänen des Reichswissenschaftsministeriums zu einer Förderstätte für junge, dem Regime bedingungslos ergebene Rechtslehrer umorganisiert werden. Ziel einer solchen zentralen Ausbildungsstelle war es, die Vertreter der neuen Rechtslehre möglichst geschlossen mit Lehrstühlen zu versorgen, ohne dass sie der Konkurrenz durch die mehrheitlich konservative Dozentenschaft der meisten Universitäten ausgesetzt waren. Von dort aus wollte man dann die politisch zuverlässigen Nachwuchskräfte an andere deutsche Universitäten versetzen. Neben Kiel wurden dafür die Hochschulen Breslau und Königsberg ausgewählt. Wegen ihrer Vorreiterrolle für die Ausbildung des deutschen Juristennachwuchses wurde jede dieser drei Universitäten schnell unter dem Begriff „Stoßtruppfakultät"[67] bekannt.

Damit eine neue Generation von Hochschullehrern auf Lehrstühle berufen werden konnte, erfolgte zunächst eine umfassende personelle Neuausrichtung der drei Universitäten im nationalsozialistischen Sinn. In Kiel blieb mit *Walter Schoenborn* beispielsweise nur ein einziger der früheren Lehrstuhlinhaber von

---

[64] Der Völkerrechtler und DDP-Politiker *Walther Schücking* war ein Beispiel für die Liberalität des Kieler Lehrkörpers zur Weimarer Zeit. Schon 1930/31 war er aber bereits Ziel studentischer Provokationen und Radauszenen. Am 25.04.1933 wurde *Schücking* dann im Zuge der Erneuerung des Lehrkörpers zusammen mit *Gerhart Husserl*, *Karl Rauch* und *Otto Opet* bis zur endgültigen Entscheidung aufgrund des Berufsbeamtengesetzes beurlaubt. DZA Merseburg, Anstellungen usw. , Bd. VII, fol. 395
Schließlich wurde *Schücking* aus dem Staatsdienst entlassen. DZA Merseburg, Anstellungen usw., Bd. VII, fol. 303.

[65] *Eckert*, Was war die Kieler Schule ?, in: aaO, S. 49

[66] *Frassek*, Von der völkischen Lebensordnung zum Recht, S. 28

[67] *Döhring*, Die juristische Fakultät (Geschichte der Christian-Albrechts-Universität zu Kiel 1665-1965), S. 206

dem Umbruch verschont.[68] Rechtsgrundlage für das Vorgehen gegen die „politisch unzuverlässigen" oder jüdischen Professoren waren das „Gesetz zur Wiederherstellung des Berufsbeamtentums" vom 7. April 1933[69] sowie das „Gesetz über die Entpflichtung und Versetzung von Hochschullehrern aus Anlass des Neuaufbaus des deutschen Hochschulwesens" vom 31. Januar 1935.[70] Auf diese Weise gelang es, in Kiel eine weltanschaulich gut aufeinander abgestimmte Gruppe junger Hochschullehrer zu versammeln, die in der Literatur neben „Kieler Schule" meist als „Kieler Gruppe" oder „Kieler Arbeitskreis" bezeichnet wird.[71] Um dem Projekt auch die notwendige Zahl an Studenten zuzuführen, wurden jene in den ministeriellen Richtlinien für das Studium der Rechtswissenschaften von 1935 aufgefordert: „Bevorzugt zunächst die juristischen Fakultäten in Kiel, Breslau und Königsberg, die als politischer Stoßtrupp ausersehen sind."[72] Kiel stand nicht ohne Grund an erster Stelle der Empfehlung. Dort wurde die Verbindung der Rechtswissenschaft mit der nationalsozialistischen Ideologie besonders konsequent betont.[73]

Liest man Berichte über die neue Zusammensetzung des Kieler Lehrkörpers, so legten die damaligen Dozenten besonderen Wert darauf, dass das primäre Ziel der Berufung nach Kiel nicht die juristische Stützung des Regimes gewesen sei. Vielmehr verwiesen die „Kieler" immer wieder auf ihren wissenschaftlichen Anspruch, der sie gerade von großen Teilen der nationalsozialistischen Staatsrechtslehre unterschieden habe.

Einer der wenigen Ehemaligen, die sich später zur Rolle der Kieler Schule geäußert haben, ist *Karl Larenz*. Für ihn war der Referent in der Hochschulabteilung des Berliner Kultusministeriums *Wilhelm Ahlmann*[74] maßgeblich an der

---

[68] Dieser hatte durch seine Veröffentlichungen und Vorlesungen zum „Diktatfrieden von Versailles" eine zentrale politische Frage im Sinne der Nationalsozialisten beantwortet und wurde damit nicht als Gegner der Rechtserneuerung angesehen (*Eckert*, Was war die Kieler Schule?, in: aaO, S. 45f).

[69] RGBl 1933 I, S. 175

[70] RGBl 1935 I, S. 23

[71] *Frassek*, Von der völkischen Lebensordnung zum Recht, S. 28

[72] Abgedruckt in: „Deutsche Wissenschaft, Erziehung und Volksbildung" Jg. 1935, S. 48

[73] Darauf ist offenbar auch zurückzuführen, dass man das Amt des Rektors mit seinen zu dieser Zeit sehr umfassenden Befugnissen von 1935 bis 1945, also nicht weniger als zehn Jahre lang, ausschließlich Mitgliedern der rechts- und staatswissenschaftlichen Fakultät anvertraut hatte (*Dahm* 1935-1937, *Ritterbusch* 1937-1941, *Predöhl* 1942-1945); nur während des Jahres 1941 hat der Mediziner *Löhr* einige Monate das Rektorat verwaltet (*Döhring*, Die juristische Fakultät, S. 207).

[74] *Wilhelm Ahlmann*, geb. 1895, war 1933 Hilfsreferent in der Hochschulabteilung des Preußischen Kultusministeriums, stand später in enger Verbindung mit der Widerstandsbewegung des „20. Juli" und nahm sich nach dem Attentat am 07.12.1944 das Leben. *Larenz* nahm an, *Jessen* habe *Ahlmann* ins Ministerium eingeschleust und die Berufungen im Einzelnen abgesprochen.

Bildung der neuen Kieler Juristenfakultät beteiligt. *Larenz* beschrieb 1987 in einem an *Ralf Dreier* gerichteten Brief die Bedeutung, die *Ahlmann* bei der Einsetzung von *Dahm*, *Huber* und *Larenz* hatte. Danach sei ihm selber die Aufgabe zugewiesen worden, den Nationalsozialisten die Rechts- und Staatsphilosophie des deutschen Idealismus so nahe zu bringen, dass diese „sich darin wiederfinden und sie akzeptieren könnten." *Huber* dagegen hätte „den Nationalsozialisten eine Verfassung suggerieren sollen, an die sie sich dann gebunden halten müssten".[75]

Inhaltlich gingen die Vertreter der Kieler Schule von der gemeinsamen Überzeugung aus, „dass die deutsche Rechtswissenschaft an einem Wendepunkt ihrer Entwicklung steht, dass sie von Grund auf neu zu beginnen hat, dass sie aber auch dazu berufen ist, voranzugehen in dem Ringen unserer Zeit um das artgemäße deutsche Rechtsdenken, das *konkret* und *ganzheitlich* zugleich ist."[76] Die Grundlage dazu bildete das von *Schmitt* entwickelte Denken in konkreten Ordnungen (Familie, Berufsstand, Volksgemeinschaft usw.), das dieser in seiner Arbeit „Über die drei Arten des rechtswissenschaftlichen Denkens"[77] entworfen hatte. Die Mitglieder der Kieler Gruppe sahen darin den Ansatzpunkt für eine Erneuerung der Rechtswissenschaft, ohne sich ihm völlig zu verschreiben. Sie versuchten, der bei *Schmitt* noch vielfach in der Schwebe gebliebenen Lehre eine feste Form zu geben und sie dadurch zu einem praktikablen Behelf für die Rechtsfindung zu machen. Durchgreifende Erfolge blieben ihren Bemühungen jedoch bis zuletzt versagt. Auch zwischen der in Kiel entworfenen Rechtslehre und der juristischen Praxis gab es keine Kongruenz.

Hinsichtlich des geistesgeschichtlichen Fundaments der Kieler Schule lassen sich Verbindungen zur Phänomenologie *Edmund Husserls* und zu rechtsphilosophischen Strömungen der damaligen Zeit, die sich stark an *Hegel* orientierten, feststellen. Insbesondere im Strafrecht ging die Kieler Lehre dagegen vor allem

---

Jens Peter Jessen (1896-1944) hatte sich im Wintersemester 1927/28 als Wirtschaftswissenschaftler in Göttingen habilitiert. Er war Professor in Kiel (1933), Marburg (1934) und Berlin (ab 1935). Dort schloss er sich dem Widerstand gegen *Hitler* an. Als enger Vertrauter von *Johannes Popitz* und *Carl Goerdeler* wurde er am 30.12.1944 hingerichtet. *Jessen* gehörte zu den beherrschenden Erscheinungen der Kieler Rechts- und Staatswissenschaftlichen Fakultät nach der Machtergreifung, wird jedoch oft nicht mehr im Zusammenhang mit der Kieler Schule gesehen, da er Kiel bereits 1934 verließ (*Eckert*, Was war die Kieler Schule ?, in: aaO, S. 49; *Dreier*, Karl Larenz über seine Haltung im „Dritten Reich", in: JZ 1993, S. 454-457 (455f).

[75] *Larenz*, Brief an *Dreier* vom 15.02.1987, veröffentlicht in: *Dreier*, Karl Larenz über seine Haltung im „Dritten Reich", in: aaO, S. 456

[76] *Larenz* im Vorwort zu *Larenz*; *Dahm* (Hrsg.), Grundfragen der neuen Rechtswissenschaft, Berlin 1935

[77] *Schmitt*, Über die drei Arten des rechtswissenschaftlichen Denkens, Hamburg 1934

von politisch bestimmten Grundanschauungen aus.[78] Für das Staats- und Verwaltungsrecht vertrat *Huber* die Ansicht, dass der Staat nicht an vor- oder außerstaatliche Freiheitsrechte des Einzelnen gebunden sei.[79] Die Lehre vom Nichtbestehen individueller Grund- und Freiheitsrechte gegenüber dem Staat und ihre Unvereinbarkeit mit der „volksgenössischen Rechtsstellung" war daher bei den Kieler Hochschullehrern ein bevorzugtes Thema.

Das „konkrete Ordnungs- und Gestaltungsdenken" und die Vorstellungen der Kieler Schule hatten auch auf die inhaltliche Neugestaltung des juristischen Studiums konkrete Auswirkungen. Eingeleitet durch die Justizausbildungsordnung vom 22. Juli 1934 fand die Studienreform ihre entscheidende Fortsetzung im Dezember 1934 auf der von *Karl August Eckhardt*[80] geleiteten Dozententagung des Bundes Nationalsozialistischer Deutscher Juristen. *Eckhardt* erklärte den Unterschied zwischen öffentlichem und privatem Recht für aufgehoben, schlug eine Hervorhebung[81] der Lehrveranstaltungen hinsichtlich ihres Bedeutungsranges vor und teilte den im juristischen Studium erforderlichen Lehrstoff in völlig neue Rubriken[82] ein. Im Januar 1935 verkündete das Reichswissenschaftsministerium den daraufhin überarbeiteten Studienplan in Form von „Richtlinien für das Studium der Rechtswissenschaft"[83]. Die neue Einteilung des reichsweit obligatorischen Studienplans - einschließlich der Empfehlung einzelner Lehrveranstaltungen - diktierte vom Sommersemester 1935 an auch den Aufbau des Kieler Vorlesungsverzeichnisses.[84]

---

[78] *Döhring*, Die juristische Fakultät, S. 213f

[79] *Huber*, Verfassungsrecht des Großdeutschen Reiches, S. 361

[80] *Karl August Eckhardt* (geb. 1901) Prof. in Kiel seit 1928, Berlin 1930, Bonn 1932, kam erst zum SS 1934 ganz nach Kiel, verließ die Stadt aber bereits Ende des Jahres in Richtung Berlin. Der Wechsel zum 01.10.1934 führte ihn als Hauptreferent für die Fächer Recht, Staat, Politik, Wirtschaft und Geschichte an eine der zentralsten Schaltstellen der Wissenschaftsverwaltung, die Hochschulabteilung des Reichs- und Preußischen Ministeriums für Wissenschaft, Erziehung und Volksbildung. Damit war *Eckhardt* in der entscheidenden Phase der Lehrstuhlbesetzung in den genannten Fächern und der Neugestaltung der Studienordnungen der maßgebliche Mann im Ministerium Rust (*Nehlsen*, Nachruf auf Karl August Eckhardt, in: SavZRG (germ. Abt.) Bd. 104 (1987), S. 497-536 (504f)).

[81] „Hervorragend wichtige" Vorlesungen waren mit zwei Sternen gekennzeichnet, „stark empfehlenswerte" Vorlesungen mit einem Stern.

[82] Die alte Einteilung des Lehrstoffs nach den großen Fächern wurde zugunsten von neun Rubriken aufgegeben, zu denen die einzelnen Vorlesungen gebündelt wurden: Geschichte, Volk, Stände, Staat, Rechtsverkehr, Rechtsschutz, außerstaatliches Recht, Rechtsphilosophie und Wirtschaftswissenschaften für Juristen (*Eckert*, Was war die Kieler Schule ?, in: aaO, S. 59; *Nehlsen*, Nachruf auf Karl August Eckhardt, in: aaO, S. 504f).

[83] Abgedruckt in: „Deutsche Wissenschaft, Erziehung und Volksbildung" Jg. 1935, S. 48

[84] Personal- und Vorlesungsverzeichnis der CAU, SS 1935

c. Forschung und Lehre

Huber hielt in Kiel die durch seine Lehrbefugnis vorgegebenen Vorlesungen, Seminare und Übungen für alle Studenten der Rechts- und Staatswissenschaftlichen Fakultät. Daneben war er im üblichen Umfang in Prüfungsausschüssen und Kommissionen beider Studiengänge tätig. Innerhalb des Lehrkörpers übernahm *Huber* schnell weitere Ämter. So fungierte er als Prodekan und Dekan seiner Fakultät[85] und unterstützte die Hänelstiftung darin, eine religionsgeschichtliche Bibliothek aufzubauen. Nebenher war *Huber* gemeinsam mit dessen Direktor *Poetzsch-Heffter* im Institut für Staatsforschung tätig. Die Zusammenarbeit währte jedoch nur bis 1935. Nach *Poetzsch-Heffters* plötzlichem Unfalltod[86] wurde das Institut nach Berlin transferiert und von *Reinhard Höhn* übernommen.

Außer der Lehrtätigkeit wurden von den Dozenten zahlreiche Schulungskurse für junge Juristen, unter anderem im Referendarlager Jüterbog, im Schulungslager Barbüttel sowie im Kitzeberger Lager[87], durchgeführt. Die Teilnahme an diesen Seminaren war an der Universität Kiel Voraussetzung zum Erhalt der Lehrerlaubnis.[88] Inhalt der Veranstaltungen waren neben juristischen Fortbildungen auch gemeinschaftsfördernde Maßnahmen, um so politisch zuverlässigen Juristennachwuchs heran zu bilden. *Huber* hielt im Wintersemester 1934/35 im Schulungslager Kitzeberg eine Vorlesung zu dem Thema: „Der deutsche

---

[85] Prodekan vom WS 1933/34-SS 1934 und WS 1936/37-SS 1937. Dekan vom WS 1934/35-SS 1936. Personal- und Vorlesungsverzeichnis der CAU, SS 1933-WS 1937/38

[86] Der erst 1932 nach Kiel berufene hohe Ministerialbeamte und intime Kenner der Weimarer Verfassung
Fritz Poetzsch-Heffter (1881-1935) war den neuen Machthabern so verdächtig, dass auch sein rascher Eintritt in die NSDAP und die SA ihn nicht davor schützen konnte entfernt zu werden. Ende 1934 schien er dem Druck seitens der Fakultät nachzugeben. So schrieb *Huber* an *Schmitt*, „es scheint, dass *Herr Poetzsch-Heffter* nun bereit ist, Kiel zu verlassen, und *Eckhardt* hat uns vor einigen Tagen aufgefordert, über die Nachfolge zu beraten." (Schreiben *Hubers* an *Schmitt* vom 16.12.1934. Nachlass Schmitt, Nordrhein-Westfälisches Hauptstaatsarchiv Düsseldorf, Sammlung Tommissen RW 579-159) Kurze Zeit später kam er 1935 durch einen Autounfall ums Leben (*Stolleis*, Geschichte des Öffentlichen Rechts in Deutschland Bd. III, S. 280).

[87] Vom 26.05.-01.06.1935 fand an der preußischen Dozentenakademie im Haus Buchenhagen in Kiel-Kitzeberg unter Leitung von *Karl August Eckhardt* ein Gemeinschaftslager junger Dozenten und Habilitanden statt. Den Auftrag dazu hatten Reichswissenschaftsminister *Rust* und Reichsjuristenführer *Frank* erteilt. Die Wahl des Lagerortes Kitzeberg ist vor dem Hintergrund der juristischen „Stoßtruppfakultät" in Kiel zu sehen, die für das programmatische Unternehmen „Kitzeberger Lager" wie geschaffen erschien. Die Referenten des Lagers kamen daher überwiegend aus Kiel (*Eckert*, Was war die Kieler Schule ?, in: aaO, S. 57).

[88] *Döhring*, Die juristische Fakultät, S. 204

Staat der Gegenwart."[89] Bestätigt wird *Hubers* Teilnahme auch in dem von *Wieacker* verfassten Bericht zum Kitzeberger Lager junger Rechtslehrer.[90]

Weit über die Kieler Zeit hinaus reichte ein Projekt *Hubers*, das seine wissenschaftliche Tätigkeit erheblich erleichterte, die redaktionelle Übernahme der „Zeitschrift für die gesamte Staatswissenschaft". Damit die Rechtslehrer der Kieler Schule ihre Arbeit auch innerhalb wissenschaftlich interessierter Kreise bekannt machen und bei den politischen Stellen für ihre Vorstellungen werben konnten, benötigten sie ein eigenes Publikationsorgan. Nachdem die Herausgabe einer juristischen Fachzeitschrift mit dem Namen „Deutsche Rechtswissenschaft. Zeitschrift der Hochschulgruppe für nationalsozialistische Rechtserneuerung"[91] gescheitert war, bot sich 1934 dazu eine neue Gelegenheit. Von Seiten des Mohr Verlages wurde eine Neuorganisation der „Zeitschrift für die gesamte Staatswissenschaft" angestrebt. Die seit 1844 in Tübingen verlegte Zeitschrift hatte sich bis 1933 zu einem überwiegend nationalökonomischen Organ entwickelt,[92] dessen Zukunft als nicht mehr gesichert galt. Der Verleger *Oskar Siebeck* erkundigte sich daher reichsweit, ob Interesse an ihrer Weiterführung mit umfassenderem Inhalt bestünde.[93] *Huber* traute der traditionsreichen Zeitschrift nur dann noch eine Perspektive zu, wenn diese eine politische Neuausrichtung erfuhr, von einem vertrauten Kreis von Wissenschaftlern betreut wurde und das alles im Einklang mit dem Preußischen Kultus- und dem Reichsunterrichtsministerium erfolgte. Seine Bedingungen sah *Huber* nur gewährleistet, wenn sich zukünftig eine Gruppe Kieler Professoren als Herausgeber verantwortlich zeigte.[94]

Überzeugt von *Hubers* Konzept stoppte *Siebeck* die in Heidelberg unter der Leitung von *Carl Brinkmann* bereits angelaufenen Planungen zur Neugestaltung

---

[89] Personal- und Vorlesungsverzeichnis der CAU, WS 1934/35

[90] *Wieacker*, Das Kitzeberger Lager junger Rechtslehrer, in: DRW Bd. 1 (1936), S. 74-80 (74)

[91] *Huber* selbst lehnte den Untertitel entschieden ab: „Ich finde die Formulierung sprachlich unschön und gedanklich inkorrekt, vor allem aber auch unzweckmäßig, weil aus ihr *jeder* (Hervorhebung durch *Huber* selbst, der Verf.) nationalsozialistische Dozent, auch wenn er nicht in unseren Kreis passt, einen Anspruch auf Mitarbeit herleiten könnte. Ich bin deshalb dafür, einfach zu sagen: 'Deutsche Rechtswissenschaft'." Schreiben *Hubers* an *Schmitt* vom 16.08.1933. Nachlass Schmitt, Nordrhein-Westfälisches Hauptstaatsarchiv Düsseldorf, Sammlung Tommissen RW 579-159

[92] *Stolleis*, Geschichte des Öffentlichen Rechts in Deutschland Bd. III, S. 303

[93] Rundfrage von *Oskar Siebeck* vom 19.04.1934. Adressaten waren die *Proff. Dres. Wilhelm Andreae* (Gießen), *Carl Brinkmann* (Heidelberg), *Constantin v. Dietze* (Berlin), *Hans Freyer* (Leipzig) und *Ernst Rudolf Huber* (Kiel). Außerdem der Staatsminister *Prof. Dr. Oswald Lehnich* (Stuttgart), *PD Dr. Georg Weippert* (München) und *Geheimrat Prof. Dr. Otto v. Zwiedineck-Südenhorst* (München). Archiv des Verlages J.C.B. Mohr (Paul Siebeck)

[94] Brief *Hubers* an *Oskar Siebeck* vom 08.05.1934. Archiv des Verlages J.C.B. Mohr (Paul Siebeck)

der Zeitung.[95] *Siebeck* ließ sich von *Huber* auch dazu überreden, ihre Reorganisation nicht, wie ursprünglich geplant, als „Neue Folge“ durchzuführen, denn schließlich lasse vor allem „die Bandzahl das ehrwürdige Alter der `Zeitschrift` am sinnfälligsten erkennen“.[96] Im Juni 1934 ersetzte *Siebeck* mit Beginn des 95. Bandes den bisherigen Herausgeber *Georg Brodnitz* durch die neue Führungsriege, bestehend aus den Nationalökonomen *Hermann Bente* und *Andreas Predöhl* sowie dem Juristen *Ernst Rudolf Huber*. Sofort meldete sich *Huber* in „seiner“ Zeitung zu Wort und erläuterte der Leserschaft eindringlich, dass der Universität und der „Zeitschrift für die gesamte Staatswissenschaft“ die Aufgabe gestellt sei, innerhalb eines geschlossenen Staates auch die Staatswissenschaft als die Wissenschaft der politischen Gesamtgestalt neu zu begründen: „Die totale Revolution, die wir erleben, gibt dem alten Worte `Staatswissenschaft` einen neuen Sinn“.[97] Allein ihr Titel machte die „Tübinger Zeitschrift“ für *Huber* zu dem geeigneten Ausgangspunkt einer Neubegründung der einheitlichen Staatswissenschaft.[98]

Trotz aller Abwehrversuche *Hubers* kam es 1936 zu der Gründung eines zweiten Publikationsorgans innerhalb der Kieler Gruppe mit dem Namen „Deutsche Rechtswissenschaft“[99]. Die neue Zeitung wurde im Auftrag der Reichsminister *Rust* und *Frank* von *Karl August Eckhardt* ins Leben gerufen und lief der „Zeitschrift für die gesamte Staatswissenschaft“ schnell den Rang als Veröffentlichungsorgan der Kieler Schule ab. Ungeachtet dessen blieb *Huber* Mitherausgeber der Tübinger Zeitschrift, deren Ansehensverlust wohl deshalb unerheblich war, da die Kieler Schule zu diesem Zeitpunkt bereits den Zenit ihrer Bedeutung überschritten hatte.

---

[95] *Becker*, „Schritte auf einer abschüssigen Bahn“: Das Archiv des öffentlichen Rechts (AöR) und die deutsche Staatsrechtswissenschaft im Dritten Reich, S. 139

[96] Rundschreiben an das die Reorganisation beratende Gremium v. 08.06.1934 (Zusammensetzung siehe Fn. 92). Archiv des Verlages J.C.B. Mohr (Paul Siebeck)

[97] *Huber*, Die deutsche Staatswissenschaft, in: ZgesStW Bd. 95 (1934/35), S. 1-65 (2)

[98] Siehe dazu ausführlich die Seiten 141ff dieser Arbeit.

[99] Bereits Mitte 1935 waren in Kiel erneut Pläne diskutiert worden, eine weiter gefasste „Zeitschrift für die gesamte Rechtswissenschaft“ in Anlehnung an die ZgesStW zu schaffen, da sich vor allem Zivil- und Strafrechtler von der ZgesStW nicht genügend repräsentiert fühlten. Hatte *Huber* zu diesem Zeitpunkt die Diskussion um das Entstehen einer weiteren Zeitschrift noch beilegen können (Schreiben *Hubers* an *Siebeck* v. 22.06.1935. Archiv des Verlages J.C.B. Mohr (Paul Siebeck)), verlor die ZgesStW 1936 ihren Alleinvertretungsanspruch für die Kieler Schule.

d. Hubers Verhältnis zu nationalsozialistischen Organisationen

Bis Anfang 1935 besaßen die „Kieler“ den Ruf der entschiedensten Verfechter des nationalsozialistischen Standpunktes. Ihre einflussreiche Position zeigte sich unter anderem in der Durchsetzung der von *Eckhardt* entwickelten Studienordnung gegen starken Widerstand verschiedenster Seiten.[100] Schon zu diesem Zeitpunkt war aber die staatliche Förderung der Kieler Schule nicht mehr vorbehaltlos. Angesichts des akuten Mangels an geeigneten Nachwuchskräften für die akademische Laufbahn waren Bedenken aufgetreten, ob man die in Kiel erfolgte starke Konzentration regimetreuer Rechtslehrer dauerhaft aufrechterhalten kann. Bereits nach wenigen Jahren wurde daher das 1933 begonnene Experiment durch Wegberufungen einzelner Mitglieder aufgegeben. Gleichzeitig gewannen die Juristen der von *Hans Frank* gegründeten Akademie für deutsches Recht[101] an Einfluss, ohne dass auch jene bis 1945 jemals wirklich auf die Rechtssetzung im Reich einwirken konnten. Entscheidend blieb letztlich allein der auf der Parteiebene herrschende Standpunkt, für dessen Umsetzung die Arbeit der etablierten Ministerialbürokratie genügte.

Auch die oft behauptete Gegensätzlichkeit zwischen Kieler Schule und Akademie relativiert sich durch die große personelle Übereinstimmung beider Gruppen. So gehörte *Huber* als „Kieler“ gleichzeitig der Akademie für deutsches Recht an.[102] Bis 1944 war er als Hochschullehrer ordentliches Mitglied der Akademie und vertrat während seiner Zeit als Dekan die Rechts- und Staatswissenschaftliche Fakultät, die ihrerseits korporatives Mitglied war. Die Mitarbeiter der Akademie verteilten sich auf die Abteilungen für Rechtsgestaltung und Rechtsforschung. Während in der Sparte „Rechtsgestaltung“ alle ordentlichen Mitglieder organisiert waren, arbeiteten in der Abteilung für Rechtsforschung nur Wissenschaftler. Diese wurde in drei Klassen eingeteilt, von denen sich Klasse II mit der Erforschung von „Volk und Reich“ befasste. Hier engagierte sich auch *Huber* und war dabei Mitglied der Arbeitsgemeinschaften für die

---

[100] *Frassek*, Von der völkischen Lebensordnung zum Recht, S. 31; *Lange*, Die Entwicklung der Wissenschaft vom Bürgerlichen Recht, S. 11

[101] Die Akademie für deutsches Recht konstituierte sich am 26.06.1933 in München unter dem Vorsitz des Bayrischen Justizministers und Leiters des Reichsrechtsamtes der NSDAP *Hans Frank*. Die Mitglieder der Akademie, deren Zahl zweihundert (später dreihundert) nicht überschreiten sollte, waren auf vier Jahre (später zehn Jahre) zu berufen und wurden nach ordentlichen, außerordentlichen, fördernden und korrespondierenden Mitgliedern unterschieden (Die Akademie für deutsches Recht, Bundesarchiv Berlin-Lichterfelde R 61, S. I-XVII).

[102] Weiterhin war von den Professoren *Dahm* und *Siebert* und dem bis 1934 in Kiel lehrenden *Jessen* eine Doppelmitgliedschaft bekannt (*Frassek*, Von der völkischen Lebensordnung zum Recht, S. 33; Die Akademie für deutsches Recht, Bundesarchiv Berlin-Lichterfelde R 61/29, S. 10).

Deutsch-Bulgarischen und Deutsch-Italienischen Rechtsbeziehungen sowie der Staats- und Verwaltungsrechtlichen Arbeitsgemeinschaft.[103]

Darüber hinaus lässt sich *Hubers* Mitgliedschaft in verschiedenen NS-Organisationen belegen. In die NSDAP trat *Huber* als „Maigefallener" am 1. Mai 1933 ein.[104] Seine Parteimitgliedschaft hatte wiederum Auswirkungen auf nationalsozialistische Verbände an der Universität. Obwohl der NS-Dozentenbund[105] die offizielle Parteigliederung an den Hochschulen darstellte, ist *Huber* in dessen Verzeichnis erst unter der Mitgliedsnummer 2058 mit dem Eintrittsdatum 1. Januar 1937 aufgeführt.[106] Eine Erklärung dafür könnte darin liegen, dass der NS-Dozentenbund nicht sofort als reichseinheitlicher Verband existierte. Zunächst waren Hochschullehrer meist im NS-Lehrerbund[107] oder im Rahmen der akademischen Selbstverwaltung organisiert.

3. Leipziger Zeit

a. Die Juristenfakultät

Zum 1. Oktober 1937 nahm *Ernst Rudolf Huber* einen Ruf an die Juristenfakultät Leipzig an. Die Gründe für *Hubers* Wechsel sind im einzelnen nicht belegbar. Fest steht jedoch, dass er Kiel schon seit längerer Zeit verlassen wollte.[108]

---

[103] Die Akademie für deutsches Recht, Bundesarchiv Berlin-Lichterfelde R 61/29, S. 24-197

[104] Eintritt in die NSDAP am 01.05.1933 mit der Mitgliedsnummer 3144-94, NSDAP-Zentralpartei. Bundesarchiv Berlin-Lichterfelde (ehemalige BDC-Unterlagen)

[105] Der NS-Dozentenbund stellte gemeinsam mit dem NS-Studentenbund die offizielle Parteigliederung an den Hochschulen dar. Er hatte die Aufgabe, die gesamte Hochschullehrerschaft im Sinne der nationalsozialistischen Weltanschauung auszurichten, und damit die Neugestaltung von Hochschule und Wissenschaft zu gewährleisten. Im NS-Dozentenbund waren alle Parteimitglieder der Hochschule zusammengefasst, dennoch konnten auch Nichtparteimitglieder (Anordnung 86/36 des Stellvertreters des Führers, *Rudolf Heß*, vom 26.06.1936, Akte Hochschulangelegenheiten. Institut für Zeitgeschichte München) nach einem vorhergehenden Aufnahmeverfahren Mitglieder werden. Personal- und Vorlesungsverzeichnis der Universität Leipzig SS 1940, S. 11

[106] Schreiben der Reichsdozentenführung an die örtliche Dozentenführung der Reichsuniversität Straßburg vom 30.06.1941. Bundesarchiv Berlin-Lichterfelde (ehemalige BDC-Unterlagen), aus der Personalkartei *Gunnar Berg* (geb. 20.02.1907)

[107] Eine solche Mitgliedskarte liegt von *Huber* im Bundesarchiv vor. Sie ist allerdings ohne Eintrittsdatum und mit seiner Leipziger Adresse versehen. NSLB-Mitgliedskartei, Bundesarchiv Berlin-Lichterfelde (ehemalige BDC-Unterlagen).

[108] Aus einem Briefwechsel mit dem Verleger *Oskar Siebeck* ergibt sich, dass *Huber* 1934 einen Ruf aus Tübingen erhalten hatte. Er selbst war sehr daran interessiert, diesen anzunehmen, ahnte aber, dass man ihn in Kiel und damit von Seiten des Ministeriums nicht würde ziehen lassen. *Huber* bat *Siebeck* daher, „diese Äußerung streng vertraulich zu behandeln."

Die Juristenfakultät Leipzig hat während des Nationalsozialismus keine mit den „Stoßtruppfakultäten“ Kiel, Breslau und Königsberg vergleichbare Bedeutung erlangt. Leipzig wurde im Zusammenhang mit der nationalsozialistischen Rechtserneuerung eher durch den 1933 stattfindenden Leipziger Juristentag bekannt. Obwohl sich jene Kundgebung „Deutscher Juristentag“ nannte, hatte sie mit der unter gleicher Bezeichnung bis dahin durchgeführten Veranstaltung nur den Namen gemein. Richtiger ist es, bei dem Treffen von 1933 von der 4. Reichstagung des „Bundes Nationalsozialistischer Deutscher Juristen“ zu sprechen. Das einzige Ergebnis der Versammlung bildete ein geschlossenes Treuebekenntnis der anwesenden Juristen gegenüber den neuen Machthabern.[109]

Insgesamt existieren nur wenige Literaturnachweise zur Leipziger Juristenfakultät während des Nationalsozialismus, die die Rolle *Hubers* in dieser Zeit ein wenig erhellen könnten. Das Leipziger Universitätsarchiv ist wie auch die Juristenfakultät durch den englischen Bombenangriff vom 4. Dezember 1943 fast vollständig ausgebrannt. Nur geringe Reste der Bibliothek konnten gerettet werden, aber auch deren Aktenbestand wurde weitgehend vernichtet.[110] Die Universitätsgeschichten, die bisher veröffentlicht worden sind, klammern die Jahre zwischen 1933 und 1945 fast ganz aus. Den wenigen Berichten, die existieren, kann aber entnommen werden, dass die Juristenfakultät während des Nationalsozialismus kein politisches Profil gehabt hatte. Hier arbeiteten sowohl erklärte Gegner als auch Befürworter des Nationalsozialismus weitgehend geräuschlos nebeneinander. Das wird auch von *Prof. Karl-Heinz Fezer* in seiner Ansprache aus Anlass der Wiedereröffnung der Leipziger Juristenfakultät bestätigt: „Leipzig verharrte weithin in Anpassung. Weder erwarb sie sich ein Ruhmesblatt in Kritik des völkischen Rechtsdenkens, noch trat sie als Protagonist einer 'Neuen Rechtswissenschaft', wie eine Gruppe Kieler Rechtslehrer, hervor.“[111]

Dennoch hinterließ die nationalsozialistische Machtergreifung auch in Leipzig ihre Spuren. Zunächst verlor die Juristenfakultät ihren traditionellen Namen und hieß bis 1945 „Juristische Fakultät“.[112] Darüber hinaus lässt der Eingriff in den Personalbestand der Fakultät erkennen, dass auch die Leipziger Hochschule eine Umgestaltung erfuhr. Denn dort wurde das Öffentliche Recht über lange

---

Brief *Hubers* an *Oskar Siebeck* vom 30.04.1934. Archiv des Verlags J.C.B. Mohr (Paul Siebeck)

[109] *Landau*, Die Deutschen Juristen und der nationalsozialistische Juristentag in Leipzig 1933, S. 9

[110] *Kern*, Die Geschichte der Leipziger Juristenfakultät, in: Leipzig - Stadt der Rechtsprechung, S. 53-84 (75)

[111] *Fezer*, Ansprache aus Anlass des Festakts zur Wiedererrichtung der Juristenfakultät am 26.04.1993, S. 42

[112] *Kern*, Die Geschichte der Leipziger Juristenfakultät, in: aaO, S. 74

Zeit von drei Namen geprägt. An erster Stelle ist vor allem *Richard Schmidt*[113] zu nennen, der seit 1913 Strafrecht und Öffentliches Recht lehrte, und 1932 als Siebzigjähriger emeritiert wurde. *Willibald Apelt*[114] nannte ihn „den letzten großen Enzyklopädisten"[115]. Neben ihm dozierte *Erwin Jacobi* Arbeitsrecht und Öffentliches Recht. *Apelt* selbst war ebenfalls Lehrer des Öffentlichen Rechts mit den Schwerpunkten Steuerrecht und sächsisches Landesrecht.

Nach dem Machtwechsel wurden auf Grundlage des Gesetzes zur Wiederherstellung des Berufsbeamtentums neben *Apelt* und *Jacobi* auch *Engländer* (Internationales Privatrecht) und *Rosenberg* (Zivilprozessrecht)[116] aus ihren Positionen verdrängt. *Siber* und *Koschaker* folgten, verließen die Fakultät aber erst 1935 bzw. nach dem Wintersemester 1935/36. Diese Verluste mussten durch Neuberufungen ausgeglichen werden. Damit begann der Aufstieg von *Hans Gerber*, der zwischen 1934 und 1941 in Leipzig lehrte, damals überzeugter Nationalsozialist war und dem evangelischen Gustav-Adolf-Verein als Präsident vorstand.[117]. Neben *Gerber* und *Huber* kamen dem Ruf nach Leipzig folgende Dozenten nach: *Beyerle* (Rechtshistoriker, 1934), *Schaffstein* (Strafrecht, 1934), *Schmidt* (Strafrecht, 1937), *Wieacker* (Zivilrecht, 1939), *Dahm* (Strafrecht, 1939), *Thieme* (Rechtshistoriker, 1940), *Weber* (Öffentliches Recht, 1943) und *Gallas* (Strafrecht, 1943).[118]

b. Lehrtätigkeit

Über seine Vorlesungen[119] hinaus bot *Huber* in Leipzig zusätzlich jedes Semester ein Kolloquium über Außenpolitik und Staatenkunde als Sonderveranstaltung des Instituts für Politik, ausländisches Recht und Völkerrecht an. Außerdem hielt er Übungen im Verfassungs- und Verwaltungsrecht[120] und Seminare zum

[113] *Richard Schmidt* (1862-1944) habilitierte sich 1888 in Leipzig, wurde ao. Prof. 1890, berufen nach Freiburg 1891, nach Leipzig 1913, emeritiert 1932 (*Lüdtke* (Hrsg.), Kürschners Deutscher Gelehrtenkalender 1940/41 Sechste Ausgabe 2. Bd., Spalte 629).

[114] *Willibald Apelt* (1877-1965) Geheimer Regierungsrat und Staatsminister a.D., seit 1920 als Honorarprofessor, seit 1923 als Ordinarius Leipziger Hochschullehrer des Öffentlichen Rechts (*Lüdtke* (Hrsg.), Kürschners Deutscher Gelehrtenkalender 1940/41 Sechste Ausgabe Bd. 1, Spalte 35).

[115] *Stolleis*, Geschichte des Öffentlichen Rechts in Deutschland Bd. III, S. 285

[116] Beide verließen Leipzig aufgrund des Gesetzes zur Wiederherstellung des Berufsbeamtentums, RGBl. 1933 I, S. 175

[117] *Stolleis*, Geschichte des Öffentlichen Rechts in Deutschland Bd. III, S. 286

[118] *Kern*, Die Geschichte der Leipziger Juristenfakultät, in: Redaktionsbeilage zu NJW aus Anlass des 63. Deutschen Juristentags in Leipzig vom 26.-29.09.2000, in: NJW 2001, S. 84-89 (86f); *ders.*, Die Geschichte der Leipziger Juristenfakultät, in: Leipzig - Stadt der Rechtsprechung, S. 53-84 (74f)

[119] Lediglich kirchenrechtliche Veranstaltungen bot *Huber* in seiner Leipziger Zeit nicht mehr an.

[120] Diese fanden in den WS 1938/39, WS 1939/40, SS 1940 und SS 1941 statt

Verfassungsrecht, zur Verfassungsgeschichte, zum Kommunalrecht und zum Völkerrecht.[121] Letzteres beschäftigte sich im Wintersemester 1939/40 mit dem englischen Imperialismus, einem Thema, mit dem sich *Huber* gegenüber der von *Carl Schmitt* entwickelten Großraumordnung abgegrenzt hatte.[122] So bekannte sich *Huber* als Anhänger des englischen Reichsgedankens, der ihm „als ein großartiger und in sich gerechtfertigter Fall von Großraumordnung erscheint", während er „die Monroe-Doktrin auch in ihrer klassischen Prägung für eine durch keinerlei Leistung der sonstigen Titel legitimierte Anmaßung halte."[123]

Auffallend ist *Hubers* geringer Lehrumfang im Sommersemester 1941. Laut Vorlesungsverzeichnis hielt er nur eine Vorlesung, eine Übung und das Kolloquium zur Außenpolitik. Zu erklären ist dies mit der Aufbauarbeit an der Reichsuniversität Straßburg, die *Huber* schon im Sommersemester zeitlich sehr beanspruchte, obwohl der dortige Vorlesungsbetrieb erst zum Wintersemester 1941/42 begann.[124]

Weiterhin kamen auf *Huber* als Hochschullehrer verschiedene universitäre und außeruniversitäre Posten und Verantwortlichkeiten zu. Vom Sommersemester 1939 bis einschließlich des Sommersemesters 1941 war er Dekan der Juristenfakultät und während seiner gesamten Leipziger Zeit Mitdirektor des Juristischen Seminars. Zusammen mit *Gerber* leitete *Huber* das Institut für Politik, ausländisches öffentliches Recht und Völkerrecht. Hier traf er auf den Referendar *Hellmut Becker*, der als außerplanmäßiger Assistent ebenfalls in dem Institut arbeitete.[125] *Becker* sollte nicht nur Schüler *Hubers* werden, sondern auch auf andere Weise eine bedeutende Rolle in seinem späterem Leben spielen. Als Rechtsanwalt war er 1947/48 Gutachter in *Hubers* Entnazifizierungsverfahren und verteidigte den Diplomaten *von Weizsäcker* im Wilhelmstraßenprozess.[126]

Im November 1940 versuchte *Huber* von Leipzig aus, die seit 1933 faktisch auseinandergebrochene und 1938 schließlich aufgelöste Staatsrechtslehrervereinigung wiederzubegründen. Sein Vorhaben scheiterte am Widerstand der SS-Kreise um *Höhn* und *Ritterbusch* sowie *Koellreutter*, die in der Vereinigung eine unerwünschte Konkurrenz zur Akademie für deutsches Recht sahen.[127]

---

[121] Verfassungsrecht SS 1938 (zusammen mit *Gerber*); Verfassungsgeschichte WS 1938/39 und SS 1940; Kommunalrecht WS 1938/39; Völkerrecht SS 1939 und WS 1939/40 (Personal- und Vorlesungsverzeichnisse der Universität Leipzig).

[122] Siehe dazu genauer die Seiten 272ff dieser Arbeit.

[123] Brief *Hubers* an *Schmitt* vom 30.05.1939. Nachlass Carl Schmitt, Nordrhein-Westfälisches Hauptstaatsarchiv Düsseldorf, RW 265-6269

[124] *Huber* berichtete über die Aufbauphase in einem maschinengeschriebenen Memorandum vom März 1947, das als Durchschlag im Nachlass *Rudolf Smends* erhalten geblieben ist (*Stolleis*, Geschichte des Öffentlichen Rechts in Deutschland Bd. III, S. 198 Fn. 344).

[125] Personal- und Vorlesungsverzeichnis der Universität Leipzig, SS 1938, S. 42

[126] *Grothe*, Eine „lautlose" Angelegenheit, in: Zeitschrift für Geisteswissenschaft 47 (1999), S. 980-1001 (985)

[127] *Stolleis*, Geschichte des öffentlichen Rechts in Deutschland Bd. III, S. 286

Letztlich konnte sich *Huber* in seiner Leipziger Zeit vor allem auf die Arbeit an Veröffentlichungen konzentrieren, denn hier war er nicht als „Pionier“ gefordert, wie zunächst in Kiel und später in Straßburg. In Leipzig entstand daher auch *Hubers* staatsrechtliches Hauptwerk, das „Verfassungsrecht des Großdeutschen Reiches.“[128] Damit lieferte er noch 1939 die Synthese aus nationalsozialistischer Gesetzgebung und Staatspraxis und unternahm auf diese Weise kurz vor Kriegsbeginn einen letzten Versuch, das „geltende“ Staatsrecht in ein System zu bringen. Die weitere Entwicklung während des Krieges[129], die eine wirkliche Ordnung immer mehr vermissen ließ, veranlasste dann auch *Huber*, sich zunehmend auf das von der Staatsführung relativ unangetastete Gebiet der Verfassungsgeschichte zurückzuziehen.

Mit dem Jahreswechsel 1940/41 führte *Huber* in Berlin die Berufungsgespräche für den Wechsel nach Straßburg. Nach einer Übergangsphase im Sommersemester 1941 verließ er Leipzig endgültig zum Wintersemester 1941/42.

4. Reichsuniversität Straßburg

a. Aufbau der juristischen Fakultät

Nach dem schnellen militärischen Erfolg gegen Frankreich und der Besetzung Straßburgs am 19. Juni 1940 wurde bald die Einrichtung einer deutschen Universität im Elsass gefordert. Dabei sprach man stets von einer „Wiederbegründung“, denn in dem von Deutschen und Franzosen gleichermaßen umkämpften Elsass existierte eine deutsche Universitätstradition, an die es anzuknüpfen galt.[130]

---

[128] Verfassungsrecht des Großdeutschen Reiches. Zweite, stark erweiterte Auflage der „Verfassung“. Hamburg: Hanseatische Verlagsanstalt, 1939.
Erste Auflage unter dem Titel: „Verfassung“. Hamburg: Hanseatische Verlagsanstalt, 1937.
Beide Auflagen sind erschienen in der Reihe: Grundzüge der Rechts- und Wirtschaftswissenschaft, Reihe A: Rechtswissenschaft (Bibliographie in: *Forsthoff* (Hrsg.), Festschrift zum 70. Geburtstag Ernst Rudolf Hubers, S. 386).

[129] Im Krieg wurde auch *Huber* zu den Waffen gerufen. Er leistete vom 01.08.-15.10.1938 Wehrdienst, ehe er am 08.09.1939 eingezogen wurde und bis zum 31.12.1939 bei der Wehrmacht blieb. (Melde- und Personalbogen vom 04.10.1950, 22 UIH58, p. 2 (Teil der UAG Kur. PA ERH)) Während dieser knapp vier Monate Kriegsdienst war er von Lehrverpflichtungen befreit, musste jedoch die redaktionelle Arbeit bei der „Zeitschrift für die gesamte Staatswissenschaft“ umorganisieren. Diese wurde von seiner Ehefrau, *Dr. iur. Tula Huber-Simons* übernommen. Sie hatte *Huber* stets bei dieser Arbeit unterstützt und konnte daher „in vollem Umfange einspringen.“: Brief *Hubers* an *Oskar Siebeck* vom 30.08 1939. Archiv des Verlags J.C.B. Mohr (Paul Siebeck)

[130] Rechtswissenschaftliche Lehrveranstaltungen gab es bereits seit der Reformation. 1792 wurde die deutsche Universität durch eine ausschließlich französischsprachige „Académie de Strasbourg“ ersetzt. Nach 1870/71 wurde eine neue deutsche Universität, die „Kaiser-

Am 23. November 1941 wurde die Reichsuniversität Straßburg[131] feierlich eröffnet, fast auf den Tag genau 22 Jahre nachdem der damalige französische Staatspräsident *Poincaré* die „Université de Strasbourg" als Nachfolgerin der alten Kaiser-Wilhelms-Universität eingeweiht hatte.

Ernst Rudolf Huber wurde nach eigenen Angaben seitens der Zivilverwaltung als Erstem angeboten, in Straßburg einen juristischen Lehrstuhl anzunehmen.[132] Da er daran interessiert war, nach seiner Arbeit in Kiel erneut den Aufbau einer juristischen Fakultät mitgestalten zu können, lehnte er weitere Rufe nach Prag und Wien ab.[133] Um *Huber* den Wechsel nach Straßburg zu erleichtern, wurde ihm im Laufe der Berufungsverhandlungen sogar zugesagt, die Zusammenstellung der Dozentenliste selbst beeinflussen zu können. *Huber* nahm diese Privilegierung gerne an. Eigenen Berichten und der Aktenlage zufolge gingen daraufhin mehrere Berufungen nach Straßburg auf seine Initiative zurück. Fest steht dies im Fall der Strafrechtler *Georg Dahm* und *Friedrich Schaffstein*, die *Huber* aus der gemeinsamen Zeit in Kiel kannte. Weiterhin empfahl *Huber* dem Reichswissenschaftsministerium die Kandidaten *Ernst Forsthoff* und *Herbert Krüger*. Während *Krügers* Berufung auch tatsächlich erfolgte, scheiterte die *Forsthoffs* am Einspruch der Parteileitung.[134] Neben *Huber* und *Krüger* wurde

---

Wilhelms-Universität gegründet. Nach dem Versailler Vertrag wurde die deutsche erneut durch eine französische Hochschule, die „Université de Strasbourg" abgelöst. Ausführlich zur deutschen Universität in Straßburg: *Schäfer*, Juristische Lehre und Forschung an der Reichsuniversität Straßburg, S. 1-20

[131] Die Bezeichnung „Reichsuniversität" wies auf eine verwaltungsrechtliche Besonderheit hin, da Universitäten grundsätzlich als Landesuniversitäten gegründet wurden und damit der Verwaltungshoheit der Länder unterstanden. Die Zuständigkeit des Reiches ergab sich aus der besonderen Verfassungslage Elsass-Lothringens, das völkerrechtlich nicht als Gebiet des deutschen Reiches anerkannt war. Sobald Universitäten außerhalb des deutschen Staatsgebietes gegründet wurden, lag die Verwaltungshoheit automatisch beim Reich (*Huber*, Deutsche Verfassungsgeschichte seit 1789 Bd. IV, S. 938).
In Straßburg nahm seit Kriegsbeginn die dritte Reichsuniversität ihren Betrieb auf, nachdem am 04.11.1939 bereits die Reichsuniversität Prag und am 27.04.1941 die Reichsuniversität Posen eröffnet worden waren. Weitere Universitätsneugründungen waren vorgesehen und wurden auch betrieben, aber lediglich in Prag, Posen und Straßburg fand ein vollständiger Universitätsbetrieb statt (*Schäfer*, Juristische Lehre und Forschung, S. 58).

[132] Mitteilung von *Huber* an *Schäfer* am 10.11.1986. Alle im weiteren Verlauf zitierten Mitteilungen wurden von den befragten Personen gegenüber *Herwig Schäfer* gemacht, dem Verfasser des Werks: Juristische Lehre und Forschung an der Reichsuniversität Straßburg 1914-1944, Tübingen 1999

[133] Brief des für den Aufbau der Universität Straßburg im Reichswissenschaftsministerium zuständigen Referenten *Kasper* an das Reichswissenschaftsministerium vom 04.09.1941. Bundesarchiv Berlin-Lichterfelde, R 21/794

[134] *Forsthoff* war während seiner Dozententätigkeit in Königsberg und Wien mit einflussreichen Parteigrößen aneinandergeraten. Die Nichtberufung nach Straßburg war wohl eine Folge dieser Auseinandersetzungen. Die offizielle Begründung, dass seine Verbindung zu *Carl Schmitt* ihm geschadet habe, war vorgeschoben, denn über solche Kontakte verfügte ebenfalls

Ulrich Scheuner als dritter Öffentlichrechtler nach Straßburg berufen. Für eine Hochschule von der Größe der Reichsuniversität[135] waren drei öffentlich-rechtliche Lehrstühle überdurchschnittlich viel. Eine derart großzügige Ausstattung erfolgte nicht zufällig, sondern war das Ergebnis einer von *Huber* erhobenen Forderung. Im Oktober 1940 hatte eine Arbeitsgruppe, der auch *Scheuner* angehörte, unter *Hubers* Leitung die Arbeit aufgenommen, um Möglichkeiten zu entwickeln, die Ausbildung im Öffentlichen Recht zu intensivieren. Da mit Aufnahme des Lehrbetriebs gleich zwei Mitglieder dieser Kommission, darunter deren Leiter, in Straßburg Dienst taten, ist zu vermuten, dass Straßburg ein Lehrbeispiel jener Reformideen werden sollte.[136]

b. Forschung und Lehre

Bei den von *Huber* gehaltenen Vorlesungen fällt auf, dass Veranstaltungen im Arbeits- und Wirtschaftsrecht, die er zu Beginn seiner Dozentenzeit in Bonn und Kiel noch regelmäßig durchführte, völlig aus dem Lehrangebot entfallen sind. Dafür gibt es verschiedene Erklärungen: Zunächst hatte *Huber* gegenüber dem Verleger *Oskar Siebeck* schon früher anklingen lassen, dass er anstrebe, „das Wirtschaftsrecht etwas in den Hintergrund treten zu lassen".[137] Weiterhin ergab sich der Rückzug aus der knappen Personallage im Öffentlichen Recht. *Huber* musste dort das Lehrangebot alleine aufrechterhalten, da sowohl *Scheuner* wie auch *Krüger* zum Militärdienst eingezogen worden waren.[138] Als Folge dieses Engpasses konzentrierte sich *Huber* auf die Kerngebiete des Öffentlichen Rechts, das Verfassungs- und Verwaltungsrecht, ergänzt durch die Verfassungsgeschichte. Das Wirtschaftsrecht wurde dagegen ganz von den Zivilrechtlern übernommen, die neben ihrer deutlich besseren Personallage über ein eigenes

---

Huber, der genau wie *Forsthoff* Schüler *Schmitts* war (*Kunkel*, Der Professor im Dritten Reich, in: *Kuhn* u.a. (Hrsg.), Die deutsche Universität im Dritten Reich, S. 103-133 (108f.).

[135] Im Eröffnungssemester, dem WS 1941/42, waren lediglich 902 Studierende immatrikuliert. Personal- und Vorlesungsverzeichnis der Reichsuniversität Straßburg SS 1942, S. 55

[136] Inhaltlich wurde für alle Juristen eine erweiterte und vertiefte Ausbildung im Öffentlichen Recht gefordert. Dies sollte durch eine Erhöhung der Semesterstundenzahl und eine Erweiterung des Fächerkanons erfolgen. Außerdem sollte das Staatsexamen in eine akademische Abschlussprüfung umgestaltet werden, da nur so die einseitige Ausrichtung der Staatsprüfung auf die Bedürfnisse der Justiz aufgehoben werden könne (*Schäfer*, Juristische Lehre und Forschung, S. 76).

[137] Brief *Hubers* an *Oskar Siebeck* vom 25.01.1934. Archiv des Verlags J.C.B. Mohr (Paul Siebeck)

[138] Nur im WS 1942/43 war *Scheuner* für Straßburg freigestellt und hielt in dieser Zeit ein Seminar ab. Personal- und Vorlesungsverzeichnis der Reichsuniversität Straßburg WS 1942/43, S. 48

Institut für Wirtschaftsrecht verfügten.[139] Vorlesungsbegleitend hielt *Huber* im Verfassungsrecht, im Verwaltungsrecht und im allgemeinen Öffentlichen Recht auch die entsprechenden Übungen.[140]

Während seiner Straßburger Zeit veranstaltete *Huber* auch zwei Seminare. Im Sommersemester 1943 beschäftigte er sich mit Grundfragen der Volks- und Staatslehre. Im Sommersemester 1944 bot er eines zu Grundfragen der Verfassungslehre an.[141] Die bei diesen Veranstaltungen behandelten Themen lassen sich nur noch bruchstückhaft ermitteln. Im Sommersemester 1943 sollen aber der Demokratiebegriff bei *Montesquieu* und *Rousseau*, die Gewaltenteilung und die Entwicklung zum Parlamentarismus besprochen worden sein.[142] Das Seminar des Sommersemesters 1944 beschäftigte sich aus aktuellem Anlass schwerpunktmäßig mit der Weimarer Reichsverfassung. *Huber* wählte dieses Thema, da sich 1944 das Inkrafttreten der Reichsverfassung zum fünfundzwanzigsten Mal jährte. Nach eigener Aussage arbeiteten die Studenten mit lebhaftem Interesse am Verfassungstext.[143]

Auch an den einzigen beiden Promotionsverfahren, die sich an der Rechts- und Staatswissenschaftlichen Fakultät der Universität Straßburg nachweisen lassen, war *Huber* beteiligt. Aus dem Jahr 1942 stammt eine von *Hermann Petersen* vorgelegte Dissertation mit dem Titel: „Febronianismus und Nationalkirche.“ Es liegen zwar keine genaueren Angaben über den Verfasser und das entsprechende Promotionsverfahren vor, aber das Thema und gewisse Wendungen lassen auf eine Betreuung durch *Huber* schließen. Aus dem Jahr 1943 datiert eine von *Wolfgang Zink* eingereichte Arbeit zu dem Thema: „Die Entwicklung des gewerblichen Unfallversicherungsrechts in Elsass-Lothringen von 1918-1940.“ Als Berichterstatter sind *Nikisch* und *Huber* vermerkt.[144]

---

[139] Personal- und Vorlesungsverzeichnis der Reichsuniversität Straßburg WS 1941/42, S. 12 oder SS 42, S. 26f

[140] Personal- und Vorlesungsverzeichnis der Reichsuniversität Straßburg Verfassungsrecht SS 1942, S. 44; Verwaltungsrecht WS 1942/43, S. 48; Öffentliches Recht allgemein WS 1943/44, S. 53

[141] Personal- und Vorlesungsverzeichnis der Reichsuniversität Straßburg SS 1943, S. 53; SS 1944, S. 53

[142] Mitteilung von *Prof. Sautter* an *Schäfer* am 13.11.1986.

Guy Sautter (geb. 19.05.1924 in Schiltigheim/Elsass) war ab WS 1942/43 in Straßburg eingeschrieben. *Sautter* war später als wissenschaftliche Hilfskraft bei *Huber* tätig, nachdem *Sautter* diesem bei dem Seminar des WS 1942/43 aufgefallen war. Bericht von *Huber* an *Schäfer* am 10.11.1986

Nach 1945 war *Sautter* im französischen Außenministerium und bei der UNESCO tätig. 1962-1973 war er Rechtsberater der Europäischen Gemeinschaften. *Sautter* war Angehöriger der Juristischen Fakultät der Université de Strasbourg und Hon. Prof. an der Universität Freiburg/Breisgau (Strodel u.a. (Hrsg.) Kürschners Gelehrtenkalender 1996, Geistes- und Sozialwissenschaften, S. 1228).

[143] Mitteilung von *Huber* an *Schäfer* am 10.11.1986

[144] Hinweis auf beide Dissertationen von *Hollerbach* an *Schäfer*

Neben seiner Lehrtätigkeit wurde *Huber* im Dezember 1941 auf Vorschlag des Präsidenten des Oberlandesgerichts Karlsruhe zum Prüfer beim Justizprüfungsamt Karlsruhe bestellt. Das Referendarexamen nahm man den Straßburger Studenten in Karlsruhe ab, da das Elsass und damit Straßburg völkerrechtlich und auch nach der offiziellen deutschen Lesart Ausland war.[145]

Außerdem war *Huber* in Straßburg zusammen mit *Scheuner* und *Krüger* einer der Direktoren des Instituts für Politik der Rechts- und Staatswissenschaftlichen Fakultät[146] und geschäftsführender Direktor des rechtswissenschaftlichen Seminars. Als Direktor des juristischen Seminars war *Huber* unter anderem für den Aufbau der juristischen Fachbibliothek verantwortlich. Den Grundstock dazu bildeten die Bestände der alten Kaiser-Wilhelms-Universität. Diese waren 1939 kurz nach Kriegsbeginn mit der später entstandenen „Université de Strasbourg" nach Clermont-Ferrand verlegt worden und wurden erst 1941 aufgrund massiven politischen Drucks wieder herausgegeben.[147] Dennoch bestand weiterhin ein erheblicher Mangel an nach 1918 erschienenen Büchern und Zeitschriften. *Huber* startete daraufhin einen Aufruf an die anderen deutschen Bibliotheken, überzählige Bestände kostenlos an das Straßburger Seminar abzugeben. Weitere Anschaffungen tätigte *Huber* in Antiquariaten und durch Aufkauf von Nachlässen. Auf diese Weise gelang es ihm, die Seminarbibliothek in kurzer Zeit ausreichend auszustatten.[148]

Infolge der Besetzung Straßburgs durch deutsche Behörden wurden Privatbibliotheken von Angehörigen der Université de Strasbourg beschlagnahmt und den Beständen der Universität Straßburg einverleibt. So bot der Sicherheitsdienst der SS dem Dekan beispielsweise die Privatbestände des Verfassungsrechtlers *René Capitant*[149] an, nachdem diese konfisziert worden waren. *Huber* überzeugte den Dekan *Schaffstein*, die Bücher anzunehmen, um sie so vor unsicherer Verwendung zu schützen. 1944, beim Umzug nach Tübingen, wurden die Bestände *Ca-*

[145] Auch die Anrechnung der in Straßburg verbrachten Semester musste eigens geregelt werden, da diese aufgrund der Nichtzugehörigkeit Straßburgs zum Deutschen Reich nicht automatisch als ordentliches Universitätsstudium gemäß § 4 Abs. 1 Satz 1 der JAO von 1939 gelten konnten. Auch ein Rückgriff auf die Anrechnung von Auslandssemestern hätte nicht geholfen, da diese auf drei Semester beschränkt waren.: Schreiben des Präsidenten des OLG Karlsruhe an das Reichjustizministerium vom 18.11.1941. Bundesarchiv Berlin-Lichterfelde R 22/2583, S. 126

[146] Personal- und Vorlesungsverzeichnis der Reichsuniversität Straßburg WS 1942/43, S. 27ff

[147] *Schäfer*, Juristische Lehre und Forschung, S. 48f

[148] Mitteilung *Hubers* an *Schäfer* am 10.11.1986

[149] *René Capitant* (1901-1970) war 1939/40 Soldat und ging nach der französischen Demobilisierung zunächst nach Clermont-Ferrand und 1941 an die Universität Algier. Er war führendes Mitglied der Résistance. 1944 berief ihn General de Gaulle als Erziehungsminister in die provisorische Regierung und dann in die erste französische Nachkriegsregierung. 1951 folgte die Berufung an die Sorbonne. Er war mehrfach Abgeordneter der französischen Nationalversammlung (Sirinelli, Dictionnaire de la politique francaise Bd. I, S. 96f; Bd. II, S. 198ff).

pitants in Straßburg zurückgelassen.[150] Dieser Rettungsaktion verdankten später im Gegenzug viele Angehörige der Universität Straßburg, dass die französischen Besatzungsbehörden in Tübingen ihre Privatbestände ebenfalls unangetastet ließen.[151] *Capitant* hat sich Jahre darauf persönlich bei *Huber* für die Erhaltung seiner Privatbibliothek bedankt.[152]

Im Herbst 1944 war *Huber* schließlich für das Verpacken und Verbringen der Bibliothek nach Tübingen[153] verantwortlich, um sie vor der näherrückenden Front zu schützen.[154]

5. Heidelberg

Wie die meisten anderen Professoren sollte auch *Ernst Rudolf Huber* nach Tübingen gehen, um das Weiterbestehen der Straßburger Fakultät zu gewährleisten.[155] Er selbst bevorzugte dagegen eine Tätigkeit an der Universität Heidelberg, um seiner Aufgabe zur Sicherung der Straßburger Bibliothek besser nachkommen zu können.[156] Darüber hinaus gab es in Tübingen aufgrund der nunmehr zwei ortsansässigen Universitäten ein Überangebot an Lehrkräften, so dass *Hubers* Anwesenheit dort nicht zwingend erforderlich war.[157]

Im Wintersemester 1944/45 bot sich die Möglichkeit, *Huber* in Heidelberg unterzubringen, da der öffentlich-rechtliche Lehrstuhl von *Karl Bilfinger* seit dessen Weggang nach Berlin noch immer unbesetzt war. *Huber* wurde am 14. November 1944 angewiesen, die neue Tätigkeit in Heidelberg aufzunehmen, ohne dass dies die Rechte und Pflichten gegenüber der Straßburger Stamm-

---

[150] Hinweis von *Huber*, *Erler* und *Schaffstein* an *Schäfer*

[151] Hinweis von *Erler* an *Schäfer* am 27.09.1986

[152] Hinweis von *Huber* an *Schäfer* am 10.11.1986

[153] Am 21.09.1944 hatte das Reichswissenschaftsministerium vorläufig angeordnet, Vorbereitungen für die Errichtung einer Außenstelle der Universität Straßburg in Tübingen zu treffen. Die Verlegung nach Tübingen sollte keine endgültige Entscheidung sein, da man der französischen Université de Strasbourg nicht das Feld räumen wollte. Als der Lehrbetrieb in Straßburg eingestellt wurde, versuchte man, mit 18 Straßburger Professoren eine eigenständige Straßburger Universität in Tübingen aufrechtzuerhalten (*Schäfer*, Juristische Lehre und Forschung, S. 240ff).

[154] Schreiben des Dekans der Juristischen Fakultät Heidelberg *Krause* an den Rektor der Universität Heidelberg vom 03.11.1944. UAH – PA 4307

[155] Dekan der Juristischen Fakultät Heidelberg an den Rektor vom 03.11.1944. UAH – PA 4307

[156] Brief *Hubers* an den Dekan der Juristischen Fakultät Heidelberg vom 07.11.1944. UAH – PA 763

[157] Dekan der Juristischen Fakultät Heidelberg an den Rektor vom 03.11.1944. UAH – PA 4307

Fakultät berührte.[158] Nachdem *Huber* dem Heidelberger Dekan *Krause* für seine Bemühungen gedankt hatte, kündigte er seine Ankunft für die Nacht vom 23. auf den 24. November 1944 an. Zwei Tage vor der geplanten Abreise standen jedoch bereits amerikanische Verbände in der Nähe von Straßburg. Daher entschloss sich *Huber* schon am Vormittag des 23. November zur Flucht. Gegen 11.30 Uhr setzten sich einige Bekannte unter seiner Leitung mit dem Fahrrad in Richtung Rheinbrücken in Bewegung. Während der Marne-Kanal noch ohne Schwierigkeiten passiert werden konnte, lagen die Rheinbrücken zu diesem Zeitpunkt schon unter Maschinengewehrbeschuss. Die Gruppe um *Huber* schlug sich daher zum Flussufer durch und überquerte zusammen mit Wehrmachtssoldaten unter abenteuerlichen Umständen den Hochwasser führenden Rhein. Am nächsten Tag erreichte *Huber* Heidelberg.[159] Seine Lehrveranstaltungen nahm er allerdings erst Ende November auf. *Huber* hielt die dreistündige Vorlesung „Volk und Staat" und ein „Konservatorium über öffentliches Recht".[160]

Nach Abschluss der Vorlesungszeit des Wintersemesters 1944/45 fuhr *Huber* nach Altglashütten-Falkau im Schwarzwald, „um im dienstlichen Interesse in einer dorthin ausgelagerten Bibliothek wissenschaftlich zu arbeiten und um sichergestellte Vorlesungsmanuskripte abzuholen"[161]. Mit Hilfe von Briefwechseln ist belegbar, dass sich *Huber* dort regelmäßig und nicht nur zu wissenschaftlichen Zwecken aufhielt.[162] Er lebte zunächst bei der Familie des Historikers *Hermann Heimpel.*[163] Später hatte *Huber* mit seiner Familie bis Sommer

---

[158] Erlass des Reichswissenschaftsministeriums an *Huber* (Abschrift) vom 14.11.1944. UAH – Rep. 27-624

[159] *Huber*, Bericht „Der 22. und 23.11.1944 in Straßburg", undatiert, Personalakte *Huber*. Bundesarchiv Berlin-Lichterfelde (ehemalige BDC-Bestände), BDC-WI A 496. *Huber* beschreibt in diesem sechsseitigen Augenzeugenbericht in ergreifender Weise die chaotischen Umstände seiner Flucht aus Straßburg. Er bemüht sich in dieser Schilderung das Schicksal und Verbleiben seiner Universitätskollegen und teilweise auch deren Ehefrauen zu klären. Weitere Berichte über das Schicksal der Straßburger Fakultät bei: *Heiber*, Universitäten unterm Hakenkreuz, Bd. 2: Die Kapitulation der hohen Schule, S. 252ff

[160] Schreiben des Dekans der Juristischen Fakultät Heidelberg an den Rektor vom 27.11.1944. UAH – PA 4307

[161] Schreiben von *Huber* in Eigenschrift, undatiert und ohne Adressat. UAH – PA 4307

[162] Brief von *Huber* an *Frau Siebeck* vom 06.01.1945. Briefe an *Huber* sind stets adressiert an „Haus Heimpel". Archiv des Verlags J.C.B. Mohr (Paul Siebeck)

[163] Brief von *Peter Rassow* an *Siegfried A. Kaehler*, zitiert in: *Schulze*, Deutsche Geschichtswissenschaft nach 1945, Bd. 10 von Lothar Gall (Hrsg.), Historische Zeitschrift-Beihefte, S. 66-74 (72-73)
Hermann Heimpel war wie *Huber* bis zur Eroberung Straßburgs Ende November 1944 Professor an der dortigen Reichsuniversität gewesen. *Heimpel* hatte Straßburg als Führer einer Volkssturmkompanie verlassen. Anmerkungen in: *Schulze*, Deutsche Geschichtswissenschaft nach 1945, S. 72-73

1949 in Falkau seinen offiziellen Wohnsitz.[164] *Hubers* ursprüngliche Planung, die Lehrtätigkeit in Heidelberg im Sommersemester 1945 wieder aufzunehmen, konnte wegen des Kriegsendes nicht mehr realisiert werden.[165] Das Dienstverhältnis in Heidelberg endete am 30. April 1945.[166] Anschließend zog er sich nach Falkau zurück.

II. Versuch eines Neubeginns

1. Privatgelehrter in Freiburg

Nach dem Krieg stand der Hochschullehrer *Ernst Rudolf Huber* vor einer ungewissen Zukunft. Das wegen seiner exponierten Stellung während des Nationalsozialismus durchgeführte Entnazifizierungsverfahren wurde im Dezember 1948 durch Bescheid des Badischen Staatskommissariates für politische Säuberung abgeschlossen. Danach stufte man *Huber* in die Kategorie „Mitläufer, Begünstigter der Verordnungen 133/165“ ein. *Huber* fiel damit unter die grundsätzlich Wiederverwendungsfähigen nach Art. 131 GG.[167] Dennoch war an eine baldige Rückkehr auf einen deutschen Lehrstuhl zunächst nicht zu denken. Für den wirtschaftlichen Unterhalt der Familie sorgte daher jetzt *Hubers* Frau, *Dr. Tula Huber-Simons*. Sie arbeitete als Rechtsanwältin in Freiburg, während ihr Mann sich

[164] Melde- und Personalbogen für die Bewerbung um Wiedereinstellung in den Öffentlichen Dienst vom 04.10.1950. 22 UIH 58, p. 2 (Teil der UAG Kur PA ERH)

[165] Schreiben von *Huber* in Eigenschrift, undatiert und ohne Adressat. UAH - PA 4307

[166] Kassenanweisung vom 19.09.1946. UAH – Rep. 27 - 624

[167] Melde- und Personalbogen vom 04.10.1950. 22 UIH 58, p. 2 (Teil der UAG Kur PA ERH) Gutachter im Spruchkammerverfahren war auch der Rechtsanwalt und *Huber*-Schüler *Hellmut Becker*. Das seit ihrer gemeinsamen Leipziger Zeit bestehende Vertrauensverhältnis bewies sich im Sommer 1948 darin, dass *Becker* während des „Wilhelmstraßenprozesses“ die Hilfe *Hubers* in Anspruch nahm. *Becker* hatte die Verteidigung des Diplomaten *v. Weizsäcker* übernommen und baute seine Argumentation mit *Hubers* Hilfe auf. So ließ er sich Beispiele für den „Widerstand in der Mitwirkung“ nennen und setzte sich mit der Anwendbarkeit des „übergesetzlichen Notstandes“ auseinander.
In diesem Zusammenhang äußerte *Huber* auch seine persönliche Einstellung zur Situation des Widerstands: „Ich sehe in der Kombination des plebiszitären und des totalitären Elements das eigentlich Charakteristische unserer damaligen Situation und meine auch, dass sie für die innere Problematik der deutschen résistance überaus wichtig war. Jeder Widerstand gegen den Diktator war paradoxerweise auch ein Widerstand gegen die überwältigende Majorität des Volkes, vor allem natürlich in Zeiten, in denen die Diktatur erfolgreich war. Kein Zweifel, dass die Aktionskraft der deutschen résistance durch diese plebiszitäre Grundlage der Diktatur verhängnisvoll gelähmt worden ist.“ (Schreiben *Hubers* an *Becker* vom 31.07.1948. Nachlass Schmitt, Nordrhein-Westfälisches Hauptstaatsarchiv Düsseldorf, RW 265-6245/1-2).

noch Ende der 40er Jahre als „Privatgelehrter“[168] verstand. *Huber* beschäftigte sich damals vor allem mit verfassungsgeschichtlichen Forschungen, denen er sich schon seit Ende der dreißiger Jahre und besonders während seiner Straßburger Zeit vermehrt zugewandt hatte.

Im Juli 1949 verließ *Huber* Falkau, um in Freiburg nach Wegen zu suchen, erste eigene Schriften wieder veröffentlichen zu können. Auf Vermittlung *Wilhelm Grewes* gelang es, einige kleinere Artikel in dem von ihm herausgegebenen „Archiv des öffentlichen Rechts“ zu publizieren. Jeder dieser Beiträge erschien jedoch anonym oder unter Pseudonym.[169] Auch die Quellensammlung zum „Staatsrecht der Neuzeit“, *Hubers* erste größere Nachkriegsveröffentlichung, erfolgte ohne Preisgabe der Identität, weil „ich nicht daran denken konnte, mit meinem Namen hervorzutreten.“[170] 1951 wurde der zweite Band dieser Quellensammlung veröffentlicht, jetzt jedoch wieder unter Angabe des Verfassers.[171]

Während sich *Huber* Ende der 40er Jahre nach seinen ersten wissenschaftlichen Publikationen auch wieder um Kontakte zur Universität Freiburg bemühte, bemerkte er im Verhältnis zu *Carl Schmitt*, der nach 1945 an deutschen Hochschulen nicht mehr Fuß fassen konnte, eine neue Qualität. So schrieb *Huber* im November 1950: „Ich will jetzt nicht weiter davon sprechen, dass, wie mir scheint, in unseren Beziehungen von ihrer Seite aus eine gewisse Entfremdung spürbar ist. Vielleicht haben wir uns zu lange nicht gesehen, als dass durch Briefe allein der spontane Kontakt immer hergestellt werden könnte. Doch ich bin sicher, dass es zwischen uns nur vorübergehende Trübungen des unmittelbaren Vertrauens geben und dass unser altes Verhältnis nur am Rande, nicht im Kern durch akzidentelle Störungen getroffen werden kann.“[172] Dennoch fällt bei der Auswertung der Korrespondenz zwischen *Huber* und *Schmitt* auf, dass das einstige Vertrauensverhältnis seit diesem Brief stark abgekühlt erscheint. Alle weiteren Briefe, mit Ausnahme des Beileidsschreibens nach dem Tod von *Schmitts* Ehefrau, sind sehr sachlich; die Atmosphäre wirkt höflich distanziert.

---

[168] Melde- und Personalbogen vom 04.10.1950. 22 UIH 58, p. 2 (Teil der UAG Kur PA ERH)

[169] Bibliographie in: *Forsthoff* (Hrsg.), Festschrift für Huber, S. 398f

[170] Brief *Hubers* an *Schmitt* vom 07.02.1950. Nachlass Schmitt, Nordrhein-Westfälisches Hauptstaatsarchiv Düsseldorf, RW 265-6280

[171] Quellen zum Staatsrecht der Neuzeit, Zwei Bände, Tübingen: M. Matthiesen, 1949-1951
Bd. 1: Deutsches Verfassungsrecht im Zeitalter des Konstitutionalismus (1806-1918)
Bd. 2: Deutsche Verfassungsdokumente der Gegenwart (1919-1951).

[172] Brief *Hubers* an *Schmitt* vom 15.11.1950. Nachlass Schmitt, Nordrhein-Westfälisches Hauptstaatsarchiv Düsseldorf, RW 265-6282

1952 begann *Hubers* langsame Rückkehr an die deutsche Universität. *Franz Wieacker*, ein langjähriger Freund und Weggenosse,[173] stellte damals als Dekan der Freiburger Rechts- und Staatswissenschaftlichen Fakultät den Antrag, *Huber* einen Lehrauftrag für „Neuere Verfassungsgeschichte" zu erteilen. Da diesem von der Fakultät einstimmig entsprochen wurde, gelang *Huber* der erste Schritt auf dem steinigen Weg seines Neuanfangs noch ohne jeden Widerstand. Einige Monate später schlug die Stimmung gegenüber *Ernst Rudolf Huber* um. Denn sobald auch er als möglicher Nachfolger von *Theodor Maunz* auf dessen Freiburger Lehrstuhl vorgeschlagen wurde, erhob sich erstmals Protest. Anführer der Opposition waren der Nationalökonom *Constantin von Dietze* und der Rechtshistoriker *Fritz Pringsheim*.[174] Beide hielten eine Tätigkeit *Hubers* vor dem Hintergrund seiner im Dritten Reich verfassten Schriften für unverantwortlich, da diese „geradezu richtungsweisend für die Pervertierung des Rechts im nazistischen Regime"[175] gewirkt hätten. Der Fakultät drohte aufgrund der Unversöhnlichkeit von Gegnern und Befürwortern in der Frage einer möglichen Berufung die Spaltung. Somit musste das Vorhaben scheitern. Als Kompensation wurde der bislang auf neuere Verfassungsgeschichte beschränkte Lehrauftrag zum Sommersemester 1953 auf das Wirtschaftsverwaltungsrecht ausgedehnt. Aber selbst diese geringfügige Aufwertung der Stellung *Hubers* an der Freiburger Universität erfolgte erst, nachdem die Akten des Spruchkammerverfahrens, ergänzt durch aktuelle Gutachten, erneut geprüft worden waren.[176]

2. Vereinigung der deutschen Staatsrechtslehrer

Die wohl wichtigste Etappe auf dem Weg zur vollständigen universitären Integration gelang erst 1956. *Huber* wurde nach heftig geführten Diskussionen wieder in den Fachverband der Staats- und Verwaltungsrechtslehrer, die 1922 gegründete Vereinigung der deutschen Staatsrechtslehrer,[177] aufgenommen.

---

[173] *Franz Wieacker* ist der 1963 veröffentlichte dritte Band der „Deutschen Verfassungsgeschichte seit 1789" gewidmet.

[174] *Pringsheim* war aus rassischen Gründen von der Lehre entbunden worden, *Dietze* beteiligte sich als Anhänger der Freiburger Schule am Widerstand des 20. Juli (*Grothe*, Eine „lautlose" Angelegenheit ?, in: aaO, S. 985).

[175] *Dietze* an *Wieacker*, 13.02.1953. Archiv der Universität Freiburg

[176] Auch hier erwies sich *Wieacker* wieder als verlässlicher Fürsprecher *Hubers*. Sein Bericht an das Kultusministerium relativierte Verfehlungen, warb um Verständnis und stellte die aufrechte Persönlichkeit *Hubers* in den Vordergrund. So betonte er *Hubers* Hilfe für Regimegegner, seine Verbindungen zu Widerstandskreisen und wertete die demonstrative Zurückhaltung *Hubers* nach 1945 als Zeichen einer „Selbstprüfung und Einkehr" (Schreiben *Wieackers* an das Kultusministerium vom 29.06.1953. Archiv der Universität Freiburg).

[177] *Stolleis*, Die Vereinigung der deutschen Staatsrechtslehrer, in: Kritische Vierteljahresschrift für Gesetzgebung und Rechtswissenschaft Heft 1/1997 80. Jg., S. 339-358 (339).

Trotz der Zerwürfnisse in der NS-Zeit, die 1938 mit der endgültigen Auflösung ihren Höhepunkt fanden, war nach dem Krieg der allgemeine Wille vorhanden, die Vereinigung wiederzubegründen. *Walter Jellinek*, *Erich Kaufmann*, *Hans Helfritz* und *Richard Thoma*[178] fungierten vor der ersten Tagung als Organisationskomitee. Die Vorbereitung des ersten Nachkriegstreffens war durch die Spaltung der Vereinigung in drei große Gruppierungen belastet. Auf der einen Seite standen die zwischen 1933 und 1938 von ihren Lehrstühlen oder sogar aus Deutschland vertriebenen Kollegen, ohne die ein überzeugender Neubeginn nicht gelingen konnte. Das andere Extrem bildeten die Staatsrechtslehrer mit NS-Vergangenheit, die seit 1945 in der wissenschaftlichen Öffentlichkeit nicht mehr nennenswert in Erscheinung getreten waren. Die Mehrheit bildete die Gruppe derer, die sich während der NS-Zeit nicht allzu sehr exponiert, aber auch nicht diskreditiert hatten. Alle diese unterschiedlichen Charaktere und Lebensläufe, die in der Zeit des Nationalsozialismus noch wissenschaftlich gegeneinander angekämpft hatten, sollten jetzt auf einer sachlich-fachlichen Ebene wieder zueinander finden. Um dieses schwierige Ziel erreichen zu können, entschloss sich der Vorstand zu einer großzügigen Wiederaufnahmepraxis, ohne aber die nationalsozialistische Vergangenheit gänzlich ruhen zu lassen. Während die Dozenten mit „durchschnittlicher NS-Belastung“ 1949 auf der Gründungstagung in Heidelberg wieder in die Reihen der Vereinigung integriert wurden, belegte man diejenigen mit erheblicher NS-Vergangenheit mit einer im einzelnen unterschiedlichen Wartezeit.[179]

1950 stellte sich auf der Folgetagung in München erneut die Frage, wie mit den bislang noch ausgeschlossenen Staatsrechtslehrern umzugehen sei. Als besonders umstritten galten dabei weiterhin, von *Carl Schmitt* abgesehen, *Ernst Rudolf Huber* und *Otto Koellreutter*. Während *Jellinek* anregte, letztere jetzt wieder aufzunehmen, zeigte sich bei anderen heftige Gegenwehr, wurde dies doch als Signal angesehen, auf politische Wertungen bei der Wiederaufnahme vollständig zu verzichten.[180] Auch die Betroffenen reagierten unterschiedlich. Während *Koellreutter* die Integration wünschte, äußerte sich *Huber* abwartend bis desinteressiert. So schrieb er an *Carl Schmitt*, er habe kein Interesse an der Vereinigung, solange eine Debatte über die Frage der politischen Belastung ge-

[178] *Erich Kaufmann* und *Walter Jellinek* waren als NS-Geschädigte glaubhafte Vertreter eines Neuanfang der Staatsrechtslehrertagung nach dem Krieg. Das Hinzutreten von *Helfritz* löste gewisse Probleme aus, da *Kaufmann* und *Jellinek* sich einig waren, *Helfritz* sei als alter Monarchist nicht geeignet, einen Neubeginn zu markieren. So war man erleichtert, nach einigen Bemühungen auch den noch während der Weimarer Republik von der Demokratie überzeugten *Richard Thoma* für die Gründungsvorbereitungen zu gewinnen (*Stolleis*, Die Vereinigung der deutschen Staatsrechtslehrer, in: aaO, S. 346f).

[179] *Stolleis*, Die Vereinigung der deutschen Staatsrechtslehrer, in: aaO, S. 347.

[180] Sehr pointiert dazu *Peters*, der sich strikt gegen Tendenzen innerhalb der Staatsrechtslehrervereinigung richtet, die alte Vereinigung in Form und Inhalt als Neuauflage von 1932 zu restaurieren. Schreiben vom 02.06.1950, Nachlass Jellinek, Bundesarchiv Koblenz N 1242

führt werde, man solle sich zunächst auf die Inhaber eines Lehramtes konzentrieren.[181]

Trotz *Hubers* Haltung wurde in München die Frage einer Wiederaufnahme heftig diskutiert. Als der Vorstand der Vereinigung vorschlug, *Huber* und *Koellreutter* wieder zuzulassen, regte sich innerhalb der Staatsrechtslehrertagung Protest. 17 von 80 Hochschullehrern[182] erhoben bei *Jellinek* Einspruch, so dass der Ausschluss auch 1950 aufrechterhalten blieb. Die Kontroverse blieb auch auf den Folgetagungen der nächsten Jahren bestehen. Eine ausreichende Mehrheit für die Rückkehr *Hubers* kam nicht zustande. *Huber* selbst verfolgte die Debatte um seine Person und fühlte sich dabei von vielen Äußerungen verletzt, da er seine persönliche Glaubwürdigkeit in Frage gestellt sah. Dennoch wandte er sich weder an den Vorstand der Vereinigung, noch an die Öffentlichkeit. Seine Ansichten zur damaligen Situation lassen sich heute lediglich aus seiner Korrespondenz erschließen.[183] Erst Jahre später erlahmte der hartnäckigste Widerstand. *Hubers* Haltung, die Angelegenheit abwartend zu betrachten und vor allem nicht selbst den Angriff gegen seine Gegner aufzunehmen, wurde allgemein begrüßt und weichte die verhärteten Fronten auf.[184] Nach einer deutlich längeren „Karenzzeit“[185] als ursprünglich vorgesehen, wurde er 1956 wieder in die Staatsrechtslehrervereinigung aufgenommen.

3. Von Wilhelmshaven nach Freiburg

Die Wiederkehr *Ernst Rudolf Hubers* in den Fachverband der deutschen Staatsrechtslehrer wurde allgemein als Rehabilitierung seiner Person von Seiten der Wissenschaft verstanden. Damit war nach der Erteilung der Freiburger Lehraufträge ein weiterer wichtiger Schritt zurück auf einen deutschen Lehrstuhl bewältigt. Denn mit jener Aufnahme *Hubers* wuchs auch an den Universitäten sofort

---

181 Brief *Hubers* an *Schmitt* vom August 1949. Nachlass Schmitt, Nordrhein-Westfälisches Hauptstaatsarchiv Düsseldorf, RW 265-6279/1

182 Die prominentesten Gegner waren *Adolf Merkl*, *Hans Peters*, *Hans Nawiasky*, *Wolfgang Abendroth*, *Hermann Brill* und *Hermann v. Mangoldt* (*Stolleis*, Die Vereinigung der deutschen Staatsrechtslehrer, in: aaO, S. 350).

183 So z.B. *Huber* an *Schmitt* vom 15.11.1950. Nachlass Schmitt, Nordrhein-Westfälisches Hauptstaatsarchiv Düsseldorf, RW 265-6282

184 Im Gegensatz dazu *Koellreutter*, der sich schriftlich in Beleidigungen überschlug, sich selbst als „Entrechteten“ bezeichnete und um seine Emeritierung kämpfte. Mit seinen aggressiven Briefen hatte er jeden guten Willen beim Vorstand zerstört. Dieser hatte die Chancen einer Wiederaufnahme *Koellreutters* zunächst günstiger eingeschätzt als bei *Huber*. *Koellreutter* ist nicht mehr Mitglied der Vereinigung geworden. (*Stolleis*, Die Vereinigung der deutschen Staatsrechtslehrer, in: aaO, S. 350f).

185 Formulierung *Thomas* zur Problematik der Wiederaufnahme. (*Stolleis*, Die Vereinigung der deutschen Staatsrechtslehrer, in: aaO, S. 347).

wieder das Interesse an seiner Person. Hatte man es bis 1956 noch nicht gewagt, dem aus der Staatsrechtslehrervereinigung ausgeschlossenen *Huber* einen Lehrstuhl anzubieten, wollte jetzt niemand die Gelegenheit versäumen, ihn an der eigenen Hochschule unterzubringen In Freiburg ernannte man ihn daher im April 1956 zunächst zum Honorarprofessor[186] und versuchte auf diese Weise, *Huber* fester zu binden, denn die Möglichkeit einer Berufung nach Kiel und Nürnberg war bereits im Gespräch.

Der erste konkrete Schritt zu einem ordentlichen Lehrstuhl erfolgte jedoch nicht in Freiburg, Kiel oder Nürnberg, sondern in Wilhelmshaven, an der dortigen Hochschule für Sozialwissenschaften.[187] Deren damaliger Rektor, der Ökonom *Raupach*,[188] brachte *Huber* 1956 ins Gespräch, um eine seit längerer Zeit freie Professur für Öffentliches Recht wiederzubesetzen. Während die Hochschule in Wilhelmshaven auf ein kurzes Berufungsverfahren drängte, um *Huber* möglichst bald als eigenen Dozenten aufweisen zu können, blieb das niedersächsische Wissenschaftsministerium zurückhaltend. Dort war man sich bewusst, dass die Berufung des mittlerweile in Fachkreisen wieder anerkannten *Ernst Rudolf Huber* nach wie vor ein Politikum mit ungewissem Ausgang darstellte. Die Hinweise *Raupachs*, dass die zweite Auflage des „Wirtschaftverwaltungsrechts"[189] unterdessen sehr positiv besprochen worden sei und man *Huber* daher wissenschaftliche Läuterung zugestehen könne[190], führten nicht weiter.

---

[186] Die Ernennung erfolgte am 19.04.1956 Archiv der Universität Freiburg

[187] Diese wurde 1949 als „Hochschule für Arbeit, Politik und Wirtschaft" in Wilhelmshaven-Rüstersiel errichtet und sollte auch Nicht-Abiturienten in einem Kurzstudium der Sozialwissenschaften die Ausbildung zum Gewerkschaftsfunktionär oder Verwaltungsbeamten ermöglichen. Erster Rektor und zugleich prägende Gestalt war *Wolfgang Abendroth*, der sich 1950 entschieden gegen eine Aufnahme *Hubers* in die Staatsrechtslehrervereinigung gewehrt hatte. 1953/54 hatte sie sieben ordentliche Professoren und 102 Studenten. Im März 1956 wurde sie in „Hochschule für Sozialwissenschaften" umbenannt. (*Grothe*, Eine „lautlose" Angelegenheit ?, in: aaO, S. 991 Fn. 71)

[188] Zwischen *Raupach* und *Huber* bestand seit der gemeinsamen „Wandervogel-Zeit" in den zwanziger Jahren ein freundschaftliches Verhältnis. Auskunft von *Konrad Huber*, dem ältesten Sohn von *Ernst Rudolf Huber* an *Ewald Grothe* am 22.01.1999. (*Grothe*, Eine „lautlose" Angelegenheit, in: aaO, S. 991).

Raupach: geb. 1903 in Prag, seit 1919 wohnhaft in Schlesien, dort aktiv in der bündischen Jugend, Studium der Ökonomie und Jura in Breslau, und Berlin. Promotion 1927, 1938 Habilitation für Sozial- und Wirtschaftsgeschichte in Halle. 1949 Lehrstuhl in Braunschweig seit 1951 o. Professor in Wilhelmshaven, 1961 München, 1971 emeritiert. Direktor des Ost-Europa-Institutes in München (seit 1961). Präsident der Bayerischen Akademie der Wissenschaften (seit 1971) (*Kindt* (Hrsg.): Dokumentation der Jugendbewegung, Bd. III: Die bündische Zeit (1920-1933), S. 1790).

[189] Wirtschaftsverwaltungsrecht. Zweite, neu bearbeitete und erweiterte Auflage. Zwei Bände, Tübingen

J.C.B. Mohr (Paul Siebeck). Aus: *Forsthoff* (Hrsg.), Festschrift für Huber, S. 337

[190] *Raupach* an Kultusministerium vom 19.01.1956. Ministerium für Wissenschaft und Kultus Hannover, Ref. 202, Hd. Nr. 3472, K. 22, p. 31-35

Auch *Huber* drängte in dem Berufungsverfahren auf einen zügigen Abschluss. Neben seinem grundsätzlichen Interesse, möglichst schnell Gewissheit über seine Zukunft zu erlangen, ahnte er, dass jede Verzögerung des Vorgangs die Unruhe um seine Person vergrößern werde. *Huber* schätzte die Lage realistisch ein. Schon bald meldeten sich sowohl bei ihm in Freiburg als auch bei dem neuen Rektor *Wendt* in Wilhelmshaven Pressevertreter mit Gesprächswünschen.[191]

Um die politischen Bedenken gegen eine Berufung *Hubers* beurteilen zu können, ließ der Wissenschaftsminister zunächst ein Gutachten erstellen,[192] in dem sich Ministerialrat *Brien* ausführlich mit *Hubers* Werk auseinander setzte. Darin stellte er fest, dass *Huber* den Nationalsozialismus durch seine Schriften gefördert habe. Dies sei aber durch eine „sachliche und leidenschaftslose Darstellungsweise“[193] erfolgt. *Brien* zog den Schluss, dass die Entscheidung, ob *Huber* an einer deutschen Hochschule nochmals lehren dürfe, bereits 1952 durch das baden-württembergische Kultusministerium getroffen worden sei. Die damalige Prüfung im Zuge der Vergabe des Lehrauftrages genüge, da es keine neuen Erkenntnisse über *Hubers* Rolle während des Nationalsozialismus gebe. Doch auch nach diesem für *Huber* förderlichen Gutachten verlief das Verfahren schleppend. Daraufhin erwies sich Rektor *Wendt* als die entscheidende Antriebskraft. Er aktivierte frühere Freunde und Kollegen *Hubers*[194] und stellte Kontakte zu Politikern her, damit diese ihrerseits Druck auf das Ministerium ausübten. Sogar der Landesbischof von Oldenburg, *Jacobi*, wurde daran erinnert, dass *Hubers* verstorbener Schwiegervater, der ehemalige Reichsgerichtspräsident *Simons*, sich in der evangelisch-sozialen Arbeit einen Namen geschaffen hatte.[195]

Im Mittelpunkt aller Versuche, die Berufung *Hubers* positiv zu beeinflussen, stand stets das Bemühen, dessen Läuterung und Einsicht zu betonen. So beschrieb *Rüdiger Robert Beer*, ein weiterer Fürsprecher aus der Jugendbewegung, in einer „Erklärung“ eine persönliche Begegnung mit *Huber* aus dem Jahr 1947. Danach habe damals ein Treffen ehemaliger Mitglieder der Jugendbewegung stattgefunden, bei dem sich jene mit ihrer Rolle während des Nationalsozialis-

---

[191] So hatten sowohl „Die Zeit“, als auch „Der Spiegel“ Interesse an einem Bericht über die mögliche Berufung *Hubers*. *Wendt* an *Huber* vom 25.07.1956. UAG Kur PA ERH, p. 37

[192] Ministerium für Wissenschaft und Kultus Hannover, Ref. 202, Hd. 3472, K. 22, p. 85 (24.05.1956)

[193] Bericht vom 18.08.1956. Ministerium für Wissenschaft und Kultus Hannover, Ref. 202, Hd. Nr. 3472, K. 22, p. 121-124

[194] *Wendt* spricht dabei von *Franz Wieacker* (alter Weggefährte *Hubers*, der diesem bereits zu den Freiburger Lehraufträgen verholfen hatte), *Hermann Heimpel* (Historiker, ebenfalls ehemaliger Dozent an der Reichsuniversität Straßburg, hatte *Huber* nach dem Krieg Unterkunft in seinem Haus in Falkau gewährt), *Fritz v. Hippel*, *Hans Thieme*, *Werner Weber* (dieser hatte die Wiederaufnahme *Hubers* in die Staatsrechtslehrervereinigung erheblich unterstützt) und *Wilhelm Weizsäcker*. UAG Kur PA ERH, p. 58f

[195] Schreiben *Wendts* an *Jacobi* vom 29.11.1956, UAG Kur PA ERH, p. 87f

mus auseinandergesetzt hätten.[196] Die eindrucksvollste Gestalt sei dabei *Huber* gewesen. *Beer* sprach davon, keinen Menschen zu kennen, der „eine irgendwie führende Rolle im sog. `Dritten Reich` so ernsthaft und schmerzhaft in sich überwunden hat wie *Professor Huber*".[197]

Das gemeinsame Bemühen um *Hubers* Rückkehr auf einen deutschen Lehrstuhl kann daher zu Recht als Gemisch aus Berufssolidarität, rationalem Kalkül, jugendbewegtem Kameradschaftsdenken und politischen Affinitäten bezeichnet werden.

Letztlich zahlte sich die gezielte Einflussnahme *Wendts* aus. Nachdem es auf diese Weise zunächst gelang, das Interesse des „Spiegel" an *Huber* zu beruhigen,[198] wurde dessen Berufung wesentlich vorangetrieben. Ende Dezember 1956 fand im Amtszimmer des Landesbischofs *Jacobi* eine Besprechung statt, bei der über die „Angelegenheit *Huber*" beraten wurde.[199] Die anwesenden Abgeordneten *Pelte* und *Dr. Schuster* sagten zu, sich bei der entscheidenden Kabinettssitzung für *Huber* einzusetzen. Am 15. Januar 1957 wurde die Berufung beschlossen.

Kurze Zeit später erschien der erste Band der „Deutschen Verfassungsgeschichte".[200] Wie schon beim „Wirtschaftsverwaltungsrecht" überschlugen sich die positiven Kritiken.[201] Die befürchteten Proteste an der Hochschule blieben dagegen aus. *Huber* konnte in Wilhelmshaven ruhig arbeiten und erwarb sich

---

[196] Schilderung dieses Treffens im Kloster Altenberg/Wetzlar: *Schoeps*, Die letzten dreißig Jahre, S. 144ff

[197] Erklärung von *Beer* vom 09.10.1956, UAG Kur PA ERH, p. 73

[198] Man suchte dabei Kontakt zu dem Journalisten *Werner Kindt*, einem Jugendbewegungskameraden *Hubers*, und dem Feuilleton-Chef der „Zeit", *Paul Hünerfeld*. Die damals geplante Titelgeschichte wurde nie publiziert. Der einzige Artikel mit einer ausführlicheren Nennung *Hubers* erschien erst 1961 (Nr. 31 vom 26.07.1961, S. 32f). Hier wird zwar von früheren Vorbehalten gegen *Huber* gesprochen, dieser habe sich aber „längst von seiner NS-Produkten losgesagt und sei durch international anerkannte Arbeiten über Wirtschaftsverwaltungsrecht und Verfassungsgeschichte rehabilitiert" (*Grothe*, Eine „lautlose" Angelegenheit ?, in: aaO, S. 993).
Kindt: geb. 1898 in Stralsund, Teilnehmer des Ersten Weltkriegs, engl. Kriegsgefangenschaft, anschl. Studium der Volkswirtschaft und Pädagogik. Seit 1909 im Altwandervogel, dann rege Aktivität in der Wandervogelbewegung und bündischen Jugend. (*Kindt* (Hrsg.), Dokumentation der Jugendbewegung, Bd. I: Grundschriften der Jugendbewegung, S. 568f.).

[199] Anwesend waren bei dieser Besprechung: Die Abgeordneten *Pelte* und *Dr. Schuster*, die *Professoren Paulus*, *Seidel* und *Wendt*. Aktenvermerk des Rektors *Wendt* vom 03.01.1957, UAG Kur PA ERH, p. 93

[200] Deutsche Verfassungsgeschichte seit 1789 Bände I-VII, Stuttgart: W. Kohlhammer, 1957ff Band I: Reform und Restauration 1789-1830, 1957.

[201] *Franz*, Besprechung: Huber, Deutsche Verfassungsgeschichte seit 1789 in: Blätter für deutsche Landesgeschichte 94 (1958), S. 278-279; *Bader*, Besprechung: Huber, Deutsche Verfassungsgeschichte seit 1789, in: JZ 1958, S. 710-711; *Conze*, Besprechung: Huber, Deutsche Verfassungsgeschichte seit 1789, in: NJW 11 (1958), S. 2056-2057

durch seine weiteren Schriften großen Respekt in der nationalen und internationalen Fachpresse. *Huber* hatte eine zweite Chance erhalten, diese genutzt zu haben, ist seine eigene Leistung.

1962 erhielt *Huber*, ohne weiteren Ruf, sogar einen Lehrstuhl an der Georg-August-Universität zu Göttingen. Aufgrund der Eingliederung der Wilhelmshavener Hochschule für Sozialwissenschaften in die Landesuniversität Göttingen wurde deren juristischer Fakultät der Lehrstuhl für Öffentliches Recht zugeteilt.[202] *Huber* war das schwierige Vorhaben, wieder als Hochschullehrer an einer deutschen Universität arbeiten zu können, endgültig gelungen. Er gehörte damit zu den wenigen Professoren in Deutschland, die aufgrund ihrer Rolle im „Dritten Reich" sehr lange von der Lehre ausgeschlossen blieben, dennoch später wieder an die Hochschule zurückkehrten. Andere stark umstrittene Dozenten fanden nach 1945 entweder gar nicht mehr an die Universität zurück, so *Carl Schmitt*, *Karl August Eckhardt* und *Otto Koellreutter*[203] oder waren wie *Ernst Forsthoff* bereits früher wieder akademisch voll integriert (1952).[204]

Während seiner Göttinger Zeit konzentrierte sich *Huber* vor allem auf seine Forschungsvorhaben. Im Mittelpunkt stand dabei die Arbeit an seiner „Deutschen Verfassungsgeschichte".[205] Diese nahm *Hubers* Schaffenskraft so sehr in Anspruch, dass die Lehre zunehmend in den Hintergrund rückte. Nachdem er sich im Wintersemester 1965/66 das erste Forschungssemester seiner gesamten Hochschulkarriere hatte zubilligen lassen,[206] und er 1966 noch als ordentliches Mitglied in die Göttinger Akademie der Wissenschaften gewählt worden war,[207] stellte *Huber* im folgenden Jahr den Antrag auf Entpflichtung von der Lehrtätigkeit.[208] Da seinem Wunsch entsprochen wurde, konnte *Huber* die Universität nach dem Sommersemester 1968 als Emeritus verlassen. Anschließend zog er wieder in seine Wahlheimat Freiburg und widmete sich ganz seinen umfangreichen Forschungen.

---

[202] Schreiben des Kultusministers an *Huber* vom 05.07.1962, UAG Rek PA ERH

[203] *Rüthers*, Reinhard Höhn, Carl Schmitt und andere – Geschichten und Legenden aus der NS-Zeit, in: NJW 2000 Heft 39, S. 2866-2871 (2869).

[204] *Grothe*, Eine „lautlose" Angelegenheit ?, in: aaO, S. 999

[205] In Göttingen übernahm *Huber* lediglich die für einen Dozenten üblichen Funktionen. So war er Mitglied in beiden juristischen Prüfungskommissionen und Direktor des Juristischen Seminars. Schreiben des Rektors an den Justizminister v. 19.04.1962, UAG Rek PA

[206] Antrag *Hubers* am 05.05.1965, Bewilligung durch Kultusminister am 11.08.1965, Benachrichtigung *Hubers* durch den Kurator der Universität am 23.08.1965. UAG Rek PA ERH

[207] *Starck*, Ernst Rudolf Huber 18. Juni 1903-28. Oktober 1990, in: aaO, S. 240

[208] Der Antrag *Hubers* vom 03.11.1967 wurde in der Sitzung des Landesministeriums am 16.07.1967 beraten, die Entpflichtungserklärung des Kultusministers an den Kurator erfolgte am 15.08.1968, die Entpflichtung *Hubers* durch den Kurator der Universität am 27.08.1968. UAG Rek PA ERH.

Am 20. Mai 1977 jährte sich die Promotion *Ernst Rudolf Hubers* zum fünfzigsten Mal. Aus diesem Anlass fand im Juli 1977 eine von der Bonner Universität organisierte Festveranstaltung statt.[209]

Trotz des fortschreitenden Alters ließ *Hubers* Veröffentlichungstätigkeit nicht nach. Sein wissenschaftlicher Ehrgeiz blieb jedoch vor allem auf den Abschluss der monumentalen „Deutschen Verfassungsgeschichte" gerichtet. 1984 erreichte *Huber* sein persönliches Ziel. Er stellte den siebten und letzten Band der Reihe mit dem Titel „Ausbau, Schutz und Untergang der Weimarer Republik" fertig.

Ernst Rudolf Huber starb am 28. Oktober 1990 im Alter von 87 Jahren in Freiburg.

III. Literarische Aktivitäten

Ernst Rudolf Huber hat bei seinem Tod ein Werk enormen Ausmaßes hinterlassen. Es ist seiner Ehefrau *Dr. Tula Huber-Simons* und seinem Sohn *Albrecht Huber* zu verdanken, dass es heute leicht gelingt, sich einen Überblick über die bis 1973 veröffentlichten Schriften zu verschaffen. In der von ihnen zusammengestellten Bibliographie werden die Publikationen in vier Kategorien eingeteilt: Bücher bzw. selbständige Schriften, Quelleneditionen, Aufsätze und schließlich Besprechungen.[210]

Schon in seiner ersten Schaffensphase bis 1945, die in dieser Arbeit dargestellt wird, zeichnete sich *Huber* durch sehr intensive Veröffentlichungstätigkeit aus. Zwischen seiner ersten Publikation, der Dissertation von 1927, und seiner letzten Schrift vor Kriegsende, „Goethe und der Staat"[211], veröffentlichte *Huber* insgesamt 17 Bücher, 151 Aufsätze und 147 Besprechungen. Die thematische Bandbreite seiner Schriften war, seiner umfangreichen Lehrbefugnis entspre-

---

209 Personalakte *Huber*. Archiv der Universität Bonn

210 Erstellung anlässlich der Herausgabe einer Festschrift zu Hubers 70. Geburtstag im Jahr 1973. *Forsthoff* (Hrsg.), Festschrift für Ernst Rudolf Huber, S. 385-416
Hilfreich zur Seite stand bei der Aufstellung der Heidelberger Diplom-Bibliothekar *Reinhard Schiffmacher* (*Forsthoff* (Hrsg.), Festschrift für Huber, S. 385).

211 *Huber*, Goethe und der Staat. Straßburg, 1944. Ebenfalls veröffentlicht in: Das Innere Reich. Zeitschrift für Dichtung, Kunst und deutsches Leben, 11. Jg. 1944/45, S. 1-19 Mit geringfügigen Korrekturen wieder abgedruckt in: Nationalstaat und Verfassungsstaat. Studien zur Geschichte der modernen Staatsidee. Kohlhammer, Stuttgart 1965, S. 11-29

chend, sehr weit.[212] Dennoch gelingt es vor allem bei den Büchern, eine gewisse Entwicklung der Themenwahl nachzuzeichnen.[213]

Huber begann seine wissenschaftlichen Veröffentlichungen im Staatskirchenrecht.[214] Bereits 1931 wechselte er in das Wirtschaftsrecht, schrieb seine Habilitationsschrift über ein wirtschaftrechtliches Problem und entnahm ihm auch das Thema seiner Antrittsvorlesung.[215] Die letzte Publikation auf diesem Gebiet erschien 1934 mit dem Titel: „Die Gestalt des deutschen Sozialismus“[216]. Anschließend widmete sich *Huber* ausschließlich dem Verfassungsrecht. Er äußerte sich dabei stets zu aktuellen Problemen des deutschen Staatsrechts, argumentierte aber meist auf der Grundlage einer historischen Einführung. So ließ er schon in diesem Zusammenhang seine besondere Vorliebe für die deutsche Verfassungsgeschichte erkennen, der er sich gegen Ende seiner ersten Veröffentlichungsphase fast ausnahmslos zuwandte. Die während seiner Straßburger Zeit erschienenen Bücher bezogen sich daher nur noch auf historische Themen.

Bei den Aufsätzen ist eine solche Entwicklung nicht in gleicher Klarheit erkennbar. Die Grenzziehung zwischen den einzelnen Forschungsgebieten ist hier nicht so strikt, alle Interessensgebiete *Hubers* blieben bis zu seiner letzten Veröffentlichung vertreten. Dennoch fällt auf, dass auch die ab Ende 1941 erschienenen Aufsätze fast ausschließlich verfassungshistorische Inhalte aufweisen. Viel aussagekräftiger als die Themenwahl ist aber eine Differenzierung zwischen den von *Huber* genutzten Publikationsorganen. Anhand der Ausrichtung jener Zeitschriften lässt sich die zunehmende Politisierung der Schriften *Hubers* Anfang der dreißiger Jahre eindeutig belegen.

Die meisten seiner ersten Aufsätze erschienen im „Preußischen Pfarrarchiv“. Als Organ der evangelischen Landeskirchen lag es für den Protestanten *Huber*

---

[212] *Huber* erhielt 1931 in Bonn seine venia legendi für Staatsrecht, Verwaltungsrecht, Staatskirchenrecht, Arbeitsrecht und Wirtschaftsrecht. Ein Jahr später wurde diese noch auf das gesamte Kirchenrecht ausgeweitet. Personalakte Huber. Archiv der Universität Bonn

[213] Einige selbständige Schriften *Hubers* erschienen in einer in den Umbruchjahren um 1933 entstandenen Literaturgattung, den so genannten „Flugschriften“. Diese wandten sich an Professoren, Studenten oder auch die politische Führung, waren nur einige Seiten stark und dienten einer gezielten politischen Meinungsbildung. Die meisten deutschen Verlage betreuten diese Editionen von ein bis zwei Bögen, die mit bunten Pappdeckeln versehen durchschnittlich 1,50 RM kosteten. So stellte der Mohr Verlag (Tübingen) die Schriftenreihe „Recht und Staat“ den neuen politischen Ideen zur Verfügung. Die Hanseatische Verlagsanstalt (Hamburg) antwortete mit der Reihe „Der deutsche Staat der Gegenwart“, herausgegeben von *Carl Schmitt* (*Voigt*, Die Staatsrechtslehrer und das Dritte Reich, in: Zeitschrift für Religions- und Geistesgeschichte Heft 31 (1979), S. 195-202 (195))

[214] Die Garantie der kirchlichen Vermögensrechte in der Weimarer Verfassung. Zwei Abhandlungen zum Problem der Auseinandersetzung von Staat und Kirche. Tübingen, J.C.B. Mohr (Paul Siebeck) 1927.

Verträge zwischen Staat und Kirche im Deutschen Reich. Breslau, M.&H. Marcus 1930.

[215] Das Deutsche Reich als Wirtschaftsstaat. Tübingen, J.C.B. Mohr (Paul Siebeck) 1931.

[216] Die Gestalt des deutschen Sozialismus. Hamburg, Hanseatische Verlagsanstalt, 1934.

nahe, dieses als Forum für seine staatskirchenrechtlichen Beiträge zu nutzen. 1930 endete die Zusammenarbeit, da die unpolitische Veröffentlichungstätigkeit im Kirchenrecht deutlich nachließ.

In den Jahren 1928-1934 publizierte *Huber* fast ausnahmslos in den Zeitschriften „Deutsches Volkstum" und „Der Ring". *Huber* bediente sich dieser konservativ-revolutionären Blätter gezielt als Veröffentlichungsfläche für seine vorwiegend politisch ausgerichteten Schriften. Den Zugang zu ihnen hatte er über persönliche Kontakte erhalten, die teilweise schon seit der Jugendbewegungszeit bestanden.[217] Auch die auf diese Weise erreichte Leserschaft war für *Huber* interessant, da er sich gerade in jenem Spektrum Resonanz auf seine Beiträge erhoffte. Seine Artikel entstammten dabei allen von ihm gelehrten Rechtsgebieten, die politische Ausrichtung der Aufsätze nahm jedoch erheblich zu.

Sowohl „Der Ring" als auch „Deutsches Volkstum" stehen im Zusammenhang mit der so genannten „Ring-Bewegung", einem konservativ-revolutionären Zirkel der Weimarer Zeit.[218] „Der Ring"[219] war das politische Organ dieser Bewegung. Die Zeitschrift richtete sich vornehmlich an die gesellschaftliche Elite und hatte 1933 eine Auflage von 5000 Exemplaren.[220] Das „Deutsche Volkstum" sprach eine breitere gesellschaftliche Basis an, die vorwiegend der unteren Mittelschicht entstammte. Unter der Herausgeberschaft von *Wilhelm Stapel* avancierte die Zeitschrift zum Forum für die Vorstellungen der „Jungkonservativen". Das „Deutsche Volkstum" soll vor allem „von der anspruchsvollen Nachkriegsjugend gelesen worden sein. .. Es habe stark auf die politische Orientierung der Studentengeneration der Weimarer Republik gewirkt".[221] Auch in der „Europäischen Revue", einer weiteren Zeitung der jungnationalen Kreise mit einer Auflage von 4000 Exemplaren (1933),[222] hat *Huber* einige politische Aufsätze publiziert.

Bei den politischen Aufsätzen *Hubers* fällt auf, dass sie meist unter Pseudonym oder anonym erschienen. Nach *Hubers* eigener Aussage war dieses Vorge-

---

217 So die Bekanntschaft zu *Dr. Wilhelm Stapel*, dem Herausgeber des „Deutschen Volkstums". Siehe dazu auch Seite 6, Fn. 11 dieser Arbeit.

218 Unter dem Symbol des Ringes sollten nach der Idee des *Frhr. Heinrich v. Gleichen*, dem Herausgeber des „Rings", alle jungkonservativen, nationalgesinnten Deutschen als außerparlamentarische Opposition gegen den Weimarer Verfassungsstaat integriert werden. Die „Ring-Bewegung" wurde als Organisationsversuch der Jungkonservativen bereits 1919 gegründet und wechselte bis 1929 mehrfach ihre institutionellen Zirkel: vom „Juni-Klub" 1919 über das „Politische Kolleg" 1924 bis zum Berliner „Herrenklub" um *Heinrich von Gleichen* und *Walter Schotte*, zu dessen Mitgliedern auch *Carl Schmitt* gehörte (*Walkenhaus*, Konservatives Staatsdenken, S. 131).

219 „Der Ring. Politische Wochenschrift". Seit 1931 umbenannt in: „Der Ring. Konservative Wochenschrift" (*Forsthoff* (Hrsg.), Festschrift für Huber, S. 385).

220 *Sontheimer*, Antidemokratisches Denken, S. 33

221 *Kessler*, Wilhelm Stapel als politischer Publizist, S. 7

222 *Sontheimer*, Antidemokratisches Denken, S. 33

hen nötig, um in der Staatsrechtswissenschaft nicht der Vielschreiberei bezichtigt zu werden.[223] Eine weitere Funktion der Namensverschleierung ergibt sich jedoch aus einem Vergleich der in Fachzeitschriften und konservativrevolutionären Zeitungen erschienen Beiträge. Während sich die Argumentation der im wissenschaftlichen Umfeld gelesenen Literatur noch sehr an der Verfassungsnorm orientierte, polemisierte *Huber* in den politischen Blättern unter Pseudonymen bereits ganz auf der Ebene der Verfassungswirklichkeit. Erschien in den konservativen Zeitschriften aber ein Aufsatz mit wissenschaftlichem Anspruch, so publizierte *Huber* meist auch unter richtigem Namen. Auf diese Weise löste er den Zwiespalt zwischen seiner politischen Betätigung, die sich in rastloser Veröffentlichungstätigkeit in Kurzartikeln offenbarte, und der Sorge um seine fachliche Reputation.

1934 endete die fast ausschließliche Veröffentlichungstätigkeit *Hubers* in den Organen der „Ring-Bewegung". Von nun an erschienen seine Beiträge sowohl in den traditionellen, als auch in den nach der nationalsozialistischen Machtübernahme neu erschienenen juristischen Fachzeitschriften. Trotz aller Versuche der schon vor 1933 bestehenden Journale, ihre wissenschaftliche Ausrichtung beizubehalten, ging der Machtwechsel auch an ihnen nicht spurlos vorbei. Um überleben zu können, gab man Ergebenheitsadressen an die neuen Machthaber ab und verhielt sich systemkonform. Dennoch lag die Anzahl nationalsozialistischer Artikel in diesen Zeitschriften deutlich geringer als in den neugegründeten Organen.[224] Soweit *Huber* seine Beiträge in traditionellen Zeitschriften veröffentlichte, erschienen sie in der „Juristischen Wochenschrift" (JW), dem „Reichsverwaltungsblatt" (RVBl), dem „Archiv des öffentlichen Rechts" (AöR) und der „Deutschen Juristen Zeitung" (DJZ).

Als nationalsozialistische Neugründungen, die *Huber* ebenfalls als Publikationsforen dienten, sind „Deutsches Recht" (DR)[225], die „Zeitschrift der Akademie für Deutsches Recht" (ZAkDR)[226] und die „Deutsche Rechtswissenschaft" (DRW)[227] zu nennen. Die weitaus meisten Veröffentlichungen *Hubers* erfolgten

---

[223] Auskunft von *Huber* an *Walkenhaus* am 19.01.1989 (*Walkenhaus*, Konservatives Staatsdenken, S. 126 Fn. 9).

[224] *Heine*, Juristische Zeitschriften zur NS-Zeit, in: *Salje* (Hrsg.), Recht und Unrecht im Nationalsozialismus, S. 272-293 (274)

[225] Zeitschrift des Bundes Nationalsozialistischer Deutscher Juristen. Herausgeber war Reichsrechtsführer *Dr. Hans Frank*. Sie erschien 1933 im 3. Jahrgang. 1939 wurde die JW mit ihr vereinigt.

[226] Auch sie wurde von *Frank*, dem Präsidenten der Akademie, 1933 gegründet. Mit ihr fusionierte 1936 die DJZ.

[227] Sie wurde 1936 im Auftrag von Reichswissenschaftsminister *Rust* und *Dr. Frank* gegründet. Unter Herausgeberschaft von *Karl August Eckhardt* avancierte sie zum zweiten Veröffentlichungsorgan der Kieler Schule neben der ZgesStW. Sie wurde 1939 mit der ZAkDR vereinigt. Siehe dazu auch die Seiten 20ff dieser Arbeit.

jedoch in der „Zeitschrift für die gesamte Staatswissenschaft" (ZgesStW). Durch deren Übernahme hatte sich *Huber* 1934 von den übrigen Zeitschriften unabhängig gemacht. Als Mitherausgeber besaß er fortan sein „eigenes" Publikationsorgan.

Parallel zu seinen eigenständigen Schriften und Aufsätzen war *Huber* auch an einigen literarischen Gemeinschaftsprojekten beteiligt. Vor allem von Seiten der Kieler Schule wurde mehrfach der Versuch unternommen, ihre Sonderrolle durch die Veröffentlichung solcher Arbeiten zu dokumentieren.

1938 schlug der Rektor der Universität Kiel, *Paul Ritterbusch*, vor, ein Handbuch der Rechtswissenschaften zu verfassen. Ziel jenes Werkes sollte es sein, ein einheitliches Nachschlagewerk zu erstellen, das „in sich eine geschlossene Weltanschauung trägt". Es sollte den Ansprüchen des „Rotteck-Welckerschen-Staatslexikons" genügen, nur eben für Rechtswissenschaftler verfasst sein.[228] Vor allem Kieler Rechtslehrer waren aufgerufen, dieses Projekt zu verwirklichen. Auch *Huber*, der 1938 bereits in Leipzig lehrte, sollte einen Beitrag dazu leisten.[229] Das Vorhaben ist niemals realisiert worden. Verwirklicht wurde aber das 1935 von *Karl Larenz* und *Georg Dahm* herausgegebene Gemeinschaftswerk der Kieler Schule „Grundfragen der neuen Rechtswissenschaft".[230] *Huber* beteiligte sich daran mit einem Kapitel über „Neue Grundbegriffe des hoheitlichen Rechts". Sein Beitrag befasste sich mit der neuen Ordnung im deutschen Recht, nachdem die Differenzierung zwischen privatem und öffentlichem Recht als überwunden galt.

Auch an einer weiteren Schriftenreihe der Kieler Schule hat *Ernst Rudolf Huber* mitgearbeitet. Nach der von *Karl August Eckhardt* maßgeblich mitbestimmten juristischen Studienreform (1935) waren Lehrveranstaltungen und Ab-

---

Informationen zu den einzelnen Zeitschriften aus: *Heine*, Juristische Zeitschriften zur NS-Zeit, in: aaO, S. 281-289

228 *Ritterbusch*, Kieler Blätter 1815 und 1938. Ein Kapitel zur Geistesgeschichte von Politik und Wissenschaft, in: Kieler Blätter 1938, S. 1ff

229 Als Gliederung des Werkes waren folgende Gebiete und „in Aussicht genommene" Hauptredaktoren konzipiert: 1) Rechtsphilosophie, Politik: *Larenz*; 2) Rechtsgeschichte: *Reicke*; 3) Verfassungsrecht: *Höhn*; 4) Verwaltungsrecht: *Huber*; 5) Wehrrecht: *Lehmann*; 6) Völkerrecht: *Walz*; 7) Internationales Privatrecht: *Rühland*; 8) Kirchenrecht: *Heckel*; 9) Strafrecht und Strafprozessrecht: *Dahm*; 10) Familien-, Erb- und Persönlichkeitsrecht: *Lange*; 11) Vertragsrecht, Rechtsverkehr: *Wieacker*, 12) Bodenrecht: *Saure*; 13) Bauernrecht: *Busse*; 14) Arbeitsrecht: *Siebert*; 15) Handels- und Gesellschaftsrecht (Vereinsrecht): *Würdinger-Giesecke*; 16) Wirtschaftsrecht: *Krause*; 17) Prozessrecht: *Michaelis*; 18) Rassen- einschließlich Erbgesundheitsrecht: *Henkel*; 19) Kulturrecht: *de Boor*; 20) Jugendrecht: *Schaffstein* 21) Recht des Verkehrs: *v. Unruh-Oppikofer* (*Frassek*, Von der völkischen Lebensordnung zum Recht, S. 38 Fn. 105).

230 *Larenz; Dahm* (Hrsg.), Grundfragen der neuen Rechtswissenschaft. Berlin, Juncker & Dünnhaupt, 1935

schlussprüfungen inhaltlich nicht mehr aufeinander abgestimmt. Während die Vorlesungsinhalte vom Wissenschaftsministerium vorgegeben wurden, lagen die Prüfungsgegenstände in der Hand der Justizverwaltung. Infolgedessen stieg bei den Studenten das Interesse an nichtwissenschaftlichen Kurzlehrbüchern. Um dieser Entwicklung zu begegnen, wurde von Kieler Seite die Reihe: „Grundzüge der Rechts- und Wirtschaftswissenschaften" herausgegeben, die ebenfalls nur grundrisshaft das examensrelevante Wissen zusammenfasste.[231] Als Herausgeber traten dabei *Georg Dahm*, *Karl August Eckhardt* und *Ernst Rudolf Huber* hervor. *Huber* selbst schrieb für diese Reihe sein verfassungsrechtliches Hauptwerk. Es erschien 1937 in der ersten und 1939 in der zweiten und erweiterten Auflage unter dem aktualisierten Titel „Verfassungsrecht des Großdeutschen Reiches".

1942/43 wurde von *Ernst Rudolf Huber* die zweibändige Gemeinschaftsarbeit „Idee und Ordnung des Reiches" herausgegeben.[232] Seinen eigenen darin enthaltenen Beitrag, „Bau und Gefüge des Reiches"[233] hatte *Huber* bereits 1941 als selbständige Schrift und als Aufsatz veröffentlicht.

Neben dem beeindruckenden Umfang des Werkes verdeutlicht die Bibliographie vor allem eines, den Zusammenhang zwischen der innenpolitischen Situation und dem Anteil politischer Schriften an den Veröffentlichungen *Hubers*. Als das Ende der Weimarer Republik unausweichlich erschien, verstärkte sich die politische Zielrichtung der Schriften auffallend. Ab 1933 war dieser Trend gegenläufig. Nach einer auf Stabilisierung des Verfassungsrechts bedachten Tätigkeit, wandte sich *Huber* in den letzten Kriegsjahren zunehmend vom aktuellen Staatsrecht ab und beschäftigte sich vor allem mit der Verfassungsgeschichte.

---

[231] In der Schriftenreihe „Grundzüge der Rechts- und Wirtschaftswissenschaft", verlegt von der Hanseatischen Verlagsanstalt Hamburg, erschienen folgende Bände:
Reihe A: Rechtswissenschaft:
1. *Würdiger*, Gesellschaften (1937); 2. *Larenz*, Vertrag und Unrecht (1937); 3. *Huber*, Verfassung (1937); 4. *Maunz*, Verwaltung (1937); 5. *Wieacker*, Bodenrecht (1938); 6. *Huber*, Verfassungsrecht des Großdeutschen Reiches (1939); 7. *Henkel*, Das deutsche Strafverfahren (1943)
Reihe B: Wirtschaftswissenschaft:
1. *Jessen*, Volk und Wirtschaft (1935); 2. *Lohmann*, Betriebswirtschaftslehre (1936); 3. *Braunweiler*, Sozialverwaltung (1936); 4. *Strucken*, Deutsche Geld- und Kreditpolitik (1937); 5. *Wehrle*, Deutsches Genossenschaftswesen (1937); 6. *Schmölders*, Wirtschaft und Raum (1937); 7. *Jessen*, Grundlagen der Volkswirtschaftspolitik (1938); 8. *Jessen*, Deutsche Finanzwirtschaft (1938); 9. *Donner*, Statistik (1937)
Aus: *Frassek*, Von der völkischen Lebensordnung zum Recht, S. 41 Fn. 122

[232] *Huber* (Hrsg.), Idee und Ordnung des Reiches. Gemeinschaftsarbeit deutscher Staatsrechtslehrer. Zwei Bände. Hamburg, Hanseatische Verlagsanstalt, Bd. I: 1942, Bd. II: 1943.

[233] *Huber*, Bau und Gefüge des Reiches. Hamburg, Hanseatische Verlagsanstalt, 1941 und in: Deutsche Rechtswissenschaft, Bd. 6 (1941), S. 22-32

C. Ernst Rudolf Huber und die Staatsrechtslehre der Weimarer Republik

I. Das Staatsverständnis Hubers zur Weimarer Zeit

1. Relativität des Staates – Ein Begriff im Wandel

Jeder glaubt zu wissen, was der Staat ist und worin sein Wesen liegt. Versucht man aber, seine Grundzüge und Prinzipien in Worte zu fassen, so fällt auf, wie komplex dieser Begriff und wie schwierig daher seine Beschreibung ist. So verwundert es auch nicht, dass der Staat seit seinem Entstehen Gegenstand der Diskussion und der wissenschaftlichen Auseinandersetzung war. Bevor *Hubers* Begriffsverständnis und seine philosophischen Wurzeln im einzelnen dargelegt werden können, ist es notwendig, sich einen kurzen Überblick über die Staatsentwicklung zu verschaffen.

Mitte der zwanziger Jahre des letzten Jahrhunderts notierte der Staatsrechtler *Hans Kelsen* bereits mehr als ein Dutzend verschiedener Bedeutungen des Wortes „Staat“.[234] Seitdem sind es noch mehr geworden, zumal *Kelsen* selbst den schon vorhandenen eine weitere hinzufügte.[235] Seine 1925 veröffentlichte Aufzählung wird umso bemerkenswerter, wenn man sich vergegenwärtigt, dass der Staat eine geschichtlich verhältnismäßig neue Erfindung ist. Noch im Mittelalter konnte von einer solchen organisatorischen Einheit keine Rede sein. Die damalige Sozialordnung ruhte noch fest im umfassenden Programm des göttlichen Schöpfungsplans, für einen selbständigen Bereich politischer Gestaltung blieb kein Raum. Der Einzelne war in einem Geflecht verschiedenster Gemeinschaften und Gegenseitigkeitsverhältnisse eingegliedert, denen er zu Loyalität verpflichtet war. Die Berechtigung zur Gewaltausübung verteilte sich auf unterschiedliche lokale und einander gleichrangige Institutionen.[236] Von einem Staat unseres heutigen Verständnisses kann erst gesprochen werden, seitdem die verteilten Gewaltbefugnisse in einer Hand, in der des Souveräns, konzentriert wurden.[237]

Die Meinungsvielfalt zum Staat erklärt sich durch seine Zeitbedingtheit. Er steht nicht, einmal definiert, statisch in der Weltgeschichte, sondern verändert fortlaufend sein Gesicht. Denn Art und Umfang des Begriffs werden erheblich

---

[234] *Kelsen*, Allgemeine Staatslehre (1925), S. 1

[235] *Kelsen* führte einen rein normativen Staatsbegriff ein. Das bedeutet, dass „sein“ Staat nur noch über die Einheit seiner positiven Rechtsordnung definiert wird. So wird der Staat dem Recht gleichgesetzt, weil neben diesem „die Geltung einer anderen Ordnung ausgeschlossen sein muss“ (*Kelsen*, Allgemeine Staatslehre, S. 17).

[236] *Grimm*, Recht und Staat der bürgerlichen Gesellschaft, S. 54f

[237] Über den Staat als unableitbares Handlungssubjekt: *Koselleck*, Staat: III. ‚Staat im Zeitalter' revolutionärer Bewegung, in: *Brunner*; *Conze*; *Koselleck* (Hrsg.), Geschichtliche Grundbegriffe: Historisches Lexikon zur politisch-sozialen Sprache in Deutschland Bd. VI (1990), S. 25-64 (26f)

durch den politischen und historischen Kontext bestimmt, in den der jeweilige Staat eingefügt ist.[238] So wurde die hoheitliche Macht, Entscheidungen zu treffen und durchzusetzen, zunächst nur dem jeweiligen Herrscher zugebilligt. Der Staat hatte damit zu Beginn seiner Entwicklung absolutistisches Gepräge. Erst unter dem Druck von Aufklärung und Vernunftrecht wandelte sich der Absolutismus zum aufgeklärten Absolutismus, bevor dann die Französische Revolution und der Liberalismus mit ihren Forderungen nach gesellschaftlicher Selbstregulierung das bisherige Staatsverständnis gründlich durcheinander brachten. Der Staat, so das neue politische Credo, sollte zukünftig nur noch für die Bewahrung der öffentlichen Sicherheit und Ordnung verantwortlich sein. Innerhalb der Gesellschaft sorgte dagegen das freie Spiel der Kräfte für Wohlfahrt und Gerechtigkeit. Das damit begonnene Auseinandertreiben von Staat und Gesellschaft nahm in Deutschland zunehmend die Züge eines spannungsgeladenen Dualismus an. Da die Forderungen nach „Teilhabe am Staat" zunächst nicht erfüllt wurden, sollte zumindest die „Freiheit vom Staat" gewährleistet werden. Als Kompromiss zwischen Herrschern und Regierten etablierte sich bis zum Ersten Weltkrieg die konstitutionelle Monarchie. Eine Staatsform, in der die monarchische Exekutive das politische Geschehen zwar dominierte, aber doch den Schranken einer geschriebenen Verfassung unterworfen war.[239] Für die Rechtswissenschaft war der Staat damit zunächst dem politischen Streit entrückt. Ihr kam es jetzt vielmehr darauf an, den Staat für die praktische juristische Anwendung zu öffnen. Die dazu notwendige Konstruktion lieferte die Lehre vom Staat als juristische Person. Der Staat konnte ab sofort sowohl als Träger von Rechten, als auch als Adressat von Pflichten rechtlich erfasst werden.[240]

Mit der Ablösung der Monarchie durch die Republik änderte sich das Staatsgefüge fundamental. Vertreten durch den parlamentarischen Gesetzgeber wurde jetzt das Volk zum Souverän. Staat und Gesellschaft bewegten sich wieder aufeinander zu: Während der Staat seine liberalistische Prägung zugunsten eines zunehmend intervenierenden Sozialstaates abschwächte, gewann die Gesellschaft im Zuge der erweiterten Demokratisierung mehr Einfluss auf den Staat. Wesentlicher Unterschied zwischen den einzelnen Staatsformen der Geschichte ist demnach die Wechselbeziehung von Staat und Gesellschaft. Folglich ist auch *Hubers* Staatsrechtskonzept nach der „staatstheoretischen Gretchenfrage" zu

---

[238] *Volkmann*, Relativität des Staates – Staatsbegriff und Staatsverständnis im Spiegel der jüngeren Geschichte, in: JuS 1996, S. 1058-1064 (1058)

[239] *Volkmann*, Relativität des Staates, in: aaO, S. 1059

[240] *Eduard Albrecht* hatte bereits im Jahre 1837 den Grundstein für diese Lehre gelegt. Fortentwickelt wurde sie später von *Carl Friedrich von Gerber* und *Paul Laband*, den beiden großen Repräsentanten des Öffentlichen Rechts während des Kaiserreichs. Unter ihnen wurde die Lehre von der juristischen Staatsperson zur Grundlage des gesamten Systems des öffentlichen Rechts (*Volkmann*, Relativität des Staates, in: aaO, S. 1060).

beurteilen: Wie hielt er es mit dem Verhältnis des Einzelnen zum Staat ? Denn von dieser Grundentscheidung zwischen überindividueller und individueller Staatskonstruktion hängen aus juristischer Sicht alle prinzipiellen Fragen nach Legitimation, Zweck und Umfang staatlichen Handelns ab.[241]

Jeder Versuch, *Hubers* Staatsrechtskonzept der Weimarer Zeit zu verstehen, muss sich zunächst mit den damals umstrittenen philosophischen Grundlagen von Staat und Recht auseinandersetzen. Denn die praktischen juristischen Konsequenzen des Verhältnisses von Staat und Gesellschaft hatten einen rechtsphilosophischen Hintergrund. Nicht zufällig bezeichnete *Huber* die Veröffentlichung des Werkes „Kritik der neukantischen Rechtsphilosophie" (1921)[242] als Wetterleuchten des langsam aufziehenden Richtungs- und Methodenstreites.[243] Gerade jene Konfrontation innerhalb des öffentlichen Rechts[244] fand ihren geistesgeschichtlichen Hintergrund in einem Wechsel der staatsphilosophischen Bezugspersonen. Während der Staat für *Kant* noch die Vereinigung einer Menge von Menschen unter Rechtsgesetzen war, ist der Staat des späten *Fichte* und vor allem *Hegels* nicht mehr Mittel zur Verwirklichung menschlicher Ziele, sondern trägt seinen Zweck in sich selbst.[245] Charakteristisch für die meisten der konservativen Staatsrechtslehrer der Weimarer Republik, denen sich auch *Huber* zurechnete, war eine regelrechte Hegelrenaissance. *Hegel* wurde zum Leitphilosophen der Konservativen Revolution und prägte damit wesentlich das Staatsverständnis *Hubers*.

2. Staatsphilosophischer Hintergrund

a. Hegel: Der Staat als sittlich legitimierte Macht

Im Rahmen seiner staatstheoretischen und verfassungsgeschichtlichen Schriften setzte sich *Huber* eingehend mit der Entwicklung der Staatsphilosophie auseinander. Obwohl er sich meist auf die Vorstellung der einzelnen Richtungen und ihrer Repräsentanten beschränkte,[246] können drei Personen als geistige Lehrer

---

[241] *Geis*, Kulturstaat und kulturelle Freiheit, S. 165

[242] *Kaufmann*, Kritik der neukantischen Rechtsphilosophie, Tübingen 1921

[243] *Huber*, Verfassungswirklichkeit und Verfassungswert im Staatsdenken der Weimarer Zeit, in: *Thümmel* (Hrsg.), Arbeiten zur Rechtsgeschichte. Festschrift für Gustaf Klemens Schmelzeisen, S. 126-141 (129)

[244] Siehe dazu die Seiten 64-68 dieser Arbeit.

[245] *Naucke*, Rechtsphilosophische Grundbegriffe, S. 97f

[246] *Huber*, Machtstaat und Utopie, in: ZgesStW Bd. 102 (1941/42), S. 168-176; *ders.*, Staatsphilosophie – Bemerkungen zu einigen Schriften über die Geschichte der Staatsphilosophie, in: ZgesStW Bd. 97 (1936/37), S. 549-558; *ders.*, Staat und Gesellschaft. Bemerkungen zu Hans Freyers „Soziologie als Wirklichkeitswissenschaft", in: Deutsches Volkstum 14. Jg. (1932), S. 299-305

der von ihm vertretenen Staatsphilosophie anerkannt werden: *Georg Wilhelm Friedrich Hegel*, *Lorenz von Stein* und *Carl Schmitt*.

Der starke geistesgeschichtliche Einfluss *Hegels* auf *Hubers* Werk wird nicht nur aufgrund ausdrücklicher Bekenntnisse,[247] sondern vor allem auch durch ständige inhaltliche Bezüge offensichtlich.[248] Zu nennen sind dabei vor allem das Verständnis vom Staat als Eigenwert und *Hegels* Freiheitsbegriff, der in bewusster Abkehr von dem individualistischen Freiheitsverständnis *Kants* entworfen wurde.

Die Basis der Konzeption des Staates als Eigenwert findet sich in den „Grundlagen der Philosophie des Rechts“[249] von 1821. *Hegel* darf damit zusammen mit *Johann Gottlieb Fichte*[250] als Urheber des „klassischen“ idealistischen Verständnisses gelten.[251] Der Staat ist danach nicht mehr Vertragspartner zum Schutz der individuellen und egoistischen Zwecke der Einzelnen, sondern er steht als eine objektive und vernünftige Ordnung über den Individuen und verleiht ihrem partikularen Dasein erst Sinn.[252] Um das zu erreichen, entwickelte *Hegel* einen gedanklichen Zusammenhang zwischen den Organisationsformen der Individuen. Gegenüber den beiden Kollektivgebilden der Familie und der Gesellschaft ist der Staat aufgrund des dialektischen Dreischritts die höchste Organisationsform.[253] Im Staat gehen die unverbundenen, vor allem durch Eigennutz geprägten Interessen der Einzelsubjekte in einer höheren Ordnung auf. Diese Ebene ist nicht durch Zweckmäßigkeit oder Kompromiss entstanden, sondern ist die unmittelbar verkörperte Existenz des von *Hegel* angenommenen „objektiven Geistes“, also der sichtbar gewordenen Vernunft, die letztlich Ausdruck des göttlichen Willens ist. Im Staat *Hegels* verbinden sich Legalität (als äußerliche Gesetzestreue) und Moralität (als innere Überzeugung vom Rechten) zur Sittlichkeit.[254] Infolgedessen bezeichnete *Hegel* den Staat in seiner berühmten und

---

Die hier aufgeführten Abhandlungen erschienen mehrheitlich erst nach 1933. Sie können aber bereits in diesem Zusammenhang erwähnt werden, da *Huber* insoweit keine inhaltliche Veränderung vorgenommen hat.

[247] *Huber*, Die Deutsche Staatswissenschaft, in: ZgesStW Bd. 95 (1934/35), S. 1-65 (5ff); *ders.*, Verfassungswirklichkeit und Verfassungswert im Staatsdenken der Weimarer Zeit, in: aaO, S. 129; *ders.*, Vorsorge für das Dasein, in: *Schnur* (Hrsg.), Festschrift für Ernst Forsthoff, S. 139-163 (153ff)

[248] *Huber*, Das Deutsche Reich als Wirtschaftsstaat, S. 26ff; *ders.*, Bedeutungswandel der Grundrechte, in: AöR N.F. Bd. 23 (1932/33), S. 1-98

[249] *Hegel*, Grundlagen der Philosophie des Rechts, herausgegeben von *Lasson*, Leipzig 1921

[250] *Fichte*, Grundlage des Naturrechts (1796), §§ 16ff; *ders.*, Der geschlossene Handelsstaat (1800), in: Werke, Bd. 3, S. 1ff, S. 387ff. Zu *Fichtes* Staatsbild: *Windelband*, Fichtes Idee des Deutschen Staates (1890), Tübingen 1921

[251] *Geis*, Kulturstaat und kulturelle Freiheit, S. 48

[252] *Hippel*, Geschichte der Staatsphilosophie in Hauptkapiteln, S. 222

[253] *Huber*, Vorsorge für das Dasein, in: aaO, S. 143

[254] *Geis*, Kulturstaat und kulturelle Freiheit, S. 48

oft kritisierten Formulierung des § 257 der „Rechtsphilosophie" als „Wirklichkeit der sittlichen Idee". In dieser Definition zeigt sich die ganze Spannweite der hegelianischen Dialektik. Sie versöhnt im Staat die von der Naturrechtslehre bis hin zu *Kant* unvereinbar gehaltenen Sphären von Idee und Wirklichkeit, Sollen und Sein.[255]

Der Staat wurde dadurch zu einem von den Individuen unabhängigen Subjekt. Er diente nicht mehr den Einzelnen als Instrument, um deren Freiheiten im Sinne des kategorischen Imperativs zu sichern, wie noch von den individualistisch begründeten Staatstheorien *Kants* und des frühen *Humboldt* vertreten. Bei *Hegel* hat der Staat „als solcher" Existenzberechtigung und Eigenwert. Er ist nicht „für den Menschen da", sondern steht als „Obrigkeit" über dem Einzelnen.[256] *Hegel* gelangt damit zur vollständigen Relativierung der Individuen und ihrer subjektiven Meinungen, Interessen und Bedürfnisse gegenüber ihrer Repräsentanz in der Einheit des Staates: „Indem er objektiver Geist ist, so hat das Individuum selbst nur Objektivität, Wahrheit und Sittlichkeit, als es ein Glied desselben ist. Die Vereinigung als solche ist selbst der wahrhafte Inhalt und Zweck, und die Bestimmung der Individuen ist, ein allgemeines Leben zu führen."[257] Bei jener vollständigen Assimilation des Einzelnen als Element der bürgerlichen Gesellschaft im Staat spricht man von dem Transpersonalismus der hegelschen Theorie.

Ein weiteres wichtiges Element der Staatsphilosophie *Hegels*, das im 19. und 20. Jahrhundert wiederholt rezipiert wurde, ist der Historismus. Seine revolutionäre Erfindung bestand darin, dialektische Entwicklungen nicht nur in geistigen Prozessen wie Gesprächen und Diskussionen zu sehen, sondern auch als Gang des Geistes durch die Geschichte. So ist die Historie für *Hegel* eine einzige Gedankenkette, deren Glieder sich nicht wahllos, sondern nach den Gesetzen der Dialektik zusammenfügen. Will man Geschichte verstehen oder Zukünftiges vorhersagen, müssen Gegensätze aufgezeigt werden. Erst im Zusammenhang mit der Ausgangsthese führen die Widersprüche dann zur nächsten Etappe der Geschichte auf dem Weg zur absoluten Vernunft. Auf diese Weise wird alles philosophische Denken dynamisiert, eine statische Zustandsbeschreibung bleibt ohne Wert. Die Realität bewegt sich dialektisch auf dem Weg zum Endzweck der Welt, der Freiheit, die nur im Staat erreicht werden kann.[258] Für *Hegel* ist damit die fortschreitende Geschichte Trägerin der Vernunft. Der zu ihrer Verwirklichung erforderliche Staat wird zur Verbindung von kratos (Macht) und ratio (Vernunft). Da die Sittlichkeit wiederum Ausdruck der Vernunft ist, symbolisiert der Staat auch die Verbindung von kratos und ethos: Macht und Sittlichkeit sind im Staat identisch, staatliche Macht ist daher letztlich ex definitione

---

[255] *Storost*, Staat und Verfassung bei Ernst Forsthoff, S. 25
[256] *Geis*, Kulturstaat und kulturelle Freiheit, S. 49
[257] *Hegel*, Grundlinien der Philosophie des Rechts (§ 258), S. 196
[258] *Adomeit*, Rechts- und Staatsphilosophie, Band II: Rechtsdenker der Neuzeit, S. 112f

legitimiert.[259] Diese Konzeption hat *Hegel* wiederholt den Vorwurf der Staatsvergottung[260] eingebracht, weil er die philosophische Rechtfertigung bestehender Machtverhältnisse zum Ziel habe.[261] *Hegel* wurde zum Restaurationsphilosophen und Apologeten des preußischen Obrigkeitsstaates erklärt. Ein Vorwurf, der ihm bis heute anhaftet, gegen den *Huber* ihn aber stets in Schutz genommen hat.[262]

Das nächste dominierende Element der hegelschen Staatsphilosophie, das seinen Platz bei *Huber* findet, ist der objektive Freiheitsbegriff. War bei *Kant* noch das individualistische, subjektive Freiheitsverständnis maßgebend, so entsteht die Freiheit für *Hegel* erst im und durch den Staat. Nur die Organisation der verschiedenen und meist gegensätzlichen Äußerungen der Individuen in ein umfassendes Ganzes schafft die „Wirklichkeit der konkreten Freiheit".[263] Seine Freiheit ist objektive, allgemeingültige, nicht am Individuum ansetzende Freiheit. Ihre objektiven Schranken sind durch das die Objektivität verkörpernde Recht der Vernunft konstituiert.[264] Der Staat als Inkarnat der Vernunft ist daher die Einheit des staatlichen und individuellen Willens. Letztlich wird allein durch den Staat bestimmt, was Ausdruck der Freiheit des Einzelnen ist: „Die Verbindung von Pflicht und Recht hat die gedoppelte Seite, dass das, was der Staat als Pflicht fordert, auch das Recht der Individualität unmittelbar sei, indem es nichts eben ist, als Organisation des Begriffs der Freiheit. Die Bestimmungen des individuellen Willens sind durch den Staat in ein objektives Dasein gebracht, und kommen durch ihn erst zu ihrer Wahrheit und Verwirklichung".[265]

Für seine Kritiker beweist sich *Hegel* auch in der Verobjektivierung der Freiheit als Totalitarist und Befürworter staatlicher Willkürherrschaft, deren dialektische Determination darauf gerichtet ist, die Freiheit des Einzelnen aufzuheben.

Hegels Freiheitskonzeption kann nur vor dem Hintergrund der preußischen Monarchie verstanden werden. In jenem Staat hatten die Bürger zwar den Gesetzen unbedingt, aber auch nur diesen zu gehorchen. Sie genossen daher, verglichen mit den politischen Verhältnissen früherer Zeiten, tatsächlich ein relativ

---

[259] *Meinecke*, Die Idee der Staatsräson in der neueren Geschichte, S. 427ff, 435

[260] Zur Herkunft und Kritik dieses „liberalen Hegelbildes" vgl. *Huber*, Staatsphilosophie, in: ZgesStW Bd. 97 (1936/37), S. 549-558 (555f); Zur neueren Auseinandersetzung: *Haym*, Hegel und seine Zeit, S. 372; *Cassirer*, Vom Mythos des Staates, S. 359f

[261] *Geis*, Kulturstaat und kulturelle Freiheit, S. 50; *Hippel*, Geschichte der Staatsphilosophie in Hauptkapiteln, S. 223; *Horstmann*, Hegels Theorie der bürgerlichen Gesellschaft (§§ 158-256), in: *Siep* (Hrsg.), Grundlinien der Philosophie des Rechts, S. 193-216 (193f)

[262] *Huber*, „Positionen und Begriffe" – Eine Auseinandersetzung mit Carl Schmitt, in: ZgesStW Bd. 101 (1940/41), S. 1-44 (10f). Differenzierend auch: *Horstmann*, Hegels Theorie der bürgerlichen Gesellschaft, in: aaO, S. 193f

[263] *Hegel*, Grundlinien der Philosophie des Rechts (§ 260), S. 202

[264] *Bourgeois*, Der Begriff des Staates (§§ 257-271), in: *Siep* (Hrsg.), Grundlinien der Philosophie des Rechts, S. 217-242 (229)

[265] *Hegel*, Grundlinien der Philosophie des Rechts (§ 261), S. 202-204

hohes Maß an Freiheit. *Hegel* setzt sein Vertrauen in die Gesetze die als „geronnene Vernunft“ den richtigen Ausgleich zwischen Allgemeinem und Besonderem darstellen.[266] Folglich werden über die Vernunft als hinreichende Garantie für die Richtigkeit der Gesetze hinaus keine weiteren Sicherungen gegen Willkür, etwa Grund- oder Menschenrechte, benötigt. Subjektive Abwehrrechte gegen den Staat kann es schon gar nicht geben, da die Freiheit durch den Staat und nicht neben ihm entsteht. Die Freiheit des Einzelnen ist in der objektiven Freiheit aufgehoben. Ein Abwehranspruch des Einzelnen richtete sich damit letztlich gegen sich selbst.[267]

c. Lorenz von Stein: Der Staat als zur Persönlichkeit erhobene Gemeinschaft

Das Werk des *Hegel*-Schülers *Stein* ist von dem Willen geprägt, *Hegels* idealistische Kategorien für eine realistische Theorie von Staat und Gesellschaft nutzbar zu machen.

Für *Stein* ist der Staat „Persönlichkeit“, ohne dass sein Ansatz mit *Albrechts* Lehre vom Staat als „juristischer Staatsperson“[268] verwechselt werden darf. *Stein* versteht den Staat vielmehr als organische Persönlichkeit. Diese zeichnet sich wie die menschliche Persönlichkeit durch die Fähigkeit zur inneren Selbstbestimmung, zum Willen und zur Tat aus. Die Begriffe „Persönlichkeit“ und „Selbstbestimmung“ sind dabei nicht Attribute individuellen, sondern gemeinschaftlichen Lebens. Ein einheitlich gebildeter Wille und die vollziehende Tat sind die entscheidenden Merkmale, durch die sich die natürliche Gemeinschaft als selbstbestimmte Persönlichkeit und damit als Staat konstituiert: „Staat ist die als Wille und Tat in ihrer Persönlichkeit auftretende Gemeinschaft der Menschen.“[269] Die natürliche Gemeinschaft wird mit Hilfe der hegelschen Dialektik auf höherer Ebene aufgehoben, jedoch nicht eliminiert. Neben und unter den Staat tritt als Objekt seiner Willensbildung und Tätigkeit das „Unpersönliche“, „Natürliche“, das „selbständige Leben“ aller Einzelnen, das sich dann aber zwingend dem Staat und dessen Willen unterwirft.[270] Diese so genannte organische Staatslehre[271] bildet die Grundlage der Theorien *Steins* über Gesellschaft, Verfassung und Verwaltung. Dem „Ich“ der Persönlichkeit des Staates entspricht das (monarchische) Staatsoberhaupt. Dem Willen der Persönlichkeit

266 *Hegel*, Grundlinien der Philosophie des Rechts, (§ 258), S. 195-198
267 *Geis*, Kulturstaat und kulturelle Freiheit, S. 57f
268 Siehe dazu Seite 50, Fn. 240 dieser Arbeit.
269 *Stein*, Gesellschaft – Staat - Recht, herausgegeben von *Forsthoff*, S. 22
270 *Stein*, Gesellschaft – Staat - Recht, herausgegeben von *Forsthoff*, S. 23
271 Zur organischen Staatstheorie: *Huber*, Lorenz von Stein und die Grundlegung der Sozialwissenschaften, in: Hochschule für Sozialwissenschaften Wilhelmshaven (Hrsg.), Aspekte sozialer Wirklichkeit, S. 55-70 (57ff)

steht die Legislative gleich, während die Tat der Persönlichkeit Sache der Exekutive, insbesondere der Verwaltung, ist.[272]

Neben der Entwicklung eines eigenen Staatsbegriffs fordert *Stein*, dass sich der Staat einer besonderen Maxime verschreiben müsse, da seine Degeneration zum reinen Selbstzweck den „Tod des Staates"[273] bedeutete. Für *Stein* kann dies nur die Sorge des Gemeinwesens für seine Bürger sein. Denn ist der Staat „die zur persönlichen Einheit erhobene Gemeinschaft des Willens aller Einzelnen, die als Tat des Staats erscheint", so „wird das Maß der Entwicklung aller Einzelnen zum Maße der Entwicklung des Staates selber". Und „indem er für alle sorgt, sorgt er jenem Satz zufolge, für sich."[274] Diese beiden Grundsätze *Steins* bildeten die Basis für dessen epochemachende Sozialstaatslehre. Ihr Ausgangspunkt war zunächst ein „schroffer Dualismus von Staat und Gesellschaft".[275] Während der Staat die Freiheit verkörperte, bestand das Lebensprinzip der Gesellschaft aus Interessen und Abhängigkeiten. Sein Hinweis darauf, dass jede Handlung für den Einzelnen dem Staat selbst zugute kommt, ist der wegweisende Anstoß *Steins*, die sozialen Probleme des 19. Jahrhunderts durch eine Reform „von oben" zu lösen, bevor sich die aufstrebende Arbeiterklasse ihre Rechte durch eine Revolution „von unten" erkämpft. *Steins* Weitsicht liegt in der Erkenntnis, dass es das eigene und höchste Interesse der besitzenden Klasse sein muss, für die soziale Reform unermüdlich zu streiten.

Steins Grundsätze, die auch auf republikanischem Gedankengut beruhen könnten, stützen sich aber auf zwei apriorische Prämissen, die für hegelianisches Staatsdenken selbstverständlich, liberalen und demokratischen Vorstellungen jedoch fremd sind. So steht der wohlfahrtsstaatliche Ansatz im Gegensatz zum liberalen Rechtsstaat, und die Vorstellung eines *vorgegebenen* harmonischen Gemeinwohls aller Bürger ist nicht vereinbar mit der Jeweiligkeit der demokratischen Willensbildung.[276] *Stein* stand der Demokratie mit dem gleichen Unverständnis gegenüber wie sein Lehrer *Hegel*, war doch beiden „unter allen Formen ... die des Königtums der reinste Ausdruck der Existenz des selbständigen persönlichen Staates."[277] Für *Stein* wurde damit jeder Staat qua definitione zum Sozialstaat und verlieh der Existenz des Staates als solcher die Legitimität geistig-ethischen Gesolltseins.

---

[272] *Stein*, Verwaltungslehre 1. Teil, Abteilungen 1-3, S. 4

[273] *Storost*, Staat und Verfassung bei Ernst Forsthoff, S. 32

[274] *Stein*, Gesellschaft - Staat - Recht, S. 41ff

[275] *Haverkate*, Staat: IV. Deutsche Staatsrechtslehre und Verfassungspolitik, in: *Brunner*; *Conze*; *Koselleck* (Hrsg.), Geschichtliche Grundbegriffe: Historisches Lexikon zur politisch-sozialen Sprache in Deutschland Bd. VI, S. 64-96 (83)

[276] *Storost*, Staat und Verfassung bei Ernst Forsthoff, S. 31

[277] *Stein*, Gesellschaft - Staat - Recht, S. 45

c. Carl Schmitt: Der Staat als politische Einheit

Während sich *Schmitt* bezogen auf Transpersonalismus und Historismus ganz in der Tradition *Hegels* und *Steins* sah, hat er den Glauben an die bestimmende Kraft einer absoluten geistig-ethischen Idee überwunden. Der Staat war für *Schmitt* keine Idee der geistigen Welt, sondern ein an eine bestimmte geschichtliche Epoche gebundener, konkreter Begriff.[278] *Schmitt* präsentierte selbst keinen eigenen, vollständig definierten Staatsbegriff. Er entwarf stattdessen in seinen Schriften die Konturen eines Gemeinwesens, das mit den bisher vertretenen Staatsmodellen nichts mehr gemein hatte. Sein Staat ruht im Wesentlichen auf drei Säulen: Die erste Säule besteht aus der „politischen Einheit".[279] Sie wird durch die „Unterscheidung von Freund und Feind"[280] geschaffen und setzt nach innen eine national bestimmte Homogenität des Volkes voraus.[281]

Die durch die existentielle Differenz von Freund und Feind erzielte Definition des Politischen wird von Schmitt im weiteren für seine ganze Staatstheorie verabsolutiert. Einerseits abstrahiert sie von allen ethischen, religiösen, sozialen und persönlichen Motivationen und Zusammenhängen. Andererseits wird der Kampf auf Leben und Tod, der Krieg schlechthin, als intensivste Form und Vollendung des Politischen dargestellt.[282] Das so verstandene Politische wird in *Schmitts* Denken zum einzigen Absolutum. Seine Staatsbeschreibung setzt den Begriff des Politischen voraus.

Die zweite Säule bildet die souveräne, keiner weiteren Begründung bedürfende Entscheidung. Sie führt das Chaos zur Ordnung und beweist ihre Existenz vor allem im Ausnahmezustand.[283] Denn ein wesentlicher Bestandteil der Begriffsdefinition *Schmitts* ist der polemische Gegenbegriff des Staates, der „Bürgerkrieg". „Die Leistung eines normalen Staates besteht...vor allem darin, innerhalb des Staates und seines Territoriums eine vollständige Befriedung herbeizuführen, Ruhe, Sicherheit und Ordnung herzustellen und dadurch die normale Situation zu schaffen, welche die Voraussetzung dafür ist dass Rechtsnormen überhaupt gelten können. ... Diese Notwendigkeit innerstaatlicher Befriedung führt in kritischen Situationen dazu, dass der Staat als politische Einheit von sich aus, solange er besteht, auch den inneren Feind bestimmt."[284]

---

278 *Storost*, Staat und Verfassung bei Ernst Forsthoff, S. 33

279 *Schmitt* bezeichnete den Staat gelegentlich auch als „politische Einheit des Volkes" (*ders.*, Verfassungslehre (1928), S. 3, 125).

280 *Schmitt*, Begriff des Politischen, S. 14

281 *Schmitt*, Verfassungslehre, S. 228ff

282 *Schmitz*, Die Freund-Feind-Theorie Carl Schmitts, S. 118, 151

283 *Schmitt*, Politische Theologie I, 2. Aufl. (1934), S. 11f. Siehe insbesondere *Schmitts* berühmte Definition der Souveränität, ebenda, S. 11: „Souverän ist, wer über den Ausnahmezustand entscheidet."

284 *Schmitt*, Der Begriff des Politischen, S. 34; *ders.*, Der Leviathan in der Staatslehre des Thomas Hobbes, S. 69

Die dritte Säule zielt auf den Erhalt des Staates. Sie beschreibt die Notwendigkeit existentieller Ab- und Ausgrenzung, die jene Einheit als „substantielle Einheit" erst herbeiführt und aufrechterhält.[285]

Folge der Begrenzung des Staatsbegriffs auf die genannten Kernbereiche ist die konsequente Abtrennung der Staatlichkeit von normativen und ethischen Gehalten. Darüber hinaus wird der Staat auch von der Fixierung auf das Behörden- und Ämterwesen, den Staatsapparat, gelöst. Staatsqualität erlangt danach jeder politische Machtträger, der sich als „staatstragend" erweist, indem er die politische Einheit des Volkes schafft. Kein Staat ist für *Schmitt* dagegen ein System, das zur konkreten Erkenntnis und Definition des Feindes unfähig ist, weil es das existentielle Wesen des Politischen verkennt. Denn „was dem Bürgerkrieg kein Ende macht, ist kein Staat",[286] sondern ein illegitimer Zwangsapparat, dem gegenüber „jede Gehorsamspflicht entfällt."[287] Der Krieg wird dagegen zum „Kern aller Dinge". Er ist „Gottesurteil"[288] in den Freund-Feind-Situationen der Weltgeschichte. Der Krieg ist letzter und einziger Richter über Wahrheit und Täuschung, Recht und Unrecht, Existenz und Untergang.[289]

3. Der Staat bei Ernst Rudolf Huber

Während der Weimarer Republik war *Hubers* Staatsverständnis noch fest in der älteren deutschen staatswissenschaftlichen Tradition verankert. Seine Vorstellung vom Staat als überindividuelle Einheit entsprach Strömungen, die auch unter den so genannten „Neuhegelianern"[290] in der Philosophie und der antipositivistischen Richtung der Staatsrechtslehre vertreten wurden. Während jedoch bei den „Neuhegelianern" der Bezug zu *Hegel* durch die Überbetonung des Ganzheitsdenkens häufig einseitig zugunsten des Machtgedankens verflachte, hielt sich *Huber* noch weitaus enger an das ursprüngliche und unverfälschte Staatsbild *Hegels*.[291]

Auch für *Huber* war der Staat die einzige Institution, die für einen geordneten Ausgleich zwischen den gegenläufigen Individualinteressen der Gesellschaft sorgen konnte.[292] Diesen Anspruch leitete *Huber* genau wie *Hegel* aus den Re-

---

[285] *Volkmann*, Relativität des Staates, in: aaO, S. 1062

[286] *Schmitt*, Der Leviathan in der Staatslehre des Thomas Hobbes, S. 72

[287] *Schmitt*, Der Leviathan in der Staatslehre des Thomas Hobbes, S. 113

[288] *Schmitt*, Totaler Feind, totaler Krieg, totaler Staat, in: *ders.*, Positionen und Begriffe im Kampf mit Weimar, Genf, Versailles (1940), S. 235-239 (235f)

[289] *Storost*, Staat und Verfassung bei Ernst Forsthoff, S. 34f

[290] Siehe zu dieser Gruppierung: *Kastl*, Neuhegelianismus und Nationalsozialismus bei Karl Larenz, in: *Nehlsen*; *Brun* (Hrsg.), Münchner rechtshistorische Studien zum Nationalsozialismus , S. 347-377

[291] *Geis*, Kulturstaat und kulturelle Freiheit, S. 53

[292] *Huber*, Vorsorge für das Dasein, in: aaO, S. 143ff

geln der Dialektik ab: Da im Staat die Gegensätze zwischen gesellschaftlichen Egoismen auf einer höheren Ebene aufgehoben wurden, ergab sich für den übergeordneten Staat aus der Möglichkeit auch die Pflicht, in die Verteilungskämpfe verschiedener Gruppierungen einzugreifen. Konsequent stellte *Huber* in seinem Aufsatz „Vorsorge für das Dasein“[293] die staatliche Leistungsverwaltung[294] als Ergebnis der staatsphilosophischen Ansätze *Hegels* und *Steins* dar.[295] Die staatliche Verpflichtung zur Daseinsvorsorge war aber nicht nur Folge der gesellschaftlichen Entzweiung, sondern vor allem die Verwirklichung der sittlichen Idee. Denn ein wahrhafter Staat war für *Huber* nur der sittliche Staat, der durch die Übernahme der sichernden, leistenden und lenkenden Vorsorge[296] die Unfreiheit der Gesellschaft verhindert und damit die sittliche Idee verwirklicht.[297]

Obwohl der Aufsatz „Vorsorge für das Dasein“ erst 1972 verfasst wurde, fällt zwischen *Hubers* Schriften vor und nach der Zeit des Nationalsozialismus ein hohes Maß an Übereinstimmung auf. Bereits 1931 sprach *Huber* im Rahmen seiner Bonner Antrittsvorlesung mit dem Thema „Das Deutsche Reich als Wirtschaftsstaat“[298] über das Verhältnis von Staat und Wirtschaft. Für *Huber* war der Staat auch damals nicht nur berechtigt, sondern verpflichtet, in den Ablauf der grundsätzlich freien Wirtschaft einzugreifen. Die Entwicklung des liberalen Nebeneinanders von Staat und Wirtschaft zum Interventionsstaat wurde als „geschichtlich notwendig“ bezeichnet.[299] Neben diesem ausdrücklichen Bekenntnis

---

[293] *Huber*, Vorsorge für das Dasein. Ein Grundbegriff der Staatslehre Hegels und Lorenz v. Steins, in: *Schnur* (Hrsg.), Festschrift für Ernst Forsthoff zum 70. Geburtstag, S. 139-163. Zur gleichen Thematik: *Huber*, Lorenz von Stein und die Grundlegung der Sozialwissenschaften, in: Hochschule für Sozialwissenschaften Wilhelmshaven (Hrsg.), Aspekte sozialer Wirklichkeit, S. 55-70

[294] Weit ausführlicher als *Huber* ging ein anderer *Schmitt*-Schüler, *Ernst Forsthoff*, auf die Thematik der Leistungsverwaltung ein. Siehe dazu: *Forsthoff*, Die Verwaltung als Leistungsträger, Berlin 1938

[295] Während *Huber* in dem Aufsatz „Vorsorge für das Dasein“ die Pflicht zur freiheitsverbürgenden Daseinsvorsorge als Bewährung des Staates als „Wirklichkeit der sittlichen Idee“, also von *Hegel* ableitet, weist er darauf hin, dass der *Hegel*-Schüler *Lorenz von Stein* diesen Zusammenhang als Erster beobachtet habe: „Den Abschnitt der `Geschichte der sozialen Bewegung`, in dem er (*Stein*, der Verf.) die Aufgabe des Staates in der Krise der industriellen Welt behandelt, leitet er mit der Feststellung ein, dass alles Folgende nur einen Sinn habe, wenn man vom `reinen Begriff des Staats`, nämlich vom Staat als der `Wirklichkeit der sittlichen Idee` ausgehe. Die von Stein unter dem Titel des `Sozialen Königtums `entwickelte Idee des modernen Sozialstaats ist in der Hegelschen Bestimmung des Staats als der `Wirklichkeit der sittlichen Idee` gegründet.“ (*Huber*, Vorsorge für das Dasein, in: aaO, S. 155).
Da folglich die soziale Idee *Steins* ganz in der Tradition *Hegels* liegt, bedeutet die Entwicklung der Leistungsverwaltung aus dem Staatsgedanken selbst ein Anknüpfen *Hubers* an *Hegel und Stein*.

[296] *Huber*, Vorsorge für das Dasein, in: aaO, S. 150

[297] *Huber*, Vorsorge für das Dasein, in: aaO, S. 152ff

[298] *Huber*, Das Deutsche Reich als Wirtschaftsstaat. Tübingen: J. C. B. Mohr, 1931

[299] *Huber*, Das Deutsche Reich als Wirtschaftsstaat, S. 25

zu *Hegels* Historismus gründete sich auch die Rechtfertigung der Staatsintervention ganz auf *Hegels* Denken: „Seine Stärke gegenüber der Wirtschaft beruht darauf, dass er allein der neutrale und durch die Neutralität überlegene Dritte sein kann, der einen Ausgleich zwischen den gegensätzlichen Gruppen und Interessen zu schaffen vermag und in diesem Ausgleich die Grundlagen der politischen Einheit des Volkes erhält.“[300] Auch hier ist der Staat wieder Synthese der gegensätzlichen Interessensgruppen und unparteiischer Koordinator der gesellschaftlichen Wünsche, der sich von niemandem vereinnahmen lassen darf: „Tritt er (aber) im wirtschaftlichen Kampf einer der streitenden Gruppen bei, so hört er auf, Einheit des ganzen Volkes zu sein. Er verliert damit seine irrational begründete Autorität und seine Rechtfertigung in einer sittlichen Idee.“[301]

Die Pflicht des Staates zur wirtschaftsregulierenden Staatsintervention rechtfertigte sich daher genau wie die Daseinsvorsorge mit dem sittlichen Anspruch des Staates. *Huber* berief sich sogar eindeutig auf *Hegel* und sprach von der Wirtschaftsintervention als der „höchsten Form leitender Vorsorge für das Dasein der Gesellschaft“.[302] Durch die Verknüpfung hoheitlicher Aufgaben mit der Sittlichkeit des Staates vermied es *Huber* bewusst, den Staat als Selbstzweck zu bezeichnen. War der Staat aber kein „Mittel zum Zweck“, dann konnte er als einzig denkbare Alternative nur einen eigenständigen Wert darstellen.[303] Mit dieser Staatsidee setzte *Huber* die Linie von *Hegel* und *Stein* fort und lehnte den reinen Macht- und Wohlfahrtsstaat des Absolutismus ab.

Um sein Staatsverständnis aber auch gegen den preußischen Staat unter *Friedrich II.* abzugrenzen, bediente sich *Huber* des Kriteriums der „Kulturgewährleistung“. Dazu vertrat er die These, dass die absolutistischen Partikularstaaten dem Anspruch des „Staates als sittliche Idee“ gar nicht genügen konnten. Zwar sei auch Preußen ein „selbständiges Wesen“ und nicht bloßer Machtapparat gewesen.[304] Die Kultur als gesamtdeutsches Erbe habe ein Partikularstaat wie Preußen aber niemals umfassend gewährleisten können. Folglich sei Preußen gezwungen gewesen, auf die positive Einordnung des kulturellen Bereichs in die staatliche Ordnung zu verzichten. So sehr der partikulare Staat auch nach Uni-

---

[300] *Huber*, Das Deutsche Reich als Wirtschaftsstaat, S. 29

[301] *Huber*, Das Deutsche Reich als Wirtschaftsstaat, S. 29

[302] *Huber*, Vorsorge für das Dasein, in: aaO, S. 152

[303] *Geis*, Kulturstaat und kulturelle Freiheit, S. 54

[304] *Huber* trat damit ausdrücklich *Reinhard Höhn* entgegen, der in seiner Schrift „Der individualistische Staatsbegriff und die juristische Staatsperson (1935)“ die Ansicht vertreten hatte, der preußische Staat sei trotz seiner Eigenschaft als „eigenes Wesen“ für Friedrich den Großen in erster Linie „Machtapparat“ gewesen, dessen dieser sich für seine persönlichen Zwecke bedient habe. *Huber* lehnte dies als widersprüchlich ab, da ein Staat nicht gleichzeitig Apparat eines Einzelnen und eigenes Wesen, dem der Einzelne zu dienen habe, sein konnte: *Huber*, Der preußische Staatspatriotismus im Zeitalter Friedrichs des Großen, in: ZgesStW Bd. 103 (1942/43), S. 430-468 (439ff, 452); *ders.*, Aufstieg und Entfaltung des Deutschen Volksbewusstseins, S. 8f

versalität seines Wirkungsbereiches strebte, gelangte er für *Huber* doch immer nur zu einer Ausdehnung der Macht- und Wohlfahrtsordnung und erreichte niemals echte Staatlichkeit im Sinne *Hegels*.[305] Das bedeutet nicht, dass *Huber* auf das Element der Macht verzichten mochte. Sie war für ihn sogar unentbehrlich, da der Staat nur so den Schutz der Kultur vor der Zerstörung durch die Gesellschaft sicherstellen konnte.[306] Doch beruhte die Staatlichkeit für *Huber* gerade nicht allein auf der bloßen Machtfülle, sondern „in dem Vermögen, der im Machtbesitz gegründeten Verantwortung durch kulturgestaltenden Machtgebrauch Genüge zu tun."[307] Kultur war für *Huber* sowohl Konstituens als auch Legitimation der Staatlichkeit. Das staatliche Handeln ist den substantiellen Werten unterworfen, die im Kulturprinzip umschlossen sind.[308]

Huber leitete seine Ansicht vom „Staat als Eigenwert" aber nicht nur aus dessen sittlicher Legitimität ab. *Huber* übernahm dazu auch *Carl Schmitts* Lehre von auctoritas und potestas.[309] Jene Elemente hatten für *Huber* die besondere Stellung der Obrigkeit, die mit der demokratischen Theorie, also einer Ableitung der Staatsgewalt vom Volk, nicht erklärt werden konnte. Für ihn waren „auctoritas und potestas nicht einfach greifbare Wirklichkeiten im Staate. In ihnen erscheint die Idee und die Rechtfertigung des Staates, die der Staat nicht aus sich selbst, sondern aus einer höheren metaphysischen Wirklichkeit hat Daraus folgt aber auch, dass die obersten Träger von auctoritas und potestas nicht einfach Vollstrecker des Volkswillens sind, auch nicht im Rahmen der Weimarer Verfassung. Der Reichspräsident und die Reichsregierung, in denen sich auctoritas und potestas des heutigen Staates verkörpern, sind mehr und etwas anderes als bloße Beauftragte des Volkswillens; sie haben eine eigene Würde und eine eigene Rechtfertigung, die sie über den Charakter bloßer Exponenten und Agenten hinaus erheben."[310] Für *Huber* hatte der Staat damit das Ziel, sich unabhängig von gesellschaftlichen Interessen nach einer Idee zu gestalten, die den Staat als Eigenwert voraussetzt. Dieser Staat unterschied sich grundsätzlich von dem der liberal-demokratischen Lehre. Letzterer war für *Huber* lediglich „Diener und Schützer der individuellen Interessen"[311] der Bürger und Verbände.

---

[305] *Huber*, Aufstieg und Entfaltung des Deutschen Volksbewusstseins, S. 8f

[306] *Huber*, Der preußische Staatspatriotismus im Zeitalter Friedrichs des Großen, in: aaO, S. 458

[307] *Huber*, Zur Problematik des Kulturstaats, S. 4

[308] *Geis*, Kulturstaat und kulturelle Freiheit, S. 52f

[309] *Huber* (gezeichnet Friedrich Landeck), Obrigkeit und Volk, in: Deutsches Volkstum 14. Jg. (1932), S. 682-684 (683); Siehe zur Herkunft der Theorie: *Schmitt*, Verfassungslehre (3. Aufl. 1957), S. 75

[310] *Huber*, Obrigkeit und Volk, in: aaO, S. 683

[311] *Huber*, Die politische Bedeutung des Konkordates, in: Der Ring 2. Jg. (1929), S. 933-935 (934)

Ansonsten blieb *Schmitts* Einfluss auf das von *Huber* während der Weimarer Republik vertretene Staatsverständnis vergleichsweise gering. Im Gegensatz zu seinem Bonner Lehrer war *Huber* bis 1933 noch ganz durch das idealistische Staatsverständnis *Hegels* und *Steins* geprägt, lediglich einzelne Aspekte des von *Schmitt* propagierten konkreten Staatsbegriffes wurden übernommen. So sprach auch *Huber* davon, dass der Staat durch den Ausgleich zwischen den verschiedenen Interessensgruppen „die Grundlagen der politischen Einheit des Volkes erhält."[312] Vor allem aber anerkannte *Huber*, dass „die Bestimmung des inneren Staatsfeindes"[313] zu den unmittelbaren und verbindlichen Entscheidungen des Staates gehört. Damit rezipierte *Huber* Teile der Freund-Feind-Theorie *Schmitts*, ohne sich jedoch dessen rein politischen Staatsbegriff anzueignen.

Wie tiefgehend sich *Huber* dagegen *Hegels* Staatsbild zu eigen machte, verdeutlicht sein Freiheitsbegriff. Auch *Huber* lehnte das bisherige liberale Verständnis ab und forderte stattdessen „eine neue Freiheitsidee"[314], welche ganz der Lehre *Hegels* entsprach. *Huber* propagierte fortan eine „soziale" oder „konservative Freiheit"[315], die er aus den Freiheitsrechten der Reichsverfassung entwickelte. In „Das Deutsche Reich als Wirtschaftsstaat" etablierte er diese zunächst für den Bereich der Wirtschaft. Kurz vor Ende der Weimarer Republik wurde der „Bedeutungswandel"[316] auf die anderen Grundrechte ausgedehnt.

Die Grundaussage des neuen Freiheitsverständnisses bestand darin, „dass es nicht um die Erkämpfung einer individuellen Freiheit `vom Staate weg` geht, sondern dass es sich darum handelt, einen Raum zu sichern, in dem aus persönlichem freiem Schaffen Werte für die Gemeinschaft und ihren sichtbarsten Ausdruck, den Staat, erarbeitet werden können."[317] Im Gegensatz dazu bedeutete der liberale Freiheitsbegriff „reine Abwehr und Negation"[318] und setzte eine Gegnerschaft von Staat und Individuum voraus. Liberales Denken, das Erkämpfen individueller Rechte gegen den Staat, war in *Hubers* Volksstaat nicht mehr notwendig. Freiheit wurde dem Staat nicht abgerungen, sondern vom Staat gewährt. Wahre Freiheit konnte nur durch den Staat und nicht gegen ihn entstehen, da die neue Freiheit keinen absoluten Wert mehr darstellte. „Sie muss gerade aus dem funktionierenden Zusammenhang mit den Formen neuer Gemeinschaftsbindung gewonnen sein."[319]

[312] *Huber*, Das Deutsche Reich als Wirtschaftsstaat, S. 29
[313] *Huber*, Reichsgewalt und Staatsgerichtshof, S. 31
[314] *Huber*, Das Deutsche Reich als Wirtschaftsstaat, S. 28
[315] *Huber*, Das Deutsche Reich als Wirtschaftsstaat, S. 28
[316] *Huber*, Bedeutungswandel der Grundrechte, in: AöR N.F. Bd. 23 (1932/33), S. 1-98
[317] *Huber*, Das Deutsche Reich als Wirtschaftsstaat, S. 28
[318] *Huber*, Bedeutungswandel der Grundrechte, in: aaO, S. 6
[319] *Huber*, Das Deutsche Reich als Wirtschaftsstaat, S. 28

Das Verhältnis von „Freiheit und Bindung“[320] wurde zur Grundlage des allgemeinen Bedeutungswandels der Grundrechte. Zwar existierten auch die alten Freiheitsrechte fort, sie waren aber in ihrer tatsächlichen Freiheitsgarantie, insbesondere durch die Diktaturverordnungen, erheblich eingeschränkt. So war für *Huber* die Möglichkeit der Einschränkung der Freiheitsrechte durch Art. 48 Abs. 2 WRV Zeichen dafür, dass die Freiheit des Einzelnen den Staatsnotwendigkeiten nachgestellt wird. Der Sinn der Gesetzesvorbehalte bestand demnach darin, die Freiheitsrechte so zu gestalten, dass die Verbindung des Bürgers mit dem Staat nicht verloren ging.[321] In letzter Konsequenz fand eine Verobjektivierung der individuellen, vom status negativus beherrschten liberalen Grundrechte statt. Die auf Abwehr gegen staatlichen Einfluss gerichteten Rechte wandelten sich zu Aufbauelementen im Staat. Sie wurden allgemeine Ordnungsprinzipien, die den auf „Freiheit vom Staat“ bedachten Bürger in den Staat integrierten, anstatt dessen Individualität zu schützen. Nur im und durch den Staat konnte für *Huber* Freiheit erlangt werden. Die Idee der Freiheit war, ganz im Sinne *Hegels*, „Sittlichkeit“. Ihre Verwirklichung fand sie nur im Staat, denn der Staat war die „Wirklichkeit der sittlichen Idee.“[322]

Hubers Freiheitsbegriff war antiliberal, aber nicht grundsätzlich freiheitsfeindlich. Die Problematik seines Freiheitsverständnisses liegt darin, dass der Einzelne auf die Freiheitsgewährung durch den Staat angewiesen blieb. Indem der Abwehrcharakter der Grundrechte zurückgedrängt wurde, verminderte sich die Möglichkeit der Gesellschaft, die Ausübung hoheitlicher Gewalt mit Hilfe der Justiz kontrollieren zu lassen. Über die Aufgabe des liberalen Freiheitsbegriffs rückte der Leviathan des „totalen Staates“ näher.

Hubers Staatsverständnis zur Weimarer Zeit war Ausdruck einer hegelianisch-etatistischen Denkrichtung. *Huber* erhob den Staat zum Eigenwert und ordnete den Einzelnen dem überindividuellen Gebilde in seiner autonomen Selbstbestimmung prinzipiell unter. Der Zweck des Staates lag nicht darin, dem Individuum zu dienen, sondern er trug seine Legitimität in sich selbst. Er war die „Wirklichkeit der sittlichen Idee“. *Hubers* idealistisches Staatsverständnis der Weimarer Jahre mag mit der nach 1933 in Deutschland verwirklichten Diktatur nichts gemein gehabt haben. Wurden aber abstrakte Formeln wie die Sorge für Gemeinwohl, Ordnung, Recht oder Sittlichkeit, zum Kriterium des Staatsbegriffs, so lieferte man die diesen Begriffen inkorporierte Legitimationskraft notwendig dem propagandistischen Einfallsreichtum der jeweils Herrschenden aus. Erforderlich wären vielmehr Legitimationsformen gewesen, die unabhängig von transzendentalen und rationalistischen Einflüssen den Bedürfnissen der aufkommenden politischen Massensysteme gerecht geworden wären.

---

[320] *Huber*, Bedeutungswandel der Grundrechte, in: aaO, S. 79

[321] *Huber*, Bedeutungswandel der Grundrechte, in: aaO, S. 16f

[322] *Schnädelbach*, Die Verfassung der Freiheit (§§ 272-340), in: *Siep* (Hrsg.), Hegel – Grundlinien der Philosophie des Rechts, S. 243-265 (244)

II. Ernst Rudolf Huber und der staatsrechtliche Grundlagenstreit

1. Der Weimarer Methoden- und Richtungsstreit

In dem von der Literatur viel beschriebenen Methoden- und Richtungsstreit rangen große Teile der Rechtswissenschaft um Grundlagen des Staatsrechts, die lange Zeit als unanfechtbar galten. Denn während dieser nicht nur akademisch bedeutenden Auseinandersetzung forderte die sich neu etablierende antipositivistische Richtung eine Abkehr von der bisher herrschenden „juristischen Methode“[323]. Danach sollte sich die Auslegung einer Norm nicht mehr nur auf ihren Wortlaut und die Systematik beschränken. Vielmehr erforderte die Rechtsfindung ihrer Ansicht nach auch eine genetische, historische und teleologische Deutung. Der Streit über die richtige Methode beschränkte sich aber nicht auf die Frage, wie eine positive Norm auszulegen sei. Auf ihm beruhte die gesamte Weimarer Verfassungsdiskussion. So manifestierte sich der Methodenstreit in staatsrechtlichen Einzelproblemen wie dem richterlichen Prüfungsrecht, dem Gesetzesbegriff, der Notstandsverfassung und dem „Hüter der Verfassung“[324]. Auch andere Streitfragen, wie die Existenz eines Widerstandsrechts, der Inhalt der Grundrechte und das Bestehen eines unveränderlichen bzw. nicht abschaffbaren Wesensgehalts der Reichsverfassung, erklären sich aus jener Grundentscheidung.

Streng betrachtet ist es ungenau, nur von einem Streit der Staatsrechtswissenschaft zu reden, da von ihm auch die Staatslehre[325], die Staatsphilosophie und die Staatsethik betroffen waren.[326] Alle diese Disziplinen wurden bis in die Mitte des 19. Jahrhunderts mit dem Oberbegriff der „Staatswissenschaften“ umrissen. Sie bildeten eine Einheit, die erst später in Einzelwissenschaften zerfiel. Die Gesellschaftswissenschaft etablierte sich als selbständige Wissenschaft, das öffentliche Recht wurde nach privatrechtlichem Vorbild systematisiert und kodifi-

---

[323] Gemeint ist die von *Carl Friedrich von Gerber* aus dem Zivilrecht transponierte Methode, die im Recht nur noch ein Gefüge gesetzter Regeln erblicken wollte und alle außerjuristischen Erwägungen aus ihm verbannte. *Paul Laband* fand für sie im Vorwort zur zweiten Auflage seines Staatsrechts die klassische Formulierung, als er sich nachdrücklich zum Vorrang der Dogmatik bekannte und deren Aufgabe „in der Konstruktion der Rechtsinstitute, in der Zurückführung der einzelnen Rechtssätze auf allgemeinere Begriffe und andererseits in der Herleitung der aus diesen Begriffen sich ergebenden Folgerungen“ erblickte. „Zur Lösung dieser Aufgabe“ gebe es, so *Laband*, „kein anderes Mittel als die Logik“ (*Laband*, Das Staatsrecht des Deutschen Reiches, Vier Bände, 5. Auflage (1911), Bd. 1, S. IX).

[324] *Walkenhaus*, Konservatives Staatsdenken, S. 103

[325] Auch über den Inhalt dieses Begriffes ist sich die Wissenschaft nicht einig. Meist werden mit dem Begriff „Staatslehre“ soziologische und staatsethische Aspekte zusammengefasst. So: *Helfritz*, Allgemeines Staatsrecht, S. 19; *Zippelius*, Allgemeine Staatslehre, S. 1ff

[326] *Geis*, Der Methoden- und Richtungsstreit in der Weimarer Staatslehre, in: JuS 1989, S. 91-96 (91)

ziert. Nicht juristische Teildisziplinen wie Politik und Ethik wurden als „bloß praxisbezogene“ Erwägungen aus der Jurisprudenz verbannt.[327] Jener Prozess war auch keine autonome Verselbständigung auf der Wissenschaftsseite. Er war das Spiegelbild der allgemeinen gesellschaftlichen Entwicklung. *Huber* sprach davon, dass die Staatswissenschaft als „politische Wirklichkeitswissenschaft“[328] dem gleichen Zerfall unterworfen war, der sich aufgrund des im 19. Jahrhundert aufkommenden Liberalismus zwischen Staat und Gesellschaft vollzog. Folglich waren die Forderungen der so genannten „Antipositivisten“ auch nicht neu. Sie knüpften an Zeiten an, in denen das Recht ein Zusammenspiel sämtlicher Erwägungen war, die in den unter „Staatswissenschaft“ zusammengefassten Einzeldisziplinen gewonnen werden konnten.

In der Literatur werden die Begriffe „Methodenstreit“ und „Richtungsstreit“ nicht immer gemeinsam verwendet, sondern auch oft gegeneinander abgegrenzt. Viele Autoren bedienen sich dann nur der einen oder der anderen Bezeichnung, um den Inhalt der Auseinandersetzung zu beschreiben.[329] Trotz der terminologischen Unterschiede besteht Einigkeit über die Bedeutung der damaligen Konfrontation. Exemplarisch für die bloß begriffliche Differenz stehen *Grimm* und *Friedrich*. *Grimm* weist schon der Methodenwahl geradezu machtpolitische Bedeutung zu. „Wenn das Recht mit seinem Inkrafttreten noch nicht völlig bestimmt ist, sondern endgültige Gestalt erst in der Anwendung findet, dann sind die Anwendungsregeln für eine Rechtsordnung nicht weniger relevant als die Rechtsnormen selbst. ... Die Methode, die den Inhalt rechtsanwendender Entscheidungen mitbestimmt, wird unter Machtgesichtspunkten diskutierbar.“[330] Genauso betont *Friedrich* den machtpolitischen Aspekt der damaligen Auseinandersetzung, sieht diesen aber allein im Begriff „Richtungsstreit“ ausgedrückt. „Bei einem Richtungsstreit ....steht mehr auf dem Spiel als eine bisher erfolg-

---

[327] *Geis*, Der Methoden- und Richtungsstreit in der Weimarer Staatslehre, in: aaO, S. 91

[328] *Huber*, Die Deutsche Staatswissenschaft, in: ZgesStW Bd. 95 (1934/35), S. 1-65 (1)

[329] *Stolleis* spricht stets vom Methodenstreit, ohne jedoch den Begriff Richtungsstreit abzulehnen.: *ders.*, Methodenstreit und Staatskrise, in: Geschichte des öffentlichen Rechts in Deutschland Bd. III 1914-1945, S. 153-202; *Friedrich* bevorzugt den Begriff Richtungsstreit, da die Methodenforderungen lediglich einen Ausschnitt der damaligen Kontroversen bedeuteten.: *ders.*, Der Methoden- und Richtungsstreit, in: AöR 102 (1977), S.161-209 (209); *Rennert* benutzt beide Begriffe nebeneinander, ohne sie von einander abzugrenzen.: *ders.*, Die „geisteswissenschaftliche“ Richtung in der Staatslehre der Weimarer Republik, S. 22-66; *Geis* differenziert ebenso wenig zwischen beiden Begriffen.: *ders.*, Der Methoden- und Richtungsstreit in der Weimarer Staatslehre, in: JuS 1989, S. 91-96; *Sontheimer* vermeidet beide Begriffe und spricht stattdessen von der alten und neuen Schule.: *ders.*, Antidemokratisches Denken in der Weimarer Republik, S. 63-92, *Grimm* stellt lediglich auf die Bedeutung juristischer Methoden ab, so verwendet er auch ausschließlich diese Terminologie.: *Grimm*, Methode als Machtfaktor, in: *ders.*, Recht und Staat der bürgerlichen Gesellschaft, S. 347-372

[330] *Grimm*,: Methode als Machtfaktor, in: aaO, S. 347f

reich praktizierte Methode. Es versuchen nämlich einflussreiche Gruppen im Fach, prinzipiell unvereinbare Vorschläge zur Überwindung einer `Krise` des Faches durchzusetzen."[331]

In der Veröffentlichung „Verfassungswirklichkeit und Verfassungswert im Staatsdenken der Weimarer Zeit"[332] setzte sich *Ernst Rudolf Huber* ausführlich mit dem innerhalb der deutschen Staatsrechtslehre geführten Methodenstreit auseinander. Der Ausbruch jener Auseinandersetzung war für *Huber* aufgrund der geschichtlichen Entwicklung zwangsläufig geworden. Die positivistische Lehre erwies sich für ihn nach 1918 als unzeitgemäß und völlig unbrauchbar, auf die durch Krieg, Novemberrevolution und Erneuerung der Staatlichkeit entstandenen Herausforderungen zu reagieren.[333] Welcher Zusammenhang bestand aber zwischen der Weimarer Republik und dem so genannten Richtungs- und Methodenstreit ? Warum wurde der Positivismus, der lange Zeit unbestritten zunächst das deutsche Privatrecht, dann auch das Öffentliche Recht geprägt hatte, für *Huber* auf einmal zu einer „im Formalismus und Normativismus erstarrten Staatstheorie"[334] ?

Der Umbruch von der konstitutionellen Monarchie zur parlamentarischen Demokratie war so einschneidend, dass er sich erheblich auf die Staatsrechtslehre auswirkte. Diese erlangte mit Inkrafttreten der Weimarer Reichsverfassung eine ganz neue Rolle. Denn im neuen Staat war das Verfassungsrecht kein Randgebiet mehr, das lediglich geringe Ausstrahlung auf das übrige deutsche Recht hatte. Vielmehr wirkte es jetzt, vor allem durch die Aufnahme vieler, teilweise neuer Grundrechte in den Rechtsalltag jedes Einzelnen. Die Staatsrechtswissenschaft musste sich auf einmal mit Wertungsfragen auseinandersetzen. Ihr kam von nun an eine Verantwortlichkeit für die Verfassungsentwicklung zu, die ihr bis dahin völlig fremd gewesen war. Verfassungsfragen wurden zu justiziablen Streitfällen.[335] Im Gegensatz dazu hatte sich die Staatsrechtswissenschaft des Kaiserreichs noch der Auseinandersetzung mit verfassungsrechtlichen Wertungswidersprüchen enthoben sehen können. Ihre herrschende Methodik zielte geradezu auf die Negation politischer Wertungen.

---

[331] *Friedrich*, Geschichte der deutschen Staatsrechtswissenschaft, S. 325

[332] *Huber*, Verfassungswirklichkeit und Verfassungswert im Staatsdenken der Weimarer Zeit, in: Arbeiten zur Rechtsgeschichte, Festschrift für Gustav Klemens Schmelzeisen, S. 126-141; Erweiterte Fassung eines Vortrages, gehalten am 5. Juli 1977 aus Anlass der Feier der fünfzigsten Wiederkehr des Tages der Promotion von *Ernst Rudolf Huber* vor der Rechts- und Staatswissenschaftlichen Fakultät der Rheinischen Friedrich-Wilhelms-Universität zu Bonn.

[333] *Huber*, Verfassungswirklichkeit und Verfassungswert, in: aaO, S. 127f

[334] *Huber*, Verfassungswirklichkeit und Verfassungswert, in: aaO, S. 127

[335] *Friedrich*, Geschichte der deutschen Staatsrechtswissenschaft, S. 320

Die zentrale Problematik der Staatsrechtslehre der Weimarer Republik bestand jedoch darin, dass die Voraussetzung des bis 1918 vorherrschenden staatsrechtlichen Positivismus, das mehrheitliche Einverständnis der Bevölkerung mit der politischen Ordnung, nicht mehr existierte. Im Positivismus trat das Nachdenken über den Staat noch hinter das Bemühen um die reine juristische Methode, die „Dogmatik", zurück. Nachdem der gesellschaftliche Grundkonsens aber zerstört war, nahm man den Staat nicht mehr als unabänderliches Grundfaktum hin, sondern begann wieder, diesen zu hinterfragen. Staat und Verfassung waren nicht mehr der Diskussion entzogen, sondern entwickelten sich zunehmend zum Objekt heftiger Auseinandersetzungen. So musste die Staatsrechtslehre nunmehr die Legitimität des parlamentarischen Gesetzgebers und die Legalität der von ihm erlassenen Normen anerkennen, wenn sie am bisherigen Positivismus festhalten wollte. Gerade in der Frage, ob man es allein einem gewählten Parlament überlassen dürfe, eine Verfassung und formelles Gesetzesrecht zu setzen, herrschte innerhalb der Rechtswissenschaft Dissens. Während eine Minderheit die neue Stellung des Parlaments uneingeschränkt begrüßte, wurde der „Allmacht des Gesetzgebers"[336] mehrheitlich misstraut. Als Folge dieser Uneinigkeit und der damit verknüpften Frage, wie auf den fehlenden politischen Grundkonsens zu reagieren sei, geriet die deutsche Staatsrechtslehre in ihren Richtungs- und Methodenstreit.

Auslöser der Diskussion waren die provozierenden Thesen des Wiener Staatsrechtlers *Hans Kelsen*. Für ihn gab es angesichts des neuen politischen Pluralismus nur eine Lösung: Die positivistische Beschreibung von Staat und Recht konnte nur bei einem radikalen Verzicht auf alle gesellschaftlichen Bezüge fortgesetzt werden. Daher gelte es, die Rechtswissenschaft rigoros „von allen ihr fremden Elementen"[337] zu befreien. Erkannten *Gerber* und *Laband* noch an, dass die Zwecke eines Rechtsinstitutes von Einfluss auf die juristische Gestaltung und von Wert für sein Verständnis sein konnten, wurden solche Gedanken von der streng positivistischen Schule *Kelsens* als „metajuristisch" verurteilt.[338] Die Radikalisierung des Positivismus durch *Kelsen* war angesichts der neuen Staatsordnung konsequent. Mit seiner Fixierung auf Wortlaut und Systematik des Rechts reagierte er auf die von ihm konstatierte Zerrissenheit der Gesellschaft. War diese zu koordiniertem Handeln nicht willens und in Wertefragen uneins, konnte das Bindeglied zwischen den Individuen nur noch in der gemeinsamen Unterworfenheit unter die Buchstaben der Verfassung bzw. des Gesetzes gesehen werden.[339]

---

336 *Huber*, (gezeichnet M. W.), Besprechung von *Bindewald*, Der Gleichheitsgedanke im Rechtsstaat der Gegenwart, in: Der Ring 5. Jg. (1932), S. 376

337 *Kelsen*, Reine Rechtslehre, 2. Aufl. (1934), S. 1

338 *Triepel*, Staatsrecht und Politik, S. 18

339 *Volkmann*, Relativität des Staates, in: JuS 1996, S. 1058-1064 (1061f)

Gegen diese Auslieferung von Staat und Recht[340] an die Beliebigkeit des parlamentarischen Gesetzgebers formierte sich jedoch ein wachsendes Streben nach Einheit und Orientierung, das sich in den antipositivistischen Entwürfen widerspiegelte.

Unterstützt wurde der Trend zurück zu einer überpositiven Ordnung staatstragender Werte von der seit Anfang des 20. Jahrhunderts feststellbaren Renaissance der hegelschen Rechts- und Staatsphilosophie. Sie bot mit der Restauration der Dialektik als Denkstruktur und einer Rückkehr zum Ganzheitsdenken, insbesondere bei sozialen Strukturen, einem weiten Spektrum eine intellektuelle Heimat.[341] Über Wesen und Inhalt jener Einheit bestand wiederum kein Konsens. Entsprechend unterschiedlich gerieten daher die Ansätze der verschiedenen antipositivistischen Richtungen.

2. Antipositivistische Strömungen und der Verlauf der Auseinandersetzung

Maßgeblichen Einfluss unter den neuen, umfassend denkenden juristischen Lehren hatte die so genannte „geisteswissenschaftliche Richtung".[342] Sie erhob den Anspruch, die materialen Voraussetzungen des positiven Rechts aus Soziologie, Ethik und Geschichte wiedergewinnen zu wollen. Hinter ihrem geistesgeschichtlichen Denkansatz standen staats- und rechtstheoretische Grundsätze, die sich von dem Positivismus in zweifacher Hinsicht unterschieden: Staatstheoretisch zeichnete sie sich dadurch aus, dass sie nicht von einem obrigkeitsstaatlichen Dualismus zwischen Staat und Gesellschaft ausging, sondern den Staat „organisch" von unten her aufbaute. Sie überwand durch die Eingliederung der Gesellschaft deren alte Abspaltung vom Staat. Als Rechtsquelle fungierte nicht die

---

[340] Durch die Einführung seines normativen Staatsbegriffes wurden von *Kelsen* Staat und positive Rechtsordnung gleichgesetzt. Indem *Kelsen* damit auf die außerjuristische Seite des Staates verzichtete, wandte er sich von der Lehre *G. Jellineks* ab. Dieser hatte noch versucht, das Problem der Zuordnung von Staat und Tatsachenwelt dadurch zu lösen, dass er zwischen zwei verschiedenen Sichtweisen des Staates unterschied. Für ihn gab es die soziologisch-historische, die er in der „Allgemeinen Soziallehre des Staates" behandelte und eine juristische, die er in der „Allgemeinen Staatslehre" besprach (*Jellinek*, Allgemeine Staatslehre, 3. Aufl. (1959), S. 10f, 129ff, 383ff).

[341] *Geis*, Der Methoden- und Richtungsstreit in der Weimarer Staatslehre, in: aaO, S. 93

[342] Sie orientierte sich nicht nur begrifflich an der von *Theodor Litt* formulierten geisteswissenschaftlichen „verstehenden" Soziologie, die ihrerseits von der antirationalistischen Lebensphilosophie *Wilhelm Diltheys* und der Phänomenologie *Edmund Husserls* geprägt wurde. Weitere Anknüpfungen suchte sie in der Philosophie des klassischen und romantischen deutschen Idealismus *Hegels*, *Schleiermachers* und *Stahls* und bezog dabei wesentliche Motive ihrer Arbeit aus einer evangelischen und nationalstaatlichen Grundhaltung (*Geis*, Der Methoden- und Richtungsstreit in der Weimarer Staatslehre, in: aaO, S. 94; *Rennert*, Die „geisteswissenschaftliche Richtung" in der Staatslehre der Weimarer Republik, S. 62).

„juristische Staatsperson“, sondern ein in sich gegliedertes Volk. Das geltende Recht beschränkte sich damit auch nicht auf staatlich gesetzte Normen. Das Recht war Volksrecht. Es haftete dem Volk als die zu ihm gehörende Ordnung an und war damit ebenso wenig statisch wie der Staat. Als historisches Recht blieb es inhaltlich stets dynamisch und wandelbar.

Diesem grob umrissenen Programm lassen sich neben vielen anderen vor allem *Erich Kaufmann*[343], *Günter Holstein*[344], *Rudolf Smend*[345], *Gerhard Leibholz*[346] und *Hermann Heller*[347] zurechnen.[348] Ihre bevorzugte Methode war die historische Auslegung.[349]

---

[343] *Erich Kaufmann* (1880-1972), Staats- und Völkerrechtslehrer, 1908 Privatdozent in Kiel, 1912 ao. Prof. daselbst, 1913 o. Prof. in Königsberg, 1917 in Berlin, 1920 in Bonn, seit 1927 Rechtsberater des Auswärtigen Amtes (Hon. Prof. in Berlin), 1938-1945 in Holland, 1946 o. Prof. in München, 1950-1958 Rechtsberater der Bundesregierung, Hon. Prof. in Bonn und Heidelberg (*Huber*, Deutsche Verfassungsgeschichte seit 1789 Bd. VI, S. 16 Fn. 9).

[344] *Günter Holstein* (1892-1931), studierte in München und Berlin, habilitierte sich 1921 für Öffentliches Recht an der Universität Bonn und übernahm 1922 vertretungsweise, 1924 endgültig das Ordinariat für Öffentliches Recht an der Universität Greifswald. 1930 wechselte er an die Universität Kiel. Er war Mitglied der altpreußischen Generalsynode (*Killy* (Hrsg.), Deutsche Biographische Enzyklopädie, Bd 5, 1997, S. 154).

[345] *Rudolf Smend* (1882-1975), Staats- und Kirchenrechtslehrer, 1908 Privatdozent in Kiel, 1909 ao. Prof. in Greifswald, 1911 o. Prof. in Tübingen, 1915 in Bonn, 1922 in Berlin, seit 1935 in Göttingen (*Huber*, Deutsche Verfassungsgeschichte seit 1789 Bd. VI, S. 16 Fn. 10)

[346] *Gerhard Leibholz* (1901-1982), Staatsrechtslehrer, o. Prof. in Greifswald 1929 und Göttingen 1931 bis zu seiner Amtsenthebung 1935, 1938 Emigration nach Großbritannien, seit 1957 wieder Prof. in Göttingen, 1951-1971 Richter am Bundesverfassungsgericht (Brockhaus, Enzyklopädie in 24 Bänden, Bd. 13, 19. Aufl. 1990, S. 225)

[347] *Hermann Heller* (1891-1933), studierte Rechts- und Staatswissenschaften in Wien, Innsbruck, Graz und Kiel. Er wurde 1915 in Graz promoviert und habilitierte sich 1920 in Kiel. Wechselte 1921 als Dozent nach Leipzig und wurde dort 1922 Leiter des städtischen Volksbildungssamtes. Seit 1928 Extraordinarius in Berlin, zuvor seit zwei Jahren dort als Referent am Kaiser-Wilhelm-Institut für ausländisches öffentliches Recht und Völkerrecht. Erst 1932 erhielt er aufgrund seiner jüdischen Abstammung ein Ordinariat für Öffentliches Recht in Frankfurt. Prozessvertreter der preußischen sozialdemokratischen Landtagsfraktion im „Preußenschlagverfahren“ vor dem Staatsgerichtshof. 1933 Emigration nach Spanien, starb dort noch im gleichen Jahr (*Stolleis* (Hrsg.), Juristen – Ein biographisches Lexikon, Von der Antike bis zum 20. Jahrhundert, S. 281f).

[348] *Rennert*, Die „geisteswissenschaftliche Richtung“ in der Staatslehre der Weimarer Republik, S. 63

[349] *Geis*, Der Methoden- und Richtungsstreit in der Weimarer Staatslehre, in: aaO, S. 94. *Geis* ordnet im Gegensatz zu *Rennert Hermann Heller* nicht der geisteswissenschaftlichen, sondern der teleologischen Richtung zu. Allerdings baut *Geis* sein System des antipositivistischen Lagers anders auf. Seiner Ansicht nach fallen alle antipositivistischen Methoden unter den Oberbegriff der neuen, geisteswissenschaftlichen Richtung. Unterteilt werden sie in die historische (sonst geisteswissenschaftliche Richtung), die erkenntnistheoretische (*Smends* Integrationslehre) und die politisch-kultursoziologische (sonst teleologische Richtung) Variante (*Geis*, Der Methoden- und Richtungsstreit in der Weimarer Staatslehre, in: aaO, S. 94f).

Rudolf Smend verließ den historischen Ansatz der „geisteswissenschaftlichen Richtung“ in seinem 1928 erschienenen Werk „Verfassung und Verfassungsrecht“.[350] Auch *Smend* wollte die alte Einheit zwischen Staat und Gesellschaft erneuern, setzte dazu aber nicht auf die hegelsche Dialektik. Stattdessen bediente er sich der soziologischen Modelle *Theodor Litts* und begründete seine Integrationslehre. Der Staat war für *Smend* „kein ruhendes Ganzes“, sondern nur in den einzelnen Lebensäußerungen seiner Organe und Bürger vorhanden, sofern diese Bestätigungen eines „geistigen Gesamtzusammenhanges“ blieben.[351] „Der Staat ist nur, weil und sofern er sich dauernd integriert, in und aus den einzelnen aufbaut, dieser dauernde Vorgang ist sein Wesen als geistig-soziale Wirklichkeit“. Kernsubstanz des Staates war bei *Smend* das „dauernde Neuerlebtwerden“[352], seine eigentliche Realität geistiger Art. Der „Staatswille“ des Volkes wurde damit zum vierten Element[353] eines Staates. Das Recht fand in *Smends* Lehre seine Legitimität in dem Maße, in dem es die Integration zu realisieren vermochte.[354]

Als Hauptvertreter der teleologischen Richtung gelten *Ernst v. Hippel*[355] und *Heinrich Triepel.*[356] Aus Anlass des Rektoratsantritts in Berlin verurteilte *Triepel* in seiner berühmt gewordenen Rede alle Versuche, Recht von Politik zu trennen. Denn auch der strengste Positivismus komme nie ohne jede politische Wertung aus.[357] So sei die Rechtsordnung der Weimarer Republik „nichts als ein Komplex von Werturteilen über Interessenskonflikte“.[358] Nach *Hippel* und *Triepel* trägt jedes Gesetz einen objektiven Gesetzeszweck in sich, den es zu ermitteln gelte. Durch diese Vorgehensweise werde nicht nur die ratio legis berücksichtigt, sondern auch die Objektivität der Rechtswissenschaft gewährleistet.

---

[350] Wieder abgedruckt in: *Smend*, Staatsrechtliche Abhandlungen, 2. Aufl. (1968), S. 119ff

[351] *Smend*, Staatsrechtliche Abhandlungen, S. 136

[352] *Smend*, Staatsrechtliche Abhandlungen, S. 138

[353] Als Erweiterung der so genannten Drei-Elemente-Lehre *Georg Jellineks*. Dieser charakterisierte den Staat als soziales Gebilde, dessen konstituierende Merkmale ein bestimmtes Territorium (Staatsgebiet), eine darauf ansässige Gruppe von Menschen (Staatsvolk) und eine faktisch wirksame Staatsgewalt sind (*ders.*, Allgemeine Staatslehre, 3. Aufl. (6. Neudruck 1959), S. 394ff).

[354] *Geis*, Der Methoden- und Richtungsstreit in der Weimarer Staatslehre, in: aaO, S. 94

[355] *Ernst v. Hippel* (1895-1984), Sohn des Strafrechtlers *Robert v. Hippel*, nach Kriegsteilnahme Studium in Göttingen und Freiburg, Promotion 1921 bei *Paul Schoen*, Habilitation 1924 bei *Anschütz* und *Thoma* mit „Untersuchungen zum Problem des fehlerhaften Staatsaktes“, 1929 Berufung nach Rostock und Königsberg, von wo er 1940 nach Köln wechselte (*Stolleis*, Geschichte des öffentlichen Rechts in Deutschland Bd. III, S. 195 Fn. 214).

[356] *Heinrich Triepel* (1868-1946), Staats- und Völkerrechtslehrer, 1893 Privatdozent in Leipzig, 1899 ao. Prof. daselbst, 1900 o. Prof. in Tübingen, 1909 in Kiel, 1913 in Berlin (*Huber*, Deutsche Verfassungsgeschichte seit 1789 Bd. VI, S. 16 Fn. 8).

[357] *Triepel*, Staatsrecht und Politik, Berlin 1927

[358] *Triepel*, Staatsrecht und Politik, S. 37

Sollte der Gesetzgeber den Zweck der Norm nicht eindeutig formuliert haben, so boten die Grundrechte für *Triepel* eine Reihe von allgemein gehaltenen „Legalwertungen“[359]. Fehlte es an solchen, so musste der Jurist auf sein eigenes Rechtsgefühl vertrauen und eine Entscheidung treffen.[360]

Im Gegensatz dazu suchte *Hippel* die ratio legis in der politischen Entscheidung.[361] Denn für ihn war auch im politischen Bereich Objektivität möglich. Diese lasse sich an den Maßstäben der politischen Moral ermessen. Um jene zu vereinheitlichen, forderte *Hippel* eine „Wertetafel“, an der sich der Jurist orientieren könne.[362]

Der wesentliche Unterschied zwischen teleologischer und geisteswissenschaftlicher Richtung bestand in der Frage nach dem Geltungsgrund des Rechts. Während nach Ansicht der „Geisteswissenschaftler“ das Recht als Volksrecht unabhängig vom Willen des Gesetzgebers existierte, beschränkte sich der überpositive Ansatz der teleologischen Methode auf die Inhaltsseite des Gesetzes.

Die Auseinandersetzung um die richtige Methode wurde von den Staatsrechtlern ab Mitte der zwanziger Jahre auf allen sich bietenden Ebenen geführt.[363] So nutzte man Monographien, Fachzeitschriften und vor allem öffentliche Auftritte, um die eigene Position zu vertreten. Zu ihrem wichtigsten Austragungsort geriet seit 1926 die Jahrestagung der Vereinigung der Deutschen Staatsrechtslehrer. Dies geschah, obwohl man § 1 ihrer Satzung den Versuch entnehmen kann, mit

---

[359] *Triepel*, Seine Beteiligung an der Aussprache über die Berichte zum ersten Beratungsgegenstand (Das Recht der freien Meinungsäußerung), in: VVDStRL 4 (1928), S. 74-97 (90)

[360] *Triepel*, Staatsrecht und Politik, S. 39f

[361] *Hippel*, Untersuchungen zum Problem des fehlerhaften Staatsaktes, S. 63f

[362] *Rennert*, Die „geisteswissenschaftliche Richtung“ in der Staatslehre der Weimarer Republik, S. 59; *Hippel*, Über Objektivität im öffentlichen Recht, in: AöR 51 (1927), S. 393-419 (413f)

[363] Bis dahin war die antipositivistische Kritik noch recht unbedeutend gewesen So kritisierte *Otto v. Gierke*, dass *Laband* seine Methode einseitig auf die formale Logik gründe, denn damit verfehle er das Wesen des Rechts (*Rennert*, Die „geisteswissenschaftliche Richtung“ in der Staatslehre der Weimarer Republik, S. 29f) Neben weiteren Einzelstimmen wie *Haenel*, *Loening* und *Stoerk* waren es vor 1918 zunächst nur die Anhänger der freirechtlichen Schule, die sich den Richter bei Auslegungszweifeln von der strengen logisch-objektiven Deduktion lösen lassen und ihm politische Sozialgestaltung erlauben wollten (*Rennert*, Die „geisteswissenschaftliche Richtung“ in der Staatslehre der Weimarer Republik, S. 33). Auslöser des Methodenstreits waren erst die mit der Weimarer Republik verbundenen gesellschaftlichen und politischen Rahmenbedingungen, also wissenschaftsexogene Faktoren. Anfang der zwanziger Jahre beteiligte sich *Kaufmann* mit seiner „Kritik der neukantischen Rechtsphilosophie“ (Mohr Verlag Tübingen 1921) an der damals noch schwelenden Auseinandersetzung. Da seine Schrift große Aufmerksamkeit erfuhr, wird in ihrer Veröffentlichung die wissenschaftliche Eröffnung der Weimarer Methodendiskussion gesehen.

der 1922 erfolgten Gründung[364] den Methodenstreit durch wissenschaftlichen Austausch noch rechtzeitig abzufangen.[365]

1926 kam es auf der berühmt gewordenen Tagung von Münster zu dem direkten Aufeinandertreffen des positivistischen und antipositivistischen Lagers. *Kaufmanns* Referat über den allgemeinen Gleichheitssatz und der kontradiktorische Vortrag des Mitberichterstatters *Nawiasky* enthüllten zusammen mit dem in der Aussprache gegen *Kaufmanns* Thesen angemeldeten Widerspruch erstmals den Gegensatz der beiden Richtungen im Fach.[366] Der allgemeine Gleichheitssatz (Art. 109 Abs. 1 WRV) war als Traditionsgut in die Weimarer Verfassung übernommen worden. Politische Sprengkraft entwickelte er erst 1923, als es darum ging, die Inflations(not)gesetzgebung des Jahres 1923 einzudämmen. In diesem Zusammenhang war heftig umstritten, ob mit Hilfe des Art. 109 Abs. 1 WRV auch eine Bindung des Gesetzgebers erfolgen könne.

1927 entzündete sich in München der Disput erneut an einem Grundrechtsthema. Über „Das Recht der freien Meinungsäußerung“ sprachen *Karl Rothenbücher* und *Rudolf Smend.*[367] Die Tagung des Jahres 1928 führte nach Wien, der Hochburg des strengen Positivismus der Weimarer Zeit.[368] Als erster Beratungsgegenstand stand das Thema „Wesen und Entwicklung der Staatsgerichtsbarkeit“ auf der Tagesordnung. Hierzu trafen mit *Triepel* und *Kelsen* sowohl politische als auch methodische Gegensätze aufeinander. Auf dem Frankfurter Treffen (1929) stand die Methodenfrage nicht mehr in vergleichbarer Weise im Mittelpunkt. Die letzte Tagung der Weimarer Zeit, Halle 1931, war ganz der aktuellen Krisenlage des Staates gewidmet.[369]

---

[364] *Stolleis*, Geschichte des öffentlichen Rechts in Deutschland Bd. III, S. 186ff; *ders.*, Die Vereinigung der Deutschen Staatsrechtslehrer – Bemerkungen zu ihrer Geschichte, in: Kritische Vierteljahresschrift für Gesetzgebung und Rechtswissenschaft, Heft 1/97, S. 339-358

[365] Danach stellte sich die Staatsrechtslehrervereinigung am 13.10.1922 die Aufgabe: „1. wissenschaftliche und Gesetzgebungsfragen aus dem Gebiet des öffentlichen Rechts durch Aussprache in Versammlungen der Mitglieder zu klären; 2. auf die ausreichende Berücksichtigung des öffentlichen Rechts im Universitätsbetrieb und bei staatlichen und akademischen Prüfungen hinzuwirken; 3. in wichtigen Fällen zu Fragen des öffentlichen Rechts durch Eingaben an Regierungen oder Volksvertretungen oder durch öffentliche Kundgebungen Stellung zu nehmen“ (Die Satzung ist am Ende jedes einzelnen Heftes der Veröffentlichungen der Vereinigung aus der Weimarer Zeit abgedruckt).

[366] VVDStRL Heft 3 (1927), S. 2-62

[367] VVDStRL, Heft 4 (1928), S. 44-97

[368] VVDStRL, Heft 5, (1929), S. 2-123

[369] *Köttgen*, Die achte Tagung der Vereinigung der Deutschen Staatsrechtslehrer, in: AöR 60 (1932), S. 404-431 (404ff)

3. Ernst Rudolf Hubers Standort in der Weimarer Methodendiskussion

Welche Position bezog *Ernst Rudolf Huber* im Weimarer Methodenstreit ? Kann man ihn einer der beschriebenen Richtungen zuordnen oder blieb er in der Diskussion der Staatsrechtslehrer weitgehend teilnahmslos ?

Hubers detaillierteste Auseinandersetzung mit dem Streit um die richtige Methode erschien in seiner Veröffentlichung „Verfassungswirklichkeit und Verfassungswert im Staatsdenken der Weimarer Zeit“[370]. Darin beschrieb er die antipositivistische Haltung seiner Bonner Lehrer, ohne diese aber einer von ihnen bevorzugten Methode zuzuordnen oder überhaupt nach akademischen Lehrmeinungen zu differenzieren. *Huber* sprach ganz generell von der „geisteswissenschaftlichen Wende“[371] als Oberbegriff der antipositivistischen Neuerung, kritisierte die Bezeichnung aber selbst als „nur unscharf und missverständlich“[372].

Inhaltlich bekannte sich *Huber* in seinem Aufsatz eindeutig zum Antipositivismus. Seine Haltung wurde nach eigener Aussage durch *Kaufmanns* „Kritik der neukantischen Rechtsphilosophie“[373] ausgelöst: „Ich will nicht sagen, daß wir Junge dies auch nur annähernd verstanden und in seiner Tragweite begriffen hätten, als wir das damals lasen. Aber deshalb war die Wirkung solcher Sätze auf uns nicht geringer. Noch heute spüre ich im Rückgriff auf sie den Widerhall der ersten Begegnung mit diesem anti-positivistischen Manifest, dem wir den Aufruf zur Überwindung der begrifflichen Trennung von Sein und Sollen, von sozialer Realität und staatsrechtlicher Normativität, von Wirklichkeit und Wert entnahmen.“[374] Weiter als die Beschreibung einer allgemeinen Aufbruchsstimmung der akademischen Jugend, die für *Huber* nur mit dem Antipositivismus verbunden sein konnte, reicht sein Bericht jedoch nicht. *Huber* legte sich in diesem Zusammenhang auf keine bestimmte Methode fest. Seine allgemeine Feststellung, dass die verbreitete Abkehr vom Positivismus zeitgemäß war, lässt vielmehr vermuten, dass er die Einteilung in Richtungen und einzelne Lehrmeinungen für viel zu akademisch hielt. Ihm kam es vielmehr darauf an, die Dynamik und Legitimität des Antipositivismus zu verdeutlichen.

Allerdings verfasste *Huber* den Aufsatz „Verfassungswirklichkeit und Verfassungswert“ nicht in der Weimarer Republik, sondern Jahrzehnte später als Überarbeitung eines 1977 gehaltenen Vortrags. Untersucht man *Hubers* frühe Schriften, so fällt auf, dass er während des Methoden- und Richtungsstreits niemals inhaltlich ausdrücklich Stellung bezogen hat. Seine Zurückhaltung hängt vor allem damit zusammen, dass er (Jahrgang 1903) für eine aktive Teilnahme

---

370 *Huber*, Verfassungswirklichkeit und Verfassungswert im Staatsdenken der Weimarer Zeit, in: aaO, S. 126-141

371 *Huber*, Verfassungswirklichkeit und Verfassungswert, in: aaO, S. 128

372 *Huber*, Verfassungswirklichkeit und Verfassungswert, in: aaO, S. 128

373 *Kaufmann*, Kritik der neukantischen Rechtsphilosophie, Tübingen 1921

374 *Huber*, Verfassungswirklichkeit und Verfassungswert, in: aaO, S. 129

am Methodenstreit zu jung war. Als *Hubers* akademische Laufbahn begann, hatte die wissenschaftliche Auseinandersetzung ihren Höhepunkt bereits überschritten. Das Forum der Staatsrechtslehrervereinigung stand *Huber* erst seit 1931 offen.[375] Seinerzeit diskutierte die Vereinigung aber kaum mehr über den Methodenstreit, sondern befand sich kurz vor ihrer Vertagung.

Trotzdem wird *Hubers* antipositivistische Haltung auch in den seit 1927 veröffentlichten Schriften überdeutlich, denn seine Argumentation in verfassungsrechtlichen Streitfragen basiert auf einer Ablehnung der herkömmlichen Lehre. Um *Hubers* Positionen in der Weimarer Verfassungsdiskussion nicht vorwegzugreifen, wird sein Antipositivismus zunächst nur anhand des Verhältnisses des Gesetzgebers zur Verfassung und bei der Frage nach dem Geltungsgrund der Verfassung verdeutlicht.

Ausgangspunkt der Wahlen zur Nationalversammlung und damit auch des aus ihr hervorgehenden Organs zur Verfassungsgebung war die Verordnung des Rats der Volksbeauftragten vom 30. November 1918. Entscheidend für die Rechtmäßigkeit der Reichsverfassung war demnach das verfassungsmäßige Zustandekommen jener Verordnung. Schon die Herleitung des Geltungsgrundes der Verfassung erforderte für *Huber* eine Abkehr vom strengen Positivismus, denn ein Rat der Volksbeauftragten war von der geschriebenen Verfassung des Kaiserreichs nicht vorgesehen, sondern revolutionär eingesetzt. Andere beriefen sich für die Rechtmäßigkeit der Verfassung auf die von *Georg Meyer* geprägte Maxime: „Die Befugnis zur Ausübung der Staatsgewalt ist nicht durch den rechtmäßigen Erwerb, sondern durch den tatsächlichen Besitz derselben bedingt....*Legitimität ist kein Wesensmoment der Staatsgewalt.*“[376] Damit war die Lehre von der „normativen Kraft des Faktischen“ geboren.[377] Der durch *Hegels* Rechtsphilosophie beeinflusste *Huber* konnte *Jellineks* Argumentation nicht akzeptieren. Denn dadurch sah er das eigentümliche Wesen des Rechts aufgegeben, das „doch mehr bedeuten will, als die Faktizität irgendeiner Machtlage oder irgendeiner Beziehung“[378]. Für *Huber* gründete sich die Geltung des Verfassungsrechts darauf, dass es aus der naturhaften Anlage und der geschichtlichen Aufgabe erwächst. Recht ist von sich aus Recht und wird nicht durch legales

---

[375] Mitglied der Staatsrechtslehrervereinigung wurden seit ihrer Gründung die habilitierten Lehrer des Staats- und Verwaltungsrechts aller deutschen Universitäten. *Huber* bekam seine Lehrbefugnis für Staats- und Verwaltungsrecht, Staatskirchenrecht, Arbeits- und Wirtschaftsrecht von der Universität Bonn am 24. Juni 1931 verliehen. Personalakte Huber, Archiv der Universität Bonn

[376] *Meyer*, Lehrbuch des deutschen Staatsrechtes (1878), S. 11; in der Bearbeitung des Lehrbuchs von *Anschütz* übernommen und durch den oben hervorgehobenen, ursprünglich von *Pohl* stammenden Satz ergänzt (*Meyer-Anschütz*, Lehrbuch des deutschen Staatsrechts (1914), S. 26).

[377] *Jellinek*, Allgemeine Staatslehre (1900), in der 3. Aufl. (1921), S. 332ff, 339f

[378] *Huber*, Wesen und Inhalt der politischen Verfassung, S. 50

Zustandekommen oder die Faktizität der rechtsetzenden Stelle legitimiert.[379] Seine Einstellung gegenüber der „normativen Kraft des Faktischen" änderte *Huber* bis zum Ende seiner akademischen Laufbahn nicht mehr. Noch 1981 sah er die Legitimation der Weimarer Verfassung allein in überpositiven Werten begründet, die durch allgemeine Rechtsanerkennung ihre Vollendung fand.[380]

Auch sein materieller Verfassungsbegriff war für *Huber* Ausdruck der Überlegenheit des Antipositivismus. Denn während das formaljuristische System es lediglich darauf abgesehen habe, den status quo des 19. Jahrhunderts zu bewahren, ist eine materielle Verfassung zu jeder aktuellen Problemlösung fähig.[381] *Huber* beschränkte die Verfassung nicht auf positive Normen. Als Verfassung waren vielmehr alle für die Grundordnung wesentlichen Regeln zu verstehen, unabhängig davon, ob geschrieben oder nicht. Neben dem Umfang der Verfassung begründete *Huber* auch ihre Schaffung antipositivistisch, da sie nicht allein durch den Gesetzgeber erfolgte. So lehnte er die Möglichkeit, dem Volk eine Verfassung zu geben, strikt ab.[382] Für *Huber* konnte eine Grundordnung nicht erdacht oder konstruiert werden, sondern musste aus dem Volk erwachsen. Sein naturrechtlicher Ansatz widersprach damit genau der positivistischen Ansicht von Rechtserzeugung, die davon ausging, dass Recht nur in geschriebener Form gültig sei oder aus der systematischen Arbeit an demselben hervorgehen muss.[383]

Obwohl *Hubers* Antipositivismus offensichtlich ist, ist fraglich, ob man ihn auch einer bestimmten akademischen Richtung zuordnen kann. Sowohl in seiner „Deutschen Verfassungsgeschichte", als auch in „Verfassungswirklichkeit und Verfassungswert im Staatsdenken der Weimarer Zeit" benutzte *Huber* den Begriff der „geisteswissenschaftlichen Wende"[384], verstand darunter allerdings nur einen Oberbegriff für die antipositivistische Schule. Mit der „geisteswissenschaftlichen Richtung" eines *Erich Kaufmann* oder *Günter Holstein* hatte dies nur mittelbar zu tun.

1932 bekannte sich *Huber* ausdrücklich zu einer „geisteswissenschaftlichen Methode", nach der geltende „Normen nur aus der Einsicht in ihre historischen und vor allem ihre ideengeschichtlichen Voraussetzungen gewürdigt werden"

---

379 *Huber*, Wesen und Inhalt des politischen Verfassung, S. 51

380 *Huber*, Deutsche Verfassungsgeschichte seit 1789, Bd. VI - Die Weimarer Reichsverfassung, S. 7ff

381 *Huber* (Schrift anonym verfasst), Hugo Preuß, in : Der Ring, 3. Jahrgang Heft 31 (1930), S. 552

382 *Huber*, Friedrich Christoph Dahlmann und die deutsche Verfassungsbewegung, S. 17

383 *Grimm*, Methode als Machtfaktor. in: *ders.*, Recht und Staat der bürgerlichen Gesellschaft, S. 356

384 *Huber*, Deutsche Verfassungsgeschichte seit 1789 Bd. VI, S. 15; *ders.*, Verfassungswirklichkeit und Verfassungswert, in: aaO, S. 128

können.[385] Eine eindeutigere Zuordnung gelingt aber erst dann, wenn man seine Stellungnahmen gegenüber Teilnehmern des Methodenstreites analysiert. Danach lehnte *Huber* die von *Smend* vertretene Integrationstheorie ab. Zwar wurde ihr ausdrücklich zugute gehalten, dass sie „viel dazu beigetragen hat, die erstarrte positivistische und normativistische Verfassungstheorie zu beseitigen".[386] Dennoch fand sie nicht *Hubers* Zustimmung. Für ihn war eine nur geistig vorstellbare Verfassung ungeeignet, die an sie gestellten Erwartungen zu erfüllen. Staat und Verfassung waren für *Huber* existentielle Wirklichkeiten, die ihre politische Existenz verloren, sobald sie nur noch als geistige Sinneinheit verstanden wurden.[387] Seine Kritik an der Integrationslehre hielt *Huber* bis zuletzt aufrecht. Noch 1977 betonte er den starken Bruch, den er zwischen *Smends* Schriften von 1923 und 1928 empfunden habe. *Huber* sprach von „einer gewissen Verflachung und Sinnentleerung, die Vergeistigung bewirke ...eine Verflüchtigung ins Abstrakt-Allgemeine."[388]

Unterscheidet man weiter zwischen den beiden noch verbliebenen Hauptrichtungen des antipositivistischen Lagers, so ist *Huber* wohl der „geisteswissenschaftlichen Richtung" unter *Erich Kaufmann* und *Günther Holstein* zuzuordnen. Dafür spricht, dass *Huber* immer wieder betonte, wie sehr ihn *Kaufmanns* Schrift von 1921 beeindruckt habe. Darüber hinaus stellte *Huber* den Begriff der „geisteswissenschaftlichen Wende" zwar als unscharf dar, verwandte ihn aber dennoch. Von den in der Literatur üblichen Richtungseinteilungen sind die Bezeichnungen „geisteswissenschaftliche Wende" oder „geisteswissenschaftliche Methode" schließlich die einzigen, die *Huber* überhaupt übernommen hatte. Entscheidend für die Zuordnung *Hubers* zu der von *Kaufmann* vertretenen Lehre ist aber, dass *Huber* seinen Antipositivismus gerade nicht auf die Inhaltsseite positiv gesetzten Rechts begrenzte.

Insgesamt gesehen verzichtet *Huber* in seinen Schriften auf wissenschaftstheoretische und methodologische Überlegungen. Während er seine Ablehnung des Positivismus bei jeder Gelegenheit offen kundtat, sah er weitgehend davon ab, sich einer akademischen Richtung explizit anzuschließen. Seine Einordnung in die am Richtungs- und Methodenstreit beteiligten Gruppierungen ist nicht zuletzt deshalb recht schwierig. *Hubers* Zurückhaltung erinnert an seinen Doktorvater und Bonner Lehrer *Carl Schmitt*. Auch *Schmitt* hat sich trotz seiner herausragenden Bedeutung als Hochschullehrer der Weimarer Republik nicht aktiv am Methodenstreit beteiligt. Eine Haltung, die ihm schon vor 1933 die Bezeichnung „Sphinx" unter den Staatsrechtlern eingetragen hatte.[389] *Carl Schmitt* ging methodisch und inhaltlich eigene Wege. Nach einer frühen wertphilosophischen

[385] *Huber*, Bedeutungswandel der Grundrechte, in: AöR N. F. Bd. 23 (1932/33), S. 1-98 (1)
[386] *Huber*, Wesen und Inhalt der politischen Verfassung, S. 24
[387] *Huber*, Wesen und Inhalt der politischen Verfassung, S. 24ff
[388] *Huber*, Verfassungswirklichkeit und Verfassungswert, in: aaO, S. 130
[389] *Friedrich*, Geschichte der deutschen Staatsrechtswissenschaft, S. 330

Phase vertrat er mit seiner Auffassung von der legitimierenden Kraft der Dezision[390] die These, dass legitim handelt, wer überhaupt handelt, d. h. entscheidet. Im Ergebnis hatte bei *Schmitt* die bloße Aktion schon eine inhaltliche Rechtfertigung zur Folge. Eine Ansicht, die mit überpositiven, sittlichen Zielen eigentlich nicht vereinbar ist.

4. Hubers Methodenpluralismus

Da *Huber* kein typischer Vertreter des Weimarer Richtungs- und Methodenstreites war, bleibt festzustellen, welche methodischen und inhaltlichen Eigenarten ihn neben seinem prinzipiellen Antipositivismus auszeichnen. Dabei fällt auf, dass gerade seine Unabhängigkeit von einer bestimmten Methode Ausdruck seines wissenschaftlichen Vorgehens war. Die von ihm propagierte Wiederkehr des „Irrationalen", des Geistigen, hatte eine genaue Zielrichtung. Sie war Protest gegen die als schlecht empfundene Welt des durch den naturwissenschaftlichen Fortschritt geprägten Kapitalismus. Sein Widerstand richtete sich daher gegen zweierlei. Nicht nur die Gesellschaft samt ihrer parlamentarischen Herrschaft wurde bekämpft, sondern gerade auch das empirische rationale Denken. Denn während der positivistische Rationalismus Wert auf sein ausgeprägtes Methodenbewusstsein legte, bediente sich *Huber* der verschiedensten Methoden. Sein Ziel war dabei keine am Modell der Wissenschaften ausgerichtete empirisch-analytische Erkenntnisweise. Den Weg bestimmte vielmehr das von ihm gewünschte Ergebnis.

Hubers Methodenpluralismus[391] beschränkte sich nicht auf sein Weimarer Werk, sondern blieb auch nach 1933 charakteristisch. Die hier aufgezeigten methodischen Ansätze können aber ebenso wenig als statische Muster begriffen werden. Nach der nationalsozialistischen Machtergreifung richtete *Huber* seine Arbeitsweise neu aus, ohne jedoch auf bisher vertretene Komponenten gänzlich zu verzichten. So passte er beispielsweise *Hegels* idealistische Staatsphilosophie den Erfordernissen des nationalsozialistischen Machtstaates an. Wie zuvor bereits andere „Hegelianer", griff sich *Huber* aus dessen Philosophie das heraus, was geeignet war, um die völkisch-nationalistische Realität zu erfassen. Welche Entwicklung sein Methodenpluralismus nach 1933 im einzelnen durchlief, wird im weiteren Verlauf der Arbeit an entsprechender Stelle dargestellt.

---

[390] Genaueres zur Methode *Carl Schmitts* in: *Krockow*, Die Entscheidung – Eine Untersuchung über Ernst Jünger, Carl Schmitt und Martin Heidegger, insbes. S. 54ff

[391] Zum Methodenpluralismus: *Friedrich*, Geschichte der deutschen Staatsrechtswissenschaft, S. 329

Bezeichnend für *Hubers* methodisches Vorgehen sind insbesondere die hegelsche Dialektik, die von der Historischen Rechtsschule vertretene Volksgeisttheorie und die wirklichkeitswissenschaftliche Theorie *Hans Freyers*.

Der von *Hegel* übernommene Dreiklang aus These, Antithese und Synthese wurde für *Huber* zum unverzichtbaren Instrument, um die von ihm angeprangerten Gegensätze oder Trennungen wieder im Sinne seines Ganzheitsdenkens zusammenzuführen. Die logische Funktion der Dialektik geriet dabei aber immer mehr zu einer zielgerichteten Methode. Richtigerweise übersetzt man *Hubers* Dialektik als „schrittweise Entwicklung auf ein vorgegebenes Ziel....der Dreiklang wird zum verflachten Zweiklang."[392] Denn jede Synthese beruhte auf der dialektischen Struktur des Geistes, der selbst gegenständlich wurde und sich als „objektiver Geist" entfaltete. Das Ergebnis jeden Dreiklangs hing daher nur davon ab, mit welchem Inhalt man den „objektiven Geist" besetzte. *Hegel* hat dazu keinen konkreten Maßstab hinterlassen. Und so konnte auch *Huber* mit Hilfe der Dialektik die von ihm gewünschten Ergebnisse erzielen. Bezogen auf den Verfassungsinhalt bedeutete die Anwendung der Dialektik Folgendes: Die festgestellte Verfassungswirklichkeit wurde auf die der Weltanschauung zugrundeliegende Idee reduziert und im Sinne der Verfassungswandlung zum neuen, materiellen Verfassungszustand erhoben.[393] Konsequenz dieses Verfassungsdenkens war, dass die juristische Subsumtion durch eine metaphysische Wertebetrachtung, die der Beliebigkeit keinerlei Grenze setzt, abgelöst wurde.[394]

Darüber hinaus rezipierte *Huber* die Volksgeisttheorie der Historischen Rechtsschule. *Savigny* vertrat als ihr Hauptvertreter die Ansicht, dass Recht weder universell vorgegeben sei, noch dem Willen des Staates entspringt. Quelle des Rechts, der Kultur und des Staates sei vielmehr das gemeinsame Bewusstsein des Volkes. Diesem Bewusstsein gab Savigny den Namen „Volksgeist".[395] *Huber* übernahm jene Lehre von der jedem Volk innewohnenden umfassenden Wirk- und Prägekraft. Sie war für ihn nicht nur eine mit der parlamentarischen Demokratie unvereinbare Rechtsquelle, sondern stand auch den Grundprinzipien des Liberalismus entgegen. Denn immer dann, wenn der Volksgeist in Erscheinung trat, verlor das Individuum an Bedeutung. Volksgeist hieß bei *Huber* daher auch Gemeingeist.

Neben der Philosophie *Hegels* und der Volksgeistlehre der Historischen Rechtsschule vertrat *Huber* als drittes bestimmendes Moment seines Methodenpluralismus[396] die wirklichkeitswissenschaftliche Theorie *Hans Freyers*.[397]

---

392 *Walkenhaus,* Konservatives Staatsdenken, S. 108f

393 *Walkenhaus*,, Konservatives Staatsdenken, S. 109f

394 *Larenz*, Rechts- und Staatsphilosophie der Gegenwart, S. 90

395 *Grimm*, Methode als Machtfaktor, in: aaO, S. 351

396 *Walkenhaus*, Konservatives Staatsdenken, S. 103

397 *Huber* verweist im Zusammenhang mit dem Begriff „Wirklichkeitsphilosophie" auf Seite 557 seiner Schrift „Staatsphilosophie" auf *Freyer*, Das Politische als Problem der Philoso-

Freyer beschrieb seine Theorie als ganz neue Erkenntnishaltung des Wissenschaftlers gegenüber dem zu analysierenden Stoff, als „Grenzfall der Objektivität". „Eine lebendige Wirklichkeit erkennt sich selbst, das ist die neue Situation, aus der die logische Struktur und die Erkenntnishaltung der Soziologie verstanden werden muss."[398] *Freyers* „Objektivität" richtete sich gezielt gegen das Wertfreiheitspostulat *Max Webers*. Wissenschaft beschränkte sich nicht mehr auf objektive Forschung, sondern wurde aus einem in sie eingebundenen Standort als „existentiell" und damit gestalterisch-politisch empfunden. Die Antithesen „Geist" und „Politik", „Wertfreiheit" und „Weltanschauung" galten im Dienste der politischen Gestaltung als aufgehoben. Das Erkenntnisobjekt trug seine Willensrichtung von nun an in sich und der Forscher, der dem Geschehen existentiell angehörte, wurde von dieser Wirklichkeit bewegt.[399] Eine solche Arbeitsweise, die nicht auf wissenschaftliche Objektivität, sondern auf ein angestrebtes Ziel ausgerichtet ist, stand den wissenschaftlichen Ansprüchen *Hubers* nicht entgegen. Am Beispiel der von *Freyer* gelehrten Soziologie stellte *Huber* fest, dass diese dadurch lediglich „eine spezifisch politische Prägung" erhalte, „ohne daß sie aufhört, Wissenschaft zu sein; sie ist `politische Soziologie`."[400] *Freyers* wirklichkeitswissenschaftlicher Ansatz ließ sich daher wie die Dialektik zur Erreichung jedes gewünschten Ergebnisses einsetzen. Gerade deshalb wurde die Wirklichkeitswissenschaft für *Huber* attraktiv und Bestandteil des Methodenpluralismus. In letzter Konsequenz musste jede Wissenschaft politisch-gestalterisch werden, um mit den neuen politischen Vorgaben vereinbar zu bleiben. Auch für die Philosophie stellte *Huber* daher fest, dass „die uns wesensgerechte politische Philosophie in dem neuen Sinn `Wirklichkeitsphilosophie` sein muss".[401]

phie, in: Blätter für deutsche Philosophie Bd. 9 (1936), S. 347; Ein weiterer Bezug zu *Freyer* findet sich in: *Huber*, Bedeutungswandel der Grundrechte, in: aaO, S. 86 Fn. 153

[398] *Huber (unter dem Pseudonym Friedrich Landeck)*, Staat und Gesellschaft. Bemerkungen zu Hans Freyers „Soziologie als Wirklichkeitswissenschaft", in: Deutsches Volkstum 14. Jg. (1932), S. 299-305 (300)

[399] *Walkenhaus*, Konservatives Staatsdenken, S. 115f

[400] *Huber*, Staat und Gesellschaft, in: aaO, S. 305

[401] *Huber*, Staatsphilosophie, in: ZgesStW 97 (1936/37), S. 549-558 (557); Ein weiterer Verweis auf die Bedeutung der Theorie *Freyers* findet sich im Zusammenhang der Staatswissenschaft. Diese war für *Huber* „politische Wirklichkeitswissenschaft" (*Huber*, Die Deutsche Staatswissenschaft, in: aaO, S. 1).

5. Politische Einordnung der staatsrechtlichen Grundlagendebatte

Die Bewertung des Methoden- und Richtungsstreites läuft stets auf den Streitpunkt zu, ob die Etablierung der neuen Lehre politisch motiviert war oder nicht. Ging es den Antipositivisten darum, die geschriebene Verfassung und damit letztlich auch die demokratische Grundordnung über das überpositive Recht auszuhebeln, oder begriff man die Abkehr vom Positivismus als die einzige Möglichkeit, die Demokratie vor ihren Feinden zu retten ?

Die überwiegende Mehrheit der Literaturstimmen warnt davor, die Streitenden nach Demokraten (=Positivisten) und Demokratiefeinden (=Antipositivisten) zu unterteilen.[402] Richtig ist, dass die durch den Methodenstreit in die Defensive gedrängten Positivisten vorwiegend klare Anhänger der Weimarer Republik waren,[403] die neue Lehre dagegen mehrheitlich Unterstützer der konservativen und deutsch-nationalen Parteien in ihren Reihen hatte. Richtig ist aber auch, dass sowohl die herkömmliche als auch die antipositivistische Lehre der drohenden Diktatur in die Hände spielten. Während die Antipositivisten mit der Abkehr von der juristischen Methode den ersten Schritt auf dem Weg zur „unbegrenzten Auslegung"[404] bzw. „Einlegung"[405] ermöglichten,[406] be-

---

[402] So *Stolleis*, Geschichte des öffentlichen Rechts in Deutschland Bd. III, S. 153; *Grimm*, Methode als Machtfaktor, in: aaO, S. 368ff; *Sontheimer*, Antidemokratisches Denken in der Weimarer Republik, S. 64f und 71f; *Rennert*, Die „geisteswissenschaftliche Richtung" in der Staatslehre der Weimarer Republik, S. 45ff; *Friedrich*, Der Methoden- und Richtungsstreit, in: aaO, S. 173ff; *ders.*, Geschichte der deutschen Staatsrechtswissenschaft, S. 333-336; *Geis*, Der Methoden- und Richtungsstreit in der Weimarer Staatslehre, in: aaO, S. 95f

[403] *Stolleis* unterteilt zwischen den sog. „Vernunftsrepublikanern", den „Herzensrepublikanern" und denjenigen, die aus ihrer Ablehnung gegenüber der neuen Staatsform kein Geheimnis machten. Zur ersten Gruppe zählt er vor allem die ältere Generation: *Adolf Arndt*, *Otto Mayer*, *Conrad Bornhak*, *Robert Piloty*, *Franz Dochow*, *Eduard Rosenthal* und *Paul Schoen*. Zur zweiten Gruppierung gehören danach *Gerhard Anschütz*, *Richard Thoma*, *Ludwig von Köhler*, *Willibalt Apelt*, *Leo Wittmayer*, *Karl Rothenbücher*, *Friedrich Giese*, *Walter Jellinek*, *Ludwig Waldecker*, *Fritz Stier-Somlo*, *Ottmar Bühler*, *Albert Hensel*, *Erwin Jacobi* und *Lutz Richter*. Erklärte Gegner der Weimarer Republik waren die Positivisten *Hans Helfritz*, *Axel Freiherr v. Freytagh-Loringhoven* und *Fritz Freiherr Marschall v. Bieberstein*. (*Stolleis*, Geschichte des Öffentlichen Rechts in Deutschland Bd. III 1914-1945, S. 159f)

[404] *Rüthers*, Die unbegrenzte Auslegung. Zum Wandel der Privatrechtsordnung im Nationalsozialismus, Tübingen 1968

[405] *Rüthers*, Entartetes Recht – Rechtsleben und Kronjuristen im Dritten Reich, S. 54

[406] Die Antipositivisten waren sich der Gefahr eines Missbrauchs ihrer Methode bewusst. So gab beispielsweise *Kaufmann* selbst Anlass zu der Befürchtung, dass sich mit der Berufung auf die höhere Rechtsidee ein bedenklicher, die Verfassungsordnung bedrohender Subjektivismus breit machen könnte. Er führte dazu aus, dass das Gerechte undefinierbar sei und wie das Gute, Wahre und Schöne jedem nur auf unmittelbare Weise gewiss werde (*Kaufmann*, Die Gleichheit vor dem Gesetz im Sinne des Art. 109 der Reichsverfassung, in: VVDStRL, Heft 3 (1927), S. 2-24 (12).

inhaltete der „Relativismus“[407] letztlich auch die Bereitschaft zur Selbstaufgabe der Demokratie. Noch in der letzten Ausgabe seines Verfassungskommentars von Anfang 1933 lehrte *Anschütz*, dass an der Reichsverfassung über Art. 76 WRV „alles ohne Unterschied des Inhalts und der politischen Tragweite“[408] geändert werden kann. Damit war es konsequenterweise auch nicht zu beanstanden, wenn Grundprinzipien der Weimarer Republik durch eine Verfassungsänderung abgeschafft wurden. Entscheidend blieb lediglich, dass man dabei das für Änderungen festgesetzte Verfahren einhielt. Entsprechend schwer fiel es den Positivisten nach 1933 dann auch, die Scheinlegalität der nationalsozialistischen Machtergreifung beim Namen zu nennen. Folglich konnte weder die eine noch die andere Lehre für sich die Fähigkeit zur Verteidigung der Demokratie beanspruchen. Auch wenn der Methoden- und Richtungsstreit nicht dazu beigetragen hat, den Weimarer Verfassungskonsens zu erhalten, so kann nicht von der Wirkung auf seine wissenschaftlichen Beweggründe und die von ihm verfolgten Ziele zurückgeschlossen werden. Daher ist *Stolleis* zuzustimmen, wenn er sagt: „Der Leser, der weiß, `wie es ausgeht`, liest notwendig vom Ende her; doch kann er lernen, allzu direkten Ableitungen zu misstrauen und vor allem die Rolle irrationaler Elemente, etwa des Zufalls, zu erkennen und einzuschätzen“.[409]

Obwohl der Vorwurf an die Antipositivisten, generell demokratiefeindlich gewesen zu sein, fehlgeht,[410] hatte der Methodenstreit einen politischen Gehalt. Denn zwischen dem staatsrechtlichen status quo und den methodischen Forderungen derer, die diesen ablehnten, bestand ein auffallender Zusammenhang. Sowohl im Kaiserreich als auch in der Weimarer Republik dachten jene Staatsrechtler antipositivistisch, die mit der aktuellen Verfassungsordnung nicht einverstanden waren. Während des Kaiserreichs waren das vor allem diejenigen, die die geltende Reichsverfassung für sozial oder demokratisch defizitär hielten. Gerade jene nahmen aber in der Republik einen positivistischen Standpunkt ein. Umgekehrt bekannten sich konservative Stimmen im Weimarer Methodenstreit zu einer wertgebundenen Auslegungsmethode; sie hätten unter der Verfassung des Kaiserreiches diese Forderung nicht erhoben.[411]

Der Grund für den „Seitenwechsel“ der bevorzugten Methode lag in der neuen Machtstellung des Parlaments. Die Kräfte, die während der Monarchie noch

[407] Gemeint ist damit, dass jede politische Richtung die gleiche Chance zur Übernahme der Macht im Staat haben müsse (*Friedrich*, Geschichte der deutschen Staatsrechtswissenschaft, S. 334).

[408] *Anschütz*, Die Verfassung des Deutschen Reiches vom 11. August 1919, 14. Aufl. (1933), S. 403

[409] *Stolleis*, Geschichte des öffentlichen Rechts in Deutschland Bd. III, S. 153

[410] Viele Forderungen der Antipositivisten sind aus den Erfahrungen mit der Weimarer Reichsverfassung in das heutige Grundgesetz eingeflossen oder wurden selbstverständliche Grundprinzipien. Beispiele dafür sind sowohl das richterliche Prüfungsrecht, als auch eine echte Verfassungsgerichtsbarkeit als Möglichkeit, den Gesetzgeber zu kontrollieren.

[411] *Grimm*, Methode als Machtfaktor, in: aaO, S. 368f

relativ geringen Einfluss auf die Rechtsgestaltung hatten, wurden im Rahmen der „Weimarer Koalition“ auf einmal richtungsweisend. Misstraute man aber grundsätzlich den die Weimarer Republik stützenden Parteien, oder wollte man die Rechtsetzung nicht allein dem Parlament überlassen, so half der Ruf nach übergesetzlichem Recht. Denn dem Reichstag konnte lediglich dann ein Korrektiv entgegengesetzt werden, wenn die außerparlamentarischen Kräfte von dem vorgegebenen Gesetzeswortlaut abweichen durften. Nur auf diese Weise erhielten sie einen eigenständigen Machtbereich oder konnten einen bereits bestehenden erweitern. Damit wird auch verständlich, warum viele Probleme der Weimarer Verfassungsdiskussion unmittelbar auf dem Methodenstreit aufbauten.

III. Die Weimarer Verfassungsdiskussion

1. Grundrechte und richterliches Prüfungsrecht

a. Bedeutungswandel der Grundrechte

Der Überblick über die wesentlichen Verfassungsprobleme der Weimarer Republik beginnt sinnvollerweise mit der Thematik, der sich *Huber* besonders intensiv gewidmet hat, den Grundrechten. Wesentlich ist dabei nicht die von ihm vorgenommene Systematisierung, sondern der durch *Huber* beschriebene „Bedeutungswandel der Grundrechte“[412]. Jener kurz vor der nationalsozialistischen Machtübernahme erschienene Aufsatz verdeutlicht insbesondere, wie schmal der staatsrechtliche Grat zwischen Antiliberalismus und „totalem Staat“ wirklich war.

In der Weimarer Republik begann die Staatsrechtslehre erstmals mit dem Aufbau einer umfassenden Grundrechtsdogmatik. Damit betrat sie auf vielen Feldern Neuland, war doch gerade der Grundrechtskatalog durch die Weimarer Reichsverfassung erheblich erweitert worden, ohne dass die „Väter der Verfassung“ auf entsprechende wissenschaftliche und praktische Erfahrungen zurückgreifen konnten. Beispielsweise kannte die Reichsverfassung noch keine generelle Bindung des Gesetzgebers an die Grundrechte. Stattdessen stellte sie die Mehrzahl der Grundrechte unter den Vorbehalt gesetzlicher Regelung, wobei dieser nach herrschender Ansicht dem Gesetzgeber unbeschränkt zur Disposition stand. Eine noch größere Herausforderung an die Staatsrechtslehre stellte die Heterogenität des Weimarer Grundrechtskatalogs dar. Außer den klassischen liberalen Freiheitsrechten enthielt er neue verfassungsmäßige Garantien, politische Zielerklärungen und Forderungen an den Gesetzgeber. Jene differenzierte

---

[412] *Huber*, Bedeutungswandel der Grundrechte, in: AöR N.F. Bd. 23 (1932/33) Heft 1, S. 1-98

Zusammensetzung des zweiten Hauptteils der Weimarer Verfassung war Ausdruck des Verfassungskompromisses von 1919, der Bürgertum und Sozialdemokratie mit einander versöhnen sollte.[413] So wie die Linksparteien bei dem politischen Schulterschluss ihre sozialen Forderungen einbrachten, hatte das konservative Lager alles daran gesetzt, die Institutionen zu erhalten, die es als Kern seiner Weltanschauung betrachtete.[414]

Darüber hinaus erhielten die Grundrechte in der rechtsstaatlichen Weimarer Republik aber auch eine politische Bedeutung, die sie in der konstitutionellen Monarchie nicht besessen hatten. Während den Grundrechten bis 1918 allein die Aufgabe zugewiesen war, die Freiheit des Einzelnen zu erhalten, konnte diese Beschränkung auf den status negativus in der Demokratie nicht fortbestehen. Mit Inkrafttreten der Weimarer Verfassung rückte die positive, staatsbegründende Seite der Grundrechte in den Mittelpunkt. Der Staatsbürger war nicht mehr in erster Linie Adressat ihres Schutzes, sondern vor allem Grundrechtsträger, der an der politischen Willensbildung des Volkes teilnehmen sollte.[415]

Nach einer verbreiteten Euphorie über den ausgedehnten Katalog individueller Rechte setzte in der Weimarer Staatsrechtslehre sehr schnell große Ernüchterung über das neue Grundrechtskonzept ein. Man sah, dass seine Sicherstellung jetzt durch eine andere innenpolitische Kraft gefährdet wurde, den parlamentarischen Gesetzgeber. Hatten bislang Zwei-Kammer-System, Zensus- oder Klassenwahlrecht den Kreis der am politischen Leben Beteiligten begrenzt, so fielen diese Schranken durch das allgemeine Wahlrecht und die Demokratisierung der Gesetzgebung fort. Damit erweiterte sich nicht nur das Spektrum der Handelnden, sondern auch dasjenige der berücksichtigungsfähigen Belange. Das Bedürfnis nach Grundrechtsschutz bestand fortan nicht mehr nur zugunsten einer als „frei" definierten Gesellschaft gegen den als gebunden gedachten Staat, sondern vielmehr zum Vorteil politischer Minderheiten gegen politische Mehrheiten.[416] Mit Hilfe der allgemeinen Gesetzesvorbehalte gewann der Gesetzgeber insbesondere bei den Freiheitsrechten eine Gestaltungsmacht, die Staatsrechtlern wie *Huber* korrekturbedürftig erschien. *Huber* empfand es geradezu als Widerspruch, dass Freiheitsrechte, welche die Minderheit gegen die Mehrheit schützen sollten, dem Zugriff der Mehrheit offenstanden.[417]

Um den weitreichenden Gesetzesvorbehalten entgegenzutreten, mehrten sich innerhalb der Staatsrechtslehre Stimmen, die die Regelungsmacht des Parlaments begrenzen wollten. Einer der ersten, der mit seinen Bemühungen bekannt

---

413 *Stürmer*, Der unvollendete Parteienstaat, in: *ders.* (Hrsg.), Die Weimarer Republik: Belagerte Civitas, S. 310-317 (310)

414 *Apelt*, Die Geschichte der Weimarer Reichsverfassung 2. Aufl. (1964), S. 297

415 *Kröger*, Grundrechtsentwicklungen in Deutschland – von ihren Anfängen bis zur Gegenwart, S. 49f

416 *Gusy*, Die Grundrechte der Weimarer Republik, in: ZNR 1993, S. 163-183 (164)

417 *Gusy*, Die Grundrechte der Weimarer Republik, in: aaO, S. 164

wurde, war *Wolff*[418], der auf der Basis einzelner Forderungen des Reichsgerichts[419] die Lehre von den so genannten „Institutsgarantien" entwickelte.[420] Damit schuf er die Konstruktion, die gegenüber dem Gesetzgeber einen unantastbaren Kerngehalt eines Grundrechts festlegte. Jener Schutzbereich war verfassungsrechtlich garantiert und damit Voraussetzung und Grenze des legislativen Gestaltungsrechts.

Eine erste systematische Ordnung der Grundrechte nach ihrem veränderten Bedeutungsgehalt schlug *Carl Schmitt* vor. Er ersetzte das Einheitsverständnis vom Grundrecht als Abwehrrecht durch eine Dreigliederung[421] und differenzierte zwischen den klassischen Freiheitsrechten, den „institutionellen Garantien" und den „Institutsgarantien."[422]

In Anlehnung an den von *Schmitt* vorgeschlagenen Entwurf entwickelte *Ernst Rudolf Huber* seine eigene, noch detailliertere Grundrechtsdogmatik.[423] Dazu unterschied *Huber* wie sein Bonner Lehrer zwischen dem ersten, verfassungsorganisatorischen und dem zweiten, grundrechtsbezogenen Hauptteil der Reichsverfassung. Zwar galt für den Antipositivisten *Huber* generell, „daß eine zutreffende Würdigung geltender Normen nur aus der Einsicht in ihre historischen und vor allem ideengeschichtlichen Voraussetzungen gewonnen werden kann."[424] Dennoch wirkte sich für ihn der Wandel geistiger Grundlagen bei den Grundrechten ungleich schneller aus, als bei rechtstechnischen Normen.[425]

---

418 *Wolff*, in: Festgabe der Berliner juristischen Fakultät für Wilhelm Kahl zum Doktorjubiläum am 19.04.1923

419 Entscheidungen des RG in Zivilsachen, RGZ Bd. 102, S. 161; Bd. 105, S. 251; Bd. 111, S. 224

420 Ausgangsnorm dazu waren die Eigentumsgewährleistung (Art. 153 I S. 1 WRV) und die Befugnis des Gesetzgebers zur Inhaltsbestimmung des Eigentums (Art. 153 I S. 2 WRV) gewesen. *Wolff* sprach sich dabei gegen das Recht des Gesetzgebers zu einer umfassenden Umgestaltung oder gar Abschaffung des Privateigentums aus, indem er dem Satz 1 einen unantastbaren Kern, eben die Institutsgarantie, entnahm. Dessen Inhalt sah er in einem „Privatrecht, das den Namen Eigentum verdient" (*Wolff*, in: Festgabe der Berliner juristischen Fakultät für Wilhelm Kahl zum Doktorjubiläum am 19.04.1923, S. 6). Diese neue Lehre fand rasch Verbreitung und wurde auch auf andere Normen als Art. 153 WRV übertragen.

421 *Schmitt*, Verfassungslehre (1928), S. 163-182; *ders.*, Inhalt und Bedeutung des zweiten Hauptteils der Reichsverfassung, in: Handbuch des Deutschen Staatsrechts Bd. II (1932), S. 572-606

422 Während die „Institutsgarantie" bereits von *Wolff* entwickelt wurde, schuf *Schmitt* die „institutionelle Garantie". *Schmitt* sah den wesentlichen Unterschied zwischen beiden Begriffen darin, dass die verfassungsrechtlich gewährleisteten Institute privatrechtlichen und die Institutionen öffentlich-rechtlichen Charakter haben (*Schmitt*, Inhalt und Bedeutung des zweiten Hauptteils der Reichsverfassung, in: aaO, S. 595ff).

423 Siehe seinen Verweis auf *Schmitt* in: *Huber*, Bedeutungswandel der Grundrechte, in: aaO, S. 13f

424 *Huber*, Bedeutungswandel der Grundrechte, in: aaO, S. 1

425 *Huber*, Bedeutungswandel der Grundrechte, in: aaO, S. 3

Nachdem *Huber* die Grundrechte auf diese Weise einer ideengeschichtlichen und politischen Interpretation zugänglich gemacht hatte, stellte er ihre inhaltliche Bedeutung in direkten Zusammenhang mit dem jeweils herrschenden politischen System. Dabei vertrat er die Auffassung, dass Grundrechte als Abwehrrechte gegen staatlichen Einfluss nur in Obrigkeitsstaaten sinnvoll waren: „Die konstitutionelle Monarchie ist die Staatsform, in der altes Obrigkeitsdenken und staatsabgewandtes Freiheitsstreben die eigentliche Verbindung eingegangen sind, die das 19. Jahrhundert kennzeichnet."[426] Im Umkehrschluss waren liberale Freiheitsrechte für ihn in einer Demokratie staatsgefährdend, konnte Demokratie doch nur durch Beteiligung der Einzelnen funktionieren. Folglich durfte „in einem gesunden demokratischen Staatssystem das Grundrecht, das die wesentliche Beziehung des Einzelnen zum Staat ausdrücken soll, nicht negativen, abwehrenden, es muss positiven, aufbauenden Charakter tragen."[427]

Huber zielte mit diesem Vergleich direkt auf den auch von *Carl Schmitt* thematisierten Widerspruch zwischen Liberalismus und Demokratie[428] und verlangte die Auflösung jener für ihn unvereinbaren Beteiligungsformen des Volkes mit Hilfe der Dialektik. Dafür sollte der Einzelne aus seiner Abwehrhaltung heraustreten „und sich mit allen Kräften als aufbauendes Element in das Staatsganze einsetzen. Der status negativus wird dann durch den status activus relativiert und in seinen entscheidenden Beziehungen verdrängt."[429] *Huber* verstand die Aufgabe des deutschen Staates nicht mehr darin, eine staatsfreie Gesellschaft zu garantieren, sondern forderte dessen Stärkung durch den Einbau des Volkes. Da aber die realen Verhältnisse der frühen dreißiger Jahre seinem Ziel vollkommen entgegenstanden, hielt *Huber* der Weimarer Reichsverfassung vor, den Widerspruch zwischen Demokratie und klassischen Freiheitsrechten nicht gelöst zu haben. Positive Ansätze, die eine Beschneidung oder Umgestaltung liberaler Rechte vorgesehen hätten, sah er nicht über das Stadium eines Entwurfs hinausgelangt.[430]

Trotzdem ging der zweite Hauptteil der Reichsverfassung auch für *Huber* bereits weit über die bloße Wiederholung altliberaler Gedanken hinaus. Denn ihr wahrer Gehalt ergab sich nicht mehr aus dem Wortlaut, sondern aus einer geistesgeschichtlichen Auslegung. Als deren Ergebnis gliederte *Huber* die Weimarer

---

426 *Huber*, Bedeutungswandel der Grundrechte, in: aaO, S. 6

427 *Huber*, Bedeutungswandel der Grundrechte, in: aaO, S. 7

428 *Schmitt*, Verfassungslehre (1928), S. 309

429 *Huber*, Bedeutungswandel der Grundrechte, in: aaO, S. 7f

430 *Huber* nennt in diesem Zusammenhang die Grundrechtsentwürfe von *Hugo Preuß*, der in die Weimarer Reichsverfassung gar keine Grundrechte hätte aufnehmen wollen, und *Friedrich Naumann*, der über seinen „staatsbürgerlichen Volkskatechismus" den Einzelnen in seiner Zuordnung zum Staat begriff und nicht seine Freiheit vom Staat betonte. Eine sehr wohlwollende Würdigung der Grundrechtskonzeption *Naumanns* findet sich bei: *Huber*, Friedrich Naumanns Weimarer Grundrechts-Entwurf, in: *Behrends* (Hrsg.), Festschrift für Franz Wieacker, S. 384-398

Grundrechte in fünf Kategorien: Freiheitsrechte, allgemeine Rechtsprinzipien, Institutsgarantien, organisatorische und korporative Gewährleistungen.[431] Anhand dieser Systematik stellte *Huber* abgestuft dar, inwieweit sich die Abwehrrechte des 19. Jahrhunderts bereits zu objektiven Rechtsgrundsätzen weiterentwickelt oder zumindest den liberalen Charakter zurückgedrängt hätten.[432]

Die Existenz einiger Freiheitsrechte erkannte *Huber* grundsätzlich nach wie vor an, lehnte ihren ursprünglichen Bedeutungsgehalt aber ab. Danach trat deren liberale Funktion nur noch dann wirksam in Erscheinung, wenn kein staatliches Interesse entgegenstand. In diesem Punkt sah sich *Huber* sogar durch den Verfassungswortlaut bestätigt, stand doch die Mehrheit der Freiheitsrechte unter dem Diktaturvorbehalt des Art. 48 Abs. 2 WRV und konnte von der Exekutive in Person des Reichspräsidenten außer Kraft gesetzt werden. Wesentlicher Gesichtspunkt der Freiheitsrechte war für *Huber* daher nicht mehr die Garantie eines Schutzbereiches, sondern die Eingriffsmöglichkeit, die der Exekutive im Gegensatz zur Legislative über die Gesetzesvorbehalte zugebilligt wurde. Denn nur durch Freiheitsbeschränkungen könne das Miteinander von Bürgern gewährleistet und der Mehrwert des Staates vor den Individualinteressen sichergestellt werden.[433]

Anders begründete *Huber* den Bedeutungswandel eines klassischen Freiheitsrechtes im Rahmen des Art. 118 WRV. Bei der allgemeinen Meinungsfreiheit wurde sein etatistisches Denken, die Verfassung nicht mehr individualistisch, sondern in erster Linie aus Sicht des Staates zu bewerten, über eine werthafte Durchdringung der Grundrechte erreicht. Danach war der Vorbehalt des allgemeinen Gesetzes in Art. 118 WRV dann einschlägig, wenn das geschützte gesellschaftliche Gut wichtiger war, als die Meinungsfreiheit. Weil sich aber ein Wandel der Werte vollzogen habe, mussten für *Huber* nationale und christliche Interessen in gleichem Maße den Vorrang vor der Meinungsfreiheit behaupten können, wie bisher die typischen Werte von Liberalismus und Aufklärung.[434]

Die anderen vier Grundrechtskategorien *Hubers* hatten im Gegensatz zu den noch verbliebenen Freiheitsrechten gar keinen auf Abwehr staatlichen Einflusses gerichteten Bedeutungsgehalt mehr. Sie waren „in erster Linie objektive Prinzi-

---

431 *Huber*, Bedeutungswandel der Grundrechte, in: aaO, S. 15

432 Die objektivierende Funktion der Grundrechte zur Staatsbildung und die damit zusammenhängende Ablehnung der klassisch liberalen Abwehrfunktion hob *Huber* an verschiedenen Stellen hervor.: Rez. *Bindewald*: Der Gleichheitsgedanke im Rechtsstaat der Gegenwart, in: AöR N.F. Bd. 23 (1932/33), S. 354-355 (355); Rez. *Giere*: Das Problem des Wertsystems der Weimarer Grundrechte, in: AöR N.F. Bd. 24 (1933/34), S. 394-395 (395). *Hubers* wissenschaftliche Intention, die Grundrechte unter dem Wandel der politischen Weltanschauung in ihrem Wertsystem neuen Inhalten zuzuführen, wird besonders deutlich in der Rezension (gezeichnet Fr. Schr.) *Hensel*, Grundrechte und die politische Weltanschauung, in: Der Ring 4. Jg. (1931), S. 667-668 (668)

433 *Huber*, Bedeutungswandel der Grundrechte, in: aaO, S. 16

434 *Huber*, Bedeutungswandel der Grundrechte, in: aaO, S. 20f

pien, sei es der allgemeinen Rechtsordnung, sei es der staatlich-organisatorischen Ordnung, sei es der korporativen Verbandsordnung, sei es der bürgerlichen Rechtsordnung."[435] Damit fasste *Huber* alle noch subjektiv bezogenen Grundrechte in einer einzigen Kategorie seiner Systematik zusammen. Da die anderen vier Gruppen gleichzeitig überhaupt keine subjektiv öffentlichen Rechte mehr beinhalteten, diente schon *Hubers* Einteilung dazu, den Bedeutungswandel der Grundrechte zu unterstreichen.

Das Verdienst der Grundrechtsinterpretation *Hubers* liegt vor allem darin, die Funktion der Grundrechte für die neugeschaffene demokratische Verfassungsordnung erkannt und in den Vordergrund gerückt zu haben. Dies erfolgte nicht allein über ihre Deutung als objektive Verfassungsnormen und eine Betonung der institutionellen Seite der Freiheit, die in die Gesamtordnung eingebunden war. Hinzu kam das Verständnis der Freiheitsrechte als vorwiegend politische Rechte, die in den Zeiten allumfassender Instabilität gesellschaftlicher und staatlicher Ordnung integrierend und stabilisierend wirken sollten. Vernachlässigt wurden bei diesem durchaus richtigen Ansatz allerdings die liberalen Gehalte der Grundrechte. Sie galten schlicht als obsolet.[436] *Huber* etatisierte und entliberalisierte die Grundrechte, indem er ihre gegenläufige Doppelstruktur betonte. Während ihre Funktion als individuelles Abwehrrecht gegen staatliche Eingriffe schwand, verstärkte sich ihre Bedeutung als Handlungsschranke gegenüber der Gesellschaft.[437] Nicht mehr der Staat wurde in seiner Gewaltausübung begrenzt, sondern der Einzelne musste sich hoheitlichen Interessen unterordnen. Die verfassungsrechtlich verbrieften Freiheitsrechte des Bürgers entwickelten sich zu Eingriffsermächtigungen der Exekutive.

Darüber hinaus gab *Huber* das liberale Rechtsdenken, das nur um die Pole Staat und Individuum kreiste, auf. Zwischen dem privaten Herrschaftsbereich des Individuums und der Hoheitsgewalt des Staates bestand von nun an eine Sphäre der „öffentlichen Ordnung"[438], die durch Individualrechte strukturiert, aber von unmittelbarer Relevanz für das Gemeinwesen war.

Ziel der Lehre von der öffentlichen Ordnung war die Verschleierung eines gegen Ende der Weimarer Republik immer stärker zutage tretenden Widerspruchs. Es manifestierte sich zunehmend, dass Bereiche, die der individuellen Verfügung unterworfen waren, insbesondere auf dem Gebiet der Wirtschaft, öffentliche Bedeutung erlangt hatten. Um jene Entwicklung rechtlich steuern zu können, unternahm die Staatsrechtslehre ein nicht realisierbares Unterfangen. Dem Staat wurde die Koordinierung wirtschaftlicher Abläufe zugebilligt, ohne

[435] *Huber*, Bedeutungswandel der Grundrechte, in: aaO, S. 79
[436] *Huber*, Bedeutungswandel der Grundrechte, in: aaO, S. 80
[437] *Walkenhaus*, Konservatives Staatsdenken, S. 78
[438] *Huber*, Das Deutsche Reich als Wirtschaftsstaat, S. 16; *ders.*, Bedeutungswandel der Grundrechte, in: aaO, S. 85

dass die Rechte des Einzelnen hoheitlich aufgehoben werden sollten.[439] Diesen Hintergrund muss man sich vor Augen halten, wenn *Huber* die wachsende politische Relevanz ökonomischer Entscheidungen betonte, den Staat aber nach wie vor von dem ökonomischen Bereich unterschied.

Auch die mit dem Parlament geführte Auseinandersetzung hinsichtlich seiner verfassungsrechtlichen Befugnis zur Gestaltung der Wirtschafts- und Sozialordnung erhielt über *Hubers* Lehre eine neue Dimension. Die Grundrechte waren fortan „Grundformen der öffentlichen Ordnung"[440] und erhielten staatslegitimierende Funktion. Damit entzog *Huber* dem Parlament die Gestaltung des durch Grundrechte geschützten Herrschaftsbereiches und betonte gleichzeitig die durch Aufrechterhaltung der sozialen Herrschaftsgewalt erlangte Daseinsberechtigung des Staates.[441]

Hubers Verlagerung der Grundrechte in die Sphäre der öffentlichen Ordnung bedeutete aber letztlich nicht nur die Einbindung individueller Freiheit in objektiv-rechtlich gestaltete Lebensverhältnisse des Staates, sondern auch den bedenklichen Wandel der Grundrechte in reine Pflichtverhältnisse. Die hier heraufziehende Gefahr der staatlichen Vereinnahmung der Freiheitsrechte und damit die Möglichkeit einer völligen Entrechtung des Einzelnen durch den Staat stand zum Zeitpunkt der Veröffentlichung des Aufsatzes über die Grundrechte bereits unmittelbar bevor. Sie wurde nach 1933 in Gestalt der „volksgenössischen Rechtsstellung" schnell bittere Realität.

b. Der unantastbare Wesenskern der Grundrechte

„Die Verfassung kann auf dem Wege der Gesetzgebung geändert werden".[442] Trotz der eindeutig erscheinenden Formulierung des Art. 76 WRV zählten Zulässigkeit und Grenzen der Verfassungsänderung zu den strittigsten Themen der Weimarer Staatsrechtswissenschaft. Während der Verfassungswortlaut formelle Anforderungen an seine Änderung stellte, fehlte jede materielle Voraussetzung oder gar Grenze. Daraus zog die herrschende positivistische Lehre den Schluss, dass solche Grenzen in der Reichsverfassung weder enthalten noch gewollt seien. Art. 76 WRV ermächtige daher zu Verfassungsrechtsänderungen jeder Art und „ohne Unterschied des Inhalts und der politischen Tragweite".[443] Die verfassungsändernde Gewalt beschränke sich dabei nicht auf rechtstechnische Einzelfragen, sondern beinhalte auch Grundrechte und politische Grundentscheidungen der Verfassung.

---

[439] *Meinck*, Weimarer Staatslehre und Nationalsozialismus, S. 23
[440] *Huber*, Bedeutungswandel der Grundrechte, in: aaO, S. 85
[441] *Meinck*, Weimarer Staatslehre und Nationalsozialismus, S. 23
[442] Art. 76 I S. 1 WRV
[443] *Anschütz*, Die Verfassung des Deutschen Reichs 14. Aufl. (1933), S. 403

Die positivistische Sicht lief Gefahr, dass Grundrechte zu bloßen Wiederholungen des Grundsatzes „Gesetzmäßigkeit der Verwaltung" degradiert wurden.[444] Denn falls der Gesetzesvorbehalt nur eine formale Voraussetzung für einen Grundrechtseingriff darstellte, konnte die Legislative auf diese Weise schrankenlos in die Schutzbereiche eingreifen. Eine solche grenzenlose Änderungs- und Eingriffsbefugnis des Parlaments bedeutete für die antipositivistische Staatsrechtslehre in letzter Konsequenz die „Wertneutralität eines nur noch funktionalistischen Legalitätssystems bis hin zur absoluten Neutralität gegen sich selbst."[445] Grundrechte, die zur unbeschränkten Disposition des Gesetzgebers stehen, und eine Verfassung, die ihre eigene Aufhebung zulässt, waren für die antipositivistische Lehre undenkbar. *Schmitt* bezeichnete es als „absurde Vorstellung", dass durch verfassungsänderndes Gesetz „Bestimmungen des zweiten Hauptteils .... sowohl einzeln wie überhaupt mit dem ganzen Grundrechtsteil in toto, ohne weiteres und unterschiedslos geändert, durchbrochen, aufgehoben, vertilgt und vernichtet werden"[446] könnten.

Während die positivistische Staatsrechtslehre bei der von *Schmitt* angesprochenen Problematik mit ihrer juristischen Methodik zu keinem Lösungsansatz gelangen konnte, half den Antipositivisten der von ihnen vertretene, überpositive Wertgehalt der Verfassung. So gab es ihrer Ansicht nach schon damals bei dem Eingriffsvorbehalt eine gesetzesimmanente Schranke der unantastbaren Wesensgehaltsgarantie.[447] Ihre verfassungsrechtliche Anerkennung erhielt jene Lehre allerdings erst unter dem Grundgesetz. Die Garantie des „Wesensgehaltes" wurde zugunsten eines effektiven Grundrechtsschutzes in Art. 19 Abs. 2 GG positivrechtlich verankert.[448] Auch die Diskussion um materielle Grenzen der Verfassungsänderung wurde im Grundgesetz mit der „Ewigkeitsgarantie" des Art. 79 Abs. 3 GG im Sinne der antipositivistischen Lehre entschieden.[449]

---

[444] So *Anschütz*, Kommentar zur Reichsverfassung, S. 517ff sowie Anm. 7 zu Art. 114, Anm. 4 zu 115

[445] *Schmitt*, Legalität und Legitimität, S. 50

[446] *Schmitt*, Inhalt und Bedeutung des zweiten Hauptteils der Reichsverfassung, in: aaO, S. 587

[447] *Hensel*, Die Rangordnung der Rechtsquellen, insbesondere das Verhältnis von Reichs- und Landesgesetzgebung (§ 84), in: Handbuch des Deutschen Staatsrechts Bd. II (1932), S. 313-329 (313ff, Fn. 2 auf S. 316 mit weiteren Hinweisen)

[448] Zur Übernahme der in der Weimarer Staatslehre entwickelten Garantie des „Wesensgehaltes" der Grundrechte in das positive Staatsrecht der Bundesrepublik siehe: *Häberle*, Die Wesensgehaltsgarantie des Art. 19 II GG, Karlsruhe 1962

[449] Für eine Grenzziehung bei der Verfassungsänderung votierten: *Schmitt*, Verfassungslehre, S. 23ff; *Bilfinger*, Der Reichskommissar, S. 17; *ders.*, Nationaldemokratie als Grundlage der Weimarer Verfassung, S. 14f; *Arnold*, Begriff und Verfahren der Verfassungsänderung nach der Reichsverfassung, Berlin 1932; *Koellreutter*, Verfassungstheoretische Bemerkungen zur Gültigkeit der geplanten parlamentarischen Reichspräsidentenwahl, in: AöR 61 (1932), S. 129-146 (131ff); *Jellinek*, Grenzen der Verfassungsgesetzgebung, Berlin 1931

Auch *Huber* lehnte es ab, Grundrechte mit einem allgemeinen Gesetzesvorbehalt[450] als „leerlaufend" zu bezeichnen.[451] Ein solcher Vorbehalt hatte für ihn lediglich zur Folge, dass der Gesetzgeber die Gerichte und Verwaltungsbehörden in Einzelfällen und unter Bedingungen ermächtigen konnte, die persönliche Freiheit zu beschränken. „Im Prinzip gilt also die Unverletzlichkeit der persönlichen Freiheit. ... Es wäre daher nicht möglich, die Freiheiten der Person allgemein aufzuheben; nur festumrissene Beschränkungen dieser Freiheiten sind statthaft." [452] Mit Hilfe eines unantastbaren Wesenskerns der Grundrechte bzw. der ganzen Verfassung, schloss *Huber* auch die Schrankenlosigkeit des Art. 76 WRV aus: „Kein Staat kann seiner eigenen Existenz gegenüber neutral sein."[453] Sein Lösungsvorschlag sah vor, dass „das Verfahren des Art. 76 WRV jedenfalls dort nicht anwendbar ist, wo es sich um Verfassungselemente handelt, die nicht erst mit dem Akt der förmlichen Verfassungsgebung entstanden sind[454], sondern die sich unabhängig von einem solchen förmlichen Akt als tragende Bestandteile der Verfassungsordnung erwiesen und nur nachträglich eine bestätigende Aufnahme in den Verfassungstext gefunden haben."[455] In diesen Fällen hatte die Nationalversammlung für *Huber* durch die Aufnahme von „Grundformen des politischen Daseins"[456] nur bestätigend entschieden, folglich könne sie nicht in der Lage gewesen sein, daran den Vorbehalt der formellen Verfassungsänderung gemäß Art. 76 WRV zu knüpfen.

Huber unterschied damit genau wie *Schmitt* zwischen der „Verfassung" als politischer Gesamtentscheidung und dem Verfassungsgesetz, das erst auf Grund der Verfassung gilt.[457] Vor diesem theoretischen Hintergrund musste zwischen Verfassungsgebung und Verfassungsänderung auch qualitativ differenziert werden, so dass bei jeder Verfassungsänderung die Grenzen markiert waren. Sie lagen in der vorausgesetzten übergesetzlichen Verfassung, nicht im positiven Verfassungsrecht und schon gar nicht in Art. 76 WRV. Folglich war die Verfassung unantastbar, nur die Verfassungsgesetze konnten suspendiert, durchbro-

---

Gegen eine Grenzziehung sprachen sich aus: *Anschütz*, Kommentar zur Reichsverfassung, Anm. 3 zu Art. 76; *Thoma*, Die Funktionen der Staatsgewalt (§ 71), in: Handbuch des Deutschen Staatsrechts Bd. II (1932), S. 108-159 (153ff); *Jeselsohn*, Arten und Grenzen der Verfassungsänderung nach Reichsrecht, Heidelberg 1929

[450] So die Art. 111, 112, 114, 115 und 117 WRV

[451] Siehe *Thoma* und *Anschütz*, Nachweise auf Seite 89f Fn. 449 dieser Arbeit.

[452] *Huber*, Bedeutungswandel der Grundrechte, in: aaO, S. 17

[453] *Huber* (ungezeichnet), Die neutralen Mächte im modernen Staat, in: Der Ring 2. Jg. (1929), S. 1001-1002 (1001)

[454] Ausführlich zur nachträglichen Positivierung materieller Verfassungsbestimmungen: *Huber*, Verfassung und Verfassungswirklichkeit bei Carl Schmitt, in: Blätter für die deutsche Philosophie Bd. 5 (1931/32), S. 302-315 (306f)

[455] *Huber*, Bedeutungswandel der Grundrechte, in: aaO, S. 96

[456] *Huber*, Bedeutungswandel der Grundrechte, in: aaO, S. 96

[457] *Schmitt*, Verfassungslehre, S. 22

chen und abgeändert werden. Was an der Weimarer Reichsverfassung unveränderlich war und was nicht, ließ sich danach nicht aus ihr selbst, sondern lediglich aus den Staatsnotwendigkeiten bestimmen.

Hubers konservative Ansichten zu Art. 76 WRV zielten jedoch nicht auf eine Sicherung der Weimarer Reichsverfassung oder einzelner ihrer Elemente gegen einen verfassungsändernden Gesetzgeber. Es ging ihm um den Bestand des Staates als solchem. Allein dieser machte die politische Substanz der „Verfassung" aus. Seine Existenz war dem Weimarer Verfassungsgesetz vor- und aufgegeben. Die demokratische Republik war dagegen nur eine „zeitbedingte Form eines überzeitlichen Phänomens,...des von jeder denkbaren Form unabhängig gedachten Staates".[458]

d. Art 109 Abs. 1 WRV: Rechtsanwendungs- oder auch Rechtssetzungsgleichheit ?

Unmittelbar mit der Gesetzgebungsbefugnis des Parlaments beschäftigte sich die Diskussion um die Reichweite des Art. 109 Abs. 1 WRV.

In der Weimarer Republik stellte sich erstmals die Frage, ob im Rahmen der Rechtssetzung auch die Legislative an den allgemeinen Gleichheitssatz gebunden sei.

Die Maßgeblichkeit der Grundrechte für den Gesetzgeber war immer dann unumstritten, wenn der Wortlaut der Verfassung eine solche Bindung bereits voraussetzte. Statuierte er beispielsweise Handlungsaufträge an die Legislative,[459] oder Einschränkungsvorbehalte zugunsten des Parlaments,[460] so war dies nur dann sinnvoll, wenn der Gesetzgeber sich an die Grundrechte halten musste. Umstritten war die Bindung der Legislative dagegen im Rahmen des allgemeinen Gleichheitssatzes aus Art. 109 Abs. 1 WRV. Argumentierte man auch hier mit dem Wortlaut: „Alle Deutschen sind vor dem Gesetze gleich", so stand der Verfassungstext einer Grundrechtsbindung der Legislative eher entgegen. Genau das vertrat die ganz herrschende Ansicht innerhalb der Staatsrechtslehre bis in die 20er Jahre.[461] Der Gleichheitssatz bedeutete danach lediglich eine Rechts-

---

[458] *Gusy*, Die Änderung der Weimarer Reichsverfassung, in: aaO, S. 63

[459] So beispielsweise Art. 107f (Einrichtung von Verwaltungsgerichten), Art. 157 II (Schaffung eines Arbeitsrechts), Art. 164 (Mittelstandsförderung) (*Gusy*, Die Grundrechte in der Weimarer Republik, in: ZNR 1993, S. 163-183 (167))

[460] Art. 111 I S. 2 (Freizügigkeit), Art. 115 S. 2 (Unverletzlichkeit der Wohnung), Art 118 I S. 1 (Meinungsfreiheit), Art. 153 I S. 2 (Eigentumsfreiheit) (*Gusy*, Die Grundrechte in der Weimarer Republik, in: aaO, S. 167)

[461] *Richard Thoma* hielt eine Bindung des Gesetzgebers an den Gleichheitssatz für einen „Rückfall hinter die Gestalt des modernen Staates. Einem solchen aber .... wollte die Nationalversammlung die staatsrechtliche Ordnung setzen. Und zwar als einer Demokratie, nicht als einer Gerontokratie des Richtertums..." (*Thoma*, Die Funktionen der Staatsgewalt. Grund-

*anwendungs*gleichheit, die Gesetze waren also durch die Gerichte und die Verwaltung, ohne Ansehen der Person und ohne Willkür, zu vollziehen. Art. 109 Abs. 1 WRV beinhaltete damit nur einen Anspruch gegen den Staat auf Unterlassung ungleicher Behandlung. Durch ihn wurden die Gerichte und die Verwaltung, nicht aber der Gesetzgeber an die Grundrechte gebunden.[462] Diese Lehre wurde seit Mitte der zwanziger Jahre zunehmend in Frage gestellt.[463] Dabei verwies man nicht auf den Verfassungstext, sondern stützte sich auf überpositive Ideale wie die der „Idee der Gerechtigkeit" und dem „Gleichheitsideal der Verfassung". Folglich entzündete sich der Gegensatz zwischen Befürwortern und Gegnern der neuen antipositivistischen Lehre personell gesehen fast deckungsgleich im Streit um die inhaltliche Bedeutung des allgemeinen Gleichheitssatzes.

Auch *Ernst Rudolf Huber* forderte die neue Auslegung des Art. 109 Abs. 1 WRV: „Es ist nicht mehr möglich, in dem Gleichheitssatz einen Ausdruck des status negativus zu sehen und seine Bedeutung darauf zu beschränken, daß er einen Anspruch des Einzelnen gegenüber dem Staat auf Unterlassung ungerechtfertigter Unterscheidungen bedeute und damit ein Abwehrrecht sei....Aber *in erster Linie* (Hervorh. durch *Huber*) bedeutet die Unterwerfung des Staates unter ein allgemeines Gerechtigkeitsprinzip eine objektive Zweckrichtung und Rechtfertigung des Staates, keine individuelle Begünstigung."[464] In *Hubers* Zitat wird nicht nur seine grundsätzliche Zustimmung zur neuen Auslegung deutlich, sondern auch die Argumentationslinie, die zu diesem Ergebnis führt. *Huber* begründete die neue inhaltliche Deutung nicht abstrakt mit überpositiven Gerechtigkeitsidealen, die auch für die Legislative zu gelten hätten. Er verknüpfte die Fortentwicklung des Art. 109 Abs. 1 WRV mit seinen Ausführungen zum allgemeinen Bedeutungswandel der Grundrechte. Danach hatte auch der allgemeine Gleichheitssatz die Umbildung vom einstigen liberalen Abwehrrecht zum objektivierten Rechtsgrundsatz erlebt und fiel innerhalb des Systems abgestufter Freiheitsrechte jetzt unter die „allgemeinen Rechtsprinzipien".[465]

Begründet wurde die Weiterentwicklung zur Rechtssetzungsgleichheit mit dem grundsätzlichen Verhältnis von Freiheit und Gleichheit, das sich nunmehr

---

begriffe und Grundsätze (§ 71), in: Handbuch des Deutschen Staatsrechts Bd. II (1932), S. 108-159 (152f))

462 So *Anschütz*, Die Verfassung des Deutschen Reiches. Kommentar (2. Aufl. 1922), Anm. 3 zu Art. 109

463 *Triepel*, Goldbilanzverordnung und Vorzugsaktien, S. 26ff; *Leipholz*, Die Gleichheit vor dem Gesetz, S. 87; *ders.*, Die Gleichheit vor dem Gesetz. Ein Nachwort zur Auslegung des Art. 109 Abs. I RV, in: AöR Bd. 51 (1927), S. 1-36; *Kaufmann*, Die Gleichheit vor dem Gesetz im Sinne des Art. 109 der Reichsverfassung, in: aaO, S. 5ff.

464 *Huber*, Bedeutungswandel der Grundrechte, in: aaO, S. 33; siehe auch *Huber* (unter dem Pseudonym Cassius), Die Gleichheit in der Verhältniswahl, in: Der Ring 3. Jg. (1930), S. 65-67 (65)

465 Siehe dazu *Hubers* Systematik auf den Seiten 85f dieser Arbeit.

zugunsten der Gleichheit verschoben habe. Ganz in der Tradition *Carl Schmitts*[466] erklärte *Huber*, dass Freiheit und Gleichheit eigentlich nicht miteinander zu vereinbaren seien, da „in der Konsequenz der Freiheit des Einzelnen die Unterordnung der Anderen liegt und mit dem gleichen Anteil der Volksgenossen an den politischen Rechten die schroffste Unfreiheit in wirtschaftlicher, kultureller und religiöser Hinsicht verbunden sein kann."[467] Der Widerspruch zwischen Freiheit und Gleichheit beschränkte sich nicht auf Art. 109 WRV, sondern durchzog *Hubers* staatsrechtliches Denken insgesamt. Während er das Freiheitsprinzip dem liberalen Rechtsstaat zuordnete, verstand er die Gleichheit als Ausdruck demokratischer Egalität. *Huber* blieb aber nicht bei der Feststellung des Gegensatzes von Freiheit und Gleichheit stehen. *Huber* suchte auch hier die dialektische Synthese und glaubte diese im bürgerlichen Rechtsstaat gefunden zu haben. Denn in ihm habe sich „eine eigenartige Verbindung der an und für sich entgegengesetzten Prinzipien der Gleichheit und Freiheit zu einer neuen Einheit vollzogen."[468] *Huber* würdigte nicht nur die im Rechtsstaat gewährleistete Gleichheit bei politischen Rechten, sondern gerade auch die kulturelle und religiöse Toleranz. Schließlich bezeichnete er den „sozialen Rechtsstaat" sogar als die höchste Form von Freiheit und Gleichheit, da die moderne Sozialpolitik sowohl aus dem Freiheitsstreben als auch aus dem Gleichheitsstreben der Arbeiterschaft zu erklären sei.[469] Im Gegensatz zu anderen Entwürfen der Weimarer Zeit berücksichtigte *Huber* damit auch die soziale Dimension der Grundrechte, die nach dem verlorenen Krieg und den wirtschaftlichen Problemen drängender geworden waren.[470]

Die im bürgerliche Rechtsstaat garantierte gleichmäßige Verbindung von Freiheit und Gleichheit entsprach trotz grundsätzlicher Anerkennung nicht *Hubers* staatsrechtlichem Denken. So wie im 19. Jahrhundert das größere Gewicht beim Freiheitsaspekt lag,[471] stand für *Huber* Anfang der dreißiger Jahre der

---

[466] *Schmitt*, Der Gegensatz von Parlamentarismus und moderner Massendemokratie, in: Hochland 23. Jg. (1926), S. 257-270

[467] *Huber*, Bedeutungswandel der Grundrechte, in: aaO, S. 30

[468] *Huber*, Bedeutungswandel der Grundrechte, in: aaO, S. 30f

[469] *Huber*, Bedeutungswandel der Grundrechte, in: aaO, S. 31 und hier vor allem Fn. 56

[470] Bei *Kaufmann* und *Hensel* blieb die im Weimarer Grundrechtskatalog vollzogene Inhalts- und Bedeutungsverlagerung zur Gewährleistung von Wohlfahrt, Arbeit und sozialer Sicherheit beispielsweise nahezu unberücksichtigt (*Kröger*, Grundrechtsentwicklungen in Deutschland, S. 67).

[471] Im 19. Jahrhundert sah sich das Bürgertum, rechtlich abgesichert durch den Kompromiss des Konstitutionalismus, eher durch das aufstrebende Proletariat in Bedrängnis gebracht als durch den ökonomisch und gesellschaftlich besiegten Adel. Der formalisierte Rechtsstaat sicherte zwar noch die Grundrechte und Freiheiten aller Individuen. Er verschloss sich jedoch vor den unterschiedlichen Voraussetzungen für die Inanspruchnahme dieser Rechte und Freiheiten bei Bürgern und Proletariern und stabilisierte damit nur das gesellschaftliche Un-

Gleichheitsgedanke im Vordergrund. Folgerichtig hatte auch Art. 109 Abs. 1 WRV seine grundlegende Bedeutung jetzt im Gleichheitsprinzip und nicht in der Gewährleistung liberaler Rechte. Als Maßstab der Gleichheit kam dabei keine formale Rechtsordnung in Betracht, sondern eine materielle, inhaltlich gerechte Wertordnung.[472]

Unanwendbar war das Prinzip der materiellen Rechtsgleichheit für *Huber* aber dort, wo es nicht um die Konkretisierung einer Rechtsidee, sondern um die Sicherung des Staates ging. Darunter fielen alle politischen Akte, also Maßnahmen, die der Durchsetzung der staatlichen Existenz dienten. Diese konnten aufgrund ihrer Bedeutung nicht gerecht sein und wurden daher auch nicht durch den Gleichheitssatz bestimmt.[473] Beispielhaft nannte *Huber* Art. 48 WRV, denn es gebe weder eine „Gleichheit vor der Maßnahme" noch ein „gleiches Recht auf Exekution".[474] Der Sinn seiner Sonderregelung für so genannte politische Akte liegt auf der Hand. Während der parlamentarische Gesetzgeber über eine überpositive Gerechtigkeitsidee gebunden werden sollte, durften Exekutivmaßnahmen aus Art. 48 WRV dieser Maßgabe gerade nicht unterliegen. Die Legislative erfuhr damit über die Gerichte die Kontrolle, die gegenüber der Exekutive verhindert werden musste. Jene einseitige Restriktion verdeutlicht eindrucksvoll, wie sehr *Huber* vom Staat aus dachte und das Recht der staatlichen Maßnahme unterwarf.[475]

Hubers etatistische Unterscheidung, wem gegenüber das Gleichheitsgebot galt, ist vor dem Hintergrund des allgemeinen Gleichheitsgebots schlüssig. Der Bedeutungswandel des Art. 109 Abs. 1 WRV hatte ein inhaltliches Ziel. Die Unterordnung der Freiheit unter die Gleichheit, oder allgemein, die Entwicklung vom liberalen Freiheitsrecht zum objektiven Rechtsgrundsatz, sollte den Freiheitsrechten ihre formale Rechtsstaatsgarantie entziehen.[476] Inhalt der Freiheitsrechte war damit nicht mehr der unmissverständlich formulierte Gesetzeswortlaut, sondern eine materielle, insgesamt gerechte Wertordnung, deren Ausfüllung den eigenen Erfordernissen angepasst werden konnte.

---

gleichgewicht zugunsten des Bürgertums. Der verfassungsrechtlich verankerte Gleichheitssatz wurde als reine Rechtsanwendungsgleichheit zur Farce (*Norpoth*, Norm und Wirklichkeit – Staat und Verfassung im Werk Ernst Rudolf Hubers, S. 134f).

[472] *Huber*, Bedeutungswandel der Grundrechte, in: aaO, S. 32

[473] *Huber*, Bedeutungswandel der Grundrechte, in: aaO, S. 32f Fn. 58a

[474] *Huber* zitiert insofern *Schmitt*, der diese Vergleiche am 13.10.1932 vor dem Staatsgerichtshof im Zusammenhang mit der Verhandlung zum „Preußenschlag" verwendet hatte (*Huber*, Bedeutungswandel der Grundrechte, in: aaO, S. 32f Fn. 58a).

[475] *Walkenhaus*, Konservatives Staatsdenken, S. 84

[476] *Walkenhaus*, Konservatives Staatsdenken, S. 83

d. Das richterliche Prüfungsrecht

Die Aufwertung der praktischen Bedeutung der Grundrechte verdeutlicht sich vor allem an dem von *Huber* geforderten richterlichen Prüfungsrecht.[477] Richtiger spräche man von einem Gesetzesprüfungsrecht, denn umstritten war aufgrund des Schweigens der Verfassung[478] nur die Prüfung formeller Gesetze auf ihre Verfassungsmäßigkeit. Die Vereinbarkeit von Landes- mit Reichsrecht,[479] das Weitergelten vorkonstitutionellen Rechts und die Gesetzes- und Verfassungsmäßigkeit von Verordnungen durften nach allgemeiner Ansicht durch die Gerichte geprüft werden.[480] Diskutiert wurde über das richterliche Prüfungsrecht allerdings nur innerhalb der Staatsrechtslehre. Die Gerichte selbst nahmen jene Zuständigkeit schon sehr bald für sich in Anspruch, ohne dass sich daraus eine große praktische Bedeutung ergeben hätte.[481] *Huber* begrüßte die Eigeninitiative

[477] Während zu Beginn der Weimarer Republik das richterliche Prüfungsrecht vor allem von den Vertretern der positivistischen Richtung abgelehnt wurde, fand das Prüfungsrecht im Laufe der Weimarer Zeit wachsende Zustimmung, so dass auch nicht von einer klaren Front zwischen Positivisten und Antipositivisten gesprochen werden kann. So verneinten *Anschütz*, *W. Jellinek*, *Radbruch*, und *Thoma* das richterliche Prüfungsrecht, *Triepel*, *Nawiasky*, *Kelsen* und *Schmitt* bejahten es (*Maurer*, Das richterliche Prüfungsrecht zur Zeit der Weimarer Verfassung, in: DÖV 1963 Heft 17-18, S. 683-688 (684)).
Hubers Unterstützung für ein richterliches Prüfungsrecht wird bereits in seinen Veröffentlichungen der Weimarer Zeit deutlich. Ein detaillierte Ausgestaltung erfolgte jedoch erst 1940 in seinem Aufsatz „Das richterliche Prüfungsrecht und seine künftige Gestaltung", in: ZAkDR 7. Jg. (1940) Heft 17, S. 261-264 und damit vor einem völlig veränderten politischen Hintergrund. Genaueres dazu auf den Seiten 223f dieser Arbeit.

[478] Da sich der Verfassungsausschuss der verfassungsgebenden Nationalversammlung nicht auf eine solche Befugnis einigen konnte, hatte man diese Frage bewusst ungeklärt gelassen. Vgl. die Verhandlungen der verfassungsgebenden Nationalversammlung, Bd. 336, Aktenstück Nr. 391, S. 483ff; die Beratung ist ausführlich wiedergegeben bei *Theisen*, Verfassung und Richter, in: AöR Bd.47 (1925), S. 257-282 (260ff); *Anschütz*, Kommentar zur Weimarer Reichsverfassung 14. Aufl. (1933), S 371; *Triepel*, Der Weg der Gesetzgebung nach der neuen RV, in: AöR Bd. 39 (1920), S. 456-545 (534f); *Thoma*, Das richterliche Prüfungsrecht, in: AöR Bd. 43 (1922), S. 267-286 (268f)

[479] Bezogen auf reichsrechtswidriges Landesrecht sah die WRV eine Regelung vor. Nach Art. 13 I WRV war eine landesrechtliche Vorschrift, die im Widerspruch zum Reichsrecht stand, ex tunc nichtig. Nach Art. 13 II WRV konnte das Reichsgericht oder der Reichsfinanzhof die Vereinbarkeit einer landesrechtlichen Vorschrift mit dem Reichsrecht in einem abstrakten Normenkontrollverfahren überprüfen. Die Normenkontrollentscheidung nach Art. 13 II WRV, der Gesetzeskraft zukam, schloss jedoch nach der h. L. ein vorheriges, allgemeines Inzidenzprüfungsrecht der Gerichte nicht aus (*Maurer*, Das richterliche Prüfungsrecht zur Zeit der Weimarer Verfassung, in: aaO, S. 683 Fn. 1)

[480] *Anschütz*, Kommentar zur Weimarer Reichsverfassung, S. 371, 476

[481] Mit dem Urteil vom 04.11.1925 (RGZ 111, S. 320ff) nahm das RG für sich und andere Gerichte das richterliche Prüfungsrecht in Anspruch. Hinter der Brisanz eines solchen Alleingangs eines Gerichts stand jedoch nur eine unerhebliche praktische Bedeutung. Die Obersten Gerichte prüften zwar einige Male die Verfassungsmäßigkeit eines Gesetzes, es ist aber nur

der Justiz. Er nannte das richterliche Prüfungsrecht den „von den Gerichten zur Verteidigung ihrer Unabhängigkeit gegen den Vorranganspruch des Parlaments geführten Gegenstoß".[482]

In der Auseinandersetzung um das Prüfungsrecht wurde sowohl rechtslogisch als auch rechtspolitisch argumentiert. Rechtslogisch führten seine Gegner an, die fehlende Regelung in der Verfassung spreche dafür, dass ein solches Prüfungsrecht vom Verfassungsgeber nicht gewollt sei. Die Befürworter zogen den Umkehrschluss. Sie meinten, die Nichtübertragung der Prüfungsbefugnis auf eine bestimmte Stelle betone gerade, dass diese Zuständigkeit von den Gerichten wahrgenommen werden müsse. Ebenso beriefen sich beide Lager auf Art. 102 WRV. Für die einen war der Richter nur einem formell und materiell verfassungsgemäßen Gesetz unterworfen, während die anderen die formelle Verfassungsmäßigkeit genügen ließen. Andernfalls wäre der Richter einem Gesetz nicht *unter*worfen, sondern stellte sich *über* das Gesetz. Dann müsste es richtigerweise heißen, der Richter sei nur der *Verfassung* unterworfen.[483]

Richard Thoma lehnte 1922 in einem auf der damaligen Staatsrechtslehrertagung gehaltenen Referat jede rechtslogische Argumentation ab. Er vertrat die Ansicht, dass jenes durch die Verfassung nicht geregelte Problem „nur mittels einer subjektiven Interessenabwägung...letzten Endes mit dem Willen, nicht mit der Logik"[484] gelöst werden könne. Damit sprach er offen aus, dass es sich weniger um eine juristische, als eine politische Streitfrage handelte. Kernfrage war, ob man es dem parlamentarischen Gesetzgeber überlassen konnte, für die Verfassungsmäßigkeit formeller Gesetze verantwortlich zu sein, oder man Gerichte mit dieser Prüfung beauftragen sollte.

Huber lobte *Thoma* ausdrücklich für seinen Vorstoß, die Auseinandersetzung von der rechtslogischen auf die rechtspolitische Argumentationsebene zu verlagern.[485] Denn Bestand und Umfang des richterlichen Prüfungsrechts waren für *Huber* stets von der politischen Stellung abhängig, die der Rechtspflege im Staat beigemessen wurde. Voraussetzung dafür, dass der Gesetzgeber nicht von einer anderen Gewalt kontrolliert werden dürfe, war, dass er Träger der obersten rechtssetzenden Gewalt sei und damit über den anderen Gewalten stünde. Eine solche Vormachtstellung räumte *Huber* aber dem einfachen Gesetzgeber der

ein Fall bekannt, in dem ein oberstes Gericht, das Reichsversorgungsgericht, ein Gesetz wegen Verfassungswidrigkeit nicht anwendete (*Maurer*, Das richterliche Prüfungsrecht zur Zeit der Weimarer Verfassung, in: aaO, S. 684).

[482] *Huber*, Die Einheit der Staatsgewalt, in: DJZ 39.Jg. (1934) Heft 15, Sp.950-960 (954)

[483] *Maurer*, Das richterliche Prüfungsrecht zur Zeit der Weimarer Verfassung, in: aaO, S. 684f

[484] *Thoma*, Zur Frage des richterlichen Prüfungsrechts, in: DJZ 1922, Sp. 729-730 (729); *ders.*, Das richterliche Prüfungsrecht, in: aaO, S. 267ff.

[485] *Huber*, Das richterliche Prüfungsrecht und seine künftige Gestaltung, in: ZAkDR 7. Jg. (1940) Heft 17, S. 261-264 (261, Fn. 1).

Weimarer Republik nicht ein, ihn stellt er unter die Verfassung.[486] Folglich musste die Übereinstimmung der einfachen Gesetze mit der Reichsverfassung geprüft werden, das konnte aber nur durch ein Gericht erfolgen.[487] Die in der Weimarer Verfassung getroffenen Regelungen, die Verfassungsverstöße durch formelle Gesetze verhindern sollten, genügten *Huber* nicht.[488] Auch für viele andere, meist antipositivistisch geprägte Staatsrechtslehrer, war das richterliche Prüfungsrecht nicht der einzige, aber der „wichtigste Schutz der bürgerlichen Freiheit gegenüber einem machthungrigen Parlament."[489]

Hubers Forderung nach einem umfassend gestalteten richterlichen Prüfungsrecht war folgerichtige Konsequenz der über Art. 109 Abs. 1 WRV erzielten Grundrechtsbindung des Parlaments. Denn solange die Verfassungsvorschrift, deren Verletzung durch den Gesetzgeber besonders nahe lag, noch eine nur an die Rechtsanwendungsbehörden adressierte Norm war, gab es kaum Anlass für ein Prüfungsrecht. Die Kombination aus Grundrechtsbindung und richterlichem Prüfungsrecht hatte dem Misstrauen weiter Teile der Weimarer Staatsrechtslehre gegen die „Allmacht des Gesetzgebers"[490] seinen praktischen Ausdruck verliehen. Beides bedeutete nicht nur eine aus heutiger Sicht normale gegenseitige Gewaltenkontrolle,[491] sondern eine verfassungsjuristische Beschränkung der Macht des Gesetzgebers.

---

[486] *Huber* differenzierte zwischen dem normalen Gesetzgeber, der mit einfacher parlamentarischer Mehrheit Gesetze im Reichstag verabschieden konnte und einer besonderen verfassungsgebenden Gewalt, die sich beispielsweise im verfassungsändernden Verfahren des Art. 76 WRV äußerte (*Huber*, Das richterliche Prüfungsrecht und seine künftige Gestaltung, in: aaO, S. 261).

[487] *Huber*, Das richterliche Prüfungsrecht und seine künftige Gestaltung, in: aaO, S. 261

[488] Gemeint ist das Prüfungsrecht des Reichspräsidenten und der Reichsregierung, das Vetorecht des Reichsrates und die Aussetzung der Verkündung eines Gesetzes auf Verlangen eines Drittels der Mitglieder des Reichstages (*Maurer*, Das richterliche Prüfungsrecht zur Zeit der Weimarer Verfassung, in: aaO, S. 686).

[489] *Triepel*, Der Weg der Gesetzgebung nach der neuen RV, in: aaO, S. 537

[490] *Huber* (gezeichnet M. W.), Besprechung von Bindewald, Der Gleichheitsgedanke im Rechtsstaat der Gegenwart, in: Der Ring 5. Jg. (1932), S. 376

[491] Das richterliche Prüfungsrecht formeller Gesetze ist heute unter Art. 100 I GG selbstverständlicher Verfassungsbestandteil. Trotz mehrerer Versuche, ein solches Prüfungsrecht auch in der Weimarer Reichsverfassung festzuschreiben, gelangten die zwei bekannten Gesetzentwürfe nicht über die Anfänge parlamentarischer Behandlung hinaus (*Wehler*, Der Staatsgerichtshof für das Deutsche Reich – Die politische Rolle der Verfassungsgerichtsbarkeit in der Zeit der Weimarer Republik, S. 105-124).

2. Die Diskussion um den „Parteienstaat"

Die politischen Parteien wurden in der Weimarer Reichsverfassung nur an einer einzigen Stelle ausdrücklich und dort im negativen Sinn erwähnt.[492] In Art. 130 Abs. 1 WRV hieß es „Die Beamten sind Diener der Gesamtheit, nicht einer Partei". Das weitgehende Schweigen der Verfassung zur Rolle der Parteien verwundert nicht, handelte es sich bei ihnen damals wie heute nicht um Staatsorgane. Das mittlerweile in Art. 21 GG eingefügte positive Bekenntnis zu politischen Parteien ist als Folge der verbreiteten Missachtung während der Weimarer Republik und als Anerkennung ihrer unverzichtbaren politischen Arbeit zu verstehen. An ihrer staatsrechtlichen Stellung hat sich dadurch auch in der Bundesrepublik Deutschland nichts geändert.

Faktisch hatten die Parteien aber schon während der Weimarer Republik eine erhebliche Bedeutung. Die demokratische Ordnung setzte Existenz und Wirken der Parteien als unverzichtbare Elemente der Willensbildung geradezu voraus.[493] Denn trotz der in der Reichsverfassung vorgesehenen weitreichenden Möglichkeiten einer unmittelbaren Beteiligung des Volkes (Art. 73-76 WRV) war schon die Weimarer Republik als repräsentative Demokratie konzipiert. Maßgebend für die politische Willensbildung des Volkes waren daher die in allgemeinen, gleichen, unmittelbaren und geheimen Wahlen (Art. 22 WRV) gewählten Abgeordneten. Zwangsläufig hatte sich dadurch seit Ende der Monarchie auch die Stellung der Parteien erheblich erweitert. Sie hatten durch den Übergang zum Verhältniswahlrecht eine monopolartige Stellung bei der Auswahl der Abgeordneten erlangt und besaßen über die Fraktionen im Reichs- und den Landtagen Einfluss auf die Gesetzgebung und damit auf das entscheidende Machtinstrument in der Demokratie. Denn die Prinzipien vom Vorrang des Gesetzes, der Gesetzmäßigkeit der Verwaltung und der Bindung des Richters an das Gesetz stellten sicher, dass derjenige, der die Befugnis zur Gesetzgebung im Staat innehatte, den Maßstab für die Tätigkeit von Verwaltung und Justiz vorgab. Im parlamentarisch-demokratischen Staat waren die Parteien zu den politischen Gestaltern geworden.

Während der Weimarer Republik begann in der Staatsrechtswissenschaft die Diskussion darüber, ob die tatsächliche Stellung der Parteien überhaupt durch die Verfassung getragen werde.[494] Die dazu in der Weimarer Staatsrechtslehre vertretenen Meinungen waren erneut geteilt. Die Anhänger des demokratischen Parlamentarismus unterstützten die Arbeit der Parteien nicht nur aus pragmatischen Gründen. Sie galten ihnen als die einzig mögliche Verwirklichung der

[492] Darüber hinaus nannte die Reichsverfassung die Parteien noch indirekt in Art. 21 WRV.
[493] *Gusy*, Die Lehre vom Parteienstaat in der Weimarer Republik, in: Der Staat 1993 Bd. 1, S. 57-86 (63)
[494] *Gusy*, Die Lehre vom Parteienstaat in der Weimarer Republik, in: aaO, S. 69

Demokratie in einer pluralistischen Gesellschaft.[495] Die Gegenansicht sah in der einflussreichen Rolle der Parteien die Negation von Staat und Nation, da die Parteien die politische Entscheidungsfähigkeit der Staatsführung lähmten. *Triepel* bezeichnete sie nur noch als „extrakonstitutionelle Erscheinungen“[496], weil sie nicht Teil der Staatsorganisation waren.

Eine bis heute diskutierte Deutung der modernen Parteiendemokratie trug *Gerhard Leibholz* 1929 vor. Seine Lehre vom „Parteienstaat“ bestand im wesentlichen aus der These, dass die Bildung des Volkswillens in der Weimarer Demokratie nicht mehr auf dem Prinzip der Repräsentation beruhte, sondern auf der unmittelbaren Identifizierung mit dem Willen der jeweiligen Parteienmehrheit in Parlament und Regierung.[497] *Leibholz*` Schlagwort vom „Parteienstaat“ und die unzureichende Legitimation durch die mangelnde Repräsentation des Volkes wurden auch von *Huber* aufgegriffen und kommentiert. *Huber* bestimmte die staatsrechtliche Bedeutung der Parteien danach, ob sie der ihr in einer Demokratie übertragenen Aufgabe für Volk und Verfassung nachkamen. Seine Wertschätzung für sie hing daher davon ab, ob es den Parteien gelang, das zweigeteilte Volk[498] in den Staat zu integrieren und ihm dadurch zur Einheit zu verhelfen.

Auf welche Weise die Einheit des Volkes wirklich hergestellt werden konnte, war auch innerhalb des „antiliberalistischen Lagers“ strittig. *Schmitt* stellte dazu auf die Prinzipien „Homogenität“ und „Identität“ ab und legte einfach fest, dass in jeder Demokratie die Einheit von Staat und Volk selbstverständlich sei. Das „Prinzip der Identität des jeweilig vorhandenen Volkes mit sich selbst als politischer Einheit beruht darauf, dass es keinen Staat ohne Volk gibt, und ein Volk daher als vorhandene Größe immer wirklich anwesend sein muss“[499]. Für den Fall, dass die vorausgesetzte Einheit gefährdet werde, forderte *Schmitt* die „Ausscheidung oder Vernichtung des Heterogenen“.[500]

Huber lehnte diesen Ansatz *Schmitts* ab und kritisierte dessen Identitätsthese als fiktiv, da die Realpräsenz des Volkes niemals definitionsgemäß verwirklicht sei, sondern dem Staat erst zur Herstellung aufgegeben werden müsse.[501] Inwieweit sich das Volk als politische Einheit darstellte, folgte für *Huber* vielmehr daraus, wie die Verfassungsnormen in konkrete Politik umgesetzt würden. Die

---

495 *Friedrich*, Geschichte der deutschen Staatsrechtswissenschaft, S. 383

496 *Triepel*, Die Staatsverfassung und die politischen Parteien, S. 24

497 *Leibholz*, Das Wesen der Repräsentation unter besonderer Berücksichtigung des Repräsentationssystems, Berlin 1929 (Es handelt sich dabei um seine von *Heinrich Triepel* betreute und 1929 veröffentlichte Habilitationsschrift).

498 *Huber* unterschied das ungeordnete vom organisierten einheitlichen Volk und berief sich bei dieser Differenzierung auf Hegel (*Huber*, Die Deutsche Staatswissenschaft, in: aaO, S. 6).

499 *Huber* (unter dem Pseudonym Manfred Wild), Repräsentation, in: Der Ring 3. Jg. (1930), S. 545-547 (545)

500 *Schmitt*, Die geistesgeschichtliche Lage des heutigen Parlamentarismus, S. 13f

501 *Huber* (unter dem Pseudonym Manfred Wild), Repräsentation, in: aaO, S. 545

Einheit des Volkes wurde danach nicht über eine festgelegte Identität, sondern nur über die „Repräsentation des Ganzen durch eine aktionsfähige Gruppe“[502] erreicht. Während in der absoluten Monarchie die Repräsentation nur Aufgabe des Fürsten sein konnte, beruhte die konstitutionelle Monarchie auf einem Zusammenspiel von Fürst und Parlament. In der Demokratie sah *Huber* die Repräsentation dagegen allein vom Parlament wahrgenommen. Nicht die politische Entscheidung, sondern die Gestaltung der Einheit war demnach Aufgabe des Parlamentarismus. Das konnte die Volksvertretung aber nur dann erreichen, wenn sie als eine einheitliche und unabhängige Kraft fungierte. Nur dann konnte ein frei gewähltes Parlament die repräsentativen Aufgaben ausfüllen, die in der absoluten Monarchie noch der Fürst übernommen hatte.

Das tatsächliche Wirken der Weimarer Parteien und Parlamente stellte für *Huber* aber genau das Gegenteil dar. Die Volksvertretungen der Weimarer Republik und insbesondere der Reichstag waren für ihn unfähig, die geistigen Voraussetzungen sicherzustellen, unter welchen der Parlamentarismus angetreten war. Sowohl die Wähler als auch die Abgeordneten hatten für *Huber* durch die „Krisis des Parlamentarismus“[503] ihre repräsentative Stellung verloren. Sie wählten nicht mehr als Glieder eines Ganzen, sondern als isolierte Individuen. Die Parlamentarier übten ihr Mandat als Interessenvertreter und nicht als unabhängige Repräsentanten der Gesamtheit aus.[504] Darüber hinaus konnte ein Parlament für *Huber* nur dann repräsentieren, wenn seine Tätigkeit öffentlich sei. Auch das sah er nicht verwirklicht: „Die heutige Form des parlamentarischen Betriebs nun, bei der alle wirklichen Entscheidungen in vertraulichen Einzelbesprechungen getroffen werden und für die Öffentlichkeit nichts als ein Schauspiel, und dazu ein schlechtes, bleibt, muss dem Parlament somit jede persönliche Würde und repräsentative Kraft nehmen.“[505]

Die Verfassungswirklichkeit der Weimarer Republik bestand daher nicht aus der durch Repräsentation gewonnenen Einheit. *Huber* stellte vielmehr ein zusammenhangloses „Nebeneinander und Gegeneinander von Parteien, Ländern, Konfessionen, Wirtschaftsverbänden und kulturellen Vereinigungen“[506] fest, die weder willens noch fähig waren, die ihnen obliegenden Aufgaben innerhalb des Parlamentarismus wahrzunehmen. Nicht der geeinte Staat seines idealistischen Staatsverständnisses, sondern der „Parteienbundesstaat“[507] wurde zum Synonym für die Weimarer Republik. *Huber* wählte den kombinierten Begriff „Parteienbundesstaat“ als Resultat seiner Bestandsaufnahme, da er mit ihm die realen

---

[502] *Huber* (unter dem Pseudonym Manfred Wild), Repräsentation, in: aaO, S. 545
[503] *Huber* (unter dem Pseudonym Manfred Wild), Repräsentation, in: aaO, S. 546
[504] *Huber* (unter dem Pseudonym Manfred Wild), Repräsentation, in: aaO, S. 545ff
[505] *Huber* (unter dem Pseudonym Manfred Wild), Repräsentation, in: aaO, S. 546
[506] *Huber*, Die Einheit der Staatsgewalt, in: aaO, Sp. 950
[507] *Huber*, Das Ende des Parteienbundesstaates, in: JW 63. Jg. Heft 4 (1934), S. 193-197 (193)

Verhältnisse noch konkreter erfasst sah. Ein Parteienstaat lag nämlich schon dann vor, „wenn der Staat aufhört, seinen eigenen politischen Gesetzen zu folgen, wenn er politischen Willen und politische Macht nicht mehr aus sich selber heraus besitzt, sondern von den politischen Parteien als Instrument ihres Strebens benutzt wird".[508] Aufgrund dieses Missverhältnisses von tatsächlicher und verfassungsrechtlich zugebilligter Macht der Parteien wurde Art. 130 Abs. 1 WRV zur bloßen Fassade.[509] Das zweite wesentliche Charakteristikum der Weimarer Republik war aber ihre Bundesstaatlichkeit. Diese hatte für *Huber* dazu geführt, dass die innerstaatlichen Glieder in der Lage waren, auf Kosten des Gesamtstaates eigene politische Ziele zu verfolgen und einen unabhängigen politischen Willen zu bilden. Der von *Karl Bilfinger* übernommene Begriff „Parteienbundesstaat"[510] verkörperte für *Huber* nicht nur die Summe beider Elemente, sondern „die aus dem gemeinsamen Gegensatz gegen das Reich entstandene Synthese."[511]

Hubers „Parteienbundesstaat", sowohl Symbol als auch Grund für die Zerstrittenheit und Schwäche der Reichsgewalt, kennzeichnete einen Verfassungszustand, den *Carl Schmitt* mit den Schlagworten „Pluralismus, Polykratie und Föderalismus" beschrieben hatte.[512] Mit Zerrissenheit, Streit und Schwäche konnten die Parteien ihr Ziel, die politische Einheit des Volkes zu erreichen, aber nicht verwirklichen. Vielmehr wurde der Staat zunehmend in seiner eigenen Entwicklung und Existenz gefährdet.

Wenn aber die tatsächlichen Leistungen der Parteien den Intentionen der geistig verstandenen „Verfassung" geradezu entgegenstanden, musste eine andere Kraft gefunden werden, die das Volk als Einheit darstellte. Große Teile der Staatsrechtslehre setzten ihre Hoffnung daher zunehmend auf den Reichspräsi-

---

[508] *Huber*, Das Ende des Parteienbundesstaates, in: aaO, S. 193

[509] *Huber*, Das Ende des Parteienbundesstaates, in: aaO, S. 193

[510] Der Ausdruck „Parteienbundesstaat" wurde zuerst von *Bilfinger* in seiner Schrift „Exekution, Diktatur und Föderalismus" (DJZ 1932, Sp. 1017-1021 (1018)) verwandt, ohne in diesem Zusammenhang genau definiert zu werden (*Huber*, Das Ende des Parteienbundesstaates, in: aaO, S. 194).

[511] *Huber*, Das Ende des Parteienbundesstaates, in: aaO, S. 194

[512] *Huber*, Verfassung und Verfassungswirklichkeit bei Carl Schmitt, in: Blätter für Deutsche Philosophie Bd. 5 (1931/32), S. 302-315 (302)
Schmitt umschreibt die drei Begriffe folgendermaßen: „Pluralismus" bezeichnet eine Mehrheit fest organisierter, durch den Staat, d. h. sowohl durch verschiedene Gebiete des staatlichen Lebens, wie auch durch die territorialen Grenzen der Länder und die autonomen Gebietskörperschaften hindurchgehende soziale Machtkomplexe, die sich als solche der staatlichen Willensbildung bemächtigen, ohne aufzuhören, nur soziale (nichtstaatliche) Gebilde zu sein. „Föderalismus" soll das Neben- und Miteinander einer Mehrheit von Staaten zum Ausdruck bringen, das innerhalb einer bundesstaatlichen Organisation besteht. Die „Polykratie" ist eine Mehrheit autonomer Träger der öffentlichen Wirtschaft, an deren Selbständigkeit der staatliche Wille eine Grenze findet. (*Huber*, Verfassung und Verfassungswirklichkeit bei Carl Schmitt, in: aaO, S. 302f).

denten. Aus ihrer Sicht schien er von der Verfassung dazu auserkoren, den einheitlichen Staatswillen gegenüber dem von den Parteien zerrissenen Parlament zu verkörpern. Er war nicht mehr nur das Gegengewicht zum Parteienbundesstaat, sondern „der eigentliche Repräsentant des Staates“[513]. Welche Schwierigkeiten sich aus dessen neuer Rolle aber für die weitere Verfassungsentwicklung Weimars ergeben sollten, deutete *Huber* 1930 zunächst nur an: „lässt sich insbesondere daran denken, daß ein Organ mit geringer Kompetenz eine starke repräsentative Kraft besitzt, ... , obwohl dies im Sinne der Verfassung nicht zu liegen scheint“[514].

3. Die verfassungsrechtliche Stellung des Reichspräsidenten

a. Der Dualismus zwischen Reichspräsident und Parlament

Die hervorgehobene Stellung des Reichspräsidenten in der Weimarer Verfassung wird heute häufig als ein Niederschlag der Ideen *Max Webers* über plebiszitäres Führertum gewertet.[515] In den Verfassungsberatungen begründete *Hugo Preuß* die Anlage des neuen Regierungssystems allerdings nicht mit einer wie auch immer gearteten Führerstellung. Er berief sich darauf, dass die Vorteile des französischen und des amerikanischen Systems vereinigt, und gleichzeitig die Nachteile des einen wie anderen vermieden werden sollten.[516] Als Vorbild diente dabei der englische Parlamentarismus, dessen Stärke nach *Preuß*` Ansicht darin bestand, dass sich die Abhängigkeit der Regierung vom Vertrauen des Parlaments und die unbeschränkte Möglichkeit der Parlamentsauflösung die Waage hielten. Folglich sollte der Reichspräsident die Rolle des großen Regulators für politische Spannungen im Verhältnis von Parlament und Regierung übernehmen. Begründet wurde die Suche nach einer ausgleichenden, neutralen Kraft damit, dass das Parlament in der Weimarer Republik, anders als noch im Kaiserreich, nicht mehr im Schatten von Bundesrat und Kaiser stand. Der Reichstag war in der Weimarer Verfassung an die erste Stelle, vor alle anderen Reichsorgane gerückt.

Grundnorm der neuen Vormachtstellung des Parlaments war Art. 54 WRV, der die Amtsführung des Reichskanzlers und der Reichsminister vom Vertrauen des Reichstags abhängig machte. Art. 54 WRV verlangte den Rücktritt eines jeden Regierungsmitglieds, „wenn ihm der Reichstag durch ausdrücklichen Be-

---

[513] *Huber* (unter dem Pseudonym Manfred Wild), Repräsentation, in: aaO, S. 546
[514] *Huber* (unter dem Pseudonym Manfred Wild), Repräsentation, in: aaO, S. 546
[515] *Friedrich*, Geschichte der deutschen Staatsrechtswissenschaft, S. 387
[516] *Boldt*, Die Stellung von Parlament und Parteien in der Weimarer Reichsverfassung. Verfassungstheorie und Verfassungswirklichkeit, in: *Kolb/Mühlhausen* (Hrsg.) Demokratie in der Krise: Parteien im Verfassungssystem der Weimarer Republik, S. 19-58 (22f)

schluss sein Vertrauen entzieht". Auch wenn das Recht des Reichspräsidenten zur freien Auswahl des Reichskanzlers (Art. 53 WRV) von der ganz herrschenden Meinung nicht bestritten wurde, wirkte sich das Recht des Parlaments aus Art. 54 WRV mittelbar auch auf dessen Ernennungsbefugnis aus. Denn „in der Auswahl der zu ernennenden bzw. vorzuschlagenden Personen" waren „Reichspräsident und Reichskanzler formell frei, materiell aber durch Art. 54 WRV gebunden, indem Ernennung und Vorschlag sich nur auf solche richten dürfen, von denen bekannt und den Umständen nach anzunehmen ist, daß der Reichstag ihnen sein Vertrauen nicht versagen wird".[517] Inwieweit sogar eine Rechtspflicht des Reichspräsidenten bestand, ausschließlich mehrheitsfähige Persönlichkeiten zu ernennen, war unter den damaligen Staatsrechtslehrern umstritten.[518] Einig war man sich darin, dass in Art. 54 WRV wenigstens ein Gegenrecht zu Art. 53 WRV zu sehen war.[519] Trotz der damit zumindest faktischen Bindung durch das parlamentarische Prinzip verlor der Reichspräsident nicht das Recht zur persönlichen Initiative. Nach herrschender Lehre war das parlamentarische Vertrauen, ob ausgesprochen oder nicht, so lange als vorhanden anzunehmen, wie das Gegenteil nicht durch Misstrauensbeschluss festgestellt war.[520]

Auf einhellige Ablehnung stießen während der Weimarer Republik noch alle Versuche, das Recht des Parlaments aus Art. 54 WRV über den Gedanken des konstruktiven Misstrauensvotums beschränken zu wollen.[521] Durchgesetzt hatte sich stattdessen die Idee, dass es dem Reichspräsident überlassen bleiben müsse, das Gegengewicht zu Art. 54 WRV zu bilden. Aus diesem Grund wurde ihm zugebilligt, auch ein von einer parlamentarischen Mehrheit getragenes Kabinett entlassen zu können. Ein solcher Schritt war notwendig, falls der Reichspräsident eine Reichstagsauflösung wünschte, die Regierung sich aber der Auflösung widersetzte. Dann verblieb ihm nur die Ernennung einer neuen Regierung, die die für den Auflösungsakt notwendige Gegenzeichnung verschaffen konnte. Folglich saß der Reichspräsident im Verhältnis zum Parlament über Art. 25 WRV machtpolitisch „am längeren Hebel". Um dies wiederum auszugleichen,

---

[517] *Anschütz*, Kommentar: Die Verfassung des Deutschen Reiches vom 11. August 1919, Nr. 1 zu Art. 53, vgl. auch Nr. 2 zu Art. 54.

[518] *Thoma* formulierte gar, der Reichspräsident sei rechtlich verpflichtet, nur jene Persönlichkeiten zu ernennen, von denen nicht zu vermuten sei, dass der Reichskanzler sie alsbald zum Rücktritt nötigen werde (*Thoma*, Die rechtliche Ordnung des parlamentarischen Regierungssystems (§ 43), in: Handbuch des deutschen Staatsrechts Bd. I (1930), S. 503-511 (508)).
Diese Rechtspflicht stritt *Pohl* wiederum zugunsten eines freien Ernennungsrechts des Präsidenten ab, wenn er meinte, dass die Rücksichtnahme auf die Mehrheitsverhältnisse im Reichstag zwar aus politischen Gründen geboten sein könnte, aber keine verfassungsrechtliche Pflicht des Reichspräsidenten darstelle (*Pohl*, Die Zuständigkeiten des Reichspräsidenten (§ 42), in: Handbuch des deutschen Staatsrechts Bd. I, S. 482-502 (489)).

[519] *Boldt*, Die Stellung von Parlament und Parteien in der Weimarer Reichsverfassung, in: aaO, S. 28

[520] Für viele andere: *Schmitt*, Verfassungslehre (1928), S. 343f

war Art. 25 WRV einschränkend formuliert. Nach dessen Wortlaut durfte der Reichspräsident den Reichstag „nur einmal aus gleichem Anlaß" auflösen.

Solange im Reichstag regierungsfähige Mehrheiten gebildet wurden, bestand keine Gefahr, dass das von der Reichsverfassung vorgesehene Gleichgewicht der Staatsorgane durcheinander geriet. Kamen allerdings keine parlamentarischen Mehrheiten mehr zustande, wie seit den Septemberwahlen 1930 und endgültig nach *Brünings* Entlassung im Mai 1932, gewann der Reichspräsident nicht nur die absolute Unabhängigkeit in der Kabinettsbildung. Er musste seine Regierungen auch gegen den Widerstand des nicht zur Kooperation bereiten Reichstags im Amt halten. In jenem Zusammenhang erlangten die Auflösungsbefugnis aus Art. 25 WRV und die so genannte „Diktaturgewalt" aus Art. 48 Abs. 2 WRV ihre für die letzten Jahre der Weimarer Republik so charakteristische Bedeutung.

b. Der Hüter der Verfassung

Über die permanente Anwendung des Art. 48 Abs. 2 WRV wurde der Ausnahmezustand zur Normalität. Da eine solche Dauerlösung verfassungsrechtlich nicht vorgesehen war,[522] bemühten sich Teile der Staatsrechtslehre um ihre Legitimation, während andere die Art dieser Regierungsbildung kategorisch ablehnten.

Auch *Ernst Rudolf Huber* wusste, dass die Notverordnungspraxis während der letzten Jahre der Weimarer Republik rechtlich problematisch war. *Huber* sprach von einer „verfassungsrechtlichen Notlage"[523], wies die Verantwortlichkeit dafür aber allein dem Parlamentarismus und der mit ihm verknüpften Interessenwirtschaft zu. Nicht im permanenten Ausnahmezustand, sondern in den „pluralen Mächten" sah *Huber* die Gegner der Verfassung, die sich der „verfassungsmäßigen Formen bedienen, um unter dieser `legalen Maske` die von der Verfassung gewollten Ordnungen von innen heraus zu zerstören."[524] Die andauernde Bedrohung der Weimarer Reichsverfassung war für ihn zwangsläufige Folge ihres fehlenden Entscheidungscharakters. *Huber* würdigte nicht das Integ-

---

[521] Wohl am pointiertesten formulierte *Schmitt* bereits 1928 den Gedanken des konstruktiven Misstrauensvotums: „Wenn die Motive sich offen widersprechen, und etwa Deutschnationale und Kommunisten für einen Misstrauensantrag stimmen, so schließt doch offenbar die Verschiedenheit der Motive das notwendige und vernünftige Korrelat eines Misstrauensbeschlusses, nämlich die Möglichkeit des Vertrauens und einer neuen Regierungsbildung, aus (*ders.*, Verfassungslehre (1928), S. 345).

[522] Konzipiert wurde Art. 48 WRV als Norm des traditionellen, rechtsstaatlich-restitutiven Ausnahmezustandes (*Boldt*, Der Art. 48 der Weimarer Reichsverfassung, in: *Stürmer* (Hrsg.), Die Weimarer Republik: Belagerte Civitas, S. 288-309 (306)

[523] *Huber* (u.d. Pseudonym Friedrich Landeck), Verfassung und Legalität, in: Deutsches Volkstum 14. Jg. (1932), S. 733-737 (734)

[524] *Huber* (u.d. Pseudonym Friedrich Landeck), Verfassung und Legalität, in: aaO, S. 734

rationsbemühen der Weimarer Verfassung, sondern sie war als „dilatorischer Formelkompromiss“[525] beinahe dazu ausersehen, nur Feinde zu haben. Kompromisse bedeuteten danach niemals echte Lösungen. Denn sie ließen nur Verlierer und damit eine „unentschiedene Kampflage“[526] zurück, die die unzufriedenen Kräfte erst zum Kampf aufforderte. Die latente Gefahr des Verfassungskonflikts, der Verfassungskrise, der Verfassungsaushöhlung und des Verfassungsbruchs war daher aufgrund ihrer Konzeption vorprogrammiert. Der Ruf nach einem „Hüter der Verfassung“, der mit Aufkommen der wirtschaftlichen und innenpolitischen Krisen Ende der zwanziger Jahre lauter wurde, war für *Huber* nur folgerichtig.

Die Frage, welche Person oder Institution tatsächlich als „Hüter der Verfassung“ vorstellbar war, wurde in der Weimarer Staatsrechtslehre viel diskutiert und unterschiedlich beantwortet.[527] Auslöser der Debatte war ein Urteil des Staatsgerichtshofes, in dem sich dieser selbst als „Hüter der Verfassung“[528] ins Gespräch gebracht hatte.[529] Die unpolitisch angelegte Justiz war aber, wie *Carl Schmitt* bereits 1928 festgestellt hatte,[530] dazu schon kompetenziell nicht in der Lage. Einer möglichen Ausdehnung ihrer Befugnisse erteilte *Huber* eine klare Absage. Im Gegensatz zu *Schmitt* hielt sich *Huber* mit der Besetzung der Rolle „Hüter der Verfassung“ jedoch auffallend zurück. Er bezeichnete das durch die fachlichen und nichtwissenschaftlichen Diskussionen geisternde Schlagwort vom „Hüter der Verfassung“ nur als „polemischen Begriff“.[531] Entscheidend für eine personelle oder institutionelle Festlegung war für ihn vielmehr, „gegen welche Angriffe, Verletzungen oder Gefahren die Verfassung geschützt werden soll.“[532] Erst nachdem *Huber* zwischen den verschiedenen Bedrohungslagen[533], die auf die Verfassung zukommen könnten, unterschieden hatte, zog auch er den

---

525 *Huber*, Der Schutz der Verfassung, in: ZAkDR 5. Jg. (1938), S. 78-81 (78). *Huber* verwendete dieses Zitat unter ausdrücklicher Berufung auf seine Herkunft: Vgl. *Schmitt*, Verfassungslehre (1928), S. 31

526 *Huber*, Der Schutz der Verfassung, in: aaO, S. 78

527 *Schmitt*, Der Hüter der Verfassung, Tübingen 1931; *Kelsen*, Wer soll Hüter der Verfassung sein ?, Berlin 1931; *Hugelmann*, Besprechung *Schmitt* (Der Hüter der Verfassung) und *Kelsen* (Wer soll Hüter der Verfassung sein ?), in: ZöR 13 (1933), S. 274-279 (279)

528 Der Begriff „Hüter der Verfassung“ war keine Erfindung des Staatsgerichtshofes, sondern entstammte der berühmten Formel *Labands*, der Kaiser sei zum „Hüter der Reichsverfassung“ bestellt (*Huber*, Deutsche Verfassungsgeschichte seit 1789 Bd. VI, S. 316).

529 RGZ 118, Anh. S. 4 (Entscheidung vom 15.09.927)

530 *Schmitt*, Das Reichsgericht als Hüter der Verfassung, in: *ders.*, Verfassungsrechtliche Aufsätze, S. 63-100

531 *Huber* (unter dem Pseudonym Manfred Wild), Der Hüter der Verfassung, in: Der Ring 4. Jg. (1931), S. 328-330 (329)

532 Ebenda

533 *Huber* unterschied zwischen Umsturz, innerer Auflösung des Volkes und der Verletzung, die von den Inhabern der staatlichen Gewalt selbst ausgehen (*Huber* (unter dem Pseudonym Manfred Wild), Der Hüter der Verfassung, in: aaO, S. 329f

Schluss, dass kein Gericht in den möglichen Bedrohungsszenarien in der Lage, bzw. geeignet sei, als Schlichter aufzutreten.[534]

Als weiteren potentiellen „Hüter der Verfassung“ brachte *Eck* das Volk ins Gespräch.[535] *Eck* vertrat die Ansicht, dass das alte Widerstandsrecht des Volkes[536] wiederaufleben müsse, da die aktuelle Verfassungslage unberechenbar geworden sei. *Huber* lehnte jenen Vorschlag strikt ab. Für ihn waren durch „militärähnlich organisierte und geführte Kampfverbände“ begangene Einzelaktionen nicht mit dem Widerstandsrecht vereinbar. Denn dabei handelte es sich nicht „um eine Verteidigung der Idee des Rechts gegen eine tyrannische Obrigkeit, sondern um eine Anmaßung der Staatsgewalt durch private Gruppen, die zur Auflösung des Staates führen muss, wenn sie nicht noch in letzter Stunde zurückgewiesen wird.“[537] *Hubers* konsequente Haltung gegenüber den seit Anfang der dreißiger Jahre umherziehenden selbsternannten Verteidigern von Recht und Verfassung war das Ergebnis seines streng etatistischen Denkens. Notlagen konnten nach seinem Verständnis zwar dadurch behoben werden, dass geschriebene Normen zugunsten materieller Verfassungsbestimmungen zurücktraten.[538] Dies galt jedoch nur dann, wenn in der Folge der Staat handelndes Subjekt war. Anders stellte sich die Situation dar, wenn der Einzelne in Verfassungsnotlagen selbst aktiv werden sollte. Ein solches „Selbsthilferecht“ war für *Huber* nicht mit dem Widerstandsrecht vereinbar. Dessen Sinn bestand in der Verwirklichung des Rechts und nicht in der Sicherstellung der Freiheitsrechte. Die Rechtsgewährleistung war für *Huber* alleinige Aufgabe des Staates. Die Maßnahmen, die *Eck* über das Widerstandsrecht rechtfertigen wollte, waren dagegen nur Versuche Einzelner, sich selbst „an die Stelle der Staatsgewalt zu setzen“[539], und daher abzulehnen.

In das Zentrum der Diskussion um einen „Hüter der Verfassung“ rückte schließlich der Reichspräsident. Jener erschien für diese Aufgabe kraft seiner demokratischen Legitimation, der dem Amt eigenen Neutralität und seiner Unabhängigkeit vom Parlament als besonders geeignet. Ferner sprachen die siebenjährige Amtszeit sowie vor allem die Verfügungsmacht über den Ausnahmezu-

---

[534] *Huber* (unter dem Pseudonym Manfred Wild), Der Hüter der Verfassung, in: aaO, S. 328-330

[535] *Eck*, Das Volk als Hüter der Verfassung, in: Neue Blätter für den Sozialismus (1932) Heft 7, S. 347-355

[536] Das Widerstandsrecht eines Volkes hatte im Ständestaat große Bedeutung und verblasste erst, als der Rechtsschutz durch den Rechtsstaat formalisiert wurde (*Huber* (gezeichnet Friedrich Landeck), Das Volk als Hüter der Verfassung, in: Deutsches Volkstum 14. Jg. (1932), S. 807-808.

[537] *Huber* (gezeichnet Friedrich Landeck), Das Volk als Hüter der Verfassung, in: aaO, S. 808

[538] Zu dieser Problematik ausführlich: *Huber* (unter dem Pseudonym Friedrich Landeck), Verfassung und Legalität, in: Deutsches Volkstum 14. Jg. (1932), S. 733-737

[539] *Huber* (gezeichnet Friedrich Landeck), Das Volk als Hüter der Verfassung, in: aaO, S. 808

stand (Art. 48 WRV) für seine Person.[540] Durch die von vielen geforderte neue Rolle des Reichspräsidenten erfuhr dessen verfassungsrechtliche Stellung eine große Veränderung. Die Reichsverfassung hatte ihn als „pouvoir neutre" vorgesehen, als neutrale Macht, die „herrscht, aber nicht regiert."[541] Für *Huber* beruhte die ursprüngliche Stellung des Reichspräsidenten innerhalb der Verfassung daher auch weniger auf dessen Kompetenzen, als auf seiner symbolischen Funktion. Der Reichspräsident verkörperte die Staatseinheit und erlangte allein damit unangefochtene Legitimität und Autorität.[542] Er war nicht führender Kopf der Exekutive, sondern nur eine von mehreren neutralen Kräften innerhalb der Weimarer Republik,[543] die ihre Gemeinsamkeit in der Gegnerschaft zum Parteienstaat fanden. Jene neutralen Kräfte waren weder unter logischen noch systematischen Kriterien in eine gemeinsame Ordnung zu bringen. Ihre Aufgabe bestand darin, die Macht der politischen Parteien einzudämmen.[544]

In seiner Schrift „Der Hüter der Verfassung"[545] setzte sich *Huber* ausführlich mit *Carl Schmitts* These vom Reichspräsidenten als Hüter der Verfassung auseinander und pflichtete diesem im Wesentlichen bei. Denn im Gegensatz zum Staatsgerichtshof sei der Reichspräsident als politische Figur grundsätzlich geeignet, jene Rolle zu übernehmen. Darin sah *Huber* sich auch durch den „Vater der Reichsverfassung", *Hugo Preuß*, bestätigt. *Preuß* habe erkannt, dass man dem Parteienstaat Hemmungen entgegensetzen müsse, welche insbesondere in den Befugnissen des plebiszitären Reichspräsidenten zu sehen seien.[546] Im Gegensatz zu *Schmitt* vertraute *Huber* aber im Blick auf die Verfassungsverletzungen, die von den Inhabern der staatlichen Gewalt selbst ausgingen, also gerade im Fall des handlungsunfähigen Reichstages, auf das „System gegenseitiger

---

[540] *Stolleis*, Geschichte des öffentlichen Rechts in Deutschland Bd. III, S. 115ff

[541] *Huber*, Deutsche Verfassungsgeschichte seit 1789 Bd. VI, S. 322

[542] *Huber*, Deutsche Verfassungsgeschichte seit 1789 Bd. VI, S. 316ff

[543] Als neutrale Kräfte galten für *Huber*: der Beamtenstaat, der Bundesstaat, der liberale Rechtsstaat, der Reparationsstaat, der ökonomische Sachverständigenstaat, die Reichswehr und schließlich der Reichspräsident (*Huber* (ungezeichnet), Die neutralen Mächte im modernen Staat, in: Der Ring 2. Jg. (1929), S. 1001f).

[544] *Huber* bezog sich in diesem Aufsatz über die „neutralen Mächte" auf einen Vortrag von *Carl Schmitt*, den dieser im Rahmen einer von der wirtschafts- und sozialwissenschaftlichen Fakultät der Universität Köln veranstalteten Sammelvorlesung über „Probleme der Demokratie" gehalten hatte. Weiter steht jener Vortrag in Verbindung mit den Ausführungen, die *Schmitt* an der Hochschule für Politik in Berlin über „Das Fehlen eines pouvoir neutre in Deutschland" und in Barcelona über „Die europäische Kultur im Zwischenstadium der Neutralisierung" vortrug (*Huber* (ungezeichnet), Die neutralen Mächte im modernen Staat, in: aaO, S. 1001f).

[545] *Huber* (unter dem Pseudonym Manfred Wild), Der Hüter der Verfassung, in: Der Ring 4. Jg. (1931), S. 328-330

[546] *Huber* (ungezeichnet), Hugo Preuß, in: Der Ring 3. Jg. (1930), S. 552

Hemmungen und Balancen, das die Reichsverfassung bietet."[547] *Huber* lehnte es ab, bei solchen Verfassungsverletzungen von einem „eigentlichen und organisierten 'Hüter der Verfassung'"[548] zu reden. Erforderlich war nur, dass sich ein Staatsorgan in derartigen Konflikten mit der Verfassung identifizierte. Dieses verfassungsmäßige Organ konnte dann aufgrund seiner besonderen Autorität natürlich auch der Reichspräsident sein. Genauso gut käme aber „kraft einer entschlossenen und zielbewussten Führung die Reichsregierung...ein willens- und handlungsfähiges Parlament...schließlich das zu einem Volksentscheid oder zu Neuwahlen oder zur Absetzung des Reichspräsidenten aufgerufene Volk."[549] in Frage.

Huber setzte also im Gegensatz zu *Schmitt* nicht nur auf den Reichspräsidenten als „Hüter der Verfassung", der allein gefordert war, die Verfassung vor ihren Gegnern zu schützen. Für *Huber* hatte die Verfassung selbst mit den in ihr angelegten Schutzmechanismen noch eine viel größere Eigenverantwortung. Das bedeutete nicht, dass *Huber* den Reichspräsidenten als „Hüter der Verfassung" ablehnte. *Huber* sah dessen Rolle jedoch weit mehr als *Schmitt* in der Symbolik, als „Wahrer der verfassungsmäßigen Einheit des Volkes".[550] Soweit der Reichspräsident aber bereits aktiv handelte, blieb er in die Maßgaben der Reichsverfassung eingebunden.

c. Das Präsidialregime: Vom Hüter der Verfassung zu ihrem Souverän

Als Reichspräsident *v. Hindenburg* während der Reichskrise 1930-1932 seine für den Ausnahmefall gedachten Machtbefugnisse nutzte, um ein System langdauernder Präsidialregierungen einzusetzen, arbeitsfähig zu machen und im Amt zu halten, verließ er endgültig seine neutrale Position. Mit Beginn der Präsidialregierungen hatte eine neue Phase des Regierens begonnen. Verfassungsrechtlich bedeuteten die Jahre ab 1930 daher einen tiefen Einschnitt, den *Huber* als Abschluss der „Skala von wissenschaftlichen Erklärungsversuchen für die Stellung des Reichspräsidenten" beschrieb.[551] Was als „äußerliche Dekoration"[552] begonnen und über die Funktion als Schlichter und Hüter der Verfassung fortgesetzt wurde, fand schließlich im autoritären Staatsoberhaupt seinen Höhepunkt.[553] Durch diese neue, aktive Rolle beendete der Reichspräsident seine Funktion als Vermittler zwischen den einzelnen Staatsorganen. Es kam zu einer

---

[547] *Huber* (unter dem Pseudonym Manfred Wild), Der Hüter der Verfassung, in: aaO, S. 330
[548] *Huber* (unter dem Pseudonym Manfred Wild), Der Hüter der Verfassung, in: aaO, S. 330
[549] *Huber* (unter dem Pseudonym Manfred Wild), Der Hüter der Verfassung, in: aaO, S. 330
[550] *Huber* (unter dem Pseudonym Manfred Wild), Der Hüter der Verfassung, in: aaO, S. 330
[551] *Huber*, Das Staatsoberhaupt des Deutschen Reiches, in: ZgesStW Bd. 95 (1934/35), S. 202-229 (203)
[552] *Huber*, Das Staatsoberhaupt des Deutschen Reiches, in: aaO, S. 203
[553] *Huber*, Das Staatsoberhaupt des Deutschen Reiches, in: aaO, S. 203

erheblichen Verschiebung der innenpolitischen Machtverhältnisse, die in der Literatur als stillschweigender Verfassungswandel bezeichnet wurde.[554] Denn durch die dauerhafte Anwendung des Art. 48 WRV wurde der Reichspräsident zum „Gesetzgeber ratione necessitatis apostrophiert“,[555] eine Stellung, die der Reichsverfassung widersprach.

Das auf der Kombination von Art. 48, 53 und 25 WRV beruhende Präsidialsystem war zwar von der Verfassung vorgegeben, jedoch nur als Vorkehrung im Rahmen des parlamentarischen Systems. Ihr verfassungsrechtlicher Sinn bestand allein darin, die Ermittlung parlamentarischer Mehrheiten für eine neue Regierungsbildung zu ermöglichen. Die Verknüpfung der einzelnen Befugnisse zu einer der Weimarer Verfassung entgegenstehenden Regierungsform ließ jene Dauerlösung mit dem Wortlaut der Verfassung unvereinbar werden.[556] Die Etablierung des Präsidialregimes bedurfte daher einer juristischen Konstruktion, die über Art. 76 WRV hinausging, eines so genannten Verfassungswandels.

So wie es neben der Verfassungsurkunde ungeschriebenes Verfassungsrecht gab, bestand nach allgemeiner Ansicht die Möglichkeit, dass Vorgänge des realen Geschehens das positive Verfassungsrecht in Einzelheiten revidierten oder in seinen Grundnormen reformierten. Eine solche echte Verfassungswandlung setzte jedoch voraus, dass sie sich, wenn auch nicht nach den Normen, so doch innerhalb der Grenzen der bestehenden Fundamentalordnung des Staats hielt. Ein Verfassungsumsturz ließ sich nicht als ein solcher Vorgang rechtfertigen.[557] Erforderlich für einen Verfassungswandel war demnach, dass sich das Präsidialsystem bereits aus den Grundideen der Weimarer Reichsverfassung ergab. Diese verfassungsimmanente Rechtfertigung war Ziel der von *Schmitt* veröffentlichten

---

[554] *Huber*, Deutsche Verfassungsgeschichte seit 1789 Bd. VI, S. 322
Andere Autoren legen Wert darauf, dass es für die Präsidialkabinette keines Verfassungswandels bedurft habe. Es habe sich kein funktionierendes parlamentarisches System in ein präsidiales verwandelt, denn das Weimarer System sei nie ein rein parlamentarisches gewesen. Folglich habe lediglich in politischer Hinsicht ein Verfassungswandel stattgefunden nicht jedoch im juristischen Sinne (*Boldt*, Die Stellung von Parlament und Parteien in der Weimarer Reichsverfassung. Verfassungstheorie und Verfassungswirklichkeit, in: aaO, S. 40). Richtig ist, dass die Regierungsbildung in der Weimarer Republik zumindest auch Angelegenheit des Reichspräsidenten gewesen ist (Zusammenspiel von Art. 53 und 54 WRV) und die Befugnisse aus Art. 48 II WRV anerkanntermaßen auch das Verordnungsrecht umfasst haben. Fraglich ist aber, ob bei einer Dauerlösung, wie sie sich in Deutschland seit 1930 etabliert hatte, noch von einem Ausnahmezustand nach Art. 48 WRV gesprochen werden konnte. Für die Annahme eines Verfassungswandels plädiert auch *Huber*. Siehe dazu: *ders.*: (unter dem Pseudonym Friedrich Landeck), Verfassung und Legalität, in: Deutsches Volkstum 14. Jg. (1932), S. 733-737 (735).
[555] *Boldt*, Der Artikel 48 der Weimarer Reichsverfassung, in: aaO, S. 301
[556] *Boldt*, Der Artikel 48 der Weimarer Reichsverfassung, in: aaO, S. 300f
[557] *Huber*, Deutsche Verfassungsgeschichte seit 1789 Bd. VI, S. 429

Schriften „Der Hüter der Verfassung“[558] und „Legalität und Legitimität“[559]. *Huber* besprach dessen Abhandlungen kurze Zeit später sehr wohlwollend und machte sich *Schmitts* Argumentation zu eigen.[560]

Die an der neuen Rolle des Reichspräsidenten geübte Kritik stützte sich danach nur auf die fehlende positivrechtliche Regelung in der Verfassung. Jene Argumentation war für *Huber* aber nicht mehr zeitgemäß. Schließlich wurde sie nur von denjenigen vorgebracht, die stets Legalität und Legitimität gleichsetzten und damit alle Versuche zur Überwindung der verfassungsrechtlichen Notlage im Ruf nach „Legalität“ als verfassungswidrig diffamierten. Konsequentes Festhalten an alten Legalitätsprinzipien entsprach für *Huber* nicht mehr der Realität, sondern war Zeichen des überholten Gesetzgebungsstaates. Mit dessen Ende sei aber an die Stelle des Gesetzes die Maßnahme getreten. Diese richtete sich nicht nach der Legalität, sondern sei aus der konkreten Situation und den Notwendigkeiten des staatlichen Seins geboren.

Darüber hinaus waren die organisationsrechtlichen Bestimmungen des ersten Hauptteils der Verfassung für *Huber* aber auch gar nicht mehr maßgeblich. *Huber* trennte genau wie *Carl Schmitt* den ersten vom zweiten Verfassungsteil, da letzterer sich nicht im Funktionalismus und Relativismus des ersten Teiles erschöpfte, sondern Grundzüge einer „substanzhaften Ordnung“[561] enthielt. Durch den Vorrang des zweiten Hauptteils und der mit ihm verbundenen überpositiven Auslegung erreichte *Huber* eine Neuinterpretation der ganzen Verfassung. Die Legalität trat zugunsten der Legitimität zurück. Auf diese Weise wurden alle legalistischen Argumente gegen das Präsidialsystem entkräftet. Die Neubewertung hielt den Reichspräsident in erster Linie zur Erfüllung des zweiten Hauptteils, des legitimen Kerns der Rechtsordnung, an. Der Vorwurf fehlender Legalität war für *Huber* dagegen kleinlich und rückständig. Den Vertretern der „Legalität“ hielt *Huber* daher auch vor, dass ihre eigene „Großzügigkeit“ bei der Verbindlichkeit von Verfassungsnormen verhindere, dass sie im ersten Hauptteil auf die Erfüllung des Verfassungswortlauts bestehen können: „Wer so häufig ein feierliches Versprechen der Verfassung für „unverbindlich“ erklärt hat, hat das Recht verwirkt, sich auf Legalität zu berufen und die pedantische Wahrung unerfüllbar gewordener organisatorischer Normen des ersten Hauptteils zu verlangen.“[562]

---

[558] *Schmitt*, Der Hüter der Verfassung, Tübingen 1931

[559] *Schmitt*, Legalität und Legitimität, München 1932

[560] *Huber* (unter dem Pseudonym Friedrich Landeck), Verfassung und Legalität, in: Deutsches Volkstum 14. Jg. (1932), S. 733-737

[561] *Huber*, Verfassung und Legalität, in: aaO, S. 736

[562] *Huber*, Verfassung und Legalität, in: aaO, S. 737

Huber schloss sich mit dieser Argumentation uneingeschränkt der Gedankenführung *Schmitts* an. Das Präsidialsystem der Jahre 1930-1933 widersprach danach zwar dem Wortlaut der Verfassungsurkunde, wurde aber durch Verfassungswandel gerechtfertigt. Der Reichspräsident war nicht mehr neutraler Moderator, sondern außerordentlicher Gesetzgeber, „der heute nach Art. 48 RV nicht nur, wie es dem ursprünglichen Sinn dieser Vorschrift entsprach, das Recht zur konkreten, an die einmalige Situation gebundenen Maßnahme besitzt, sondern, der durch eine allgemein anerkannte gewohnheitsrechtliche Fortbildung dieses Artikels in den Stand gelangt ist, alle einfachen Gesetze zu erlassen und dabei sogar von der sonstigen Verteilung der Zuständigkeiten zwischen Reich und Ländern abzuweichen."[563] Den Gegnern des Präsidialsystems rief *Huber* dagegen triumphierend zu: „Verfassungsmäßig handelt, wer die im zweiten Hauptteil der Verfassung feierlich versprochene Volksordnung herstellt, nicht wer an den durch Schuld der Parteien zerstörten und unanwendbar gewordenen Organisationsnormen des ersten Hauptteils unter allen Umständen festzuhalten sucht."[564]

Die Stellung des Reichspräsidenten im Präsidialregime konnte für *Huber* aber ebenso nur ein Zwischenstadium sein, wie es dessen Rolle als „Hüter der Verfassung" war. Weder mit einem „Hüter der Verfassung" noch mit Hilfe eines permanenten Ausnahmezustandes konnte die Rettung des Staates in der Weimarer Endphase gelingen. Eine Lösung der Staatskrise erkannte *Huber* nur noch in einer grundlegenden Verfassungsreform.[565]

d. Art. 48 WRV und das Urteil des Staatsgerichtshofs vom 25. Oktober 1932

Die letzte Auseinandersetzung über die Bedeutung des Art. 48 WRV fand im Nachspiel zu dem so genannten „Preußenschlag", dem Prozess „Preußen contra Reich"[566], vor dem Staatsgerichtshof statt.[567]

Mit der Absetzung der preußischen Regierung *Braun*/Severing, die seit den Wahlen vom 24. April 1932 nur noch geschäftsführend amtierte, endeten alle Versuche, den Dualismus zwischen Preußen und dem Reich auf dem Verhand-

[563] *Huber*, Verfassung und Legalität, in: aaO, S. 735
[564] *Huber*, Verfassung und Legalität, in: aaO, S. 737
[565] *Huber* (unter dem Pseudonym Manfred Wild), Repräsentation, in: aaO, S. 547
[566] Vor dem Staatsgerichtshof waren außer den amtlichen Vertretern folgende Personen erschienen: die Professoren *Schmitt*, *Jacobi* und *Bilfinger* für das Reich, die Professoren *Anschütz* und *Giese* für Preußen. Prozessbevollmächtigter der sozialdemokratischen Fraktion im Preußischen Landtag war *Heller*, der Zentrumsfraktion Professor *Peters*. Da die bayerische Regierung der preußischen Klage beigetreten war, nahmen an den Verhandlungen als weitere Prozessvertreter die Professoren *Nawiasky* und Privatdozent *Maunz* teil (*Friedrich*, Geschichte der deutschen Staatsrechtswissenschaft, S. 394).
[567] *Friedrich*, Geschichte der deutschen Staatsrechtswissenschaft, S. 394

lungsweg zu lösen.[568] Das gewaltsame Eingreifen vom 20. Juli 1932 war aus Sicht des Reiches die einzige Möglichkeit, einen raschen Regierungswechsel zu erzielen. Ihre demokratische Abwahl hatte die preußische Regierung kurz vor der Landtagswahl nahezu ausgeschlossen. Durch eine am 12. April 1932 vorgenommene Änderung der Geschäftsordnung des preußischen Landtags konnte die Ablösung der Regierung nur noch durch eine mit absoluter Mehrheit vollzogene Neuwahl eines Ministerpräsidenten erfolgen. Diese Absicherung wurde durch die über eine Notverordnung durchgeführte Amtsenthebung der Kabinettsmitglieder zunichte gemacht. Kernfrage des vom 10. bis 17. Oktober stattfindenden Prozesses vor dem Reichsstaatsgerichtshofes in Leipzig war daher, ob die Verordnung verfassungsrechtlich hinreichend begründet war.[569]

Ernst Rudolf Huber war bereits an den Vorbereitungen des Verfahrens persönlich beteiligt gewesen, nachdem *Schmitt* ihn gebeten hatte, ihm unterstützend zur Seite zu stehen.[570] Als unmittelbarer Beobachter hat *Huber* den Prozess „Preußen contra Reich" umfangreich wissenschaftlich dokumentiert und dabei den Reichseingriff als politisch erforderlich verteidigt.[571]

Wie konkret sich *Huber* schon vor dem eigentlichen „Preußenschlag" mit einem Vorgehen gegen die preußische Regierung beschäftigt hatte, zeigt sein Aufsatz „Die Stellung der Geschäftsregierung in den deutschen Ländern"[572]. In jener Veröffentlichung, die noch vor dem „Preußenschlag" fertiggestellt worden war, wägte *Huber* die Eingriffsmöglichkeiten, die das Reich gegen Geschäftsregierungen in den Ländern hatte, und ihre möglichen Konsequenzen sorgfältig gegeneinander ab. Die Zielrichtung der Schrift ist eindeutig. Hier ging es nicht um abstrakte Gedankenspiele, sondern ganz konkret um die rechtlichen Voraussetzungen eines Reichseingriffs in Preußen. So finden sich beispielsweise Bezüge auf eine „geschäftsführende Regierung in Preußen", auf „Art. 59 der preußischen Verfassung", sogar „Minister *Severing*" wird namentlich erwähnt.[573] Der

[568] *Stolleis*, Geschichte des öffentlichen Rechts in Deutschland Bd. III, S. 122; *Huber*, Carl Schmitt in der Reichskrise der Weimarer Endzeit, in: *Quaritsch* (Hrsg.), Complexio Oppositorum - Über Carl Schmitt, S. 38

[569] *Huber*, Carl Schmitt in der Reichskrise der Weimarer Endzeit, in: aaO, S. 43f; *ders.*, Deutsche Verfassungsgeschichte seit 1789 Bd. VII, S. 949ff

[570] *Huber*, Carl Schmitt in der Reichskrise der Weimarer Endzeit, in: aaO, S. 43; Siehe dazu auch die Seiten 12-14 dieser Arbeit.

[571] *Huber* (gezeichnet K. Fehling), Das Urteil des Staatsgerichtshofs, in: Deutsches Volkstum 14. Jg. (1932), S. 985f; *ders.*, Reichsgewalt und Staatsgerichtshof, Oldenburg, 1932
Später ergriff *Huber* erneut Position und sah die Argumentation des Reiches im Nachhinein kritisch, betonte aber stets, dass der Prozess nur im Zusammenhang der Zeitumstände verstanden werden könne (*Huber*, Carl Schmitt in der Reichskrise der Weimarer Endzeit, S. 45; *ders.*, Deutsche Verfassungsgeschichte seit 1789 Bd. VII, S. 1125).

[572] *Huber*, Die Stellung der Geschäftsregierung in den deutschen Ländern, in: DJZ 37. Jg. (1932), Sp. 194-199

[573] *Huber*, Die Stellung der Geschäftsregierung in den deutschen Ländern, in: aaO, Sp. 195

einzige Unterschied zu den tatsächlichen Ereignissen vom Juli 1932 bestand darin, dass *Huber* eine Intervention mit der Verfassungswidrigkeit dauerhafter Geschäftsregierungen begründete. Die sich damit zumindest aus Art. 48 Abs. 2 WRV (Gefährdung der öffentliche Ordnung) ergebende Eingriffsbefugnis hatte im Fall der Regierung *Braun/Severing* nicht bestanden. Ihr war zugesichert worden, zumindest bis nach dem Zusammentreten des neugewählten Reichstags (September 1932) als geschäftsführende Regierung im Amt zu verbleiben.[574] Abgesehen von dem tatsächlichen Grund für die Enthebung hatte *Huber* in seiner Abhandlung jedoch genau die verfassungsrechtlichen Voraussetzungen eines Eingriffs in Preußen erörtert.

Nach dem „Preußenschlag" übte *Huber* in „Reichsgewalt und Staatsgerichtshof" heftige Kritik am Urteil des Staatsgerichtshofes vom 25. Oktober 1932 und reihte sich damit in die Riege der Verteidiger des Reichsvorgehens gegen Preußen ein.[575] Von den als die „drei großen Mängel"[576] beschriebenen Kritikpunkten zielten zwei gegen das Urteil selbst, der dritte richtete sich gegen den Staatsgerichtshof als Institution.

Kernfrage des Prozesses war für *Huber*, ob der Streit um das Reichseingreifen in Preußen überhaupt justiziabel war, denn eine gerichtliche Überprüfung „hochpolitischer Akte" habe der (Verfassungs-) Gesetzgeber seiner Ansicht nach gar nicht gewollt. Gerade um solche Prozesse zu verhindern, seien Verfassungsstreitigkeiten zwischen Reichsorganen bewusst von der Zuständigkeit des Staatsgerichtshofes ausgenommen worden. Allein die Annahme des Streits zur Entscheidung bewies daher für *Huber*, dass der Staatsgerichtshof als politische Justiz in Erscheinung getreten sei. Ein Vorwurf, der begreifbar macht, wie politisiert die juristische Auseinandersetzung der frühen dreißiger Jahre tatsächlich war. *Huber* beschwor wieder die Trennung von Politik und Recht. Eine Grenze, die von den Antipositivisten gerade noch als überholt verworfen, aber dann wieder eingefordert wurde, wenn man die eigenen politischen Vorstellungen bei der Rechtsanwendung nicht berücksichtigt sah.

Das Urteil vom 25. Oktober 1932 verdeutlichte für *Huber* dann endgültig, dass der Gerichtshof die Grenzen der Justiz überschritten und ein politisches Urteil gefällt hatte. Durch Nichtbeachten der Zulässigkeitsvorschriften habe man

---

574 *Huber*, Deutsche Verfassungsgeschichte seit 1789 Bd. VII, S. 956

575 *Schmitt*, Die Verfassungsmäßigkeit der Bestellung eines Reichskommissars für das Land Preußen, in: DJZ 37. Jg. (1932), Sp. 953-958; *Bilfinger*, Exekution, Diktatur und Föderalismus, in: DJZ 37. Jg. (1932), Sp. 1017-1021; *ders.*, Reichsexekution, in: DJZ 38. Jg. (1933), Sp. 145-150; *Heckel*, Das Urteil des Staatsgerichtshofs vom 25.10.1932 im Verfassungsstreit Reich-Preußen, in: AöR 62 (1933), S. 183-246; *Triepel*, Die Entscheidung des Staatsgerichtshofs im Verfassungsstreit zwischen Preußen und dem Reich, in: DJZ 37. Jg. (1932), Sp. 1501-1508

576 *Huber*, Reichsgewalt und Staatsgerichtshof, S. 62f

Prozessvertretern, die von vorneherein durch Prozessurteil hätten abgewiesen werden müssen, eine Schaubühne für ihre politischen Anliegen geboten.[577] Darüber hinaus sei kein eindeutiges und zur sofortigen Vollstreckbarkeit geeignetes Urteil verkündet worden. Die Entscheidung des Gerichts beschränkte sich für *Huber* auf einen salomonischen Urteilsspruch, verbunden mit dem wohlgemeinten Rat an beide Parteien, die Reibungen „durch eine erträgliche Zusammenarbeit zum Wohle des Landes und des Reiches zu überwinden".[578] *Huber* kritisierte die Urteilsformulierung als ein Bemühen des Gerichts, gerecht zu sein. Dies sei aber nicht dessen Aufgabe gewesen. Das Gericht sollte lediglich über die Notwendigkeit der Maßnahmen aus Art. 48 WRV urteilen. Letztlich war das Urteil für *Huber* daher nur ein Versuch unzulässiger politischer Einflussnahme: „Man kann sich des Eindrucks nicht erwehren, der Staatsgerichtshof habe mit voller Absicht eine praktisch undurchführbare Entscheidung getroffen, um dadurch die Parteien zu zwingen, sich zu einigen. Indem der Staatsgerichtshof ein solches politisches Ziel verfolgt, hört er auf Richter zu sein, und greift in die Aufgaben der Staatsleitung ein."[579]

Der zweite Kritikpunkt *Hubers* wandte sich gegen das Ergebnis des Urteils, die Teilung der Zuständigkeiten zwischen preußischer und kommissarischer Regierung. Der Versuch des Gerichts, das Urteil als Kompromiss zu formulieren, war für *Huber* inkonsequent und diente gerade nicht der Unabhängigkeit Preußens.[580]

Wesentlich an der Urteilskritik sind jedoch nicht die einzelnen, von *Huber* aufgelisteten Mängel. *Huber* ging es primär darum, der von ihm unterstützten Politik der Regierung *Papen* zur Durchsetzung zu verhelfen. Daher stellte *Huber* den Staatsgerichtshof auch nicht grundsätzlich in Frage.[581] Als Voraussetzung seiner Arbeit musste der Gerichtshof sicherstellen, dass die Grenzen von Politik und Recht nicht aufgehoben werden. Das sah *Huber* nur gewährleistet, wenn auch die äußersten Befugnisse der Reichsexekution und der Diktaturgewalt des Reichspräsidenten als „actes de gouvernement" anerkannt und damit der richterlichen Kontrolle entzogen wurden.

Für *Huber* ergab sich der Ausschluss der richterlichen Zuständigkeit daraus, dass sich die Ausnahmebefugnisse des Reichspräsidenten auf Maßnahmen richteten: „Was Verletzung, Störung oder Gefährdung ist, kann nur im Hinblick auf eine bestimmte Situation festgestellt werden. Derart situationsgebundene Maßnahmen können inhaltlich niemals aus einer generellen Norm abgeleitet werden. Sie können deshalb auch nicht – wie es zur richterlichen Kontrolle notwendig

---

577 *Huber*, Reichsgewalt und Staatsgerichtshof, S. 11ff
578 *Huber*, Reichsgewalt und Staatsgerichtshof, S. 59
579 *Huber* (gezeichnet K. Fehling), Das Urteil des Staatsgerichtshofs, in: aaO, S. 986
580 *Huber*, Reichsgewalt und Staatsgerichtshof, S. 54ff
581 *Huber*, Reichsgewalt und Staatsgerichtshof, S. 9

gehört – an einer generellen Norm gemessen und danach gerechtfertigt oder verworfen werden."[582] *Hubers* Argumentation mit der Einmaligkeit der Lage, in der die Entscheidung getroffen werden musste, war Kern der Prozesstaktik der Reichsvertreter vor Gericht. Nur über die Anerkennung der Maßnahmen als politische Ermessensentscheidung, die lediglich auf Ermessensfehler überprüft werden durfte, konnte man die gerichtliche Nachprüfung verhindern. Eine Ermessensentscheidung des Reichspräsidenten war allerdings nur im Rahmen des Art. 48 Abs. 2 WRV allgemein anerkannt. Da dieser aber nicht als Rechtsgrundlage für die Maßnahmen des 20. Juli ausreichte, musste es den Reichsvertretern gelingen, einen untrennbaren Zusammenhang zwischen Art. 48 Abs. 1 und 2 WRV nachzuweisen.[583] Das Gericht hat diesen Zusammenhang verneint, korrigierte die gewaltsame Machtverschiebung in Preußen dennoch nicht. Damit symbolisierte es die Kapitulation der verfassungsrechtlichen vor der de-facto-Argumentation, das Versagen der Verfassungsgerichtsbarkeit vor der politischen Macht.[584] Das Urteil vom 25. Oktober 1932 trägt damit den staatsrechtlichen Makel, dass die Weimarer Verfassung auch mit den Mitteln des Rechtsstaates nicht mehr erfolgreich verteidigt werden konnte. Die salomonische Urteilsformulierung wurde zum Symbol eines nicht mehr entschlossenen Abwehrwillens gegen die Missachtung geltenden Rechts.

Über den konkreten Konflikt zwischen der Präsidialregierung *Papen* und der sozialdemokratisch geführten preußischen Regierung hinaus hatte *Hubers* Kritik am Staatsgerichtshof auch einen generellen staatsrechtlichen Hintergrund: Die durch den Reichspräsidenten ausgeübte, vom Parlament unabhängige Staatsgewalt, sollte nicht wieder durch ein Gericht überprüft werden. Denn über das Notverordnungsregime war gerade erst eine unabhängige, einheitliche Staatsgewalt entstanden, deren Wesen *Huber* in seinem Aufsatz „Obrigkeit und Volk"[585] ausführlich beschrieb. Gerade diese Stellung wäre wieder in Frage gestellt, stünde die Staatsgewalt unter gerichtlicher Kontrolle. Schon der Titel der Prozesskritik: „Reichsgewalt und Staatsgerichtshof" lässt erahnen, worin die wirkliche Problematik des Urteils bestand: „Wie jede andere staatliche Einrichtung muss er die politischen Grundentscheidungen der Reichsregierung anerkennen, wenn er nicht die Einheit des Ganzen sprengen will. Der Staatsgerichtshof hat nicht nur den Dualismus Reich - Preußen zu einem Trialismus von Reichsregierung – Reichskommissar - Preußischer Geschäftsregierung erweitert, sondern daneben noch den Staatsgerichtshof selbst als vierten Faktor der politischen Entschei-

[582] *Huber*, Reichsgewalt und Staatsgerichtshof, S. 64

[583] *Huber*, Deutsche Verfassungsgeschichte seit 1789 Bd. VII, S. 1123; *ders.*, Reichsgewalt und Staatsgerichtshof, S. 27ff

[584] *Walkenhaus*, Konservatives Staatsdenken, S. 97

[585] *Huber* (gezeichnet Friedrich Landeck), Obrigkeit und Volk, in: Deutsches Volkstum 14. Jg. (1932), S. 682-684

dungsgewalt gestellt. Nur dann aber wird das Deutsche Reich ein Staat und nicht ein bloßes Schemen sein, wenn die Unabhängigkeit und Unmittelbarkeit der Reichsgewalt sich gegenüber allen diesen Versuchen zur Mediatisierung des Reiches behauptet und durchsetzt."[586] *Hubers* Zielrichtung wird endgültig aufgedeckt, wenn man sich verdeutlicht, wie unterschiedlich seine Erwartungen gegenüber der Gerichtsbarkeit waren. Ging es darum, die Entscheidungen eines parlamentarischen Gesetzgebers über das richterliche Prüfungsrecht nachträglich überprüfen zu lassen, so forderte er dies ausdrücklich. Drohte von Seiten der Gerichte aber die Gefahr einer Kontrolle der Exekutive, so wurde das als unzulässige Einmischung in den Bereich der Staatsgewalt zurückgewiesen.

Huber sah die Einheit der Staatsgewalt aber nicht nur durch einen politischen Staatsgerichtshof zerstört. Auch seine weiteren Widersacher der Weimarer Zeit hatten ihren Anteil am Urteil und tauchten daher in „Reichsgewalt und Staatsgerichtshof" auf. So trug vor allem die „Front des Parteienbundesstaates"[587] erheblich zu dem Zustandekommen des Urteils bei.

Für *Huber* als Anhänger der Suprematie des Reiches musste das Urteil aber auch in anderer Hinsicht enttäuschend sein.[588] Denn in „Reichsgewalt und Staatsgerichtshof" ging es ihm nicht in erster Linie darum, die Gleichschaltung Preußens zu verteidigen. Diese bewertete *Huber* bemerkenswert realistisch als ein Vorspiel für die ebenso gewaltsame Gleichschaltung der Länder durch den Nationalsozialismus.[589] *Huber* beabsichtigte vor allem eine endgültige Lösung des seit 1919 schwelenden Dualismus zwischen Preußen und dem Reich. Seine Vorstellungen dazu orientierten sich bis 1933 an der *Bismarckschen* Reichsordnung. *Huber* forderte eine Hegemonie Preußens bei gleichzeitiger personaler und institutioneller Einheit mit dem Reich. Eine bloße Gleichschaltung war dagegen nicht in seinem Sinne.

IV. Verfassungsreform oder Verfassungsüberwindung ?

1. Die Verfassungsreformdiskussion der Weimarer Endzeit

Die Auseinandersetzungen um die Reform der Weimarer Reichsverfassung begannen nicht erst mit der Staatskrise des Jahres 1932.[590] Schon vor der Blockade

---

586 *Huber*, Reichsgewalt und Staatsgerichtshof, S. 71

587 *Huber*, Reichsgewalt und Staatsgerichtshof, S. 18ff

588 *Huber*, Carl Schmitt in der Reichskrise der Weimarer Endzeit, in: aaO, S. 45

589 Brief *Hubers* an *Schmitt* vom 23.07.1933. Nachlass Schmitt, Nordrhein-Westfälisches Hauptstaatsarchiv Düsseldorf, RW 265-6262

590 Von einer wirklichen Staatskrise sprach man seit dem Regierungswechsel von *Brüning* zu *Papen* im Juni 1932. Der Regierung *Papen* fehlte nicht nur eine eigene parlamentarische

des Verfassungsstaates stritten die verschiedenen politischen Lager um eine Umgestaltung der verfassungsrechtlichen Grundordnung. Nicht zuletzt der Kompromisscharakter der Weimarer Reichsverfassung hatte dazu geführt, dass ihr von Anfang an eine breite gesellschaftliche Akzeptanz fehlte. Innerhalb des Lagers der Verfassungskritiker muss aber zwischen zwei divergierenden Grundanliegen differenziert werden: Während die Forderungen der einen Gruppe lediglich auf die Vollendung der unvollendeten oder fehlerbehafteten Reichsverfassung gerichtet waren, hatte die andere Richtung weniger eine wirkliche Verfassungsreform als die Überwindung der Reichsverfassung zum Ziel.[591]

Die Inhalte der auf Verbesserung oder Ergänzung der Reichsverfassung gerichteten Reformvorschläge waren zunächst noch mehrheitlich von den politischen Problemen der Vorkriegszeit bestimmt. So sprach man über die Frage einer Zentralisierung oder Dezentralisierung von Kompetenzen, die Neugliederung des Reichsgebietes (Art. 18 WRV) und vor allem über die Beseitigung des Dualismus zwischen Preußen und dem Reich. Mit dem Zusammenbruch des parlamentarischen Systems schob sich dann aber die Frage der Regierbarkeit in den Vordergrund. Dabei ging es insbesondere um eine Stärkung der Exekutive, die nur mittels einer größeren Unabhängigkeit vom Parlament möglich erschien. Diskutiert wurden in diesem Zusammenhang Änderungen des Wahlrechts in Form einer Abkehr von dem reinen Verhältniswahlrecht, eine eindeutige Regelung des in Art. 54 WRV nur vage festgelegten Verhältnisses zwischen Regierung und Parlament und eine Neuordnung des Notverordnungsrechts der Exekutive.[592]

Während jene Reformvorschläge noch die Stabilisierung der Republik zum Ziel hatten, gewann Mitte der zwanziger Jahre eine neue Richtung der Verfassungskritik Einfluss. Diese suchte die Lösungen der staatsrechtlichen Probleme nicht mehr in einer Reform der bisherigen Verfassung, sondern forderte deren grundsätzliche Neuausrichtung. Ob mit den neuen Verfassungsvorstellungen auch die Staatsform der Republik zerstört werden sollte, ist nur schwer feststellbar. Die Weimarer Verfassung hatte selbst keine Systemgrenze festgelegt. Gemäß Art. 76 WRV war nach der damals herrschenden Ansicht jede Verfassungs-

---

Mehrheit, sondern sie fand auch keine Mehrheit, die bereit gewesen wäre, die Regierung zu tolerieren und auf ihr Vetorecht gegen die Notverordnungen des Reichspräsidenten zu verzichten. Der Reichstag zeigte sich nun vielmehr bereit, seine Rechte aus Art 54 S. 2 WRV und Art. 48 III S. 2 WRV auch anzuwenden. Der dauernde Einsatz der exekutiven Gegenrechte, die Auflösung des Reichstags und die Ausschreibung von Neuwahlen, verschärfter die Krise zusehends. Der Verfassungsstaat war blockiert.

591 *Gusy*, Selbstmord oder Tod ? – Die Verfassungsreformdiskussion der Jahre 1930-1932, in: Zeitschrift für Politik Heft 1 (März 1993), S. 393-417 (393-398)

592 *Boldt*, Die Stellung von Parlament und Parteien in der Weimarer Reichsverfassung. Verfassungstheorie und Verfassungswirklichkeit, in: *Kolb/Mühlhausen* (Hrsg.): Parteien im Verfassungssystem der Weimarer Republik, S. 19-58 (38); *Gusy*, Die Weimarer Reichsverfassung, S. 448f

änderung erlaubt, solange sie sich an die in Art. 76 WRV festgelegte Mehrheitsqualifikation hielt. Vollzog sich eine Änderung außerhalb des formell vorgesehenen Verfahrens, war die Bestimmung einer verfassungsimmanenten Grenze noch umstrittener.

Diese neuen, im weitesten Sinne aus den Reihen der „Konservativen Revolution“ stammenden Verfassungsideen, fanden ihre Rechtsfertigung regelmäßig aus einer Gegenüberstellung der großen Ideale der Vergangenheit mit der krisenhaften Realität der Gegenwart. Eine solche Konfrontation führte fast selbstverständlich zur Erkenntnis von der Überlegenheit der Idee über die Wirklichkeit. Daraus folgte ein streng eindimensionales antithetisches Denken: Als neue Grundkategorien wandten sich „Dynamik“ gegen „Erstarrung“, „neu“ gegen „alt“, „Bewegung“ gegen „Stillstand“ und „heroisch“ gegen “bürgerlich“. Ergebnis des Vergleiches von Idee und Wirklichkeit war ein beklagenswerter realer Staat, dem ein idealer „wahrer Staat“ gegenüberstand.[593] Eben jener „wahre Staat“ war der geistige Gegenpol zum „Scheinstaat“ von Weimar.[594]

Während der traditionelle, parteigebundene Konservativismus aufgrund einer solchen Bestandsaufnahme Reformvorhaben entwickelte, die sich fast ausschließlich an dem vergangenen Bismarck-Reich orientierten, schwebte den Jungkonservativen der „Konservativen Revolution“ ein Staat vor, den es in dieser Form in der Geschichte noch nicht gegeben hatte. Ihre Ideen vom „Ständestaat“, dem „autoritären“, „totalen“ oder gar „neuen Staat“ hatten ihre Attraktivität darin, dass aus ihnen kaum klare Vorstellungen ableitbar waren. Sie blieben weitestgehend abstrakt, man wusste eher was man ablehnte, als was man tatsächlich wollte. Konkret und damit kritisierbar war dagegen die politische Wirklichkeit, die Weimarer Reichsverfassung.[595] Neben allen Unterschieden im Detail lassen sich die Forderungen jener Autoren in drei Grundelementen zusammenfassen: Erstes Anliegen war die Herstellung bzw. Erhöhung staatlicher Handlungsfähigkeit durch das Phänomen der „Autorität“ bzw. „Führung“. Sekundäres Ziel war die Herstellung eines neuen Verhältnisses zwischen Staat und Gesellschaft. Dritte komplementäre Forderung war die Herstellung einer neuen Staatsordnung.[596]

---

[593] *Gusy*, Selbstmord oder Tod ?, in: aaO, S. 398ff

[594] Siehe dazu v.a.: *Sontheimer*, Antidemokratisches Denken in der Weimarer Republik, S. 192ff

[595] *Knoll*, Der autoritäre Staat – Konservative Ideologie und Staatstheorie am Ende der Weimarer Republik, in: *Schumann* (Hrsg.), Konservativismus, S. 224-243 (224-227); *Gusy*, Selbstmord oder Tod ?, in: aaO, S. 401

[596] *Gusy*, Die Weimarer Reichsverfassung, S. 452

2. Die Verwirklichung der Verfassungsänderungen

Verfassungsänderungen erfolgten gemäß Art. 76 WRV „im Wege der Gesetzgebung". Die Verfassungsreform, die 1932 den letzten legalen Ausweg aus der Krise versprach, war folglich gerade dem Staatsorgan anvertraut, das seine verfassungsrechtliche Funktion nur noch in negativer Hinsicht ausüben konnte und auf diese Weise die gesamte Staatsleitung blockierte. Die Umstände, die zu einer Unregierbarkeit der Weimarer Republik geführt hatten, verhinderten demnach gleichzeitig die Lösung des Problems. Auf legalem Weg konnte eine Verfassungsänderung daher nur noch erfolgen, wenn sie zumindest aus den Regelungen der Reichsverfassung legitimierbar war. Jede andere Umsetzung hätte Verfassungsbruch, Staatsstreich oder Revolution bedeutet. Die in der staatsrechtlichen Literatur des Jahres 1932 zur Lösung der Staatskrise vertretenen Grundpositionen lassen sich mit Hilfe der Schlagworte „Verfassungserfüllung, Verfassungsbewahrung und Verfassungsauflösung"[597] zusammenfassen.

Die positivistische Staatsrechtslehre konnte in ihrer methodologischen Beschränkung nur auf das in der Reichsverfassung vorgesehene Instrumentarium verweisen und musste konsequenterweise alle anderen Lösungen als Verfassungsbruch verwerfen. Die Tatsache, dass der Weg über Art. 76 WRV ungangbar geworden war, blieb für sie juristisch bedeutungslos. Auch Art. 48 Abs. 2 WRV bot den Positivisten keinen Ausweg, da die Notstandsregelung nicht zu Verfassungsänderungen ermächtigte.[598] Ihr selbstgewählter Anspruch, den Wortlaut der Verfassung erfüllen zu wollen, führte für sie schließlich dazu, vor der Staatskrise juristisch kapitulieren zu müssen.

Einen über den Verfassungswortlaut hinausgehenden Ansatz, der aber an dem Ziel der Verfassungsbewahrung festhielt, schlug *Johannes Heckel* in einem im Oktober 1932 erschienenen Aufsatz vor.[599] *Heckels* Lehre vom ungeschriebenen Staatsnotrecht lag die Annahme zugrunde, Art. 48 Abs. 2 WRV biete nur Abhilfe gegen Störungen der Verfassung „von außen", nicht dagegen gegen ihre Erosion „von innen". *Heckel* bezeichnete Fälle, in denen die Staatstätigkeit nicht extern durch Krieg oder Aufruhr, sondern intern durch die Staatsorgane selbst beeinträchtigt wurde, als Verfassungsstörung. Führten diese zu einer durch die Regelungen der Verfassung nicht mehr behebbaren Behinderung der Arbeit eines Verfassungsorgans, trat für *Heckel* ein Verfassungsnotstand ein, der die noch handlungsfähigen Staatsorgane zu außerordentlichen, in der Verfassung

---

[597] *Grimm*, Verfassungserfüllung – Verfassungsbewahrung – Verfassungsauflösung. Positionen der Staatsrechtslehre in der Staatskrise der Weimarer Republik, in: *Winkler* (Hrsg.), Die deutsche Staatskrise 1930-1933: Handlungsspielräume und Alternativen, S. 183-199 (186)

[598] *Anschütz*, Die Verfassung des Deutschen Reiches vom 11. August 1919, S. 279

[599] *Heckel*, Diktatur, Notverordnungsrecht, Verfassungsnotstand mit besonderer Rücksicht auf das Budgetrecht, in: AöR Bd. 61 (1932), S. 257-338

nicht vorgesehenen Maßnahmen berechtigte und verpflichtete. *Heckel* billigte den aktionsfähigen Staatsorganen aber keine unbegrenzte Handlungsermächtigung zu. Sie sollten trotz ihrer extrakonstitutionellen Befugnisse an die Verfassung gebunden bleiben. Auch im Verfassungsnotstand durften die Staatsorgane nur so vorgehen, dass der „politische Gesamtzweck der Verfassung" trotz der abnormalen Lage in Anpassung an sie erreicht wurde: „Durch seine Verfassungsintention unterscheidet sich die Notstandsaktion von dem Verfassungsbruch und im besonderen von dem Staatsstreich".[600] Damit waren für *Heckel* Notstandshandlungen, obwohl sie geltendes Verfassungsrecht außer Acht ließen, nicht verfassungswidrig. Zu diesem Ergebnis gelangte *Heckel* durch eine der positivistischen Staatsrechtslehre nicht zugängliche, auch von *Huber* vertretenen, Differenzierung zwischen den einzelnen Vorschriften des Verfassungsgesetzes und der Verfassung in ihrer Gesamtheit.

Um Notstandshandlungen auch in die geschriebene Verfassung einzubinden, forderte *Heckel*, dass man sich ausdrücklich auf den Verfassungsnotstand berufen müsse und die Maßnahme einer nachträglichen Anerkennung durch das grundsätzlich zuständige Verfassungsorgan bedürfe.[601] Bezogen auf die Staatskrise des Sommers 1932 hatte *Heckels* Lehre folgende Wirkung: Aufgrund des Verfassungsnotstands sollte der Reichspräsident befugt sein, die Verfassung zu ändern, musste sie dann aber dem Volk als Verfassungsgesetzgeber zur Abstimmung vorlegen: „Das Festhalten an dieser Legitimitätsgrundlage ist die absolute Schranke jeder Verfassungsänderung im Rahmen der Demokratie."[602]

Huber beschäftigte sich intensiv mit *Heckels* Lehre vom Verfassungsnotstand, verwarf sie aber wegen ihrer Nähe zur Weimarer Verfassung. Da *Huber* die von *Schmitt* etablierte Aufteilung der Reichsverfassung in ihre zwei Hauptteile, von denen nur noch der zweite verbindlich sei, rezipiert hatte, war für ihn das Legalitätserfordernis mit dem parlamentarischen Gesetzgebungsstaat untergegangen. Seine Rechtstreue galt fortan nur noch dem legitimen Kern der Rechtsordnung.[603] Damit fiel die verbleibende Bindung an das bestehende Verfassungsrecht, aus der die Notstandsaktion ihre Rechtmäßigkeit bezog, bei *Huber* erheblich schwächer aus als bei *Heckel*. Für *Huber* war deshalb auch jede nachträgliche Anerkennung durch die verfassungsgemäßen Staatsorgane obsolet. Nur die durch die konkrete Verfassungslage bestimmte Legitimität entschied darüber, welche Maßnahmen verfassungsgemäß waren oder nicht.

---

[600] *Heckel*, Diktatur, Notverordnungsrecht, Verfassungsnotstand mit besonderer Rücksicht auf das Budgetrecht, in: aaO, S. 311

[601] *Grimm*, Verfassungserfüllung – Verfassungsbewahrung – Verfassungsauflösung, Positionen der Staatsrechtslehre in der Staatskrise der Weimarer Republik, in: aaO, S. 192

[602] *Heckel*, Diktatur, Notverordnungsrecht, Verfassungsnotstand mit besonderer Rücksicht auf das Budgetrecht, in: aaO, S. 317

[603] Siehe dazu *Hubers* Ausführungen im Rahmen der Weimarer Verfassungsdiskussion auf den Seiten 109-111 dieser Arbeit.

Durch diese weitestgehende Loslösung von den Vorgaben der Weimarer Reichsverfassung verschaffte *Huber* der Politik die Freiheit, die sie benötigte, um die Staatsgewalt unter Berufung auf das Staatsnotrecht neu zu formieren. Seine Bereitschaft, wesentliche Verfassungsorgane der Weimarer Republik zumindest vorübergehend, zugunsten einer gestärkten Exekutive preiszugeben, lässt daran zweifeln, ob es *Huber* noch um die Rettung der Weimarer Reichsverfassung oder nicht vielmehr um eine Verfassungsauflösung durch die Etablierung einer autoritären Ordnung ging. Denn für *Huber* wurde das wirkliche Problem, der arbeitsunfähige Reichstag, durch *Heckels* Ansatz nicht gelöst, da „immer ein Reichstag bestehen bleibt, dessen negative Beschlüsse und Proklamationen, auch wenn sie rechtlich als unwirksam behandelt werden, als gefährliche politische Demonstration wirken müssen."[604] Darüber hinaus ermöglichte die Lehre vom Verfassungsnotstand weder die wiederholte Auflösung des Parlaments aus dem gleichen Grund, noch die Verschiebung der Neuwahl über den Zeitraum von sechzig Tagen hinaus. Gerade jene Maßnahmen waren für *Huber* aber unverzichtbar, um die dauerhafte Lähmung der Regierung durch das Parlament aufzulösen. Noch deutlicher wurde *Huber*, wenn er feststellte, dass in dem Augenblick, in dem bei Wahlen nur noch arbeitsunfähige Reichstage zustande kommen, nicht nur das Parlament, sondern auch das Volk versagt. In einem solchen Extremfall stellte sich für *Huber* sogar die „Frage nach der geschichtlichen Rechtfertigung eines Handelns, das den Boden der Verfassung verlässt, um das Reich zu erhalten."[605]

Diese nur angedeuteten, aber noch nicht ausgesprochenen Lösungsversuche der Staatskrise werden allein durch die geschichtlichen Ereignisse, die *Hubers* Erwiderung auf *Heckels* Aufsatz zugrundelagen, verständlich. Sie entstand nach *Papens* missglückter Parlamentsauflösung und dem anschließend nicht mehr verhinderten Misstrauensvotum vom 12. September 1932. Im Zusammenhang mit jener Reichstagsauflösung sollte der so genannte „Erste Staatsnotplan" in Kraft treten, an dessen Konzeption *Huber* auf Bitten von *Carl Schmitt* mitgearbeitet hatte.[606] Dieser Notstandsplan sah neben der Auflösung des Reichstages die Verschiebung seiner Neuwahl über die verfassungsmäßige Frist von zwei Monaten hinaus auf unbestimmte Zeit vor. Weiterhin beabsichtigte man die Unterstellung der gesamten, den Ländern zugeordneten Polizeikräfte unter die oberste Befehlsgewalt des Reiches, und im Fall des Widerstands der radikalen Parteien auch deren Verbot und die Ausschaltung der Führungsorgane.[607] Die eigentliche Unvereinbarkeit mit dem positiven Recht lag in der unbefristeten

[604] *Huber* (gezeichnet Lothar Veeck), Verfassungsnotstand, in: Deutsches Volkstum 14. Jg. (1932), S. 983-984 (984)

[605] *Huber* (gezeichnet Lothar Veeck), Verfassungsnotstand, in: aaO, S. 984

[606] *Huber*, Carl Schmitt in der Reichskrise der Weimarer Endzeit, in: *Quaritsch* (Hrsg.), Complexio Oppositorum – Über Carl Schmitt, S. 39ff

[607] *Huber*, Carl Schmitt in der Reichskrise der Weimarer Endzeit, S. 41f

Verschiebung des Wahltermins. Sie war für *Huber* eine unverzichtbare Maßnahme, um eine neue Mehrheit im Parlament, und damit das Ende der Verfassungslähmung, zu erreichen. Damit verlangte *Huber* offensichtlich und im Gegensatz zu der nachträglich im siebten Band seiner „Deutschen Verfassungsgeschichte“[608] vertretenen Position keine Verfassungsbewahrung, sondern die Überwindung der Weimarer Reichsverfassung.

Hubers Schrift von 1932 kann aber auch nicht als Plädoyer für den Nationalsozialismus verstanden werden. Seine selbstgeäußerte Bereitschaft, die verfassungsmäßige Ordnung zu verlassen, diente vielmehr tatsächlich der Rettung des Präsidialsystems vor der Bedrohung durch politische Extremisten von rechts und links.[609] Es fällt allerdings auf, dass *Huber* nie von der Bewahrung der Demokratie oder der Weimarer Republik sprach, wenn er sich über die Möglichkeit der Rettung des Gemeinwesens äußerte. Für *Huber* war nur der Staat schlechthin erhaltenswert. Die Republik war dies, zumindest in der bis 1933 realisierten Form, nicht.

3. Hubers Konzeption des „Nationalen Volksstaates“

Wertet man *Hubers* während der Weimarer Republik verfassten Schriften aus, so entsteht das Bild eines autoritären Obrigkeitsstaates, der gleichzeitig die Konfrontation mit dem Volk überwinden sollte. In diese Richtung weist auch die von *Huber* gewählte, damals weit verbreitete Terminologie „Volksstaat“.[610] Obwohl genau jener Bezug zum Volk nach 1933 in kaum vorstellbarer Weise zur Machtergreifung und deren Missbrauch ausgenutzt wurde, war *Hubers* „Staat“ der letzten Weimarer Jahre keine Vorwegnahme nationalsozialistischer Vorstellungen. Er entsprach vielmehr, bei allen Unterschieden im Detail, dem unter dem Schlagwort „Neuer Staat“ von Reichskanzler *Papen* vertretenen Staatsaufbau. Die weitgehende Übereinstimmung ihres Programms, das *Huber* im Nachhinein als „Rekonstitutionalisierung“[611] des Reiches bezeichnete, verwundert nicht, war *Huber* 1932 doch unmittelbar an der gescheiterten Umsetzung der Verfassungspläne *Papens* beteiligt.

Den Kern der Vorhaben der Regierung *Papen* bildete eine Funktionsbeschränkung des Reichstages über eine Änderung des Art. 54 WRV und damit eine Beschneidung des Einflusses der politischen Parteien zugunsten der Regierung. Dazu plante man eine Reihe begleitender Maßnahmen, die einerseits das

---

[608] *Huber*, Deutsche Verfassungsgeschichte seit 1789 Bd. VII, S. 746, 1281

[609] Siehe dazu *Hubers* Bekenntnis in: *ders.*, Carl Schmitt in der Reichskrise der Weimarer Endzeit, in: *Quaritsch* (Hrsg.), Complexio Oppositorum – Über Carl Schmitt, S. 51-70 (57).

[610] Beispielhaft für viele andere Nachweise: *Huber*, Bedeutungswandel der Grundrechte, in: AöR N.F. Bd. 23 (1932/33), S. 1- 98 (89)

[611] *Huber*, Deutsche Verfassungsgeschichte seit 1789 Bd. VII, S. 743ff, 1006ff

Gewicht des Reichstags mindern, andererseits seine Fähigkeit zur Mehrheitsbildung erhöhen sollten. Genauer ging es dabei um die Einrichtung einer von Wahlen unabhängigen Parlamentskammer, sowie um die Einführung der Persönlichkeitswahl, die Anhebung des Wahlalters und ein erhöhtes Stimmgewicht für Familienväter.[612]

Soweit sich *Huber* Anfang der dreißiger Jahre zum Aufbau eines künftigen deutschen Staates geäußert hatte, lassen sich seine Vorstellungen mit Hilfe der einzelnen Komponenten autoritärer Staat, Verhältnis von Staat und Gesellschaft, Neutralität und Selbstverwaltung zusammenfassen. Im Anschluss daran soll nochmals auf das Verhältnis des von ihm geforderten autoritären Staates zu dem aufkommenden Nationalsozialismus eingegangen werden.

a. Autoritärer Staat

Die Idee eines autoritären Staates ruhte hauptsächlich auf der Herrschaftsspitze und der diese Herrschaft mittragenden Oberschicht. Eine autoritäre Regierung entrückt den gesellschaftlichen Interessenkonflikten, der Staat wird wieder als Gegensatz zu der Gesellschaft konstruiert. Der autoritäre Staat ist nicht durch regelmäßige Wahlen legitimiert, sondern entscheidet die in der Gesellschaft auftretenden Konflikte, ohne dabei von der Gesellschaft wirksam kontrolliert zu werden. Maßstab des Handels ist grundsätzlich das Gemeinwohl. Dieses wird jedoch nicht als Resultat der in der Gesellschaft wirkenden Interessen ermittelt, sondern vom Staat souverän bestimmt. Folglich will der autoritäre Staat das Volk wieder weitgehend entpolitisieren. Das Politische soll zur Domäne des Staates werden. Es wird zur Aufgabe der Politik, „jene letzte Instanz zu sein, die von sich aus ordnend und entscheidend die Mannigfaltigkeit und den Zwiespalt des Sozialen regelt, zur Einheit bindet und für die Existenz dieser Einheit eintritt."[613]

In Übereinstimmung mit diesen Grundprinzipien eines autoritären Staates forderte *Huber* zunächst die Stärkung der Exekutive, damit sich jene aus der Abhängigkeit und Kontrolle durch das Parlament befreien konnte. Um das zu erreichen, waren für ihn aber alle Bestrebungen, das System der Präsidialregierungen auf unbestimmte Zeit fortzusetzen, unzureichend. Denn eine bloße Übertragung der Regierungs- und Repräsentationsaufgaben auf den Reichspräsidenten konnte die Krise des Parlamentarismus und damit der Weimarer Demokratie nicht beenden. Ziel aller Verfassungsdiskussionen musste es vielmehr sein, das Verhältnis zwischen Regierung und Parlament grundlegend neu zu bestimmen.[614] Obwohl *Huber* dabei immer wieder forderte, die Regierung zu einem

---

612 *Grimm*, Verfassungserfüllung – Verfassungsbewahrung – Verfassungsauflösung. Positionen der Staatsrechtslehre in der Staatskrise der Weimarer Republik, in: aaO, S.185

613 *Ziegler*, Autoritärer oder Totaler Staat ?, S. 28

614 *Huber* (unter dem Pseudonym Manfred Wild), Repräsentation, in: aaO, S. 547

selbständigen Träger der obersten politischen Leitung zu machen, wandte er sich gleichzeitig gegen Bestrebungen, das Parlament dauerhaft seiner Funktion zu berauben. Eine vorübergehende Ausschaltung ließe sich danach vor dem Hintergrund der aktuellen Reichskrise rechtfertigen, „auf Dauer wird jede Verfassungsform eine oberste `Repräsentativ-Versammlung`(auch in Form einer Doppelkammer) mit einem bestimmten Maß politischer Einflussrechte einrichten müssen.“[615]

Als Ergebnis der von *Huber* entwickelten Neuordnung stand ein durch Volkswahl legitimierter Reichspräsident an der Spitze der Staatshierarchie. Er und die Reichsregierung waren im autoritären Staat aber nicht mehr nur Vollstrecker des Volkswillens, sondern hatten ihre eigene Würde und eine unmittelbare Rechtfertigung. Sie besaßen eine durch das Volk nicht kontrollierbare Obrigkeitsstellung, welche mit demokratischen Prinzipien unvereinbar war. Damit stützte *Huber* die Position der neuen Exekutive auf Metaphysik und Irrationalität, Motive, die von der liberalen Staatslehre bewusst aus dem Staatsgedanken ausgeklammert worden waren.

Als Hintergrund jenes irrationalen Legitimationsansatzes erscheint wiederum das intellektuelle Umfeld der konservativen Geistesbewegung, die von der demokratischen Staatslehre als einer „Staatslehre ohne Staat“[616] sprach. Ihrer Ansicht nach konnte nur eine charismatische Herrschaftsform mit ihren irrationalen und emotionalen Beiwerten ein echtes, d.h. personales Vertrauensverhältnis zwischen Herrscher und Beherrschten herstellen. In Anlehnung an die von *Carl Schmitt* vertretene Lehre von auctoritas und potestas sollte Herrschaft für *Huber* daher nur noch auf zwei Komponenten gegründet sein, auf die auctoritas des Reichspräsidenten und die potestas des Reichskanzlers.[617] Allein der Reichspräsident und die Reichsregierung sollten in Zukunft die Geschicke des Staates selbständig und unabhängig lenken.[618] Im Gegensatz dazu stellte *Hans Zehrer* die Theorie auf, dass im Staat drei Elemente miteinander in positive Beziehung gebracht sein müssten. Neben auctoritas und potestas sollte der Volkswille erforderlich sein, aus dem sich die beiden anderen Herrschaftselemente ableiteten.[619] Eine solche Legitimierung aus „irgendeinem Willen“ lehnte *Huber* je-

---

[615] *Huber* (unter dem Pseudonym Manfred Wild), Repräsentation, in: aaO, S. 547

[616] *Knoll*, Der autoritäre Staat, in: aaO, S. 234

[617] Danach entsprechen der notwendigerweise immer nur wirklichen Macht Begriffe wie Souveränität und Majestät. Autorität dagegen bezeichnet ein wesentlich auf dem Moment der Kontinuität beruhendes Ansehen und enthält eine Bezugnahme auf Tradition und Dauer. Beides, potestas und auctoritas, sind danach in jedem Staat nebeneinander wirksam und lebendig (*Schmitt*, Verfassungslehre (3. Aufl. 1957), S. 75).

[618] *Huber* (gezeichnet Friedrich Landeck), Obrigkeit und Volk, in: Deutsches Volkstum 14. Jg. (1932), S. 682-684 (683f)

[619] *Zehrer*, Revolution und Restauration, in: Die Tat, Augustheft 1932 (24. Jahrgang); *Hans Zehrer* war selbst Herausgeber der Zeitschrift „Die Tat“, der auflagenstärksten politischen

doch strikt ab, da die Herrschaftsgewalt ihre Rechtfertigung „aus einer höheren metaphysischen Wirklichkeit hat."[620] *Hubers* Ziel war demnach zunächst eine autoritäre, überparteiliche Staatsspitze, gegenüber der das Parlament die für eine Demokratie typischen Kontrollrechte nicht mehr besitzen sollte. Der später auch bei *Huber* an Bedeutung gewinnende Volksgedanke wurde bis 1933 noch weitgehend negiert.

Huber begründete sein Konzept des autoritären Obrigkeitsstaates nicht nur mit dem Versagen des Parlamentarismus, sondern zusätzlich mit nationalen Unterschieden zwischen den europäischen Verfassungstraditionen. Für ihn war das Wesen der Volkssouveränität mit der deutschen Verfassungstheorie nicht vereinbar. Zwar habe sie das französische, von *Jean-Jacques Rousseau* entworfene Formprinzip angenommen, doch die eigentliche Aufgabe der deutschen Verfassungstheorie sah *Huber* darin, „diese französische Dogmatik zu überwinden und das dem deutschen Verfassungssystem eigentümliche Zusammenspiel von Obrigkeit und Volk begrifflich fassbar zu machen."[621] Nur so sah *Huber* Deutschland zur Idee des wahren Staates gelangen, dem Staatsideal, das dem deutschen Volk entsprach. Nicht zu leugnende Konsequenz eines solchen autoritären Staates war, dass die Idee der Volkssouveränität geschichtlich wieder rückgängig gemacht werden sollte, denn der Gedanke des autoritären Staates war vergangenheitsbezogen. Er entsprach einer feudalistischen Gesellschaftsverfassung.

Neben einer aus Reichspräsident und Reichsregierung gebildeten Exekutive sahen die allgemein diskutierten Verfassungspläne auch Vertretungsorgane des Reiches vor. Jene sollten in Abwandlung von der Weimarer Reichsverfassung in einem neuartigen Zweikammersystem organisiert sein. Zu einer ersten Kammer, die nach Art des Reichstags zusammengesetzt war, trat eine zweite, das so genannte Oberhaus, das die Ländervertreter und die Vertreter der Berufsverbände[622] umfassen sollte. Eine berufsständische Kammer berücksichtigte dabei die

Zeitschrift der Weimarer Republik mit rund 30.000 Exemplaren im Jahr 1932 (*Sontheimer*, Antidemokratisches Denken, S. 33f).

620 *Huber* (gezeichnet Friedrich Landeck), Obrigkeit und Volk, in: aaO, S. 683

621 *Huber* (gezeichnet Friedrich Landeck), Obrigkeit und Volk, in: aaO, S. 682f

622 Voraussetzung für einen Ausbau der Berufsverbände zu einer berufsständischen Verfassungsordnung war deren Einordnung in den Staat durch Erhebung der Berufsverbände zu Körperschaften des öffentlichen Rechts. *Huber* sprach nicht immer speziell von einer Kammer der Berufsverbände, sondern allgemein der Korporationen, da er diese Vertretung nicht auf die Berufsstände beschränkt wissen wollte. Diese Kammer sollte daher auch Vertretern anderer Körperschaften offenstehen (*Huber*, Die Berufsverbände und der Staat, in: Deutsches Volkstum 14. Jg. (1932), S. 953-958).

verbreitete Forderung nach einer zweiten, nicht volksgewählten Kammer als Gegengewicht zu der Herrschaft des Parlaments.[623]

Huber griff die Bestrebungen, das Parlament als Volksvertretung durch eine zweite Kammer ergänzen zu lassen, in seinen Verfassungsentwürfen auf[624], ohne dass ein solches Doppelkammersystem für ihn von besonderer Bedeutung war. Im Gegensatz zu anderen konservativen Autoren erkannte *Huber* die Sinnlosigkeit einer zusätzlichen Repräsentation des Volkes, die allein auf Berufsgruppen beschränkt war. Denn die konservative Flucht zum berufsständischen Gedanken bedeutete nicht mehr als einen Rückzug in das ausgehende 19. Jahrhundert, als berufsständische Gliederungen noch in etwa zu unterscheiden waren. Alle derartigen Versuche erwiesen sich mit der Ausweitung der Industrialisierung und der damit verbundenen Spezialisierung als unrealistisch. *Max Weber* hatte die Theorie einer berufsständischen Vertretung daher schon zu Beginn der Weimarer Republik aus seiner Analyse des Gesellschaftsbefunds verworfen.[625] *Huber* hielt zwar an der Idee einer zweiten, nicht gewählten Kammer fest, wollte diese aber generell auf „Körperschaftsvertreter" und damit auf den gesamten Bereich der existierenden, oder noch zu etablierenden Körperschaften ausdehnen.[626] Darüber hinaus kritisierte *Huber* an anderen Entwürfen auch die Vereinigung von territorialen und ständischen Vertretern in einer Kammer. *Huber* forderte, dass der Reichsrat noch so lange als selbständige Einrichtung erhalten bleiben müsse, wie die bundesstaatliche Struktur des Reiches verfassungsrechtliche Realität war. Konsequenterweise sah *Hubers* Konzeption drei verschiedene Vertretungsorgane des Volkes vor, den Reichstag, den Reichsrat und ein Haus der Korporationen.[627]

Auch über die Zusammensetzung einer anders als durch Wahl bestimmten Vertretungskammer machte sich *Huber* Gedanken. Nicht „Honoratiorenversammlung" alten Stiles sollte sie sein, sondern ein Repräsentationsorgan des in sich gegliederten Volkes, das „Männer, die sich um das Reich verdient gemacht haben und die das Vertrauen des Reichspräsidenten genießen,"[628] umfasste. Damit beschränkte sich die von *Huber* vorgeschlagene Integration der Berufsstände in die Verfassung auf ein Präsentationsrecht in einem Oberhaus. Verworfen wurden die ebenfalls erwogenen Alternativen, den Berufsverbänden entweder

[623] *Ritter*, Politische Repräsentation durch Berufsstände – Konzepte und Realitäten in Deutschland 1871-1933, in: Pyta; Richter (Hrsg.), Gestaltungskraft des Politischen, Festschrift für Eberhard Kolb, S. 261-280 (276).

[624] *Huber*, Die Berufsverbände und der Staat, in: aaO, S. 957f; *ders.*, Selbstverwaltung und Verfassungsaufbau, in: DJZ 38. Jg. (1933), Sp. 209-215 (213ff).

[625] *Knoll*, Der autoritäre Staat, in: aaO, S. 233f

[626] *Knoll*, Der autoritäre Staat, in: aaO, S. 238

[627] *Huber*, Selbstverwaltung und Verfassungsaufbau, in: aaO, Sp. 209-215 (214)

[628] *Huber*, Die Berufsverbände und der Staat, in: aaO, S. 958

das Wahlrecht zu einem besonderen Wirtschaftsparlament zu geben oder ihnen ein Vorschlagsrecht für die Wahl zum Reichstag einzuräumen. Ersteres lehnte *Huber* ab, da es für ihn keine Wirtschaftspolitik gab, die von der Gesamtpolitik getrennt werden konnte. Eine solche Teilung von Zuständigkeiten widerspräche gerade seiner Intention, die Wirtschaftsvertreter in den Staat zu integrieren. Das Vorschlagsrecht für den Reichstag bedeutete dagegen eine Anerkennung der Privilegierung bestimmter Verbände, die im Parteienstaat durch das Vorschlagsmonopol der Parteien verkörpert wurde. Eine Fortführung dieser Verhältnisse wünschte *Huber* gerade nicht.[629]

Neben der Stärkung der Exekutive bestand das zweite Reformvorhaben zur Erleichterung der Regierbarkeit des Staates darin, das bisherige Wahlrecht zu ändern. Obwohl die Abschaffung oder zumindest die Modifizierung des Verhältniswahlrechts unter den Konservativen eine gängige Forderung darstellte, bezog *Huber* in diesem Punkt eine bemerkenswert eng an der Reichsverfassung orientierte Gegenposition. *Carl Schmitt* vertrat beispielsweise die Ansicht, der Rechtscharakter einer Wahl müsse unter zwei Gesichtspunkten gesehen werden. *Schmitt* unterschied zwischen einem individuellen Recht, das das allgemeine und gleiche Wahlrecht bedinge und dem Rechtscharakter der Wahl als öffentliche Funktion. Jener Rechtscharakter legte es für *Schmitt* nahe, die Entscheidung über das Wahlrecht nur einem entsprechend qualifizierten Wählerkreis zuzuweisen.[630] Solche Überlegungen, die im graduellen oder im pluralen Wahlverfahren ihre Ausprägung fanden, waren unvereinbar mit den Wahlrechtsgrundsätzen der Weimarer Reichsverfassung (Art. 22 WRV) und wurden von *Huber* verworfen. Auch die Wendung zum Mehrheitswahlrecht oder eine Anhebung der Sperrminoritäten lehnte *Huber* ab. Jede Wertung gegenüber Parteien als „nützlich" oder „schädlich" durch den Gesetzgeber war für ihn willkürlich und damit nicht mit Art. 109 Abs. 1 WRV vereinbar. Das Resultat einer solchen Reform bedeutete für *Huber* lediglich eine weitere Verkrustung des parlamentarischen Lebens, da kleine und junge Parteien an der Entwicklung gehindert wurden.[631] Eine Reform des Wahlrechts, um die parteimäßige Zersplitterung des Parlaments zu reduzieren, lehnte *Huber* daher bis zuletzt ab.

Erst als *Huber* in der Forderung nach einem autoritären Staat den einzig möglichen Ausweg aus der innenpolitischen Krise sah, wich auch er von den Garantien des Art. 22 WRV ab. *Huber* stellte von nun an das allgemeine Wahlrecht ganz in Frage, ohne dabei noch über einzelne inhaltliche Änderungen nachzudenken. Denn aufgrund der dauernden Arbeitsunfähigkeit der Reichstage hatte für ihn nicht zuletzt gerade das Volk versagt. Daher versprachen weitere Wahlen

[629] *Huber*, Die Berufsverbände und der Staat, in: aaO, S. 957f

[630] *Knoll*, Der autoritäre Staat, in: aaO, S. 236f

[631] *Huber* (unter dem Pseudonym Cassius), Die Gleichheit in der Verhältniswahl, in: Der Ring 3. Aufl. (1930), S. 65-67 (67)

zumindest vorübergehend keine Besserung, solange das Verhältnis von Regierung und Parlament keine grundlegende Änderung erfuhr.[632]

b. Das Verhältnis von Staat und Gesellschaft

Das Verhältnis von Staat und Gesellschaft war nicht nur ein wichtiger Bestandteil der Staatsphilosophie und der Soziologie, sondern auch ein umstrittener Gegenstand der Staatsrechtswissenschaft. Unterschiedliche Ansätze in dieser Frage waren meist Ausdruck eines wechselnden Staatsverständnisses.[633] *Huber* grenzte auch hierbei seine Vorstellung vom „nationalen Volksstaat" gegen andere Staatsrechtler, darunter *Carl Schmitt*, eindeutig ab. *Schmitt* sah den aus dem Liberalismus stammenden Gegensatz von Staat und Gesellschaft durch die in der Demokratie erfolgte „Selbstorganisation der Gesellschaft"[634] aufgehoben. Alle bisher üblichen Gegenüberstellungen, die aufgrund der Unterscheidung von Staat und Gesellschaft auftraten, waren beendet, antithetische Trennungen wie Staat und Wirtschaft, Staat und Kultur usw. wurden gegenstandslos: „Die zum Staat gewordene Gesellschaft wird ein Wirtschaftsstaat, Kulturstaat, Fürsorgestaat, Wohlfahrtsstaat, Versorgungsstaat; der zur Selbstorganisation der Gesellschaft gewordene, demnach von ihr in der Sache nicht mehr zu trennende Staat ergreift alles Gesellschaftliche, d.h. alles, was das Zusammenleben der Menschen angeht. In ihm gibt es kein Gebiet mehr, demgegenüber der Staat unbedingte Neutralität im Sinne der Nichtintervention beobachten könnte."[635] Durch jene Entwicklung wurde für *Schmitt* der „totale Staat" zur Realität.[636] Diese 1931 getroffene Feststellung eines „totalen Staates" konnte allerdings noch nicht dem starken Staat zugeordnet werden, sondern bebilderte einen Zustand der Schwäche.

Schmitt griff mit dem „totalen Staat" eine Formel *Ernst Jüngers* auf, die nicht weniger sein wollte, als eine Universalformel, ein Schlüssel zur Erklärung der modernen Welt, die totale Mobilmachung.[637] Danach war die totale Mobilma-

---

[632] *Huber* (gezeichnet Lothar Veeck), Verfassungsnotstand, in: aaO, S. 984; *ders.* (gezeichnet Friedrich Landeck), Obrigkeit und Volk, in: aaO, S. 684

[633] Siehe dazu die Ausführungen zum Staatsbegriff auf den Seiten 49-51 dieser Arbeit.

[634] *Schmitt*, Der Hüter der Verfassung, S. 78

[635] *Schmitt*, Der Hüter der Verfassung, S. 78f

[636] *Huber* (unter dem Pseudonym Friedrich Landeck), Staat und Gesellschaft, in: Deutsches Volkstum 14. Jg. (1932), S. 299-305 (300); *ders.* (unter dem Pseudonym Friedrich Landeck), Verfassung und Legalität, in: Deutsches Volkstum 14. Jg. (1932), S. 733-737 (734).

[637] *Hufeld*, Carl Schmitt und Ernst Jünger, in: NJW 2001 Heft 8, S. 565-571 (567); Bezugnahmen auf *Jünger* mit Namensnennung in: *Schmitt*, Der Hüter der Verfassung (1931), S. 79; *ders.*, Die Wendung zum totalen Staat (1931), in: *ders.*, Positionen und Begriffe (1940), S. 146-157 (152); *ders.*, Staatsgefüge und Zusammenbruch des zweiten Reiches. Der Sieg des Bürgers über den Soldaten (1934), S. 32; *ders.*, Totaler Feind, totaler Krieg, totaler Staat (1937), in: *ders.*, Positionen und Begriffe (1940), S. 235-239 (235)

chung „in Krieg und Frieden" Maßnahme des organisatorischen Denkens im Zeitalter der Massen und Maschinen[638] und drang „bis ins innere Mark", in das weit verzweigte und vielfach differenzierte „Stromnetz des modernen Staates."[639] Mit dieser Formel sah *Schmitt* die Brücke vom absoluten Staat des 17. und 18. Jahrhunderts, über den neutralen Staat des 19. Jahrhunderts, zum totalen Staat der Identität von Staat und Gesellschaft geschlagen.[640] Während der Weimarer Zeit war *Schmitts* Formel vom „totalen Staat" noch mehr politische Diagnostik als der konkrete Entwurf eines staatlichen Programms Dennoch visierte *Schmitt* bereits damals einen „totalen Staat" an, andernfalls hätte er die „Totalitätsformel" *Jüngers* nicht als Bild der Zukunft gefeiert. Dieser kommende „totale Staat" sollte jedoch keiner der Schwäche, sondern einer der Stärke sein.

Die Diskussion um den „totalen Staat" war Teil des Meinungsstreites um die richtige Staatsform des 20. Jahrhunderts. Danach gab es drei Ansätze, wie der zukünftige Staat aussehen sollte. Die Vertreter der liberal-demokratischen Staatsform wollten die bestehenden Verhältnisse reformieren, aber nicht grundlegend ändern. Die zweite Gruppe vertrat die Formel vom „totalen Staat". Abzugrenzen davon ist die dritte, ebenfalls anti-liberalistische Gruppierung, die den Ausweg aus der aktuellen staatsrechtlichen Krise in der Gestaltung eines autoritären Staates sah, der als Obrigkeitsstaat gerade auf dem Gegensatz von Staat und Gesellschaft aufbaute und seine Macht unabhängig vom Einfluss des Volkes ausübte.[641]

Für *Huber* war der „totale Staat" in der Weimarer Republik noch nicht verwirklicht, sondern der deutschen Art sogar wesensfremd und daher gar nicht wünschenswert.[642] Denn existierte bereits der totale Staat, so durfte es keine privaten, nichtstaatlichen Bereiche mehr geben. Die Folge wäre nicht nur ein Wandel zum Wirtschaftsstaat gewesen,[643] der „totale Staat" hätte sich auch gegen alle autonomen Lebensbereiche auf den Gebieten der Kultur und der Religion wenden müssen.[644] Genau das war für *Huber* aber kein Kriterium der Weimarer Verfassung. Der entscheidende Grundsatz der Staatsvorstellung, der den zweiten Hauptteil der Reichsverfassung kennzeichnete, war vielmehr, „daß er den Eigenwert der autonomen Lebensbereiche erkennt und anerkennt. . . Ihm genügt es, eine lebendige Übereinstimmung mit den Werten der Religion, der Kultur, der Wirtschaft herzustellen; selbst Religion, Kultur und Wirtschaft zu pflegen

638 *Jünger*, Die totale Mobilmachung, in: *ders.*, (Hrsg.), Krieg und Krieger (1930), S. 15f
639 *Jünger*, Die totale Mobilmachung, in: aaO, S. 14
640 *Schmitt*, Der Hüter der Verfassung, S. 79
641 *Ziegler*, Autoritärer oder Totaler Staat ?, S. 4ff
642 *Huber*, Verfassung und Legalität, in: aaO, S. 734
643 *Ziegler*, Autoritärer oder Totaler Staat ?, S. 24f
644 *Ziegler*, Autoritärer oder Totaler Staat ?, S. 6f

kann immer nur im beschränkten Maße, niemals grundsätzlich seine Sache sein."[645]

Huber begründete seine Ablehnung eines „totalen Staates" zusätzlich mit dem differenzierten deutschen Verständnis von „Nation". Während der französische Nationenbegriff seit der französischen Revolution die *Rousseausche* Lehre der Volkssouveränität und damit die Identität von Nation und Staat verwirklicht habe, konnte dies von der deutschen Nation nicht behauptet werden.[646] Für *Huber* beruhte der Begriff der deutschen Nation nicht auf einer „Identität von Regierenden und Regierten", sondern setzte die Unterscheidung von „Obrigkeit und Volk" voraus. Beide Faktoren fügten sich danach in Zuordnung zueinander, ohne den Gegensatz völlig aufzuheben.[647] *Huber* definierte die deutsche Nation daher als das „von politischem Einheitsbewusstsein getragene und in lebendiger Beziehung zum Staate stehende, aber inhaltlich gegliederte Volk."[648] Dabei stellte *Huber* auch den Bezug zu *Heinz O. Ziegler* und seiner Abhandlung „Autoritärer oder Totaler Staat"[649] her, der als Anhänger eines autoritären Staates ebenfalls den Unterschied zwischen der deutschen und französischen Demokratie unterstrich, und das Modell der Nationaldemokratie ablehnte.[650]

Eine absolute Einheit zwischen Staat und Gesellschaft sah *Huber* während der Weimarer Republik nur in der Despotie oder Anarchie verwirklicht. In jeder anderen Staatsform, also auch der Weimarer Demokratie, sei dagegen die Spannung zwischen Staat und Gesellschaft notwendig, da diese die geschichtlich notwendige Richtung vorgebe.[651] Auch in jenem Zusammenhang erwies sich *Huber* wieder als Anhänger *Hegels*, bedeutet doch jede Synthese nicht die restlose Aufhebung von These und Anti-These, hier also von Staat und Gesellschaft, sondern ein Verbinden und Erheben ursprünglicher Gegensätze auf eine neue, höhere Ebene. Das Ziel der Dialektik bestand hier in der Entfaltung eines dem Staat zugeordneten, aber doch von ihm geschiedenen gesellschaftlichen Aufbaus. Die Weimarer Republik war für *Huber* daher weder liberaler noch totaler Staat, sondern „nationaler Volksstaat."[652]

Damit lehnte *Huber* von den drei bei *Ziegler* aufgezeigten Staatsmodellen sowohl das der liberalen Demokratie als auch das des „totalen Staates" ab. *Huber* bekannte sich durch Unterstützung des autoritären Gedankengutes und Ab-

---

[645] *Huber*, Bedeutungswandel der Grundrechte, in: aaO, S. 90. Konkreter wurde *Huber* in seiner Ablehnung eines reinen Wirtschaftsstaates in: *ders.*, Das Deutsche Reich als Wirtschaftsstaat, Tübingen 1931

[646] *Huber*, Die Deutsche Nation, in: Deutsches Volkstum 14. Jg. (1932), S. 564-571 (566)

[647] *Huber*, Bedeutungswandel der Grundrechte, in: aaO, S. 88

[648] *Huber*, Die Deutsche Nation, in: aaO, S. 570

[649] *Ziegler*, Autoritärer oder Totaler Staat ?, Tübingen 1932

[650] *Huber*, Die Deutsche Nation, in: aaO, S. 570; Zu *Ziegler* auch: *Sontheimer*, Antidemokratisches Denken, S. 207f

[651] *Huber*, Das Deutsche Reich als Wirtschaftsstaat, S. 26f

[652] *Huber*, Bedeutungswandel der Grundrechte, in: aaO, S. 89

lehnung der vorbehaltlosen Identität von Staat und Gesellschaft als Anhänger des autoritären Staates und stellte sich in diesem Punkt gegen *Carl Schmitt*.[653]

c. Neutralität

Auch die staatliche Neutralität, die in ihrem klassischen Sinn[654] den Gegenbegriff zum „totalen Staat" verkörperte, fand im autoritären Staat *Ernst Rudolf Hubers* wieder ihre Bedeutung. Der neue Staat konnte für *Huber* allerdings nur noch dann neutral sein, wenn „Neutralität" zukünftig eine völlig neue Bedeutung erfährt, denn der „neutrale Staat" des Liberalismus hatte sich durch seine Erscheinungsformen der „Nicht-Intervention" und der „passiven Toleranz" selbst zur Disposition gestellt. Da sich der Staat danach in wichtige Sachgebiete wie Wirtschaft, Religion und Kultur überhaupt nicht mehr einmischen durfte, musste dieses Prinzip letztlich zu einer allgemeinen Neutralität gegenüber allen denkbaren Anschauungen und Problemen führen. Die klassische Neutralität fand für *Huber* ihren absurden Gipfel schließlich darin, dass der neutrale Staat des Liberalismus sich sogar seiner Verfassung gegenüber neutral verhielt.[655] In Zeiten eines arbeitsunfähigen Parlaments und einer Regierung, die ohne die Befugnisse des Reichspräsidenten nicht handlungsfähig war, konnte es für *Huber* eine solche Neutralität im Sinne liberalen Nichthandelns nicht mehr geben. Zukunftsfähig war nur eine positive Neutralität, die so genannte „Neutralität der unabhängigen Entscheidung". Sie stärkte die Exekutive, da sie staatliche Entscheidungen verlangte.[656] Zwar differenzierte auch *Schmitt* zwischen diesen beiden Formen und stellte dabei die grundsätzliche Existenz einer positiven Neutralität

---

[653] Ein indirektes Bekenntnis auch zum Begriff des „autoritären Staates" findet sich in „Das Gesetz über die Berufsverbände". Hier stellte *Huber* klar, dass sich seine Ausführungen über die Integration der Berufsverbände in das künftige Deutschland auf einen „überparteilichen, autoritären Staat" bezogen haben. Diese Überlegungen vom Herbst 1932 erklärte *Huber* im Frühjahr 1933 dann für überholt, da die Entwicklung seit dem Machtwechsel das Deutsche Reich zu einem „totalen Staat" gestalte (*Huber*, Das Gesetz über die Berufsverbände, in: Deutsches Volkstum 15. Jg. (1933), S. 333-339 (333). Die Rückschau bezog sich auf: *Huber*, Die Berufsverbände und der Staat, in: Deutsches Volkstum 14. Jg. (1932), S. 953-958

[654] Die klassische Neutralität war untrennbar mit dem Liberalismus des 19. Jahrhunderts verbunden. Sie äußerte sich durch verschiedene Formen und wurde von unterschiedlichen Repräsentanten dargestellt. *Carl Schmitt* hat über diese Neutralitätsformen zusammenfassend berichtet und ihre Gemeinsamkeit in der Gegnerschaft zum Parteienstaat gesehen. Dazu hielt *Carl Schmitt* im Zeitraum von Dezember 1928 bis Sommer 1929 Vorträge zu folgenden Themen: „Probleme der Demokratie" (Köln), „Das Fehlen eines pouvoir neutre in Deutschland" (Berlin) und „Die europäische Kultur im Zwischenstadium der Neutralisierung" (Barcelona). Zusammenfassend in: *ders.*, Der Hüter der Verfassung, S. 100-115

[655] *Schmitt*, Der Hüter der Verfassung, S. 111f; *Huber* (ungezeichnet), Die neutralen Mächte im modernen Staat, in: Der Ring 2. Jg (1929), S. 1001-1002 (1001). Siehe zu der Problematik des Art. 76 WRV die Seiten 88-91 dieser Arbeit.

[656] *Schmitt*, Der Hüter der Verfassung, S. 108

fest.[657] Letztlich musste er als Anhänger des „totalen Staates" aber zu dem Schluss kommen, dass Neutralität bei Annahme einer „Selbstorganisation der Gesellschaft"[658] keinen Platz mehr hatte.

Da *Ernst Rudolf Huber* während der Weimarer Republik den „totalen Staat" noch ablehnte, konnte er der Neutralität auch in dem von ihm unterstützten autoritären Staat eine Rolle anbieten. Voraussetzung für eine Übernahme der alten Figur der Neutralität war lediglich, dass sie sich mit dem autoritären Prinzip einer vom Volk unabhängig regierenden Obrigkeit vereinbaren ließ. Weil die neue Form der Neutralität aber den handelnden und entscheidenden Staat geradezu verlangte, lag die Aufnahme jenes Elementes auf der Hand. Der autoritäre Staat erhielt seine Neutralität nicht durch die im Liberalismus gängige Nichtintervention, sondern er war überlegener Dritter, der aktiv den Ausgleich zwischen den gegensätzlichen Gruppen und Interessen schuf und dadurch die Grundlagen der politischen Einheit des Volkes erhielt.[659] Genau in dieser gegenüber den gesellschaftlichen Gruppen bestehenden Neutralität erkannte *Huber* den großen Vorteil seines Staatsmodells. Denn durch die Politisierung aller sozialen Lebensbereiche verlor der totale Staat für ihn seine Eigenschaft, unabhängiges, herrschaftliches Entscheidungshandeln zu sein. Er war dann nicht selbständiger und richtungsgebender Dritter, sondern gab seine Personalität und die Unabhängigkeit der Herrschaft auf.[660]

Aus der Neutralität des Nichthandelns wurde damit eine Neutralität der unabhängigen Entscheidung. Beispielhaft lässt sich *Hubers* Neutralitätsverständnis an der neuen innenpolitischen Rolle des Reichspräsidenten während der letzten Jahre der Weimarer Republik nachzeichnen. War dieser ursprünglich noch „pouvoir neutre" im Sinne *Constants*,[661] also ein Organ das „herrscht, aber nicht regiert",[662] so wurde er von 1930 an zur zweiten Exekutivspitze der Weimarer Verfassung.

---

657 *Schmitt*, Der Hüter der Verfassung, S. 114f; *Huber* (ungezeichnet), Die neutralen Mächte im modernen Staat, in: aaO, S. 1002

658 *Schmitt*, Der Hüter der Verfassung, S. 78

659 *Huber*, Das Deutsche Reich als Wirtschaftsstaat, S. 28f

660 *Ziegler*, Autoritärer oder Totaler Staat ?, S. 20

661 *Benjamin Constant* sah das monarchische Staatsoberhaupt als höchste schiedsrichterliche Instanz über den einzelnen Gewalten im Staat, das selbst in seinen Rechten so begrenzt war, dass es seinerseits nicht die Möglichkeit besaß, alle staatliche Macht an sich zu ziehen (*Blasius*, Lorenz von Steins Lehre vom Königtum der sozialen Reform und ihre verfassungspolitischen Grundlagen, in: Der Staat 10 (1971), S. 33-51).

662 *Huber*, Deutsche Verfassungsgeschichte seit 1789 Bd. VI, S. 322

d. Selbstverwaltung

Das Prinzip der Selbstverwaltung knüpfte an eine Idee des *Freiherrn vom Stein* an. Danach sollte die Nation „ihre eigenen Geschäfte verwalten und durch die Entfaltung eines starken und gesunden Gemeindelebens die Grundlage für eine segensreiche Staatsgestaltung bilden."[663]

Mit annähernd der gleichen Argumentation nahm die Selbstverwaltung auch in den Planspielen der Verfechter eines autoritären Staates eine wichtige Rolle ein. Man hoffte, den Bürger auf diese Weise zu eigenständiger Tätigkeit in überschaubaren und verantwortbaren Bereichen führen zu können.[664] Denn als Ausgleich für den Verlust an politischer Mitbestimmung, den das Volk durch die Abkehr von der liberalen Demokratie hinnehmen musste, sollte es zumindest innerhalb seines eigenen Bereiches selbst tätig werden dürfen. Im Gegensatz dazu sah *Carl Schmitt* als Verfechter des „totalen Staates" auch für die Selbstverwaltung keine Zukunft, da eine eigenverantwortlich handelnde, vom Staat unterscheidbare Gesellschaft mit seinen Vorstellungen unvereinbar war. Denn durch die von ihm angenommene Selbstorganisation der Gesellschaft wurden „die Positionen der Selbstverwaltung von den gleichen Trägern des staatlichen Pluralismus besetzt, die auch die staatlichen Machtpositionen innehaben."[665] Aus *Schmitts* Sicht konnte es aufgrund der fehlenden Differenzierung zwischen Staat und Gesellschaft gar keine Selbstverwaltung mehr geben, da im totalen Staat das Verhältnis von Staatsaufsicht und Selbstverwaltung denknotwendig zerstört war.

Huber konnte sich als Anhänger autoritärer Staatsmodelle bei dem Entwurf des nationalen Volksstaates dagegen ganz auf das Prinzip der Selbstverwaltung stützen. In voller Übereinstimmung mit den historischen Vorläufern berief er sich bei seiner Konzeption ausdrücklich auf die Ausführungen *Lorenz von Steins* und des *Freiherrn vom Stein*,[666] rechtfertigte diese aber zusätzlich mit den Vorgaben der deutschen Geschichte. Zwingendes Prinzip des deutschen Nationenbegriffs war demnach, dass er auf einer vom Staat geschiedenen Gesellschaft aufbaute. Für *Huber* sprach das nicht nur gegen einen „totalen Staat", sondern er ließ die Selbstverwaltung als Grundlage eines Staatsaufbaus von unten folgerichtig erscheinen.[667]

Auch die Haltung *Schmitts*, dass jede Demokratie die Identität von Regierung und Regierten zur Voraussetzung habe, lehnte *Huber* mit einem Verweis auf

---

[663] *Huber*, Die Deutsche Nation, in: Deutsches Volkstum 14. Jg. (1932), S. 564-571 (570)

[664] *Sontheimer*, Antidemokratisches Denken, S. 203

[665] *Schmitt*, Der Hüter der Verfassung, S. 93

[666] *Huber*, Selbstverwaltung und Verfassungsaufbau, in: DJZ 38. Jg. (1933), S. 209-215 (209); *ders.*, Die Deutsche Nation, in: aaO, S. 570; *ders.*, Rechtsformen der wirtschaftlichen Selbstverwaltung, in: VerwArch Bd. 37 (1932), S. 301-367 (302f).

[667] *Huber*, Die Deutsche Nation, in: aaO, S. 570f

nationale Eigenarten ab. Denn aus dem unterschiedlichen Nationalverständnis ergebe sich ein zwischen Deutschland und Frankreich zu differenzierender Demokratiebegriff. So habe die deutsche Form der Demokratie keinen zentralistischen und egalitären Charakter, sondern sehe einen gegliederten, sich selbst verwaltenden Volksstaat vor.[668] Für *Huber* war dieser Volksstaat aufgrund seines autoritären Charakters antiliberal, aber nicht antidemokratisch.[669]

Um den neuen Staat auf der Basis einer umfassenden Selbstverwaltung aufbauen zu können, bedurfte es einer lückenlosen Ausdehnung ihrer rechtlichen Träger, der Körperschaften des öffentlichen Rechts. Infolgedessen hatten die Körperschaften in *Hubers* Volksstaat eine Doppelfunktion. Neben ihrer Bedeutung als zusätzliche Gewalt in einer korporativen Verfassungsordnung besaßen sie die weit wichtigere Aufgabe, im künftigen Verfassungsaufbau die integrative Funktion zwischen Staat und Gesellschaft zu übernehmen. Die Gesellschaft der Zukunft sollte zwar von der unabhängigen Obrigkeit geschieden, ihr aber dennoch zugeordnet sein. Diesen „Zwischenbereich zwischen dem unbedingt staatlichen und unbedingt privaten Raum“[670] nannte *Huber* „öffentliche Ordnung“[671]. Die öffentliche Ordnung wurde damit, in Abgrenzung zu der unmittelbar staatlichen Organisation (totaler Staat) einerseits und zu der unbedingten Freiheit (Liberalismus) andererseits, der Raum, in dem das Volk seinen Gegensatz zum Staat überwinden konnte, ohne seine Existenz aufzugeben. Mit Hilfe der miteinander korrelierenden Prinzipien Selbstverwaltung und Staatsaufsicht wurden dem in Körperschaften des öffentlichen Rechts organisierten Volk selbständige

---

[668] *Huber*, Selbstverwaltung und Verfassungsaufbau, in: aaO, Sp. 214f

[669] *Huber*, Bedeutungswandel der Grundrechte, in: aaO, S. 83
Die Etablierung eines eigenständigen Demokratiebegriffes war im Umfeld der „Konservativen Revolution“ durchaus verbreitet. Zwar lehnte man die liberal-demokratische und die parlamentarisch-demokratische Staatsform ab, dennoch vermied man deshalb nicht zwangsläufig das Bekenntnis zur Demokratie. Solange der antiliberale Demokratiebegriff ohne jeden spezifischen Inhalt war, konnte er alle Arten von antiliberalen Staatsformen decken (*Sontheimer*, Antidemokratisches Denken, S. 171). Dazu beschränkte man den so genannten „offenen Demokratiebegriff“ auf die Verwirklichung des Volkswillens. Dieser konnte sowohl vom autoritären Staat (Die Regierung handelt nur im Sinne des Gemeinwohles und verwirklicht den Willen des Volkes), als auch vom totalen Staat (Einheit von Regierung und Regierten, jede Handlung der Regierung ist daher Handlung des Volkes) verwirklicht werden. Ein Bekenntnis *Hubers* zur Demokratie erfolgte daher nur dann, wenn diese innerhalb einer neuen Staatsform verwirklicht werden sollte. Im Zusammenhang mit der Weimarer Republik lehnte *Huber* die Demokratie dagegen offen ab. So erklärte er die Demokratie im Verhältnis von Staat und Wirtschaft auch für unfähig, die Suprematie des Staates gegenüber der Wirtschaft geltend zu machen. Da dies aber nötig war, um nicht selbst von der Wirtschaft beherrscht zu werden, hatte das bestehende System keine Zukunft (*Huber* (unter dem Pseudonym Friedrich Schreyer), Demokratie und Wirtschaft, in: Der Ring 3. Jg. (1930), S. 323-325 (324f).

[670] *Huber*, Bedeutungswandel der Grundrechte, in: aaO, S. 85

[671] *Huber*, Das Deutsche Reich als Wirtschaftsstaat, S. 16; *ders.*, Bedeutungswandel der Grundrechte, in: aaO, S. 85; Siehe dazu auch S. 87f dieser Arbeit.

Lebensbereiche zugebilligt und zugleich seine Bindung an den Staat bewirkt. Das ehrgeizige Ziel des autoritären Staatsdenkens bestand letztlich darin, die gesamte Nation im Hinblick auf landschaftliche, konfessionelle, bündische und berufsständische Aspekte zu gliedern und über den Aufbau einer umfassenden Selbstverwaltung in den politischen Bereich einzubeziehen. Für den Fall, dass eine solche Einbindung und damit auch Kontrolle des Volkes gelungen war, konnte *Huber* dann auch großzügig das staatliche Ziel ausgeben, durch die Selbstverwaltung, „die natürlichen Formen und Einrichtungen des Volkes bestehen"[672] zu lassen.[673]

Als Beispiel für die Einbindung ursprünglich privater Bereiche in den Staat kann bei *Huber* insbesondere das für jeden Staat wichtige Verhältnis zu der Wirtschaft herangezogen werden. Denn aufgrund seiner wissenschaftlichen Beschäftigung im Wirtschaftsverwaltungsrecht erlangte die körperschaftliche Selbstverwaltung auf dem ökonomischen Sektor in *Hubers* Werk besondere Bedeutung.

Für *Huber* konnte die freie Wirtschaft des Liberalismus im Volksstaat keine Geltung mehr beanspruchen, da sie in der Vergangenheit die ihr überlassene Freiheit dazu genutzt habe, durch Begründung wirtschaftlicher Organisationen selbst ein Machtfaktor zu werden. Weil eine Herrschaftsausübung der Wirtschaft aber dem „Gewaltmonopol" des Staates widersprach, war die staatliche Intervention für *Huber* „selbstverständlicher Rechtsanspruch."[674] Um den Ordnungsanspruch des Staates gegen fiskalische und machtpolitische Interessen der freien Wirtschaft wieder durchzusetzen, erklärte *Huber* die Wirtschaft im zukünftigen Volksstaat zur öffentlichen Aufgabe und verlangte eine starke Interventionspolitik des Staates. Nur wenn dieser regulierend in wirtschaftliche Abläufe eingriff, konnte verhindert werden, dass es wirtschaftlichen Kräften gelang, „die Form des Staates zu sprengen und die Nation zu vernichten".[675] Genauso entschieden wie *Huber* den Interventionsstaat forderte, grenzte er den nationalen Volksstaat aber auch gegen einen reinen Wirtschaftsstaat ab. Oberstes Gesetz seines Staatsmodells war, dass die private Tätigkeit zwar kontrolliert, jedoch nicht aus-

[672] *Huber*, Bedeutungswandel der Grundrechte, in: aaO, S. 92

[673] *Huber* (unter dem Pseudonym Friedrich Schreyer), Politische Macht und ökonomisches Gesetz, in: Der Ring 3. Jg. (1930), S. 635-637 (636).

[674] *Huber*, Selbstverwaltung der Wirtschaft, in: Deutsches Volkstum 14. Jg. (1932), S. 883-889 (884); Zu den Aufgaben, die der Staat gegenüber der Wirtschaft hatte, äußerte sich *Huber* auch in: *ders.* (unter dem Pseudonym Friedrich Schreyer), Politische Macht und ökonomisches Gesetz, in: aaO, 635-637

[675] *Huber* (unter dem Pseudonym Friedrich Schreyer), Politische Macht und ökonomisches Gesetz, in: aaO, S. 636

geschaltet werden durfte, und die Verantwortlichkeit des wirtschaftlichen Führers grundsätzlich erhalten bleiben musste.[676]

Auch in der wirtschaftspolitischen Ausrichtung erweist sich der von *Huber* geforderte autoritäre Staat erneut als „dritter Weg“ zwischen dem totalen Staat (Wirtschaftsstaat) auf der einen und dem Liberalismus (unbegrenzte Wirtschaftsfreiheit) auf der anderen Seite. Den Vertretern eines Wirtschaftsstaates warf *Huber* vor, verkannt zu haben, „daß die Wirtschaft auch heute noch ein eigener und vom Staat geschiedener Lebensbereich ist und daß die Wirtschaftsführung keine unmittelbare Staatsaufgabe darstellt.“[677] *Huber* grenzte seine ökonomischen Vorstellungen mit solcher Kritik scharf von staatswirtschaftlichen Organisationsformen wie Staatssozialismus und Staatskapitalismus ab: Der Staatskapitalismus disqualifizierte sich für ihn, weil der Staat sich dabei der Methoden der freien Wirtschaft bediente, um im Wettbewerb gleichberechtigt auftreten zu können. Damit war auch er fiskalisch bestimmt und zielte in gleichem Maße nur auf Eigennutz. Dem Staatssozialismus billigte *Huber* zwar zu, dass er bestrebt war, sich aus dem Wettbewerb der freien Wirtschaft zu lösen und den Gemeinnutz in den Vordergrund zu stellen. Ihm wurden jedoch keine langfristigen Erfolgsaussichten zugetraut, da er mit Hilfe von Behörden oder Anstalten handelte und dabei elementare Grundregeln wirtschaftlicher Abläufe negierte. Zukunftsfähig war für *Huber* nur die Selbstverwaltung, in der sich der Staat auf die Kontrolle der unmittelbar handelnden Körperschaften durch Staatsaufsicht beschränkte und auf diese Weise eine grundsätzlich freie Wirtschaft tolerierte.[678]

Hubers Absicht, wirtschaftliche Ziele durch staatliche Aufsicht den Maßgaben und Bedürfnissen staatlicher Planung anzugleichen, gleichzeitig aber der Wirtschaft die Möglichkeit zu belassen, ihren ökonomischen Interessen möglichst gewinnbringend nachzukommen, konnte in dem herbeigesehnten Volksstaat daher nur mit dem Prinzip der körperschaftlichen Selbstverwaltung erreicht werden.

4. Der nationale Volksstaat und der Nationalsozialismus

Alle bis 1933 veröffentlichten Schriften weisen nicht auf eine besondere Sympathie *Hubers* gegenüber der NSDAP oder der nationalsozialistischen Ideologie hin. Auch seine eindeutige Stellungnahme zugunsten kleinerer Parteien, die in einem Aufsatz über die Problematik der Wahlrechtsreform erkennbar wird, kann

---

[676] *Huber* (unter dem Pseudonym Friedrich Schreyer), Politische Macht und ökonomisches Gesetz, in: aaO, S. 637

[677] *Huber*, Selbstverwaltung der Wirtschaft, in: aaO, S. 886

[678] *Huber*, Selbstverwaltung der Wirtschaft, in: aaO, S. 887

nicht als spezifische Parteinahme zugunsten der Nationalsozialisten verstanden werden. Zwar schloss die Verteidigung der kleinen Parteien zu diesem Zeitpunkt auch die NSDAP ein, weil der Aufsatz noch vor ihrem parlamentarischen Durchbruch, der September-Wahl des Jahres 1930, verfasst worden ist. Indem *Huber* die Tendenz zum Mehrheitswahlrecht als eine weitere „Verkalkung des parlamentarischen Lebens", da das „Entstehen junger Parteien" verhindert werde,[679] beurteilte, kritisierte er aber nur grundsätzlich die bestehenden Verhältnisse, die durch die vorgeschlagenen Reformen gefestigt würden. Darüber hinaus liegen nur einige Kurzartikel vor, in denen sich *Huber* überhaupt ausdrücklich mit dem Nationalsozialismus auseinander setzte. Auch eine Untersuchung dieser Aufsätze hilft bei der Ermittlung seiner persönlichen Einstellung nicht weiter:[680]

In „Nationalsozialismus und katholische Publizistik" ging *Huber* auf die Kritik des katholischen Zentrums gegenüber der im Parteiprogramm der NSDAP geforderten Unterordnung des Bekenntnisses unter Rasse und Staat ein und stellte die geäußerten Kritikpunkte ohne eine prononcierte Bewertung dar. Als persönliche Meinung wies er lediglich darauf hin, dass die Forderung des Nationalsozialismus, das Volk solle selbst zum Staat werden, also die Verwirklichung des totalen Staates, keine „Abkehr vom Staat", sondern eine „neue Staatswerdung"[681] bedeutete. Eine direkte Unterstützung der Forderung nach dem totalen Staat erfolgte aber auch hier nicht. In seiner Schrift „Sozialistische Deutung und Kritik des Nationalsozialismus" lehrte *Huber* die Kritik der politischen Linken (hier v.a. *Breitscheidt*, *Mierendorff*, *Heimann* und *Heller*) am Nationalsozialismus ab und betonte die „Unzulänglichkeit des soziologischen Ausgangspunktes"[682] Linksintellektueller an der NSDAP. Danach war es nicht zulässig, den Nationalsozialismus einfach auf „Dummheit und psychopatische Störungen"[683] zurückzuführen.

In dem Kurzartikel „Sozialrevolutionärer Nationalismus" vertrat *Huber* die Ansicht, dass der „revolutionäre Nationalismus" und „Nationalbolschewismus"

---

[679] *Huber* (unter dem Pseudonym Cassius), Die Gleichheit in der Verhältniswahl, in: Der Ring 3. Jg. (1930), S. 65-67 (67)

[680] *Huber* (gezeichnet Fr. Schr.), Nationalsozialismus und katholische Publizistik, in: Der Ring 4. Jg. (1931), S. 567-568; *ders.* (gezeichnet Fr. Schr.), Sozialistische Deutung und Kritik des Nationalsozialismus, in: Der Ring 4. Jg. (1931), S. 568-569; *ders.* (gezeichnet Fr. Schr.), Sozialrevolutionärer Nationalismus, in: Der Ring 4. Jg. (1931), S. 569; *ders.* (gezeichnet M. E.), Reich Gottes-Marxismus-Nationalsozialismus, in: Der Ring 4. Jg. (1931), S. 921; *ders.* (unter dem Pseudonym Friedrich Schreyer), Gewerkschaften, Betriebsräte und Faschismus, in: Der Ring 4. Jg. (1931), S. 561-563

[681] *Huber* (gezeichnet Fr. Schr.), Nationalsozialismus und katholische Publizistik, in: aaO, S. 568

[682] *Huber* (gezeichnet Fr. Schr.), Sozialistische Deutung und Kritik des Nationalsozialismus, in: aaO, S. 568

[683] Ebenda

als Verbindungslinie zwischen Nationalismus und Kommunismus im Entwicklungspotential des heraufziehenden Nationalsozialismus keine Zukunft haben könne. Der Versuch, extrem nationalistische Kräfte in die Front der revolutionären Linken einzugliedern, müsse zwangsläufig scheitern.[684] Bei der Veröffentlichung „Reich Gottes-Marxismus- Nationalsozialismus" handelt es sich um eine wenig tendenziöse Rekonstruktion der theologischen Kritik am Nationalsozialismus anhand verschiedener neuer Schriften.

In seinem Aufsatz „Gewerkschaften, Betriebsräte und Faschismus" beklagte sich *Huber* über die verhängnisvolle Stellung der Berufsvereinigungen in Deutschland. Diese zeichnete sich für ihn dadurch aus, dass der Staat die Berufsvereinigungen (Gewerkschaften und Arbeitgeberverbände) einerseits mit weitreichenden Befugnissen ausgestattet habe, sich aber andererseits jedes Einflusses auf die Verbände enthalte. Eine solche Zurückhaltung musste für *Huber* zwangsläufig dazu führen, dass die Berufsvereinigungen in Deutschland öffentliche Gewalt (Abschluss von Tarifverträgen) ausüben konnten, ohne dass sie selbst der Gesamtheit gegenüber Verantwortung übernehmen mussten. Als Konsequenz dieser Streitfrage erwartete *Huber*, dass der Kampf gegen die Machtstellung der Gewerkschaften Teil der Auseinandersetzung der Nationalsozialisten mit der Sozialdemokratie sein werde, da beide Konflikte in einem untrennbaren Zusammenhang stünden.

Um eigene Lösungsvorschläge zu entwickeln, verglich *Huber* die deutschen Verhältnisse mit denen im faschistischen Italien, lehnte eine Lösung des Problems durch die Übernahme der italienischen Prinzipien aber ab. Auch bei der Frage, wie man die Macht der Berufsvereinigungen brechen könne, bevorzugte *Huber* seine Wunschkonstruktion der Selbstverwaltung. So sollten die Berufsvereinigungen ebenfalls zu Körperschaften des öffentlichen Rechts weiterentwickelt und damit in den Staat eingebaut werden, um auf diese Weise wieder den Verlust der rein privaten Stellung, und damit eine staatliche Kontrolle, zu erreichen. *Huber* schloss den Aufsatz mit der Bemerkung: „Ob der Nationalsozialismus seine Aufgabe in diesem Sinne verstehen und ob er zu ihrer Erfüllung die nötige Einsicht und Kraft besitzen wird, ist eine Frage, auf die heute zu antworten müßig sein müsste."[685] Aus dieser Äußerung wird ersichtlich, dass *Huber* schon 1931 in den Nationalsozialisten die einzig neue Kraft unter den damaligen parlamentarischen Parteien erkannte, der es gelingen konnte, genügend Einfluss zu gewinnen, um seine eigenen staatsrechtlichen Vorstellungen zu realisieren. Aufgrund jener Erwartung und *Hubers* Verzicht auf weitergehende Bekenntnisse stimmt das Verhältnis des bisher entworfenen Volksstaates zum Nationalso-

---

[684] Siehe dazu auch: *Sontheimer*, Antidemokratisches Denken, S. 127ff
[685] *Huber*, Gewerkschaften, Betriebsräte und Faschismus, in: aaO, S. 563

zialismus mit dem im Umfeld der „Konservativen Revolution" geäußerten Meinungsbild überein.

Der von *Huber* und den meisten konservativen Intellektuellen bevorzugte autoritäre Staat hatte mit dem nationalsozialistischen Führerstaat wenig gemein: Im Gegensatz zum Nationalsozialismus verzichtete der autoritäre Staat auf Parteien und musste sich daher eine eigene staatstragende Schicht schaffen. Damit lebte in der Idee des autoritären Staates der Gedanke des alten Obrigkeitsstaates fort, nur dass die Herrschaft nicht wie in der Monarchie erblich übertragen, sondern durch Leistung gerechtfertigt sein sollte.[686] Die faschistische Lösung der Staatskrise, angestrebt und umgesetzt von den Nationalsozialisten, sah vor, *eine* Partei absolut zu setzen und das neue Führungspersonal auf dieser Basis zu etablieren. Der autoritäre Staat wollte auch keine totale Politisierung der Nation, sondern strebte geradezu eine Distanz zwischen Regierung und Regierten an. Während Autorität und Obrigkeit wieder in ihre Rechte eingesetzt werden sollten, blieb dem Volk die Selbstverwaltung der Gemeinden, Landschaften und Stände überlassen.[687]

Übereinstimmung herrschte zwischen Anhängern des autoritären Staates und dem Nationalsozialismus im Hinblick auf das Führerprinzip. Es gab keine Ausgestaltung der Theorie des autoritären Staates, die nicht auch dem Führerprinzip ihre Reverenz erwies.[688] Schon in den Bünden der Jugendbewegung, aus der viele Vertreter der konservativen Intellektuellenbewegung, so auch *Huber*, hervorgegangen waren, war das Führerprinzip lebendig gewesen. Die Idee der persönlichen Führerschaft fand ihre Ergänzung im Kollektiv, in der Gefolgschaft. Aus der Grundbeziehung von Führer und Gefolgschaft ließen sich dann folgerichtig andere wesentliche Werte der Bewegung ableiten: Hingabe, Treue, Gehorsam und Pflicht.[689] Das verbindende Gedankengut zwischen der „Konservativen Revolution" und dem Nationalsozialismus war aber vor allem das streng antiliberalistische und, im freiheitlichen Sinn, auch antidemokratische Denken. Letztlich entscheidend für das Scheitern der Konservativen Revolution war aber wieder ein Gesichtspunkt, in dem sich Konservative und Nationalsozialisten fundamental unterschieden, ihre fehlende Präsenz in der Öffentlichkeit.

Die Vertreter der Konservativen Revolution hatten während der Weimarer Republik das folgenreiche Problem, dass ihre geistige Arbeit weder geeignet, noch imstande war, eine breite Massenbewegung hinter ihre Ziele zu bringen, um so die aktuellen politischen Verhältnisse auch tatsächlich überwinden zu können. Ihr entscheidender Fehler bestand darin, dass man es versäumt hatte, selbst eine Partei zu finden oder zu gründen, die ihre eigenen Interessen vertrat und ihnen auch zu parlamentarischer Aufmerksamkeit verhalf. So war die junge

[686] *Ziegler*, Autoritärer oder Totaler Staat ?, S. 39
[687] *Sontheimer*, Antidemokratisches Denken, S. 205
[688] *Sontheimer*, Antidemokratisches Denken, S. 206
[689] *Sontheimer*, Antidemokratisches Denken, S. 215

nationale Opposition in Hunderte von Gruppen und Bünden aufgespalten. Sie lehnte das Parteienwesen strikt ab, verkannte dabei aber, dass der Weg aus der parlamentarischen Demokratie nur über die parlamentarische Demokratie führen konnte. Die „Konservative Revolution“ beschränkte sich zu sehr darauf, vor allem wissenschaftlich tätig zu sein und die Präsidialregierungen auf dem publizistischen Weg zu stützen. Gleichzeitig versäumte sie es, die eigenen Vorstellungen auf dem „Weg durch die Institutionen“ und damit auch in den Parlamenten mehrheitsfähig zu machen. Der naive Glaube, die Diskussion in elitären Klubs und Abhandlungen in konservativen Zeitschriften werden eine breite Volksbewegung auf den Plan rufen, die den verhassten Parteienstaat der Weimarer Republik beseitigen würde, erwies sich als trügerisch. Spätestens seit den September-Wahlen von 1930 wurde deutlich, dass der Weg der Nationalsozialisten, eine Partei an die Spitze der Ideologie zu stellen, erfolgreich gewesen war. Der späte Versuch, *Hitler* und seine Massenorganisationen als die „großen Trommler“[690] der nationalen Protestbewegung vor die eigenen Ideen zu spannen, die man dann, wenn das „System“ erst zerstört sei, umsetzen wollte, war nur noch eine verzweifelte Hoffnung.

Die berechtigterweise gegenüber dem Nationalsozialismus empfundene geistige und sittliche Überlegenheit der konservativen Ideen änderte nichts daran, dass der auch vereinzelt innerhalb der „Konservativen Revolution“ geforderte „totale Staat“ von 1933 an in ungeahnter Geschwindigkeit, aber ausschließlich im nationalsozialistischen Sinne, verwirklicht wurde. Der „Konservativen Revolution“ blieb nur die Wahl zwischen Anpassung oder Rückzug. Stellte sie sich offen gegen das Regime und verteidigte die alten Ideen, so ereilte sie das gleiche Schicksal der Verfolgung wie alle anderen oppositionellen Gruppen.[691]

---

[690] *Sontheimer*, Antidemokratisches Denken, S. 281

[691] So war *Edgar Jung*, *Papens* Adlatus, einer der wenigen Vertreter der Konservativen Revolution, der auch nach der Machtergreifung offen seine Kritik an den bestehenden Verhältnissen äußerte. Noch 1934 versuchte er, mit der berühmt gewordenen Marburger Rede, über die Person des ehemaligen Reichskanzlers *v. Papen* die Nationalsozialisten auf die Ziele der Konservativen Revolution zu verpflichten. Teile der Jungkonservativen flüchteten sich schließlich zu der alten Theorie der zwanziger Jahre von der zweiten Phase der Revolution, die den Nationalsozialismus beseitigen und die Legalität wieder einführen werde. Die zweite Revolution kam am 30. Juni 1934 und die Opfer waren u.a. die, die auf eine zweite konservative Revolution gesetzt hatten. So wurde auch *Edgar Jung* am 30. Juni 1934 von den Nationalsozialisten umgebracht (*Knoll*, Der autoritäre Staat, in: *Schumann* (Hrsg.), Konservativismus, S. 224-243 (228)).

D. Das Staatsrecht im Nationalsozialismus

I. Die Deutsche Staatswissenschaft als staatsrechtliches Programm (1934)

1. Ein Aufsatz als erster Entwurf staatsrechtlicher Vorstellungen

Der Ende 1934 veröffentlichte Beitrag „Die Deutsche Staatswissenschaft“[692] ist trotz seines Titels nicht rein wissenschaftspolitischer Natur, sondern stellt aus heutiger Sicht *Hubers* ersten vorsichtigen Versuch dar, das nationalsozialistische Staatsrecht in eine juristische Ordnung zu bringen. Die weitere Ausgestaltung und auch eine leichte substanzielle Veränderung erfuhr sein System dann im Rahmen der „Verfassung“ von 1937 bzw. des „Verfassungsrechts des Großdeutschen Reiches“ von 1939. Neben inhaltlichen Modifizierungen und Erweiterungen verarbeitete *Huber* in seinen beiden Hauptwerken auch die Kritik anderer Staatsrechtslehrer, mit der sich *Huber* trotz seines ständigen Bemühens um programmatischen Ausgleich konfrontiert sah. Eine genaue Untersuchung der von *Huber* festgestellten staatsrechtlichen Ordnung erfolgt daher auch erst bei der Darstellung des „Verfassungsrechts des Großdeutschen Reiches“. Den Abschluss seiner Arbeit an einer nationalsozialistischen Verfassung bildet die von *Huber* vertretene Entwicklung Deutschlands vom Staat zum Reich. Mit jener Formel griff *Huber* Ende der dreißiger Jahre die deutsche Expansionspolitik auf, um sie dann innerhalb seines staatsrechtlichen Systems im Rahmen einer Außenverfassung zu berücksichtigen. *Huber* entwarf damit etappenweise das Bild einer deutschen Verfassung und hielt unbeirrt an seinem staatsrechtlichen Ziel fest, einer verfassungsrechtlichen Beschreibung der nationalsozialistischen Wirklichkeit.

Als der Aufsatz „Die Deutsche Staatswissenschaft“ erschien, betonten schon die Umstände seiner Veröffentlichung, dass *Huber* eine staatsrechtliche Programmschrift verfasst hatte. Denn sobald *Huber* zusammen mit *Hermann Bente* und *Andreas Predöhl* die Herausgeberschaft der „Zeitschrift für die gesamte Staatswissenschaft“ übertragen bekam, nutzte er das erste Heft[693] dieses 95. Bandes zur Veröffentlichung seines Beitrags. Direkt auf Seite eins meldete sich *Huber* zu Wort und verkündete ein neues Wissenschaftsprogramm, dessen Inhalt von erheblicher politischer Bedeutung war. Die Staatswissenschaft war für *Huber* nicht irgendein akademisches Fach, sondern „politische Wirklichkeitswissenschaft“ und damit nur möglich, „wenn ihr Gegenstand, der einheitliche und in sich geschlossene Staat, existentiell gegenwärtig ist“[694].

---

[692] *Huber*, Die Deutsche Staatswissenschaft, in: ZgesStW Bd. 95 (1934/35), S. 1-65

[693] Erschienen im Oktober 1934. Rundbrief Siebecks vom 08.06.1934, Archiv des Verlags J.C.B. Mohr (Paul Siebeck)

[694] *Huber*, Die Deutsche Staatswissenschaft, in: aaO, S. 1

Die Akzessorietät der Wissenschaft zu ihrem Bezugspunkt „Staat" setzte aber voraus, dass der Staat ganz bestimmten Anforderungen genügte. Hinter seinen Forderungen nach einer Wiederbegründung der einheitlichen Staatswissenschaft[695] stand daher die Unterstützung für den neuen deutschen Staat, den „Führerstaat"[696]. Allein dieser gewährleistete für *Huber* durch seine „Einheit und Ganzheit"[697] die Überwindung alten Trennungsdenkens und hatte damit auch die Aufhebung der zusammenhanglosen Parallelität selbständiger Wissenschaftsbereiche zur Folge. Offensichtlich wird die von *Huber* bewusst gewählte Doppeldeutigkeit in seinem Bekenntnis: „Die totale Revolution, die wir erleben, gibt dem alten Worte `Staatswissenschaft` einen neuen Sinn."[698] Auch das dem Aufsatz vorangestellte *Hegel*-Zitat[699] räumt jeden Zweifel über die Zielrichtung des Beitrags aus. *Huber* bediente sich erneut des in der Weimarer Republik bewährten Feindbilds „Liberalismus", um die Notwendigkeit neuer Entwicklungen in Politik und Wissenschaft zu bekräftigen.

Im weiteren Verlauf gliederte *Huber* seine Abhandlung in vier Abschnitte. Zunächst beschrieb er die Trennung von Staat und Gesellschaft und den dadurch verursachten Niedergang der alten Staatswissenschaft. Anschließend entwickelte *Huber* seinen persönlichen Staatsbegriff, um diesen dann im dritten Teil des Aufsatzes durch eine Kurzdarstellung seiner wesentlichen Bestandteile zu konkretisieren. Das Bemühen, dazu gleich eine schlüssige Staatsordnung zu entwickeln, erlaubt es, bereits darin den Ansatz eines ersten Verfassungsentwurfes zu

695 Die „Staatswissenschaft" musste sich in Deutschland hinsichtlich ihrer Fächer und Systematik gegenüber den Nachbar- und Nachfolgedisziplinen wie Politische Philosophie, Nationalökonomie, Policeywissenschaft usw. immer wieder neu definieren. Auch die 1844 von *Robert von Mohl* gegründete „Zeitschrift für die gesamte Staatswissenschaft" hoffte ihrem Titel entsprechend, die auseinanderstrebenden Wissenschaften des öffentlichen Lebens zusammenzufassen. Neben der Wirtschafts- und Sozialwissenschaft gehörten ihr auch Geschichte, Statistik, Politik, Völkerrecht, Staatsrecht, Verwaltungsrecht, Kameralistik, Finanzwissenschaft, sowie Polizei- und Kriegswissenschaften an. Doch die Positivierung und Ausdifferenzierung dieser Disziplinen in der zweiten Hälfte des neunzehnten Jahrhunderts führte dazu, dass die „Zeitschrift..." immer mehr zu einem Forum der Wirtschaftswissenschaft wurde und höchstens noch sozialpolitische Probleme umfasste, juristische und verfassungspolitische Themen dagegen unberücksichtigt ließ (*Sauermann*, Die gesamte Staatswissenschaft im Spiegel ihrer Zeitschrift, in: ZgesStW Bd. 134 (1978/79), S. 1-14).

696 *Huber*, Die Deutsche Staatswissenschaft, in: aaO, S. 40

697 *Huber*, Verfassungsrecht des Großdeutschen Reiches, S. 157

698 *Huber*, Die Deutsche Staatswissenschaft, in: aaO, S. 2

699 „Die Richtung, die an der Abstraktion festhält, ist der Liberalismus, über den das Konkrete immer siegt, und gegen das er überall Bankrott macht." (*Huber*, Die Deutsche Staatswissenschaft, in: aaO, S. 1)

sehen. Zum Abschluss der Veröffentlichung werden die Auswirkungen des neuen Staatsbildes auf die Struktur der Staatswissenschaft erörtert.[700]

a. Rückblick auf Weimar: Das Trennungsdenken

Huber begann seine Programmschrift mit einer historischen Darstellung des Zerfalls der einheitlichen Staatswissenschaft. Danach habe sich die von *Herder* über *Kant* und *Humboldt* zu *Fichte* vertretene Idee einer staatsfreien bürgerlichen Gesellschaft auch auf die Wissenschaft ausgewirkt. So habe sich zunächst die Soziologie als separate Disziplin etabliert und anschließend viele weitere Abspaltungen ausgelöst. Personen wie *Friedrich von Hardenberg*, *Adam Müller* und *Carl Ludwig von Haller* gestand *Huber* zwar zu, dass sie die Spaltung von Staat und Gesellschaft frühzeitig erkannt und bekämpft hätten. Ihre Motivation, die sie dazu bewogen hatte, lehnte *Huber* aber ab: „Diese romantisch-konservative Restauration musste unfruchtbar bleiben, weil sie gegenüber den Kräften und Fragen der neuen Zeit nur die Rückkehr zu einem erstarrten und überwundenen Geschichtszustand zu fordern vermochte."[701] Anders beurteilte *Huber Friedrich Hölderlin*, *Ernst Moritz Arndt* und *Hegel*, da sie die Spaltung von Staat und Gesellschaft mit Hilfe eines doppelten Volksbegriffes überwinden wollten. Danach unterschied *Arndt* das einfache Volk, die Masse, vom politischen Volk, das als solches mit dem Staat eins ist. *Arndts* Modell vom doppelten Volksbegriff, das *Huber* bei *Hegel* fortgeführt sah, lobte *Huber* als „die letzte geschlossene Gestalt der Einheit von Gesellschaft, Volk und Staat und damit auch das letzte große Dokument der gesamten Staatswissenschaft"[702].

Den endgültigen Bruch von Staat und Gesellschaft begründete *Huber* mit der fortschreitenden Industrialisierung des 19. Jahrhunderts und dem damit verstärkt aufkommenden Liberalismus. Diese grundlegende Trennung war für *Huber* der Auslöser eines umfassenden Zerfallsprozesses in Staat und Wissenschaft. „Wie die politische Einheit in eine widerspruchsvolle und gegensätzliche Vielheit von Werten, Lebenskreisen und Verbänden zerlegt ist, so ist auch die politische Wissenschaft nicht mehr als ein wirres und undurchsichtiges Nebeneinander von Einzeldisziplinen und -fächern"[703]. Auf jene Zerteilung musste danach zwingend die Zerstörung jeder Ordnung, die Übersteigerung von Unterschieden zu Gegensätzen und das Zerreißen notwendiger Verbindungen folgen. Die Etablierung und Verteidigung eigenständiger, privater Bereiche, *Huber* sprach von „Tren-

[700] Die Einteilung ergibt folgendes Bild: Teil eins auf den Seiten 1-27, zwei: S. 27-33, drei: S. 33-45 und vier: 45-64 (*Huber*, Die Deutsche Staatswissenschaft, in: aaO, S. 1-65).
[701] *Huber*, Die Deutsche Staatswissenschaft, in: aaO, S. 4f
[702] *Huber*, Die Deutsche Staatswissenschaft, in: aaO, S. 7
[703] *Huber*, Die Deutsche Staatswissenschaft, in: aaO, S. 15

nungsdenken"[704], wurde zum Auslöser aller Fehlentwicklungen in Staat und Wissenschaft erklärt. Hauptadressat seines Vorwurfs war erneut der Liberalismus und damit nicht zuletzt die mit ihm assoziierte Weimarer Republik. *Huber* blickte mit seinem Aufsatz von 1934 noch einmal in die Vergangenheit und beschrieb die damaligen Auseinandersetzungen unter dem Gesichtspunkt des Trennungsdenkens.[705]

Danach waren die Trennungen in Staat und Gesellschaft und Staat und Recht für das Entstehen unterschiedlicher Staatsbegriffe und damit auch für den Ausbruch des Methodenstreites verantwortlich. Mit der Trennung von Staat und Recht kritisierte der Etatist *Huber* insbesondere die Gesetzes- und Verfassungsbindung der Exekutive, die für ihn zu einer Unterordnung des Staates geführt hatte. Für *Huber* war der Staat damit nicht mehr Herr des Rechts, sondern wurde durch das Recht begrenzt. Der Normativismus entpuppte sich für ihn als Soziologismus, das Recht wurde zum Instrument der Gesellschaft gegen den Staat. Konsequenz der von *Huber* geforderten Einheit von Staat und Recht war aber die Aufgabe eines grundlegenden Prinzips im Rechtsstaat, denn wer den Gesetzesvorbehalt mit einer Unterordnung des Staates gleichsetzt, will das fundamentale Element jeder parlamentarischen Demokratie zerstören.

Als drittes Trennungspaar beschrieb *Huber* „Staat und Genossenschaft". Diese Spaltung hatte für ihn nicht nur zwischen die ohnehin aufzuhebende Differenzierung von öffentlichem und privatem Recht noch das Sozialrecht gesetzt, sondern wollte auch den Staat selbst in die Form der Genossenschaft zwingen.[706] Die Trennung von Staat und Persönlichkeit stellte in *Hubers* Denken die Basis der gesamten Weimarer Reichsverfassung dar. Auf jenem Spannungsverhältnis gründete sich die Bedeutung des Individualismus und des Beharrens auf persönliche Freiheit. Beispielsweise erklärten sich so das umfassende Grundrechtssys-

---

[704] Der Begriff „Trennungsdenken" war schon in der Schrift „Das Deutsche Reich als Wirtschaftsstaat" (1931) gebräuchlich. Die Kritik am liberalistischen Trennungsdenken durchzog anschließend alle Schriften *Hubers* im Nationalsozialismus. So finden sich Nachweise in: Vom Sinn der Verfassung, S. 6, 9; Wesen und Inhalt der politischen Verfassung, S. 14f, 19ff; Friedrich Christoph Dahlmann und die deutsche Verfassungsbewegung, S. 37; Verfassungskrisen des Zweiten Reichs, S. 10f; Reich, Volk und Staat in der Reichsrechtswissenschaft des 17. und 18. Jahrhunderts, in: ZgesStW Bd. 102 (1941/42), S. 594f, 601, 619, 623, 624; Aufstieg und Entfaltung des deutschen Volksbewusstseins, S. 6f, 10f, 18ff; Der preußische Staatspatriotismus im Zeitalter Friedrich des Großen, in: ZgesStW Bd. 102 (1942/43), S. 450, 453, 464f; Lessing, Klopstock, Möser und die Wendung vom aufgeklärten zum historisch individuellen Volksbegriff, in: ZgesStW Bd. 104 (1943/44), S. 131, 140f; Goethe und der Staat, S. 3

[705] *Huber*, Die Deutsche Staatswissenschaft, in: aaO, S. 16-24

[706] *Huber* lehnte in diesem Zusammenhang auch alle zeitgenössischen Vorschläge zur Reichsreform ab, die auf der Basis des Genossenschaftsgedankens entwickelt worden waren. So erwähnte *Huber* die Vorschläge *Tatarin-Tarnheydens*, Werdendes Staatsrecht (1934) und *Spanns*, Der wahre Staat (3. Aufl. 1931) (*Huber*, Die Deutsche Staatswissenschaft, in: aaO, S. 21 Fn. 1 und 4)

tem, die Trennung von öffentlichem und privatem Recht und die Lehre vom bürgerlichen Rechtsstaat. Für *Huber* wurde durch die Dominanz des bürgerlichen Rechtsdenkens das Obsiegen der gesellschaftlichen Persönlichkeit über den hoheitlichen Staat sichergestellt. Als letzte Trennung[707] nannte *Huber* diejenige zwischen Staat und Wirtschaft. Jeder liberale Rückzug auf ökonomische Erkenntnisse und die Unterstützung wirtschaftlicher Eigengesetzlichkeit waren demzufolge staatsfeindlich und dienten nur dem Vorhaben, dem Staat die eigenen Interessen aufzuzwingen.

Hubers nachträgliche Abrechnung mit dem Liberalismus beschränkte sich daher nicht allein auf den Vorwurf des „Trennungsdenkens". Zum Angriffspunkt wurde vor allem die Behauptung, der Liberalismus habe die politische Ordnung umkehren wollen. Die dazu angewendete Vorgehensweise lief für *Huber* immer nach demselben Schema ab: Zunächst erfolgte die Emanzipation eines bisher dem Staat eingeordneten Lebensbereichs und der Staatswissenschaft eingegliederten Wissenschaftszweiges. Das so separierte Glied erklärte dann seine Eigengesetzlichkeit zur allgemeingültigen Norm und versuchte, diese dem Staat aufzuzwingen.[708]

Ziel des Kampfes gegen Liberalismus in Staat und Wissenschaft musste für *Huber* daher die Wiederherstellung der Einheit sein. Mit Hilfe der hegelschen Dialektik sollten die alten Gegensätze auf höherer Ebene aufgehoben, der einheitliche Staat geschaffen und die gesamte Staatswissenschaft wiederbegründet werden.

b. Hubers Staatsverständnis in der Kontroverse: Der Staat als Gestalt

Als Bezugspunkt der Staatswissenschaft kam für *Huber* allein der Staat in Betracht, denn nur er stand „im Mittelpunkt unseres Seins und Denkens"[709]. Mit dieser scheinbar selbstverständlichen Aussage positionierte sich *Huber* in einer vor allem von den so genannten Parteijuristen angestoßenen Frage, die zu hefti-

---

[707] *Huber* verstand diese fünf Gegensatzpaare nur als beispielhafte Aufzählung, die sich unbegrenzt erweitern ließ, da Trennungen symptomatisch für den Liberalismus waren. So erwähnte er noch die Trennung von Idee und Existenz, von Sollen und Sein, von Kultur und Natur, von Statik und Dynamik, von Mechanismus und Organismus, von Kirche und Staat, von Wissenschaft und Staat, von Soldat und Bürger, von Kapital und Arbeit, von Nationalismus und Sozialismus. (*Huber*, Die Deutsche Staatswissenschaft, in: aaO, S. 25) Die Konstruktion von Trennungspaaren war jedoch nicht nur für den Liberalismus bezeichnend. Nicht zuletzt die konservative Opposition der Weimarer Zeit benutzte Gegensätze in Form der hegelschen Dialektik. Deren Einsatz als juristische Methode beruhte darauf, gezielt Antithesen zu bilden, um so über die Synthese das gewünschte Ergebnis zu erreichen. Das von *Huber* dem Liberalismus vorgeworfene Trennungsdenken war sein eigenes Instrument, wenn es darum ging, den Liberalismus zu bekämpfen. Siehe dazu Seite 118 dieser Arbeit.

[708] *Huber*, Die Deutsche Staatswissenschaft, in: aaO, S. 26

[709] *Huber*, Die Deutsche Staatswissenschaft, in: aaO, S. 28

gen Kontroversen innerhalb der Staatsrechtslehre führte. Entgegen der von *Huber* vertretenen Ansicht sprach sich die offizielle NS-Diktion dafür aus, das Volk als den politischen Grundwert zu betrachten, während der Staat nur die äußere Erscheinungsform darstellen sollte. Jene Relativierung des Staates hatte bereits in der Weimarer Republik begonnen, als eine nationalsozialistische „Bewegung" gegen den verkrusteten Parteienstaat anstürmte. Nach der Machtergreifung setzte sich die Entwicklung fort.[710] Der Staat wurde zunächst legitimiert, dann relativiert und zuletzt verneint durch Hinweise auf den höheren Zweck, den „der Erhaltung und Förderung einer Gemeinschaft physisch und seelisch gleichartiger Lebewesen".[711] Man degradierte den Staat zu der Organisationsform einer durchzusetzenden Ideologie.

Dieser nationalsozialistischen Rollenverteilung entsprach es, auch das Recht künftig „gemeinschaftsbezogen"[712] zu denken und die Gemeinschaft in das Zentrum der neuen Dogmatik zu stellen. Traditionelle Begriffe wie „Staat", „Körperschaft des öffentlichen Rechts" oder „juristische Person" galten dagegen als von den Vorstellungen des Liberalismus und Individualismus belastet. Sie passten nicht mehr in das neue Rechtsbild.[713] Die Auseinandersetzung um den Staatsbegriff stand also nur stellvertretend für die allgemeine Forderung, herkömmliche Begrifflichkeiten durch neue Formeln abzulösen. Die Staatsrechtslehrer, denen es oblag, die juristisch unausgegorenen Vorgaben umzusetzen, bildeten in dieser Frage unversöhnliche Lager. Die so genannten „Traditionalisten" wollten die bekannten Rechtsfiguren erhalten und lediglich mit neuem, durchaus nationalsozialistischem Inhalt füllen. Ihre Widersacher beabsichtigten dagegen, das revolutionär-völkische Prinzip dadurch zu verdeutlichen, indem jede Kontinuität im Rechtsdenken, sei sie auch nur begrifflicher Art, abgelehnt wurde.

---

[710] *Haverkate*, Staat: IV. Deutsche Staatsrechtslehre und Verfassungspolitik, in: *Brunner*; *Conze*; *Koselleck* (Hrsg.), Geschichtliche Grundbegriffe. Historisches Lexikon zur politisch-sozialen Sprache in Deutschland Bd. VI, S. 64-96 (94f)

[711] *Hitler*, Mein Kampf, 39. Aufl. (München 1933), S. 422

[712] Als Mittel zur Umgestaltung des Rechts bot sich neben der veränderten Auslegung alter auch die Einführung neuer Begriffe an. Breiten Raum nahm dabei die Formel der „Gemeinschaft" bzw. der „Volksgemeinschaft" ein. Sie war schon seit den Programmen der Jugendbewegung, dem Gemeinschaftserlebnis des August 1914 und der schnell mystifizierten Frontgemeinschaft zum gebräuchlichen Begriff des politischen Konservativismus geworden. Aufgrund seiner Unbestimmbarkeit lag es auch für den Nationalsozialismus nahe, die Formel in das eigene Vokabular aufzunehmen. Nicht zuletzt mit Hilfe dieser neuen Begriffe erfolgte nach 1933 die Vernichtung allen liberalistischen, individualistischen und demokratischen Gedankenguts. Wo immer es nur möglich erschien, wurden traditionelle Rechtsfiguren durch neue irrationale Formeln ersetzt, so dass das herkömmliche Begriffsverständnis zwangsläufig unanwendbar wurde (*Stolleis*, Gemeinschaft und Volksgemeinschaft - Zur juristischen Terminologie im Nationalsozialismus, in: *ders.*, Recht im Unrecht, S. 94-125).

[713] *Stolleis*, Gemeinschaft und Volksgemeinschaft, in: aaO, S. 112

Ein Vertreter der zweiten Gruppierung, *Reinhard Höhn*,[714] führte daher auch den Hauptangriff gegen die Institution „Staat". *Höhn* erklärte die juristische Staatsperson für unvereinbar mit dem nationalsozialistischen Programm und wollte diese durch den diffusen Begriff der Volksgemeinschaft ersetzen. *Höhn* stand mit seiner Ansicht nicht allein. Auch *Maunz*[715], *Jerusalem*[716] und *G.Küchenhoff*[717] erhoben solche Forderungen in ähnlicher Form und beriefen sich auf *Hitler* als persönlichen Kronzeugen: „Die grundsätzliche Erkenntnis ist...die, dass der Staat keinen Zweck, sondern ein Mittel darstellt....Der Staat ist ein Mittel zum Zweck."[718]

Abgelehnt wurde die Preisgabe der juristischen Staatsperson von Vertretern wie *Neeße*[719], *Helfritz*[720], *Hugelmann*[721], *Merk*[722] und *Koellreutter*[723]. Für sie waren *Höhns* Ansichten unvertretbar, da sie die Unersetzlichkeit von Rechtsnor-

---

[714] *Reinhard Höhn* (1904-2000) war Mitglied des völkisch-nationalen „Jungdeutschen Ordens" von *Arthur Mahraun* gewesen. Am 01.05.1933 trat *Höhn* in die NSDAP und 1934 in die SS ein. Im selben Jahr wurde er in Heidelberg für Staats- und Verwaltungsrecht habilitiert und erhielt dort 1935 eine a.o. Professur. Noch 1935 wurde er Direktor des „Instituts für Staatsforschung" an der Friedrich-Wilhelms-Universität zu Berlin und zugleich (bis 1938) Hauptabteilungsleiter im Reichssicherungshauptamt (RSHA) unter *Reinhard Heydrich* und *Werner Best*, für die er den Sicherheitsdienst (SD) der SS aufbaute. 1939 ernannte ihn *Himmler* zum SS-Standartenführer, 1944 zum SS-Oberführer. Nach dem Krieg baute *Höhn* in Bad Harzburg eine „Management-Schule" auf. Er verstarb am 14.05.2000 als letzter der bekannten Juristen des Nationalsozialismus in Pöcking am Starnberger See. (*Rüthers*, Reinhard Höhn, Carl Schmitt und andere - Geschichten und Legenden aus der NS-Zeit, in: NJW 2000 Heft 39, S. 2866-2871 (2866f); *Wesel*, Der Letzte - Zum Tod des Juristen Reinhard Höhn, in: FAZ v. 23.05.2000)

[715] *Maunz*, Das Verwaltungsrecht des nationalsozialistischen Staates, in: *Frank*, Deutsches Verwaltungsrecht (§ 2), S. 27-48; *ders.*, Das Ende des subjektiven öffentlichen Rechts, in: ZgesStW Bd. 96 (1935/36), S. 71-111

[716] *Jerusalem*, Gemeinschaft und Staat, Tübingen 1930; *ders.*, Der Staat, Jena 1934

[717] *Küchenhoff*, Nationaler Gemeinschaftsstaat, Volksrecht und Volksrechtsprechung, Berlin und Leipzig 1934

[718] *Hitler*, Mein Kampf, S. 431ff

[719] *Neeße*, Verfassungsrechtliches Schrifttum, in: ZgesStW Bd. 96 (1935/36), S. 338-403

[720] *Helfritz*, Otto v. Gierke und die neueste Lehre von der juristischen Staatsperson, in: RVBl 1935, S. 485-490

[721] *Hugelmann*, Der völkische Staat und der Rechtsgedanke, in: DRW Bd. 5 (1940), S. 179-201

[722] *Merk*, Die Steuerschuld nach dem Reichsabgabenrecht, Freiburg i. Br. 1922

[723] *Koellreutter*, Die politische und rechtliche Bedeutung des Rassebegriffs, in: DR 1934, S. 77-78. Aus der gemeinsamen Gegnerschaft *Hubers* und *Koellreutters* zu den jede rechtliche Form ablehnenden Vertretern erklärt sich eine Bemerkung *Koellreutters* vom Sommer 1934: „Ihre Ankündigung ist mir aus dem Herzen gesprochen. Eine spätere Zeit wird unseren Wissenschaftsbetrieb hoffentlich darnach und nicht nach üblen Erscheinungen und Auswüchsen beurteilen." (Schreiben *Koellreutters* an *Huber* vom 23.07.1934, nachdem *Huber* ihm die Übernahme der „Zeitschrift für die gesamte Staatswissenschaft" mitgeteilt hat. Archiv des Verlags J.C.B. Mohr (Paul Siebeck)).

men und traditionellen Rechtsfiguren nicht berücksichtigten.[724] *Huber* versuchte sich in dem Streit um die Bedeutung des Staates als führende Integrationskraft innerhalb der deutschen Rechtslehrer. Schon aufgrund seiner starken Beeinflussung durch die hegelsche Philosophie, die dem Staat als Wirklichkeit der Freiheit und Sittlichkeit von vornherein hohen Rang und Eigenwert zuerkannte,[725] war *Huber* nicht bereit, diesen zum bloßen Werkzeug einer Ideologie herabzuwürdigen. *Huber* wollte den Staat als die maßgebliche hoheitliche Organisationseinheit retten, wusste aber um die entschiedene Gegnerschaft in Parteikreisen. Ohne seine Kontrahenten zu nennen - er sprach nur von „Vertretern einer rein dynamischen Politik"[726]-, unternahm *Huber* den Brückenschlag in beide Richtungen.

So begrüßte er im Gegensatz zu anderen zwar ausdrücklich, dass *Höhn* den Begriff der juristischen Staatsperson widerlegt habe,[727] das Wesen des Staates mochte *Huber* keinesfalls preisgeben. Um das zu erreichen, forderte er ein völlig neues Staatsbild, das sich weder in der Sphäre naturhaften Seins, noch im Bereich der juristischen Ordnung erschöpfte. Der Staat sollte kein Instrument der Volksgemeinschaft, aber ebenso wenig eigenständige Rechtspersönlichkeit sein. Auch jenen Mittelweg sah *Huber* durch *Hitler* gerechtfertigt. Denn *Hitler* habe nicht nur vom Staat als Mittel zum Zweck gesprochen, sondern diesen auch als „lebendigen Organismus eines Volkstums"[728] bezeichnet. Ein „lebendiger Organismus" sei aber weder Werkzeug, noch Apparat, eine rein instrumentale Staatsauffassung könne daher gar nicht von *Hitler* abgeleitet werden.[729] Kritik am Staat ließ *Huber* nur zu, solange sie auf das liberale Begriffsverständnis zielte, das im Staat vor allem die starre, bürokratische und rechtliche Form sah, ohne auf dessen dynamische Seite zu verweisen. Nicht die Ablösung des Staates durch die Volksgemeinschaft stand für *Huber* im Vordergrund, sondern es war notwendig, „durch den neuen politischen Staatsbegriff die statisch-formale Staatsauffassung zu überwinden und die Einheit von staatlicher Form und politischer Aktion wiederherzustellen"[730] Um seinen Vermittlungsversuch zu veranschaulichen, konstruierte *Huber* das Bild vom „Staat als Gestalt"[731]. Diese Ge-

---

[724] *Stolleis*, Geschichte des öffentlichen Rechts in Deutschland Bd. III, S. 328
[725] *Anderbrügge*, Völkisches Rechtsdenken, S. 159
[726] *Huber*, Die Deutsche Staatswissenschaft, in: aaO, S. 28
[727] Siehe *Huber*, Die Deutsche Staatswissenschaft, in: aaO, S. 32 Fn. 1. *Huber* bezog sich dabei auf *Höhns* Schrift, „Die Wandlung im staatsrechtlichen Denken" (1934)
[728] *Hitler*, Mein Kampf, S. 434
[729] *Huber*, Die Deutsche Staatswissenschaft, in: aaO, S. 34
[730] *Huber*, Die Deutsche Staatswissenschaft, in: aaO, S. 29
[731] Die erstmalige Verwendung des Gestaltbegriffes im umschriebenen Sinn erfolgte in *Hubers* Schrift „Die Gestalt des deutschen Sozialismus" von 1934, siehe hier S. 30, 72f, 74f. Ansonsten: *Huber*, Die Deutsche Staatswissenschaft, in: aaO, S. 28ff insbes. S. 30 Fn. 2. Der Gestaltbegriff wurde – unter Berufung auf *Huber* – namentlich auch von *H.-H. Dietze* über-

stalt war für *Huber* die dauernde geschichtliche Form des Staates, die aus den dynamischen Elementen Wille, Entscheidung und Tat bestand, sich aber nicht in ständiger Aktion erschöpfte.

Huber entwarf einen Staatsbegriff, der nicht nur alte Strukturen erhielt, sondern auch alle Forderungen der neuen Staatsführung aufgriff. Um sein Ziel, alle Interessen „unter einen Hut zu bringen" zu erreichen, bediente sich *Huber* der Dialektik. Für ihn war im Bild der Gestalt „der Unterschied von dynamischer Kraft und statischer Form zu einer neuen Ganzheit verbunden."[732] Der Gestaltbegriff sollte gleichermaßen die Einheit von bewegtem Leben und straffer, geprägter Ordnung sowie die Synthese von Idee und Existenz bezeichnen. Dieser umfassende Staatsbegriff, der alle Bereiche des völkischen Seins zusammenführte, konnte dann auch Gegenstand einer umfassenden und einheitlichen Staatswissenschaft sein.

Mit seinen Ausführungen zum Staatsbegriff stellte sich *Huber* ganz in den Dienst der Systemstabilisierung und erwies sich dabei als einer der subtilsten, auf höchstmögliche gedankliche und begriffliche Differenzierung bedachter Staatsrechtslehrer seiner Zeit. Sein sichtlich um die Wahrung strenger Wissenschaftlichkeit bemühtes, für die damalige Rechtstheorie ungewöhnlich sorgfältiges Vorgehen diente dem beharrlich verfolgten Ziel, bestehende Gegensätze aufzulösen und unvereinbar erscheinende Phänomene widerspruchslos zur Deckung zu bringen. *Hubers* permanente Vermittlungsversuche gingen jedoch oft zu Lasten der Eindeutigkeit vieler von ihm entwickelter Begrifflichkeiten. So hatte *Höhn* nicht Unrecht, wenn er *Huber* vorwarf, dass dieser einen sinnlosen Kompromiss schließe, wenn „er versucht, die neue mit der alten Welt zu vereinigen. Für ihn (*Huber*, der Verf.) wird die gesuchte Einheit vom Staat her bestimmt.... Hier verwickelt sich *Huber* in eine Reihe von Widersprüchen, die eine einheitliche Grundauffassung vermissen lassen."[733]

Höhn konnte sich aufgrund seines Denkansatzes mit *Hubers* Staatsverständnis gar nicht zufrieden geben. Denn trotz aller Versuche, die Verfechter der Volksgemeinschaft in seinen Staatsbegriff zu integrieren, wurde immer wieder deutlich, wie etatistisch *Huber* dachte. So schrieb er: „Die geschichtliche Kontinuität des politischen Willens wird nur dadurch bewirkt, dass es einen Träger der Politik gibt, der trotz aller Veränderungen, Umbrüche und Wandlungen im Kern seines Wesens der gleiche bleibt. Dieser Träger der Politik ist der Staat; nur er gibt der geschichtlichen Folge von Aktionen den inneren Zusammenhang, der sie zur Einheit werden lässt; ohne ihn bleiben Entscheidungen und Taten ein willkürlicher Ablauf von Einzelhandlungen. Der Staat ist die Lebensform, in der das Volk politisch wollend und handelnd zur geschichtlichen Gestalt heran-

---

nommen. Siehe: *ders.*, Naturrecht in der Gegenwart, S. 109ff. Hinweis bei: *Anderbrügge*, Völkisches Rechtsdenken, S. 162 Fn. 167

[732] *Huber*, Die deutsche Staatswissenschaft, in: aaO, S. 30

[733] *Höhn*, Volk und Verfassung, in: DRW Bd. 2 (1937), S. 193-218 (201f)

wächst."[734] Genau jenes staatsbezogene Denken musste den energischen Protest *Höhns* hervorrufen: „*Hubers* Vorstellungswelt ist noch weitgehend von dem Zwiespalt zwischen dem aktionsunfähigen Volk einerseits und dem rechts- und handlungsfähigen Staat andererseits bestimmt, wie er der bisherigen Dogmatik eigen war. Die entscheidende Größe ist praktisch für ihn der rechts- und handlungsfähige Staat."[735]

c. Die Wiedergewinnung der politischen Einheit: Totaler Staat, Bewegung, Volk

Neben der Zusammenführung von dynamischen und bewahrenden Komponenten in *Hubers* Staatsbegriff, zeichnete diesen noch eine weitere Eigenschaft aus. Durch den politischen Staatsbegriff entstand die Einheit der Staatsgewalt, da „jede Trennung und Aufteilung der staatlichen Gewalt...mit dem nationalsozialistischen Staatsgedanken unvereinbar"[736] war. Polykratie, Pluralismus und Gewaltenteilung, die Spaltungen der Weimarer Zeit, fanden damit ihr Ende.

Während sich *Hubers* Staats- und Verfassungstheorie vor 1933 noch in dualistischen Spannungsfeldern wie Staat und Gesellschaft[737] oder Obrigkeit und Volk[738] bewegte, bezog er sich ab 1934 ausdrücklich auf den von *Carl Schmitt* entworfenen Dreiklang „Staat, Bewegung und Volk"[739]. *Schmitt* stellte der „zweiteiligen Staatskonstruktion der Liberaldemokratie"[740] die Kategorien „Staat", „Bewegung" und „Volk" als „konkrete Ordnungen" im Sinne des „konkreten Ordnungs- und Gestaltungsdenkens"[741] entgegen. Damit erreichte *Schmitt*

---

[734] *Huber*, Die Deutsche Staatswissenschaft, in: aaO, S. 29f

[735] *Höhn*, Volk und Verfassung, in: aaO, S. 194. *Huber* führte mit seinen wissenschaftlichen Kontrahenten, insbesondere *Reinhard Höhn*, während des Nationalsozialismus ständige Auseinandersetzungen. Dabei kämpfte man nicht nur um die Stimmführerschaft im Staatsrecht, sondern aufgrund persönlicher Abneigungen wurden regelrechte Intrigen gespannt. Die Beteiligten trugen ihre Gegnerschaft sowohl öffentlich, als auch über gegenseitige Rezensionen aus. Die dabei entstandene Kritik an *Hubers* Staatsrechtskonzept wird erst im weiteren Verlauf der Arbeit im Zusammenhang mit der „Verfassung des Großdeutschen Reiches" dargestellt. In diesem Kapitel wird nur ein erster Überblick über die staatsrechtlichen Vorstellungen *Hubers* im Jahr 1934 gegeben.

[736] *Huber*, Die Einheit der Staatsgewalt, in: DJZ 39. Jg. (1934), Sp. 950-960 (950)

[737] *Huber* (unter dem Pseudonym Friedrich Landeck), Staat und Gesellschaft. Bemerkungen zu Hans Freyers „Soziologie als Wirklichkeitswissenschaft", in: Deutsches Volkstum 14. Jg. (1932), S. 299-305

[738] *Huber*, (gez. Friedrich Landeck), Obrigkeit und Volk, in: aaO, S. 682-684

[739] *Schmitt*, Staat, Bewegung und Volk. Die Dreigliederung der politischen Einheit, Hamburg 1933

[740] *Schmitt*, Staat, Bewegung und Volk, S. 22

[741] *Schmitt*, Über die drei Arten rechtswissenschaftlichen Denkens, S. 18f; zur Rezeption durch *Huber*, vgl. *Huber*, Neue Grundbegriffe des hoheitlichen Rechts, in: *Larenz* (Hrsg.)

in „allen wesentlichen Konstruktions- und Organisationslinien des konkreten staatlichen Aufbaus“[742] eine funktionale Identität im staatsorganisatorischen Sinn,[743] die er folgendermaßen auf den Punkt bringen konnte: „Der Staat ist...nicht das, was der Staat des 18. Jahrhunderts war. Er ist als Ganzes ein Organ des Führers der Bewegung.“[744]

Trotz aller Orientierung an den offiziellen Vorgaben der nationalsozialistischen Führung offenbarte *Hubers* Übernahme des Modells aus „Staat“, „Bewegung“ und „Volk“ über den Streit um die Rolle des Staates hinaus, wie unterschiedlich gleichlautende Begriffe akzentuiert wurden. Grundsätzlich musste *Huber* seine anhaltend etatistische Verfassungstheorie auf allen Feldern gegen die programmatische Vorgabe vom „Vorrang des Volkswohls“ verteidigen, da seine „Verfassung“ nur dann allgemeine Akzeptanz erlangen konnte. Dennoch verzichtete er nicht darauf, die staatsrechtliche Ordnung und damit auch den Dreiklang aus „Staat, Bewegung und Volk“ in seinem Sinne zu gestalten. So veränderte *Huber* schon äußerlich die Begriffsreihenfolge in „Volk, Bewegung und Staat“[745]. Darüber hinaus modifizierte er die von *Carl Schmitt* definierte Hierarchie und Teleologie der dreigliedrigen Einheit innerhalb der nationalsozialistischen Herrschaftsordnung aber auch inhaltlich.[746]

Charakteristisch für *Hubers* ersten umfangreicheren Verfassungsentwurf von 1934 war jedoch vor allem, dass er „Totalität“ noch als Wesenszug des deutschen Staates bezeichnete. Später nahm sein Bekenntnis zum totalen Staat ständig ab, bis er den Begriff 1937 schließlich gar nicht mehr verwendete. Damit fand *Hubers* wechselhaftes Verhältnis zum „totalen Staat“, das hier kurz dargestellt werden soll, einen endgültigen Abschluss.

Noch bis 1933 hatte *Huber* es ganz abgelehnt, den Staat als „Selbstorganisation der Gesellschaft“[747] und damit als „totalen Staat“[748] zu bezeichnen. *Huber* stellte im Gegensatz zu *Schmitt* damals noch eine Trennung zwischen Staat und Gesellschaft fest, so dass auch sein Volksstaat nicht als totaler, sondern als autoritärer, auf dem Dualismus von Obrigkeit und Volk beruhender Staat konzipiert worden war.[749] Als die Staatsrechtslehre unmittelbar nach dem Machtwechsel

---

Grundfragen der neuen Rechtswissenschaft, S. 143-188 (143ff); *ders.*, Die deutsche Staatswissenschaft, in: aaO, S. 56ff, 64f

742 *Schmitt*, Staat, Bewegung und Volk, S. 12

743 *Wilms*, Die Staatsrechtslehre im Nationalsozialismus, in: DVBl 115. Jg. (2000) Heft 17, S. 1237-1249 (1241)

744 *Schmitt*, Nationalsozialismus und Rechtsstaat, in: JW 1934, S. 713-718 (716)

745 *Huber*, Die Deutsche Staatswissenschaft, in: aaO, S. 33

746 Siehe dazu die Ausführungen auf den Seiten 173-240 dieser Arbeit.

747 *Schmitt*, Der Hüter der Verfassung, S. 78f

748 Vgl. dazu vor allem folgende Schriften: *Schmitt*, Die Wendung zum totalen Staat, in: Europäische Revue 7. Jg. (1931), S. 241-250; *ders.*, Der Hüter der Verfassung (1931), S. 73-91; *ders.*, Legalität und Legitimität (1932), S. 93ff

749 *Huber*, Obrigkeit und Volk, in: aaO, S. 682f; Siehe dazu die Seiten 128-131 dieser Arbeit.

mehrheitlich versuchte, die neue Staatlichkeit mit Hilfe der Formel vom „totalen Staat" zu erläutern, korrigierte *Huber* seine Terminologie. Er übernahm die Vokabel vom „totalen Staat", da er auf diese Weise die ideologisch vorgegebene Einheit von Führung und Volk konstruieren konnte. Der „totale Staat" bezeichnete jetzt aber nicht mehr die Vergesellschaftung des Staates und den „totalen Staat der Schwäche", sondern erfuhr eine Weiterentwicklung[750], die durch die häufige Verknüpfung mit autoritärem Gedankengut - schon rein sprachlich - Assoziationen zu dem so genannten „totalitären Staat" hervorrief.[751] Die nach 1933 angestrebte Einheit von Staat und Gesellschaft hatte die Selbstorganisation der Gesellschaft genau auf den Kopf gestellt: Die Gleichform von Staat und Gesellschaft erfolgte nicht mehr durch die unbeschränkte Herrschaft des Volkes, sondern aufgrund einer vollständigen Kontrolle von Seiten des Staates.

Die Formel vom „totalen Staat" war für *Huber* 1934 mit zwei Konstanten verknüpft: Die seit der Weimarer Verfassungskrise ungeklärte Verbindung von Führungs- und Volksordnung wurde im Nationalsozialismus verwirklicht, dennoch blieb der Staat das unbestrittene Herrschaftssubjekt. Zustimmung fand *Hubers* Ansicht bei *Ernst Forsthoff*, der nach 1933 den wohl bekanntesten Versuch unternahm, der Lehre vom „totalen Staat" mit seinem gleichnamigen Werk wissenschaftlichen Ausdruck zu verleihen.[752]

Hubers und *Forsthoffs* These von der Suprematie des Staates wurde aber nur so lange von der nationalsozialistischen Führung gefördert, bis ihre Macht unangefochten war und man ihn zur Erlangung der Herrschaft nicht mehr benötigte. Mit Abschluss ihrer Konsolidierung sah die Führung im Staat eine unliebsame Konkurrenz zu der zweiten hoheitlichen Säule, der Bewegung. Daher wurde im Streit um die Bedeutung des Staates jede Unterstützung des „totalen Staates" von den so genannten Parteijuristen argwöhnisch betrachtet und zunehmend offen angeprangert. So warf man *Huber* vor, dass sein Konzept vor allem die „Totalität der äußeren Macht"[753] betonte, das spezifisch Nationalsozialistische aber nicht ausreichend berücksichtigte. Daraufhin entwickelte *Huber* seinen eigenen, den politischen Totalitätsbegriff, und blieb weder bei dem 1931/32 durch *Schmitt* geprägten, noch bei dem 1933/34 durch *Schmitt* und *Forsthoff* fortentwickelten „totalen Staat" stehen. *Huber* suchte auch hier die Überwindung bestehender Gegensätze durch Integration und forderte eine spezifisch nationalsozialistische Form des „totalen Staates", die sich von der „Vielheit

[750] So *Schmitt*, Weiterentwicklung des totalen Staates in Deutschland, in: Europäische Revue 9. Jg. (1933), S. 65-70
[751] *Anderbrügge*, Völkisches Rechtsdenken, S. 120
[752] *Forsthoff*, Der totale Staat, Hamburg 1934
[753] *Huber*, Verfassungsrecht des Großdeutschen Reiches, S. 159

geschichtlicher Typen“[754] abgrenzte. Wie der Staat schlechthin hatte danach auch der „totale Staat“ im Nationalsozialismus deshalb Bestand, weil die Entwicklung zum starren Verwaltungsstaat ausgeschlossen war.[755] Diese Zukunftsfähigkeit bedingt durch politische Totalität sah *Huber* durch das in Deutschland entwickelte spezifische Verhältnis von Volk, Bewegung und Staat gewährleistet.

Politische Totalität bedeutete für *Huber* „dass das politische Lebensgesetz des Volkes alle völkischen Lebensbereiche durchdringt und bestimmt, dass alles Geschehen im Volke auf die gemeinsame geschichtliche Aufgabe ausgerichtet ist. Alle Volksgenossen und alle Sachgebiete werden von dem allgemeinverbindlichen politischen Gesamtwert des Volkes erfasst.“[756] *Huber* stellte also nicht mehr den Staat in den Mittelpunkt, sondern das „politische Lebensgesetz des Volkes“[757], das nur im Führer und der Bewegung Ausdruck erlangen konnte. Mit Hilfe einer Führer und Partei zugewiesenen Vermittlungsfunktion kehrte *Huber* seine Ausgangsposition um.[758] Die Bedeutung des „Staates im engeren Sinne“[759], also des Behördenapparates, wurde zugunsten einer Totalität der Führung eingeschränkt. *Hubers* Relativierung des „totalen Staates“ zugunsten des völkischen Prinzips äußerte sich auch in seiner Wortwahl. So sprach er immer seltener explizit vom „totalen Staat“, sondern verwendete vermehrt Formulierungen wie „Totalität des völkischen Staates“ oder „politische Totalität des Staates“. Mit dem Zusatz „völkisch“ schwächte *Huber* seinen Etatismus ab, ohne sein persönliches Einheitsdenken mit dem Begriff der „Totalität“ zu vernachlässigen.[760] Aus dem „totalen Staat“ im Sinne einer absoluten Herrschaftsordnung wurde über die Totalität des völkischen Lebensgesetzes die Totalität der alles bestimmenden Führung.

Erneut wurde offensichtlich, wie sehr *Huber* darum bemüht war, Gegenpositionen in der Staatsrechtslehre durch Änderung seines Begriffsverständnisses auszugleichen. Von seinen Gegnern, die sich nicht mehr dem Staat, sondern allein der völkischen Idee verpflichtet fühlten, wurde *Hubers* Integrationsbemühen kritisch registriert. *Höhn* begrüßte zwar die Tatsache, dass *Huber* sich bis 1937 vom Begriff des „totalen Staates“ verabschiedet hatte, zweifelte aber da-

---

[754] *Huber*, Die Deutsche Staatswissenschaft, in: aaO, S. 44; *Huber* konkretisierte seine These an anderer Stelle: So sprach er davon, dass gegenüber dem totalen Staat des Absolutismus, dem totalen Staat der Massendemokratie, dem totalen Staat des Bolschewismus und des Faschismus der nationalsozialistische Staat im so genannten völkischen Staat die fünfte Form des totalen Staates darstellte. (*Huber*, Die Totalität des völkischen Staates, in: Die Tat 26. Jg. (1934/35), S. 30-42)

[755] *Huber*, Wesen und Inhalt der politischen Verfassung, S. 38

[756] *Huber*, Die Deutsche Staatswissenschaft, in: aaO, S. 44

[757] *Huber*, Die Deutsche Staatswissenschaft, in: aaO, S. 44

[758] *Anderbrügge*, Völkisches Rechtsdenken, S. 130

[759] *Höhn*, Volk und Verfassung, in: aaO, S. 198

[760] *Walkenhaus*, Konservatives Staatsdenken, S. 235

ran, ob dies tatsächlich auf ein neues Denken zurückzuführen sei. Für *Höhn* war *Hubers* Gedankenführung nicht mehr als eine „dauernde Abwandlung vom totalen Staat",[761] da *Huber* gegen alle Widerstände bis zuletzt dem Staat die Aufgabe zuwies, das natürliche zum politischen Volk zu formen. Folglich war aus Sicht der Kreise um *Höhn* zweifelhaft, wem bei *Huber* die Totalität zukommen sollte, dem Volk oder dem Staat. *Höhn* stellte daher zu Recht fest, dass der totale Staat trotz der äußerlichen Überwindung bei *Huber* noch gegenwärtig war.[762]

2. Die Staatswissenschaft im Studienbetrieb

Da die Einheit von Volk, Staat und Recht nach der nationalsozialistischen Revolution wiederhergestellt war, erkannte *Huber* in der Staatswissenschaft die „politische Wirklichkeitswissenschaft unserer Zeit".[763] Weil ihr Ziel für ihn wiederum darin bestand, alle möglichen Betrachtungsweisen zusammenzufassen, „um den einheitlichen Gegenstand der Staatswissenschaft, die politische Gestalt des Volkes, zu begreifen",[764] prägte das neue Einheitsdenken auch den Inhalt des Studiums. So sollten die Fächer Volk, Staat, Stand, Wirtschaft und Recht aus einer Gesamtschau normativer, soziologischer, philosophischer und historischer Betrachtungen erschlossen werden.

Betrachtet man den von *Huber* entwickelten Fächerkanon, fällt eine verblüffend hohe Übereinstimmung mit dem von *Karl August Eckhardt* erstellten und im Januar 1935 verkündeten Studienplan auf. *Eckhardts* Neuordnung sah vor, dass die alte Einteilung des Lehrstoffs in große Fächer zugunsten der Rubriken: Geschichte, Volk, Stände Staat, Rechtsverkehr, Rechtsschutz, außerstaatliches Recht, Rechtsphilosophie und Wirtschaftswissenschaft für Juristen aufgegeben wurde.[765] Erklären kann man sich diese Kongruenz mit der gemeinsamen Zugehörigkeit *Hubers* und *Eckhardts* zur Kieler Schule, die auch eine fachliche Nähe zur Folge hatte. Entscheidend für die Übereinstimmung war jedoch die für *Huber* maßgebliche Methode der staatswissenschaftlichen Betrachtung, das von *Carl Schmitt* entwickelte konkrete Ordnungs- und Gestaltungsdenken. Denn genau wie die oberste Ordnung „Staat" waren alle anderen Fächer der Staatswissenschaft ebenfalls konkrete Ordnungen im Sinne dieser Methode. Da auch *Eckhardt* seinen Entwurf auf diese Basis stellte, konnte das Ergebnis nur sehr ähnlich sein.

---

761 *Höhn*, Volk und Verfassung, in: aaO, S. 216
762 *Höhn*, Volk und Verfassung, in: aaO, S. 217
763 *Huber*, Die Deutsche Staatswissenschaft, in: aaO, S. 64
764 *Huber*, Die Deutsche Staatswissenschaft, in: aaO, S. 64
765 *Nehlsen*, Nachruf auf Karl August Eckhardt, in: SavZRG (germ. Abt.) Bd. 104 (1987), S. 497-536 (504f)

II. Verfassungsrecht des Großdeutschen Reiches (1939)

1. Die Entstehung der völkischen Verfassung

a. Verfassungsgeschichtliche Grundbegriffe

Die Verfassung ist nach unserem gegenwärtigen Verständnis die rechtliche, nicht notwendig schriftlich kodifizierte Grundordnung eines Gemeinwesens. Durch sie wird das bis zu ihrem Erlass noch nicht systematisierte Nebeneinander von Bevölkerung, Herrschaftsstruktur und Gebiet zu einem verbindlichen Zusammenwirken vereint.[766] Der heute gebräuchliche Begriff ist das Ergebnis einer langen Verfassungsentwicklung, die bedingt durch das Verhältnis zwischen Staat, Volk und Recht ganz unterschiedliche Stufen durchlaufen hat. Um *Hubers* Verfassungsverständnis beleuchten zu können, ist es notwendig, sich jene Entwicklung kurz zu vergegenwärtigen, denn *Huber* forderte weit mehr als eine bloße Abkehr vom Weimarer Verfassungsbegriff. Kennzeichnend für ihn war, dass er bewusst an längst überholte Verfassungstraditionen anknüpfte. Die von ihm erdachte Grundordnung sollte dadurch nicht nur den Bedürfnissen des nationalsozialistischen Führerstaates dienen, sondern war auch Ausdruck seines historisch-philosophisch geprägten Rechtsverständnisses.

Als in Nordamerika und Frankreich zwei erfolgreiche Revolutionen im 18. Jahrhundert zum Erlass moderner Konstitutionen führten, verstand man in Deutschland unter „Konstitutionen“ noch ein vom Kaiser erlassenes Gesetz, ohne dass es dabei auf dessen Bedeutung oder Gegenstand ankam. Normen, die die Herrschaftsausübung regelten, hießen stattdessen „Grundgesetze“ oder „leges fundamentales“. „Verfassung“ wurde nicht als normativer, sondern als empirischer Begriff benutzt, der lediglich auf den Zustand, „die Verfassung“, eines Staates hinwies. Später entledigte diese sich ihrer nicht-juristischen Bestandteile und beschrieb nur noch den rechtlichen Status eines Staates. Nach dem Übergang zum modernen Konstitutionalismus entwickelte sich die Verfassung zu einem Gesetz, das die Einrichtung und Ausübung staatlicher Herrschaft regelte. Der Verfassungsbegriff wurde dabei zunehmend normativ aufgeladen und ideologisiert. Nur eine Ordnung, die bestimmte formale und inhaltliche Qualitäten aufwies, galt danach noch als „Verfassung“. Dieser juristisch verengte Verfassungsbegriff blieb aber nicht unangefochten. Nach der Konsolidierung des Verfassungsstaates wandte man den Blick wieder auf die hinter der rechtlichen Verfassung liegenden Bestimmungsfaktoren, da das Verfassungsgesetz die mit ihm verbundenen Erwartungen nicht erfüllte. So rückte während der Weimarer Republik das Verhältnis zwischen juristischer und der politisch-sozialen Verfas-

[766] *Schmidt-Jortzig*, Entstehung und Wesen der Verfassung des „Großdeutschen Reiches“, in: *Säcker* (Hrsg.), Recht und Rechtslehre im Nationalsozialismus, S. 71-87 (72)
Ebenfalls abgedruckt in: Verwaltungsrundschau 7. Jg. Heft 2 (1991), S. 37-43

sung wieder in das Zentrum der staatsrechtlichen Diskussion, bis im Nationalsozialismus allen formell-normativen Verfassungen ihre Verbindlichkeit versagt wurde.[767]

b. Die Verfassung nach 1933

Jede Untersuchung der Verfassung des Dritten Reiches erfordert zunächst eine Verständigung darüber, was man tatsächlich als „die Verfassung" bezeichnen konnte. Denn nach der Machtergreifung wurde eine geschriebene Grundordnung zwar mehrfach angekündigt,[768] aber niemals wirklich in Kraft gesetzt. Grundsätzlich hatte man also davon auszugehen, dass die Weimarer Reichsverfassung weitergalt, da diese lediglich in einigen, wenn auch wesentlichen Teilen förmlich aufgehoben worden war. Damals wie heute stritten die Staatsrechtslehrer darüber, ob dieses formale Argument aufgrund der verfassungsrechtlichen Realität im Nationalsozialismus nicht leer laufen musste.

So wurde teilweise vertreten, die Weimarer Reichsverfassung habe ihre Geltung bewahrt, soweit sie nicht ausdrücklich in dem von ihr vorgesehenen Verfahren nach Art. 76 WRV beseitigt worden sei. Da die staatliche Umgestaltung entweder über Verfassungsänderungen (Art. 76 WRV) oder aufgrund des Ermächtigungsgesetzes vom 24. März 1933 erfolgte, stünde die nationalsozialistische Revolution der alten Verfassung grundsätzlich nicht entgegen, diese sei daher unverändert in Kraft.[769]

Eine andere Meinung suchte die Lösung im Begriff der „Verfassungsüberlagerung". Damit war gemeint, „dass gleichzeitig zwei völlig verschiedene Verfassungsschichten nebeneinander in Geltung stehen", wobei die neue nationalsozialistische Verfassung die alte Weimarer Verfassung immer stärker überdeckte und ausschaltete.[770]

Huber selbst lehnte jede formale Argumentation und folglich auch die These von dem Fortbestand der alten Rechtsordnung entschieden ab. Wer aus der Le-

---

[767] *Grimm*, Verfassung (II.): XVII. Entwicklungsrichtung - XXI. Ausblick, in: *Brunner*; *Conze*; *Koselleck* (Hrsg.), Geschichtliche Grundbegriffe. Historisches Lexikon zur politisch-sozialen Sprache in Deutschland Bd. VI, S. 863-898 (863-875)

[768] Vgl. *Hitlers* RegErkl. v. 23.03.1933 (2. Stzg. des 8. RT., StenB Bd. 457, S. 27 C); Ansprache am 30.01.1934 (2. Stzg. des 9. RT, StenB Bd. 458, S. 12 C); Rede am 30.01.1937 (RstAnz. v. 01.02.1937, Nr. 25, S. 2ff und Erste Beilage, ebd. S. 3). Aus: *Schmidt-Jortzig*, Entstehung und Wesen der Verfassung des „Großdeutschen Reiches", in: aaO, S. 80 Fn. 34; Verweis auch bei: *Dreier*, Die deutsche Staatsrechtslehre in der Zeit des Nationalsozialismus, in: VVDStRL Heft 60 (2000), S. 9-72 (32 Fn. 111); Stern, Das Staatsrecht der Bundesrepublik Deutschland Bd. V, S. 812, zeitgenössisch: *Huber*, Verfassungsrecht des Großdeutschen Reiches, S. 57

[769] *Lobe*, Das richterliche Prüfungsrecht und die Entwicklung der gesetzgebenden Gewalt im neuen Reich, in: AöR Bd. 67 (1937), S. 194-220 (S. 197)

[770] *Walz*, Das Ende der Zwischenverfassung, S. 45ff

galität der nationalsozialistischen Revolution schloss, dass die Weimarer Verfassung noch galt, dachte für ihn nach den Gesetzen des überholten Positivismus und Normativismus.[771] Die Verfassungsmäßigkeit eines Gesetzes oder einer Maßnahme ergab sich für *Huber* aus der Legitimität, der inneren Rechtfertigung. Die Geltung einer Verfassung durfte sich daher nicht allein danach bemessen, dass es an ihrer förmlichen Aufhebung fehlte. Um zu ermitteln, welche Teile der Weimarer Verfassung überhaupt noch in Kraft sein konnten, trennte *Huber* wieder Legalität und Legitimität. Anschließend beurteilte er ihr Fortgelten daran, ob sie tatsächlich noch Ausdruck der politischen Grundordnung war und wie sich die aktuelle Situation darstellte.

Der von den Nationalsozialisten seit dem gescheiterten Putschversuch vom 9. November 1923 eingeschlagene Legalitätskurs bedeutete für *Huber* „keine innere Anerkennung des bestehenden Systems". Jene instrumentalisierte Legalität meinte nur „die äußere Beachtung einer Rechtsordnung, die rein formale Einfügung in einen gegebenen juristischen Rahmen."[772] Um seine These zu stützen, berief sich *Huber* auch auf die bekannte Aussage *Hitlers* im Ulmer Reichswehrprozess: „...Die Verfassung schreibt uns nur die Methoden vor, nicht aber das Ziel..."[773]

Auch nach 1933 erkannte *Huber* in der Politik keinerlei Kontinuität zu der Weimarer Reichsverfassung, sondern er warnte davor, die bloßen Legalitätsbehauptungen mit tatsächlicher Legalität zu verwechseln. Konsequenterweise lehnte *Huber* auch die Bezeichnung „Ermächtigungsgesetz" für das „Gesetz zur Behebung der Not von Volk und Reich" vom 24. März 1933 kategorisch ab. Denn staatsrechtlich verstand man unter einem Ermächtigungsgesetz ein Ausnahmegesetz, das „in Notzeiten der Regierung das Recht gebe, an Stelle der gesetzgebenden Körperschaften gesetzesvertretende Verordnungen zu erlassen."[774] Bei dem Gesetz vom 24. März 1933 handelte es sich für *Huber* aber nicht um eine vorübergehende Verfassungsdurchbrechung, sondern um das Kernstück einer neuen, werdenden Verfassung des Dritten Reiches, für das *Huber* den Begriff „Reichsführungsgesetz" vorschlug.[775] Der Name „Ermächtigungsgesetz" suggerierte dagegen nur eine nicht gegebene Unberührtheit der Weimarer Ver-

---

[771] So beispielsweise *Schmidt-Jortzig*, der davon spricht, dass die materielle Perspektive nicht mit der formellen vermengt werden dürfe. Trotz aller ausdrücklichen Änderungen, stillschweigenden Durchbrechungen und dem Ermächtigungsgesetz habe die Reichsverfassung als solche bis zur Übernahme der Hoheitsgewalt durch die Besatzungsmächte 1945 weiterbestanden (*ders.*, Entstehung und Wesen der Verfassung des Großdeutschen Reiches, in: aaO, S. 76f).

[772] *Huber*, Verfassungsrecht des Großdeutschen Reiches, S. 30f

[773] *Hitler* am 25.09.1930, in: *Huber*, Verfassungsrecht des Großdeutschen Reiches, S. 32

[774] *Huber*, Verfassungsrecht des Großdeutschen Reiches, S. 48

[775] *Huber*, Verfassungsrecht des Großdeutschen Reiches, S. 48f

fassung und wollte an alte, tatsächliche Ermächtigungsgesetze anknüpfen[776], ohne dass in der Sache Vergleichbarkeit gegeben war.

Wie bemerkenswert offen *Huber* die nationalsozialistische Legalitätspolitik entlarvte, wird an anderer Stelle deutlicher. In Bezug auf die Reichstagssitzung vom 23. März 1933 stellte *Huber* grundsätzlich in Frage, ob die Zusammensetzung des Reichstages überhaupt den Vorgaben des Art. 76 WRV entsprochen habe.[777] Neben allen Verweisen auf die Verfassungswirklichkeit entzog *Huber* damit auch den formalen Argumenten jeden Boden.[778]

Entscheidend für den Untergang der Weimarer Reichsverfassung blieb für *Huber* aber, dass die Weimarer Reichsverfassung schon kurz nach der nationalsozialistischen Machtergreifung keine allgemeine Geltung mehr beanspruchen konnte. Sie war bereits aufgehoben, als die tragenden Prinzipien der liberaldemokratischen Grundordnung[779] durch die neuen Grundsätze der völkischen Verfassung, also völkische Einheit und Ganzheit, Bewegung und Führung, ersetzt wurden.[780] Bei der Bestimmung dieses Moments legte sich *Huber* auf einen vergleichsweise frühen Zeitpunkt fest.[781] „Als der Reichspräsident *v. Hindenburg* die Führung der Reichsregierung in die Hand *Adolf Hitlers* gelegt hatte und als das Volk sich in seiner Mehrheit zu dieser Entscheidung bekannte (am

---

[776] So z.B. das Reichsgesetz zur Durchführung der Waffenstillstandsverhandlungen vom 01.03.1919 (RGBl. I S. 257) oder das Erste Reichs-Ermächtigungsgesetz vom 13.10.1923 (RGBl. I S. 943) Weitere Beispiele bei *Stern*, Das Staatsrecht der Bundesrepublik Deutschland Bd. V, S. 672

[777] So auch *Meinck*, Die nationalsozialistische Machtergreifung und die deutsche Staatsrechtswissenschaft, in: DuR 1979, S. 153-162 (157)

[778] Zwar lehnte *Huber* damit nicht nur das Fortgelten der WRV, sondern auch die nationalsozialistische Theorie der „legalen Revolution" ab. Die Verfassungsmäßigkeit des „Reichsführungsgesetzes" und der Nationalsozialistischen Revolution stellte *Huber* dagegen nicht in Frage: „Nach den Grundsätzen der neuen Verfassungsordnung aber war es eine Selbstverständlichkeit, daß Kommunisten nicht im Deutschen Reichstag sitzen konnten." (*Huber*, Verfassungsrecht des Großdeutschen Reiches, S. 42)

[779] Dazu zählte *Huber* Demokratie, Liberalismus, Parlamentarismus, Parteienstaat, Föderalismus, Gewaltenteilung und den bürgerlichen Rechtsstaat (*ders.*, Verfassungsrecht des Großdeutschen Reiches, S. 51).

[780] *Stolleis* argumentiert ebenfalls mit den „Kernstücken" der Verfassung, die durch die Reichstagsbrandverordnung und dem Ermächtigungsgesetz aus der Verfassung herausgebrochen worden seien. Damit waren für ihn sowohl die rechtlich gesicherte Distanz zwischen Staat und Bürger, als auch der Parlamentarismus aufgehoben, so dass von einem Weitergelten der Reichsverfassung nicht mehr gesprochen werden konnte (*ders.*, Geschichte des öffentlichen Rechts in Deutschland Bd. III, S. 316).

[781] Sieht man den Untergang der Weimarer Verfassung mit dem Abschluss der nationalsozialistischen Machtergreifung vollendet, so werden verschiedene Daten vorgeschlagen: Anfang Juli 1933 (Aussage *Hitlers*), 12. November 1933 (Volksentscheid), Ende Juni 1934 (*Röhm*-Putsch), 2. August 1934 (Tod *Hindenburgs*) und das Ermächtigungsgesetz vom 24.03.1933 (*Dannemann*, Legale Revolution, Nationale Revolution, in: *Böckenförde* (Hrsg.), Staatsrecht und Staatsrechtslehre im Dritten Reich, S. 3-23 (5)).

5. März 1933, der Verf.), war die Weimarer Verfassung tot."[782] Das bedeutet nicht, dass für *Huber* gar keine Normen der Weimarer Reichsverfassung mehr Anwendung fanden. Sie galten jedoch nicht kraft Weitergeltens, sondern durch Rezeption.[783]

Huber ging es bei seiner Einschätzung nicht darum, alle Regelungen der Weimarer Reichsverfassung außer Kraft zu sehen. Im Gegensatz zu anderen Staatsrechtlern versuchte er aber auch nicht, Kontinuitäten aufrecht zu erhalten, die in der Realität nicht mehr gegeben waren. Keine Aussicht auf Übernahme in die neue Grundordnung hatten bei *Huber* daher die Grundprinzipien der alten Reichsverfassung, die schon vor 1933 Gegenstand seiner Kritik waren. Diese sah er durch die nationalsozialistische Revolution endgültig aufgehoben, so dass seinem materiellen Verfassungsverständnis zufolge die ganze Reichsverfassung außer Kraft gesetzt war.

Hubers Beurteilung der Verfassungslage ist meines Erachtens konsequent, da die nationalsozialistische Machtübernahme einen vollständigen Bruch im deutschen Staatsrecht bewirkte. Ihr demonstrativer Legalitätskurs diente nur der Zerstörung des Staates, der die alten Gesetze erlassen hatte. Von der Reichsverfassung fanden allein die Normen noch Anerkennung, die entweder zu der Aufrechterhaltung des Regierungsbetriebes unerlässlich waren, oder dem neuen Regime nutzten.[784] Denn die selektive Arbeit der nationalsozialistischen Verfassungsgebung beschränkte sich darauf, lediglich solche Gesetze zu verabschieden, die materiell verfassungsrelevante Gebiete wie Gesetzgebungskompetenz, Staatssymbole, innerstaatliche Gliederung, Staatsangehörigkeit, Wehrhoheit, Gebietsstand oder politische Parteien betrafen.[785] Folglich wurden die Bereiche, die der Machtentfaltung und Machtsicherung dienten,[786] durch so genannte „Grundgesetze"[787] positivrechtlich geregelt, während man sich ansonsten von

---

[782] *Huber*, Verfassungsrecht des Großdeutschen Reiches, S. 52

[783] Vgl. zu der durch die „nationalsozialistische Revolution" geschaffenen neuen Verfassungsgrundlage: *Schmitt*, Staat, Bewegung, Volk, S. 6f; *Poetzsch-Heffter* in Zusammenarbeit mit *Ule* und *Dernedde*, Vom Deutschen Staatsleben (vom 30. Januar bis 31. Dezember 1933), in: JöR Bd. 22 (1935), S. 1-272 (10); *Scheuner*, Die nationale Revolution. Eine staatsrechtliche Untersuchung, in: AöR Bd. 63 (1933), S. 166-220, 261-344 (167); *Koellreutter*, Vom Sinn und Wesen der nationalen Revolution, S. 10; *Tatarin-Tarnheyden*, Werdendes Staatsrecht, S. 5

[784] *Horneffer*, Das Problem der Rechtsgeltung und der Restbestand der Weimarer Verfassung, in: ZgesStW 99 (1939), S. 148-178 (177f)

[785] *Stern*, Das Staatsrecht der Bundesrepublik Deutschland Bd. V, S. 846

[786] Auflistung bei *Stern*, Das Staatsrecht der Bundesrepublik Deutschland Bd. V, S. 812f; *Huber*, Verfassungsrecht des Großdeutschen Reiches, S. 55f

[787] *Huber*, Verfassungsrecht des Großdeutschen Reiches, S. 55
In diesen Grundgesetzen erkannte *Huber* eine nähere Ausgestaltung der ungeschriebenen Verfassung. Auch hierin ist ein begriffliches Aufgreifen der Geschichte zu sehen, da „Grundgesetze" die Ausübung der Herrschaft regelten, als die „Verfassung" noch eine rein empirische Bedeutung hatte. Siehe dazu die Seiten 155f dieser Arbeit.

den Erfordernissen des Augenblicks lenken ließ, ohne nach einem bestimmten System zu handeln.

Die tatsächliche Verfassungsordnung wurde erst durch weitere Entscheidungen und Fakten herausgeformt. Allein die Gesamtschau aller für das reale Staatsleben grundlegenden Normen, die mit dem nationalsozialistischen Führerstaat vereinbar waren, bildete die „Verfassung" des Dritten Reiches.

Damit trat die Idee eines materiellen Verfassungsbegriffs an die Stelle einer formalen Grundordnung.[788] Eine einheitliche, geschriebene Verfassung, die bedeutende liberale Errungenschaft des 19. Jahrhunderts, war im Nationalsozialismus nicht mehr erwünscht. Formale Kriterien wie Schriftlichkeit, die Vertrags- oder Gesetzmäßigkeit und ihre erschwerte Abänderbarkeit galten als nicht mehr zeitgemäß. Sie wurden, wie der Positivismus überhaupt, vom neuen, ganzheitlichen Rechtsdenken abgelöst. Auch *Huber* bezog sich fortan nur noch auf die Verfassungswirklichkeit. Allein diese blieb für ihn ausschlaggebend und wurde der Verfassungsform, die stets lückenhaft und mangelhaft bleiben musste, entgegengestellt. Nicht die politische Wirklichkeit passte sich der Verfassung an, sondern die Verfassung reflektierte lediglich das, was sich institutionell und ordnungsmäßig bereits verfestigt hatte: „Eine solche Verfassung, die den aktiven Einsatz des Volkes im Staate ermöglichen soll, kann nicht erdacht und konstruiert werden, sondern muss aus dem Volk selber erwachsen....Nicht ein selbsterdachtes Werk, sondern die eigene Natur des Volkes soll in der Verfassung erscheinen."[789]

Für *Huber* entwickelte sich die Verfassung eines Volkes selbständig im Verlauf der Geschichte. Jedes Volk besaß danach die Verfassung, die ihm gebührt. Mit solchen Thesen kehrte *Huber* zu dem eigentlich überwundenen Verständnis einer Verfassung als „Zustandsbeschreibung" zurück. Ihre liberale herrschaftsbegrenzende Funktion wurde den nationalsozialistischen Erfordernissen nicht mehr gerecht. Konsequenterweise wirkte auch der formale Akt der Verfassungsgebung rein deklaratorisch: „Die geschriebene Verfassungsurkunde, wie sie in Volksabstimmungen oder parlamentarischen Beschlüssen, in Vereinbarungen zwischen Fürst und Volksvertretung oder in einseitigen Anordnungen des Souveräns in Erscheinung tritt, ist nur ein äußerer und nachträglicher Niederschlag einer Ordnung, die bereits in allen Grundzügen vorher geschaffen und befestigt war. Die Verfassung darf nicht als Gemachtes angesehen werden, denn sie ist vielmehr das schlechthin an und für sich Seiende".[790] Für *Huber* war damit nicht nur Haben oder Nicht-Haben einer Verfassung der individuellen Bestimmung entzogen, auch deren Inhalt konnte nicht beliebig sein. Vordenker jenes Verfas-

---

[788] *Wilms*, Die Staatsrechtslehre im Nationalsozialismus, in: DVBl. 2000 Heft 17, S. 1237-1249 (1243)

[789] *Huber*, Friedrich Christoph Dahlmann und die deutsche Verfassungsbewegung, S. 16f

[790] *Huber*, Vom Sinn der Verfassung, S. 5

sungsverständnisses war wiederum *Hegel*. In dessen Staat als sittlichem Gemeinwesen konnte auch die Verfassung nicht vom Willen der Individuen abhängen. Sie war das Ergebnis einer geschichtlichen Entwicklung[791] und nicht von Zufälligkeiten.[792]

Der Einfluss der Geschichte auf die Verfassungsentstehung erschöpfte sich bei *Huber* aber nicht darin, die Verfassung als Abschluss einer abstrakten Entwicklung zu sehen. *Huber* verstand Geschichte genau wie *Hegel* als einen gerichteten Prozess, an dessen Endpunkt die Selbstfindung des Volkes steht: „Alle äußere politische Gestaltung, jede rechtliche Formung insbesondere ist nur eine Strecke auf dem Weg des einen, Zeiten und Geschlechter überdauernden Volkes zu sich selbst.“[793] So musste das Werden der Verfassung auch zwangsläufig in der völkischen Verfassung des Dritten Reiches enden, war diese für *Huber* doch „die ungeschriebene lebendige Ordnung, in der die politische Gemeinschaft des deutschen Volkes ihre Einheit und Ganzheit findet.“[794] *Huber* begriff die Geschichte des deutschen Volkes als eine Sehnsucht nach Einheit, verwirklicht durch und nicht gegen den Staat. Wurde die Weimarer Reichsverfassung bis 1933 noch als Ursache aller Fehlentwicklungen beschrieben, so erschien sie jetzt als notwendiges Zwischenstadium hin zu der erlösten Gegenwart. Dieses Einswerden wurde für *Huber* durch den völkischen Staat und seine Verfassung gewährleistet, die Geschichte als kontinuierliche Höherentwicklung erreichte damit nach 1933 einen Endzustand.[795]

Den historischen Prozess der Vollendung der völkischen Verfassung verdeutlichte *Huber*, indem er die Überwindung verschiedener Verfassungsbegriffe als zwingende Notwendigkeit darstellte. So verurteilte er den juristischen Verfassungsbegriff als „formale und technische Verfassungsjurisprudenz“, die die Verfassung zu einer „Sollensordnung“ degradierte, die „ohne Rücksicht auf die politischen Kräfte und Verhältnisse der Wirklichkeit besteht“[796]. Eine solche Verfassung war für *Huber* nur starre, statische Norm, die von der dynamischen Wirklichkeit unberührt blieb und nicht wirkliche Ordnung eines lebenden und sich entwickelnden Volkes sein konnte. *Kelsen*, der den sich nur unbedeutend

[791] *Hegel*, Grundlinien der Philosophie des Rechts, §§ 273, 274, S. 224-225
[792] *Grimm*, Verfassung II: XIX. Die Zeit der Verfassungskämpfe, in: *Brunner*; *Conze*; *Koselleck*, Geschichtliche Grundbegriffe Historisches Lexikon zur politisch-sozialen Sprache in Deutschland Bd. VI., S. 875-886 (881)
[793] *Huber*, Der Volksgedanke in der Revolution von 1848, in: ZgesStW 99 (1938/39), S. 393-439 (394)
[794] *Huber*, Verfassungsrecht des Großdeutschen Reiches, S. 55
[795] *Lübbe*, Die deutsche Verfassungsgeschichtsschreibung unter dem Einfluss der nationalsozialistischen Machtergreifung, in: *Stolleis*; *Simon* (Hrsg.), Rechtsgeschichte im Nationalsozialismus, S. 63-78 (72f)
[796] *Huber*, Wesen und Inhalt der politischen Verfassung, S. 20f

von den Vorstellungen des „alten Positivismus“[797] absetzenden juristischen Verfassungsbegriff eingeführt hatte, wurde damit folgerichtig zum typischen Vertreter des angeprangerten Trennungsdenkens.

Obwohl *Huber* der Verfassungsnorm grundsätzlich die Verfassungswirklichkeit entgegenstellte und darauf verwies, dass nur aus der tatsächlich gegebenen Verfassungslage die Verfassungsordnung entnommen werden kann, kritisierte er beim soziologischen Verfassungsbegriff den „völlig wertfreien und voraussetzungslosen Charakter der Verfassungssoziologie“[798]. Danach kam es ihr lediglich auf das Dasein und Sosein geschichtlicher Bewegungen und sozialer Mächte an, eine positive oder negative Wertung wurde aber nicht vorgenommen. Die von der Verfassungssoziologie geschilderte Wirklichkeit war für *Huber* daher keine sinnvolle Wirklichkeit, sondern ein zusammenhangloses Neben- und Gegeneinander faktischer Kräfte. Die Verfassung im soziologischen Sinn konnte aus diesem Grund auch keine Ordnung sein. Sie beschrieb nur dauernde Bewegung und reine Dynamik ohne dabei Stabilität, unbestrittene Grundsätze und feste Formen zu garantieren.[799] Während die Weimarer Verfassungsordnung noch über die Verfassungswirklichkeit ausgehebelt werden sollte, war der soziologische Denkansatz mit seiner wertfreien Beschreibung der reinen Dynamik für *Huber* inakzeptabel. Die Verfassung sollte zwar in ständiger Bewegung sein, aber dennoch Rechtsordnung bleiben.

Auch *Rudolf Smends* Integrationstheorie konnte für *Huber* nur Durchgangsstadium auf dem Weg zur völkischen Verfassung sein. Zwar habe *Smends* Ansatz viel dazu beigetragen, „die erstarrte positivistische und normativistische Verfassungstheorie zu beseitigen“[800], dennoch sei er ungeeignet gewesen, die Grundlage der neuen Verfassungstheorie zu bilden. Auch bei *Smend* bemängelte *Huber*, dass dessen Verfassungsvorstellungen zu sehr an reiner Dynamik, an Werden und Vergehen des Staates ausgerichtet waren. *Huber* warf *Smend* vor, seine Verfassung verkomme zu einer geistigen Vorstellung, einem Erlebnisinhalt, der mit der existentiellen Wirklichkeit nichts mehr gemein hatte. Gerade in Abgrenzung zu *Smend* verdeutlicht sich *Hubers* Verfassungsverständnis. Für ihn wurzelte die Verfassung in einer politischen Idee, die jedem Volk eigen ist. Es galt, die „rein organisatorischen Begriffe der Verfassungslehre zu überwinden und ihr eine neue Fülle, einen neuen wesenhaften Gehalt zu geben“[801] ohne aber „den Verfassungsbegriff auf Bewegung und Geist zu reduzieren“. Die Verfassung blieb für *Huber* festgefügte Ordnung, die die politische Einheit umschließt.

---

[797] vgl. *Hubers* Auseinandersetzung mit *von Gerber*, *Laband* und *Jellinek* in: *Huber*, Wesen und Inhalt der politischen Verfassung, S. 20

[798] *Huber*, Wesen und Inhalt der politischen Verfassung, S. 23

[799] *Huber*, Wesen und Inhalt der politischen Verfassung, S. 22f

[800] *Huber*, Wesen und Inhalt der politischen Verfassung, S. 24

[801] *Huber*, Wesen und Inhalt der politischen Verfassung, S. 26

Neben den von der Wissenschaft hervorgebrachten Verfassungsmodellen überwand *Huber* auch die realen Verfassungen des Kaiserreichs und der Weimarer Republik. So sah er die Verfassung von 1871 in eine reine Herrschaftsordnung abgeglitten, die sich nur auf Organisation, Zuständigkeit und Staatstechnik beschränkte. Folge dieser Einseitigkeit war für *Huber*, dass der Staat zu einem sinnentleerten Apparat wurde, und die Verfassung als bloßes Organisationsgrundgesetz den entscheidenden Angriffspunkt für die politischen Bestrebungen des Bürgertums im 19. Jahrhundert bildete.[802]

Die Weimarer Reichsverfassung begriff *Huber* als das Ergebnis des vergeblichen Versuches, demokratische, liberale, nationale und soziale Verfassungsprinzipien miteinander zu vereinen. Danach schlossen sich jene Elemente entweder gegenseitig aus oder verkamen zu Lippenbekenntnissen. Denn wie sollte der Einzelne zugleich konstituierendes Element des Staates sein (demokratisches Prinzip) und Freiheit vom Staat genießen (liberaler Ansatz) ? Nationale und soziale Gedanken standen für *Huber* wiederum in auffallendem Gegensatz zur Verfassungswirklichkeit. Daher konnte sich die Zusammenlegung differierender Verfassungselemente niemals zu einem sinnvollen Ausgleich verschiedener Interessen entwickeln, sondern mutierte zu einem Wirrwarr, dem Gegenteil einer wirklichen Verfassung. Für *Huber* wurden damit alle bis dahin geltenden Verfassungsbegriffe durch die nationalsozialistische Machtergreifung überwunden. Die Verfassungsentwicklung hatte ihr Ziel erreicht, sie brachte die „völkische Verfassung" hervor, die die ersehnte Einheit zwischen Volk und Staat verwirklichen sollte.

c. Der politische Verfassungsbegriff

Die übersichtsartige Ablehnung überkommener Verfassungsbegriffe hatte bei *Huber* eine doppelte Zielrichtung. Es ging ihm nicht nur darum, die völkische Verfassung als Weiterentwicklung der monarchischen oder republikanischen Verfassungstradition darzustellen. Die Kritik an längst erledigten Wissenschaftsmodellen hatte noch eine ganz andere Intention, die Auseinandersetzung mit den Vertretern eines grenzenlosen Bewegungsstaates,[803] denen jede rechtliche Bindung hinderlich erschien.

Huber positionierte seinen „politischen Verfassungsbegriff"[804] in einer Mittelstellung zwischen der notwendigen Entformalisierung des Rechtsdenkens auf der einen Seite - deshalb der Angriff auf *Kelsen* - und der Zurückdrängung eines allzu dynamischen, dem Einfluss gesellschaftlicher Interessen sich feil bietenden Rechtsverständnisses auf der anderen Seite; daher die Zurückweisung

[802] *Huber*, Wesen und Inhalt der politischen Verfassung, S. 27ff
[803] So z.B. *Reinhard Höhn*, Volk und Verfassung, in: DRW Bd. 2 (1937), S 193-218 (193ff)
[804] *Huber*, Wesen und Inhalt der politischen Verfassung, S. 5; *ders.*, Vom Sinn der Verfassung, S. 6

des soziologischen Verfassungsbegriffs. Für *Huber* blieb die Verfassung eine rechtliche Ordnung. Diese konnte zwar nicht mehr auf Gesetze begrenzt werden, entfaltete dennoch in gleichem Maße Bindungswirkung. Den Vertretern, die in der Verfassung nur noch eine politische Ordnung sehen wollten, warf *Huber* vor, zwischen Recht und Politik zu trennen und damit an Unterscheidungen einer überwundenen Zeit anzuknüpfen.[805] Im Gegensatz dazu versuchte *Huber* mit seinem Verfassungsbegriff, die Aufhebung der Gegensätze zwischen abstrakter Norm und konkreter Wirklichkeit zu erreichen.

Seine Ablehnung eines rein dynamischen Verfassungsbegriffs wurde im Dritten Reich aber nur dann anerkannt, solange er der nationalsozialistischen Herrschaftsausübung innerhalb seiner „Verfassung" genug Bewegungsraum ließ. Nichts wäre dem Führerstaat mehr missfallen, als eine rechtliche Bindung seiner eigenen Macht durch geschriebene oder ungeschriebene Normen. *Hitlers* Ankündigung,[806] dass es Ziel nationalsozialistischer Politik sei, die politische Grundordnung des Volkes in einer Verfassungsurkunde abzuschließen, war gerade vor jenem Hintergrund reine Beruhigungstaktik. Bereits 1935 verbot *Hitler* ausdrücklich alle weiteren Diskussionen über künftige Organisationsformen des Reiches[807] und stellte gleichzeitig den Verzicht der Engländer auf eine geschriebene Verfassung als vorbildlich dar.[808] Denn jede auch noch so weit gefasste schriftliche Grundordnung hätte zu einer Kontrollierbarkeit der Machtausübung geführt. Genau das war aber nicht erwünscht, die Willkür des nationalsozialistischen Führerstaates brauchte rechtliche Ungebundenheit.[809]

---

[805] *Huber*, Vom Sinn der Verfassung, S. 6

[806] Siehe Seite 156, Fn. 768 dieser Arbeit.

[807] Hinweise auf von *Hitler* angeordnete Diskussionsverbote in Reichsreformfragen lassen sich aus den Akten des Bundesarchivs entnehmen: vgl. Runderlass der RuPrMdI vom 27.12.1935, Rede des Reichsinnenstaatssekretärs *Stuckart* vor den Mitgliedern der Akademie für Deutsches Recht vom 14.05.1936 (abgedruckt in: Deutsches Nachrichtenbüro, 3. Jg. Nr. 631); Schreiben des Leiters der NSDAP-Parteikanzlei *Bormann* an den Reichsminister und Chef der Reichskanzlei *Lammers* vom 15.11.1941 betreffend die Erörterung von Fragen der gebietlichen Reichsreform, in: Bundesarchiv Akte R 43 II/494 a, Bl. 158ff. (*Bachnick*, Die Verfassungsreformvorstellungen im nationalsozialistischen Deutschen Reich und ihre Verwirklichung, S. 20 insbes. Fn. 7).

[808] *Hitlers* unzutreffender Meinung nach gründete sich der Verfassungszustand Englands auf absichtsvolle Überlegungen gerissener Politiker. Er war für ihn ein kluger Kunstgriff, um jederzeit beliebig nach den Erfordernissen des Augenblicks verfahren zu können. Dieses „Recht zu Willkür" (so der ehemalige Hamburger Gauleiter *Albert Krebs*, in: *Diehl-Thiele*, Partei und Staat im Dritten Reich, S. 128) gefiel ihm, und er machte aus seinem Willen zur Nachahmung keinen Hehl (*Bachnick*, Die Verfassungsreformvorstellungen im nationalsozialistischen Deutschen Reich und ihre Verwirklichung, S. 19f).

[809] Zutreffend haben daher *Forsthoff* (Das neue Gesicht der Verwaltung und der Verwaltungswissenschaft, in: DR 1935, S. 331-333 und *Best* (Rechtsbegriff und Verfassung, in: DR

Um seine persönlichen staatsrechtlichen Vorstellungen zu bewahren, dennoch aber nationalsozialistischen Wünschen zu genügen, unternahm *Huber* die Quadratur des Kreises. Indem er die Verfassung als „Ordnung“ konzipierte, versprach diese sowohl rechtliche Bindung als auch Dehnbarkeit im Sinne der Machthaber. Geistiger Vater der Verfassung als Ordnung war *Carl Schmitt* mit dem von ihm entwickelten[810] „konkreten Ordnungs- und Gestaltungsdenken.“[811]

Für *Schmitt* hatte alles Recht seine Wurzeln in den „konkreten Ordnungen“ des Lebens. Er vertrat die Ansicht, dass bestimmte gestalthaft geordnete Lebensbereiche wie z. B. Familie, Sippe, Stand, Heer oder auch der Betrieb eine eigene innere Ordnung und rechtlich erhebliche Substanz und Struktur haben.[812] Jede konkrete Lebensordnung hatte nach *Schmitts* Lehre Vorrang vor abstrakt-generellen Rechtsnormen und setzte diese außer Kraft, wenn ihre Bedeutung den Erfordernissen einer einzelnen Ordnung entgegenstanden. Die Hauptaufgabe des konkreten Ordnungs- und Gestaltungsdenkens lag letztlich darin, die zwingende Geltung des positiven Gesetzes überall dort zu relativieren, einzuschränken und notfalls aufzuheben, wo das aus weltanschaulichen Gründen erwünscht schien.[813] Auch die Verfassung als Ordnung war danach nicht Recht, weil sie aus geschriebenen Normen bestand oder die Regeln durch dauernde Übung und rechtliche Überzeugung als Gewohnheitsrecht zu betrachten waren. Die Verfassung war aus sich heraus Recht. Sie hatte für *Huber* als Grundordnung den obersten Rang: „Sie ist das Recht im höchsten Sinne, sie wird nicht Recht, indem sie sich in der Form des Gesetzes oder der Rechtsgewohnheit kundtut, sondern umgekehrt erhalten Gesetz, Gewohnheit, Vertrag und Befehl und alle anderen Erscheinungsformen des Rechts erst von der Verfassung als der rechtlichen Grundordnung rechtliche Geltung, Wirksamkeit und Bestand.“[814]

Neben der Einstufung der Verfassung als Ordnung lag ein weiterer Versuch *Hubers*, die Verfassung als rechtlich bindende Grundlage des Staates zu retten, in deren Bezeichnung als „politische Verfassung“[815]. Denn die inhaltliche Unbestimmtheit und die Substanzlosigkeit des „Begriffs des Politischen“ hatte zur Folge, dass aus ihm alles und nichts ableitbar war. So sollte durch den Gebrauch

1939, S. 1201-1203) festgestellt, dass der Begriff der Verfassung als rechtliche Wirklichkeit im völkischen Führerstaat gegenstandslos, die Verfassungsfrage also erledigt gewesen sei.

[810] Siehe *Schmitt*, Über die drei Arten des rechtswissenschaftlichen Denkens, S. 7-67

[811] *Huber*, Wesen und Inhalt der politischen Verfassung, S. 47

[812] *Schmitt*, Über die drei Arten rechtswissenschaftlichen Denkens, S. 20

[813] *Rüthers*, Entartetes Recht, S. 68f

[814] *Huber*, Wesen und Inhalt der politischen Verfassung, S. 48

[815] Siehe dazu *Hubers* eigenständige Schrift: *ders.*, Wesen und Inhalt der politischen Verfassung, Hamburg 1935

dieses Adjektivs meist einfach ein Gegensatz zu „liberal“, „liberalistisch“, „bürgerlich“, oder „positivistisch“ ausgedrückt werden.[816]

Huber zeigte vier verschiedene Bedeutungsmöglichkeiten des Politischen auf,[817] bevor er sich dem von *Carl Schmitt* entwickelten Begriffsverständnis anschloss. Danach war das Kriterium des Politischen in der realen Gruppierung von Menschen nach Freund und Feind zu sehen.[818] *Huber* ging über diese Grobeinteilung aber hinaus und bestimmte das Volk als die politische Einheit, die imstande sei, sich für seine Existenz im Kampf auf Leben und Tod einzusetzen. Die Substanz des Politischen lag für *Huber* nicht nur in der naturhaften Art eines Volkes, sondern auch in dessen geschichtlicher Idee, der Aufgabe und Sendung.[819] Durch das Erwachen des Volkes zu diesen Werten wurde das naturhafte Volk für *Huber* zum politischen Volk. Im völkischen Staat kehrte das Volk dann zum Staat zurück, es wurde vom Objekt zum Wesen und Inhalt des Staates. Garant dieser Einheit von Staat und Volk war die Verfassung als die Grundordnung, in der das Volk zum Staat wird. Aufgrund ihrer einheitsstiftenden Funktion wurde die Verfassung daher zur „politischen Verfassung“.

Die Dehnbarkeit des „Begriffs des Politischen“ hatte im Zusammenhang mit der Verfassung die von *Huber* beabsichtigte Folge, dass zwar das Ziel der politischen Verfassung, die Einheit von Volk und Staat, festgelegt war, nicht aber der Weg dorthin. So wurde der „Begriff des Politischen“ über das explizit zum Ausdruck gebrachte Ziel hinaus zu einer Ermächtigung, aus der Situation heraus alles zu tun, was dazu diente, die Einheit von Volk und Staat herzustellen, zu stabilisieren oder ihren möglichen Zerfall zu verhindern.[820] Im Kampf gegen den rein dynamischen Verfassungsbegriff eines *Reinhard Höhn* bot *Huber* damit dem Regime eine rechtlich bindende Grundordnung an, die eine ungezügelte Machtausübung jedoch nur unerheblich begrenzen konnte.[821]

Durch das Attribut „politisch“ und verstärkt durch das Verständnis der Verfassung als konkrete Ordnung wurde *Hubers* Verfassung zu einem Einfallstor für „einheitsbildende Maßnahmen“ jeglicher Art. Von einer verfassungsrechtlichen Bindung konnte keine Rede mehr sein. Dennoch zeigte die nationalsozialistische Führung auch an solch „offenen“ Verfassungen kaum mehr ernsthaftes

[816] *Voigt*, Die Staatsrechtslehrer und das Dritte Reich, in: Zeitschrift für Religions- und Geistesgeschichte 31 (1979), S. 195-202 (196).

[817] *Huber*, Wesen und Inhalt der politischen Verfassung, S. 43

[818] *Schmitt*, Der Begriff des Politischen, S. 20

[819] *Huber*, Wesen und Inhalt der politischen Verfassung, S. 43ff

[820] *Meinck*, Weimarer Staatslehre und Nationalsozialismus, S. 143f

[821] *Ridder* sprach bei dem Bemühen der Staatsrechtslehre, dem nationalsozialistischen Regime juristische Instrumente anzubieten, die die staatsrechtliche Wirklichkeit in Formen fassen sollte, von einem „geschichtlich beispiellosen Prostitutionsenthusiasmus“ (*Ridder*, Zur Verfassungsdoktrin des NS-Staates, in: Redaktion Kritische Justiz (Hrsg.), Der Unrechts-Staat: Recht und Justiz im Nationalsozialismus Band I, S. 24-46 (27).

Interesse. Nicht zufällig kamen die Vertreter des rein dynamischen Verfassungsbegriffs meist aus dem Lager der Parteijuristen. Während die konservative Staatsrechtslehre bis 1933 noch versuchte, die Reichsverfassung durch die Gegenüberstellung von Verfassungsnorm und Verfassungswirklichkeit aufzuweichen, wird im Rückblick deutlich, dass gerade während des Nationalsozialismus, der die Kongruenz beider Begriffe versprach, dieser Anspruch in den entscheidenden Punkten nicht erfüllt wurde.

d. Wesen und Inhalt der völkischen Verfassung

Im Gegensatz zu der „politischen Verfassung" zeigte sich im Begriff der „völkischen Verfassung" das offizielle nationalsozialistische Vokabular. Das völkische Prinzip war während der ganzen Entwicklung der nationalsozialistischen Bewegung Bestandteil ihres Denkens und Handelns. Es konnte sich behaupten, weil seine dehnbaren Leitformeln und Programmsätze der nationalsozialistischen Politik weitesten Spielraum ließen und ihr zudem als unerschöpfliches Arsenal einer zeitgemäßen Propaganda diente. Wortverbindungen wie „völkische Weltanschauung", „völkisches Denken" und „völkische Idee" zählten zum alltäglichen Sprachgebrauch, ergriffen durchaus einflussreiche Strömungen und konnten im Sinne der Machthaber inhaltlich ausgefüllt werden.[822]

Auch die Wissenschaft ließ sich von der unbestimmten Floskelhaftigkeit des Begriffs „völkisch" nicht abschrecken und versuchte diesen für die einzelnen Fachrichtungen verwendbar zu machen. Die grundlegende Auswirkung im Bereich der Rechtswissenschaft bestand in der durch das „völkische Prinzip" einfließenden Irrationalität, die dem statischen Formalismus des Positivismus entgegengesetzt wurde. Entgegen der vom Rationalismus geprägten Weimarer Zeit, nach der das Volk lediglich die organisierte Zusammenfassung aller im Gebiet eines Staates mit staatsbürgerlichen Rechten ausgestatteten Personen war,[823] wurde das völkische Denken vom Leitbild der geschlossenen Volksgemeinschaft bestimmt.[824] *Huber* selbst sprach von der „naturhaften Gemeinschaft, die ihr Wesen organisch erlebt."[825] Das Volk als „Urgrund des politischen Geschehens"[826] wurde als die eigentliche politische Größe dargestellt die in Erfüllung einer geschichtlichen Aufgabe „allen übrigen Erscheinungen ihren Sinn und ihre innere Richtung" deutete. Gerade das Recht erhielt so durch die „alldurchdrin-

---

[822] *Anderbrügge*, Völkisches Rechtsdenken, S. 68f

[823] *Huber* unterschied das Weimarer Volksverständnis in einen etatistischen, liberalen und parteimäßigen Volksbegriff. Genauer: *ders.*, Verfassungsrecht des Großdeutschen Reiches, S. 14

[824] *Anderbrügge*, Völkisches Rechtsdenken, S. 76

[825] *Huber*, Neue Grundbegriffe des hoheitlichen Rechts, in: *Larenz* (Hrsg.), Grundfragen der neuen Rechtswissenschaft, S. 143-188 (143)

[826] *Huber*, Verfassungsrecht des Großdeutschen Reiches, S. 160

gende Wirkung des völkischen Prinzips eine neue lebendige Bezogenheit und einen neuen konkreten Sinn". Danach war das Recht aus einem abstrakten Normgefüge zum völkischen Recht geworden.[827] Praktische Auswirkungen hatte das völkische Prinzip sowohl auf das Wesen als auch auf den Inhalt der Verfassung, ohne dass sich daraus tatsächlich feste Prinzipen ergaben.

Schon die Schaffung der völkischen Verfassung grenzte diese scharf von den liberalen Verfassungen der Vergangenheit ab. So begründete *Huber* die fehlende Schriftlichkeit damit, dass die Verfassung nicht mehr Ausdruck eines Kompromisses zwischen Obrigkeit und Volk, sondern Niederschlag des völkischen Gemeinwillens war „wie er durch den Führer gebildet und verwirklicht wird." Auch wenn das Volk sich durch Akklamation zur Verfassung bekannt habe, so sei darin nicht die Annahme einer Willenserklärung zu sehen, sondern sie sei als „Ausdruck gläubigen Vertrauens" zu verstehen, „die das Volk seinem Führer leistet."[828] Die Konstitution der Verfassung beruhte demnach auf einer politischen Dezision, „die der Führer als Vollstrecker des völkischen Willens über die Werte und Einrichtungen des neuen Aufbaus getroffen hat."[829] Dies hatte für *Huber* aber nichts mit einem Verfassungserlass wie zu Zeiten des Absolutismus zu tun, da der Führer lediglich den Volkswillen umsetzte und nicht dem Volk einseitig einzelne Rechte zugestand.

Auch die herkömmliche Vorstellung von Verfassungsgesetzen konnte auf die völkische Verfassung nicht mehr angewandt werden. Zwar gab es einige Grundgesetze, die einen Teil der Verfassung auch in schriftlicher Form verkörperten, aber die Bedeutung der Gesetze hatte sich völlig verändert. Durch sie wurde nicht mehr die Beteiligung der Volksvertretung an der Staatsleitung sichergestellt. Vielmehr dienten sie dem Führer als Instrument, denn von nun an griff jedes Gesetz den völkischen Gemeinwillen auf, der anschließend durch den Führer umgesetzt wurde.[830] Damit verdeutlichte *Huber* bereits anhand der Verfassungsgebung, welche Zielrichtung das „völkische Prinzip" im Nationalsozialismus hatte: Die Einheit von Volk und Staat und damit die Aufhebung aller Gegensätze fand ihre Verwirklichung im Führer. Die Bezeichnung der dem Volk noch zugestandenen Akklamation als „Ausdruck des gläubigen Vertrauens"[831] in den Führer war an Zynismus kaum zu überbieten. Die Verwirklichung des Volkswillens wurde zum Freibrief für diktatorische Machtausübung. Was das Volk wollte, das musste geschehen. Den Willen des Volkes kannte aber nur der Führer. Der Widerspruch zwischen dem autoritären und dem völkischen Prinzip konnte so zugunsten der Führerstellung aufgelöst werden.

---

[827] *Huber*, Neue Grundbegriffe des hoheitlichen Rechts, in: aaO, S. 143
[828] *Huber*, Wesen und Inhalt der politischen Verfassung, S. 16
[829] *Huber*, Vom Sinn der Verfassung, S. 19
[830] *Huber*, Wesen und Inhalt der politischen Verfassung, S. 17
[831] *Huber*, Vom Sinn der Verfassung, S. 19

Huber beschränkte das dezisionistische Element bei der völkischen Verfassung jedoch ausdrücklich auf die Verfassungsgebung. Die Verfassung selbst war für ihn keine Entscheidung, da sie nicht aus einer „souveränen Diktatur“[832] resultierte, sondern als die im Volk angelegte Ordnung jetzt sichtbar wurde. Nicht ohne Grund sprach *Huber* daher von der notwendigen Überwindung des Dezisionismus durch das konkrete Ordnungs- und Gestaltungsdenken. Damit wandte er sich gegen rein dynamische und soziologische Verfassungsbegriffe.[833] Inwieweit die Funktionsweise des konkreten Ordnungsdenkens den Dezisionismus aber gerade nicht vollständig ausschließen konnte, wurde bereits im Zusammenhang mit der „politischen Verfassung“ festgestellt.

Inhaltlich unterschied *Huber* zwischen vier Prinzipien und drei Säulen, auf denen die Verfassung ruhte. Während durch erstere die Binnenmechanismen der völkischen Grundordnung vorgegeben wurden, stellten letztere ihre eigentliche Substanz dar. Bei aller Differenzierung zwischen Prinzipien und Säulen bildeten „Bewegung“ und „Führung“ eine Schnittmenge, da sie beiden Gruppen zugeordnet werden konnten. So sprach *Huber* sowohl vom Führer, als auch vom Führerprinzip. Die in *Hitler* verkörperte Machtkonzentration verselbständigte sich als Grundsatz und setzte auf diese Weise den hierarchischen Aufbau einer ganzen Verfassung durch.

Nach einer kurzen Einführung in die einzelnen Verfassungsprinzipien wird die Auseinandersetzung mit *Hubers* „Verfassungsrecht des Großdeutschen Reiches“ vor allem daraus bestehen, die für den nationalsozialistischen Staat grundlegenden Säulen darzustellen: Volk, Bewegung, Führer.

Kennzeichnend für die völkische Verfassung waren für *Huber* die vier Prinzipien Einheit, Ganzheit, Bewegung und Führung.[834] Als oberste, die ganze Grundordnung dominierende Axiome fungierten dabei Einheit und Ganzheit, die miteinander fest verbunden zwei Seiten der gleichen Medaille bildeten.

Der politische Grundwert der Einheit bedeutete im Zusammenhang mit der völkischen Verfassung „Aufgabe und Erfüllung“.[835] Jener doppelte Anspruch galt als Hinweis darauf, dass die Verfassung bei *Huber* trotz aller Festigkeit und ihrer Eigenschaft als Ordnung stets für Dynamik und Weiterentwicklung offen blieb. Die Verwirklichung der Einheit erforderte Ganzheit, bzw. die Totalität des Poltischen. Für *Huber* lag darin die „absolute Verbindlichkeit des alles erfassenden und alles durchdringenden völkischen Lebensgesetzes.“[836] Trotz dieses un-

---

[832] *Huber*, Wesen und Inhalt der politischen Verfassung, S. 40

[833] Genauere Ausführungen erfolgten dazu bereits im Zusammenhang mit der „politischen Verfassung“ auf den Seiten 161f dieser Arbeit.

[834] *Huber*, Verfassungsrecht des Großdeutschen Reiches, S. 51

[835] *Huber*, Vom Sinn der Verfassung, S 20

[836] *Huber*, Vom Sinn der Verfassung, S 21

veränderten Bekenntnisses zur Ausschließlichkeit und Unbedingtheit des Machtanspruchs, ersetzte *Huber* damit sein früheres Bekenntnis zum totalen Staat (1933/34) durch den Begriff „Ganzheit“. Hierbei handelte es sich aber mehr um äußerliche Abkehr als innere Überzeugung, da der Staat bei *Huber* zu keiner Zeit die durch nationalsozialistische Vorgaben erwünschte Herabwürdigung erfuhr.[837] Insofern behielt das Prinzip der Ganzheit für *Huber* den Inhalt, der in der Totalität angelegt war und von ihm bislang vertreten wurde.[838] Garanten von völkischer Einheit und Ganzheit waren die Prinzipien der Bewegung und Führung. So fügten sich die vier Grundprinzipien der völkischen Verfassung in ein System, das zwar mit dem Anspruch antrat, Zerrissenheit und Zerstrittenheit in Einheit aufzulösen, dessen Ziel aber allein darin bestand, die unbegrenzte Machtkonzentration des Führerprinzips durchzusetzen.

Aus heutiger Sicht hatten die Axiome Einheit und Ganzheit letztlich zur Folge, dass die ursprüngliche organisatorische Gliederung der Hoheitsmacht aufgehoben wurde. Dies galt zunächst in vertikaler Richtung, in der man die Länder und die kommunale Selbstverwaltung beseitigte oder einschränkte. Zusätzlich wurde in horizontaler Hinsicht die traditionelle Funktionsunterscheidung in Gesetzgebung, Verwaltung und Rechtsprechung eingeebnet und das dahinterstehende Prinzip gegenseitiger Balancierung und Kontrolle aufgelöst.[839] Nutznießer dieser Einheit und Ganzheit waren die Bewegung als „Mittel und Schwungrad“[840] der Entwicklung und das Führerprinzip als ideologischer und allmächtiger Umsetzer, durch das die Regierungsmaßnahmen als Ausfluss des völkisch Gewollten erschienen und zugleich unbedingte Gefolgschaft bei jedem beanspruchten.

Kennzeichnend für die Führerbezogenheit der vier Verfassungsprinzipien ist ein Ausspruch *Hitlers*, den *Huber* als „Aufbauprinzip unserer ganzen Staatsverfassung“[841] bezeichnete: „Autorität jedes Führers nach unten und Verantwortlichkeit nach oben“.[842] Die Verantwortlichkeit des Führers nach oben galt selbstverständlich nur für die Leitungsebenen unterhalb der Spitze. Letztere blieb unantastbar, sie unterstand weder Kontrolle noch Rechenschaft.

---

837 Siehe dazu *Höhn*, Volk und Verfassung, in: aaO, S. 215ff

838 Vgl. zur Problematik der „Totalität“ S. 150-154 dieser Arbeit.

839 *Schmidt-Jortzig*, Entstehung und Wesen der Verfassung des „Großdeutschen Reiches“, in: aaO, S. 81

840 *Schmidt-Jortzig*, Entstehung und Wesen der Verfassung des „Großdeutschen Reiches“, in: aaO, S. 83

841 *Huber*, Vom Sinn der Verfassung, S. 24

842 *Hitler*, Mein Kampf, S. 501

2. Der Schutz der Verfassung

Die völkische Verfassung bedeutete den Abschluss jeder Verfassungsentwicklung, da Volk und Staat jetzt ihre Einheit gefunden hatten.[843] *Huber* erklärte die Revolution für beendet und erteilte den Theorien einer „Revolution in Permanenz" eine Absage, da diese „das Gegenteil einer wirklichen Ordnung und einer wirklichen Verfassung" seien.[844] Mit Erreichen des verfassungsrechtlichen Soll-Zustandes gewann der Schutz der bestehenden Ordnung erheblich an Bedeutung. Dieser konnte nicht mehr nur in erschwerten Abänderungsvoraussetzungen liegen, denn formale Schutzmechanismen waren für *Huber* Kennzeichen des Liberalismus und auf den völkischen Staat nicht mehr anwendbar.[845]

Im Gegensatz zur bisherigen Grundordnung durfte die völkische Verfassung grundsätzlich frei abgeändert werden. Davon ausgenommen blieben lediglich ihre Fundamentalprinzipien, sie hatten „Anspruch auf unbedingte Geltung und unbeschränkte Dauer."[846] Der Schutz dieser Grundgesetze gewann infolgedessen „*absoluten* Charakter", während der relative Verfassungsschutz, der allein die Anwendung illegaler Eingriffe zu verhindern suchte, als endgültig überwunden galt. Da die völkische Verfassung aber auch kein Normensystem mehr war, sondern die Grundordnung, in der das Volk zum Staat wurde, erhielt jeder potentielle Angriff auf die Verfassung eine völlig neue Zielrichtung. Der Verfassungsschutz durfte daher nicht mehr nur die Verteidigung der positiven Verfassungsnormen umfassen, sondern bezog sich auf den Inhalt der gesamten politischen Grundordnung, er hatte jetzt „*materiellen* Sinn." Darüber hinaus schloss die Aufhebung der dualistischen Struktur der Verfassung eigentlich jeden Verfassungskampf aus. Angriffe, die dennoch erfolgten, richteten sich gegen die existentielle Lebensordnung. Das zu schützende Rechtsgut und der aufgehobene Dualismus zwischen Staat und Gesellschaft hatten damit Auswirkungen auf die Instrumente des Verfassungsschutzes. Der Schutz der Verfassung gewann für *Huber* nunmehr „*existentiellen* Charakter" und ermöglichte „*exekutive* Maßnahmen."[847]

Zunächst wurde der politische Eid zu der wirksamsten Neuregelung des völkischen Staates erklärt. Dieser bezog sich nicht mehr wie der liberale Verfassungseid auf das Normensystem der Reichsverfassung, sondern meinte die Treue zu der gesamten, vom Führer verkörperten Lebensordnung.

---

[843] *Lübbe*, Die deutsche Verfassungsgeschichtsschreibung unter dem Einfluss der nationalsozialistischen Machtergreifung, in: aaO, S. 72

[844] *Huber*, Wesen und Inhalt der politischen Verfassung, S. 64

[845] *Huber*, Wesen und Inhalt der politischen Verfassung, S. 66

[846] *Huber*, Wesen und Inhalt der politischen Verfassung, S. 73

[847] *Huber*, Der Schutz der Verfassung, in: ZAkDR 5. Jg. (1938), S.78-81 (79), Hervorhebungen durch *Huber* selbst.

Was *Huber* „wirksamen Schutz“ nannte, hatte tatsächlich schwerwiegende Folgen, denn der auf den Führer geleistete Treueid sollte eine erhebliche Rolle innerhalb der Widerstandsbewegung in Armee und Beamtenschaft haben. Darüber hinaus hob *Huber* die Rolle der politischen Polizei hervor, mit deren Hilfe verfassungsfeindliche Bestrebungen abgewehrt werden sollten. Im Gegensatz dazu konnten Gerichte diese Aufgabe für ihn nicht mehr hinreichend erfüllen. Sie blieben Sinnbild des gescheiterten liberalen Verfassungsschutzes, gefragt war jetzt effektives exekutives Handeln.[848]

Durch den Einsatz der politischen Polizei war dem Kampf gegen „Verfassungsfeinde“ keine verbindliche Grenze mehr gesetzt. Eine gesetzliche Regelung für deren Tätigkeitsbereich legte lediglich das preußische Staatspolizeigesetz fest. Ziel war danach der Kampf gegen „staatsgefährliche Bestrebungen“. *Huber* verstand darunter keine Begrenzung auf die Verwaltungs- und Wehrordnung, sondern die Verfassung im umfassenden Sinn, die politische Lebensordnung der Volksgemeinschaft. Damit konnte die politische Polizei gegen jede unliebsame Person vorgehen, denn welche unerwünschte Handlung war nicht gegen die völkische Lebensordnung gerichtet ?

Obwohl *Huber* der Ansicht war, „dass damit eine zwar umfassende, aber doch auch inhaltlich bestimmte und konkrete Abgrenzung des Aufgabenbereiches der politischen Polizei gegeben ist“[849], sah die Praxis anders aus. Die Beurteilung der Verfassungsfeindlichkeit wurde von dem zuständigen Beamten im Rahmen seines Ermessens entschieden, ohne dass eine gerichtliche Überprüfung, auch nicht auf Ermessensfehler, erfolgte. Dieser Ausschluss jeder verwaltungsgerichtlichen Kontrolle ergab sich aus „der Eigenart des Verfassungsschutzes“.[850] Die jener Handhabe entgegenstehende gesetzliche Regelung (§ 7 des preußischen Staatspolizeigesetzes) wurde stattdessen verdrängt und fand keine Beachtung. Die Argumentation mit dem „Wesen“ wurde auch hier der geschriebenen Norm vorgezogen.[851]

Aber auch in der Nichtbeachtung des geschriebenen Polizeirechts erkannte *Huber* wiederum nur ein Zeichen der Überwindung des Normativismus, die dem allgemeinen Wohl diente: „Die Freiheit von den gesetzlichen Schranken hat nicht rationale Unbestimmtheit oder gar Grenzenlosigkeit des polizeilichen Aufgabenbereichs zur Folge, sondern stattet die Polizei lediglich mit allen denjenigen Befugnissen aus, deren sie zur Erfüllung der allgemeinen Polizeiaufgabe, eben der Wahrung der Volks- und Reichsordnung gegen innere Gefahren, bedarf.“[852]

---

[848] *Huber*, Der Schutz der Verfassung, in: aaO, S. 80f

[849] *Huber*, Die Deutsche Polizei. Bemerkungen zum Schrifttum des Polizeirechts, in: ZgesStW Bd. 101 (1940/41), S. 723-728 (725)

[850] *Huber*, Der Schutz der Verfassung, in: aaO, S. 81

[851] *Rüthers*, Entartetes Recht, S. 76

[852] *Huber*, Die Deutsche Polizei, in: aaO, S. 728

III. Volk

1. Das Volk als Ausgangspunkt der staatsrechtlichen Trias

Obwohl die „nationalsozialistische Rechtsverwüstung“[853] vor allem aus der Zerstörung jeglicher während des Liberalismus und insbesondere in der Weimarer Republik vertretener Werte und ihrer juristischen Ausprägungen bestand, kann allein darin keine spezifisch nationalsozialistische Staatsrechtslehre erkannt werden. Vielmehr müsste es gelingen, auch aufbauende Elemente herauszufinden, die nationalsozialistisches Gepräge hatten.

Ernst Rudolf Huber unternahm in seiner „Verfassung des Großdeutschen Reiches“ den Versuch, die nationalsozialistische Wirklichkeit in ein rechtliches System zu binden. Durch dieses Bekenntnis zu einer Verfassung zeigte er sich noch 1939 davon überzeugt, dass es ein nationalsozialistisches Staatsrecht gebe. Denn mit den „elementaren und fundamentalen Prinzipien, auf die der Staat als politische Einheit sich gründet“,[854] meinte er nicht die zerstörten Pfeiler liberaler Verfassungsstaatlichkeit, sondern neu geschaffene Ordnungen. Obgleich *Huber* eine Verfassung entwarf, die insgesamt zehn Kapitel enthielt, basierte der nationalsozialistische Staat bei ihm im wesentlichen auf drei tragenden Säulen: Erstens den propagierten Ideen über Volk und Volksgemeinschaft, also dem „völkischen Staat“. Zweitens dem „Bewegungsstaat“, der das Konzept der Einheit von Partei und Staat umfasste, und drittens schließlich dem Führerprinzip im allgemeinen und der umfassenden Hoheitsgewalt des Führers im besonderen, die auch als „Führerstaat“ bezeichnet werden.[855] *Huber* sprach aufgrund seiner Prägung durch die deutsche Staatswissenschaft und das konkrete Ordnungs- und Gestaltungsdenken nur knapp von Volk, Führer und Bewegung.

Wie aussichtslos *Huber* den Versuch, ein in sich stimmiges nationalsozialistisches Staatsbild zu entwickeln, selbst einschätzte, verdeutlicht sich in seiner unverhohlenen Kritik an der fehlenden Planmäßigkeit des nationalsozialistischen Staatsaufbaus: „...die fast unübersehbare Mannigfaltigkeit der gesetzgeberischen Arbeit, die der neue Staat geleistet hat, machen es schwer, den einheitlichen Grundzug zu erkennen, der sie bestimmt hat“.[856] Um die offensichtlichen Ungereimtheiten in der Entwicklung des neuen Staatsrechts auszugleichen, berief sich *Huber* auf die „innere Einheit in der äußeren Vielgestaltigkeit“[857], durch die die

---

[853] *Laufs*, Rechtsentwicklungen in Deutschland, S. 349
[854] *Huber*, Wesen und Inhalt der politischen Verfassung, S. 39
[855] *Dreier*, Die deutsche Staatsrechtslehre in der Zeit des Nationalsozialismus, in: VVDStRL Heft 60 (2000), Erster Beratungsgegenstand, S. 9-72 (33)
[856] *Huber*, Die Deutsche Rechtserneuerung, in: Europäische Revue 10. Jg. (1934), S. 693-702 (693)
[857] *Huber*, Die Deutsche Rechtserneuerung, in: aaO, S. 693

„Einheit der Staatsgewalt“[858] gesichert werde. Damit bekannte er sich als Anhänger der von *Carl Schmitt* entworfenen „Identitätslehre“[859] und ging ebenfalls von der „Einheit von Volk, Bewegung und Staat“[860] aus, die vom Führer als dem obersten Träger der Willensbildung repräsentiert wurde. Dazu bezeichnete *Huber* das Volk als den „Grundtatbestand des staatlichen Seins“[861]. Es war für ihn „Urgrund des politischen Geschehens“,[862] das in Erfüllung seiner geschichtlichen Aufgabe „allen übrigen Erscheinungen ihren Sinn und ihre innere Richtung (gab)“.[863] Ausgangspunkt und Grundlage der Identitätslehre war damit das Volk. In ihm bildete sich der Wille, den der Führer verkörperte. Das Volk selbst wurde zum Staat, der seinerseits wiederum eins mit der Bewegung war.

Indem *Huber* das Volk als maßgeblichen Faktor des innerstaatlichen Aufbaus herausstellte, knüpfte er an Traditionen des 19. Jahrhunderts an. Denn grundsätzlich verwies die verbreitete Verwendung des Volksbegriffs verfassungspolitisch und sozialgeschichtlich auf einen unumkehrbaren Trend zur Demokratisierung. Dieser Bezug zum Volk erfolgte quer durch die verschiedensten Regierungsformen. Von der konstitutionellen Monarchie über die parlamentarische Republik bis hin zum nationalsozialistischen Führerstaat wurde die exponierte Stellung des Volkes einhellig betont.[864] Obwohl die nationalsozialistische Diktatur und die Prinzipien der Demokratie aus heutiger Sicht einen Widerspruch darstellten, versuchte man damals durchaus, auch die totalitäre Herrschaft vom Volk abzuleiten. Ihre Legitimation erfolgte nur nicht in Form von Wahlen und Abstimmungen, sondern durch die Umsetzung des Volkswillens durch den Führer, welche in regelmäßigen Akklamationen ihre Bestätigung fand. Voraussetzung für den dazu erforderlichen einheitlichen Volkswillen war lediglich die Herausbildung eines Volkes, das nur noch aus Gleichen bestand. Sobald das Volk mit einer Stimme sprach, konnte zwischen ihm und den Regierenden kein Gegensatz mehr existieren.[865] Die Entwicklung einer solchen Ho-

---

[858] *Huber*, Die Einheit der Staatsgewalt, in: DJZ 39. Jg. (1934), Sp. 950-960

[859] *Schmitt*, Staat, Bewegung, Volk – Die Dreigliederung der politischen Einheit, Hamburg 1934

[860] *Huber*, Die deutsche Staatswissenschaft, in: ZgesStW Bd. 95 (1934/35), S. 1-65 (38)

[861] *Huber*, Partei, Staat, Volk, in: DR 5. Jg. (1935), S. 309-312 (312)

[862] *Huber*, Verfassungsrecht des Großdeutschen Reiches, S. 160

[863] *Huber*, Neue Grundbegriffe des hoheitlichen Rechts, in: *Larenz* (Hrsg.), Grundfragen der neuen Rechtswissenschaft, S. 143-188 (143)

[864] *Koselleck*, XIV. Volk, Nation, Nationalismus und Masse 1914-1945, in: *Brunner*; *Conze*; *Koselleck* (Hrsg.), Geschichtliche Grundbegriffe, Historisches Lexikon zur politisch-sozialen Sprache in Deutschland, Bd. VI, S. 389-420 (390)

[865] *Wilms*, Die Staatsrechtslehre im Nationalsozialismus, in: DVBl Heft 17 (2000), S. 1237-1249 (1241)

mogenität durch Assimilation, die *Carl Schmitt* schon 1926 beschrieben hatte,[866] wurde Basis eines neuen, nationalsozialistischen Demokratieverständnisses, dem der „veredelten Demokratie“.[867]

Eine genauere Auseinandersetzung mit *Hubers* Volksbegriff wird dadurch erleichtert, dass man sich die einzelnen Bedeutungsveränderungen vergegenwärtigt, die das Volk im Laufe der Geschichte erfahren hat. Denn es fällt auf, dass *Huber* nach 1933 bewusst an historische Entwicklungen anknüpfte, um dem ganz auf rassische Gesichtspunkte versteiften nationalsozialistischen Volksbegriff wissenschaftlichen Anspruch zu verleihen.

Noch um 1800 verstand man unter der Bezeichnung „Volk“ einen Sozialbegriff für die gemeinen Leute. Unter „Volk“ wurden die untersten Klassen der Besitzlosen und Nichtgebildeten zusammengefasst. Erst *Herder* befreite den Begriff von diesen Assoziationen und hob seine Beschränkung auf eine bestimmte soziale Schicht auf. Von nun an galten Volk und Nation fast durchgängig als Synonyme, beide verbanden Menschen gleicher Abstammung, Sprache und Kultur. 1789 erhielt der Nationenbegriff dann eine revolutionäre Bedeutung, da er von nun an auf die Staatsnation zielte, also die Identität von Nation und Staat herbeiführen sollte. Jener neue, von Frankreich ausgehende Nationenbegriff konnte in Deutschland aufgrund seiner territorialen Zerrissenheit nicht übernommen werden. Der nation francaise wurde stattdessen ein neuer deutscher Volksbegriff gegenübergestellt. Dieser verlor seine primär ständisch-herrschaftliche Bedeutung im Sinne von „populus“ und übernahm die Bedeutungen der alten „natio“, „Herkunft“, „Land“ und „Sitten“. Damit gewann „Volk“ zunehmend einen geschichtlichen, vermeintlich vorpolitischen Sinn.

Im 19. Jahrhundert änderte sich der Begriffsinhalt fundamental. „Volk“ wurde zu einem politischen Zielbegriff. Infolgedessen rückte die „Nation“ in Deutschland in das konservative Lager, während „Volk“ als dem gewollten und erstrebten Staatsvolk eine revolutionäre Ladung innewohnte.[868] Beispielsweise gründete *Carl Schmitt* seine Verfassungslehre von 1928 auf den Basissatz „Subjekt jeder Begriffsbestimmung des Staates ist das Volk“,[869] während die Nation für ihn nur noch ein Bildungsbegriff des vergangenen Jahrhunderts war.[870]

---

[866] „Zu Demokratie gehört also notwendig erstens Homogenität und zweitens – nötigenfalls – die Ausscheidung oder Vernichtung des Heterogenen“. (*Schmitt*, Die geistesgeschichtliche Lage des heutigen Parlamentarismus, 2. Aufl. 1926, S. 14)

[867] Dieser Begriff wurde erstmals am 28.09.1933 von *Goebbels* vor der Auslandspresse verwandt. (*Meinck*, Weimarer Staatslehre und Nationalsozialismus, S. 152)

[868] *Koselleck*, Volk, Nation, Nationalismus und Masse 1914-1945, in: aaO, S. 397

[869] *Schmitt*, Verfassungslehre, S. 205

[870] *Schmitt*, Verfassungslehre, S. 311

In dem selben Maße, in dem der Volksbegriff aufgewertet wurde, verlor er nicht nur seine pejorative Einfärbung, sondern auch seine Tauglichkeit als Sozialbegriff überhaupt. Im politisch-sozialen Sprachgebrauch war damit eine Leerstelle entstanden, die durch den Begriff der „Masse" besetzt wurde.[871] Über diese Bedeutungsänderung hinaus wurde „Volk" in der Geschichte von allen miteinander ringenden Parteien und Richtungen propagandistisch manipuliert, unterwandert und relativiert. Von rechts durch den Begriff „Rasse", von links durch die Bedeutung der „Klasse" und drittens durch „Masse" von links und rechts. Alle drei Begriffe, „Rasse", „Klasse" und „Masse", zielten letztlich darauf, die gemeineuropäische, spezifisch nationalstaatliche Komponente des Volksbegriffs auszuhebeln.[872]

2. Der Volksbegriff bei Huber

Huber verstand unter dem Volk nicht mehr das Staatsvolk, das zur klassischen Trias *Georg Jellineks*[873] gehörte und als konstituierendes Merkmal des Staates vertraut war. Jene „Drei-Elemente-Lehre" erschien *Huber* allein deshalb schon unzureichend, da sie den Staat lediglich als Völkerrechtssubjekt, also „von außen", nicht jedoch aus der Innenperspektive darstellen konnte.[874] *Huber* verwarf aber nicht nur *Jellineks* Formel, sondern vor allem den darauf beruhenden abstrakten Volksbegriff, der sich allein über die juristische Zuordnung zum Staat ergab. Die durch den Rationalismus geprägte liberalistische Auffassung, die das Volk rechtlich definierte, entsprach nicht seinem von Metaphysik und Irrationalität beeinflussten Denken. Ihm stellte sich das Volk als „selbständige schöpferische Kraft" und nicht als „künstlich durch die Staatsgewalt zusammengesetzte Vielheit" dar. Im Gegensatz dazu beruhte das „Staatsvolk" auf einem „rein individualistische(n) Volksbegriff, der auf den Einzelrechten des Bürgers gegenüber der Staatsgewalt aufgebaut war"[875]. Dieser konnte in *Hubers* „Verfassung" keine Zukunft mehr haben, denn nur ein konkreter, der deutschen Eigenständigkeit angepasster Volksbegriff war geeignet, die Wirklichkeit zu beschreiben.

---

[871] *Schönemann*, IX. Vom Westfälischen Frieden bis zum Wiener Kongress, in: *Brunner*; *Conze*; *Koselleck* (Hrsg.), Geschichtliche Grundbegriffe – Historisches Lexikon zur politisch-sozialen Sprache in Deutschland Bd. VI, S. 302-337 (337)

[872] *Koselleck*, XIV. Volk, Nation, Nationalismus und Masse 1914-1945, in: aaO, S. 390

[873] *Jellinek*, Allgemeine Staatslehre 3. Aufl. (6. Neudruck 1959), S. 394ff

[874] *Volkmann*, Relativität des Staates – Staatsbegriff und Staatsverständnis im Spiegel der jüngeren Geschichte, in: JuS 1996 Heft 12, S. 1058-1064 (1058)

[875] *Huber*, Verfassungsrecht des Großdeutschen Reiches, S. 151

Huber entwickelte sein Volksverständnis über einen Zweischritt[876] und knüpfte damit an den bereits von *Hegel* propagierten doppelten Volksbegriff an[877]. So unterschied er zwischen einem naturhaften Volk als der unbewusst entstandenen Einheit und dem geformten politischen Volk. Ersteres verband eine organisch gewachsene Einheit, die sich aus objektiven, aber nicht formellen[878] Merkmalen wie „Abstammung und Landschaft, durch Sprache und sonstige Lebensformen, durch Religion und Geschichte"[879] zusammensetzte. Hinzukommen musste für *Huber* aber auch auf dieser Ebene noch ein voluntaristisches Element, da das gemeinsame Einheitsbewusstsein des Volkes für ihn unabdingbar war. Erst die Kombination beider Merkmale berücksichtigte die spezifisch deutsche Entwicklung. Den rein subjektiven Volksbegriff („zum Volk gehört, wer dazu gehören will") lehnte *Huber* als Beispiel eines extremen Individualismus ab, während er die nur objektive Zusammengehörigkeit aufgrund ihres fehlenden Bekenntnisses zur Gemeinschaft verwarf.[880] Auf diese Weise gelang *Huber* mit Hilfe des „natürlichen Volkes" die Überwindung des juristischen Volksbegriffs. Nicht mehr die Staatsbürgerschaft entschied abschließend über die Volkszugehörigkeit, sondern eine „naturhafte Abstammungsgemeinschaft" hielt Einzug im deutschen Staatsrecht.[881] Die gestaltete Einheit wurde durch organisches Wachstum ersetzt. Um seinen Volksbegriff auch historisch zu rechtfertigen, bezog *Huber* sich wiederholt auf *Herder* und andere Vertreter der deutschen Geistesgeschichte, die den Begriff „Volk" als organische Lebenseinheit etabliert und weiterentwickelt hätten.[882]

Huber blieb aber nicht bei dieser natürlichen Betrachtungsweise stehen, sondern sah das „wirkliche Volk" erst im „politischen Volk"[883] vollendet. Dieses entstand durch die geschichtliche Idee, die dem Volk sein Sendungsbewusstsein verlieh, es aus dem Naturzustand herausführte und in die politischen Aufgaben einwies. Neben der geschichtlichen Idee bedurfte es dazu einer äußeren Form,

---

[876] *Huber*, Die Totalität des völkischen Staates, in: Die Tat. Wege zu freiem Menschentum 26. Jg. (1934/35), S. 30-42 (36)

[877] *Huber*, Die Deutsche Staatswissenschaft, in: aaO, S. 6: Danach kannte *Hegel* zunächst die „wüste Vorstellung des Volkes", in der das Volk die Menge, der Pöbel, die „formlose Masse", ein „bloßer atomistischer Haufen von Individuen" war. Dieser Teil des Volkes wusste nicht, was er wolle (§§ 279, 301, 302, 303 in: *Hegel*, Grundlinien der Philosophie des Rechts). Daneben gab es bei *Hegel* aber auch die klare Vorstellung eines politischen Volkes, das „eine in sich entwickelte, wahrhaft organische Totalität" war, das „Volk als Staat", das Volk „als Träger der gegenwärtigen Entwicklungsstufe des Weltgeistes" (§§ 279, 331, 347)

[878] *Wilms*, Die Staatsrechtslehre im Nationalsozialismus, in: aaO, S. 1245

[879] *Huber*, Verfassungsrecht des Großdeutschen Reiches, S. 153

[880] *Huber*, Verfassungsrecht des Großdeutschen Reiches, S. 152

[881] *Huber*, Verfassungsrecht des Großdeutschen Reiches, S. 153

[882] *Huber*, Der preußische Staatspatriotismus im Zeitalter Friedrich des Großen, in: ZgesStW Bd. 103 (1942/43), S. 430-468 (434)

[883] *Huber*, Partei, Staat, Volk, in: aaO, S. 312

die für *Huber* nur der Staat sein konnte. Mit seiner Formel vom doppelten Volksbegriff versuchte *Huber*, seinen Etatismus mit der „vitalistischen"[884] Verfassungslehre zu vereinen, die den Staat als eigenständigen Faktor durch die Volksgemeinschaft abgelöst sehen wollte.[885] Für *Huber* erlangte das Volk daher einerseits erst im Staat seine volle geschichtliche Existenz und wurde zum politischen Volk. Andererseits schuf aber nicht der Staat das Volk, sondern das Volk erhob sich selbst zum Staat. So war das Volk für *Huber* „Urtatbestand des politischen Gesamtdaseins"[886], ohne die Notwendigkeit des Staates in Frage zu stellen.

Darüber hinaus ist auch bei *Huber* die Verlagerung der „Nation" in das konservative Spektrum und ihr damit einhergehender Bedeutungsverlust feststellbar. Noch 1932 versuchte *Huber*, der nation francaise einen deutschen Nationenbegriff gegenüberzustellen.[887] Dieser zeichnete sich nicht durch die Identität von Staat und Nation aus, sondern war das „von politischem Einheitsbewusstsein getragene und in lebendiger Beziehung zum Staate stehende, aber inhaltlich gegliederte Volk".[888] Dem französischen Zentralismus und Unitarismus setzte *Huber* ein gegliedertes Volk entgegen. Statt Einheit sollte Einheitsbewusstsein genügen. Nach 1933 büßte die „Nation" auch bei *Huber* jede Bedeutung ein. Das „Volk" wurde zu dem spezifisch deutschen Begriff,[889] denn neben grundsätzlichen Bestrebungen, einen Gegenbegriff zur nation francaise zu etablieren, drückte sich im Wort „Volk" auch der revolutionäre Anspruch des Nationalsozialismus besser aus. *Huber* erklärte „Volk" als dynamisches Element zum Urgrund des neuen Staates, die Nation spielte im völkischen Staat keine Rolle mehr. Auch ein Blick in das Inhaltsverzeichnis des „Verfassungsrechts des Großdeutschen Reiches" bestätigt diese These. Während „Volk" sowohl als eigenständiger Begriff als auch in seinen verschiedensten Wortkombinationen (von Volksabstimmung bis Volkszugehörigkeit) eine fast unüberschaubare Erwähnung findet, wird „Nation" gar nicht mehr aufgeführt.[890] Sie war für *Huber* nur noch ein historischer Begriff, der in seinen verfassungsgeschichtlichen Schriften als alte „Reichsnation", „Kulturnation" oder „preußische Staatsnation" verwendet wurde.[891]

---

884 Ausdruck von *Diemut Majer*, der damit die sog. Parteijuristen belegt, die keinerlei Versuche mehr unternahmen, die nationalsozialistische Wirklichkeit in juristische Formen zu bringen (*Majer*, Grundlagen des nationalsozialistischen Rechtssystems – Führerprinzip, Sonderrecht, Einheitspartei, S. 146).

885 Siehe dazu die Seiten 145-150 dieser Arbeit.

886 *Huber*, Verfassungsrecht des Großdeutschen Reiches, S. 164

887 *Huber*, Die Deutsche Nation, in: Deutsches Volkstum 14. Jg. (1932), S. 564-571 (570)

888 *Huber*, Die Deutsche Nation, in: aaO, S. 570

889 *Sontheimer*, Antidemokratisches Denken, S. 244

890 *Huber*, Verfassungsrecht des Großdeutschen Reiches, Sachregister S. 519 und 526

891 Für viele andere verfassungsgeschichtlichen Veröffentlichungen: *Huber*, Der preußische Staatspatriotismus im Zeitalter Friedrich des Großen, in: aaO, S. 430-468 (433)

Die dominierende Stellung des Volkes in *Hubers* Staatsrechtslehre wirkte sich in dreierlei Hinsicht aus: Personell in der Weiterentwicklung zur Volksgemeinschaft, sachlich durch die Einordnung des Individuums in die volksgenössische Rechtsstellung und begrifflich-systematisch als Grundlage und Legitimation der Führerstellung.

3. Volk statt Volksgemeinschaft

a. Die Volksgemeinschaft als Grundlage nationalsozialistischen Rechtsdenkens

Nicht nur die „Nation" büßte bei *Huber* nach 1933 ihre bisher gegenüber dem Volk behauptete Stellung ein, auch „Volk" wurde im nationalsozialistischen Sprachgebrauch zunehmend zugunsten einer irrationalen „Volksgemeinschaft" umgedeutet. Auch diese Entwicklung wird nur vor dem Hintergrund des Kampfes der nationalsozialistischen Ideologie gegen das juristische Begriffssystem des 19. Jahrhunderts verständlich.

Der Begriff „Gemeinschaft" oder „Volksgemeinschaft" war schon seit den Erlebnissen der Jugendbewegung, dem „Gemeinschaftserlebnis" der Augusttage 1914 und der Frontgemeinschaft des Ersten Weltkriegs zur Lieblingsmetapher des philosophischen Irrationalismus und des politischen Konservativismus geworden.[892] Aufgrund ihres Stellenwertes in Politik, Wissenschaft und Diskussion entwickelte sie sich zu einem „der magischen Worte der Weimarer Zeit".[893] Ihre Unbestimmtheit machte sie aber auch dehnbar für die juristische „Einlegung"[894] der Nationalsozialisten, so dass die Volksgemeinschaft bereits die nationalsozialistischen Inhalte verkörperte, die der herkömmliche Begriff des „Volkes" von sich aus nicht hergab.

Über die Bildung der Gemeinschaft machten die nationalsozialistischen Wortführer in Politik und Wissenschaft keine Angaben. Sie gingen seit der Nationalsozialistischen Revolution von ihrer selbsterlangten Existenz aus. Das deutsche Volk war jetzt nicht mehr in verschiedene Gruppen, wie Parteien, Klassen, Konfessionen, Herrscher und Beherrschte gespalten, sondern es hatte seine Trennungen in der Gemeinschaft überwunden.[895] Wesentliches Kennzeichen der Gemeinschaft war, dass über die neue Einheit ungebrochenes Vertrauen zwi-

---

[892] *Stolleis*, Gemeinschaft und Volksgemeinschaft – Zur juristischen Terminologie im Nationalsozialismus, in: *ders.*, Recht im Unrecht – Studien zur Rechtsgeschichte des Nationalsozialismus, S. 94-125 (97)

[893] *Sontheimer*, Antidemokratisches Denken, S. 251

[894] *Rüthers*, Entartetes Recht, S. 54

[895] *Majer*, Grundlagen des nationalsozialistischen Rechtssystems. Führerprinzip – Sonderrecht -Einheitspartei, S. 119

schen ihren Angehörigen herrschte. Folglich war auch der Ruf nach einer Kontrolle der Führung nicht nur überflüssig, sondern galt als regelrechter Vertrauensbruch: „Die Gemeinschaft diskutiert nicht, sie marschiert“.[896]

Untersucht man den Begriff „Volksgemeinschaft“ auf seinen materiellen Inhalt, erlangt sowohl die Gleichheit als auch die Ungleichheit entscheidende Bedeutung. Diejenigen, die der Volksgemeinschaft angehörten, sollten eine privilegienfreie Einheit bilden. Den Personen, denen der Zugang versperrt blieb, wurden die meisten Rechte versagt, da nur die Volksgemeinschaft auch Rechtsgemeinschaft war. An die Stelle des liberalen Gleichheitsprinzips war die „Artgleichheit“ getreten. Mitglieder der Volksgemeinschaft konnten nur diejenigen sein, die auch den rassischen Gesichtspunkten des Nationalsozialismus entsprachen, andere hatten keinen Platz darin. „Artgleichheit“ war daher nichts anderes als die „juristische Übersetzung des Rassenbegriffs des Nationalsozialismus“[897]. Die Verwendung von Gemeinschaftsphrasen war jedoch innerhalb der deutschen Staatsrechtslehre nicht unumstritten. *Koellreutter* hielt die „Gemeinschaft“ für juristisch nicht fassbar[898], *Ule* lehnte den Gemeinschaftsbegriff ab, da es „abstrakte Gemeinschaften nicht gibt, und die Gemeinschaft selbst niemals sichtbar sein kann“[899].

Huber selbst stand der wahllosen Verwendung von Gemeinschaftsbegriffen ebenfalls kritisch gegenüber. So warnte er vor der Gefahr, dass der Begriff „durch die häufige und unterschiedslose Anwendung, der er ausgesetzt ist, zu einem abstrakten Allgemeinbegriff entarte“[900]. *Huber* bevorzugte stattdessen die Verwendung bekannter Rechtsbegriffe und versuchte, diese durch Auffüllung mit neuen Inhalten den nationalsozialistischen Erwartungen anzupassen. So lehnte er nicht nur die Ablösung des Staates durch die Volksgemeinschaft ab,[901] sondern versagte der Gemeinschaft jede Anerkennung als Rechtsbegriff. Für ihn war nur die Körperschaft „in ihrer Rechtsform die gefügte und gestaltete Ordnung einer echten Gemeinschaft“.[902]

Hubers Bekenntnis, dass die Gemeinschaft nur über die Körperschaft als juristische Person Rechtsfähigkeit erlangte, provozierte erneut den wütenden Protest *Reinhard Höhns*, des hartnäckigsten Verfechters des Gemeinschaftsbegriffs: „Hier wird derselbe Vorgang deutlich, den wir auch in der Auffassung des Verhältnisses von Staat und Volk bei *Huber* finden. *Huber* konnte auch das Volk,

---

[896] *Stolleis*, Gemeinschaft und Volksgemeinschaft, in: aaO, S. 102
[897] *Majer*, Grundlagen des nationalsozialistischen Rechtssystems, S. 121
[898] *Meinck*, Weimarer Staatslehre und Nationalsozialismus, S. 159
[899] *Ule*, Herrschaft und Führung im nationalsozialistischen Reich, in: VerwArch 46 (1941), S. 51
[900] *Huber*, Verfassung (1937), S. 243
[901] Siehe dazu die Seiten 145-150 dieser Arbeit.
[902] *Huber*, Verfassung (1937), S. 286

das aus sich heraus lebt und sich zu voller politischer Stellung erhebt, rechtlich nicht erfassen. Er brauchte dazu den Staat. Für die rechtliche Erfassung einer Gemeinschaft braucht er als Organisationsform die Körperschaft. Ob man aber die Gemeinschaft selbst als Rechtsbegriff ansieht, oder ob man die Gemeinschaft als Körperschaft rechtlich begreift, ist keine Spielerei, sondern Ausdruck einer tiefgehenden weltanschaulichen Auffassung vom Recht".[903]

Wie den Staat, sah *Huber* auch das Volk nicht in der Volksgemeinschaft aufgehen, sondern er versuchte, die mit der Volksgemeinschaft assoziierten Merkmale in seinem Volksbegriff zu berücksichtigen.

b. Artgleichheit

Zur Grundlage seines Volksbegriffs bestimmte *Huber* die Einheitlichkeit der Art und integrierte auf diese Weise alle rassischen Kriterien in den ersten Teil seines doppelten Volksbegriffs, dem „natürlichen Volk". Soweit jene organisch gewachsene Anlage in Frage gestellt wurde, hatte die deutsche Rassengesetzgebung „den Sinn, das Volk als eine naturhafte Einheit wiederherzustellen"[904], ohne dass dies als „Ausdruck des Rassenhasses"[905] gewertet werden durfte. Damit forderte *Huber* nichts anderes, als dass der Staat gegen die sich ebenfalls natürlich einstellende Vermischung der Rassen vorgehen müsse. *Hubers* ständiges Rekurrieren auf der bloßen Natürlichkeit hatte also dann ein Ende, wenn die Dominanz der „Artgleichen" gefährdet war. So bezeichnete er das „Gesetz zum Schutz des deutschen Blutes und der deutschen Ehre" von 1935[906] folgerichtig als „Grundgesetz der neuen völkischen Ordnung"[907]. Die „Einheitlichkeit der Art" wurde bei *Huber* aber nicht zum dominierenden Kriterium seines Volksbegriffs, sondern war lediglich Vorstufe des „wirklichen", des „politischen Volkes".[908]

Das Verbleiben des Rassegedankens auf der ersten Ebene des doppelten Volksbegriffs forderte wiederum *Hubers* Intimfeind *Höhn* heraus. Dieser warf *Huber* vor, durch die Integration der Rasse in das naturhafte Volk eine Unterordnung der Rassenlehre unter den Volksbegriff und so die Trennung von Rasse und Geschichte zu betreiben. Folge der Lehre sei, dass *Huber* dem Rassegedanken seine eigentliche Bedeutung entziehe und ihm seine Wirkungskraft nehme.

---

[903] *Höhn*, Volk und Verfassung, in: DRW Bd. 2 (1937), S. 193-218 (203f)

[904] *Huber*, Verfassungsrecht des Großdeutschen Reiches, S. 153f

[905] *Huber*, Die deutsche Rechtserneuerung, in: aaO, S. 697

[906] RGBl. I S. 1146. Neben dem Reichsbürgergesetz und dem Flaggengesetz (RGBl. I S. 1145) war das so genannte „Blutschutzgesetz" eines der drei „Nürnberger Gesetze", die am gleichen Tage (15.09.1935) vom Reichstag verabschiedet wurden (*Dreier*, Die deutsche Staatsrechtslehre in der Zeit des Nationalsozialismus, in: aaO, S. 39 Fn. 144).

[907] *Huber*, Verfassungsrecht des Großdeutschen Reiches, S. 369

[908] *Huber*, Partei, Staat, Volk, in: aaO, S. 312

„Die Rasse wirkt sich dann lediglich im natürlichen Volke aus und erhält mit dem politischen Volk erst im Staat ihre volle geschichtliche Existenz. ... *Huber* schwebt der Staat vor, der vom ganzen Volk getragen wird. Für uns bedeutet die nationalsozialistische Revolution die Neuerstehung eines germanischen Reiches der Volksgemeinschaft".[909] Die damalige Kritik *Höhns* bezog sich noch auf die „Verfassung" von 1937, so dass *Huber* zwei Jahre später im „Verfassungsrecht des Großdeutschen Reiches" bereits darauf antworten konnte. Dabei verwahrte er sich entschieden gegen den Vorwurf, er trenne Rasse und Geschichte. *Huber* entgegnete, er konstruiere keine Gegensätze, sondern betrachte das politische Volk lediglich als eine geschichtliche Entwicklung des naturhaften Volkes.[910] *Huber* wies damit zwar zurück, Trennungen aufgestellt zu haben, er bestritt aber nicht, dass der Rassegedanke bei ihm nicht die von *Höhn* gewünschte Rolle spielte. Die Rasse war für *Huber* nur Ausgangspunkt, aber nicht dominierender Gesichtspunkt seines Volksbegriffs. *Höhns* Kritik daran konnte und wollte *Huber* nicht entkräften.

Die Auseinandersetzung zwischen *Huber* und *Höhn* über den Rassebegriff stand nur stellvertretend für den Disput zwischen den eher konservativen, der „politischen Verfassungslehre" zurechenbaren Rechtslehrern und denjenigen, die die so genannte „vitalistische Verfassungslehre" unterstützten.[911] Während erstere den Rassegedanken in ihrem staatsrechtlichen System verschleierten, um ihm dadurch wissenschaftlichen Anspruch zu verleihen, hatten letztere keinerlei Bedenken, sich offen zum Primat der Rassenidee zu bekennen.

Huber versuchte, die Rasse nur als eine erste, wenn auch grundlegende Bedingung seines Volksbegriffs darzulegen. Darüber hinaus stellte er seinen Volksbegriff auch in die Nachfolge der deutschen Romantik. Denn bereits der herkömmliche idealistische Begriff des Volkstums ging von einer Gemeinschaft aus, deren Basis sowohl politische Merkmale wie Geschichte, Sprache und Kultur als auch Abstammung waren, die jedoch niemals rein biologisch erklärt werden konnte. Mit seiner Anknüpfung an das Volkstum der Romantik wollte *Huber* den Eindruck erwecken, dass der Nationalsozialismus der legitime Nachfolger der deutschen Geistes- und Kulturgeschichte war. Nicht nur an dieser Stelle, sondern generell fällt bei *Huber* immer wieder auf, wie sehr er sich der deutschen Verfassungsgeschichte bediente, um die Staatsrechtslehre des Nationalsozialismus als folgerichtige Entwicklung des Geschichtsverlaufs darzustellen. Im Gegensatz dazu bemühten sich Staatsrechtler wie *Reinhard Höhn*

[909] *Höhn*, Volk und Verfassung, in: aaO, S. 195f

[910] *Huber*, Verfassungsrecht des Großdeutschen Reiches, S. 153 Fn. 1

[911] Diese Unterscheidung trifft *Diemut Majer* und rechnet der politischen Verfassungslehre Personen wie *Huber*, *Forsthoff*, *Schmitt*, *Scheuner* und *Koellreutter* zu, während die andere Richtung von den so genannten Parteijuristen wie *Höhn* und *Walz* vertreten wurde (*Majer*, Grundlagen des nationalsozialistischen Rechtssystems, S. 146 Fn. 89f).

oder *Gustav Adolf Walz* erst gar nicht, eine Legitimation des Rassegedankens aus der Geschichte abzuleiten. Für sie war die Rasse nicht nur das Hauptkriterium ihres Volksbegriffs oder der Zugehörigkeit zur Volksgemeinschaft, sondern sie beschränkten die Rasse auch nicht auf biologische Artgleichheit.[912] Für die „vitalistische" Rechtslehre bedeutete die Rasse zusätzlich ein „Lebensgefühl der Artgleichen",[913] oder „gleiches weltanschauliches Wollen"[914].

Trotz aller Versuche, den Rassegedanken hinter seinem Volksbegriff zu verwischen, integrierte aber auch *Huber* auf diesem Weg Begrifflichkeiten in sein staatsrechtliches System, die keiner seriösen wissenschaftlichen Betrachtung zugänglich waren[915]. Der Bedeutungsverlust, dem die Staatsrechtslehre zunehmend ausgesetzt war, hing nicht zuletzt damit zusammen, dass sie sich durch die wissenschaftliche Verarbeitung der für den Nationalsozialismus bezeichnenden irrationalen Schlagworte immer mehr in unüberwindbare Widersprüche verstrickte.

Ein Beispiel dafür war insbesondere das Schlagwort von der „Artgleichheit" und ihre Folgen für die dadurch Fremdartigen. Untersucht man *Hubers* Äußerungen zur Entrechtung der Juden, so steht man vor der Frage, die entscheidend für die Beurteilung der Staatsrechtler des Nationalsozialismus ist: Protokollierte *Huber* nur das Unrecht oder unterstützte bzw. rechtfertigte er die Unmenschlichkeiten durch seine Schriften ?

In dem Kapitel über die Volks- und Reichszugehörigkeit[916] analysierte *Huber*

---

[912] *Majer*, Grundlagen des nationalsozialistischen Rechtssystems, S. 146

[913] Ebenda

[914] *Höhn*, Volk und Verfassung, in: aaO, S. 107

[915] Wie wenig legalisierbar die Begriffe „Blut" und „Rasse" waren, bewies die Durchführungsverordnung zum Reichsbürgergesetz: Jude war danach, wer von mindestens drei volljüdischen Großeltern abstammte (§ 5 Abs 1). Als Jude galt weiterhin, wer von zwei volljüdischen Großeltern abstammt und entweder der jüdischen Religion angehört oder mit einem Juden verheiratet ist, oder aus einer nach dem Inkrafttreten des Gesetzes zum Schutz des deutschen Blutes und der deutschen Ehre vom 15. September 1935 geschlossenen Ehe mit einem Juden stammt, oder der aus außerehelichem Verkehr mit einem Juden stammt und nach dem 31. Juli 1936 außerehelich geboren wird (§ 5 Abs. 2). (Aus: *Huber*, Verfassungsrecht des Großdeutschen Reiches, S. 170)
Da die Ausschlusskriterien „Blut" und „Rasse" als solche nicht bestimmbar waren, verfiel die Durchführungsverordnung zusätzlich auf Merkmale wie „Religionszugehörigkeit" oder „Ehe mit einem Juden", die mit rassischen Gesichtspunkten gar nichts zu tun hatten. Man könnte es daher auf die Formel bringen : „Religion ersetzt eine Großmutter". Damit wurde ein geistiges Kriterium zur Bestimmung der angeblich biologisch festgelegten Rassenzugehörigkeit herangezogen. Nicht zuletzt hier zeigte sich, dass hinter der Blutsbestimmung de facto eine Gesinnungs- und Verhaltenskontrolle stand.

[916] *Huber*, Verfassungsrecht des Großdeutschen Reiches § 15, S. 167-185

das Reichsbürgergesetz und das so genannte „Blutschutzgesetz“,[917] ohne dabei jemals die Position des nüchternen Betrachters zu verlassen. Besonders seine Beschreibung der schrittweisen Entrechtung der Juden gleicht geradezu einem Stenogramm. Ohne jede Wertung zählte er die einzelnen Einschränkungen der wirtschaftlichen, beruflichen und persönlichen Stellung auf. Lediglich bei zwei Formulierungen verließ *Huber* seine deskriptive Linie: So schrieb er: „... sondern ihnen ist eine *Sonderstellung* zugewiesen, die sich aus dem Ziel einer *völligen Ausscheidung* des Judentums erklärt“.[918]

Über die Bedeutung dieser Formulierung, insbesondere der Tragweite der Wortes „Ausscheidung“ kann man sicherlich unterschiedlicher Meinung sein. Für verfehlt halte ich jedoch die Ansicht, *Huber* habe damit den Holocaust vorweggenommen.[919] Seine Feststellung, dass den Juden eine Sonderstellung zukomme, bedeutet nicht, dass er sich bereits 1939 vorstellen konnte, dass es zu einer systematischen physischen Vernichtung des europäischen Judentums kommen werde. Noch 1942, als *Huber* die Entwicklung des Staatsangehörigkeitsrechts während des Krieges beschrieb, sprach er lediglich davon, dass „allein die Entwicklung eines rechtlichen Sonderstatus der Rassefremden“[920] zu einer endgültigen Lösung führen wird. Insofern ist *Dreier* zuzustimmen, der feststellt, „Sonderstatus heißt nicht Sonderbehandlung“.[921] Daher war auch der Begriff „Ausscheidung“ 1939 noch im Sinne eines Vertreibens und Herausdrängens aus Deutschland bzw. der Volkszugehörigkeit zu verstehen.[922] Die Be-

---

[917] Gesetz zum Schutz des deutschen Blutes und der deutschen Ehre vom 15.09.1935 (RGBl. I S. 1146)

[918] *Huber*, Verfassungsrecht des Großdeutschen Reiches, S. 181 (Hervorh. durch Verf.)

[919] So aber *Volkmann*, in: *ders.*, Relativität des Staates – Staatsbegriff und Staatsverständnis im Spiegel der jüngeren Geschichte, in: JuS 1996, S. 1058-1064 (1063)

[920] *Huber*, Bau und Gefüge des Reiches, in: *ders.* (Hrsg.), Idee und Ordnung des Reiches, S. 5-53 (30)

[921] *Dreier*, Die deutsche Staatsrechtslehre in der Zeit des Nationalsozialismus, in: aaO, S. 39 Fn. 147

[922] Im Gegensatz dazu steht die Formulierung des von *Stuckart* / *Schiedermaier* verfassten Leitfadens für die Rassen- und Erbpflege: „Viele Bestimmungen werden in dem gleichen Maße, in dem sich Deutschland des *endgültigen* (Hervorhebung durch Verf.) Ziels in der Judenfrage nähert, an praktischer Bedeutung verlieren.“ (*dies.*, Rassen- und Erbpflege in der Gesetzgebung des Reiches, 4. Aufl. 1943, S. 14) Diese, dem Begriff „Endlösung“ angenäherte Formulierung lässt vermuten, dass die Autoren genau jene Massenermordung vor Augen hatten. Unterstützung findet die von *Majer* vertretene These darin, dass Staatssekretär *Stuckart* seit Anfang 1942 im einzelnen über die Maßnahmen informiert war, da er selbst an der Wannseekonferenz vom 20. Januar 1942 teilnahm. (*Majer*, Grundlagen des nationalsozialistischen Rechtssystems, S.142) Noch in der 3. Auflage des Leitfaden von 1942 (S. 12) sprechen *Stuckart* / *Schiedermaier* danach sogar ausdrücklich von „Judenvernichtung“. *Dreier* weist allerdings darauf hin, dass es sich insofern um eine Fehlzitat handele, nicht von „Judenvernichtung“, sondern von „Judenvorschriften“ sei die Rede gewesen (*Dreier*, Die deutsche Staatsrechtslehre in der Zeit des Nationalsozialismus, in: aaO, S. 40 Fn. 150).

schlüsse der Wannseekonferenz,[923] die dieser Vokabel eine ganz andere Deutung beilegten, standen zu diesem Zeitpunkt noch außerhalb des Vorstellbaren.

Insgesamt gesehen kann *Huber*, im Gegensatz zu seinem Lehrer *Carl Schmitt*,[924] kein engagierter und öffentlicher Antisemitismus vorgeworfen werden. Andererseits hat sich *Huber* aber auch erst nach dem Krieg ausdrücklich von *Schmitts* antisemitischen Auswüchsen distanziert.[925] Des Weiteren findet sich bei *Huber* keinerlei Kritik an der fortschreitenden Entrechtung der Juden. *Huber* hielt in seinen Schriften seinen stets auf wissenschaftliche Gedankenführung bedachten Stil aufrecht, trug aber gerade durch seine Arbeit auch dazu bei, dem Unrecht einen juristischen Boden zu bereiten. So schrieb er zu der Entwicklung des Gleichheitsgedankens, der letztlich jede Entrechtung rechtfertigen konnte: Der neue Gleichheitsbegriff, der an die Stelle formaler Gleichheit die „materielle Gleichheit des völkischen Rechts" habe treten lassen, die „aus dem Erlebnis der völkischen Art- und Wesensgleichheit" erwachse, ermögliche es, „auch in der Gesetzgebung das Fremde von der eigenen Art, das Feindliche von

[923] Besprechung bei Berlin von Beamten verschiedener Ministerien, Angehöriger der SS und der Polizei, auf welcher Heydrich am 20. Januar 1942 Richtlinien für die Endlösung bekannt gab (*Hofer*, Der Nationalsozialismus – Dokumente 1933-1945, S. 275).

[924] Über den Grund für *Schmitts* Antisemitismus ist in der Literatur viel spekuliert worden. Verbreitet ist die von *Rüthers* vertretene These, dass *Schmitts* Verhalten vor allem durch Opportunismus und Karrieresucht geprägt war (*Rüthers*, Entartetes Recht, S. 125-141). So war *Schmitt* von Konkurrenten, die ihm seinen Erfolg neideten, stets seine für einen Nationalsozialisten fragwürdige Vergangenheit vorgehalten worden. Diese wies Verbindungslinien zu drei dem Nationalsozialismus skeptisch gegenüberstehende Gruppierungen auf: dem Konservativismus, der katholischen Kirche und dem Judentum selbst. Spätestens seit dem von dem Emigranten *Waldemar Gurian* verfassten Artikel (*P. Müller = W. Gurian*, Entscheidung und Ordnung, Zu den Schriften von Carl Schmitt, in: Schweizerische Rundschau 1934/35, S. 566), der *Schmitts* nationalsozialistische Anhängerschaft als Täuschung darstellte, war man in Parteikreisen alarmiert. Diese Schrift des Juden *Gurian*, eines guten Bekannten *Schmitts* aus Bonner Zeiten, war selbst wiederum eine Reaktion auf den gegen Emigranten gerichteten Angriff *Schmitts* gewesen: „Die deutschen Intellektuellen...aus Deutschland sind sie ausgespieen für alle Zeiten" (*Schmitt*, Westdeutscher Beobachter vom 31.05.1933). Die nach *Gurians* Artikel entstandenen Zweifel an seiner Zuverlässigkeit versuchte *Schmitt* durch eine „Flucht nach vorne" zu zerstreuen. Höhepunkt seiner antisemitischen Agitation war die unter seiner Planung am 3./4. Oktober 1936 stattfindende Tagung „Die deutsche Rechtswissenschaft im Kampf gegen den jüdischen Geist", an der *Huber* nicht beteiligt war. (Beschrieben bei *H. Göppinger/J. G. Reißmüller* im 3. Kapitel ihrer Schrift „Die Verfolgung der Juristen jüdischer Abstammung durch den Nationalsozialismus).

[925] Laut *Huber war Schmitts* Antisemitismus durch dessen „Leib- und Magenblatt", der „Action francaise" verursacht worden. *Schmitts* Haltung habe zunächst ihre eigenen religiösen Hintergründe gehabt, nach 1933 „jedoch wirklich eigentümliche Wurzeln" getrieben. (*Huber* am 20. und 21. Juni 1955 gegenüber *Dr. Hans Buchheim*. Institut für Zeitgeschichte München AZ 4708/71, Best. ZS 2203, S. 8)

der Treue zur Gemeinschaft, das Zersetzende von der aufbauenden Kraft zu unterscheiden."[926]

c. Einheit und Ganzheit

Neben der Artgleichheit integrierte *Huber* noch weitere vermeintliche Eigenschaften der „Volksgemeinschaft" in seinem „Volksbegriff". So sah er das politische Volk auch durch die Prinzipien „Einheit und Ganzheit" geprägt.[927] Darunter subsumierte *Huber* alle Wesensmerkmale, die für andere den Begriff der Volksgemeinschaft unumgänglich machten. Die Einheit wirkte sich danach sowohl außen- wie innenpolitisch aus. Das Volk wurde sich nicht nur seiner Zusammengehörigkeit auch jenseits der deutschen Grenzen bewusst, sondern ließ auch alle „Trennungen und Gegensätze des Standes, des Berufs und des Besitzes"[928] hinter sich. Damit glich *Huber* die vermeintlich egalisierenden Wirkungen der Volksgemeinschaft innerhalb eines vertrauten Begriffs, dem des „Volkes" aus.

Das Prinzip der Ganzheit hatte für *Huber* dieselbe Funktion. Allgemein wurde mit der Volksgemeinschaft assoziiert, dass sie die gesamte artgleiche Bevölkerung erfasste, und dadurch alle Glieder des Volkes zu einer unverbrüchlichen Einheit schloss.[929] Die Kehrseite der neuen Zusammengehörigkeit bestand darin, dass sich ihr auch niemand entziehen konnte. Diese Eigenschaften der Volksgemeinschaft waren bei *Huber* bereits durch die völkische Ganzheit gewährleistet, die das unpolitische Dasein der bürgerlichen Gesellschaft überwunden hatte. Das Volk wurde in das politische Gesamtgeschehen eingegliedert, ohne dass es noch eine Neutralität von einzelnen Lebensbereichen geben konnte: „Es ist nicht möglich, sich abzukapseln oder zu isolieren".[930] Folglich ergriff und durchdrang das Volk und damit letztlich der Führer, der den Volkswillen verkörperte, alle Bereiche und Sachgebiete. Dieser in der Ganzheit sichergestellte Allzuständigkeitsanspruch des Volkes war nichts anderes als das frühere Totalitätsprinzip. Fast wörtlich erwähnte *Huber* die Folgen der Ganzheit schon Jahre früher in seinem Aufsatz „Die Totalität des völkischen Staates"[931] von 1934. *Huber* verwandte nun den Begriff der Ganzheit, integrierte diesen in seinen weiten Volksbegriff und konnte so einen herkömmlichen staatrechtlichen Begriff anbieten,

[926] *Huber*, Verfassungsrecht des Großdeutschen Reiches, S. 260f
[927] *Huber*, Verfassungsrecht des Großdeutschen Reiches, S. 157
[928] *Huber*, Verfassungsrecht des Großdeutschen Reiches, S. 158
[929] *Sontheimer*, Antidemokratisches Denken, S. 252
[930] *Huber*, Verfassungsrecht des Großdeutschen Reiches, S.159
[931] *Huber*, Die Totalität des völkischen Staates, in: Die Tat. Wege zum freien Menschentum 26. Jg. (1934/35), S. 30-42; Siehe zur Problematik der Totalität die Seiten 150-154 dieser Arbeit.

der allen Anforderungen der neuen Zeit genügte, ohne durch eine diffuse Volksgemeinschaft ersetzt werden zu müssen.

4. Die Rechtsstellung des Volksgenossen

Was bedeutete die dominierende Rolle des Volkes aber für das Individuum? Welche Stellung war ihm in dem durch Einheit und Ganzheit geprägten Volk noch verblieben?

Das Ziel des von *Huber* bekämpften Liberalismus hatte darin bestanden, die Rechtssphäre des Einzelnen gegenüber dem Staat weitestgehend zu sichern. Diese Aufgabe erfüllten vor allem die Grundrechte, die dem Bürger einen persönlichen, unentziehbaren Freiheitsbereich gegenüber der Staatsgewalt verfassungsmäßig gewährleisteten. Aus den in der Reichsverfassung verbrieften Freiheitsrechten wurden wiederum zahlreiche Einzelrechte abgeleitet, die im Verwaltungsrecht das Verhältnis zwischen Staat und Bürger gestalteten. Das subjektive öffentliche Recht wurde so zur Garantie der Rechtsstellung des Individuums.

Rechtsgewährleistungen dieser Art waren mit dem völkischen Denken nicht mehr vereinbar. Es konnte keine private staatsfreie Sphäre mehr geben, die der politischen Einheit gegenüber unantastbar gewesen wäre. Eine persönliche, vorstaatliche und außerstaatliche Freiheit des Einzelnen, die vom Staat zu respektieren gewesen wäre, war undenkbar geworden.[932] *Huber* sah diese „individuelle Selbstherrlichkeit"[933] durch zwei Entwicklungen überwunden, die Einbindung des Einzelnen in das Volk und die Abschaffung der Grundrechte.

Bereits durch die Prinzipien von Einheit und Ganzheit beschrieb *Huber*, welche Stellung dem Individuum innerhalb des Volkes im nationalsozialistischen Staat zukam: „Es ist nicht möglich, sich abzukapseln oder zu isolieren".[934] Der Bürger hatte keine außerstaatliche Freiheit mehr. Es gab nur noch das Volk in seiner umfassenden Einheit, in dem der Einzelne sein Dasein lediglich als Volksgenosse, also als Glied der Gemeinschaft führte. Da das politische Volk wiederum selbst zum Staat geworden war, musste dies auch Auswirkungen auf die Grundrechte haben. Sie waren für *Huber* der Ausgangspunkt der Trennung zwischen der unpolitischen Gesellschaft und dem Staat.[935] Ihre Überwindung wurde zur zwingenden Notwendigkeit, um die neue Stellung des Einzelnen zu sichern. Freiheitsrechte, Institutsgarantien und institutionelle Garantien ließen

[932] *Huber*, Verfassungsrecht des Großdeutschen Reiches, S. 361

[933] *Huber*, Die volksgenössische Rechtsstellung in der Verwaltung, in: ZAkDR 4. Jg. (1937), S. 323-327 (323)

[934] *Huber*, Verfassungsrecht des Großdeutschen Reiches, S. 159

[935] *Huber*, Die Rechtsstellung des Volksgenossen – Erläutert am Beispiel der Eigentumsordnung, in: ZgesStW Bd. 96 (1935/36), S. 438-474 (438)

sich nicht mehr mit der neuen Politik vereinbaren und verloren daher ihre Verbindlichkeit. Nach seinem erfolglosen Versuch von 1932, einen „Bedeutungswandel der Grundrechte“[936] herbeizuschreiben, sah *Huber* deren Aufhebung in zwei Schritten erfolgen.

Zunächst hatte die „Reichstagsbrandverordnung“[937] nicht nur suspensiven Charakter, sondern die von ihr betroffenen Freiheitsrechte „sind als Verfassungsbestandteile endgültig beseitigt worden, weil sie mit den Grundsätzen der völkischen Weltanschauung nicht vereinbar sind“.[938] Alle nicht von dieser oder anderen Verordnungen[939] ausdrücklich aufgehobenen Grundrechte wurden durch den Zweck der völkischen Verfassung außer Kraft gesetzt: „Freiheitsrechte, Institutsgarantien und institutionelle Garantien fallen in der völkischen Verfassung dahin. Der tiefere Grund dafür ist der, dass in einer völkischen Verfassung das Prinzip der `Garantie` überhaupt überwunden worden ist. Die liberale Verfassung war ihrem Wesen nach `Garantie`; sie war ein System von Sicherungen und Gewährleistungen gegen die Staatsgewalt. Die völkische Verfassung hat diese Garantiefunktion nicht; sie soll im Gegenteil die Wirksamkeit und Schlagkraft der politischen Gewalt erhöhen. Sie soll nicht die Individuen und Gruppen gegen das Ganze schützen, sondern sie dient der Einheit und Ganzheit des Volkes gegen alle individualistischen und gruppenmäßigen Zersetzungen.“[940]

---

[936] Unmittelbar vor Ende der Weimarer Republik sprach *Huber* von einem Bedeutungswandel der Grundrechte, der auf einer tatsächlichen und rechtlichen Entwicklung beruhe. Hauptaussage des Aufsatzes war, dass der zweite Hauptteil der WRV nicht mehr prinzipiell die schrankenlose Freiheit des Liberalismus verteidigte, sondern nur noch eine regulierte und kontrollierte Freiheit zum Ziel hatte. (*Huber*, Bedeutungswandel der Grundrechte, in: AöR NF Bd. 23 (1932/33), S. 1-98); Siehe dazu die Seiten 82-88 dieser Arbeit.

[937] „Verordnung des Reichspräsidenten zum Schutz von Volk und Staat“ vom 28.02.1933 (RGBl. I, S. 83). Durch sie wurden die wichtigsten und in Art. 48 II WRV aufgeführten Grundrechte ausdrücklich außer Kraft gesetzt und Einschränkungen der darin enthaltenen Freiheiten „auch außerhalb der sonst hierfür bestimmten gesetzlichen Grenzen“ für zulässig erklärt.

[938] *Huber*, Verfassungsrecht des Großdeutschen Reiches, S. 361

[939] Weitere Eingriffe in die Grundrechte der WRV erfolgten bereits am 04.02.1933 durch die „Verordnung zum Schutz des deutschen Volkes“ (RGBl. I, 35). Betroffen waren dadurch die Versammlungs- und Pressefreiheit (Art. 123 und 118 WRV). Außerdem durch das „Gesetz über Verhängung und Vollstreckung der Todesstrafe“ vom 29.03.1933 (RGBl. I, S. 151). Auf diesem Weg wurde das strafrechtliche Rückwirkungsverbot des Art. 116 WRV durchbrochen, da das Gesetz vorsah, die Geltung von Straf- und strafverschärfenden Vorschriften der Reichstagsbrandverordnung bereits auf den Zeitraum vor deren Inkrafttreten auszudehnen.

[940] *Huber*, Verfassungsrecht des Großdeutschen Reiches, S. 363. Anders das Reichsgericht, das nicht auf eine generelle Aufhebung der Grundrechte durch die Verordnung des Reichspräsidenten, sondern nur auf den Umbruch des Jahres 1933 abstellte (*Majer*, Grundzüge des nationalsozialistischen Rechtssystems, S. 149).

Ergebnis dieser neuen Wirklichkeit war das völlige Aufgehen des Individuums im Volk. Der Einzelne konnte seine Rechte nicht mehr gegenüber dem Staat geltend machen, denn er war selbst zum Staat geworden. Über das Schlagwort von „Einheit und Ganzheit des Volkes“[941] und dem Vorwurf einer „Gegenstellung (der Grundrechte) gegen den Staat“[942] wurde Deutschland in seiner verfassungsmäßigen Entwicklung fast anderthalb Jahrhunderte zurückgeworfen.[943] Altnationalsozialistische Parolen wie „Gemeinnutz geht vor Eigennutz“ oder „Du bist nichts, Dein Volk ist alles“[944] fanden ihre tragische Verwirklichung in einer nicht für möglich gehaltenen Geschwindigkeit.

Trotz der verheerenden Auswirkungen bemühten sich Staatsrechtler wie *Ernst Rudolf Huber*[945], jenen Programmsätzen einen vermittelbaren materiellen Aussagegehalt beizumessen. So hat die Überwindung des subjektiven öffentlichen Rechts für *Huber* weder zu einer juristische Leere, noch zu einem rechtlos gestellten Individuum geführt. Vielmehr habe sich die „schöpferische Kraft“ des Nationalsozialismus darin bewährt, „dass sie nicht nur alte Einrichtungen und Vorstellungen zerstört, sondern dass sie darüber hinaus an der Stelle des Toten neue Formen und Begriffe zu entwickeln vermag....Einer dieser Kernbegriffe der neuen Ordnung ist die pflichtgebundene gliedhafte Rechtsstellung des Volksgenossen in der Gemeinschaft“[946].

Da das Volk in viele einzelne Gemeinschaften gegliedert war,[947] konnten die Rechte des Einzelnen mit Hilfe der volksgenössischen Gliedstellung in allen Ordnungen und Lebensbereichen unter den Vorbehalt des Volkswohles gestellt

---

[941] *Huber*, Verfassungsrecht des Großdeutschen Reiches, S. 157

[942] *Huber*, Die Rechtsstellung des Volksgenossen, in: aaO, S. 442

[943] *Terwiesche*, Konstitutionalismus und Nationalsozialismus: Beginn und vorläufiges Ende der Grundrechte, in: JR 1997 Heft 6, S. 227-234 (234)

[944] Diese Formeln finden sich als „Leitsätze“ bei: *Kraiss*, Das klagbare subjektiv öffentliche Recht im deutschen Führerstaat, S. 13, 44. Die Parole „Gemeinnutz geht vor Eigennutz“ erschien bereits als Punkt 24 des Parteiprogramms der NSDAP von 1920 (*Feder*, Das Programm der NSDAP und seine weltanschaulichen Grundgedanken, S. 10).

[945] Außerdem beispielsweise: *Larenz*, Rechtsperson und subjektives Recht S. 225ff; *ders.*, Gemeinschaft und Rechtsstellung, in: DRW Bd. 1 (1936), S. 31-39; *Maunz*, Das Ende des subjektiven öffentlichen Rechts, in: ZgesStW Bd. 96 (1935/36), S. 71-111; *Siebert*, Subjektives Recht, konkrete Berechtigung, Pflichtenordnung, in: DRW Bd. 1 (1936), S. 23-31

[946] Huber, Verfassungsrecht des Großdeutschen Reiches, S. 364

[947] Das Volk unterteilte sich in engere Gemeinschaften (z.B. Familie, Berufsstand), denen der Volksgenosse durch Abstammung, Erziehung, Beruf und politischen Dienst verbunden war. Insofern ist die Rechtsstellung des Einzelnen nicht generell bestimmt. Sie war entsprechend seiner Zugehörigkeit zu der einen oder anderen der engeren Untergemeinschaften und der Stellung, die ihm nach Maßgabe seiner Leistung darin zukommt, ganz verschieden (*Maunz*, Das Ende des subjektiven öffentlichen Rechts, in: ZgesStW Bd. 96 (1935/36), S. 71-111 (101)).

werden: Im Rechtsverkehr, in der Familie, beim Eigentum[948], im Arbeitsverhältnis, „in den ständischen Ordnungen, im öffentlichen Dienst, in der Verwaltung, in der Verfassung - überall gibt es die Rechtsstellung des Volksgenossen“.[949]

Die neue Rechtsstellung war pflichtgebunden und gemeinschaftsbezogen, sie wurde nicht um des Einzelnen, sondern um der Gemeinschaft willen begründet, da sie „keine bloße Rechtsbeziehung unter Einzelnen ist, sondern...von der Gemeinschaft her Sinn und Richtung, Wesen und Bindung erhält“.[950] Die Pflichtgebundenheit der gliedhaften Stellung bedeutete für *Huber* aber nicht, dass der Einzelne keine Rechte mehr hatte. Kenzeichnend für die neue Ordnung war lediglich, dass sich Verpflichtungen und Berechtigungen nur als Ausstrahlungen der Rechtsstellung ergaben.[951] Die Rechte erhielten „daher niemals selbständige Bedeutung“,[952] sondern standen unter dem Vorbehalt der Pflichterfüllung.

Aus Rechten, die dem Individuum aufgrund seiner Rechtspersönlichkeit grundsätzlich zustanden, wurden unselbständige Berechtigungen, die man sich nur innerhalb einer konkreten Gliedstellung durch Pflichterfüllung „verdienen“ konnte.[953] Die Befugnis war nicht mehr Ausfluss einer abstrakten Willensmacht im liberalen Sinne, sondern sie bezeichnete neben einem „Wollendürfen“ stets ein Sollen. Der Inhaber einer Rechtsstellung war eben auch verpflichtet, von dieser „den Gebrauch zu machen, der dem gesunden und ersprießlichen Zusammenleben der Volksgenossen in der Gemeinschaft entspricht“.[954] Erfüllte er seine Pflicht nicht, so lag darin eine Verletzung der Gemeinschaftsstellung, die mit einer Verwirkung der Rechtsstellung geahndet werden konnte.[955] Dadurch

---

948 Speziell zur Rechtsstellung des Eigentümers, durch die der Deutsche Sozialismus den „privaten, d.h. bindungs- und verantwortungslosen Charakter des Eigentums“ überwand: *Huber*, Die Rechtsstellung des Volksgenossen – Erläutert am Beispiel der Eigentumsordnung, in: aaO, S.438-474 (452-474)

949 *Huber*, Verfassungsrecht des Großdeutschen Reiches, S. 367

950 *Huber*, Verfassungsrecht des Großdeutschen Reiches, S. 366

951 *Huber*, Die volksgenössische Rechtsstellung in der Verwaltung, in: aaO, S. 324

952 *Huber*, Verfassungsrecht des Großdeutschen Reiches, S. 366

953 Der Gedanke des allgemeinen Gleichheitsrechts, der in der WRV noch an der Spitze der Grundrechte gestanden hatte, verkümmerte nach 1933 zu einem „Recht auf gleiche Pflichten“. Allgemeine Pflichten gab es jedoch zu Genüge: Die Wehrpflicht (§ 1 WpflG v. 21.05.1935, RGBl. I, S. 609), die persönliche Leistungspflicht (ReichsleistG v. 13.07.1938, RGBl. I, S. 887 i.d.F.v. 01.09.1939, RGBl. I, S. 1639, 1645), die Dienstpflicht für „Aufgaben von besonderer staatspolitischer Bedeutung“ (VO v. 13.02.1939, RGBl. I, S. 206), die Arbeitsdienstpflicht (ReichsarbeitsdienstG v. 26.06.1935, RGBl. I, S. 769), die Luftschutzdienstpflicht (LuftschG v. 26.06.1935, RGBl. I, S. 827), die Pflicht zur Hilfeleistung bei Unglücksfällen (§ 330c StGB), die Feuerschutzdienstpflicht (Gesetz v. 23.11.1938, RGBl. I, S. 1662) usw. (Aus: *Majer*, Grundlagen des nationalsozialistischen Rechtssystems, S. 155).

954 *Huber*, Verfassungsrecht des Großdeutschen Reiches, S. 366

955 So konnte der Bauer abgemeiert, der Betriebsführer seiner „Eigenschaft entkleidet werden, der Arbeiter verlor ggf. seinen Arbeitsplatz, der Schriftleiter konnte aus der Berufsliste gelöscht werden, das Mitglied der Reichskulturkammer wurde ausgeschlossen, dem Inhaber

wurde für *Huber* nicht von außen in ein grundsätzlich unantastbares Recht eingegriffen. Die Verwirkung ergab sich wesensnotwendig aus der gemeinschaftsbezogenen Rechtsstellung, die diese von Anfang enthielt.[956]

Die Unterordnungen des Einzelnen unter die Werte der Gemeinschaft bedeutete für *Huber* auch keine Willkür. Die Gliedstellung des Volksgenossen war eine Stellung „im Recht", wobei er unter Recht natürlich nicht mehr das abstrakte Normensystem des liberalen Zeitalters, sondern die lebendige Ordnung der Gemeinschaft verstand. Über die Regeln des konkreten Ordnungs- und Gestaltungsdenkens umfasste sie daher alle Rechte und Pflichten im Staat, in der Bewegung, im Berufsstand und der Volksgemeinschaft, ohne dass Einzelheiten durch ein System positiver Normierungen kodifiziert werden mussten.[957]

Neben dem Verweis auf ihre rechtliche Grundlage war die volksgenössische Rechtsstellung für *Huber* aber auch Ausdruck nationalsozialistischer Fortschrittlichkeit. „Das alte Recht kannte diese Rechtsstellung des Volksgenossen in der Gemeinschaft nicht. Es kannte nur die Rechtlosigkeit des Untertanen im absoluten Staat und die subjektiven Rechte des Individuums im liberalen System." Diese „absolutistisch-liberale Antithese"[958] wurde für *Huber* durch die volksgenössische Rechtsstellung auf einer höheren Ebene dialektisch aufgehoben. Sie führte nicht zu Rechtlosigkeit und Unfreiheit, sondern verwirklichte eine neue Freiheit im konkreten Recht der Gemeinschaft. Damit wurde ein neuer, ein nationalsozialistischer Freiheitsbegriff postuliert, der allerdings nichts mit einer allgemeinen, vor- und überstaatlichen Freiheit des Einzelnen gemeinsam hatte. Gemeint war die Freiheit des in die Gemeinschaft eingegliederten und ihr durch unbedingte Treuepflicht verbundenen Individuums.[959] Freiheit wurde nicht mehr länger von der Einzelpersönlichkeit her begriffen, sondern vom Volk. Während die bürgerliche Freiheit lediglich die Bindung durch Volk, Staat und Gemeinschaft verneint habe, sah *Huber* durch die neue volksgenössische Rechtsstellung und das damit verbundene Freiheitsverständnis eine dauerhafte Ordnung errichtet. Diese wurde für *Huber* geradezu zu einer Verwirklichung der Freiheit, da sie

---

einer Gewerbebefugnis konnte die Erlaubnis entzogen oder die weitere Betätigung verboten werden" (*Huber*, Verfassungsrecht des Großdeutschen Reiches, S. 366).

[956] Genaueres dazu mit der Unterscheidung zwischen der gesetzlichen (*Huber* nannte Beispiele aus dem Arbeits-, Boden-, Wirtschafts-, Kultur- und Beamtenrecht) und der ungeschriebenen Verwirkung: *Huber*, Die Verwirkung der volksgenössischen Rechtsstellung im Verwaltungsrecht, in: ZAkDR 4. Jg. (1937), S. 356-369 (367ff)

[957] *Schäfer*, Die Rechtsstellung des Einzelnen – Von den Grundrechten zur volksgenössischen Gliedstellung, in: *Böckenförde* (Hrsg.), Staatsrecht und Staatsrechtslehre im Dritten Reich, S. 106-121 (113)

[958] *Huber*, Verfassungsrecht des Großdeutschen Reiches, S. 365

[959] *Schäfer*, Die Rechtsstellung des Einzelnen – Von den Grundrechten zur volksgenössischen Gliedstellung, in: aaO, S. 116

an die Stelle der abstrakten, negativen Freiheit die positive, wahre Freiheit in bestimmten Gliedstellungen habe treten lassen.

Der für den bürgerlich-liberalen Staat kennzeichnende Gegensatz Individuum - Staat wurde durch das Modell vom Volk als Organismus und dem einzelnen Volksgenossen als dessen Glied aufgehoben. Letztlich war diese Zauberformel jedoch gleichbedeutend mit der absoluten Aufgabe des Persönlichkeitswertes. Von einer ausgeglichenen Spannung zwischen zwei gleichstarken Polen konnte nicht mehr gesprochen werden, dem Volk kam von Anfang an die höhere Wertigkeit zu.[960]

5. Das Volk als Basis des Führerwillens

Der einzige Nutznießer dieser neuen Ordnung war die politische Führung. Da der Volksgenosse seine Rechtsstellung vom Führer erhielt, und er dadurch zum „wirklichen Gefolgsmann“[961] wurde, bedeutete sein „im-Recht-Stehen“ nichts anderes als die vollständige Unterwerfung unter den Führerwillen. Zwar war der Einzelne nicht dem Führer, sondern dem Volk untergeordnet. Aber wenn *Huber* alles politische Leben im Volk von dem einheitlichen und umfassenden Führerwillen bestimmt sah,[962] waren Gemeinnutz und Führerwille gleichzusetzen. Letztlich unterschied sich die auch von *Huber* vertretene Lehre von der volksgenössischen Rechtsstellung daher nicht von autoritären Rechtslehren, die das Individuum unvermittelt der absoluten Führergewalt unterstellten.

Ein wirklicher Unterschied zwischen den Ansichten hätte nur dann bestanden, wenn die gliedhafte Rechtsstellung dem Volksgenossen so etwas wie einen Kernbereich von Grund- und Freiheitsrechten gesichert hätte.[963] Doch auch das lehnte *Huber* ab: „Es gibt natürlich keine angeborenen, unantastbaren politischen Rechte, die dem Individuum um seiner selbst willen zustünden und die das Ziel hätten, die Führung zu beengen oder zu beschränken“.[964] Wenn hier von „politischen Rechten“ die Rede war, dienten diese keineswegs der Abgrenzung einer politischen von einer privaten Sphäre. Rechte wurden dem Volksgenossen nur zugestanden Sie waren weder von sich aus existent, noch im Kernbereich unantastbar. Ganz im Gegenteil, Gemeinschaft und Volk waren für die Vertreter eines erklärt völkischen Denkens gerade als umfassende politische Größen defi-

[960] *Anderbrügge*, Völkisches Rechtsdenken, S. 157
[961] *Huber*, Verfassungsrecht des Großdeutschen Reiches, S. 367
[962] *Huber*, Verfassungsrecht des Großdeutschen Reiches, S. 160
[963] *Anderbrügge*, Völkisches Rechtsdenken, S. 155
[964] *Huber*, Verfassungsrecht des Großdeutschen Reiches, S. 367

niert.[965] Jenseits von ihnen konnte es ebenfalls keine verbrieften subjektiven öffentlichen Rechte gegen die politische Führung mehr geben.[966]

Hubers Entwurf einer „völkischen Rechtsstellung" war daher nicht mehr als ein Versuch, der politischen Realität eine juristische Form zu geben. Eine Eingrenzung der Führergewalt erfolgte dadurch nicht. So wurde die Formel „Du bist nichts, Dein Volk ist alles"[967] nicht nur durchgesetzt, sondern zu einem „Du bist nichts, Dein Führer ist alles"[968] gesteigert.

Auch die immer wiederkehrende Betonung der Rolle des Volkes lief bei *Huber* allein auf die Steigerung der Führermacht hinaus. Denn obwohl er das Volk als „Urgrund des politischen Geschehens" bezeichnete,[969] das nach den Prinzipien der Einheit und Ganzheit alle Sachgebiete und Lebensbereiche durchdrang, war dieses allmächtige Volk nicht in der Lage, seinen Willen selbständig und unabhängig zu artikulieren. Dazu benötigte es nach der Identitätslehre den Führer, der den im Volk gebildeten Willen verkörperte. Für *Huber* stand fest, „dass parlamentarische Wahlen, Abstimmungen, Vertrauensvoten keine geeigneten Formen sind, um das deutsche Volk zur politischen Einheit zusammenzufassen, dass sie vielmehr in Deutschland nur dazu beitragen, jedes Einheitsbewusstsein und jeden Gemeinwillen zu zerstören"[970]. Demokratische Meinungsbildung bezeichnete *Huber* daher auch nur noch als „Institut des Misstrauensvotums".[971]

Niemals in der Geschichte wurde die Stellung des Volkes höher gewichtet als während des Nationalsozialismus. Zu keiner Zeit war das Volk aber auch rechtloser als in jenen Jahren. Denn „der politische Führer entscheidet darüber, welche Werte, Kräfte und Ordnungen dieser Idee des Volkes entstammen; er ist der höchste Wahrer des deutschen Rechts"[972]. Zynisch kommentierte *Huber* die festgestellte Entwicklung: „Nur böser Wille kann in diesen Maßnahmen eine politische Entrechtung des Volkes sehen. Denn gleichzeitig wurde in dem Gesetz über die Volksabstimmung vom 14. Juli 1933 eine Einrichtung geschaffen, mit der der wahre Wille des Volkes weit besser und nachdrücklicher zum Ausdruck gebracht werden kann, als es mit den parlamentarischen Mitteln des alten Systems möglich war."[973]

---

965 *Huber*, Verfassungsrecht des Großdeutschen Reiches, S. 150ff, insbes. S. 154: Volk als die „politisch bewußt gewordene, politisch bewegte, zur politischen Gestaltung drängende Gemeinschaft".
966 *Huber*, Verfassungsrecht des Großdeutschen Reiches, S. 230, 367f
967 Siehe dazu Seite 189, Fn. 944 dieser Arbeit.
968 *Anderbrügge*, Völkisches Rechtsdenken, S. 157
969 *Huber*, Verfassungsrecht des Großdeutschen Reiches, S. 160
970 *Huber*, Die Deutsche Rechtserneuerung, in: aaO, S. 695
971 Ebenda
972 *Huber*, Die Deutsche Rechtserneuerung, in: aaO, S. 702
973 *Huber*, Die Deutsche Rechtserneuerung, in: aaO, S. 695

Für *Huber* ergaben sich aus der Bedeutung des Volkes und den Lehren der Vergangenheit zwei wesentliche Folgerungen: Die Ausschließlichkeit der politischen Führung und die Einheit der Führergewalt.[974]

IV. Führer

1. Politische und rechtliche Aspekte der Führung

Trotz aller Versuche der Rechtswissenschaft, die tatsächlichen Herrschaftsverhältnisse durch den völkischen Gedanken zu relativieren, ja geradezu zu verschleiern, stellte der Führergedanke den „Kernbegriff des nationalsozialistischen Staatsrechts"[975] dar. Nur in seiner Hand liefen die Fäden der Macht zusammen. Die Einheit aus „Volk, Bewegung und Staat"[976] fand in ihm ihre Verkörperung, durch ihn wurde die Dreigliederung der politischen Ordnung zum „geschlossenen politischen Gesamtkörper verbunden".[977] Denn der Führer entstammte der Bewegung. Er erhob das naturhafte zum politischen Volk, so dass es selbst zum Staat werden konnte. Entgegen allen völkischen Bekenntnissen stellte *Huber* daher auch offen fest: „Es gibt in Volk, Bewegung und Staat nur einen obersten Machtträger, von dem sich jede einzelne Gewalt ableitet: das ist der Führer."[978] Nur in ihm verkörperte sich eine unkontrollierte Machtkonzentration, die die Staatsrechtslehre als neu gewonnene „Einheit der Staatsgewalt"[979] darstellte.

Obwohl die Führerfigur ihre absolute und totalitäre Ausprägung erst durch den Nationalsozialismus erfuhr, bemühte man auch in diesem Zusammenhang historische Vorläufer als Legitimationshilfe. So wurde ihre angebliche Herkunft aus dem germanischen Heerführertum genauso betont wie die Verankerung in den Erfahrungen des Ersten Weltkriegs, die sich im „Erlebnis der Frontkämpfergeneration"[980] verfestigt hätten. Der Stoßtruppführer galt geradezu als „Pro-

---

[974] *Huber*, Verfassungsrecht des Großdeutschen Reiches, S. 160

[975] *Schmitt*, Staat, Bewegung, Volk – Die Dreigliederung der politischen Einheit, S. 36

[976] So die von *Huber* gewählte Reihenfolge der Trinomie, die er zwar von *Schmitt* übernommen, aber wie bereits aus der Anordnung erkennbar, mit eigenen, auch inhaltlichen Akzenten versehen hat. (*Huber*, Die deutsche Staatswissenschaft, in: ZgesStW Bd. 95 (1934/35), S. 1-65 (33)

[977] *Huber*, Das Staatsoberhaupt des Deutschen Reiches, in: ZgesStW Bd. 95 (1934/35), S. 202-229 (226)

[978] *Huber*, Das Staatsoberhaupt des Deutschen Reiches, in: aaO, S. 228

[979] Beispielsweise *Huber*, Die Einheit der Staatsgewalt, in: DJZ 39. Jg. (1934), Sp. 950-960

[980] *Becker*, Führungsordnung und Hierarchie, in: Festgabe Erich Jung. Beiträge zur Neugestaltung des Deutschen Rechts, S. 12-44 (42)

totyp solchen Führertums“[981] und wurde zum Sozialideal hochstilisiert. Die Weimarer Republik sei dagegen nicht zuletzt an ihrer „Führerlosigkeit“, einem Mangel an politisch geeigneten Persönlichkeiten, gescheitert.[982]

Der Führergedanke umfasste zwei unterscheidbare Aspekte. Einen eher politischen, von *Huber* als „Ausschließlichkeit der politischen Führung“ bezeichnet, und den vor allem rechtlich relevanten Teil, die „Einheit der Führergewalt“.[983] Die Zielsetzung einer absoluten Identifikation mit dem Führer war auf beiden Ebenen identisch.

Politisch gesehen ging es um die restlose Aktivierung des gesamten Machtpotentials durch und für den Führer. Reibungsverluste innerhalb der Gesellschaft durfte es nicht mehr geben: „Das System des Pluralismus und der Polykratie, in dem eine unübersehbare Vielheit offener und getarnter Machtträger selbständige politische Gewalt für sich in Anspruch nehmen, muss ausgerottet werden“.[984] Auf der juristischen Seite sollten in Abkehr vom Liberalismus alle klassischen Staatsgewalten in der Person des einen Führers zusammenfallen. Dessen Wille wollte *Huber* nicht nur im Gesetz, sondern auch in allen Einzelanordnungen der Verwaltung und den Entscheidungen der Gerichte wiedererkennen [985]

2. Führung als neue Herrschaftsform

Die Versuche der Staatsrechtslehre, das Wesen der „Führung“ wissenschaftlich zu bestimmen, sind ergebnislos geblieben. Sie mussten bereits deshalb scheitern, weil eine eindeutige Begriffsdefinition, insbesondere die juristische Festlegung der Kompetenzen, bei der Staatsleitung unerwünscht war. Die auch hier zutage tretende Rechtsfeindlichkeit des Nationalsozialismus beruhte zu einem Großteil darauf, dass jedem Versuch der Staatsrechtslehre, die politische Wirklichkeit juristisch zu analysieren, der Makel einer Festschreibung von Kompetenzen anhing. Gerade die Rechtsstellung des Führers war aber mit jeder Form der Machtbegrenzung durch die Rechtslehre unvereinbar. Folglich wurden neue Institutionalisierungen abgelehnt, während traditionelle Staatsämter, deren Befugnisse geläufig waren, die einzigartige Stellung des Führers nicht mehr umschreiben konnten.

Die Staatsrechtslehre verlegte sich daher lediglich darauf, das Wesen des Führertums schemenhaft zu umschreiben, ohne dabei jemals über irrationale Asso-

---

[981] *Dreier*, Die deutsche Staatsrechtslehre in der Zeit des Nationalsozialismus, in: VVDStRL Heft 60 (2001), S. 9-72 (47)

[982] *Anderbrügge*, Völkisches Rechtsdenken, S. 61

[983] *Huber*, Verfassungsrecht des Großdeutschen Reiches, S. 160

[984] *Huber*, Verfassungsrecht des Großdeutschen Reiches, S. 160

[985] Ebenda

ziationen hinauszugelangen. Für sie stellte sich Führung als mythisch verbrämte Ideologie dar, die sich auf dem Glauben der Gefolgschaft an eine einmalige, unfehlbare und über alles erhabene Persönlichkeit des Führers gründete und damit letztlich nur auf dem juristisch nicht greifbaren Charisma *Hitlers* beruhte.[986] Die neue Ordnung sollte nicht mehr dem Gegensatz Herrscher-Untertan, sondern dem Prinzip gegenseitiger Treue entstammen. Der Führer war Teil der Volksgemeinschaft. Seine Befehle verstand man nicht als Anordnungen eines Herrschers, sondern als Ausdruck des Gemeinschaftsgeistes, sie waren Dienst am Volk.[987] Genaugenommen entwickelte sich die unangreifbare Machtstellung *Hitlers* über den Begriff der Führung zu einer quasireligiös begründeten Vollzugsbasis des Gemeinschaftswillens.

Völkische Vitalisten wie *Höhn*, deren Ziel die Auflösung juristischer Begrifflichkeiten in irrationalen Denkkategorien war[988], reduzierten die Führung sogar auf die völlig nichtssagende Formel, der Führer gehe einer Gemeinschaft richtungsgebend voran.[989] Auch *Carl Schmitt*, ansonsten für seine scharfsinnigen Analysen bekannt, sah den Führer ohne jedes Vorbild. Ein Vergleich mit anderen Herrschern sei nicht möglich, da der „Begriff von Führung ... ganz aus dem konkreten, substanzhaften Denken der nationalsozialistischen Bewegung“[990] stamme.

Für *Huber* musste jedoch auch „Führung“ eine wissenschaftliche Darstellung erfahren. Aussagen, wie *Höhn* sie getroffen hatte, lehnte er ab, da sie sich nur auf eine „bildhafte Umschreibung“[991] beschränkten. Ebenso abwertend reagierte *Huber* auf eine ebenfalls belanglose Aussage *Schmitts* von 1933, nach der Führen nicht „Kommandieren, Diktieren, zentralistisch-bürokratisches Regieren oder irgendeine beliebige Art des Herrschens“[992] sei. *Huber* forderte inhaltlich eindeutige Aussagen über die neue staatsrechtliche Erscheinung der Führung, denn eine antithetische Gegenüberstellung von Herrschaft und Führung helfe nicht weiter.[993] Die angemahnte wissenschaftliche Fundierung der „Führung“ erreichte *Huber* dadurch, dass er sie mit Hilfe der beiden Elemente der Herrschaft, Autorität und Macht, definierte.

---

[986] *Krüger*, Der Aufbau der Führerverfassung, in: DR 1935, S. 210-212 (210)

[987] *Schaefer*, Führergewalt statt Gewaltenteilung, in: *Böckenförde* (Hrsg.), Staatsrecht und Staatsrechtslehre im Nationalsozialismus, S. 89-105 (97f)

[988] *Kirschenmann*, „Gesetz“ im Staatsrecht und der Staatsrechtslehre des Nationalsozialismus, S. 48

[989] *Höhn*, Die Wandlung im staatsrechtlichen Denken, S. 35

[990] *Schmitt*, Staat, Bewegung, Volk, S. 42

[991] *Huber*, Herrschaft und Führung, in: DR Ausg. A 11. Jg. (1941) Halbband 2, S. 2017-2024 (2017); auch abgedruckt in: *ders.*, Reichsgewalt und Reichsführung im Kriege, in: ZgesStW Bd. 101 (1940/41), S. 530-579 (530-538)

[992] *Schmitt*, Staat, Bewegung, Volk, S. 41

[993] *Huber*, Herrschaft und Führung, in: aaO, S. 2017

Der autoritäre Gehalt der Führung war dabei auch für *Huber* vor allem irrational begründet: „Es sind nicht allein die politischen Leistungen und die äußeren Erfolge... Es ist die tiefer als alle rationalen Erwägungen dringende Kraft des Glaubens, durch die die echte Autorität des Führers erzeugt wird."[994]

Huber zeichnete aber aus, dass sich die Legitimation des Führers nicht im Charisma und Erfolg *Hitlers* erschöpfte. *Huber* versuchte, die Führung über den personenhaften Bezug hinaus als staatsrechtliches Prinzip zu institutionalisieren. Denn nicht das einmalige Führertum „einer großen geschichtlichen Persönlichkeit"[995] verdiente wissenschaftliche Beachtung, sondern die Frage, wie eine echte Führungsordnung etabliert werden konnte. Neben der juristischen Erfassung der tatsächlichen Stellung des Führers erforderte dies, über die Person *Hitlers* hinaus, nicht zuletzt auch an eine Nachfolgeregelung zu denken. Obwohl sich *Hitler* mehrfach Gedanken über sein Ableben machte,[996] blieb gerade jene Frage in der staatsrechtlichen Literatur zumeist unerörtert. Denn eine institutionelle Form samt eines bereits vorausbestimmten politischen Erben entwertete *Hitler* vom „größten Führer aller Zeiten"[997] zu einem ersetzbaren Staatsoberhaupt. *Huber* legte sich in diesem strittigen Punkt dennoch fest. Für ihn ergab sich aus dem Prinzip der Personalunionen zwischen Staat und Bewegung, dass deren Führer gleichzeitig deutscher Reichskanzler war.[998]

Neben der Autorität stützte sich „Führung" bei *Huber* auch auf Macht. *Huber* verurteilte damit jegliche Bemühungen anderer, Führung als einvernehmliches Handeln zwischen Führer und Volk zu verklären, das ohne jede Machtmittel auskomme. Diese vor allem von *Höhn* vertretene Ansicht, die es zum Ziel hatte, jeden Widerstand gegen die Staatsgewalt als Verrat an der Volksgemeinschaft darzustellen und dadurch zu lähmen, lehnte *Huber* entschieden ab. Er forderte

---

[994] *Huber*, Herrschaft und Führung, in: aaO, S. 2018

[995] *Huber*, Herrschaft und Führung, in: aaO, S. 2019

[996] So in den Erlassen vom 07.12.1934 und 19.12.1934, der Reichstagsrede am 01.09.1939, dem Erlass vom 29.06.1941 und seinem politischen Testament vom 29.04.1945 (*Wagner*, Das Staatsoberhaupt im NS-Staat und seine Stellvertretung, in: Jura 1999 Heft 11, S. 571-577 (575)

[997] So *Hitlers* Selbsttitulierung in: *ders.*, Mein Kampf, S. 651

[998] *Huber*, Verfassungsrecht des Großdeutschen Reiches, S. 222.
Voraussetzung für diese Nachfolgeregelung war, dass die einschlägigen Bestimmungen der WRV nicht mehr zur Anwendung kamen. Diese Bedingung war für *Huber* aufgrund der Unvereinbarkeit der bisherigen Normen mit dem neuen Verständnis vom Amt des Führers erfüllt. Da auch keine neue Regelung beschlossen wurde, nahm *Huber* an, dass das „Gesetz zur Sicherung der Einheit von Partei und Staat" vom 01.12.1933 (RGBl. I 1933, 1016) stillschweigend davon ausgehe, dass der Führer der Partei zugleich Reichskanzler war (*Huber*, Das Staatsoberhaupt des Deutschen Reiches, in: aaO, S. 209). Da der Führer der Partei die Satzung der NSDAP erließ, konnte *Hitler* die Regeln seiner Nachfolge selbst bestimmen.

„realistisches Denken".[999] Keine Führungsordnung komme ohne Befehl und Gehorsam aus. Beide Komponenten seien notwendige „Mittel des Kampfes gegen gemeinschaftsfeindliche Elemente, die es niederzuhalten oder auszumerzen gilt,...um die Gefolgschaft selbst als eine geordnete, disziplinierte, einsatzbereite Einheit zu erhalten".[1000] Jene realistische Beurteilung der nationalsozialistischen Machtausübung brachte *Huber* umgehend den Vorwurf seiner Gegner ein, noch ganz dem Denken von „Obrigkeit und Volk" verhaftet und noch nicht in der neuen Wirklichkeit der Volksgemeinschaft angekommen zu sein.[1001]

Hubers Versuch, die nationalsozialistische Realität durch verfassungsrechtliche Strukturprinzipien zu umschreiben, beinhaltete auch, Führung als ein staatliches Amt zu verstehen. *Huber* meinte dabei kein Staatsamt „im behördlich-technischen oder anstaltlichen Sinne", sondern einen „politisch-charismatischen Begriff".[1002] Diese Floskel drückt erneut die Zerrissenheit *Hubers* aus, die sich aus der Dienstbarmachung traditioneller Begrifflichkeiten für den Nationalsozialismus ergab. Der Führer sollte zwar Amtsträger sein, durfte dadurch aber nicht in seinen Rechten beschränkt werden. Durch die Schaffung eines politischen Amtsbegriffs, der für alles und nichts stand, konnte die Festlegung auf bestimmte Kompetenzen unterbleiben.

Folglich übte *Hitler* nach dem 2. August 1934 nicht die Ämter des Parteiführers, des Reichspräsidenten und des Reichskanzlers aus, sondern ein einheitliches, neues Amt, das lediglich verschiedene Geschäftsbereiche beinhaltete.[1003] Da das „Gesetz über das Staatsoberhaupt des Deutschen Reiches" also keine Ämtervereinigung, sondern eine Neubegründung zur Folge hatte, konnte auch über die ursprünglichen Staatsämter kein Rückschluss auf die aktuellen Kompetenzen gezogen werden.

Trotz des unbegrenzten Machtanspruchs der Führung bemühte sich *Huber*, die Allgewalt durch das Postulat der Bindung des Führers an den Gesamtwillen des Volkes zu relativieren. Damit unternahm er nicht nur den Versuch, die sich widersprechenden Prinzipien von Führung und völkischer Idee zur Deckung zu bringen. Er strebte für den Führer auch eine Legitimation an, die mehr Substanz hatte, als die anderer diktatorischer Regime. Für *Huber* war „der Führer...nicht selbstherrlich und jeder Bindung bar. Sein Wille ist nicht der subjektive indivi-

[999] *Huber*, Herrschaft und Führung, in: aaO, S. 2019

[1000] *Huber*, Reichsgewalt und Reichsführung im Kriege, S. 537

[1001] *Höhn*, Volk und Verfassung, in: aaO, S. 208

[1002] *Huber*, Verfassungsrecht des Großdeutschen Reiches, S. 213
Damit reagierte *Huber* auf die Kritik *Höhns*, der ihm vorgeworfen hatte, er richte seinen Blick nur auf den Staat und nicht auf Führer und Volk. *Höhn* bemängelte weiter, dass dann, wenn auch für *Huber* Volksgemeinschaft und Führer das Wesentliche wären, er nicht dazu kommen könnte, aus der Vereinigung der Funktionen eine über dem Volk und der Bewegung stehende Amtseinheit zu schaffen (*Höhn*, Volk und Verfassung, in: aaO, S. 209f).

[1003] *Huber*, Verfassungsrecht des Großdeutschen Reiches, S. 218

duelle Wille eines für sich stehenden Menschen, sondern in ihm verkörpert sich der Gesamtwille des Volkes als objektive geschichtliche Größe."[1004] *Huber* unterschied dafür zwischen dem Willen des Volkes als objektiver Gegebenheit und der subjektiven Volksüberzeugung, die sich in den Meinungen der einzelnen Volksangehörigen äußerte. So wie sich erst durch den Führer das naturhafte zum politischen Volk wandeln konnte, erhob er subjektive Einzelansichten zum objektiven Willen.[1005] Der Führer war daher nicht Diktator oder Tyrann, sondern er verkörperte das Volk und vollstreckte dessen gemeinsamen Willen: „Die Führungsordnung lebt von der Treue und der Verantwortung der Gefolgschaft, zugleich aber setzt sie auch Verantwortung und Treue des Führers gegenüber seiner Aufgabe und gegenüber seiner Gefolgschaft voraus."[1006] Auf diese Weise versuchte *Huber*, über die Formel von der Objektivierung und Umsetzung des Volkswillens, die zuvor realistisch beschriebene Führerstellung wieder zu verschleiern. Er sprach jetzt von der Doppelstellung aus „Unabhängigkeit von aller Interessensbindung, aber unbedingte(r) Gebundenheit an das Volk".[1007] Eine tatsächliche Machtbegrenzung erwartete aber wohl auch *Huber* nicht von dieser „Bindung". Denn „es besteht keine ohne weiteres gegebene Identität zwischen dem objektiven Volkswillen und der subjektiven Volksmeinung"[1008].

Daraus war der nächste Schluss schnell gezogen: „Deshalb kann der wahre Wille des Volkes niemals dadurch mit Sicherheit erkannt werden, dass man die lebenden Volksangehörigen abstimmen lässt."[1009] So lange eine Differenz zwischen Führer und Volk durch Wahlen und Abstimmungen nicht offenkundig

[1004] *Huber*, Verfassungsrecht des Großdeutschen Reiches, S. 196

[1005] *Höhn* warf *Huber* daraufhin vor, er beschränke das Führertum auf die Willensbildung und beweise damit erneut, dass seine gesamten verfassungsrechtlichen Darlegungen nur davon geprägt seien, sich vom Parlamentarismus abzugrenzen. *Hubers* Führerbild erinnere an die Integrationslehre *Rudolf Smends*, nach der das Wesen der Verfassung aus der ständig neuen Wiederherstellung einer Willenseinheit entwickelt werde. *Höhn* dachte bereits in ganz anderen Kategorien. Der Gemeinwille musste nicht durch den Führer herbeigeführt werden, er existierte bereits durch die Verwirklichung der Volksgemeinschaft. Aus deren Artgleichheit ergab sich auch eine gedankliche Einheit, so dass der von *Huber* dazwischengeschaltete Führer überflüssig, für *Höhn* aber geradezu provozierend war: „Die Volksgemeinschaft in ihrer durch den Nationalsozialismus geschaffenen weltanschaulichen Geschlossenheit wird ignoriert." Wiederum wurde *Huber* Rückständigkeit vorgeworfen. Nicht das gespaltene Volk, sondern die Volksgemeinschaft sei Realität, der Führer solle sich nicht um die Willensbildung kümmern, sondern der homogenen Gemeinschaft vorangehen. Im Kampf um die reine Lehre innerhalb der nationalsozialistischen Staatrechtswissenschaft profilierte sich *Höhn* damit erneut gegenüber *Huber* als derjenige, der die Zeichen der neuen Zeit erkannt habe, *Huber* dagegen bleibe der individualistischen Rechtslehre verhaftet (*Höhn*, Volk und Verfassung, in: aaO, S. 206ff).

[1006] *Huber*, Verfassungsrecht des Großdeutschen Reiches, S. 197f

[1007] *Huber*, Verfassungsrecht des Großdeutschen Reiches, S. 195

[1008] Ebenda

[1009] Ebenda

werden konnte, ließ sich die Formel vom willensgebundenen Führer sorglos verkünden. Doch auch für den Fall, dass die subjektive Volksüberzeugung keineswegs in den objektiven Volkswillen transformiert werden wollte, das Volk also den Gehorsam verweigerte, zeigte *Huber* einen Ausweg auf. Für ihn blieb der Führer letztlich nicht auf das Volk angewiesen, er setzte seinen Willen gegen jeden Widerstand durch. Offiziell wurde das Diktat des Führers folgendermaßen verklausuliert: „In Zeiten der inneren Not kann der Führer ein Volk, das seine politische Sendung vergessen oder verraten hat, wieder zu sich selber leiten. Er bildet *in sich* (sic! Hervorh. durch Verf.) den völkischen Gemeinwillen und verkörpert gegenüber allen Einzelwünschen die politische Einheit und Ganzheit des Volkes".[1010] Verschleiert durch den völkischen Gedanken, entpuppte sich die Führung dadurch als bloße Diktatur. Der Gegensatz von autoritärem und völkischem Prinzip konnte nicht widerspruchsfrei überwunden werden. Je länger der Nationalsozialismus andauerte, desto dominierender wurde das autoritäre Element des Staates.

Wenn aber der Führer trotz seiner Unangefochtenheit nach offizieller Diktion eigentlich nur den Volkswillen vollstreckte, lag die Ansicht nicht weit, auch der Führerstaat sei eine Demokratie, ja sogar „eigentliche und echte Demokratie"[1011]. Genau dieser Anspruch wurde innerhalb der nationalsozialistischen Staatsrechtslehre ernsthaft vertreten.[1012] *Huber* lehnte dagegen jeden Bezug des Führerstaates zur Demokratie ab. „Demokratie" war für ihn ohne Volkssouveränität, formaler Gleichberechtigung aller Staatsbürger und einer „nach dem Mehrheitsverfahren von unten aus der Mitte des Volkes gebildeten volonté générale"[1013] nicht denkbar. *Huber* beschrieb realistisch, dass das völkische Reich letztlich nur auf dem Führerentscheid beruhte und damit gerade keine Demokratie sein konnte. Aber auch autoritäre Staatsformen, wie der Absolutismus und die Diktatur, sowohl im klassischen[1014] als auch im modernen Ver-

[1010] *Huber*, Verfassungsrecht des Großdeutschen Reiches, S. 196
[1011] *Huber*, Verfassungsrecht des Großdeutschen Reiches, S. 209
[1012] *Ritterbusch*, Der Führer und Reichskanzler, des deutschen Volkes Staatsoberhaupt, in: JW 1934, Sp. 2193-2196; *Koellreutter*, Wesen und Rechtscharakter des deutschen Volksstaates, in: RVBl 1934, S. 806-807
[1013] *Huber*, Verfassungsrecht des Großdeutschen Reiches, S. 210
[1014] *Huber* bemühte die Zeitdauer als Unterscheidungskriterium zwischen Führerstaat und klassischer Diktatur, während er die moderne Form der Diktatur nur als „Zerrbild" bezeichnet. Der NS-Staat war für ihn bei seiner Differenzierung nur eine endgültige und normale Staatsform, kein Ausnahmezustand wie die Diktatur. *Huber* berief sich dabei wohl auf eine „Lücke" in *Schmitts* Definition (*Schmitt*, Artikel Diktatur, in: *Sacher* (Hrsg.), Staatslexikon Bd. I 5. Aufl. 1926, Sp. 1448-1453). Richtigerweise ist die Diktatur jedoch nicht begriffsnotwendig an eine vorübergehende Erscheinung gebunden, so dass sie mit dem Verweis auf eine endgültige Ordnung nicht verworfen werden kann (so auch: *Schaefer*, Führergewalt statt Gewaltenteilung, in: aaO, S. 100).

ständnis, hatten für ihn mit dem Nationalsozialismus nichts gemein. Das Deutsche Reich war in traditionelle Kategorien nicht einzuordnen, es hatte als „völkisches Führerreich“[1015] eine Sonderstellung.

3. Von der Staatsgewalt zur Führergewalt

a. Die Einheit der Führergewalt

Neben dem ausschließlich politisch motivierten Prinzip der Führung, integrierte *Huber* den spezifisch staatsrechtlichen Sinn des Führergedankens in der maßgeblich von ihm postulierten „Einheit der Führergewalt“.[1016]

Mit dem „Gesetz über das Staatsoberhaupt des Deutschen Reichs“ vom 1. August 1934 sah *Huber* alle staatliche Macht in der Hand des Führers vereinigt und damit den Führerstaat vollendet.[1017] Formal erfolgte nach *Hindenburgs* Tod zwar lediglich die Vereinigung der Staatsämter des Reichspräsidenten und des Reichskanzlers, so dass die separaten Befugnisse auf den „Führer und Reichskanzler *Adolf Hitler*“[1018] übertragen wurden. Tatsächlich erlangte *Hitler* nach dem Ausscheiden des letzten Vertreters der alten Ordnung aber gerade die Funktionen, die ihm zur Ausübung der umfassenden Macht noch gefehlt hatten.[1019]

[1015] Auch diese Begriffskonstruktion verdeutlicht den Willen *Hubers*, das autoritäre und das völkische Element in Einklang zu bringen. Die Wirklichkeit überholte diesen Wunsch, der völkische Gedanke wurde zusehends Makulatur.

[1016] *Huber*, Verfassungsrecht des Großdeutschen Reiches, S. 160

[1017] Mit der Vollendung des Führerstaates meinte *Huber Hitlers* Erreichen einer vollkommenen Machtstellung, die Dritte nicht mehr mäßigen oder kontrollieren konnten. Damit diese Position scheinbar legal erlangt wurde, verwirklichte man sie durch Gesetze bzw. Verordnungen. Auf Reichsebene wurden dazu folgende Gesetze erlassen: „Gesetz zur Behebung der Not von Volk und Reich“ (Ermächtigungsgesetz) vom 24.03.1933 (RGBl. I 1933, 14), verlängert vom Reichstag am 30.01.1937 und am 30.01.1939, unbegrenzt verlängert durch Führererlass vom 10.05.1943; „Gesetz über das Staatsoberhaupt des Deutschen Reiches“ vom 01.08.1934 (RGBl. I 1934, 747).
Die föderale Struktur wurde verändert durch: Notverordnung vom 06.02.1933 (RGBl. I 1933, 43); „Verordnung zum Schutz von Volk und Staat“ vom 28.02.1933 (RGBl. I 1933, 83); „Zweites Gesetz zur Gleichschaltung der Länder mit dem Reich“ (=Reichsstatthaltergesetz) vom 07.04.1933 (RGBl. I 1933, 173); „Gesetz über den Neuaufbau des Reichs“ vom 30.01.1934 (RGBl. I 1934, 75); „Gesetz über die Aufhebung des Reichsrats“ vom 14.02.1934 (RGBl. I 1934, 89).
Der Parteienpluralismus wurde aufgehoben durch das „Gesetz gegen die Neubildung von Parteien“ vom 14.07.1933 (RGBl. I 1934, 479); „Gesetz zur Sicherung der Einheit von Partei und Staat“ vom 01.12.1933 (RGBl. I, 1016): (*Schaefer*, Führergewalt statt Gewaltenteilung, in: aaO, S. 90ff)

[1018] Diese Formulierung wurde im „Gesetz über das Staatsoberhaupt“ erstmalig verwendet

[1019] Dazu gehörten vor allem folgende Befugnisse: Das Recht der völkerrechtlichen Vertretung (Art. 45 I WRV); das Ernennungs- und Entlassungsrecht der Reichsminister (Art. 53 WRV);

So betonte auch *Huber*, dass die Stellung des Führers nicht einfach eine Addition beider Kompetenzen bedeutete.[1020] Es wurde ein völlig neues Amt geschaffen, die Führermacht war von nun an „ausschließlich, allumfassend und unbeschränkt“[1021]. In Deutschland herrschten jetzt nicht mehr Normen oder „unpersönliche Institutionen“[1022], sondern eine neue, eine personenhafte Ordnung.[1023] Der Führer wurde an Stelle der juristischen Person „Staat“ zum Ausgangspunkt aller hoheitlichen Befugnisse. Von ihm als obersten Machtträger leiteten sich fortan auch die klassischen Staatsgewalten ab.[1024]

Aus dieser Konstruktion erwuchs eine von *Huber* mitgeprägte Eigenart des nationalsozialistischen Staatsrechts, die „partikulare Rechtsstaatlichkeit“[1025]. Der Führer war fortan allgewaltiger Machtträger, ohne dass die Gewaltenteilung und damit der Schein eines Rechtsstaates formal aufgehoben wurde. Die separaten Gewalten konnten aufrechterhalten bleiben, da sie entweder direkt von *Hitler* ausgeübt wurden, oder er sich hinreichende Eingriffsrechte sicherte. Auch wenn die Funktion der Gewaltenteilung auf den Kopf gestellt wurde, soweit sie nur durch eine unangefochtene Diktatur garantiert werden konnte, erkannte *Huber* in der Neuregelung doch eine perfekte Symbiose aus Führung und Rechtsstaatlichkeit. Der nationalsozialistische Staat brauchte „die *begriffliche* Unterscheidung von Gesetzgebung, Verwaltung und Rechtsprechung nicht in Frage zu stellen, er

---

das Recht zur Ernennung und Entlassung aller Reichsbeamten und Offiziere (Art. 46 WRV); der Oberbefehl über die Reichswehr (Art. 47 WRV) und die Diktaturgewalt aus Art. 48 WRV. Aus der tatsächlichen Unabhängigkeit des Reichskanzlers von Reichstag, Reichsregierung und Volk wurde nach dem Tod des Reichspräsidenten auch eine rechtliche Unabhängigkeit im Sinne der WRV (*Rabe*, Die staatsrechtliche Stellung des Reichskanzlers des Deutschen Reiches in den Jahren 1871-1945, S. 148). Zwar war von *Huber* nach 1933 das Weitergelten der WRV mit dem Hinweis auf deren Unvereinbarkeit mit der neuen Ordnung stets bestritten worden, dennoch wusste er um die große machtpolitische Bedeutung, die diese Ämtervereinigung haben sollte. Neben der herausragenden Symbolik *Hindenburgs* endete aus nationalsozialistischer Sicht nun vor allem die Sorge um das unberechenbare Verhalten der mit dem Reichspräsidenten verbundenen Reichswehr. Nur weil das Ableben *Hindenburgs* absehbar gewesen war, hatte die uneingeschränkte materielle Garantie des Ermächtigungsgesetzes für das Amt des Reichspräsidenten kein zu großes Risiko für die nationalsozialistische Machtentfaltung dargestellt. Nach dessen Tod war der Weg zur totalen Macht frei, denn das Amt des Reichspräsidenten war „untrennbar mit der Person ...Hindenburgs verbunden. ... Mit dem Tode des Reichspräsidenten musste das Amt, das nun ohne Sinn geworden wäre, erlöschen, und der Führer konnte die einzelnen rechtlichen Befugnisse, nicht aber das Amt des Reichspräsidenten als Ganzes übernehmen.“ (*Huber*, Verfassungsrecht des Großdeutschen Reiches, S. 215)

[1020] *Huber*, Verfassungsrecht des Großdeutschen Reiches, S. 214

[1021] *Huber*, Das Staatsoberhaupt des Deutschen Reiches, S. 228

[1022] *Dreier*, Die deutsche Staatsrechtslehre in der Zeit des Nationalsozialismus, in: aaO, S. 49

[1023] *Huber*, Reichsgewalt und Reichsführung im Kriege, in: aaO, S. 535

[1024] *Huber*, Das Staatsoberhaupt des Deutschen Reiches, S. 228

[1025] *Wilms*, Die Staatsrechtslehre im Nationalsozialismus, in: DVBl. 2000 Heft 17, S. 1237-1249 (1241)

kann sogar eine gewisse organisatorische Selbständigkeit einzelner Funktionen beibehalten, wenn die Überordnung der einheitlichen Gesamtgewalt des Staates nicht nur theoretisch konstruiert ist, sondern eine konkrete Wirklichkeit bedeutet".[1026]

Huber kritisierte die Gewaltenteilung daher nicht grundsätzlich, sondern er wandte sich gegen ihre liberale Ausgestaltung während der Weimarer Republik. Jene Form musste aufgehoben werden, da die einzelnen Kompetenzen eben nicht auf einen einheitlichen Willensträger zurückgeführt werden konnten. Denn dem Volk, das nach demokratischem Verständnis diese Rolle einnehmen sollte, sprach *Huber* die Fähigkeit dazu ab.[1027] Hinzu kam für *Huber*, dass das Ziel der klassischen Gewaltenteilung auch nicht in einer funktionellen Aufgabenverteilung, sondern in einer gezielten Hemmung der Staatsgewalt bestand, damit der „private Bereich der Einzelperson den höchstmöglichen Schutz erhält"[1028]. Gerade eine solche Abwehrhaltung gegenüber dem Staat war mit der neuen Ordnung aber nicht mehr vereinbar. Nur eine „einheitliche, zentrale Führungsgewalt vermag eine politische Verfassung zu konstruieren, d.h. eine Verfassung, die nicht ein bürgerlich-rechtsstaatliches System von Freiheitsgarantien darstellt, sondern die Grundordnung des politischen Volkes ist."[1029] Damit konnte eine Gewaltenteilung, die ihres Namen würdig ist, im Führerstaat keine Zukunft haben.

Der von der Blockade des Weimarer Verfassungsstaates noch beeindruckte *Huber* feierte die neue innenpolitische Machtkonzentration, ließ aber auch hier wiederum erkennen, welch fundamentaler Bruch im deutschen Staatsrecht stattgefunden hatte. Während *Huber* bis 1934 noch vor allem von der „Einheit der Staatsgewalt" und der „zentralen Führungsgewalt" sprach, die der Sehnsucht nach Geschlossenheit und Stärke Ausdruck verliehen, passte er seine Wortwahl später erneut der politischen Realität an. 1937 führte er in seiner „Verfassung" den Begriff der „Führergewalt" ein und berücksichtigte auf diese Weise, dass aus der neuen Einheit keine weitgehend unkontrollierte Regierung, sondern der Führer als einziger Träger staatlicher Herrschaft hervorgegangen ist. *Hubers* Wortschöpfung „Führergewalt" wurde zur spezifisch juristischen Formel, um die Allmacht des Führers verfassungsrechtlich zu integrieren. Von ihr und nicht mehr der Staatsgewalt leitete sich fortan alle öffentliche Gewalt in Staat und Bewegung ab.[1030]

[1026] *Huber*, Die Einheit der Staatsgewalt, in: aaO, Sp. 954

[1027] *Huber*, Die Einheit der Staatsgewalt, in: aaO, Sp. 951

[1028] *Huber*, Die Einheit der Staatsgewalt, in: aaO, Sp. 951

[1029] *Huber*, Die Einheit der Staatsgewalt, in: aaO, Sp. 960

[1030] Diese Konstruktion stieß auf den schärfsten Widerspruch *Höhns*, der *Huber* vorwarf, er verlagere über den Gedanken des totalen Staates die Eigenart der juristischen Staatsperson auf den Führer. Dieser werde dadurch bei *Huber* zu einer individuellen Persönlichkeit, die die

Die unantastbare Stellung des Führers wurde damit zur unabdingbaren Voraussetzung dafür, über die Formel „Einheit der Führergewalt“ eine formale „Gewaltenteilung“ weiter zuzulassen. Die „sachliche Unterscheidung von Funktionen“[1031], die *Huber* vorschlug, hatte mit einer effektiven Gewaltenteilung nichts mehr gemein, war aber von großer praktischer Bedeutung. Sie ermöglichte, dass eine gewisse Unabhängigkeit der Richter, eine begrenzte Bindung der Verwaltung an Recht und Gesetz und eine theoretische Gewaltenkontrolle gewahrt blieben. Solche Beschränkungen richteten sich nicht gegen den Führer, da alle hoheitlichen Bereiche auf diesen selbst zurückführbar waren. Dessen Macht blieb an den „Volkswillen“ gebunden. Einer darüber wachenden Instanz bedurfte es nicht, da zwischen Volk und Führer Willensidentität herrschte.

Tatsächlich umgesetzt sah die neue Gewaltenteilung bei *Huber* folgendermaßen aus: Im Verhältnis zu den drei klassischen Staatsgewalten war die Führung keine „vierte Gewalt“[1032], sondern als politische Gesamtgewalt „allen Einzelfunktionen überlegen und übergeordnet“.[1033] Die Führung durchdrang Gesetzgebung, Rechtsprechung und Verwaltung in gleichem Maße, alle staatlichen Funktionen wurden von ihr bestimmt. Unter dieser Voraussetzung konnte *Huber* dann sein System der Führergewalt[1034] in die klassischen Gewalten einteilen und dabei erneut den Spagat zwischen der Bewahrung juristischer Begriffe und Ord-

---

einzelnen Gewalten vollzieht und damit der alten Welt der Staatsgewalt entstamme. Stattdessen müsse *Huber* jedoch endlich in der neuen Welt der Volksgemeinschaft ankommen (*Höhn*, Volk und Verfassung, in: aaO, S. 212ff).

[1031] *Huber*, Verfassungsrecht des Großdeutschen Reiches, S. 232

[1032] *Huber* grenzte sich damit gegen *Rudolf Smend* ab, der an Stelle der Dreiteilung von einer Vierteilung der Staatsgewalt sprach, indem er neben Gesetzgebung, Rechtsprechung und Verwaltung noch die Regierung setzte (*Smend*, Die politische Gewalt im Verfassungsstaat, in: Festgabe der Berliner juristischen Fakultät für Wilhelm Kahl zum Doktorjubiläum am 19.04.1923, S. 16). *Huber* sah darin keine Überwindung, sondern eine Erweiterung des Pluralismus, darüber hinaus könne man Führung und Regierung auch nicht gleichsetzen (*Huber*, Verfassungsrecht des Großdeutschen Reiches, S. 232).

[1033] *Huber*, Verfassungsrecht des Großdeutschen Reiches, S. 232

[1034] *Huber* gliederte seine Führergewalt nicht nur in die drei klassischen Staatsgewalten, sondern führte diese im „Verfassungsrecht“ bereits weiter aus. Die umfassendste Gliederung erschien allerdings erst nach Kriegsbeginn. Hier unterteilte *Huber* die Funktionen der Führergewalt folgendermaßen:
1. Herstellung und Verkörperung der Reichseinheit durch Integration und Repräsentation 2. Leitung der großen Ordnungsbereiche des völkischen Lebens (Partei, Wehrmacht, Beamtenkörper) 3. Auswärtige und innere Gewalt (Verwaltung) des Reiches 4. Rechtsgewalt (*Huber*, Reichsgewalt und Reichsführung im Kriege, in: ZgesStW Bd. 101 (1940/41), S. 530-579 (542-552)). Im Zusammenhang mit der Führergewalt werden aber zunächst nur die großen Bereiche Gesetzgebung, Verwaltungshoheit und Gerichtshoheit dargestellt.

nungen und einer gleichzeitigen Beschreibung der nationalsozialistischen Wirklichkeit unternehmen.[1035]

b. Der Führer als Gesetzgeber

aa. Die Entmachtung der verfassungsmäßigen Gesetzgeber

1939 stellte *Huber* realistisch fest, dass der Führer der einzige Gesetzgeber des deutschen Volkes und Reiches war.[1036] Damit hatte *Hitler* das wichtigste Ziel der Machtergreifung, die ausschließliche Verfügungsgewalt über „das Gesetz", erreicht. Denn über das Monopol der Gesetzgebung erlangte er mit dem legalen Besitz der staatlichen Machtmittel eine über die bloße Normengeltung weit hinausgehende politische Stellung.[1037] Im Zugriff auf die Gesetzgebung vollendete *Hitler* eine Politik, die bereits seit seinen Ankündigungen, die Macht nur auf legalem Weg erlangen zu wollen, vorgezeichnet gewesen war.[1038]

Obwohl *Huber* die Legalitätspolitik als Täuschung entlarvte, die dazu diente, „sich der bestehenden Rechtseinrichtungen zum Kampf für die eigenen Ziele zu bedienen und den Schutz der Gesetze gegen die Staatsgewalt in Anspruch zu nehmen"[1039], bemühte er sich, die Gesetzgebungsbefugnis des Führers wissenschaftlich zu fundieren. Tatsächlich gab es umfassenden Erklärungsbedarf, denn der Verfassungswortlaut, der dem Führer gar kein Gesetzgebungsrecht zustand, und die nationalsozialistische Wirklichkeit waren nicht überein zu bringen. Die umfassende Macht *Hitlers* widersprach allen geltenden Gesetzen, obwohl diese zum Teil erst unter *Hitlers* Einfluss und Herrschaft entstanden waren.[1040] Vorwurfsvoll rügte *Huber* noch 1939 den Widerspruch von selbst verfügter Norm und praktizierter Wirklichkeit: „Die bisher erlassenen Verfassungsvorschriften

---

[1035] Gerade diese „sowohl-als-auch-Haltung" brachte *Huber* erneut heftigen Widerspruch innerhalb der Staatsrechtslehre ein. *Höhn* kritisierte *Hubers* Unentschiedenheit zwischen der neuen Welt von Volksgemeinschaft und Führer, und der alten Welt der Staatsgewalt. (*Höhn*, Volk und Verfassung, in: DRW Bd. 2 (1937), S. 193-218 (215)). *Merk* warf *Huber* dagegen von der konservativen Richtung her vor, seine „Verfassung" leide an „Verschwommenheiten, insbesondere der mangelnden Unterscheidung zwischen politischer und rechtlicher Betrachtungsweise" (*Merk*, Besprechung: Huber, Verfassung (1937), in: AöR Bd. 68 (1938) , S. 99-114 (100))

[1036] *Huber*, Der Führer als Gesetzgeber, in: DR Ausg. A 9. Jg. (1939) Halbbd. 1, S. 275-278 (275)

[1037] *Schmitt*, Legalität und Legitimität, S. 35

[1038] So im Ulmer Hochverratsprozess. Das Urteil vom 04.10.1930 ist abgedruckt in: Die Justiz Bd. VI (1930/31), S. 187ff (213)

[1039] *Huber*, Verfassungsrecht des Großdeutschen Reiches, S. 31

[1040] *Kirschenmann*, „Gesetz" im Staatsrecht und in der Staatsrechtslehre des Nationalsozialismus, S. 104f

bringen den...Wandel noch nicht in völliger Klarheit zum Ausdruck."[1041] Es sei ein „überraschendes Ergebnis"[1042], wenn in einem Führerstaat mehrere Gesetzgeber nebeneinander existierten.

Huber äußerte damit öffentlich Unverständnis über einen Führer, der sein eigenes Gesetzgebungsverfahren unzulänglich regelte, indem er verschiedene Legislativorgane bestehen ließ, anstatt sämtliche legislative Gewalt auch formal in einer Hand zusammenzufassen. Denn die „Verfassungsvorschriften" sahen die Gesetzgeber Reichsregierung (Art. 1 S. 1 ErmG), Reichstag (Art. 68 WRV), Reichsvolk (Art. 73, 76 WRV) und, für den Fall der Staatsnot, das gesetzesgleiche Normen schaffende Verordnungsrecht des Reichspräsidenten (Art. 48 WRV) vor. Zu keiner Zeit aber existierte formal ein Führergesetzgeber[1043], wie man das von einem „Führerstaat", der durch den Grundsatz von der Einheit der politischen Gewalt bestimmt war, hätte erwarten können.[1044] *Hitlers* unangefochtene Stellung war allein das Ergebnis einer tatsächlichen Entmachtung der eigentlichen Gesetzgeber, die durch die Staatsrechtslehre ihre wissenschaftliche Legitimation erfuhr. Nur durch zielorientierte Aus- bzw. Einlegung konnte der Führer als Gesetzgeber mit den formal geltenden Normen in Einklang gebracht werden.

In aller Klarheit legte *Huber* zunächst die neue Rolle des Reichstags im Führerstaat fest. Dieser sei nicht mehr Träger der Gesetzgebungsgewalt oder Kontrollorgan gegenüber der Regierung, sondern lediglich Akklamationsstätte ohne eigenes Recht zur Willensbildung.[1045] Zwar könne er noch Gesetze beschließen, dadurch erkläre er aber lediglich die Willensübereinstimmung zwischen Führer und Volk. Geradezu undenkbar war es, dass „im Reichstag ein Gesetz eingebracht oder beschlossen würde, das nicht entweder vom Führer selbst ausgeht oder von ihm nicht wenigstens vorher gebilligt worden ist."[1046]

[1041] *Huber*, Verfassungsrecht des Großdeutschen Reiches, S. 237

[1042] *Huber*, Verfassungsrecht des Großdeutschen Reiches, S. 237

[1043] In der Sitzung des Reichskabinetts vom 26.01.1937 legte der Reichsminister des Inneren den Entwurf eines „Gesetzes über die Reichsgesetzgebung" vor. Dieses Gesetz hätte die Gesetzgebungsfunktion des Führers festgeschrieben. *Hitler* lehnte den Gesetzentwurf, der auf seine Anregung hin entwickelt worden war, jedoch „aus psychologischen Gründen" ab. Stattdessen bevorzugte er eine Verlängerung des Ermächtigungsgesetzes. Abdruck des Gesetzentwurfes bei: *Rabe*, Die staatsrechtliche Stellung des Reichskanzlers des Deutschen Reiches in den Jahren 1871-1945, S. 155f

[1044] *Huber*, Verfassungsrecht des Großdeutschen Reiches, S. 237

[1045] Mit Gesetz vom 31.03.1933 und einer Verordnung vom 07.07.1933 wurde die Zuteilung der Sitze der kommunistischen und sozialdemokratischen Partei aufgehoben. Durch die freiwillige Selbstauflösung der übrigen Parteien und dem Gesetz gegen die Neubildung von Parteien (14.07.1933) verschafften sich die Nationalsozialisten schließlich einen Reichstag ohne jede Opposition.

[1046] *Huber*, Verfassungsrecht des Großdeutschen Reiches, S. 207f

In gleichem Maße reduzierte sich die Entscheidungsmacht des Volkes. Trotz des entgegenstehenden Wortlautes des Gesetzes über die Volksabstimmung verstand *Huber* den eigentlichen Sinn dieses Gesetzes darin, dass sich das Volk „zu den Entscheidungen des Führers vertrauend bekennt".[1047] Konsequenterweise war es auch naheliegend, das Volk erst nachträglich zu befragen und keine Führerbindung an das Votum des Volkes anzunehmen. Jene Folgerung ergab sich für *Huber* aus dem Verhältnis zwischen Führer und Volk. Denn auch wenn sich „das abstimmende Volk gegen ihn wendet, ist er es, der die objektive Sendung des Volkes verkörpert".[1048] Das Gesetzgebungsrecht des Volkes aus Art. 73 WRV blieb damit formell unangetastet, verlor aber jede Bedeutung.[1049] An seine Stelle trat faktisch die Volksabstimmung, ohne aber je mehr als ein Propagandainstrument zu sein.

Die formelle Gesetzgebung lag fortan bei der Regierung.[1050] Hier galt, dass die Reichsminister dem Führer nicht ebenbürtig waren, sondern nur noch als Berater und verantwortliche Mitgestalter fungierten.[1051] Für *Huber* war der Führer daher nicht nur „primus inter pares, wie im Kollegialsystem, sondern .... den übrigen Reichsministern unbedingt übergeordnet."[1052] War diese - über die bloße Richtlinienkompetenz hinausgehende - Stellung des Führers bis zum Tod *Hindenburgs* noch ausschließlich faktischer Natur, stellte die Vereinigung der beiden Staatsämter *Hitler* auch tatsächlich die rechtlichen Mittel zur Verfügung,[1053] das Führerprinzip durchzusetzen. Verstärkt wurde jene Regierungsform dadurch, dass die Regierung nur noch selten - und seit 1938 gar nicht mehr - als Kollegialorgan tagte, sondern im Umlaufverfahren[1054] ent-

---

[1047] *Huber*, Verfassungsrecht des Großdeutschen Reiches, S. 202

[1048] *Huber*, Verfassungsrecht des Großdeutschen Reiches, S. 202

[1049] *Kirschenmann*, „Gesetz" im Staatsrecht und in der Staatsrechtslehre des Nationalsozialismus, S. 103

[1050] Die Zusammensetzung der Regierung (Stand 1939) ist dargestellt bei *Huber*, Verfassungsrecht des Großdeutschen Reiches, S. 224f

[1051] *Huber*, Verfassungsrecht des Großdeutschen Reiches, S. 227
Huber betonte eine vergleichsweise noch relativ eigenständige Funktion der Minister und sprach sogar von „Unterführern". Innerhalb der Staatsrechtslehre waren ansonsten die Bezeichnungen „Räte des Führers" oder einfach „Mitarbeiter" üblich. (*Dreier*, Die deutsche Staatsrechtslehre in der Zeit des Nationalsozialismus, in: aaO, S. 51 Fn. 201

[1052] *Huber*, Verfassungsrecht des Großdeutschen Reiches, S. 227

[1053] Druckmittel zur Durchsetzung des Führerwillens innerhalb der Reichsregierung waren das Recht zur Ernennung und Entlassung der Reichsminister (Art. 53 WRV) und die Eidesbindung der Reichsminister (Gesetz über den Eid der Reichsminister und der Mitglieder der Länderregierungen vom 16. Oktober 1934, RGBl. I 1934, 973) (*Rabe*, Die staatsrechtliche Stellung des Reichskanzlers des Deutschen Reiches in den Jahren 1871-1945, S. 146ff).

[1054] Ein Beschluss auf dem Umlaufweg sah vor, dass die Reichskanzlei den Entwurf den Mitgliedern der Reichsregierung mit dem Vermerk übersandte, dass ein Einverständnis dann angenommen wird, wenn niemand binnen bezeichneter Frist Widerspruch erhebt. Wurde dann tatsächlich nicht fristgerecht Widerspruch angemeldet, so galt das Gesetz als von der Reichs-

schied.[1055] Selbst diesen reduzierten Rang mussten die Minister im Laufe der Zeit noch zunehmend an die Kanzleichefs abtreten.[1056]

Auch der Verzicht auf die ministerielle Gegenzeichnung symbolisierte die zunehmende Unabhängigkeit des Führers. Man sprach stattdessen von der „Mitunterzeichnung“[1057], die nur noch fakultativ durchgeführt wurde. Damit war klargestellt, dass die Rechtskraft der Führerentscheide nicht vom Willen eines Reichsministers abhängen konnte.

Die Rechte aus Art. 48 WRV gingen mit dem „Gesetz über das Staatsoberhaupt des Deutschen Volkes“ direkt auf den Führer über.

bb. Der Gesetzesbegriff bei Huber

Nach der Entmachtung der eigentlichen Gesetzgeber war die Durchsetzung des Führerwillens nicht mehr in Frage gestellt. Das änderte jedoch nichts daran, dass Reichstag, Regierung und Volk formal unverändert fortbestanden. Damit bedurfte es einer Erklärung der Staatsrechtslehre, die es erlaubte, den Führer als einzigen Gesetzgeber zu bezeichnen, obwohl es sich juristisch um Regierungsgesetze, Reichstagsgesetze oder volksbeschlossene Gesetze handelte. Bevor *Huber* eine solche Konstruktion anbot, entwarf er einen politischen Gesetzesbegriff, der über die bisherigen Formeln vom „Gesetz als Wille des Führers“[1058] hinausging und das Verhältnis von Recht, Gesetz und Gesetzgeber grundlegend ordnen sollte. Unter einem Gesetz verstand *Huber* die „Entfaltung der völkischen Lebensordnung gemäß dem Plan und durch den Entscheid des Führers“.[1059]

Über die Formel vom Gesetz als „Entfaltung der völkischen Lebensordnung“ erläuterte *Huber* zunächst das Verhältnis von Recht und Gesetz im Führerstaat. Das Recht war danach unmittelbarer „Ausdruck des völkischen Lebens und der

---

regierung beschlossen (*Kirschenmann*, „Gesetz“ im Staatsrecht und in der Staatsrechtslehre des Nationalsozialismus, S. 107).

[1055] *Gruchmann*, Die „Reichsregierung“ im Führerstaat. Stellung und Funktion des Kabinetts im nationalsozialistischen Herrschaftssystem, in: *Doeker*; *Steffani* (Hrsg.), Klassenjustiz und Pluralismus. Festschrift für Ernst Fraenkl, S. 187-223 (192ff)).

[1056] *Huber* zählte 1939 drei verschiedene Kanzleien: die Reichskanzlei, die Präsidialkanzlei und die Kanzlei des Führers der NSDAP (*ders.*, Verfassungsrecht des Großdeutschen Reiches, S. 218). Obwohl *Gruchmann* (*ders.*, Die „Reichsregierung“ im Führerstaat, in: aaO, S. 192ff) darauf hinweist, dass der Machtverlust der Minister zugunsten der Kanzleichefs schon vor Kriegsbeginn einsetzte, schilderte *Huber* jenen Prozess erst 1941 (*Huber*, Reichsgewalt und Reichsführung im Kriege, in: aaO, S. 554ff).

[1057] *Huber*, Verfassungsrecht des Großdeutschen Reiches, S. 228

[1058] *Höhn*, Das Gesetz als Akt der Führung, in: DR (1934), S. 433-435 (434)

[1059] *Huber*, Der Führer als Gesetzgeber, in: aaO, S. 275

völkischen Ordnung".[1060] Das Gemeinschaftsrecht wurde nicht formell gesetzt, sondern bestand in der vorgegebenen Lebensordnung des Volkes. Es existierte im Sinne des konkreten Ordnungs- und Gestaltungsdenkens aus sich heraus. Das Gesetz war für *Huber* dagegen das „wichtigste Mittel zur Entfaltung des Gemeinschaftsrechts".[1061] Trotz seines Bekenntnisses zum Ordnungsdenken, durfte sich für *Huber* daraus keine Beschränkung des Führerwillens ergeben. Das Gesetz bewirkte daher „mehr als bloße Rechtsfindung", es stand „zum Recht in doppelter Beziehung: es dient dem Recht, indem es die völkische Lebensordnung als etwas Vorgegebenes verwirklicht und indem es sie zugleich als etwas Aufgegebenes schöpferisch entwickelt".[1062] Die doppelte Funktion des Gesetzes diente auf diese Weise erneut den Erfordernissen des nationalsozialistischen Staatsrechts: Es betonte die Bindung an vorgegebenes Recht, gleichzeitig erhielt der Führer Spielraum zur Umsetzung seines Willens.

Das Gesetz als „Verwirklichung eines Plans" zu bezeichnen, hatte für *Huber* zwei Beweggründe: Sie war sowohl „polemische Wendung gegen den parlamentarischen Gesetzgeber" als auch „Kennzeichen unserer Epoche".[1063] Die vordergründige Kritik am „chaotischen" Parlamentarismus zielte allgemein gegen die liberale Theorie, nach der Wirtschaft und Gesellschaft von selbst einen Ausgleich von Privat- und Allgemeininteresse erreichen, solange das private Handeln rational bestimmt sei.[1064] *Huber* stellte dem Liberalismus und seinem Freiheitspostulat den Nationalsozialismus mit dessen unvermeidlicher Tendenz zum Plan gegenüber. Nicht mehr das freie Spiel der Kräfte, sondern „große und umfassende Pläne"[1065] wurden maßgebend für die völkische Lebensordnung. Mit Hilfe der Qualifizierung eines Gesetzes als „Entscheid des Führers" differenzierte *Huber* in Abgrenzung zu anderen Staatsrechtslehrern zwischen dem Gesetz und anderen Formen der Willenskundgabe des Führers. Keine Gesetzesqualität hatten für ihn Äußerungen „in Buch und Rede, Regierungserklärungen,...internen Anweisungen und in der gestaltenden Tat". Als Gesetz galt nur der „Entscheid des Führers, der den Willen in einem förmlichen Befehl zum verbindlichen Rechtssatz erhebt".[1066] Alle anderen Formen waren nur Richtschnur für die Auslegung und Anwendung des Rechts. *Hubers* grundsätzlich beachtlicher Versuch, zumindest formale Ansprüche an das Gesetz bewahren zu wollen, wurde tatsächlich nicht konsequent durchgehalten.

[1060] *Huber*, Verfassungsrecht des Großdeutschen Reiches, S. 244

[1061] *Huber*, Der Führer als Gesetzgeber, in: aaO, S. 275

[1062] *Huber*, Der Führer als Gesetzgeber, in: aaO, S. 275

[1063] *Huber*, Der Führer als Gesetzgeber, in: aaO, S. 275f

[1064] *Kirschenmann*, „Gesetz" im Staatsrecht und in der Staatsrechtslehre des Nationalsozialismus, S. 92

[1065] *Huber*, Der Führer als Gesetzgeber, in: aaO, S. 275

[1066] *Huber*, Der Führer als Gesetzgeber, in: aaO, S. 276

So erkannte er in *Hitlers* Reichstagsrede vom 1. September 1939, in der sich dieser zur Nachfolgefrage geäußert hatte, ausnahmsweise einen verbindlichen Rechtssatz: „In besonderen Fällen“ sei es nur notwendig, „dass eine klare rechtliche Entscheidung in verbindlicher Form kundgemacht worden ist“. Infolgedessen nannte er die Nachfolgeregelung dann auch „eines der wichtigsten Verfassungsgesetze des nationalsozialistischen Reiches“.[1067]

Die größte Aufgabe des von *Huber* entwickelten umfassenden Gesetzesbegriffs bestand aber nicht in seinen drei Bestandteilen, sondern in dessen Gesamtbedeutung. Denn mit Hilfe des Gesetzesbegriffs positionierte sich *Huber* in der Diskussion um das richtige Rechtsdenken[1068] und setzte sich dabei erkennbar von *Carl Schmitt* ab[1069]. *Huber* begriff das richtige Ergebnis widerstreitender Methoden nicht in einer Überwindung des Normativismus[1070] und des Dezisionismus[1071] durch das konkrete Ordnungs- und Gestaltungsdenken,[1072] sondern in einem Zusammenspiel aller drei Denkansätze. *Huber* ordnete jedem Kriterium seines Gesetzesbegriffs eine Art rechtswissenschaftlichen Denkens zu und erkannte erst in ihrer gegenseitigen Ergänzung die Aufhebung sämtlichen Trennungsdenkens. Denn nur „im Gesetz wird die konkrete *Ordnung* mit dem Mittel der *Norm* durch den *Entscheid* des Führers gestaltet“[1073] (Hervorhebungen durch *Huber* selbst).

Mit Hilfe dieses Dreiklangs distanzierte sich *Huber* bemerkenswert offen von *Schmitt*. *Huber* begrüßte dessen Wechsel zum konkreten Ordnungs- und Gestal-

---

1067 *Huber*, Reichsgewalt und Reichsführung im Kriege, in: aaO, S. 542

1068 Ausführlich zum konkreten Ordnungs- und Gestaltungsdenken: *Rüthers*, Entartetes Recht, S. 59-76; *Anderbrügge*, Völkisches Rechtsdenken, S. 106-120; *Kirschenmann*, „Gesetz“ im Staatsrecht und in der Staatsrechtslehre des Nationalsozialismus, S. 29-36;

1069 *Schmitt*, Über die drei Arten des rechtswissenschaftlichen Denkens, S. 7-67

1070 Das „Regeln- und Gesetzesdenken“ lehnte *Schmitt* als zu abstrakt und „unpersönlich“ ab. Die Norm setzte für ihn eine „normale Situation und normale Typen“ voraus und hatte daher nur die Funktion, die Wirklichkeit fassbar zu machen, das Recht anwendbar zu gestalten, während die Wirklichkeit selbst über der Norm stehe. Folglich trennte der reine Normativismus Norm und Wirklichkeit (*Schmitt*, Über die drei Arten, S. 13-20).

1071 Am Entscheidungsdenken (Dezisionismus) bemängelte *Schmitt*, dass es „persönlich“, also individualistisch, und damit willkürlich sei. Die Quelle allen Rechts, d.h. aller folgenden Normen und Ordnungen, sei hierbei die Autorität oder Souveränität einer letzten Entscheidung. Das Entscheidungsdenken reduzierte das Recht auf ein Problem der Konfliktsentscheidung im Einzelfall und erfasse damit niemals die volle Wirklichkeit des Rechts (*Schmitt*, Über die drei Arten, S. 25-29).

1072 Die Lösung der Unzulänglichkeit des bisherigen Rechtsdenkens sah *Schmitt* im „überpersönlichen“ Ordnungs- und Gestaltungsdenken. Für das konkrete Ordnungsdenken sei das Recht nicht Regel oder Entscheidung, sondern das Ergebnis der konkreten Ordnung, das aus sich heraus besteht. (*Schmitt*, Über die drei Arten, S. 13-20) Eine befriedigende juristische Begriffserklärung oder sogar praktische Anwendungsmöglichkeiten blieb *Schmitt* an dieser Stelle jedoch schuldig.

1073 *Huber*, Der Führer als Gesetzgeber, in: aaO, S. 276

tungsdenken zwar prinzipiell, teilte aber nicht *Schmitts* restlose Abkehr vom Dezisionismus. Für *Huber* schlossen sich die einzelnen Denkarten nicht gegenseitig aus, sondern durchdrangen einander.[1074] Denn jede „Übersteigerung eines Elements im Rechtsdenken führt zur Entartung des Gesetzesbegriffs. Die Überspannung des Ordnungsdenkens erzeugt einen Rückfall in scholastische Naturrechtslehren oder romantische Ständetheorien und legt die Gefahr einer pluralistischen Aufspaltung der Rechtseinheit nahe. Die Vereinseitigung des Normendenkens führt zum Gesetzespositivismus und zur Begriffsjurisprudenz, eine Gefahr, die auch in unserer Zeit noch nicht gänzlich verbannt ist. Die Überbetonung des Entscheidungsdenkens führt zum Missverständnis des Führertums, das dann als eine Abart absolutistischer oder diktatorischer Rechtsgestaltung erscheint. Allen diesen Fehlentwicklungen gilt es zu steuern, indem im Begriff des Gesetzes die drei Elemente der Rechtsgestaltung zur Einheit verbunden werden."[1075]

Hubers Verweis darauf, wie missverständlich eine Hervorhebung des Dezisionismus während des Nationalsozialismus sein könne, erfolgte nicht grundlos. Trotz aller Versuche, die unbegrenzte Führergewalt durch Koppelung an den gemeinsamen Volkswillen als gebunden darzustellen, setzte sich im völkischen Führerstaat der Wille *Hitlers* unangefochten durch. Einer solchen Realität entsprach nicht der Ansatz des konkreten Ordnungs- und Gestaltungsdenkens, sondern der des Dezisionismus. In ihm galt Recht nur kraft eines bereits existierenden politischen Willens, ohne Rücksicht auf inhaltliche Richtigkeit oder systematische Geschlossenheit.[1076] Fraglich war daher, warum *Schmitt* sich gerade zu Beginn der nationalsozialistischen Herrschaft vom Dezisionismus ab und dem konkreten Ordnungs- und Gestaltungsdenken zuwandte. Im Grunde war diese Tendenz widersprüchlich, da man doch erst in der Führergewalt die Verwirklichung des Dezisionismus in reinster Form erkennen konnte.

Sein Wechsel erfolgte jedoch weder zufällig, noch folgewidrig. Zu offensichtlich legte *Schmitt* den Dezisionismus gerade zu dem Zeitpunkt ab, als diese Lehre dem offiziell propagierten „völkischen Prinzip" widersprechen musste. Spekulativ ließe sich folgende Behauptung aufstellen: „Jetzt, da das zuvor propagierte dezisionistische Prinzip im nationalsozialistischen Führersystem kompromisslos verwirklicht war, stellte es sich als weit eher notwendig heraus, diese allzu deutlich gewordene Wirklichkeit totalitärer Herrschaft idealisierend in ein Gefüge angeblich vorgegebener Ordnungen aufzulösen".[1077] Die Richtigkeit jener These ergibt sich daraus, dass im Führerstaat jede Spannung zwischen einander widersprechenden Prinzipien zugunsten des Führers aufgehoben wurde.

1074 *Huber*, „Positionen und Begriffe" – Eine Auseinandersetzung mit Carl Schmitt, in: ZgesStW Bd. 101 (1940/41), S. 1-44 (5)

1075 *Huber*, Der Führer als Gesetzgeber, in: aaO, S. 276

1076 *Schmitt*, Verfassungslehre, S. 9, 22

1077 *Anderbrügge*, Völkisches Rechtsdenken, S. 109

So wie der Volkswille nur durch den Führer ausgedrückt werden konnte, musste auch im Ordnungsdenken das Entscheidungsdenken seinen dominierenden Platz finden.[1078]

Huber verzichtete auf diese Verschleierung. Er bekannte offen, dass der Führerwille auch im Rechtsdenken seinen erheblichen Anteil hatte.[1079] Sicherlich lag auch darin viel (Selbst-)Täuschung, da letztlich alles auf den diktatorischen Dezisionismus hinauslief. Dennoch ist für *Huber* bezeichnend, dass er kein abschließendes Bekenntnis zum Ordnungsdenken propagierte, um dem Dezisionismus dann den Weg durch die Hintertür zu ebnen. *Huber* trennte nicht, er vereinte in seinem Gesetzesbegriff alle drei Arten rechtswissenschaftlichen Denkens.

Sein Hinweis auf die Gefahr einer Überbetonung des Entscheidungsdenkens hatte eine zweifache Bedeutung. Zunächst erkannte er den Einfluss dezisionisti-

---

[1078] Geht man davon aus, dass hinter der Propagierung des konkreten Ordnungsdenkens vielmehr eine Verschleierung des Entscheidungsdenkens stand, bleibt festzustellen, wie sich letzteres in vorgegebenen Ordnungen entfalten konnte. Die Antwort gab *Schmitt* selbst, da für ihn bei der Rechtsfindung nicht die Frage entscheidend war, wie man den Inhalt der konkreten Ordnungen erkenne, sondern, wer ihn erkenne: „Niemals hat die Frage `quis judicabit` eine derartig alles entscheidende Bedeutung gehabt wie heute" (*Schmitt*, Staat, Bewegung und Volk, S. 44; Das Wort „quis erscheint im Schriftbild gesperrt und fettgedruckt !). Damit wurde derjenige ins Spiel gebracht, der durch „Wille, Entscheidung und Tat" zur Rechtsfindung beitrug. „Wille, Entscheidung und Tat haben nur dann politischen Rang, wenn sie das lebendige Sein zur geordneten Einheit gestalten und *wenn sie zugleich* (Hervorh. durch Verf.) aus dieser lebendigen Ordnung hervorgehen" (*Huber*, Die deutsche Staatswissenschaft, in: ZgesStW Bd. 95 (1934/35), S. 1-65 (29)).
Der hier vorliegende Zirkelschluss kann nur zugunsten der Tat aufgelöst werden: Nicht die Tat entsprang der Ordnung, sondern die Ordnung der Tat (Überzeugende Darlegung des Zirkelschlussdenkens *Schmitts* und *Hubers* mit weiteren Beispielen bei *Kirschenmann*, „Gesetz" im Staatsrecht und in der Staatsrechtslehre des Nationalsozialismus, S. 33f Fn. 23). Die Tat sollte also auch im Ordnungsdenken das höchste Prinzip staatlichen und rechtlichen Handelns sein. Sie wertete nicht wie, sondern lediglich dass entschieden werde. Damit hatten die Grundgedanken des Dezisionismus auch im Ordnungsdenken wieder ihre dominierende Funktion.
Auch die Ergänzung „Gestaltungsdenken" klingt nach mehr als dem Versuch *Schmitts*, der Bezeichnung „Ordnungsdenken" den bloß bewahrenden Charakter zu nehmen. Insgeheim lag auch darin „der Ruf nach der gestaltenden Tat, nach dem zur Gestaltung mächtigen Führer" (*Anderbrügge*, Völkisches Rechtsdenken, S. 118).
Entscheidende Einbruchstelle für den Dezisionismus war jedoch allein der Führer. Man machte ihn, den Inbegriff purer Dezision, selbst zur konkreten Ordnungsfigur (*Schmitt*, Über die drei Arten, S. 22 mit Verweis auf *ders.*, Staat, Bewegung, Volk, S. 36f). Damit wurde der Führergedanke für alle konkreten Einzelordnungen zum tragenden Gestaltungsprinzip erhoben. Mit ihm setzte sich daher auch im konkreten Ordnungsdenken letztlich die Realität der totalen Führerschaft trotz mangelnder theoretischer Fundierung und Einordnung in vollem Umfang durch.

[1079] Siehe: *Huber*, Der Führer als Gesetzgeber, in: aaO, S. 276; *ders.*, Die deutsche Staatswissenschaft, in: aaO, S. 29; *ders.*, Verfassungsrecht des Großdeutschen Reiches, S. 198f, 364ff

schen Denkens im Führerstaat offen an. Gleichzeitig warnte er jedoch davor, darin das alleinige Prinzip der Rechtsfindung und Rechtssetzung zu sehen. Das Zusammenspiel aller drei Arten des rechtswissenschaftlichen Denkens sollte die Dominanz des Führerwillens binden. Denn für *Huber* war „das `quis judicabit`...von wesentlicher, aber nicht von alleiniger Bedeutung".[1080] Dieser Versuch war letztlich aber genauso hilflos, wie sein Vorhaben, die unbegrenzte Führergewalt über eine Bindung an den Volkswillen einschränken zu wollen.

cc. Von der medialen zur direkten Führergesetzgebung

Wie aber erklärte *Huber*, dass die Gesetze zwar Entscheide des Führers seien, gleichzeitig jedoch im formalen Verfahren von Regierung, Reichstag oder Volk beschlossen wurden ?

Um jenen Widerspruch aufzulösen, benutzte *Huber* die Konstruktion der „medialen Führer-Gesetzgebung".[1081] Danach traf der Führer die grundlegende Entscheidung. Regierung, Reichstag und Volk wirkten dabei entweder beratend mit oder bekräftigten sie anschließend nur noch durch Beschluss. Sie dienten also als Medium. Diese Herleitung ergab sich für *Huber* aus dem Sinn des Ermächtigungsgesetzes und des Gesetzes über die Volksabstimmung. Danach konnte nur der „Führer der Träger der gesetzgeberischen Entscheidung" sein, obwohl das aus den besagten Grundgesetzen „nicht mit voller Schärfe"[1082] hervortrete. Bestätigung für seine Auslegung fand *Huber* darin, dass die Ausfertigung und Verkündung der Gesetze seit dem 2. August 1934 dem Führer oblag. Nicht der rein technische Gesetzesbeschluss erschien daher wesentlich, sondern die Sanktion. Erst sie stellte die Rechtsverbindlichkeit fest, sie geriet daher zum Ausdruck der Gesetzgebungstätigkeit des Führers.[1083]

In neue Erklärungsnöte geriet *Huber* aber zu dem Zeitpunkt, als *Hitler* den Weg der medialen Gesetzgebung verließ und stattdessen zur direkten Gesetzgebung überging.

Das direkte Legislativrecht stand *Hitler* eigentlich nur für Parteibelange zu. In § 1 des „Gesetzes zur Sicherung der Einheit von Partei und Staat" hatte sich *Hitler* selbst die Befugnis zum Erlass der Satzung für die NSDAP als Körperschaft des öffentlichen Rechts zugesprochen. Doch schon bald erließ *Hitler* in seiner Eigenschaft als Parteiführer Verordnungen, die weit über den Bereich der Partei

[1080] *Huber*, „Politik und Justiz". Zu Hans Peter Ipsens Schrift über das Problem der „justizlosen Hoheitsakte", in: ZgesStW Bd. 98 (1937/38), S. 193-200 (200)

[1081] *Kirschenmann*, „Gesetz" im Staatsrecht und in der Staatsrechtslehre des Nationalsozialismus, S. 104

[1082] *Huber*, Der Führer als Gesetzgeber, in: aaO, S. 276

[1083] *Huber*, Verfassungsrecht des Großdeutschen Reiches, S. 238

hinausgriffen und wie ein Gesetz unmittelbar Rechte und Pflichten für einzelne Staatsbürger, also auch Nicht-Parteimitglieder, begründeten.[1084]

Teile der Staatsrechtslehre antworteten auf die neue Entwicklung hilflos mit der Lehre von der „Zweiheit des formellen Rechtssetzungsverfahrens".[1085] Danach hatte der Führer neben der Befugnis zur staatlichen Gesetzgebung eine weitere - als „ursprüngliches, eigenes Recht"[1086] - zum Erlass der NS-Führerverordnungen. *Huber* lehnte diese Lehre mit dem Hinweis auf den einheitlichen Führerwillen ab, denn es könne nicht zweierlei Recht geben.[1087] Sein Rekurs auf den Führer als einheitliche Rechtsquelle löste nicht das eigentliche Problem. Es wurde lediglich von den verwischten Grenzen zwischen dem Partei- und Staatsrecht abgelenkt, gleichzeitig aber das Überschlagen der parteiinternen Rechtssetzung auf den Staat gefördert.[1088] Um genau das zu verhindern, verwickelte sich *Huber* in Widersprüche. Seiner Ansicht nach musste man zwischen staatlichem Gesetz und Parteirecht unterscheiden, obwohl sie innerlich untrennbar verbunden seien.[1089] Gerade eine solche Differenzierung hatte *Huber* bisher immer kritisiert. Denn mit Hinweis auf die Einheit des Führeramtes erachtete er es stets als sinnlos, danach zu fragen, „ob der Führer bestimmte Befugnisse als Inhaber der früheren Präsidentenbefugnisse, als Reichskanzler oder als Führer der NSDAP ausübt".[1090]

Da die mit Aufkommen der direkten Führerverordnungen mühsam gefundene Formel von der medialen Gesetzgebung durcheinander geraten war, und die „Lehre von der Zweiheit des formellen Rechtssetzungsverfahrens" grundsätzlich geltendes Staatsrecht nicht berücksichtigte, musste die Staatsrechtslehre ein neues, auch juristisch überzeugendes System finden. Mit Hilfe dessen sollte das zunehmende Chaos in der Gesetzgebungstätigkeit plausibel gemacht werden. *Huber* versuchte schon sehr früh, eine solche Ordnung zu entwerfen. Diese von seinem Ehrgeiz, Gesetz und Führerwille nicht voraussetzungslos gleichzustellen, getragene „Ordnung" ist eindrucksvoller Beweis für die Beliebigkeit, die spätestens seit Kriegsbeginn in der Rechtssetzung um sich griff.

[1084] So z.B. die Führerverordnung über Wesen und Aufgabe der Deutschen Arbeitsfront vom 24.10.1934: § 1 bestimmte die Geltung dieser Verordnung für *jeden* „schaffenden Deutschen der Stirn und Faust". Die Verordnung wurde auch nicht im Reichsgesetzblatt, sondern im Völkischen Beobachter vom 26.10.1934 veröffentlicht.

[1085] *Meinck*, Weimarer Staatslehre und Nationalsozialismus, S. 229

[1086] *Huber*, Verfassungsrecht des Großdeutschen Reiches, S. 300

[1087] Ebenda

[1088] *Kirschenmann*, „Gesetz" im Staatsrecht und in der Staatsrechtslehre des Nationalsozialismus, S. 111

[1089] *Huber*, Verfassungsrecht des Großdeutschen Reiches, S. 300

[1090] *Huber*, Verfassungsrecht des Großdeutschen Reiches, S. 219

dd. Formindifferenz und Formverlust bei Gesetz und Verordnung

Die Rechtssätze Gesetz, Verordnung und Erlass sind im gewaltengeteilten Staat jeweils unterschiedlichen Gewalten fest zugeordnet und stehen in einem bestimmten Bezug zueinander. Ist der Staat dagegen als Einheitsstaat organisiert, entfällt auch die Notwendigkeit, zwischen den einzelnen Rechtssatzformen zu differenzieren. *Hubers* Bestreben, auch bei den jeweiligen Rechtssätzen ein stimmiges Prinzip herausarbeiten, wurde dadurch erschwert, dass eine funktionierende Gewaltenteilung im Nationalsozialismus nicht mehr existierte, dennoch die einzelnen Staatsgewalten, vor allem die Verwaltung, aufrechterhalten blieben. So verwendete man weiterhin traditionelle Begrifflichkeiten, ohne dass sie noch einen einheitlichen Bedeutungsgehalt hatten. Neben herkömmlichen Begriffen mit neuem Inhalt (Gesetz, Verordnung und Erlass galten als synonyme Termini für staatliche Gebote obersten Ranges), wurden alte Begriffe mit gewohntem Inhalt (Vorrang des Gesetzes vor Verordnung und Erlass) auf die nationalsozialistische Staatsordnung übertragen. In diesem Nebeneinander zweier völlig verschiedener Denkweisen lag die Basis für das terminologische Durcheinander des nationalsozialistischen Gesetzesbegriffs, das spätestens mit der direkten Führergesetzgebung ausgelöst wurde. Ohne schlüssiges Unterscheidungskriterium erschien der Führerwille von nun an unter den unterschiedlichsten Namen. Zwar erließ *Hitler* noch bis etwa 1940 Verordnungen und Erlasse „auf Grund" eines Gesetzes, gleichzeitig aber auch bereits äußerlich von keinem Gesetz mehr abhängige Verordnungen und Erlasse im Wege der direkten Rechtssetzung.[1091]

Huber leitete daraus die Regel ab, dass Verordnungen (oder Erlasse) des Führers als „abhängige" oder als „selbständige" Führerverordnungen ergehen konnten. „Abhängige Führerverordnungen[1092] ergehen auf der Grundlage eines Gesetzes, zu dessen Ergänzung oder Durchführung sie dienen. Selbständige Führerverordnungen ergehen an der Stelle eines Gesetzes. Sie haben sachlich den gleichen Rang und die gleiche Wirksamkeit wie ein Gesetz. Ich schlage für sie den Begriff des gesetzesgleichen Führerentscheids (Erlass oder Verordnung) vor".[1093] Damit differenzierte *Huber* zwischen den Verordnungen, die genauso gut als Gesetz hätte beschlossen werden können, und denen, die ihre herkömm-

---

[1091] *Kirschenmann*, „Gesetz" im Staatsrecht und in der Staatsrechtslehre des Nationalsozialismus, S. 122ff

[1092] Hier differenzierte *Huber* weiter zwischen den Verordnungen, die vom Führer selbst und denen, die von nachrangigen Verwaltungsstellen erlassen wurden. Je nach Grad der Gesetzesabhängigkeit gliederten sich die Verordnungen außerdem in eine gesetzesvertretende, gesetzesergänzende, gesetzesausführende und gesetzesanwendende Art (*Huber*, Der Führer als Gesetzgeber, in: aaO, S. 278; *ders.*, Verfassungsrecht des Großdeutschen Reiches, S. 254).

[1093] *Huber*, Der Führer als Gesetzgeber, in: aaO, S. 277; *ders.*, Verfassungsrecht des Großdeutschen Reiches, S. 252

liche Bedeutung beibehielten. Dieser Einteilung blieb *Huber* auch nach Kriegsbeginn grundsätzlich treu. „Erlass“ und „Verordnung“ hatten fortan allerdings keine synonyme Bedeutung mehr, sondern waren durch Rangunterschied gekennzeichnet.[1094] Während die selbständigen Führerakte mittlerweile regelmäßig als „Erlasse“ bezeichnet wurden, war der Begriff der „Verordnung“ den gesetzesabhängigen Führerakten vorbehalten.[1095]

So einleuchtend diese Differenzierung ist, so bleibt doch die entscheidende Frage, warum *Hitler* überhaupt zwischen den einzelnen Rechtssetzungsformen differenziert hat. Ein eindeutiges Prinzip ist jedenfalls nicht erkennbar. Die Versuche *Hubers*, sinngemäße Unterscheidungen vorzunehmen, wirken bemüht, aber nutzlos.[1096] *Huber* erkannte selbst die Aussichtslosigkeit seines Unterfangens und stellte daher auch fest, dass es nicht „im Wesen des behandelten Gegenstands liegende Kriterien (sind), sondern...der freie Entschluss des Führers, der darüber befindet, ob die Rechtssetzung im Wege der Gesetzgebung oder im Wege des gesetzesgleichen Entscheids vorgenommen werden soll.“[1097] Mit dieser Aussage verdeutlicht sich die Formindifferenz in der Rechtssetzung endgültig. Die Auswahl des Rechtssatzes hatte keine materiellen Voraussetzungen mehr, sondern war nur noch Ausdruck eines höchstpersönlichen Entschlusses: Souverän ist, wer über die Rechtssatzform befindet !

Folglich konnte es auch keinen „Vorbehalt des Gesetzes“ mehr geben. Es ging nicht mehr darum, dass bestimmte Entscheidungen nur in der Form des Gesetzes getroffen werden konnten, allein der Wille des Führers zählte. Konse-

---

[1094] Mit dieser Feststellung ignorierte *Huber* allerdings die Realität. Etwa seit 1941 erließ *Hitler* keine Verordnungen mehr aufgrund eines Gesetzes. Dafür hatte *Huber* jedoch seine eigene Erklärung. Bei den „gesetzesabhängigen Führerverordnungen (wird) gelegentlich die Bezugnahme auf die gesetzliche Grundlage unterlassen (*Huber*, Reichsgewalt und Reichsführung im Kriege, in: aaO, S. 550) Beispiele solcher Unterlassungen waren die Führer-Verordnungen über die Stiftung von Orden und Ehrenzeichen, die sich eigentlich auf das Gesetz über Titel, Orden und Ehrenzeichen hätten beziehen müssen.

[1095] *Huber*, Reichsgewalt und Reichsführung im Kriege, in: aaO, S. 549f

[1096] Als Beispiele für gesetzesgleiche Führerentscheide nannte *Huber* die Verordnung zur Durchführung des Vierjahresplanes vom 18.10.1936, die Erlasse über die Führung der Wehrmacht und über die Einrichtung eines Geheimen Kabinettsrats vom 04.02.1938, den Erlass über die Verwaltung der sudetendeutschen Gebiete vom 01.10.1938 und den Erlass über das Protektorat Böhmen und Mähren vom 16.03.1939.
Als Grund dafür, dass diese nicht als Gesetz beschlossen worden sind, führte *Huber* ihren hochpolitischen Charakter an. Ein solcher könne nur durch einen Erlass verdeutlicht werden, denn nur der sei Ausdruck eines höchstpersönlichen Entschlusses des Führers. (*Huber*, Der Führer als Gesetzgeber, in: aaO, S. 277; *ders.*, Verfassungsrecht des Großdeutschen Reiches, S. 252f) Jene Differenzierung widersprach der Theorie vom Führer als einzigem Gesetzgeber, zeigte aber die Tendenz *Hitlers*, sich von allen „Medien“ bei der Rechtssetzung unabhängig zu machen.

[1097] *Huber*, Verfassungsrecht des Großdeutschen Reiches, S. 253

quenterweise ersetzte *Huber* daher den Gesetzesvorbehalt durch den „Vorbehalt des Führerentscheids“,[1098] um der neuen Situation eine pseudojuristische Form zu geben.[1099]

Von der Formindifferenz zwischen den verschiedenen Rechtssätzen war der Weg zu einem vollständigen Formverlust beim Gesetz nicht weit.[1100] Nicht erst, aber verstärkt seit Kriegsbeginn stieg der Anteil der zwar schriftlich fixierten, aber nicht mehr im Reichsgesetzblatt oder andernorts verkündeten Führererlasse.[1101]

Innerhalb der Staatsrechtslehre entzündete sich, wenn auch spät, eine heftige Diskussion darüber, ob auch noch auf das so genannte „Minimum an Form“[1102], die Publikation, verzichtet werden konnte. Ausgelöst wurde diese Debatte durch zwei Aufsätze von *Johannes Heckel* aus dem Jahr 1941.[1103] *Heckel* erkannte darin auch nicht veröffentlichte Gesetze, so genanntes „Staatsrecht im Panzerschrank“[1104] als rechtswirksam an. Jener die nationalsozialistische Praxis rechtfertigenden Auffassung widersprach vor allem *Werner Weber*. Er erinnerte an die „alte Wahrheit“, dass „die Vorschriften des gesetzten Rechts nur durch Mit-

---

1098 *Charlotte Dieckmann* (*dies.*, Der Vorbehalt des Führerwillens und der Vorbehalt im nationalsozialistischen Verfassungsrecht, S. 32, 49) sprach stattdessen vom „Führerwillen“.
Wie bereits angesprochen, versuchte *Huber*, über den Begriff des „(Führer-)Entscheids“, formlosen Willensäußerungen die Rechtssatzqualität abzusprechen (*Huber*, Der Führer als Gesetzgeber, in: aaO, S. 276). Siehe dazu Seite 208 dieser Arbeit.

1099 *Huber*, Verfassungsrecht des Großdeutschen Reiches, S. 254

1100 So weist *Werle* (*ders.*, Der Holocaust als Gegenstand der bundesdeutschen Strafjustiz, in: NJW 1992 Heft 40, S. 2529-2535 (2534)) darauf hin, dass der Geheimbefehl die Essenz des nationalsozialistischen Rechtssystems gewesen sei. Auch der unveröffentlichte Befehl konnte danach Recht setzen, denn der Führer war als eigenständige Rechtsquelle an keine Formen der Rechtssetzung gebunden, jede Willensäußerung war rechtsverbindlich. *Werle* beruft sich dabei ausdrücklich auf die so genannte Aktion T 4, die aufgrund des geheimgehaltenen Euthanasie-Befehls (Abdruck bei *Moll*, „Führer-Erlasse“ 1939-1945, S. 89) durchgeführt worden sei.

1101 Umfangreich zu den Auswüchsen der Kriegszeit: *Moll*, „Führer-Erlasse“ 1939-1945, Stuttgart 1997
Es handelte sich sowohl um nicht im Reichsgesetzblatt veröffentlichte Führererlasse, als auch um Rechtsverordnungen, die entweder dort oder im Reichsministerialblatt hätten publiziert werden müssen. Für militärische Angelegenheiten stand das Heeresverordnungsblatt zur Verfügung (*Dreier*, Die deutsche Staatsrechtslehre in der Zeit des Nationalsozialismus, in: aaO, S. 56 Fn. 225).

1102 *Kirschenmann*, „Gesetz“ im Staatsrecht und in der Staatsrechtslehre des Nationalsozialismus, S. 129

1103 *Heckel*, Wehrrecht und Wehrmachtbeamtentum, in: Die Heeresverwaltung Bd. 6 (1941), S. 57ff; *ders.*, Besprechung: Huber, Verfassungsrecht des Großdeutschen Reiches, in: Kritische Vierteljahresschrift für Gesetzgebung und Rechtswissenschaft N.F. Bd. 31 (1941), S. 245-264 (258)

1104 *Heckel*, Wehrrecht und Wehrmachtbeamtentum in: aaO, S. 58

teilung an die Betroffenen und im allgemeinen nur durch öffentliche Verkündung Wirksamkeit erlangen".[1105] Für ihn bestand daher kein Zweifel, „dass für Führererlasse, die rechtssetzenden Inhalt haben, grundsätzlich nur die Veröffentlichung im Reichsgesetzblatt in Betracht kommt".[1106]

Huber stimmte *Webers* Ansicht im wesentlichen zu. Das Gesetz[1107] bedurfte auch für ihn unter allen Umständen der öffentlichen Kundmachung, „wenn (es) nicht überhaupt...als Erscheinungsform des Rechts zerstört werden soll."[1108] *Huber* bezog sich bei dieser späten Besinnung auf die Form ausdrücklich auf die zunehmende Formindifferenz, die es jetzt erforderte, Mindestanforderungen zu stellen. Gerade das Publikationsgebot erlangte dadurch für ihn eine erhöhte Bedeutung, denn „es erfüllt gewisse Funktionen nun allein, die früher auf eine Mehrzahl von Formelementen verteilt waren".[1109] Zwar hatte *Huber* schon über den Gesetzesbegriff versucht, das Gesetz formal gegenüber anderen Willenskundgaben des Führers abzugrenzen, sein ausdrückliches Bekenntnis zur Publikation war jedoch neu.

Hintergrund dieser Forderungen war das aussichtslose Bemühen *Hubers*, die völlige Willkür des Führerhandels einzudämmen. *Huber* kritisierte dabei nicht den Inhalt, sondern lediglich die fehlende Form der Rechtssätze. Vor allem in der Geheimhaltung vieler Anordnungen des Führers hatte aber der „Lebensnerv des NS-Rechts"[1110] gelegen. Der von *Huber* vertretene „Vorrang des Gesetzes",[1111] verbunden mit dem Veröffentlichungserfordernis, wäre dem haltlosen Vorgehen der NS-Führung zumindest zuwidergelaufen. Sein Verlangen nach der Veröffentlichungspflicht blieb jedoch vor allem deshalb nur halbherzig, da er auch hier wieder Ausnahmen gestattete. Denn bei „existentieller Gefährdung von Volk und Staat...(galt) der oberste Träger der politischen Gewalt als ermächtigt..., form- und verfahrensbefreite Maßnahmen an der Stelle des Gesetzes zu erlassen".[1112] Mit Hilfe jenes „Führernotrechts" aus Art. 48 WRV[1113] ver-

---

1105 *Weber*, Die Verkündung von Rechtsvorschriften, in: *Michaelis* (Hrsg.) Gegenwartsfragen der Zivilrechtswissenschaft. Gemeinschaftsarbeit deutscher Rechtslehrer, S. 7

1106 *Weber*, Die Verkündung von Rechtsvorschriften, in: aaO, S. 27

1107 Damit auch der Erlass und die gesetzesgleiche Verordnung, die bei *Huber* dem Gesetz gleichgestellt wurden. Siehe dazu die Seiten 215f dieser Arbeit.

1108 *Huber*, Besprechung: Werner Weber, Die Verkündung von Rechtsvorschriften, in: aaO, in: ZgesStW Bd. 104 (1943/44), S. 336-340 (336)

1109 *Huber*, Besprechung: Werner Weber, Die Verkündung von Rechtsvorschriften, in: aaO, S. 336

1110 *Werle*, Der Holocaust als Gegenstand der bundesdeutschen Strafjustiz, in: aaO, S. 2534

1111 *Huber*, Der Führer als Gesetzgeber, in: aaO, S. 276

1112 *Huber*, Besprechung: Werner Weber, Die Verkündung von Rechtsvorschriften in: aaO, S. 338

1113 Trotz der unbegrenzten Machtfülle, die *Huber* bereits in der Führergewalt verwirklicht sah, wurde *Hitler* zusätzlich noch das Staatsnotrecht aus Art. 48 II WRV zugestanden: „Jeder

schaffte *Huber* dem Führer einen Ausweg über die Maßnahme. Auf diese Weise konnte *Huber* das Gesetz öffentlich gegen den Formverlust verteidigen, das Geheimhaltungsinteresse der Führung wurde jedoch niemals ernsthaft eingeschränkt.

c. Führergewalt und Exekutive

Da die Führergewalt für *Huber* nicht als vierte Gewalt neben, sondern innerhalb der verschiedenen staatlichen Funktionen wirkte, war für ihn selbstverständlich, dass sie auch die Verwaltung durchdrang. Zunächst ergab sich daraus eine neue Zielrichtung des Verwaltungshandelns. Sie diente nicht mehr der „Ordnung und Sicherheit der individualistischen Gesellschaft“,[1114] sondern war „derjenige Bereich der staatlichen Tätigkeit, in dem der politische Führungswille durch nähere Anordnungen oder Einzelanweisungen konkret vollzogen wird.“[1115]

Aber darüber hinaus wirkte sich hier ebenfalls das Prinzip der partikularen Rechtsstaatlichkeit aus. Denn da der Führerwille gesetzlich oder durch selbständigen Entscheid vorgegeben wurde, konnte nicht nur am Prinzip der Gesetzmäßigkeit der Verwaltung festgehalten werden,[1116] sondern es diente geradezu der Durchsetzung des Führerwillens innerhalb der Verwaltung. Wer die Gesetze erließ bzw. deren Inhalt bestimmte, steuerte auch das Verwaltungshandeln. Diesen Zusammenhang hatte *Huber* der Weimarer Republik mit Hilfe des Schlagwortes „Gesetzgebungsstaat“ noch vorgeworfen.[1117] Jetzt stützte sich die absolute Macht *Hitlers* gerade auf die Herrschaft über das Gesetz.

Abweichungen vom Prinzip der Gesetzmäßigkeit der Verwaltung durfte es für *Huber* nur in den Fällen geben, in denen nationalsozialistische Anordnungen (noch) nicht erlassen waren. Darunter fielen beispielsweise so genannte „vorre-

---

in Zeiten des Aufruhrs, der Not oder der Verfassungsstörung von den normalen Regeln und Methoden abzuweichen und mit außergewöhnlichen Mitteln die drohenden Gefahren abzuwenden“ (*Huber*, Das Staatsoberhaupt des Deutschen Reiches, in: aaO, S. 223). Die Fortexistenz des Art. 48 WRV ergab sich für *Huber* auch daraus, dass man während „der nationalsozialistischen Revolution und sogar nach dem Gesetz vom 24. März 1933 vom Art. 48 Abs. 2 noch Gebrauch gemacht“ (Ebenda, S. 224) habe. Die Diktaturgewalt aus Art. 48 II WRV konnte *Huber* dem Führer aber insbesondere deshalb als zusätzliche Legalitätsreserve zugestehen, da *Huber* auf Grund seines engen Begriffsverständnisses den Führerstaat nicht als Diktatur ansah (Ebenda, S. 229).
Seine Auseinandersetzung mit der Diktaturgewalt des Reichspräsidenten zeigt jedoch vor allem, wie sehr *Huber* im Jahr 1934 noch den Verfassungskrisen der Weimarer Republik verhaftet war (*Walkenhaus* verweist zu Recht auf diesen Aspekt: *ders.*, Konservatives Staatsdenken, S. 234).

1114 *Huber*, Die Einheit der Staatsgewalt, in: aaO, Sp. 957

1115 *Huber*, Die Einheit der Staatsgewalt, in: aaO, Sp. 956

1116 *Huber*, Verfassungsrecht des Großdeutschen Reiches, S. 244

1117 *Huber*, Die Einheit der Staatsgewalt, in: aaO, Sp. 952

volutionäre Gesetze“ aus der Zeit bis 1933, die grundsätzlich rechtsverbindlich geblieben waren. Solche Überbleibsel mussten jetzt „aus dem Geist der neuen Gemeinschaftsordnung“ ausgelegt werden. Außerdem sollte bei „Lücken in der Gesetzesordnung“ das ungeschriebene völkische Recht angewandt werden.[1118] Die zwei von *Huber* erwähnten Felder waren jedoch eher Regel- als Ausnahmefälle, da das nach 1933 gesetzte Recht nur einen geringen Teil der gesamten Rechtsordnung darstellte.[1119] Nicht nur aufgrund der vielen „vorrevolutionären Gesetze“[1120] und etwaiger Gesetzeslücken, sondern auch durch die stark zunehmende Zahl von Generalklauseln, wuchs das Maß an Eigenentscheidungen der Verwaltung. Deren immer bedeutendere Stellung konnte von den Nationalsozialisten nur dann geduldet werden, wenn es mit Hilfe der Verwaltung gelang, die eigenen Vorstellungen über die nach 1933 erlassenen Gesetze hinaus durchzusetzen. Fehlende gesetzliche Vorgaben gestanden der Verwaltung daher keine freie Entscheidung zu, sondern wurden durch eine Bindung an die „politischen Grundwerte der nationalsozialistischen Rechts- und Staatsordnung“[1121] ersetzt.

Dieser Dualismus von gewährter Freiheit und verbindlichen Vorgaben war typisches Mittel, um auf den Umbruch der Rechtsordnung reagieren zu können. Solange die überkommene Gesetzesordnung noch vorlag, musste sie durch Verwaltung und Gerichte an der ungeschriebenen Rechtsordnung gemessen werden. Gab es bereits neue Gesetze, so war daran jeder strikt gebunden. Das Prinzip der Gesetzmäßigkeit der Verwaltung galt für *Huber* daher nur, wenn auch Gesetze existierten, die mit dem Führerwillen vereinbar waren. Ansonsten wurde die Gesetzmäßigkeit durch die Rechtmäßigkeit der Verwaltung ersetzt.[1122]

Neben der Frage, wie die Verwaltung an den Führerwillen gebunden werden konnte, stellte sich *Huber* auch der Auseinandersetzung, ob und inwieweit das Führerprinzip[1123] Eingang in die staatliche Bürokratie finden sollte.

Forsthoff[1124] und *Höhn*[1125] traten für eine strikte Trennung zwischen Führung und Verwaltung ein, da deren Prinzipien nicht miteinander vereinbar seien.

[1118] *Huber*, Verfassungsrecht des Großdeutschen Reiches, S. 244f

[1119] *Rüthers*, Entartetes Recht, S. 19

[1120] *Huber*, Verfassungsrecht des Großdeutschen Reiches, S. 244

[1121] *Schmitt*, Neue Leitsätze für die Rechtspraxis, in: JW Heft 50 (1933), S. 2793-2794 (2794)

[1122] *Huber*, Verfassungsrecht des Großdeutschen Reiches, S. 244f, 274

[1123] Im Gegensatz zur Führergewalt, die *Hitlers* Allmacht als Ausgangspunkt aller staatlichen Herrschaft auf eine juristische Formel bringen sollte, bezeichnete das Führerprinzip einen Organisationsgrundsatz. Er war dann verwirklicht, wenn alle Entscheidungsmacht in einer Hand lag, und nicht wie beim Kollegialprinzip Mehrheitsvoten erforderlich waren. Dieses Organisationsprinzip erstreckte sich unter Umständen über mehrere Ebenen, da Führung auch weiterdelegiert werden konnte. Insofern sprach *Huber* von Führern und Unterführern (*Huber*, Verfassungsrecht des Großdeutschen Reiches, S. 223).

[1124] *Forsthoff*, Führung und Bürokratie – Einige grundsätzliche Erwägungen, in: Deutsches Adelsblatt 1935, S. 1339-1340

Während die Führungsordnung durch die Lebendigkeit des überlegenen Führerwillens geprägt sei, unterstehe die Verwaltung strenger Gesetzlichkeit. *Höhn* befürchtete zudem, dass das Führerprinzip bei einer Integration in die Verwaltung aufgerieben werde.[1126] Seine Sorge war durchaus begründet. Die staatliche Bürokratie war noch zu sehr an alte Prinzipien wie beispielsweise der Gesetzmäßigkeit gebunden, um auf einmal nach den Grundsätzen der Führung organisiert zu werden. Da hinter der Lebendigkeit des Führerwillens aber lediglich die Willkür der nationalsozialistischen Herrschaft stand, musste jede Vermischung der Regeln von Partei und Verwaltung eine Schwächung des Führerprinzips bewirken. Indem *Höhn* und *Forsthoff*[1127] das Prinzip der Führung auf den Bereich der Partei begrenzten, lehnten sie zugleich mittelbar eine enge Verschmelzung von Partei- und Staatsapparat ab.[1128]

Huber verfocht dagegen die uneingeschränkte Umsetzung des Führerprinzips auch innerhalb der Verwaltung. Da für ihn das Führertum „allgemeine Gestaltungsform im öffentlichen Leben"[1129] war, erachtete er es als denkbar, das ganze „Verfassungsleben mit wirklichen Unterführern zu durchsetzen und so auch im Staat eine lebendige Führungsordnung zu schaffen".[1130] Um *Höhns* Kritik zu entkräften, unterschied *Huber* innerhalb der Verwaltung zwischen reiner Behördenarbeit (Finanzamt, Arbeitsamt) und dem Bereich, der auf Gemeinschaften beruhte. Nur letzteren sah er durch das Führerprinzip durchdrungen, denn „Führung ist stets Menschenführung".[1131] Konsequenz des Integrationsverlangens war die Möglichkeit, Partei und Staat durch Personalunionen enger miteinander verzahnen zu können. *Huber* rechnete damit, dass die Bürokratie auf diese Weise gestärkt werde,[1132] da die Hoheitsträger der Partei als Beamte dann den Weisungen eines Reichsministeriums unterworfen gewesen wären.[1133] Jene auch in-

---

1124 *Forsthoff*, Führung und Bürokratie – Einige grundsätzliche Erwägungen, in: Deutsches Adelsblatt 1935, S. 1339-1340

1125 „Es ist...wichtig, dass man sich darüber klar ist, dass innerhalb des Staates als Apparat nicht geführt wird, dass hier noch das alte Über- und Unterordnungsverhältnis gilt." (*Höhn*, Die Wandlung im staatsrechtlichen Denken, S. 36)

1126 *Höhn*, Volk und Verfassung, in: aaO, S. 210

1127 Im Gegensatz zu *Höhn* befürchtete *Forsthoff*, dass eine Vermischung von Führung und Verwaltung die Schwächung der Verwaltung zur Folge habe.

1128 *Bachnick*, Die Verfassungsreformvorstellungen im nationalsozialistischen Deutschen Reich und ihre Verwirklichung, S. 26

1129 *Huber*, Verfassungsrecht des Großdeutschen Reiches, S. 198

1130 *Huber*, Wesen und Inhalt der politischen Verfassung, S. 82

1131 *Huber*, Verfassungsrecht des Großdeutschen Reiches, S. 199

1132 Folglich unterstützte die Reichsinnenverwaltung *Hubers* Thesen nachdrücklich. So wies Reichsinnenminister *Frick* 1936 auf Gründe hin, die dagegen sprachen, die Verwaltungspraxis vom Führergedanken abzukoppeln (*Frick*, Freiheit und Bindung der Selbstverwaltung, München 1937).

1133 *Bachnick*, Die Verfassungsreformvorstellungen im nationalsozialistischen Deutschen Reich und ihre Verwirklichung, S. 27

nerhalb der Reichsverwaltung gehegte Erwartung erwies sich im Nachhinein als folgenreicher Trugschluss. Nicht sie sollte aus dem Einbau der Partei in den Staat gestärkt hervorgehen, sondern die NSDAP mit ihren Funktionären.[1134]

d. Die Rechtsprechung zwischen Freiheit und Führung

Die dritte klassische Staatsgewalt blieb bei *Huber* nicht nur als funktioneller Teil der Führergewalt formal erhalten, sondern bewahrte sich eine wirkliche Sonderstellung. Gerade in Bezug auf die Gerichtsbarkeit wurde das Spannungsverhältnis aus Selbständigkeit und Bindung besonders offenkundig. So bezeichnete *Huber* die Unabhängigkeit der Gerichte als „notwendige Grundlage einer jeden Rechtsprechung",[1135] die aufrechterhalten werden müsse. Gleichzeitig war jedoch der Führer oberster Gerichtsherr des Volkes,[1136] so dass die richterliche Unabhängigkeit ihre Grenze im Willen des Führers fand. Zwar durfte es keine politische Einmischung im Einzelfall geben, aber das bedeutete nicht, dass der Richter in seinem Urteil tatsächlich frei war. Seine Bindung erfolgte über die ihm gestellte Aufgabe: „Schutz und Entfaltung der völkischen Lebensordnung".[1137]

Ähnlich wie die Verwaltung befassten sich auch die Gerichte mit zwei völlig unterschiedlichen Rechtsordnungen. Da sich die nationalsozialistische Rechtssetzung nur auf die ihr wesentlich erscheinenden Gebiete beschränkt hatte, blieben weite Teile der alten Rechtsordnung unverändert.[1138] Daraus ergab sich für die Rechtsprechung gleichfalls eine Doppelfunktion: „Schutz und Entfaltung".[1139] Soweit der Gesetzgeber bereits tätig geworden ist, verblieb dem Richter nur die Anwendung. Das Gesetz selbst war dann bereits „Entfaltung der völkischen Lebensordnung"[1140] durch den Führer. Da insoweit für eine aktive richterliche Gestaltung des Gerichts kein Raum blieb, konnte sich *Huber* in die-

---

[1134] *Majer*, Grundlagen des nationalsozialistischen Rechtssystems, S. 95f

[1135] *Huber*, Verfassungsrecht des Großdeutschen Reiches, S. 279

[1136] Die wissenschaftliche Verklärung *Hitlers* zur selbständigen Gerichtsbarkeit erfolgte mit Hilfe des die Morde vom 30.06.1934 (sog. Röhm-Putsch) rechtfertigenden Aufsatz *Carl Schmitts* „Der Führer schützt das Recht" (DJZ 1934, Sp. 945-950). Den Rechtfertigungsgrund sah *Schmitt* nicht wie *Huber* (*Huber*, Das Staatsoberhaupt des Deutschen Reiches, in: aaO, S. 224) allein in der Konstruktion eines möglichen Staatsnotstandes, sondern in der Berufung auf eine neue Rechtsquelle, das Führertum: „Der Führer schützt das Recht vor dem schlimmsten Missbrauch, wenn er im Augenblick der Gefahr kraft seines Führertums als oberster Gerichtsherr unmittelbar Recht schafft....In Wahrheit war die Tat des Führers echte Gerichtsbarkeit. Sie untersteht nicht der Justiz, sondern war selbst höchste Justiz".

[1137] *Huber*, Verfassungsrecht des Großdeutschen Reiches, S. 278

[1138] Zur nationalsozialistischen Umgestaltung des deutschen Rechts vgl. Seite 159f dieser Arbeit.

[1139] *Huber*, Verfassungsrecht des Großdeutschen Reiches, S. 278

[1140] *Huber*, Der Führer als Gesetzgeber, in: aaO, S. 275

sem Fall zur Bindung des Richters an das Gesetz bekennen. Auch hier zeigt sich, dass allein *Hitlers* Griff nach der Gesetzgebung die Aufrechterhaltung rechtsstaatlicher Prinzipien ermöglichte. Existierten jedoch noch keine neuen Gesetze, war die Entfaltung der völkischen Lebensordnung durch Auslegung, „analoge Anwendung" und „lückenfüllende rechtsschöpferische Tätigkeit Aufgabe der Gerichte".[1141] Für *Huber* war der Richter bei dieser Arbeit frei, „soweit er dabei nur im Geiste des Führers und gemäß der im Volk lebendigen gesunden Rechtsanschauung verfährt".[1142]

Die konkreten Auswirkungen des Spannungsverhältnisses zwischen richterlicher Unabhängigkeit und der Bindung an den Führerwillen verdeutlichte *Huber* anhand zweier umstrittener Tätigkeitsfelder, dem richterlichen Prüfungsrecht und dem justizfreien Hoheitsakt.

Um den Anwendungsbereich eines richterlichen Prüfungsrechts abzuwägen, griff *Huber* wieder das von ihm entwickelte System von Gesetzen und Verordnungen auf und diskutierte dann im Einzelfall, ob und inwieweit ein Prüfungsrecht möglich sei.[1143] Demnach war das Prüfungsrecht immer dann ausgeschlossen, wenn der Führerwille in einem Rechtssatz unmittelbar in Erscheinung trat,[1144] denn der Wille des Führers konnte nicht durch Richter überprüft werden. Der Führer war oberster Gerichtsherr und damit unantastbar, kein Gericht durfte sich über ihn erheben.

Waren Rechtssätze nicht unmittelbar auf den Führer zurückzuführen,[1145] forderte *Huber* ein Prüfungsrecht, denn so konnte der Richter „als Wahrer des Rechts den im Reichsgesetz niedergelegten Willen des Führers gegen jede An-

---

1141 *Huber*, Verfassungsrecht des Großdeutschen Reiches, S. 279

1142 *Huber*, Verfassungsrecht des Großdeutschen Reiches, S. 279

1143 In seinem Aufsatz „Das richterliche Prüfungsrecht und seine zukünftige Gestaltung" setzte sich *Huber* darüber hinaus mit der Frage auseinander, wie ein Prüfungsrecht zweckmäßigerweise gestaltet werden müsse. In einer Rechtsvergleichung mit Art. 104 III und 169 der österreichischen „Verfassung 1934", (Anführungszeichen so von *Huber* gesetzt) kam er zu dem Ergebnis, dass auch im Deutschen Reich das Prüfungsrecht als unmittelbare, konzentrierte Normenkontrolle an einer speziell dafür vorgesehenen Stelle organisiert werden sollte. Als ein dafür geeignetes Gericht schlug *Huber* das geplante Reichsverwaltungsgericht vor (*Huber*, Das richterliche Prüfungsrecht und seine zukünftige Gestaltung, in: ZAkDR 7. Jg. (1940), S. 261-264 , (262-264)).

1144 *Huber* nannte in diesem Zusammenhang Reichsgesetze und gesetzesvertretende Verordnungen (Erlasse) des Führers oder oberster Reichsstellen. (*Huber*, Verfassungsrecht des Großdeutschen Reiches, S. 282; *ders.*, Das richterliche Prüfungsrecht und seine zukünftige Gestaltung, in: aaO, S. 262).

1145 Bejaht wurde ein Prüfungsrecht bei Landesgesetzen, gesetzvertretenden, gesetzergänzenden und gesetzausführenden Ministerverordnungen (eingeschränktes Prüfungsrecht), gesetzanwendenden Verordnungen von Mittel- und Unterinstanzen (volles Prüfungsrecht) und Satzungen (uneingeschränktes Prüfungsrecht) (*Huber*, Verfassungsrecht des Großdeutschen Reiches, S. 282-286; *ders.*, Das richterliche Prüfungsrecht und seine zukünftige Gestaltung, in: aaO, S. 262).

tastung"[1146] verteidigen. Auch dann, wenn lediglich die alte Rechtsordnung vorlag, musste diese von einem Richter auf ihre Anwendbarkeit im Rahmen der nationalsozialistischen Rechtsordnung geprüft werden.[1147] In solchen Fällen wurde der Rechtsprechung die Aufgabe zugewiesen, über die Nichtanwendung oder eine entsprechende Auslegung die nationalsozialistischen Rechtsvorstellungen zu verwirklichen.

Dem richterlichen Prüfungsrecht kam damit auch im Nationalsozialismus seine herkömmliche Aufgabe zu, niederrangiges auf seine Vereinbarkeit mit übergeordnetem Recht zu kontrollieren. Da die nach 1933 erlassenen Gesetze dieser Prüfung jedoch generell entzogen wurden, erhielt das Prüfungsrecht eine völlig neue Zielrichtung.[1148] Es diente nicht mehr einer objektiven Rechtskontrolle, sondern allein der Durchsetzung des Führerwillens.

Die Diskussion um den justizfreien Hoheitsakt beleuchtete dagegen das Verhältnis zwischen Regierung und Justiz. Dabei standen zwei Fragen im Mittelpunkt des Interesses. Durften Hoheitsakte noch gerichtlich überprüft werden oder sollte der Rechtsschutz des Einzelnen gegen den Staat sogar ganz aufgehoben werden ?

Huber bekannte sich grundsätzlich zur Notwendigkeit einer Verwaltungsgerichtsbarkeit, schränkte ihren Aufgabenbereich aber über die „Theorie vom justizlosen Hoheitsakt"[1149] ein. Die Freistellung eines politisch umgrenzten Bereiches von gerichtlicher Kontrolle erkannte die Staatsrechtslehre schon vor 1933 an. Problematisch war jedoch, wo diese Linie zu ziehen und vor allem, wer für die Abgrenzung zuständig war. Im Gegensatz zu *Ipsen* überließ *Huber* die Entscheidung nicht dem subjektiven Belieben einer Regierungsperson, sondern verstand sie als objektiv gebundene Qualifikation. Diese sah *Huber* dann erfüllt, wenn es sich um Hoheitsakte handelte, „die die Lebensordnung des deutschen Volkes, einschließlich der Staats- und Parteiverfassung, gegen existentielle Gefährdung verteidigen".[1150] Die Entscheidung für oder gegen den politischen Charakter sollte also nicht dezisionistisch, sondern im Rahmen des konkreten Ordnungsdenkens getroffen werden. *Huber* wehrte sich damit gegen Forderungen

---

[1146] *Huber*, Verfassungsrecht des Großdeutschen Reiches, S. 283

[1147] *Grimm*, Methode als Machtfaktor, in: Recht und Staat der bürgerlichen Gesellschaft, S. 347-372 (370)

[1148] *Huber* sprach davon, dass die bisherigen Grundlagen des richterlichen Prüfungsrechts weggefallen seien, da das nationalsozialistische Reich keinen Rangunterschied zwischen Verfassungsrecht und einfachen Gesetzen mehr kenne, der Verfassungsmäßigkeit von Gesetzen daher auch keine Rolle mehr zukomme. *Huber* unterstützte jedoch ein richterliches Prüfungsrecht „auf neuen Grundlagen und mit einem neuen Sinngehalt" (*Huber*, Das richterliche Prüfungsrecht und seine zukünftige Gestaltung, in: aaO, S. 262).

[1149] *Huber*, „Politik und Justiz". Zu Hans Peter Ipsens Schrift über das Problem der „justizlosen Hoheitsakte", in: ZgesStW Bd. 98 (1937/38), S. 193-200 (193)

[1150] *Huber*, „Politik und Justiz", S. 200

Höhns, die Verwaltungsgerichtsbarkeit ganz aufzuheben, gestand aber auch der Regierung ihren unantastbaren Bereich zu.

Ob *Huber* die Verwaltungsgerichtsbarkeit tatsächlich um des Rechtsschutzes willen retten wollte oder lediglich keinen Bedarf sah, sie ganz abzuschaffen, kann nur spekulativ beantwortet werden. Fest steht nur, dass *Huber* wiederum nicht dazu neigte, richterliche Tätigkeiten grundsätzlich in Frage zu stellen, solange die Interessen der Führung auch auf andere Weise sichergestellt werden konnten. Darüber hinaus sollte die Qualifikation als politischer Akt ebenfalls dem Ermessen des Einzelnen entzogen werden. Inwieweit aber *Hubers* Vorhaben, durch objektive Kriterien unabhängige Ergebnisse zu erhalten, realistisch war, ist zweifelhaft. Aufgrund des Zusammenhangs zwischen Dezisionismus und Ordnungsdenken war jeder Objektivitätsanspruch bloße Augenwischerei.[1151] Auch im Zusammenhang mit dem politischen Hoheitsakt wird daher deutlich, welche Stellung *Huber* der Gerichtsbarkeit beimaß. *Huber* bemühte sich stets, ihre Wichtigkeit und Unabhängigkeit zu betonen, knüpfte dies aber an die Bedingung, stets an den Führer gebunden zu sein. Nicht mehr der Rechtsschutz, sondern die Durchsetzung des Führerwillens stand im Vordergrund. Die richterliche Unabhängigkeit wurde daher zwar formal aufrechterhalten, tatsächlich entwickelten sich die Richter jedoch zunehmend zu reinen Verwaltungsbeamten.

e. Die Rechtsstaatsdiskussion

Da man in der Staatsrechtslehre die starke suggestive Kraft des Begriffs „Rechtsstaat" erkannte, hielten einige ihrer Vertreter die Bezeichnung auch nach dem radikalen Verfassungsumbau weiter aufrecht. Die Gefahr, dass dem Staat, der diese Benennung für sich ablehnte, der Ruf eines Willkürstaates anhaftete, war groß und sollte daher ausgeschlossen werden. Innerhalb der erklärten Befürworter einer Begriffsübernahme lassen sich grob zwei verschiedene Gruppierungen unterscheiden. Für *Heinrich Lange* und *Otto von Schweinichen* trat der „gerechte Staat" an die Stelle des bürgerlichen Rechtsstaates. Für sie war ein Staat ganz undifferenziert immer dann ein Rechtsstaat, wenn er „sich die Wahrung des Rechts angelegen sein lässt"[1152].

Otto Koellreutter und *Bodo Dennewitz* unterschieden den reinen Rechtswert, der in seinem Kern zeitlos ist, von einem politischen Aspekt, der einem Wandel der politischen Wertprinzipien unterliegt.[1153] Erhaltenswert war für sie das neutrale Element, das sie in der Gesetzmäßigkeit der Verwaltung erkannten. Je

---

[1151] Zur Rolle des Dezisionismus auch innerhalb des Konkreten Ordnungs- und Gestaltungsdenkens, siehe die Seiten 210-213 dieser Arbeit.

[1152] *Schweinichen*, in: *ders.* und *Krauss* (Hrsg.), Disputation über den Rechtsstaat, S. 68

[1153] *Dennewitz*, Das nationale Deutschland, ein Rechtsstaat. Die Rechtsgrundlagen des neuen deutschen Staates, S. 7

nachdem, welcher Wert augenblicklich den politischen Aspekt beherrschte, differenzierten sie zwischen einem liberalen Rechtsstaat, in dem der Wert des Individuums überwiegt und einem „nationalen Rechtsstaat“[1154], bei dem das staatlich-kollektive Element im Vordergrund steht.[1155]

Carl Schmitt erkannte dagegen zunächst lediglich die taktischen Vorteile einer vorübergehenden Beibehaltung des Begriffs an, da er die Gleichschaltung des Behördensystems erleichterte. Sollte es aber darüber hinaus auch gelingen, den Rechtsstaatsbegriff von seinen liberalen Wurzeln zu befreien, sah er in der Fortführung des Begriffs einen geistigen Sieg des Nationalsozialismus über den Liberalismus, denn es sei „ein typischer Vorgang der Geistesgeschichte, dass wirksame Formeln im geistigen Kampf erobert und umgedeutet werden“.[1156] Unter diesen Voraussetzungen konnte der „nationalsozialistische deutsche Rechtsstaat“[1157] für *Schmitt* endlich gerechter Staat und nicht mehr bloßer Gesetzesstaat sein.

Obwohl *Huber* mit dem Vorrang des Gesetzes, der Gesetzmäßigkeit der Verwaltung, der richterlichen Unabhängigkeit, dem richterlichen Prüfungsrecht, der Bindung des Richters an das Gesetz und der zumindest organisatorischen Aufrechterhaltung der Gewaltenteilung viele rechtsstaatliche Grundsätze in den Führerstaat übernommen hatte, lehnte er die Übernahme des eigentlichen Rechtsstaatsbegriffs ab.[1158] Für ihn entstand die wirkliche materielle Bedeutung der Rechtsstaatsidee erst durch deren Verbindung mit dem Individualismus und dem Liberalismus des 19. Jahrhunderts.[1159] Trennt man den Begriff von der Idee, wurde er für *Huber* inhaltslos und verdiente es daher nicht, weiterverwendet zu werden. Wie schon bei der Diskussion um den Demokratiebegriff sind bei *Huber* zwei gegenläufige Linien erkennbar. Einerseits lehnte er es strikt ab, juristische Termini zugunsten verschwommen irrationaler Begrifflichkeiten zu opfern. Um Rechtsbegriffe erhalten zu können, passte er diese eher inhaltlich der neuen Wirklichkeit an. Sein kontinuierliches Bestreben, durch vermittelnde Ansichten, „neu“ und „alt“ miteinander zu versöhnen, brachte ihm unter seinen Fachkolle-

---

[1154] *Koellreutter*, Der nationale Rechtsstaat. Zum Wandel der Deutschen Staatsidee, Tübingen 1932

[1155] *Schellenberg*, Die Rechtsstaatskritik. Vom liberalen zum nationalen und nationalsozialistischen Rechtsstaat, in: Böckenförde (Hrsg.), Staatsrecht und Staatsrechtslehre im Dritten Reich, S. 71-87 (81f)

[1156] *Schmitt*, Was bedeutet der Streit um den Rechtsstaat ?, in: ZgesStW Bd. 95 (1934/35), S. 189-201 (197)

[1157] *Schmitt*, Nationalsozialismus und Rechtsstaat, in: JW 1934, S. 713-718 (716)

[1158] So auch *Ernst Forsthoff* und *Günther Krauß*, die die gleichen Argumente wie *Huber* anführten. (*Schellenberg*, Die Rechtsstaatskritik, in: aaO, S. 84f)

[1159] *Huber*, Verfassungsrecht des Großdeutschen Reiches, S. 277

gen daher wiederholt den Vorwurf der Unentschiedenheit ein.[1160] Andererseits weigerte sich *Huber* aber auch, Begriffe aufrechtzuerhalten, die mit der Realität nichts mehr zu tun hatten, wenn diese für die wissenschaftliche Arbeit nicht mehr erforderlich waren.

V. Bewegung

1. Die Bewegung als Bindeglied zwischen Staat und Volk

Innerhalb der Dreigliederung aus Volk, Bewegung und Staat verkörperte die Bewegung für *Huber* Ursprung und Entwicklung des neuen Reiches. Ihr entstammte nicht nur der Führer als Person, auch das Prinzip von Führung und Gefolgschaft hatte sich zuerst in ihr gebildet und dann erst im Staat durchgesetzt.[1161] Der nationalsozialistische Staat war daher nicht nur Führer-, sondern gerade auch Bewegungsstaat[1162], da die Bewegung die Gemeinschaft war, die den Staat „formt und beherrscht, ihn bewegt und führt".[1163] Ihre Macht wurde damit zur Voraussetzung der absoluten Führergewalt.[1164]

Diesem Anspruch konnte die NSDAP für *Huber* allerdings nur gerecht werden, weil sie nicht mehr eine von vielen Parteien, sondern „politischer Orden des völkischen Führerreiches"[1165] war. Als Voraussetzung für ihre dominante Stellung musste jedoch zunächst der alte Parteienstaat zerstört werden. So besiegelte das „Gesetz gegen die Neubildung von Parteien" vom 14. Juli 1933[1166] das einstweilige Ende des Parlamentarismus in Deutschland. Die NSDAP wurde zur einzigen Partei erhoben und man untersagte jede Aufrechterhaltung oder Neu-

---

[1160] Siehe die Besprechungen von *Hubers* „Verfassung" (1937). Für die völkisch-vitalistische Richtung: *Höhn*, Volk und Verfassung, in: aaO, S. 215; Für die eher konservative Kritik: *Merk*, Besprechung: Huber, Verfassung, in: aaO, S. 100

[1161] *Huber*, Die deutsche Staatswissenschaft, in: ZgesStW Bd. 95 (1934/35), S. 1-65 (40)

[1162] Um die Einzigartigkeit des neuen deutschen Staates zu zeigen, teilte *Huber* die verschiedenen Staatstypen nicht nur formal nach der Art der Machtausübung (Monarchien, Aristokratien und Demokratien), sondern vor allem aufgrund der ihn prägenden politischen Gemeinschaft, ein. Von dieser dominierenden Gruppierung erhielt der Staat dann auch seinen Namen. Im Gegensatz zum Ständestaat (Ritterschaft, Klerus und Städte), dem absoluten Fürstenstaat (Heer und Beamtentum) und dem Parteienstaat (bürgerliche Gesellschaft) beruhte der Staat nach 1933 auf der Bewegung als maßgebende Gemeinschaft (*Huber*, Verfassungsrecht des Großdeutschen Reiches, S. 290; *ders.*, Die deutsche Staatswissenschaft, in: aaO, S. 37).

[1163] *Huber*, Verfassungsrecht des Großdeutschen Reiches, S. 289

[1164] *Huber*, Partei, Staat, Volk, in: DR 5. Jg. (1935), S. 309-312 (310)

[1165] *Huber*, Verfassungsrecht des Großdeutsche Reiches, S. 290

[1166] RGBl. 1933 I, 479

bildung des Parteiwesens.[1167] Das in der Führergewalt auf radikale Weise umgesetzte Einheitspostulat erhielt mit diesem „parlamentarischen“ Unterbau seine konsequente Ergänzung. Auch durch die Stellung der Bewegung wurde somit jeder Pluralismus ausgeschlossen. Sie war die Hausmacht des Führers und diente als umfassendes Kampfmittel gegen den herkömmlichen Staatsaufbau.

Wie schon bei der Führergewalt bewältigte *Huber* auch bei der Darstellung des Universalanspruchs der Bewegung alle Erklärungsnöte. Vor dem Hintergrund der parteipolitischen Streitereien der Weimarer Republik erschien ihm jede Maßnahme gerechtfertigt, solange diese durch die „Idee einer politischen Einheit“[1168] legitimiert und daher nicht willkürlich war. Die Überwindung des Parteienstaates wurde bei *Huber* zu einer bedeutenden „geschichtliche(n) Leistung der nationalsozialistischen Bewegung“.[1169] Aus dem System der politischen Zerrissenheit und weltanschaulichen Gespaltenheit wurde der Staat „der politischen Einheit, der gemeinsamen Weltanschauung und der geschlossenen Führungsordnung“.[1170] Aufgrund seiner Rechtfertigung durch die Einheit von Volk, Bewegung und Staat, konnte dieser Staat aber auch jeden Vergleich Deutschlands mit ausländischen Diktaturen von sich weisen. Selbst die ausschließliche Stellung der NSDAP führte für *Huber* nicht dazu, von einem Einparteienstaat zu sprechen. Denn ein solcher hatte stets das Ziel, als „organisierte Minderheit alleiniger Träger der politischen Rechte und alleiniger Vollstrecker der politischen

---

[1167] Der umfassende Charakter dieses Verbots ließ für *Huber* nur den Schluss zu, eine politische Partei im Sinne des Gesetzes „in jeder Verbindung von Menschen zu sehen, die einen Einfluss auf das politische Leben des Volkes erstrebt“. Gerade die geheimen und getarnten Verbindungen dieser Art fielen also unter das Verbot des Gesetzes vom 14.07.1933 (*ders.*, Verfassungsrecht des Großdeutschen Reiches, S. 288). Aus diesem Zusammenhang erklärt sich das Unverständnis *Hubers* mit dem er das Verbot der NSDAP vom 23.11.1923 kommentierte. Die Tatsache, dass Anhänger einer verbotenen politischen Partei über „Auffang- und Überbrückungsorganisationen“ (Völkischer Block u.a.) in die Parlamente gelangen, und auf diese Weise politisch weiterarbeiten konnten, gehörte für *Huber* „zu den eigentümlichen Zwiespältigkeiten des liberal-demokratischen Verfassungssystems“ (*Huber*, Die Rechtsgestalt der NSDAP, in: DRW Bd. 4 (1939), S. 314-351 (315)).
Die Entwicklung bis zum Parteienverbot begann mit der „Verordnung zum Schutz von Volk und Staat“ vom 28.02.1933 (RGBl. I, 83), die den Kampf gegen den Kommunismus einläutete. Es folgten am 26.05.1933 das „Gesetz über die Einziehung kommunistischen Vermögens“ (RGBl. I, 293) und das „Gesetz über die Einziehung volks- und staatsfeindlichen Vermögens“ (RGBl. I, 497), das auch den Sozialdemokraten ihre Betätigungsmöglichkeit nahm, nachdem diese bereits durch die „Verordnung zur Sicherung der Staatsführung“ vom 07.07.1933 (RGBl. I, 462) aus allen Parlamenten ausgeschlossen worden war. Die bürgerlichen Parteien lösten sich im Juni/Juli 1933 selbst auf (Deutschnationale Front 27.06.1933; Deutsche Staatspartei 28.06.1933; Deutsche Volkspartei; Bayrische Volkspartei 04.07.1933; Zentrum 05.07.1933) (*Geiger*, Die Rechtsstellung der NSDAP und ihrer Gliederungen HJ, SA und SS, in: *Böckenförde* (Hrsg.), Staatsrecht und Staatsrechtslehre im Dritten Reich, S. 147-165 (148).

[1168] *Huber*, Partei, Staat, Volk, in: aaO, S. 311

[1169] *Huber*, Verfassungsrecht des Großdeutschen Reiches, S. 291

[1170] Ebenda

Aufgaben zu sein, die rechtlose Mehrheit dagegen auszuschalten und zu vergewaltigen".[1171] Gerade das war aber in Deutschland, im Gegensatz beispielsweise zum bolschewistischen Russland, nicht der Fall. „Das Ziel der NSDAP ist vielmehr, das gesamte Volk zur politischen Einheit zu formen, alle Volksgenossen zum gemeinsamen freiwilligen Einsatz für das Ganze zu gewinnen und als Willensträger des Volkes Bürge für die politische Geschlossenheit und Macht nach innen und außen zu sein".[1172]

Neben der bekannten Verschleierung absoluter Herrschaft durch „Führung" hatte auch die Bewegung die Funktion, jeden Diktaturverdacht auszuräumen. Eine Unterdrückung des Volkes konnte sich für *Huber* in Deutschland schon deshalb nicht ereignen, da die Bewegung selbst unmittelbar aus dem Volk erwuchs und mit ihm trotz ihrer hervorgehobenen Stellung verbunden blieb. Bewegung und Volk bildeten bei *Huber* eine Einheit, so dass die Herrschaft einer Minderheit ausgeschlossen war. So wie der Führer nur den Volkswillen verkörperte, wurde das Volk durch die Bewegung zur staatstragenden Gemeinschaft. Eine Absonderung des Führers oder des politischen Standes vom Volk war damit unvereinbar.[1173] Der Versuch, eine volksverbundene Bewegung zu konstruieren, endete allerdings auch bei *Huber* in einem vertrauten Argumentationsmuster, dem Gemeinschaftsdenken. Die NSDAP stand „nicht als herrschende privilegierte Kaste über Volk und Reich, sondern sie wirkt als führende politische Gemeinschaft unmittelbar im Volk und Reich".[1174]

Über die vom Führer verkörperte Einheit von Staat, Bewegung und Volk gelang es *Huber* letztlich, *Hitler* von jeder Willkür und Diktatur freizusprechen. Denn im völkischen Führerstaat wurde nur der Volkswille umgesetzt, der sich in der Bewegung und im Führer gebildet hatte. Die Bewegung diente dabei nicht nur als „Brücke" zum Volk, sondern erreichte auch eine Bindung an den Staat, mit dem sie „unlösbar verbunden" war. Die Bewegung stand daher in der Dreigliederung nicht ohne Grund in der Mitte.[1175] Sie übte für *Huber* eine Klammerfunktion aus und sicherte so die „dreigliedrige Einheit aus Volk, Bewegung und Staat".[1176]

1171 *Huber*, Verfassungsrecht des Großdeutschen Reiches, S. 292

1172 Ebenda

1173 *Huber*, Verfassungsrecht des Großdeutschen Reiches, S. 293

1174 *Huber*, Verfassungsrecht des Großdeutschen Reiches, S. 292

1175 Zwar drehte *Huber* die zuvor von *Schmitt* gewählte Reihenfolge der einzelnen Ordnungen um, beide setzten diese jedoch mit einem Hinweis auf die verbindende Funktion der Bewegung in die Mitte ihrer Trilogie (*Schmitt*, Staat, Bewegung, Volk. Die Dreigliederung der politischen Einheit, S. 11; *Huber*, Die deutsche Staatswissenschaft, in: aaO, S. 33).

1176 *Huber*, Verfassungsrecht des Großdeutschen Reiches, S. 293

2. Das Verhältnis von Partei und Staat

Die von *Huber* festgestellte Einheit von Partei und Staat widersprach der nationalsozialistischen Wirklichkeit in hohem Maße. Mit seiner Einheitsformel beschrieb *Huber* allerdings auch nicht die staatsrechtliche Gegenwart, sondern unterstrich, dass der Staat für ihn im Nationalsozialismus weiterhin eine feste Größe blieb. Dieses Bekenntnis war nicht selbstverständlich, denn die Bedeutung des Staates und seine Beziehung zur revolutionären Bewegung war innerhalb der Staatsrechtswissenschaft umstritten.[1177] So kann man anhand der theoretischen Äußerungen, die in den Jahren 1933-1945 über den Begriff der „Staatlichkeit" geschrieben wurden, recht genau den Grad der politischen Radikalität ihrer Autoren ablesen.[1178] Je größer die Neigung zum Staat ausfiel, desto kritischer wurde die Stellung der Bewegung im neuen Verfassungsaufbau gesehen. In *Hubers* Einheit von Partei und Staat ist daher vor allem der Versuch erkennbar, die verschiedenen innenpolitischen Gruppierungen aus Partei, Beamtenschaft und Militär miteinander in Ausgleich zu bringen. Jenes Vorhaben ist nicht nur bezeichnend für *Hubers* integrativen Denkansatz, sondern unterstreicht seinen unbedingten Willen, dem Staat einen gesicherten Hoheitsbereich neben der Partei zu erhalten.[1179]

Da das Hinzutreten der Bewegung als zweite hoheitliche Säule neben den Staat ein absolutes Novum im deutschen Verfassungsrecht bedeutete, war das Verhältnis zwischen der revolutionären Bewegung und dem „alten Staatsapparat" eines der besonderen staatsorganisationsrechtlichen Merkmale des Dritten

---

[1177] Siehe dazu auch die Kontroverse um das Verhältnis von Staat und Volksgemeinschaft auf den Seiten 145-150 dieser Arbeit.
Hintergrund der nationalsozialistischen Staatsfeindlichkeit war die Tatsache, dass nicht nur der bekämpfte bürgerliche Rechtsstaat, sondern jede Staatsordnung ihrer Natur nach Institution und Rechtsordnung ist. Also assoziierte man mit dem Staat auch Verwaltung, Bürokratie, Beamtentum, Gesetzesbindung usw.. „Staat" stand damit für alles, was der ungezügelten Machtentfaltung *Hitlers* als Hemmnis im Wege stand. Nach dem Willen der Nationalsozialisten sollte daher an die Stelle des Staates als höchster Rechtseinheit der unbeschränkte und potentiell jederzeit wandelbare Wille des Führers als „oberstes Gesetz" treten (*Diehl-Thiele*, Partei und Staat im Dritten Reich, S. 8). Ein Konflikt zwischen der traditionell arbeitenden Verwaltung und der nur mit dem Führerwillen großgewordenen Bewegung war damit vorprogrammiert.

[1178] *Diehl-Thiele*, Partei und Staat im Dritten Reich, S. 13 Fn. 36

[1179] Vgl. dazu auch *Wilhelm Merk*, der 1935 in einer gegen *Reinhard Höhn* gerichteten Schrift den „Abbau des Staates zugunsten einer Wertgemeinschaft" kritisierte. *Merk* bedauerte dabei, dass die „Kampfstellung, die die nationalsozialistische Bewegung gegenüber dem Staat der Weimarer Republik bezogen hatte" nunmehr „auf den Staat überhaupt übertragen worden ist" (*Merk*, Der Staatsgedanke im Dritten Reich, S. 34ff).
Hans Frank begründete den Kampf der Bewegung gegen den Staat mit dem Fehlen eigentlicher Gegner. Deshalb habe man sich ein Feindbild suchen müssen, um existenzlegitimierend kämpfen zu können (*Diehl-Thiele*, Partei und Staat im Dritten Reich, S. 5 Fn. 17).

Reiches. Die Bemühungen der Staatsrechtslehre, dieses Phänomen rechtlich zu fassen, wurden zusätzlich erschwert, da sich die Staat und Bewegung zugedachten Rollen zunächst laufend änderten und später von der Führung gezielt unklar formuliert wurden.

So übernahmen die Nationalsozialisten nach der Machtergreifung den bisherigen Staatsapparat, obwohl sie bis 1933 im revolutionären Überschwang noch dessen Ablösung durch die Partei angestrebt hatten.[1180] Ihr stets erklärtes Ziel unterblieb allein aus praktischen Gründen. Man verfügte einfach nicht über ausreichend qualifiziertes Personal, um eine neue Verwaltung allein aus Funktionären der Bewegung zu organisieren. Ein sofortiges Zerschlagen des Staatsapparates hätte daher den Zusammenbruch der gesamten öffentlichen Ordnung bedeutet.[1181] Infolgedessen war der Dualismus aus Staat und Partei vorgezeichnet, da eine Auflösung der Partei, die im parlamentslosen Führerstaat eigentlich keine Funktion mehr hatte, für *Hitler* ebenfalls nicht in Frage kommen konnte. Denn wenn er das revolutionäre Element der Bewegung nicht erhalten hätte, drohte ein gewöhnlicher autoritärer Staat, in dem die Macht notwendigerweise mehr oder weniger planmäßig verteilt und nach Gesetzen geregelt war. Dies aber galt es zu verhindern, da jede Ordnung, sei sie auch noch so autoritativ geleitet, und jede selbstherrlich-diktatorische Befehlsvermittlung die totale Macht des Führers stabilisiert und damit letztlich beschränkt hätten.[1182] Folglich zerstörte man keine der beiden Säulen, sondern nutzte die sich jeweils durch sie bietenden Vorteile.[1183]

Huber griff die parallele Organisation von Partei und Staat auf und bestätigte die von der Führung vorgegebene Rollenverteilung. Während die NSDAP die politisch-dynamische Kraft war, erwies sich die Staatsorganisation als statisch-bürokratisch. Um den Staat dennoch zu erhalten, warnte er davor, diesen deshalb

---

[1180] *Hitler*, Mein Kampf, S. 503

[1181] *Bachnick*, Die Verfassungsreformvorstellungen im nationalsozialistischen Deutschen Reich und ihre Verwirklichung, S. 39

[1182] *Diehl-Thiele*, Partei und Staat im Dritten Reich, S. 7

[1183] Durch die Parallelorganisation von Partei und Staat entstand zwischen beiden ein permanenter Kompetenzkonflikt. *Hitler* stellte durch Doppelbeauftragungen nicht nur sicher, dass er nicht von einer bestimmten Behörde/Parteistelle abhängig war, sondern schürte dadurch auch Unsicherheit innerhalb von Partei und Staat. Da sich niemand mehr sicher sein konnte, dass er vom Führer gebraucht werde, schwand die Bedeutung der eigenen Position gegenüber *Hitler* zunehmend und die Wahrscheinlichkeit von „Palastrevolutionen" verringerte sich. Im Rahmen dieses Dualismus übernahm die Bewegung die Rolle des ewig Fordernden, während die Staatsorganisation ständig neue Zugeständnisse machen musste. Praktisch bedeutete das, dass sich Partei und Staat gegenüber *Hitler* in Botmäßigkeit übertrumpften. *Hitlers* Bestreben war es daher, keinen Verwaltungsstaat auf Kosten der Beweglichkeit der nationalsozialistischen Organisationen entstehen zu lassen, gleichzeitig aber nie die Kontrolle über das Tempo der Revolution zu verlieren. Daher organisierte er ein Wechselspiel zwischen Antreiben und Abbremsen des revolutionären Impetus (*Diehl-Thiele*, Partei und Staat im Dritten Reich, S. 4-17).

zu verdammen oder ihn als bloßes Werkzeug der Bewegung zu begreifen.[1184] Vielmehr kam es *Huber* darauf an, sich seiner Vorzüge zu bedienen. Der Staat war „ein festes Gerippe der völkischen Einheit"[1185], nicht in seiner Zerstörung lag die Zukunft, sondern in der Durchdringung des Staates mit den Prinzipien der Bewegung. Damit sprach sich *Huber* eindeutig für die Beibehaltung der bisherigen Verwaltung aus, soweit sich diese im Sinne des Führerstaates erneuerte. Denn die „Unentbehrlichkeit des Berufsbeamtentums"[1186] konnte nach 1933 nur Bestand haben, wenn sich die herkömmlichen Tugenden der Sachkunde, der unbedingten Pflichterfüllung und der selbstlosen Disziplin mit den Werten des Nationalsozialismus, vor allem mit einer vorbehaltloser Treue gegenüber dem Führer verbanden.[1187] Neben einem von allen Beamten abzulegenden Treueid[1188] wurde diese, durch „politische Verwaltungsführung" garantierte, unbedingte Verbundenheit mit *Hitler* oberstes Prinzip des Verwaltungshandelns.[1189]

Um das zu erreichen, trat die Umsetzung des Führerwillens an die Stelle der Gesetzmäßigkeit der Verwaltung. Nicht die geschriebene Rechtsvorschrift war mehr bindend, sondern deren Anwendung „im Geiste der neuen Gemeinschaftsordnung".[1190] An die Stelle des Paragraphen-Korsetts sollte der von *Hitler* diktierte Meinungs- und Handlungszwang treten. Die bei *Huber* als „weites Feld der eigenen Entscheidung und der persönlichen Gestaltung"[1191] beschriebene Tätigkeit der Verwaltung bedeutete für den Einzelnen aber letztlich weniger Freiheit als die Gebundenheit an vorgegebene Normen. Hinter der so genannten

---

Innerhalb der Literatur wird diese These von *Hitlers* bewusstem Ausspielen konkurrierender Kräfte weitgehend geteilt. Anders jedoch *Mommsen*, der *Hitler* eine solche „divide-et-impera-Taktik" nicht zutraute, da dieser ein „schwacher Diktator" gewesen sei (*Mommsen*, Beamtentum im Dritten Reich. Mit ausgewählten Quellen zur nationalsozialistischen Beamtenpolitik, S. 98 Fn. 26).

[1184] „Nicht indem die Bewegung den Staat von außen wie ein bloßes Werkzeug benutzt, erfüllt sie ihre politische Aufgabe, sondern indem sie den Staat zur lebendigen Gemeinschaft des Volkes formt und ordnet" (*Huber*, Partei, Staat, Volk, in: aaO, S. 311). Hierbei handelte es sich um einen Seitenhieb auf *Höhn* und dessen „Apparattheorie" (*Höhn*, Die Wandlung im staatsrechtlichen Denken, S. 35ff). Eine lediglich Befehle ausführende Verwaltung sah *Huber* nicht im Nationalsozialismus, sondern in der instrumentalen Staatsauffassung des Spätliberalismus beheimatet (*Huber*, Die verfassungsrechtliche Stellung des Beamtentums, S. 43 Fn. 81).

[1185] *Huber*, Verfassungsrecht des Großdeutschen Reiches, S. 296

[1186] *Huber*, Die verfassungsrechtliche Stellung des Beamtentums, S. 20

[1187] *Huber*, Die verfassungsrechtliche Stellung des Beamtentums, S. 21

[1188] Die entsprechende gesetzliche Regelung erfolgte am 20.08.1934 (*Huber*, Die verfassungsrechtliche Stellung des Beamtentums, S. 23).

[1189] *Diehl-Thiele*, Partei und Staat im Dritten Reich, S. 9

[1190] *Huber*, Verfassungsrecht des Großdeutschen Reiches, S. 245. Siehe dazu auch die Ausführungen zu der Rolle der Exekutive im Führerstaat auf den Seiten 219-222 dieser Arbeit.

[1191] *Huber*, Die verfassungsrechtliche Stellung des Beamtentums, S. 30

„Taktik der unklaren Befehlsgebung“[1192] stand die alleinige Absicht, die Verwaltungsbeamten nicht nur zu Untergebenen, sondern zu eigenverantwortlich Mithandelnden zu machen. Die Beamten sollten „nicht nur gehorchen, sondern mitgehen“.[1193]

Hubers klares Bekenntnis zur Beibehaltung der bisherigen Staatsorganisation mündete zwangsläufig in seiner Unterstützung getrennter Verantwortlichkeiten von Partei und Staat, zwischen denen es kein Rangverhältnis geben durfte.[1194] Der NSDAP wurde nur eine ideologische Vorrangstellung zugebilligt, welche in der Realität aber unangefochten blieb: „Ihre Grundsätze bestimmen das staatliche Handeln; ihr Wille ist der der staatlichen Ordnung, ihr Führungskern ist auch der des Staates“.[1195]

Aufgrund der von *Huber* vertretenen Gleichrangigkeit von Partei und Staat erfolgte die festgestellte Umsetzung der Parteibelange nicht über Anweisungen, sondern mit Hilfe einer Durchdringung staatlicher Stellen durch den Geist der Bewegung.[1196] Mit jenem Geist meinte *Huber* weniger die Parteimitglieder in Ministerien und sonstigen Behörden als den Effekt der Parallelorganisation. Nicht Befehle, sondern die Konkurrenz durch Parteistellen übten den entscheidenden Druck auf die staatliche Verwaltung aus.

Was *Huber* mit dem Schlagwort der getrennten Verantwortlichkeiten beschrieb, bedeutete in der Praxis eine klare Aufgabenverteilung zwischen Staat und Bewegung. Während der Staat eine effiziente Verwaltungsordnung zur Verfügung stellen sollte, billigte *Huber* allein der Bewegung die Fähigkeit weitreichender Gestaltungen zu. Das Hauptziel der Bewegung bestand danach in der „totale(n) Durchsetzung der nationalsozialistischen Weltanschauung in Volk und Reich“.[1197] Dazu sollte die Bewegung die Erziehung des Volkes übernehmen, eine einheitliche politische Weltanschauung vermitteln und Führerauslese betreiben. Aus diesen Bestimmungen ergab sich dann auch die vierte und die eigentliche Aufgabe der Bewegung, sie war der politische Willensträger des Volkes.[1198] Ihre grundlegende Funktion innerhalb der Trilogie von Volk, Bewegung und Führer bestand demnach in der Herstellung des objektiven Volkswillens, der durch den Führer verkörpert und umgesetzt wurde.

[1192] *Diehl-Thiele*, Partei und Staat im Dritten Reich, S. 31 Fn. 86

[1193] *Diehl-Thiele*, Partei und Staat im Dritten Reich, S. 31

[1194] Für *Huber* übte die Partei danach auch keine unmittelbare allgemeine Aufsicht und Kontrolle gegenüber den staatlichen Verfassungs- und Verwaltungsorganen aus, da es gerade kein direktes Anweisungsrecht gab (*Huber*, Verfassungsrecht des Großdeutschen Reiches, S. 304).

[1195] *Huber*, Verfassungsrecht des Großdeutschen Reiches, S. 293

[1196] *Huber*, Verfassungsrecht des Großdeutschen Reiches, S. 296

[1197] *Huber*, Verfassungsrecht des Großdeutschen Reiches, S. 293

[1198] *Huber*, Partei, Staat, Volk, in: aaO, S. 310f; *ders.*, Die deutsche Staatswissenschaft, in: aaO, S. 38f; *ders.*, Verfassungsrecht des Großdeutschen Reiches, S. 293ff

Huber griff mit dieser Aufzählung eine Abgrenzung nach Aufgabengebieten auf,[1199] die *Hitler* in sehr ähnlicher Form bereits 1933 verkündet und später präzisiert hatte.[1200] In bemerkenswerter Klarheit offenbarte *Hitler* den Sinn der Aufgabentrennung auf dem Parteitag 1935: „Wo sich die formale Bürokratie des Staates ungeeignet erweisen sollte, ein Problem zu lösen, wird die deutsche Nation ihre lebendigere Organisation ansetzen, um ihren Lebensnotwendigkeiten zum Durchbruch zu verhelfen...was staatlich gelöst werden kann, wird staatlich gelöst. Was der Staat seinem ganzen Wesen nach eben nicht zu lösen in der Lage ist, wird durch die Bewegung gelöst".[1201]

Neben einer bloßen Beschreibung der getrennten Verantwortungsbereiche bemühte sich *Huber* auch um eine juristische Klärung des Verhältnisses von Staat und Partei. Als einzige gesetzliche Grundlage konnte er sich dabei auf das „Gesetz zur Sicherung der Einheit von Partei und Staat" (Einheitsgesetz) vom 1. Dezember 1933[1202] stützen.

[1199] Interessant ist ein Vergleich *Hubers* mit anderen Kommentatoren, die sich zu den Aufgaben der Bewegung geäußert haben. Während bei *Huber* der Antisemitismus keine Rolle spielte, sah *H. Messerschmidt* (Gaurechtsamtsleiter, Gauführer des NSRB und Lehrbeauftragter für staatspolitische Erziehung an der Universität Göttingen) die dritte Aufgabe der Partei „darin, die Gegner von früher: Judentum, Freimaurerei, Marxismus nicht wieder zur Macht gelangen zu lassen" (*Messerschmidt*, Grundriss für Studenten, in: Das Reich im nationalsozialistischen Weltbild, S. 72, aus: *Majer*, Grundlagen des nationalsozialistischen Rechtssystems, S. 204).

Dahm listete wiederum wörtlich die von *Hitler* am 16.09.1935 veröffentlichten Parteifunktionen auf, wies dabei allerdings auch die Verwaltung der staatlichen Organisation der Bewegung als Aufgabe zu (*Dahm*, Deutsches Recht, S. 218ff, aus: *Wilms*, Die Staatsrechtslehre im Nationalsozialismus, in: DVBl. Heft 17 2000, S. 1237-1249 (1245).

[1200] „Staatsaufgabe ist die Fortführung der historisch gewordenen und entwickelten Verwaltung der staatlichen Organisation im Rahmen und mittels der Gesetze. Parteiaufgabe ist:

1. Aufbau der inneren Organisation zur Herstellung einer stabilen, sich selbst forterhaltenen ewigen Zelle des nationalsozialistischen Lebens.
2. Die Erziehung des gesamten Volkes im Sinne der Gedanken dieser Idee.
3. Die Abstellung der Erzogenen an den Staat zu seiner Führung und als seine Gefolgschaft."

(*Hitler* in der Abschlussrede des Parteitags am 16.09.1935, aus: *Diehl-Thiele*, Partei und Staat im Dritten Reich, S. 20 Fn. 59)

[1201] Proklamation *Hitlers* auf dem NSDAP-Parteitag am 11.09.1935, in: Völkischer Beobachter, Münchner Ausgabe vom 12.09.1935, aus: *Bachnick*, Die Verfassungsreformvorstellungen im nationalsozialistischen Deutschen Reich und ihre Verwirklichung, S. 41

[1202] RGBl. I, 1016

3. Die Rechtsstellung der NSDAP

Im so genannten Einheitsgesetz wurde die Stellung der NSDAP als alleinige Partei[1203] und staatstragende Bewegung lediglich umschrieben, nicht aber juristisch eindeutig bestimmt. So bezeichnete das Gesetz die NSDAP als „Trägerin des deutschen Staatsgedankens“ [1204] Unter ideologischen Gesichtspunkten mochte damit die weltanschauliche Vorherrschaft der Bewegung im Staat festgeschrieben sein, juristisch gesehen war diese Erklärung für das Verhältnis von Partei und Staat irrelevant.

Wegen der unklaren Rechtslage diskutierte die Staatsrechtslehre vor allem über die Bedeutung des § 1 Abs. 2, der staatsrechtlich aussagekräftigsten Bestimmung des Einheitsgesetzes. § 1 Abs. 2 erklärte die Partei zu einer Körperschaft des öffentlichen Rechts, also einem dem Staat untergeordneten und der staatlichen Aufsicht unterstellten Verwaltungsträger mit eigener Rechtspersönlichkeit. Eine streng juristische Qualifizierung musste die Bewegung in ihrem Selbstverständnis als einzigartige Erscheinung treffen, da sie als gewöhnliche Körperschaft auf einer Ebene mit Gemeinden, Berufs-, Wirtschafts- und Kulturverbänden stand.

Im nationalsozialistischen Rechtsschrifttum wurde die Wesensbezeichnung der Partei als Körperschaft des öffentlichen Rechts daher auch entweder ganz

[1203] Die begriffliche Abgrenzung von NSDAP, Partei und Bewegung ist schwierig, da die Bezeichnungen in der Staatsrechtslehre meist durcheinander gerieten. Während die einen „Partei“ nur auf deren politische Organisation beschränkten, wurden bei anderen alle Begriffe synonym gebraucht. *Huber* orientierte sich an der in § 2 der „Verordnung zur Durchführung des Gesetzes zur Sicherung der Einheit von Partei und Staat“ (RGBl I, 502) getroffenen Unterscheidung. Danach differenzierte er zwischen der Partei als politischer Organisation den Gliederungen der NSDAP und den „angeschlossenen Verbänden“. Weiterhin rechnete er der Bewegung die von ihm so bezeichneten „betreuten Verbände“ und die „der Bewegung wesenhaft zugeordneten Staatseinrichtungen, Körperschaften und Verbände“ zu (*Huber*, Die Rechtsgestalt der NSDAP, in: aaO, S. 323). Damit hatte sich die Bewegung von der reinen Parteiorganisation getrennt und umfasste alle nationalsozialistischen Organisationen. Auch die NSDAP wurde von *Huber* nicht auf die politische Organisation der Partei beschränkt, sondern sie war die „verfassungstragende Bewegung“.

[1204] § 1 Abs. 1 des Einheitsgesetzes

abgelehnt oder man bestimmte sie als Körperschaft eigener Art[1205], bzw. „Verfassungskörperschaft“.[1206]

Für *Huber* schied eine Qualifizierung der NSDAP als Körperschaft gleich unter zwei Gesichtspunkten aus. Erstens war die Partei für ihn kein Verwaltungsträger, sondern „verfassungstragende Bewegung des völkischen Reiches“.[1207] Als der Machtbasis des Führers oblag ihr nicht allein die Durchführung politischer Vorgaben, sondern sie war für die selbständige Erziehung und eine unabhängige Zielsetzung verantwortlich.

Darüber hinaus erschien *Huber* auch die Unterstellung der Partei unter die Aufsicht des Staates ausgeschlossen.[1208] Ein solches Über-/Unterordnungsverhältnis war nicht diskutabel, die NSDAP hatte eine unmittelbare Rechtsstellung obersten Ranges. Sie stand nicht unter, sondern geschlossen, undurchdringlich und selbständig neben dem Staat und bildete mit diesem und der Wehrmacht die drei Stützen des völkischen Reiches.[1209]

Die Bezeichnung „Körperschaft“ erfolgte für *Huber* nur, um der veränderten Rechtslage der Partei gerecht zu werden. Diese trat jetzt nicht mehr als ein Verein des privaten Rechts,[1210] sondern als ein Teil der öffentlichen Ordnung in

---

[1205] *Koellreutter* sah die öffentlich-rechtliche Körperschaft im liberalen Staat zu einem politisch-antistaatlichen Begriff verdorben. Die NSDAP war danach die erste und wichtigste Körperschaft des öffentlichen Rechts neuer Art im deutschen Führerstaat (*ders.*, Deutsches Verwaltungsrecht, S. 159). *Schmitt* verstand unter der Partei eine Körperschaft in einem anderen und höheren Grade als irgendeine unter Staatsaufsicht stehende Körperschaft des öffentlichen Rechts (*ders.*, Staat, Bewegung, Volk, S. 20).

[1206] *Heckel*, Staats-, Verwaltungs-, und Kirchenrecht im Dritten Reich, in: *Heckel u.a.*, Berichte über die Lage und das Studium des öffentlichen Rechts, S. 9-29 (19)

[1207] *Huber*, Die Rechtsgestalt der NSDAP, in: aaO, S. 324

[1208] Die Staatsaufsicht wurde auch in einigen Gesetzen ausdrücklich ausgeschlossen: Das „Gesetz zur Erhaltung und Hebung der Kaufkraft“ vom 24.03.1934 (RGBl. I, 235) unterwarf sämtliche juristische Personen des öffentlichen Rechts der Finanzaufsicht des Reichsfinanzministers, die NSDAP war aber durch § 7 von derselben ausgenommen (*Geiger*, Die Rechtsstellung der NSDAP, in: aaO, S. 153).

[1209] *Huber*, Die Rechtsgestalt der NSDAP, in: aaO, S. 325; *ders.* Verfassungsrecht des Großdeutschen Reiches, S. 304

[1210] Der Verein ist die normale Rechtsform einer Partei. Schon in ihren Anfängen versuchte die NSDAP, ihre Einzigartigkeit als „Bewegung“ auch bei der Rechtsform auszudrücken. In das Vereinsregister wurde am 21.08.1925 (nach der vorübergehenden Auflösung) erneut allein der Nationalsozialistische Deutsche Arbeiterverein eingetragen. Er wurde damit Rechts- und Vermögensträger der Bewegung. Die NSDAP blieb dagegen juristisch ein nichtrechtsfähiger Verein. Für *Huber* war diese „Doppelorganisation...eine ausgezeichnete rechtstechnische Lösung, diesen Widerspruch zwischen dem völlig neuartigen politischen Wesen und dem Bedürfnis nach einer praktikablen Rechtsform durch das Mittel der formalrechtlichen Doppelgestalt zu überwinden. Die politische `Partei` als solche wurde damit von einer Rechtsform freigehalten, die für sie nicht passte; der `Verein` wurde als ein technisches Hilfsorgan der Partei für bestimmte Aufgaben der rechtlichen und wirtschaftlichen Verwaltung eingesetzt“ (*Huber*, Die Rechtsgestalt der NSDAP, in: aaO, S. 316f).

Erscheinung.[1211] Der Staat hatte seine Monopolstellung als Hoheitsträger verloren. Die Partei war nunmehr „kraft ihrer Stellung im Verfassungsgefüge des Reiches“ unmittelbarer Inhaber hoheitlicher Befugnisse[1212] wie der Rechtssetzungs-, Verwaltungs- und Gerichtshoheit geworden.[1213]

Folgerichtig waren die Parteifunktionäre für *Huber* mittlerweile ebenfalls Amtsträger,[1214] denn auch der Ausschließlichkeitsanspruch der staatlichen Behördenorganisation gehörte der Vergangenheit an.[1215]

Obwohl *Huber* die Rechtsfigur der Körperschaft im Führerstaat grundsätzlich erhalten sehen mochte,[1216] er diese Qualifizierung für die Partei aber wegen der

---

[1211] *Huber*, Verfassungsrecht des Großdeutschen Reiches, S. 297

[1212] So auch das Reichsgericht, das erklärte, dass Staatsapparat und Parteiorganisation gleichwertig nebeneinander stehen und beide kraft eigenen Rechts öffentliche Funktionen ausüben (Urteil des RG vom 17.10.1935, in: DJZ 1935, Sp. 1311).

[1213] *Huber*, Die Rechtsgestalt der NSDAP, in: aaO, S. 326

[1214] Die Amtsträger der Partei waren für *Huber* keine Beamten im staatsrechtlichen Sinn, jene Stellung blieb den staatlichen Behörden vorbehalten. Da der strafrechtliche und haftungsrechtliche Beamtenbegriff jedoch weiter gefasst war, konnten die entsprechenden straf- oder zivilrechtlichen Vorschriften auch bei Funktionären der Partei einschlägig sein. So z.B. das von *Huber* besprochene Urteil zu § 359 StGB (*Huber*, Ist ein SA-Führer Beamter im Sinne des § 359 StGB ? - Zum Urteil des RG vom 17.06.1935, in: DJZ 40. Jg. (1935), Sp. 1022-1024). Die Möglichkeit von Amtshaftungsansprüchen sah *Huber* allerdings nur dann gegeben, wenn die Amtsträger nicht politisch, sondern im Bereich der Parteiverwaltung tätig geworden sind. Die Kontrolle politischer Handlungen der Bewegung durch ordentliche Zivilgerichte war undenkbar (*Huber*, Verfassungsrecht des Großdeutschen Reiches, S. 307-315). Diese Eingrenzung verwundert nicht, da von *Huber* bereits die verwaltungsgerichtliche Kontrolle politischer Akte mit Hilfe der Theorie vom justizfreien Hoheitsakt ausgeschlossen wurde. Siehe dazu die Seiten 224f dieser Arbeit.

[1215] *Huber*, Verfassungsrecht des Großdeutschen Reiches, S. 307ff

[1216] *Huber* stellte sich mit seiner Ansicht erneut gegen *Höhn*, für den Körperschaften Erzeugnis des liberal-individualistischen Rechtsdenkens waren und daher im Nationalsozialismus überwunden werden sollten (*Höhn*, Otto von Gierkes Staatslehre und unsere Zeit, S. 18ff). Neben dem stets erkennbaren Willen, traditionelle Rechtsfiguren nicht einfach aufzugeben, wies *Huber* auch darauf hin, dass sich gerade der nationalsozialistische Gesetzgeber der Körperschaft bediente und der Rechtsprechung ein zeitgemäßer Körperschaftsbegriff vermittelt werden musste (*Huber*, Die Rechtsnatur der Deutschen Arbeitsfront, in: ZAkDR 6. Jg. (1939), S. 435-440 (436).
Über das grundsätzliche Bekenntnis zur Körperschaft des öffentlichen Rechts hinaus, zeichnete *Huber* das Bestreben aus, die Träger der mittelbaren Parteiverwaltung als Körperschaft zu bezeichnen und so juristisch zu qualifizieren. Er entwarf dazu einen umfassenden Körperschaftsbegriff, der die hoheitliche Stellung der Bewegung berücksichtigte und nicht „alle diejenigen Träger öffentlicher Verwaltung ausschließt, die nicht Träger der Staatsverwaltung sind“ (*Huber*, Zum Begriff der Körperschaft des öffentlichen Rechts, in: RVBl. Bd. 61 (1940), S. 613-617 (614)). Entscheidend war für ihn die Zuordnung zum Reich, diese konnte sowohl durch das Ordnungsgefüge der Partei als auch durch das des Staates herbeigeführt werden. Für ihre Entstehung kam es *Huber* nicht auf die ausdrückliche Deklaration als Körperschaft an, er plädierte stattdessen für eine Körperschaft „kraft Wesens“. Eine öffentliche

Gefahr einer „missverständlichen Deutung“[1217] ablehnte, kam für ihn auch keine andere rechtliche Einstufung der NSDAP in Frage: „Es ist außerordentlich bezeichnend, dass für dieses funktionale Hinauswirken der Bewegung über ihren eigentlichen Organisations- und Rechtsbereich kein allgemeingültiges Schema besteht, sondern dass je nach der besonderen Aufgabe und der besonderen Gestaltung die verschiedenen Formen gefunden worden sind. Es tritt hier eine Elastizität der Formgebung hervor, die ein Zeichen wirklicher Lebensfülle und echter Gestaltungskraft ist“[1218].

Huber gab die Suche nach einem Organisationsbegriff für die Partei zugunsten eines Funktionsbegriffs auf, sie war „verfassungstragende Bewegung“.[1219] Damit erkannte *Huber* genau die Stellung der Bewegung an, die die Führung für sie vorsah. Die NSDAP sollte nicht als konkrete Rechtsgestalt juristisch greifbar sein, so dass weder ihre Kompetenzen, noch ihre Grenzen positiv determiniert werden konnten. Die von *Huber* festgestellte Elastizität und Flexibilität bedeutete daher nichts anderes als eine grenzenlose Beliebigkeit der Machtausübung.

Körperschaft war für *Huber* daher „eine dem Reich gliedhaft eingefügte Gemeinschaft, der die Erfüllung öffentlicher Aufgaben und die Ausübung hoheitlicher Befugnisse anvertraut sind und die zur verantwortlichen Selbstgestaltung ihres Lebensbereichs durch die Partei- oder Staatsführung angehalten wird“ (*Huber*, Die Rechtsnatur der Deutschen Arbeitsfront, in: aaO, S. 436).
Mit Hilfe seines umfassenden Begriffsverständnisses erreichte *Huber*, dass die der NSDAP angeschlossenen Verbände nicht einfach als „nationalsozialistische Gemeinschaften“ (so *Höhn*, in: *ders.*, Otto von Gierkes Staatslehre und unsere Zeit, S. 18ff)) qualifiziert wurden, sondern unter dieser Bezeichnung eine besondere Gruppe innerhalb des Typus der öffentlichen Körperschaft bildeten (vgl. daraufhin *Höhn*, der *Huber* vorwarf, dass dieser nicht die „Gemeinschaft“ als Rechtsbegriff erfasste, sondern stattdessen immer wieder auf die Körperschaft zurückgriff: *Höhn*, Volk und Verfassung, in: DRW 2. Bd. (1937), S.193-218 (202)). Über die „angeschlossenen Verbände“ hinaus bemühte sich *Huber* auch, die Rechtsgestalt aller im weitesten Sinne der Bewegung angehörenden Verbände zu ermitteln:
Die Partei selbst konnte nur über den Funktionsbegriff, der „verfassungstragenden Bewegung“ (s.o.) qualifiziert werden. Die Gliederungen (SA, SS, NSKK, Stamm-Hitler-Jugend u.a.) waren danach integrierende Bestandteile der Partei. Sie besaßen keine eigene Rechtspersönlichkeit und kein eigenes Vermögen. Die der Partei angeschlossenen Verbände (DAF, NS-Lehrerbund, NS-Rechtswahrerbund u.a.) waren rechts- und vermögensfähig. Trotz ihrer Eintragung als Vereine hatten sie für *Huber* „öffentlichen und körperschaftlichen Charakter“. Die „betreuten Verbände“ (NS-Reichsbund für Leibesübungen und der NS-Reichskriegerbund) waren rechtlich von der Partei selbständig und aufgrund ihres fehlenden hoheitlichen Charakters keine Körperschaften. Die der Bewegung wesenhaft zugeordneten Staatseinrichtungen, Körperschaften und Verbände mussten im Einzelfall auf ihre Rechtsgestalt geprüft werden (*Huber*, Die Rechtsgestalt der NSDAP, in: aaO, S. 323-350).

1217 *Huber*, Die Rechtsgestalt der NSDAP, in: aaO, S. 325

1218 *Huber*, Die Rechtsgestalt der NSDAP, in: aaO, S. 325

1219 *Huber*, Die Rechtsgestalt der NSDAP, in: aaO, S. 351

4. Einheit trotz Trennung

Die unantastbare Rollenverteilung zwischen Partei und Staat bedeutete für *Huber* keine Trennung der beiden Hoheitsträger. Ihre Verbundenheit wurde nur nicht durch Befehl und Kontrollen, sondern mit Hilfe einheitsbildender Maßnahmen gewährleistet. Darunter verstand *Huber* die Regierungsbeteiligung des Stellvertreters des Führers[1220] und das in dreifacher Stufung (zentrale Reichsämter[1221], Mittelinstanzen der Staatsverwaltung[1222], Leitung der ständischen Organisationen[1223]) bestehende System der Personalunionen. Obwohl keine ausdrück-

[1220] Die Zugehörigkeit des Stellvertreters des Führers zur Reichsregierung wurde in § 2 des Einheitsgesetzes (01.12.1933) geregelt. Der damalige Stellvertreter *Rudolf Heß* hatte dabei zunächst nur das Recht, sich in Kabinettsfragen zu fertig ausgearbeiteten Gesetzentwürfen der Ressortminister zu äußern. Da Kabinettssitzungen aufgrund des Umlaufverfahrens kaum noch stattfanden und *Heß*' Meinung bei *Hitler* auch kein besonderes Gewicht besaß, waren die Einwirkungsmöglichkeiten anfänglich sehr gering. Am 27.07.1934 ordnete *Hitler* in einem nie veröffentlichten Erlass (Abschrift in: Bundesarchiv Berlin, Akte R 43 II/694) an, dass *Heß* sämtliche gesetzgeberische Arbeiten zugeleitet werden mussten. Er konnte damit die Entwürfe schon zu einem Zeitpunkt einsehen, in dem diese noch interne Angelegenheiten der jeweiligen Ressortministerien waren. Ohne *Hitlers* Unterstützung konnte *Heß* seine Ansichten jedoch noch immer nicht durchsetzen. Später (06.04.1935) wurde dieses Recht auch auf alle im Reichsgesetzblatt zu veröffentlichenden Ausführungsbestimmungen und Durchführungsverordnungen ausgeweitet. Seit 1940 waren sämtliche Gesetze von seiner Zustimmung abhängig. Weitreichend war aber vor allem ein anderes Mitwirkungsrecht des Parteiministers. Am 24.09.1935 wurde ihm von *Hitler* ein negatives Vetorecht gegen alle Einstellungen oder Beförderungen der Beamten verliehen. Diese Befugnis entwickelte sich zu einer aktiven personalpolitischen Einflussnahme auf den Regierungs- und Verwaltungsapparat (*Diehl-Thiele*, Partei und Staat im Dritten Reich, S. 231-234).

[1221] Doppelfunktionen hatten: Reichspropagandaminister, Reichsernährungsminister, Reichsführer SS, Reichsjugendführer, Reichsarbeitsführer, Chef der Auslandsorganisation und der Reichspressechef.

[1222] Auf dieser Ebene zeigte sich dies bei der Mehrzahl der Reichsstatthalter und Oberpräsidenten (ausgeübt durch: Gauleiter) und der Polizeipräsidenten (höhere SA- und SS-Führer).

[1223] Deutsche Arbeitsfront (Reichsorganisationsleiter *Dr. Ley*), Reichsnährstand (Reichsleiter *Dr. Darré*), Reichskulturkammer (*Dr. Goebbels*), Rechtswahrerbund und Akademie für Deutsches Recht (*Dr. Frank*) (Aufzählung aller Personalunionen aus: *Huber*, Verfassungsrecht des Großdeutschen Reiches, S. 298f).
Zu den Lokalinstanzen (Landräte und Bürgermeister) bemerkte *Huber*, dass die Personalunionen mit den entsprechenden Parteiämtern beseitigt und durch Anhörungs- und Beratungsrechte ersetzt worden sind. Diese Auflösungsanordnung vom 19.02.1937 erfolgte nicht zuletzt deshalb, weil die dort mit Posten bedachten „alten Kämpfer“ mit der Leitung der Verwaltungsapparate oft überfordert waren. Die von *Huber* angesprochen Rechte ergaben sich aus der Deutschen Gemeindeordnung und betrafen das Zustimmungsrecht zur Hauptsatzung, das Recht zur Vergabe von Ehrenbürgerrechten und die Einflussnahme auf die Besetzung der Posten von Bürgermeistern, Gemeinderäten und Beigeordneten (*Bachnick*, Die Verfassungsreformvorstellungen im nationalsozialistischen Deutschen Reich und ihre Verwirklichung, S. 45ff).

liche Bestimmung jene Ämterkoppelung festschrieb, war es für *Huber* „geltender Verfassungsgrundsatz des Reiches, dass die wichtigsten Staatsämter im allgemeinen mit den Trägern gleichstufiger Parteiämter besetzt werden“[1224]. Sichergestellt wurde die Verbindung zwischen Partei und Staat aber vor allem durch ihre gemeinsame Führung. *Hitler* stand als „Führer und Reichskanzler“ an der Spitze aller drei Stützen des Reiches und war damit Symbol und Garant der Einheit.

Mit seiner Formel „Einheit trotz Trennung“ griff *Huber* das von der Führung angestrebte Verhältnis zwischen Staatsapparat und Bewegung auf. Deren Aufgabenbereiche waren strikt getrennt, so dass die quantitativ und qualitativ unterlegenen Parteifunktionäre in der etablierten Verwaltungsbürokratie nicht aufgerieben werden konnten. Um aber dennoch Druck auf die Staatsverwaltung ausüben zu können, wurde ein System der personellen und institutionellen Verflechtungen etabliert. Durch die Personalunionen wies man den Funktionären Staatsfunktionen zu, so dass ihr Einfluss im Staat auch organisatorisch gesichert war. *Hubers* Hinweis, dass die Weisungen des Dienstvorgesetzten im innerdienstlichen Verhältnis stets Vorrang vor allen Weisungen von Parteistellen hätten[1225], verlor durch die Verflechtung von Partei und Staat an Gewicht. Denn da die Parteifunktionäre gleichzeitig Führungsposten in der Verwaltung besetzten, waren sie selbst es, die Dienstbefehle an die staatliche Verwaltung aussprechen konnten.

Mit Hilfe der Personalunionen wurde nicht die Verschmelzung von Partei und Staat, sondern dessen Beherrschung durch die Bewegung angestrebt. *Hubers* Formel von „Einheit trotz Trennung“ war daher nichts anderes als das von der Führung proklamierte Prinzip der „dosierten Einheit“. Man wollte so wenig Einheit wie möglich, um die Selbständigkeit der revolutionären Bewegung zu erhalten, aber soviel Einheit wie nötig, um die Zersetzung des Staates zugunsten einer Herrschaft der Partei zu erzwingen. *Huber* beschrieb diese Vorgabe auch als „eine Einheit, die dadurch gekennzeichnet ist, dass Staat, Bewegung und Volk unterschieden, aber nicht getrennt, verbunden, aber nicht verschmolzen sind“.[1226]

[1224] *Huber*, Verfassungsrecht des Großdeutschen Reiches, S. 304

[1225] *Huber*, Die verfassungsrechtliche Stellung des Beamtentums, S. 41

[1226] *Huber*, Verfassungsrecht des Großdeutschen Reiches, S. 293. Anhand der Reihenfolge „Staat, Bewegung, Volk“ erkennt man, dass *Huber* sich wiederum eines Zitates von *Carl Schmitt* bediente (*Schmitt*, Staat, Bewegung, Volk – Die Dreigliederung der politischen Einheit, S. 21)

VI. Der Übergang vom Staat zum Reich (1939/40)

1. Die Reichsidee: Deutsche Vormacht in Europa

a. Der Mythos vom Reich

Der Terminus „Reich“ („imperium“, „regnum“) bildet vermutlich das komplizierteste, vielschichtigste und aspektreichste Begriffsfeld älterer Staatssprache.[1227] Im Hinblick auf diese Thematik muss jede im Rahmen einer solchen Arbeit unternommene Darstellung lückenhaft bleiben. Es kann im konkreten Zusammenhang daher nur darum gehen, nach einer kurzen Vorstellung der vielbeschriebenen „Reichsidee“ *Hubers* persönliches Reichsverständnis und dessen Funktion innerhalb seines Verfassungssystems zu erörtern.

Durch die expansive Gebietspolitik der Jahre 1938/39[1228] wurde Deutschland auch dem inhaltlichen Anspruch des Begriffs „Reich“ wieder gerecht, der stets

---

[1227] *Fehrenbach*, Reich: VI. Vom Ende des „Heiligen Römischen Reichs“ bis zum Kaiserreich; VII. Ausblick: Imperialismus und Weltreich. Der Reichsmythos des 20. Jahrhunderts, in: *Brunner*; *Conze*; *Koselleck* (Hrsg.), Geschichtliche Grundbegriffe: Historisches Lexikon zur politisch-sozialen Sprache in Deutschland Bd. V, S. 488-508

[1228] Durch den so genannten „Anschluss“ Österreichs am 13.03.1938, der Eingliederung der „sudetendeutschen“ Gebiete nach der Münchner Konferenz vom 29.09.1938 und dem Einmarsch deutscher Truppen ins Memelland (23.03.1939) waren die ersten Schritte zur Schaffung eines Großdeutschen Reiches erfolgt. Die Auseinandersetzung mit den Tschechen wurde schließlich mit der Niederwerfung der „Rest-Tschechei“ und der Einrichtung des „Reichsprotektorates Böhmen und Mähren“ im März 1939 beendet. Der Beginn des Zweiten Weltkriegs eröffnete ein neues Kapitel des imperialistischen Bestrebens, die Einverleibung „deutschen Volksboden(s) und Siedlungsraum(s)“ (*Huber*, Bau und Gefüge des Reiches, in: *ders.* (Hrsg.), Idee und Ordnung des Reiches (1941), S. 5-53 (14) mit Hilfe von Waffengewalt.
So zerschlug der Angriff vom 01.09.1939 die polnischen Verbände innerhalb von nur drei Wochen. Am 17.09.1939 erklärte die Sowjetunion den polnischen Staat für nicht mehr existent und besetzte „zum Schutz der ukrainischen und weißrussischen Bevölkerung“ die ostpolnischen Gebiete. Im Gegenzug gliederte Hitler die 1919 abgetretenen sowie mehrere daran angrenzende Gebietsteile ins Deutsche Reich ein. Das restliche Mittelpolen bildete dann das so genannte deutsche General-Gouvernement mit Sitz in Krakau. Diesem wurde 1941 auch Galizien angeschlossen (*Hellenthal*, Reichsidee und Deutscher Staat, S. 185). Auch im Westen wurden im Zuge des Krieges ehemals deutsche Gebiete besetzt, so dass auch „Eupen und Malmedy, Luxemburg, Lothringen und das Elsass ... den Weg ins Reich wiedergefunden“ (*Huber*, Bau und Gefüge des Reiches, in: aaO, S. 14) haben.
Auf diese Weise entstand aus dem kleindeutschen Reich von 1871, das durch die Pariser Vorortsverträge von 1919 sowohl Gebietsabtretungen als auch Anschlussverbote - Nach Art. 80 des Vertrags von Versailles (28.06.1919) und Art. 88 des Vertrags von St. Germain (10.09.1919) musste Deutschland die staatliche Unabhängigkeit Österreichs anerkennen. Eine Änderung des status quo konnte nur nach Zustimmung des Völkerbundes erfolgen. Eine Abbildung der entsprechenden Bestimmungen erfolgte bei *Huber*, Verfassungsrecht des Großdeutschen Reiches, S. 63f - hatte hinnehmen müssen, mehr oder weniger gewaltsam ein

über den bloßen staatsrechtlichen Titel hinausging. Denn die Geschichte lehrt, dass das Wort „Reich“ einen selbständigen Bedeutungskern hat, bei dem sich geographische und politische Kriterien nicht voneinander trennen lassen. „Reich“ bezeichnet daher nicht nur ein Gebiet, sondern gerade auch die Herrschaft in diesem Land.

In Anknüpfung an das mittelalterliche Heilige Römische Reich Deutscher Nation ging auch *Huber* bei der Reichsidee von einer „europäischen Einheit unter deutscher Führung“[1229] aus. Die (Wieder-) Herstellung eines Großdeutschen Reiches löste aber nicht nur Bezüge zur Vergangenheit aus, der alte „Traum des Reiches“[1230] fand unter *Hitler* seine reale Erfüllung: „Die Gegenwart, in der wir leben, hat uns die Augen dafür geöffnet, wie sehr die deutsche Wesensart Aufgaben stellt, die über den beschränkten Bereich des eigenen Herdes hinausweisen, hat uns gelehrt, dass der deutsche Ausgriff in die Welt notwendig ist, damit wir unser Wesen und unsere Verpflichtung erfüllen.“[1231] *Hubers* Rückbesinnung auf die Tradition des alten Reichs war keine Einzelmeinung, sondern stand für ein zeittypisches Aufgreifen der „Reichsidee“. Denn das Heilige Römische Reich Deutscher Nation lebte nach seinem Erlöschen in den Gedanken von Dichtern und Denkern fort und diente der Politik häufig dazu, die eigenen Ziele zu verschleiern oder gar zu legitimieren. So waren auch die nationalsozialistischen Bezüge zum alten Reich wohlkalkuliert und entsprachen einem weit verbreiteten „Schwärmen vom Reich“.[1232]

Schon während der Weimarer Republik hatte man versucht, mit Hilfe der Reichsidee die Vision einer ruhmreichen deutschen Zukunft zu eröffnen. Das Anknüpfen an große deutsche Traditionen wurde zum Kontrastpunkt gegenüber der als schwach und ehrlos empfundenen Weimarer Republik erkoren. Im Reichsgedanken verband sich die Sehnsucht nach einem mächtigen deutschen Staat und einer das Versailler System überwindenden europäischen Staatenordnung unter deutscher Führung mit dem Verlangen nach einer inneren Neugestaltung Deutschlands.

Neben historischen Bezügen, die nicht mit geschichtlicher Substanz verwechselt werden dürfen, eignete sich der Reichsgedanke vor allem wegen seiner Irrationalität dazu, die Hoffnung an eine höhere Wirklichkeit zu beleben, „die glau-

---

Großdeutsches Reich (Siehe auch *Huber*, Verfassungsrecht des Großdeutschen Reiches, S. 58-149 Kapitel II: Die Errichtung des Großdeutschen Volksreiches. Hier beschäftigte sich *Huber* mit den Gebietsveränderungen bis einschließlich März 1939).

1229 *Huber*, Bau und Gefüge des Reiches, in: aaO, S. 7

1230 *Huber*, Bau und Gefüge des Reiches, in: aaO, S. 6

1231 *Huber*, Bau und Gefüge des Reiches, in: aaO, S. 6

1232 *Wadle*, Visionen vom „Reich“, in: *Rückert/Willoweit* (Hrsg.), Die deutsche Rechtsgeschichte im Nationalsozialismus, S. 241-299 (241)

bend ergriffen werden muss".[1233] Das Reich war in Ausdeutung von Daniel Kap. 2 Gotteswille[1234]. Die Deutschen wurden geradezu zum erwählten Volk, das seine Mission in Europa, ja auf der ganzen Welt erfüllen müsse. Die Reichsidee entwickelte sich zu der „vielleicht wirksamsten Antithese gegen den Staat von Weimar"[1235], da unter dem „Mythos Reich" die verschiedenartigsten Gruppen ihre Vorstellungen entwickeln konnten. Der Reichsgedanke ließ Raum für alle nur denkbaren Interpretationen, so dass man ihn sowohl „christlich-romantisch, borussisch-ghibellinisch, liberal-fortschrittlich, national-unitarisch und partikularistisch-föderalistisch"[1236] auslegen konnte. Auffallend häufig vertreten waren religiöse Modelle. Die Renaissance des theologischen Denkansatzes profitierte offensichtlich außerordentlich stark von dem irrationalen Charakter der „Reichsschwärmerei".

So gab es katholische Reichspläne, die relativ frei von imperialistischem Gedankengut das Reich auf föderativer Grundlage als Kooperationsmodell des christlich-abendländischen Kulturraumes schaffen wollten. Diese Richtung knüpfte besonders bewusst an der mittelalterlichen Reichsidee an und erkannte im Reich einen Bund von Gott mit den Menschen, eine „germanisch-christliche Vermählung".[1237] Gemeinsames Ziel der katholischen Vertreter der Reichsidee war die Etablierung einer Gegenposition zum modernen säkularisierten und individualisierten Staat. *Franz von Papen* forderte die deutschen Katholiken in einer vielbeachteten Rede „zur Mitarbeit am begonnenen Bau eines neuen christlichen Reiches"[1238] auf. Aber auch Nicht-Katholiken beriefen sich auf den göttlichen Auftrag der Reichsbildung. Für *Wilhelm Stapel* war das Reich die Sehnsucht der menschlichen Geschichte, die im christlichen Kaiser bzw. Staatsmann aufgelöst wird.[1239] Das Reich wurde zum Inbegriff aller politischen Ideen des deutschen Volkes, wenn es darum ging, den Wunsch nach einer Vormachtstellung in Europa zu rechtfertigen.[1240]

[1233] *Sontheimer*, Antidemokratisches Denken, S. 229

[1234] Danach war das Reich nach dem Willen Gottes zuerst den Assyrern, dann den Persern, dann den Griechen und zuletzt den Römern gegeben. Das Heilige Römische Reich Deutscher Nation, an das die jüngsten Reichsideen anknüpften, sah sich dabei in der Tradition des Imperium Romanum. (*Weitzel*, Das alte Reich und die neue Union, in: *Köbler*; *Nehlsen* (Hrsg.), Wirkungen europäischer Rechtskultur – Festschrift für Karl Kroeschell zum 70. Geburtstag, S. 1347-1361 (1350))

[1235] *Sontheimer*, Antidemokratisches Denken, S. 223

[1236] *Fehrenbach*, Reich: VI. Vom Ende des „Heiligen Römischen Reichs" bis zum Kaiserreich; VII. Ausblick: Imperialismus und Weltreich, in: aaO, S. 505

[1237] *Sontheimer*, Antidemokratisches Denken, S. 224

[1238] *Fehrenbach*, Vom Ende des „Heiligen Römischen Reichs" bis zum Kaiserreich, in: aaO, S. 507

[1239] *Stapel*, Der christliche Staatsmann. Eine Theologie des Nationalsozialismus, S. 245

[1240] *Stapel*, Der christliche Staatsmann. Eine Theologie des Nationalsozialismus, S. 250ff

Andere Entwürfe versuchten erst gar nicht, ihre machtpolitischen Ambitionen durch einen religiösen Anstrich zu kaschieren. So stellte eine der „abstrusesten Publikationen der konservativen Revolution“[1241], „Das Reich“ von *Friedrich Hielscher*, den zukünftigen Gegner vollkommen ungeschminkt dar. Danach musste die vom Westen geprägte Gegenwart, die sich im liberal-demokratischen System zeigte, untergehen, damit das Reich seinen Platz einnehmen konnte.[1242] Das Reich wurde als spezifisch deutsche Herrschaftsform dem westlich geprägten Staat entgegengesetzt. Zwischen Ost und West, Staat und Reich wurden Unterschiede konstruiert, die jeder wissenschaftlichen Argumentation unzugänglich sind. So assoziierte man mit dem Osten Aufgang, Anfang und Jugend. Der Westen wurde mit Untergang, Alter und Ende in Verbindung gebracht.[1243]

b. Nationalsozialistische Reichsideen

Den Nationalsozialisten kamen solche Denkentwürfe, die übereinstimmend eine deutsche Hegemonie in Europa anstrebten, sehr entgegen. So ergaben sich aus dem Reichsbegriff sowohl innenpolitische, als auch außenpolitische Folgen, derer man sich zur Durchsetzung der eigenen Ideologie bedienen konnte.

Einerseits forderte das Reich die Organisation eines umgrenzten Herrschaftsgebietes unter eine zentrale Macht, ein Gedanke, der vom Führerstaat gerne aufgegriffen wurde. Andererseits beinhaltete die Reichsidee aber gerade auch stets den Gedanken der übernationalen Vorherrschaft. Der Glaube an eine „europäische Einheit unter deutscher Führung“[1244] wurde zur geistigen Rechtfertigung reiner Machtansprüche strapaziert. Infolgedessen bediente man die allgemeine Reichsbegeisterung und stellte die eigene Politik als Erfüllung der lang gehegten Sehnsüchte dar. Um die historische Entwicklung auch greifbar zu machen, wurde ein bereits zu Weimarer Zeiten benutzter Begriff, das „Dritte Reich“, übernommen. Diese Formel versprach den Menschen all das, was sie am Weimarer Staat vermisst hatten. Sie wurde zum „Gefäß für alle Hoffnungen und Erwartungen“.[1245]

Die Formulierung „Drittes Reich“ war durch *Moeller van den Bruck* bekannt gemacht worden, der seinem gleichnamigen Buch eher zufällig diesen Titel ge-

---

[1241] *Sontheimer*, Antidemokratisches Denken, S. 231

[1242] *Sontheimer*, Antidemokratisches Denken, S. 231.
Zu *Hielscher* auch: *Krüger*, der *Hielscher* vorwarf, sein Reich besitze keinen sachlichen Gehalt, sondern sei die individualistische Angelegenheit begnadeter Einzelmenschen, es führe daher „zu einer Art geistigen Sektierertums“ anstatt politische Zukunft zu sein (*Krüger*, Der moderne Reichsgedanke I und II, in: Die Tat. Unabhängige Monatsschrift, 25. Jg. Bd. II Oktober/März 1933/34, S. 703-715, 795-804 (711f)).

[1243] *Krüger*, Der moderne Reichsgedanke II, in: aaO, S. 797

[1244] *Huber*, Bau und Gefüge des Reiches, in: aaO, S. 7

[1245] *Krüger*, Der moderne Reichsgedanke I, in: aaO, S. 707

geben hatte.[1246] Eine erste Erwähnung fand der Begriff bei *Joachim von Fiore* (um 1130-1202), nach dessen Trinitätslehre in der christlichen Geschichtsphilosophie des Mittelalters dem Zeitalter des Vaters und dem des Sohnes ein so genanntes „Drittes Reich" des Heiligen Geistes folgte. Diese neue Zeit sollte spätestens 1260[1247] anbrechen, der vollständigen Bergpredigt zur Einhaltung verhelfen und schließlich den ewigen Frieden einläuten. Auf dem vierten Laterankonzil im Jahr 1215 wurde die Trinitätslehre wegen angeblich tritheistischer Tendenzen verurteilt, ohne dass sie vollständig an Wirkung einbüßte.[1248]

In *Moellers* „Drittem Reich", der „Bibel des jungen Nationalismus"[1249], findet sich kein Verweis auf *Joachim von Fiore*, wenngleich auch bei *Moeller* die Idee des letzten, endgültigen Reiches des ewigen Friedens vorhanden ist. *Moeller* gewann die Zahl drei durch einfaches Abzählen. Ausgehend vom Deutschen Reich des Mittelalters, welches er als das Erste Reich beschrieb, gelangte er über das Bismarckreich als dem Zweiten Reich zur Idee des Dritten Reiches.[1250] Jenes sollte nach *Moellers* Überzeugung der Staat der Zukunft sein. Ein Reich der innergesellschaftlichen Befriedung, der politischen Zusammenfassung und der Erfüllung der deutschen Werte.[1251] Der Titel des Werkes kam durch das propagandistische Ausschlachten als Schlagwort nach 1933 zu einer Wirkung, die es aufgrund seines konservativen Inhalts im Nationalsozialismus ansonsten niemals erlangt hätte.

Aber obwohl die Nationalsozialisten die Formel vom „Dritten Reich" aufgriffen, waren sie stets darauf bedacht, die Kontinuität des Reichsgedankens zu relativieren, da die christlich-universalen Elemente des alten Reiches ihren Vorstellungen widersprachen. So hatte sich *Rosenberg* schon früh von der Idee des Heiligen Römischen Reiches Deutscher Nation abgegrenzt, da er darin nur eine Fortsetzung des antik-römischen Staatsgedankens sah.[1252] Nach 1933 betonte er

---

[1246] *Max Hildebert Boehm*, ein enger Mitarbeiter *Moellers*, berichtete, dass *Moeller* ursprünglich die Absicht hatte, sein Buch „Die Dritte Partei" zu betiteln (*Boehm*, Moeller van den Bruck im Kreise seiner politischen Freunde, in: Deutsches Volkstum 14 Jg. (1932) Heft 34, S. 695).

[1247] Auf das Jahr 1260 kam *Joachim von Fiore*, indem er auf den Prolog des Matthäusevangeliums (Matthäus 1, 1ff insbes. 1, 7) verweisend die dort angeführten drei mal 14 Generationen mit je 30 Jahren für eine Generation multiplizierte (*Hellenthal*, Reichsidee und Deutscher Staat, S. 182).

[1248] *Hellenthal*, Reichsidee und Deutscher Staat, S. 182

[1249] *Sontheimer*, Antidemokratisches Denken, S. 241

[1250] Der Deutsche Bund (1815-1866) und die Weimarer Republik (1919-1933) wurden in diese Zählung nicht miteinbezogen. Aufgrund ihres einem Reich nicht würdigen Charakters galten sie lediglich als „Zwischenperioden oder Übergangserscheinungen" (*Stern*, Das Staatsrecht der Bundesrepublik Deutschland Bd. V, S. 812 Fn. 164). *Huber* nannte den Deutschen Bund daher auch einen Triumph des „Staatsgedanken(s) über den Reichsgedanken" (*ders.*, Bau und Gefüge des Reiches, in: aaO, S. 9)

[1251] *Sontheimer*, Antidemokratisches Denken, S. 238.

[1252] *Rosenberg*, Der Völkische Staatsgedanke, Untergang und Neugeburt, S. 3ff

den einzigartigen Charakter des „Dritten Reiches", das die Ablösung von allen alten Idealen gebracht habe: „Deshalb ist für uns das Dritte Reich nicht die unmittelbare Fortsetzung des ersten Heiligen Römischen Reiches, sondern bedeutet den Sieg all jener Menschen und Gedanken, die gegen den Universalismus in all seinen Formen aufgetreten sind....das Heilige Römische Reich ist für immer gefallen und emporgestiegen ist heute die Traumverwirklichung des heiligen deutschen Reiches germanischer Art."[1253] Auch *Hitler* äußerte sich in ähnlicher Weise: „Heute vollzieht sich eine Staatsgründung, deren Eigenart es ist, dass sie nicht im Christentum, nicht im Staatsgedanken die Grundlage sieht, sondern in der geschlossenen Volksgemeinschaft das Primäre sieht".[1254]

Obwohl *Hitler* die alten Reichsfundamente im „Dritten Reich" nicht mehr gelten lassen wollte, erkannte er durchaus die Wirkung der deutschen Geschichte. So bezog er alle „deutschen Heroen" ein, die an dem Werk des neuen Deutschland ihren Anteil hatten: „In unserer Walhalla kann jeder Deutsche seinen Platz finden, der in unserer Vergangenheit mitgewirkt hat, die Voraussetzungen zu schaffen, auf denen wir heute stehen."[1255] Nicht ohne Grund erfolgte auch die Überführung der Reichskleinodien von Wien nach Nürnberg. Die Stadt, die Teile der alten Wahrzeichen der Macht ursprünglich beherbergt hatte und im neuen Reich zur Stadt der Reichsparteitage geworden war, symbolisierte nun die Verknüpfung von alter „Reichsherrlichkeit" und neuem Anspruch auf Weltherrschaft.[1256]

c. Das Reich als verfassungsgeschichtliche Sinnerfüllung

Auch innerhalb der Rechtswissenschaft war während des Nationalsozialismus die Tendenz erkennbar, die Vorgeschichte des Dritten Reiches für die politische Gegenwart in Anspruch zu nehmen.[1257] Verfassungshistoriker wie *Ernst Rudolf*

[1253] *Rosenberg*, Das erste Reich der Deutschen, in: *ders.*, Gestaltung der Idee, Blut und Ehre, S. 266ff

[1254] Ansprache *Hitlers* auf der Ordensburg Sonthofen, nachdem die Kriegsvorbereitungen angelaufen waren. Aus: *Ritter* (Hrsg.), Henry Picker, Hitlers Tischgespräche im Führerhauptquartier 1941-1942, Anhang S. 443-450, hier insbes. S. 446f

[1255] Ansprache *Hitlers* auf der Ordensburg Sonthofen, nachdem die Kriegsvorbereitungen angelaufen waren. Aus: *Ritter* (Hrsg.), Henry Picker, Hitlers Tischgespräche im Führerhauptquartier 1941-1942, Anhang S. 443-450, hier insbes. S. 446f

[1256] *Wadle*, Visionen vom „Reich", in: aaO, S. 246

[1257] *Lübbe*, Die deutsche Verfassungsgeschichtsschreibung unter dem Einfluss der nationalsozialistischen Machtergreifung, in: *Stolleis*; *Simon* (Hrsg.), Rechtsgeschichte im Nationalsozialismus, S. 63-78 (74f)
Zeitgenössisch *Krüger*, der davon sprach, dass das Reichsdenken von *Friedrich Hielscher* die Geschichte als eine Entwicklung auf die Verwirklichung des Reiches betrachtet, die gerade in

Huber sahen es als ihre Aufgabe an, aus der deutschen Vergangenheit Lehren für die Gestaltung einer neuen Grundordnung zu gewinnen.

Insbesondere *Huber* verstand es auf plausible Weise, allen politischen Ereignissen der Vergangenheit einen historischen Sinn zu geben, indem er ihnen ihren eigenen Platz in der „dialektischen Selbstbewegung der Volkswerdungsgeschichte“[1258], die zum Reich führt, zuwies. Die Verfassungsgeschichte erhielt bei ihm beispielsweise eine nur auf das Reich gerichtete Eigendynamik: „Dieses aufsteigende Nationalbewusstsein der Erneuerungsbewegung steht in innerer Verbindung zur Reichsüberlieferung des Ersten und zur Reichsverwirklichung des Zweiten Reiches. Es gibt eine auch die Jahrhunderte staatlichen Verfalls übergreifende deutsche Kontinuität, die es notwendig macht, die Geschichte der deutschen Verfassung über ihre mannigfaltigen Erscheinungsformen hinweg als eine Einheit zu begreifen.“[1259]

Die besondere Bedeutung, die *Huber* der Verfassungsgeschichte beimaß, erschließt sich schon aus der Systematik seiner Publikationen zu den entsprechenden Themenbereichen. So ergibt sich eine aufeinander aufbauende Veröffentlichungsfolge, beginnend mit dem Untergang des alten Reiches, die schrittweise bis zur Gründung des neuen, des Dritten Reiches durch die Nationalsozialisten führt.[1260] *Huber* verwies dabei selbst auf die einzelnen Schriften und knüpfte

---

den geschichtlichen Rückschlägen vorangetrieben wird (*Krüger*, Der moderne Reichsgedanke I, in: aaO, S. 711).

[1258] *Lübbe*, Die deutsche Verfassungsgeschichtsschreibung unter dem Einfluss der nationalsozialistischen Machtergreifung, in: aaO, S. 75

[1259] *Huber*, Reich, Volk und Staat in der Reichswissenschaft des 17. und 18. Jahrhunderts, in: ZgesStW Bd.102 (1941/42), S. 593-627 (596)

[1260] Abgesehen von einzelnen Ausnahmen ging *Huber* bei seinen Veröffentlichungen chronologisch vor. Eine Auflistung seiner verfassungsgeschichtlichen Schriften von 1937 bis 1944 beinhaltet folgende Publikationen: *Huber*, Friedrich Christoph Dahlmann und die deutsche Verfassungsbewegung, Hamburg: Hanseatische Verlagsanstalt (1937); *ders.*, Der Volksgedanke in der Revolution von 1848, in: ZgesStW Bd. 99 (1938/39), S. 393-439 *ders.*, Verfassungskrisen des Zweiten Reiches, Leipzig: J. A. Barth (1940); *ders.*, Reich, Volk und Staat in der Reichswissenschaft des 17. und 18. Jahrhunderts, in: ZgesStW Bd. 102 (1941/42), S. 593-627; *ders.*, Aufstieg und Entfaltung des deutschen Volksbewusstseins, Straßburg: Hünenburg (1942); *ders.*, Der preußische Staatspatriotismus im Zeitalter Friedrich des Großen, in: ZgesStW Bd. 103 (1942/43), S. 430-468; *ders.*, Adam Müller und der Preußische Staat, in: Zeitschrift für Deutsche Geisteswissenschaft 6. Jg. (1943/44), S. 162-180; *ders.*, Lessing, Klopstock, Möser und die Wendung vom aufgeklärten zum historisch-individuellen Volksbegriff, in: ZgesStW Bd. 104 (1943/44), S. 121-159; *ders.*, Goethe und der Staat, Straßburg (1944) Eine Kurzzusammenfassung der Verfassungsgeschichte zwischen Erstem und Drittem Reich bietet *Huber* in: *ders.*, Bau und Gefüge des Reiches (1941), S. 5-14 , ebenfalls erschienen in dem von ihm selbst herausgegebenen zweibändigen Gemeinschaftswerk deutscher Staatsrechtslehrer: Idee und Ordnung des Reiches, Hamburg: Hanseatische Verlagsanstalt (1942-1943)

teilweise gezielt an vorherige Veröffentlichungen an.[1261] Jede Epoche fand bei *Huber* ihre existentielle Berechtigung. Nicht nur Fortschritte, sondern auch Krisen und Niederlagen bedingten einander auf dem Weg zum neuen Reich und hatten ihren eigenen geschichtlichen Sinn. Zu Recht kann man daher auch feststellen, dass die zwischen 1937 und 1944 entstandenen verfassungshistorischen Aufsätze und Monographien „eine thematische und inhaltliche Vorlauffunktion für die große, 1957 mit dem ersten Band begonnene `Deutsche Verfassungsgeschichte seit 1789`"[1262] hatten. Konsequenterweise beabsichtigte *Huber* auch ursprünglich, jene Aufsätze zur Verfassungsbewegung, zum Reichs- und Staatspatriotismus und den geistesgeschichtlichen Wurzeln des Volks- und Staatsdenkens in einer Monographie zur Geschichte der deutschen Staatslehre zusammenzufassen. Sein Vorhaben kam jedoch aufgrund des Endes des Dritten Reiches nicht mehr zur Verwirklichung.[1263]

Auf diese Weise wurde die Verfassungsgeschichte auch bei *Huber* zur Rechtfertigung der Rolle, die Deutschland in seiner Eigenschaft als Reich und mit ihm das Reichsvolk innehatten: „...dass der deutsche Ausgriff in die Welt notwendig ist, damit wir unser Wesen und unsere Verpflichtung erfüllen".[1264] Um jene Herrschaftsposition historisch zu belegen, griff *Huber* auf das Mittelalter zurück und zog anschließend eine Entwicklungslinie bis in die Gegenwart des Zweiten Weltkriegs. Bezeichnend für *Hubers* Geschichtsdarstellung ist, dass sie - ganz vom hegelschen Volksgeist geprägt -ihren vorgegebenen Verlauf nahm und dabei stets ihren spezifisch deutschen Charakter behielt. So war *Huber* darauf bedacht, bei jeder internationalen Verbindung doch immer den deutschen Anteil der Entwicklung als maßgebend herauszustellen. Die deutsche Verfassungsgeschichte erhielt danach vielerlei Einflüsse von außen, letztlich konnte sie ihre Bestimmung, das Reich, aber nur durch die Verwirklichung ihrer wahren deutschen Anlage erreichen.

Sofort zu Beginn seiner verfassungsgeschichtlichen Abhandlungen bestätigt sich *Hubers* Tendenz zu einer nationalen Geschichtsdeutung. So hatte das mittelalterliche Reich zwar auch für *Huber* seine Vorbilder und Leitgedanken im Römischen Imperium und den missionarischen Ideen des Christentums. Entscheidend für den Reichsaufbau blieb aber „die deutsche Substanz, die diese fremden Kräfte aufnahm und sie sich in einen schöpferischen Prozess einschmolz".[1265] Alle anderen Behauptungen, die die deutsche Reichsidee kritisch

[1261] Siehe beispielsweise: *Huber*, Der preußische Staatspatriotismus im Zeitalter Friedrich des Großen, in: aaO, S. 430-468 (430 Fn. 1)
[1262] So *Walkenhaus*, Konservatives Staatsdenken, S. 256
[1263] Auskunft von *Frau Dr. Huber-Simons* an *Walkenhaus* am 19.04.1993, in: *Walkenhaus*, Konservatives Staatsdenken, S. 257 Fn. 21
[1264] *Huber*, Bau und Gefüge des Reiches, in: aaO, S. 6
[1265] Ebenda

betrachteten, wies *Huber* als Ergebnis der kleindeutsch-nationalliberalen Geschichtsschreibung des 19.Jahrhunderts zurück.[1266]

Maßgebend für den Untergang des alten Reiches war für *Huber* nicht die Niederlegung der Kaiserkrone durch den Habsburger *Franz II.* (1806), sondern die politische Wirklichkeit, die bereits im Jahr 1648 mit den zwei Friedensschlüssen von Münster und Osnabrück die neue politische Realität in Europa besiegelt hatte.[1267] Aufgrund der anschließend aufkommenden Territorialstaaten war der alte Reichsgedanke zerbrochen und konnte auch durch alle Bemühungen um eine reformatio imperii nicht mehr hergestellt werden.

Da der Staatsgedanke als Gegenpol zum Universalismus des Reiches aber seine besondere Ausprägung in der französischen Staatstheorie erfahren hatte, war der Staat für *Huber* eine französische Kampfansage an das Reich. Durch ihn wurde die vorherige mittelalterliche Einheit in ein pluralistisches Nebeneinander unabhängiger, selbstherrlicher und souveräner Staaten zerlegt. Frankreich erschien daher zunächst als Sieger der Geschichte. Während man dort im Zeichen des Staatsbegriffes seine nationale Einheit errang, ging genau diese in Deutschland durch das Aufkommen der Staaten verloren.[1268] Jene gegenläufige Entwicklung führte für *Huber* auch zu dem Unterschied zwischen der nation francaise und der deutschen Nation. Im Gegensatz zu Frankreich, das von der Identität von Nation und Staat ausgehen konnte, musste die deutsche Nation unabhängig von ihrer staatlichen Existenz allein über das Einheitsbewusstsein definiert werden.[1269]

Gleichzeitig betonte *Huber* jedoch die Notwendigkeit jener Entwicklung. Demnach war das alte Reich zum Untergang verurteilt, da es den aktuellen Ansprüchen nicht mehr genügte. *Huber* schloss sich deshalb auch nicht den Bemühungen der damaligen politischen Wissenschaft an, die verzweifelt versuchte, die neuen Staatstheorien auf das alte Reich anzuwenden. So fand *Huber* die Resignation *Pufendorfs*, der das Reich nur noch als „Riesenkörper ohne bestimmbare Grenzen und ohne festes Gefüge...nicht Monarchie noch Aristokratie, sondern ein Zwitter...eine Erscheinung der Degeneration“[1270] beschrieben hatte, wenig hilfreich. Auch die Versuche von *Gottfried Wilhelm Leibniz*, dem Reich durch eine umfassende Reform auf föderaler Grundlage Staatsqualität zu verlei-

---

1266 Bau und Gefüge des Reiches, in: aaO, S. 6

1267 *Huber*, Reich, Volk und Staat in der Reichsrechtswissenschaft des 17. und 18. Jahrhunderts, in: aaO, S. 596

1268 *Huber*, Bau und Gefüge des Reiches, in: aaO, S. 7

1269 *Huber*, Die Deutsche Nation, in: Deutsches Volkstum 14. Jg. (1932), S. 564ff (566, 568). Siehe dazu auch die Ausführungen im Rahmen des Volksbegriffs auf den Seiten 174ff dieser Arbeit.

1270 *Huber*, Reich, Volk und Staat in der Reichsrechtswissenschaft des 17. und 18. Jahrhunderts, in: aaO, S. 599. *Huber* bezog sich dabei auf die Schrift „De statu imperii Germanici“ (1667) von *Samuel von Pufendorf* (eigentlich *Severinus de Monzambano*).

hen, kamen für *Huber* zu spät. Die Bemühungen *Leibnitz'* und auch *Friedrich Karl von Mosers*, den Reichsgedanken mit neuem Reichspatriotismus zu verbinden, wurden von *Huber* dagegen grundsätzlich begrüßt. Seiner Ansicht nach hätte dieser Ansatz aber nur dann eine Chance auf Realisierung gehabt, wenn er nicht die Restitution des alten Reiches zum Ziel gehabt hätte, sondern ein „kühner Vorgriff auf eine (neue), national begründete Reichsidee"[1271] gewesen wäre. Für *Huber* war die Epoche des mittelalterlichen Reichs abgeschlossen, da es den neuen Staatskriterien nicht genügte und man dies auch nicht herbeiinterpretieren konnte. *Huber* hielt es vielmehr mit der nüchternen und präzisen Analyse *Hegels*: „Deutschland ist kein Staat mehr".[1272]

Allein deshalb war für *Huber* die Etablierung der Territorien in Deutschland folgerichtig, und bedeutete weder eine Unterwerfung unter fremde französische Ideen noch einen Triumph der französischen über die deutsche Staatstheorie. Auch in der Wendung zum Staat blieb die Selbständigkeit der deutschen Entwicklung erhalten. Denn nur das Aufkommen des Staatsgedankens wurde Frankreich zugebilligt. Seine Perfektion und Vollendung fand der Staat in Deutschland, genauer in Preußen. Jede andere Deutung verbot sich für *Huber*. Um die deutsche Verfassungsgeschichte nicht zu einer „Kette von Rezeptionen"[1273] geraten zu lassen, war es vielmehr angezeigt, die spezifisch deutschen Anteile der Geschichte freizulegen.

Für *Huber* gehörte die nähere Zukunft zunächst den Staaten, ohne dass das langfristig so bleiben musste, denn die Geschichte ging ihren vorbestimmten Weg: „Auch die politischen Formen und Begriffe haben ihre Zeit, die sie heraufführt, in der sie sich vollenden und mit der sie versinken. So war mit dem Anbruch der modernen Zeit das Schicksal des Ersten Reiches der Deutschen erfüllt, und der Begriff des Staates erlangte nun seine gemeineuropäische und weltgültige Evidenz."[1274] Folglich hatten die Staaten ihre eigene Aufgabe auf dem Weg zum neuen Reich, sie waren notwendige Zwischenstation der Entwicklung und zeichneten sich durch „unvergängliche politische Leistungen"[1275] aus.

Huber verdeutlichte seine Ansicht am Beispiel Preußens, dem bedeutendsten und reinsten Staat neuer Prägung in Deutschland. Dessen geschichtliches Verdienst lag demnach vor allem darin, die deutsche Existenz erhalten „und die

---

[1271] *Huber*, Reich, Volk und Staat in der Reichsrechtswissenschaft des 17. und 18. Jahrhunderts, in: aaO, S. 604

[1272] *G. F. Hegel*, Die Verfassung Deutschlands, in: Schriften zur Politik und Rechtsphilosophie, S. 3

[1273] *Huber*, Der preußische Staatspatriotismus im Zeitalter Friedrich des Großen, in: aaO, S. 431

[1274] *Huber*, Bau und Gefüge des Reiches, in: aaO, S. 8

[1275] *Huber*, Bau und Gefüge des Reiches, in: aaO, S. 8. *Huber* nannte in diesem Zusammenhang die Errichtung stehender Heere, die Entwicklung eines leistungsstarken Berufsbeamtentums und den Aufbau einer effizienten Verwaltung.

deutsche Geltung in Europa und der Welt neu begründet“[1276] zu haben. Nur die preußische Stärke hielt die Tür zu der späteren deutschen Einheit offen. Preußen wurde anstelle des Reiches zum Träger eines neuen Nationenbegriffs, die Staatsnation ersetzte die Reichsnation. Somit bestand die besondere Sendung Preußens darin, in einer dem Reichsgedanken entfremdeten Interessenpolitik der Wiederherstellung der deutschen Einheit zu dienen. Das Preußische war nicht „partikulare Absonderung vom Deutschtum, sondern...seine stellvertretende Sinngebung“.[1277] In der Gestalt des preußischen Staates war für *Huber* eine deutsche, zeitgenössische Form herangewachsen, die für die Erneuerung des Reichsgedankens fruchtbar werden sollte.[1278]

Das bedeutete für *Huber* jedoch nicht, dass man im preußischen Partikularstaat einen Ersatz für das alte Reich sehen konnte. Der preußische Staatsbegriff litt für ihn an einem doppelten Widerspruch, der überwunden werden musste. Der erste lag in der Antithese zwischen deutscher Nation und partikularem Staat. Die preußische Staatsnation war für *Huber* „ein reines Kunstprodukt der politischen Gestaltung“[1279], da das Preußentum lediglich einen Teil des gesamtdeutschen Volkes darstellte, der durch „planvoll berechnende Politik ..unter einer Staatsgewalt vereinigt“[1280] war. Die echte deutsche Nation beruhte dagegen auf der „Natur“ und dem Gesetz des organischen Wachsens. So konnte aus dem Preußentum kein Volk und aus dem Staat kein Nationalstaat werden

Der zweite Widerspruch bestand für *Huber* darin, dass der preußische Staat vom Volk einerseits in hohem Maße Opferbereitschaft forderte, er es auf der anderen Seite aber lediglich als dienendes Glied und nicht als Teil des Staates ansah.

[1276] *Huber*, Der preußische Staatspatriotismus im Zeitalter Friedrich des Großen, in: aaO, S. 432

[1277] *Huber*, Der preußische Staatspatriotismus im Zeitalter Friedrich des Großen, in: aaO, S. 436

[1278] *Huber*, Bau und Gefüge des Reiches, in: aaO, S. 9 und *ders.*, Der preußische Staatspatriotismus im Zeitalter Friedrich des Großen, in: aaO, S. 430ff

[1279] *Huber*, Der preußische Staatspatriotismus im Zeitalter Friedrich des Großen, in: aaO, S. 432

[1280] *Huber*, Adam Müller und der preußische Staat, in: Zeitschrift für Deutsche Geisteswissenschaft 6. Jg. (1943/44), S. 162-180 (174)
Adam Müller war für *Huber* weniger für die Entwicklung des Nationalbewusstseins wichtig, als wegen seiner Anhängerschaft zur ganzheitlichen Staatswissenschaft und seinem durch die Romantik gefärbten Bekenntnis zur Totalität (ebenda, S. 167f). *Huber* warf *Müller* sogar Versagen in der nationalen Frage vor. Seine „Lehre vom Gegensatz“ führte danach bei ihm persönlich zu dauernder Unentschiedenheit zwischen Revolution und Restauration, die ihn letztlich an die Seite *Metternichs* brachte. „Seine politische Philosophie aber, die das Prinzip der Bewegung zum Grundgesetz des Staates hatte machen wollen, erstarrte in dem matten und schwachen Bekenntnis zu einer versunkenen und abgeschriebenen Welt“ (ebenda. S. 180).

Huber forderte stattdessen den Volksstaat. Der preußische Dualismus von Obrigkeit und Volk, den er in der Weimarer Staatskrise noch als Rettung empfohlen hatte,[1281] wurde jetzt scharf verurteilt: „Ein Staat kann vom Volke eine über äußeren Gehorsam hinausgehende innere Hingabe und Opferbereitschaft nur erwarten, wenn dieses Volk zugleich an der Entfaltung der politischen Ordnung aktiv mitbeteiligt ist."[1282] Nur in zwei Bereichen sah *Huber* das verantwortliche Mitwirken des Volkes gesichert, im Offizierskorps und dem Beamtentum. Ein echter Volksstaat konnte darauf jedoch nicht beruhen. Vor allem das fehlende Volksheer war für *Huber* Zeichen der begrenzten Zukunftsfähigkeit des preußischen Staates, denn gerade im militärischen Bereich wurde die Diskrepanz zwischen gefordertem Dienst und gewährten Rechten besonders deutlich. Daher gab es für *Huber* nur eine geschichtliche Antwort auf das preußische Staatsprinzip, es war zur Durchgangsstufe verurteilt.[1283] Zwar hatte Preußen seine historischen Verdienste, die es aufzunehmen galt. Das Ringen des deutschen Volkes um die Synthese von der universalen Reichsidee und dem neuen Staatsbegriff konnte im preußischen Partikularstaat aber nicht gelöst werden. Die Zukunft konnte für *Huber* nur darin bestehen, das aufkommende Volksbewusstsein mit der in Preußen geformten Staatlichkeit zu kombinieren. Dazu musste aber zunächst das Prinzip der Staatsnation überwunden werden. Wichtig für diesen nächsten Schritt auf dem Weg zum neuen Reich waren für *Huber Justus Möser* und *Herder*, sie begriffen das „Volk als eine geschichtlich gewordene und organisch wachsende Lebenseinheit"[1284]. Dem Staat wurde nun die Möglichkeit abgesprochen, das Volk allein über die Staatsangehörigkeit zu bestimmen, ohne die historische Individualität der verschiedenen Völker zu berücksichtigen.[1285] Um die Beschränkung auf einen rein „etatistischen Volksbegriff"[1286] aufgehoben zu sehen, berief sich *Huber* immer wieder auf die Vertreter der Geistesgeschichte[1287]. Ihr Ziel sei es gewesen, in der Erneuerungsbewegung des 18. Jahrhunderts

---

[1281] *Huber* (gezeichnet Friedrich Landeck), Obrigkeit und Volk, in: Deutsches Volkstum 14. Jg. (1932), S.564-571; Siehe dazu auch die Ausführungen auf den Seiten 123-128 dieser Arbeit.

[1282] *Huber*, Der preußische Staatspatriotismus im Zeitalter Friedrich des Großen, in: aaO, S. 465

[1283] *Huber*, Der preußische Staatspatriotismus im Zeitalter Friedrich des Großen, in: aaO, S. 467

[1284] *Huber*, Aufstieg und Entfaltung des deutschen Volksbewusstseins, S. 5

[1285] *Huber*, Lessing, Klopstock, Möser und die Wendung vom aufgeklärten zum historisch-individuellen Volksbegriff, in: aaO, S. 123

[1286] *Huber*, Verfassungsrecht des Großdeutschen Reiches, S. 14

[1287] Neben *Möser* und *Herder* nannte *Huber* v.a. *Klopstock*, *Lessing*, *Goethe*, *Humboldt*, *Winkelmann*, *Hamann*, *Kant* und *Schiller*, die mit ihren Werken der deutschen Kulturnation zu ihrem Einheitsbewusstsein verhalfen. (*Huber*, Lessing, Klopstock, Möser und die Wendung vom aufgeklärten zum historisch-individuellen Volksbegriff, in: aaO, S. 121ff; *ders.*, Goethe und der Staat; *ders.*, Aufstieg und Entfaltung des deutschen Volksbewusstseins, S. 7-11)

aus den einzelnen Ereignissen und Personen der Historie die Individualität und Grenzenlosigkeit des Volkes sichtbar werden zu lassen: „Nicht als politisch-staatliche Organisation, sondern als geistig-sittlicher Organismus findet das Volk seine ihm gemäße Gestalt."[1288]

Der nächste Schritt zur Einheit des Volkes wurde für *Huber* dadurch erreicht, dass das Volk seine nicht mehr auf die Partikularstaaten beschränkte Einheit auch erkannte. Da im 18. Jahrhundert das später aufkommende „politische Gesamtbewusstsein"[1289] noch nicht ausgeprägt war, musste man sich zunächst auf die „Kunst des Möglichen" beschränken. Das Einheitsdenken des deutschen Volkes bezog sich in einem ersten Schritt nur auf ein gesamtdeutsches Kulturbewusstsein, „das sich eben in dieser Zeit durch die großen Schöpfungen des deutschen Geistes....entfaltete".[1290] *Huber* sprach über die Deutschen jener Epoche von einer „Kulturnation" oder vom „humanitären Volksbegriff"[1291], denn nur in Kunst, Wissenschaft und Philosophie wurden bisher die Staatsgrenzen überwunden. Eine Leistung, die das Reich und seine Territorien noch nicht zu verbringen mochten.[1292] Allerdings konnte auch die Kulturnation für *Huber* nur eine notwendige da einheitsfördernde, aber vorübergehende Entwicklungsstufe auf dem Weg zu dem politischen Volksbegriff der Befreiungskriege sein. Denn so wie sich Preußen auf die Herrschaftsordnung beschränkt hatte, reduzierte sich die damalige Einheit des Volkes auf kulturelle Aspekte.[1293]

Die tatsächliche Entfaltung des politischen Volksbegriffs war für *Huber* das Verdienst der Dichter und Denker, die ganz von den anti-napoleonischen Kriegen beeinflusst gewesen waren.[1294] Allen voran wurde immer wieder *Fichte* ge-

---

1288 *Huber*, Aufstieg und Entfaltung des deutschen Volksbewusstseins, S. 6

1289 *Huber*, Aufstieg und Entfaltung des deutschen Volksbewusstseins, S. 8

1290 *Huber*, Aufstieg und Entfaltung des deutschen Volksbewusstseins, S. 8

1291 *Huber*, Aufstieg und Entfaltung des deutschen Volksbewusstseins, S. 6ff

1292 *Aretin/Hammerstein*, Reich: IV. Frühe Neuzeit, in: *Brunner*; *Conze*; *Koselleck* (Hrsg.), Geschichtliche Grundbegriffe, Historisches Lexikon zur politisch-sozialen Sprache in Deutschland Bd. V, S. 456-486 (484)

1293 *Huber*, Aufstieg und Entfaltung des deutschen Volksbewusstseins, S. 10; ders., Lessing, Klopstock, Möser und die Wendung vom aufgeklärten zum historisch-individuellen Volksbegriff, in: aaO, S. 131

1294 *Huber* bezog sich dabei beispielsweise auf Dichter der Romantik wie *Novalis*, *Schlegel* und *Adam Müller*, Vertreter der Hohen Dichtung wie *Hölderlin* und *Kleist*, die politischen Literaten *Arndt* und *Jahn* und die preußischen Reformer *Stein*, *Scharnhorst* und *Gneisenau* (*Huber*, Aufstieg und Entfaltung des deutschen Volksbewusstseins, S. 12) Ausführlich auch zu *Goethe*: *Huber*, Goethe und der Staat, in: *ders.*, Nationalstaat und Verfassungsstaat. Studien zur Geschichte der modernen Staatsidee, S. 11-29

Die Aktualisierung des Reichsgedankens in den Freiheitskriegen entzündete sich jedoch nicht an Idee und Tradition des 1806 niedergegangenen Reiches, sondern an der durch die Romantik bewirkten Rückwendung zur mittelalterlichen „Reichsherrlichkeit", die im Lichte der seit der Französischen Revolution in Europa wirksamen neuen Ideen national verklärt wurde.

nannt, der in seinen „Reden an die deutsche Nation“[1295] den Übergang vom geistigen zu einem politischen Volksbewusstsein gefordert habe. Auslöser des neuen, politischen Nationalgefühls war für *Huber* das Gemeinschaftserlebnis der Befreiungskriege. *Huber* erkannte in jenem Existenzkampf eine Schlüsselrolle auf dem Weg zur Einheit. Die Krise als Vorbote der Weiterentwicklung zu begreifen, ist charakteristisch für sein Geschichtsdenken. Kein Ereignis blieb bei ihm ohne Zweck und Anteil am gesetzmäßigen Prozess kontinuierlicher Höherentwicklung. Nur durch die Bedrohung erhob sich das Volk zur Tat und befreite sich von einem rein geistigen Zusammenhalt. Immer wieder unterstrich *Huber* „die soziale, politische und sittliche Bedeutung der Krisis, in der das Volk sich aus den Gewohnheiten friedlicher Zeiten zu außerordentlichen Taten erhebt und sich vom Ballast der stumpf und matt gewordenen Überlieferungen befreit,.... Zusammenbruch und Umsturz gewinnen ihre politische Funktion, indem sie dem der Not gewachsenen Menschen den Weg zum Aufstieg öffnen“.[1296] Vor jenem Hintergrund wurden die Befreiungskämpfe zu einer „leidenschaftlichen Tat“ und dem „eigentlich bewegenden Element der Geschichte“.[1297] *Huber* stellte entschlossenes, kriegerisches Handeln dem vernunftbetonten Denken der Aufklärung antithetisch entgegen. Gleichzeitig hob er diesen Gegensatz aber selbst auch wieder auf und verwendete dazu das Bild vom „Volk ...als einem lebendiger Körper“[1298], der sowohl auf geistig-sittlichen als auch politisch-staatlichen Elementen beruhte. An anderer Stelle drückte *Huber* das Erfordernis von kultureller und politischer Einheit mit *Goethe* aus: „Denken und Tun, Tun und Denken, das ist die Summe aller Weisheit“.[1299]

Bei seinem nächsten Schritt hob *Huber* die von der preußischen Geschichte gelehrte Erkenntnis, dass jedes partikulare Volk der Organisation in einem eigenen Staat bedarf, auf die Ebene des politischen Volksbegriffs und forderte die gesamtdeutsche Einigung in einem Staat. Nur so erlangte das Volk mit der politischen Selbständigkeit die Voraussetzung dafür, dass auch die kulturellen Eigenheiten erhalten bleiben konnten. Der Staat war daher nicht Selbstzweck wie im Absolutismus, sondern wie *Fichte* sagte, „Mittel...für den höheren Zweck der

---

[1295] *Fichte*, Reden an die deutsche Nation, Hamburg 1978
Fichte wurde von *Huber* nicht zufällig genannt. Auch *Fichte* bekämpfte den preußischen Staatspatriotismus, er sprach dabei von einer „Ausgeburt der Lüge“ (*Lauth*, Einleitung zu *Fichte*, Reden an die Deutsche Nation, S. XXXI).

[1296] *Huber*, Lessing, Klopstock, Möser und die Wendung vom aufgeklärten zum historisch-individuellen Volksbegriff, in: aaO, S. 145

[1297] *Huber*, Lessing, Klopstock, Möser und die Wendung vom aufgeklärten zum historisch-individuellen Volksbegriff, in: aaO, S. 146

[1298] *Huber*, Aufstieg und Entfaltung des deutschen Volksbewusstseins, S. 16

[1299] *Huber*, Goethe und der Staat, in: *ders.*, Nationalstaat und Verfassungsstaat, S. 11-29 (29)

...Ausbildung des rein Menschlichen in dieser Nation“[1300]. *Huber* sah den bisherigen „Gegensatz zwischen dem preußisch-partikularen Staatsbegriff und dem humanitären Volksbegriff auf einer höheren Stufe überwunden; der Begriff des völkischen Staates ist zum ersten Mal in Reinheit gedacht.“[1301] Eine Steigerung zu *Fichtes* Volksbegriff erkannte *Huber* nur noch in *Hegel*. Für *Hegel* war der Staat nicht mehr Mittel und Gerüst des Volkes, bei ihm wurde das politische Volk selbst zum Staat, so dass *Huber* damit die Einheit von Staat und Volk zumindest gedanklich erreichte. In seinem Geschichtsablauf bedurfte es nur noch der politischen Realisierung, der Wiederherstellung des Reiches.

Die nächste Gelegenheit dazu sollte aber erneut in einem Rückschlag enden. Der Wiener Kongress von 1815 bestätigte nochmals den Sieg des Staats- über den Reichsgedanken. Denn nur um ihrer Souveränität willen, versagten sich die Fürsten der Reichsidee und konstruierten Deutschland als Staatenbund.[1302]

Für *Huber* musste daher jetzt endlich das Volk die Initiative übernehmen und als selbständige Verfassungsbewegung das gefundene Einheitsbewusstsein in die Tat umsetzen. Das Aufbegehren des Volkes richtete sich demnach nur auf die Verwirklichung der nationalen Einheit, nicht auf die Nachahmung westeuropäischer Vorbilder. *Huber* erkannte zwar an, dass die deutsche Verfassungsbewegung auch für liberal-demokratische Ziele wie Gewaltenteilung, Grundrechte und eine formelle Verfassung stritt, dabei handelte es sich für ihn jedoch wieder nur um Entfremdungen des ursprünglichen Anliegens.[1303] Der Staat, um den es damals gegangen sei, habe zwar auch die Werte von Einheit und Freiheit vertreten, aber eben im spezifisch deutschen Sinn.

Das Ziel der Verfassungsbewegung musste für *Huber* eine Synthese aus absoluter Monarchie und der „Willkür des selbstherrlichen Individuums“[1304] sein.

1300 *Fichte*, Reden an die deutsche Nation, Achte Rede (Was ein Volk sei, in der höheren Bedeutung des Worts, und was Vaterlandsliebe), S. 139

1301 *Huber*, Aufstieg und Entfaltung des deutschen Volksbewusstseins, S. 18

1302 *Huber*, Bau und Gefüge des Reiches, in: aaO, S, 9f

1303 *Huber*, Der Volksgedanke in der Revolution von 1848, S. 4; *ders.*, Friedrich Christoph Dahlmann und die deutsche Verfassungsbewegung, S. 7f

1304 *Huber*, Friedrich Christoph Dahlmann und die deutsche Verfassungsbewegung, S. 12
In jener Kurzmonographie stellte *Huber* den Revolutionsverlauf im Zusammenhang mit dem Lebenswerk des Historikers und Politikwissenschaftlers *Friedrich Christoph Dahlmann* dar. *Hubers* Tendenz, die Geschichte zu instrumentalisieren, wird auch in dieser Schrift offenkundig. So verzeichnete *Huber Dahlmanns* politische Ansichten und stellte dessen konservative Verfassungskonzeption als nationales Programm dar. Während *Dahlmann* für *Huber* „ein Vorkämpfer des Nationalismus“ war, „dem über allem anderen die Einheit, Macht und Ordnung des deutschen Volkes stand“ (ebenda, S. 51), wurde *Dahlmann* von anderer Seite als „konservativer Moralist“ beschrieben. Danach erforderte es für „Dahlmanns erhaltenden Geist der dauernden Reizung des Rechtsgefühls..., um das Recht der Geschichte an die Grenze der anerkannten Revolution vorzutreiben; es bedurfte dazu der wiederholten Enttäuschung des

Diesen dritten Weg sah *Huber* im nationalen Volksstaat verwirklicht. Folglich verstand er unter einem Mittelweg auch keinen bloßen Kompromiss, sondern den Willen, „alle landläufigen Antinomien durch eine volkstümliche Verfassung zu überwinden".[1305] Das Scheitern der Revolution warf *Huber* sowohl dem preußischen Monarchen als auch der Bewegung selbst vor. Während der König die preußische Aufgabe nicht erkannt habe[1306], wurde der Fehler des Volkes darin gesehen, seine Einheit nicht bis zum Erreichen der Ziele bewahrt zu haben.

Die besondere Tragik der Revolution bestand für *Huber* darin, dass das Volk nur so lange geeint war, wie es ein unpolitisches Dasein geführt hatte: „Als es daranging, sich zur selbstbewussten politischen Einheit zu erheben, wurde es sich zugleich der in ihm angelegten sozialen und geistigen Spannungen bewusst; im Erwachen zur politischen Einheit ging die Grundlage der Einheit verloren."[1307] Insofern zeigte sich für *Huber* im entscheidenden Augenblick, wie brüchig der Volksgedanke damals noch gewesen ist. Die deutsche Bewegung hatte ihre Anliegen nicht zum Ziel gebracht, sondern sich der geistigen Überfremdung durch ausländisches Gedankengut ergeben. „Vor die verantwortliche politische Tat gestellt, blieb ihr die schöpferische Kraft versagt, und daher nahm sie die Zuflucht zu den Vorbildern, die sich in fremden Theorien und fremden Verfassungen anboten." So wurde aus dem Organismus „die bürgerliche Gesellschaft, aus der Persönlichkeit das Individuum, aus der Freiheit die liberté"[1308]. Nach der Übernahme fremder Ideale musste dann auch die Entzweiung der nationalen Verfassungsbewegung folgen. Die Liberalen verbündeten sich mit den alten Gewalten, die Demokraten verfochten die Idee des radikalen Umsturzes und die Sozialisten verloren sich im Klassenkampf, anstatt sich um die Integration der Arbeiterschaft zu kümmern.[1309] Der Grund jener folgenreichen Fehler lag für *Huber* in der Gestaltungsunfähigkeit der revolutionären Bewegung. Obwohl die

---

Vertrauens, das Dahlmann den alten Mächten immer wieder vorzuschießen bereit war" (*Heimpel*, Zwei Historiker – Friedrich Christoph Dahlmann, Jacob Burckhardt, S. 15).

1305 *Huber*, Friedrich Christoph Dahlmann und die deutsche Verfassungsbewegung, S. 25

1306 *Huber*, Friedrich Christoph Dahlmann und die deutsche Verfassungsbewegung, S. 43f Interessant ist dabei, dass *Friedrich Wilhelm IV.* 1849 das aus der Revolution geborene und durch ein demokratisches Verfassungsrecht legalisierte Kaisertum nicht nur aus monarchisch-legitimistischen, sondern auch aus reichstraditionalistischen Gründen ablehnte. Die Erneuerung der Römisch-Kaiserlichen Majestät blieb danach als unverbrüchlich deutsches Recht Österreich vorbehalten: „So lange die Hoffnung noch vorhanden ist, das ganze Teutschland zusammenzuhalten, ihm Österreichs 37 Millionen zu erhalten, dadurch, dass das Haupt des Erzhauses wieder das unbestrittene Erste Haupt der Christenheit und als solches Teutschlands Haupt werde, nehme ich die Reichskrone nicht an." (*Fehrenbach*, Reich: VI. Vom Ende des „Heiligen Römischen Reichs" bis zum Kaiserreich, in: aaO, S. 497; siehe auch: *Huber*, Deutsche Verfassungsgeschichte seit 1789 Bd. 2, S. 811)

1307 *Huber*, Der Volksgedanke in der Revolution von 1848, S. 7

1308 *Huber*, Der Volksgedanke in der Revolution von 1848, S. 8

1309 *Huber*, Der Volksgedanke in der Revolution von 1848, S. 9-13

damalige Zeit eigentlich dazu vorgesehen war, den Durchbruch zur nationalen Einheit zu erreichen, sei das Volk an seinem eigenen Unvermögen gescheitert. Einheitsbewusstsein und Einheitswille waren vorhanden, bei der Tat habe das Volk jedoch versagt.

Der eindeutige Verlierer dieser Entwicklung war erneut der Reichsgedanke. Er musste sich sowohl gegenüber dem Nationalgedanken, der zum Sieg der „kleindeutschen Lösung" geführt hatte, als auch dem Staatsgedanken, der sich in der Ablehnung der Kaiserkrone und damit dem Fortbestand der Territorialstaaten äußerte, beugen. Die Überwindung jener für *Huber* nur scheinbaren Gegensätze war wiederum nicht gelungen.[1310] Aber auch dieses Scheitern blieb für *Huber* nicht sinnlos: „Der Fehlschlag eines großen Versuchs aber hinterlässt in einem Volke die tiefe und nicht mehr verklingende Mahnung, die immer erneut an das Gewissen der künftigen Geschlechter rührt."[1311] *Huber* deutete den Misserfolg von 1848 als Voraussetzung der späteren Einheit, jedes historische Ereignis fand seine Berechtigung in der Determiniertheit hegelscher Geschichtsdeutung.

Der Rückschlag von 1848/49 hatte für *Huber* allerdings eine zwingende Konsequenz. Da das Volk im 19. Jahrhundert noch seine Unreife zur Gestaltung der Reichseinheit bewiesen hatte, musste diese durch die entschiedene Tat eines Einzelnen hergestellt werden. *Bismarcks* Erfolg beruhte danach auf der Verbindung der Gegensätze von 1848, Reaktion und Revolution. Beide Strömungen habe er eingebunden und damit die widerstrebenden Kräfte des bürgerlichen Nationalismus und der territorial-dynastischen Staatlichkeit im Reich überwunden.[1312] Trotz des Triumphes von 1871, dem Sieg der Einheit über Revolution und Reaktion, erinnerte *Huber* erneut an die Ereignisse von 1848, die für ihn von unverzichtbarer Wirkung waren: „Die historische Funktion der Reaktion bestand darin, dass sie die staatsbildenden Faktoren der Macht und Autorität dem revolutionären Ansturm entzog und sie für das kommende Reich bewahrte. Der Sinn der Revolution lag darin, dass sie dem Volk den inneren Drang zur Einheit und zum mitgestaltenden Einsatz verlieh, ohne den das Reich deutscher Nation nicht erneuert und erhalten werden konnte. Indem *Bismarck* das Reich auf die Verbindung der Gegensätze von 1848 gründete, vollzog er die Tat, die nicht in der Einseitigkeit der doktrinären Theorie verharrte, sondern aus den gegebenen Kräften der vielgestaltigen Wirklichkeit die dauernde politische Ordnung, d.h. die Verfassung formt."[1313]

[1310] *Huber*, Bau und Gefüge des Reiches, in: aaO, S. 10
[1311] *Huber*, Der Volksgedanke in der Revolution von 1848, S. 17
[1312] *Huber*, Bau und Gefüge des Reiches, in: aaO, S. 18
[1313] *Huber*, Der Volksgedanke der Revolution von 1848, S. 18

Auch das Bismarckreich konnte für *Huber* aber nur eine Zwischenlösung auf dem Weg zum neuen Reich sein. Zu mangelhaft war seine Anlage, zu unzureichend die fehlende Identität von Nation, Staat und Reich, da nur die „kleindeutsche Lösung" verwirklicht wurde.[1314] *Huber* bemängelte an der Konzeption der damaligen Reichsverfassung vor allem, dass sie sich auf Parteien und die Eigenstaatlichkeit der Länder stützte. Eine Entscheidung, die für ihn nicht nur schon während des Kaiserreiches zu Verfassungskrisen führen musste, sondern in der auch die späteren Wirkungen des „Parteienbundesstaats" bereits angelegt waren. Aufgrund jener Schieflage begriff *Huber* das Bismarckreich noch nicht als Verwirklichung des Reichsgedankens, sondern lediglich als einen Staat neben anderen souveränen Staaten.

Die Verfassungskrisen des Zweiten Reiches deutete *Huber* als „Krisen der politischen Führungsordnung"[1315], gleichzeitig aber auch als „Vorboten, durch die eine neue, noch unterentwickelte Ordnung ihr Recht vor der Geschichte fordert".[1316] Hintergrund der von *Huber* angesprochenen Führungskrise war der zwischen Kaiser und Reichskanzler schwelende Streit um die politische Vorherrschaft. *Huber* sah die dominierende Rolle des Reichskanzlers allein mit der Person *Bismarcks* verbunden. Da diese später durch *Wilhelm II.* in Frage gestellt wurde, musste sich zwangsläufig „ein Kampf zwischen Kanzlersystem und persönlichem Regiment"[1317] entwickeln, der auch durch die Stützen der Bürokratie und des Militärs nur aufgehalten, nicht aber langfristig gelöst werden konnte.

Aufgrund des Zusammenbruchs des Kaiserreiches konnte sich der schöpferische Charakter der Krisen im Bismarckreich nicht mehr auswirken. Das änderte für *Huber* aber nichts an ihrem geschichtlichen Sinn. Denn deren Bedeutung lag „nicht notwendig darin, dass eine unmittelbare Entscheidung für das bestehende System oder eine künftige Ordnung fällt...Oft liegt der Sinn in einem tieferen Vorgang", der Auslösung der Kräfte, „in deren Hand das Schicksal die politische Erneuerung und Aufrichtung des Deutschen Reiches gab".[1318]

Seine endgültige und wahre Form konnte das Reich erst unter den Nationalsozialisten finden. Dieses dritte und letzte Reich stellte für *Huber* die Überwindung aller Gegensätze dar. In ihm gelang die Synthese von Nationalgedanken und Staatsprinzip, so dass die in der Reichsidee angelegte Vormachtstellung des deutschen Volkes im europäischen Raum verwirklicht wurde: „Wir alle haben miterlebt und erleben es in dieser gewaltigen Zeit täglich neu, wie ... die eigent-

[1314] *Huber*, Bau und Gefüge des Reiches, in: aaO, S. 11
[1315] *Huber*, Verfassungskrisen des Zweiten Reiches, S. 12
[1316] *Huber*, Verfassungskrisen des Zweiten Reiches, S. 4
[1317] *Huber*, Verfassungskrisen des Zweiten Reiches, S. 17
[1318] *Huber*, Verfassungskrisen des Zweiten Reiches, S. 31f

liche Reichsaufgabe vom deutschen Volk durch die Taten des Führers aufgegriffen und bewältigt wird."[1319]

Mit der Vollendung des „Großdeutschen Reiches" schließt die Geschichtsbeschreibung *Hubers*. Er bezog dazu alle, auch grundsätzlich beklagte Phasen der Entwicklung ein und entwickelt daraus einen feststehenden Prozess permanenter Weiterentwicklung. Aus einer selektiven Mythifizierung historischer Gegenbilder zur Weimarer Republik wurde die teleologische Deutung der Verfassungsgeschichte als insgesamt zustimmungsfähige Vorgeschichte des Dritten Reiches.[1320] Diese Tendenz verdeutlicht den bei *Huber* existenten unerschütterlichen Glauben an einen Sinn der deutschen Historie. Seine durch *Hegel* geprägte Fortschrittsgläubigkeit wies jeder Entwicklung, Krise und Niederlage ihren unverzichtbaren Platz im Geschichtsverlauf zu.

2. Funktionen des Reichsbegriffs

Die revolutionäre Staatsfeindlichkeit der nationalsozialistischen Führung, die über die so genannten „völkischen Vitalisten"[1321] ebenfalls in der Staatsrechtslehre um sich griff, hinterließ auch in *Hubers* Werk Spuren. Sein Versuch, den Staat und dessen Einrichtungen gegen alle Anfeindungen zu retten, mündete zunächst in dem von ihm propagierten neuen Staatsbegriff, dem „Staat als Gestalt".[1322] *Huber* wollte durch jenes Modell sowohl den nationalsozialistischen Bedürfnissen nach Dynamik, Flexibilität und Ungebundenheit nachkommen als auch den Staat und seine Behördenstruktur bewahren. Mit diesem Mittelweg wandte sich *Huber* gegen die Lehre von der juristischen Staatsperson ohne den Staat selbst, wie von *Höhn* gefordert, durch die Volksgemeinschaft zu ersetzen.[1323]

[1319] *Huber*, Bau und Gefüge des Reiches, in: aaO, S. 14

[1320] *Lübbe*, Die deutsche Verfassungsgeschichtsschreibung unter dem Einfluss der nationalsozialistischen Machtergreifung, in: aaO, S. 77

[1321] *Kirschenmann*, „Gesetz" im Staatsrecht und in der Staatsrechtslehre des Nationalsozialismus, S. 47

[1322] *Huber*, Die deutsche Staatswissenschaft, in: ZgesStW Bd. 95 (1934/35), S. 1-65 (28). Siehe dazu die Ausführungen zu *Hubers* Staatsbegriff auf den Seiten 145-150 dieser Arbeit.

[1323] Wie stark *Hubers* Ablehnung der juristischen Staatsperson auf den Vorschlag einer vermittelnden Ansicht fixiert war, lässt sich daran erkennen, dass er sich überhaupt nicht mit den juristischen Konsequenzen auseinander setzte, sondern rein politisch argumentierte. *Huber* kritisierte die Lehre vom Staat als juristische Person als „abstrakte Theorie" (*Huber*, Friedrich Christoph Dahlmann und die deutsche Verfassungsbewegung, S. 40), sagte aber nicht, wer als Rechtsträger an seine Stelle treten sollte.
Der Tübinger Staatsrechtler *Wilhelm Merk* pflichtete *Huber* zwar in der Ablehnung der *Höhnschen* Apparattheorie bei, warf *Huber* jedoch aus diesem Grund eine Vermischung politischer und rechtlicher Argumentation vor. Er vermisste bei *Huber* „eine klare Stellungnahme zu der

Die Versöhnung von Volk und Staat, die in der „Einheit von staatlicher Ordnung und völkischer Gemeinschaft“[1324] ihren Ausdruck finden sollte, erreichte jedoch nicht das angestrebte Ziel. *Hubers* Darlegungen verzettelten sich in Floskeln und undurchsichtigen Begriffsgebilden,[1325] minderten die Staatsfeindlichkeit der Führung aber nicht. Da Ende der dreißiger Jahre auch seine Aufgabe als Staatsrechtslehrer, die politischen Entwicklungen in ein juristisches System zu fassen, immer schwieriger wurde, löste sich *Huber* von der Fixierung auf den Staat. *Hubers* Etatismus griff zu kurz, als dass er auf die sich seit 1938 abzeichnende großdeutsche Verfassungsstruktur angewandt werden konnte. Unter Hinweis auf die verwirrende Doppelbedeutung des Staates,[1326] schlug *Huber* vor, die umfassende politische Gesamtordnung des Volkes in Zukunft durch „Reich“ zu ersetzen, während die Verwaltungs- und Behördenorganisation als Staatsorganisation bezeichnet werden sollte.[1327]

Staatsauffassung *Höhns* im ganzen“. Für ihn (*Merk*, der Verf.) gab es bei einer Ablehnung der juristischen Staatsperson nur zwei Möglichkeiten: „Entweder der Führer und Reichskanzler ... kommt als Eigenberechtigter und Eigenverpflichteter, der auch im eigenen Namen für das im Deutschen Reich geeinte deutsche Volk handelt, nach Art eines Treuhänders, oder aber das das deutsche Volk einschließlich des Führers zur Einheit zusammenfassende `Deutsche Reich` kommt als Rechtsperson für die Hoheitsgewalt, für die Rechte und Pflichten des Reichs in Frage.“ Aufgrund der geltenden Gesetze (ausdrücklicher Verweis auf das Deutsche Beamtengesetz) sah *Merk* die juristische Staatsperson im Reich ausdrücklich aufrechterhalten (*Merk*, Besprechung: Huber, Verfassung (1937), in: AöR Bd. 68 (1938), S. 99-114 (102f)).

[1324] *Huber*, Verfassungsrecht des Großdeutschen Reiches, S. 165

[1325] *Hubers* neues Staatsbild war nur davon bestimmt, allen Anforderungen gerecht zu werden. Er entwarf ein Bild der Beliebigkeit, das mehr zur Verwirrung als zur Klarheit beitrug: „Im Begriff der Gestalt ist der Gegensatz von dynamischer Kraft und statischer Form zu einer neuen Ganzheit verschmolzen“. Der neue Staat war „nicht reine Bewegung“, aber „auch nicht tote Form“, oder „ruhendes Sein... Er ist weder Mechanismus noch Organismus“ (*Huber*, Verfassungsrecht des Großdeutschen Reiches, S. 166; *ders.*, Die deutsche Staatswissenschaft, in: aaO, S. 28ff).

[1326] *Huber* unterschied zwischen einem „engen“ und einem „weiten Staatsbegriff“. Während ersterer die staatliche Verwaltungs- und Behördenorganisation und damit einen untergeordneten Ausschnitt umfasste, bezeichnete letzterer die „völkische Gesamtordnung“ (*Huber*, Verfassungsrecht des Großdeutschen Reiches, S. 166).

Diese beiden Staatsbegriffe waren Ergebnis der grundsätzlichen Diskussion um die Bedeutung des Staates. Die Befürworter der Ersetzung des Staates durch die Volksgemeinschaft beschränkten die Rolle des Staates nur noch auf ein „Mittel zum Zweck“, oder „Werkzeug“. Für sie reduzierte sich der Staat daher nur noch auf den „engen Begriff“. Konsequenterweise kritisierte *Reinhard Höhn*, der entschiedenste Verfechter der Volksgemeinschaft, den von *Huber* festgestellten doppelten Staatsbegriff heftig. Für ihn war *Hubers* Differenzierung Zeichen dafür, dass dieser noch immer vom Staat aus dachte. *Höhn* forderte von *Huber*, dass er endlich die Volksgemeinschaft in den Vordergrund stellen sollte, dann brauche er keine doppeldeutigen Formeln und Verrenkungen mit einem „Staat als Gestalt“. Auch *Hubers* Reichsbegriff erkannte *Höhn* nicht als Lösung jenes Wirrwarrs an. Für ihn war es unwürdig, das Reich in die Rolle eines „weiten Staatsbegriffes“ zu drängen. *Höhn* sah die Bedeutung des

Mit dem Übergang vom Staat zum Reich, konnte sich *Huber* zwar weitgehend vom angefeindeten Begriff des Staates trennen, dennoch wollte er keinesfalls auf ihn selbst als Bestandteil seines Verfassungsaufbaus verzichten. Es ging ihm weiterhin um den Erhalt des Staates und seiner Einrichtungen, der unverzichtbares Element seiner trinomischen Ordnungsreihe aus Volk, Bewegung und Staat war. *Huber* unternahm daher die Herausforderung, den bis dahin gültigen Staatsbegriff im Zusammenhang der Logik und der immanenten Regelungsstrukturen seiner Verfassungstheorie nicht ad absurdum zu führen, sondern umfassender im Reichsbegriff auszubauen: „Nicht die Polemik gegen den Staat, sondern die Aufnahme aller Elemente der Staatlichkeit in den Reichsbegriff ist die Aufgabe, vor der die deutsche Theorie der Politik steht".[1328]

Um den Gleichschritt aus Erhaltung und Fortentwicklung bewältigen zu können, bediente sich *Huber* der Methode der Dialektik. Auf diese Weise hob er den Dualismus aus Volk und Staat auf einer höheren Stufe auf, ohne dass er den Begriff des Reiches dazu als Gegensatz verstanden wissen mochte: „Vielmehr sind auch der Volksbegriff und der Staatsbegriff in der Reichsidee mit enthalten und gelangen erst dadurch zu ihrem vollen und unverfälschten Sinn".[1329] Das Reich wurde so zur Fortentwicklung des Staates und konnte auf der Grundlage einer intakten staatlichen Binnenstruktur gleichfalls den Anforderungen der nationalsozialistischen Hegemonialpolitik genügen. Denn gestützt auf die ungeschriebene Verfassung nahm *Huber* über das Reich die Neubildungen auf, mit Hilfe derer die Nationalsozialisten den Ausgriff auf Europa betrieben hatten: die Reichsgaue, Reichslande, Reichsstatthalter, Reichsprotektorate und Schutzgebiete. Mit Hilfe jener Konstruktion verknüpfte *Huber* Verfassungsrecht und politisches Geschehen zu einer neuen Einheit. Sein staatsrechtlich gedeuteter Reichsbegriff diente der Bewältigung der expansiven deutschen Politik vor und nach Ausbruch des Zweiten Weltkrieges.[1330]

Neben der Aufrechterhaltung der Staatlichkeit erfüllte die Dialektik in diesem Zusammenhang noch eine weitere Funktion. Da jede Synthese wieder These und damit Ausgangspunkt einer neuen Antithese ist, ermöglichte die Dialektik *Huber*, das Reich als dynamische und flexible und damit lebendige Form und Ordnung des Volkes darzustellen.[1331] Denn nur über das unbestimmte Modell „Reich" konnte *Huber* die sich ständig verändernden Bedingungen innen- und

Reichsgedankens ausschließlich in seiner außenpolitischen, also expansiven Ausrichtung (*Höhn*, Volk und Verfassung, in: DRW Bd. 2 (1937), S. 193-218 (198ff).

1327 *Huber*, Verfassungsrecht des Großdeutschen Reiches, S. 166f

1328 *Huber*, Bau und Gefüge des Reiches, in: aaO, S. 13

1329 *Huber*, Bau und Gefüge des Reiches, in: aaO, S. 12

1330 *Wadle*, Visionen vom „Reich" – Streiflichter zur Deutschen Rechtsgeschichte zwischen 1933 und 1945, in: aaO, S. 248

1331 *Huber*, Verfassungsrecht des Großdeutschen Reiches, S. 165

außenpolitischer Art noch einigermaßen berücksichtigen. Voraussetzung dafür war jedoch, dass das Reich weiterhin für alle vorstellbaren Entwicklungen offen blieb. Nur die eigene Beweglichkeit konnte es davor schützen, selbst durch politische Vorgaben wieder überholt zu werden. Auch die Historisierung der Reichsidee warnte *Huber* davor, die Verfassungsstrukturen mit der Reichsgründung als abgeschlossen zu betrachten: „Erst nach dem Kriege werden die politischen Grundlagen im vollen Umfang geschaffen sein, auf denen der Aufbau und Ausbau der Reichsverfassung abgeschlossen sein kann.“[1332] *Hubers* Haltung, das „Werden“ und „Vergehen“ von „Verfassungen“ als „wirkliche Verfassungsschöpfung durch politische Tat“[1333] zu interpretieren und die Elastizität der Verfassung als „ständiges Verfasstwerden“[1334] herauszustellen, erklärt sich daher ebenfalls aus dem Bemühen, dem steten Wandel durch offene Verfassungsstrukturen zu begegnen. Denn aufgrund ihres Machtgehaltes war die Reichsverfassung für *Huber* politisch zeitgebunden. Eine konsequente Schwerpunktverschiebung der Themenstellung ist gerade nach der außenpolitischen Radikalisierungsphase 1938/39 eindeutig feststellbar.[1335]

Damit wurde das Reich für *Huber* zum Zukunftsmodell, um allen Anforderungen des Nationalsozialismus gerecht zu werden. In ihm konnte das bisherige Ringen von Volk und Staat um die Vorherrschaft durch eine in allen Staatsformen einzigartige Einheit aufgehoben werden.[1336] Es beinhaltete alle Vorzüge der Staatlichkeit, ohne durch statische Strukturen an politischer Anpassungsfähigkeit zu verlieren. Gleichzeitig entging *Huber* durch das begriffliche Ausweichen auf das Reich der terminologischen Angreifbarkeit durch die NS-Führung und deren verlängerten Arme innerhalb der Rechtswissenschaft. Letztlich war die Bezeichnung „Reich“ für *Huber* auch Ausdruck des deutschen Sonderwegs unter den europäischen Völkern. Das Reich war „der Staat des deutschen Vol-

---

1332 *Huber*, Aufbau und Ausbau der deutschen Reichsverfassung, in: Das Reich. Deutsche Wochenzeitung (1940) Nr. 21 vom 13. Oktober, S. 4

1333 *Huber*, Wesen und Inhalt der politischen Verfassung, S. 58

1334 *Huber*, Verfassungskrisen des Zweiten Reiches, S. 5

1335 *Walkenhaus*, Konservatives Staatsdenken, S. 242

1336 Danach war im Absolutismus der Staat der höchste politische Wert, während das Volk als bloßes Objekt staatlicher Machtentfaltung und Wohlfahrtspflege fungierte. Die Nationaldemokratie französischer Prägung sah *Huber* zwar durch eine Einheit von Staat und Nation gekennzeichnet, hier sei die Nation aber lediglich eine Summe von Individuen gewesen, die durch den Staat geeint wurde. Der Liberalismus zeichnete sich danach dadurch aus, dass der Staat lediglich Werkzeug der bürgerlichen Gesellschaft und damit der herrschenden Parteienkoalition war. Im Bolschewismus fand *Huber* diese instrumentale Staatsauffassung in letzter Konsequenz verwirklicht. Der Staat wurde zum Werkzeug der proletarischen Klasse, die diesen zur Unterdrückung der übrigen Volksteile benutzte, missbraucht (*Huber*, Verfassungsrecht des Großdeutschen Reiches, S. 161f).

kes".[1337] Damit trat dieses gleichberechtigt neben das englische und französische Volk, die im „empire" und der „nation francaise" ihre staatliche Verkörperung gefunden hatten.[1338]

3. Die Kriegsverfassung als innenpolitische Ausgestaltung des Reiches

Da *Hubers* Verweis auf die offenen Verfassungsstrukturen des völkischen Reiches nur einer Integration der nationalsozialistischen Wirklichkeit, nicht jedoch der Verhinderung einer staatsrechtlichen Systematisierung des Reiches diente, schloss sein „Verfassungsrecht" von 1939 die Veröffentlichungen zu dieser Thematik nicht ab. Bereits zwei Jahre später setzte *Huber* die Strukturierung des nationalsozialistischen Herrschaftsapparates mit seinem Aufsatz „Reichsgewalt und Reichsführung im Kriege"[1339] fort und gewährte somit Einblick in die innere Grundordnung des Reiches nach Kriegsbeginn.[1340] Da er auch mit jener Veröffentlichung Form, Struktur und Aufgabenentwicklung der Reichsregierung, ihr Verhältnis zum Führer und die Kompetenzverteilung detailliert nachzeichnete,[1341] handelt es sich hierbei um eine wirkliche Ergänzung des „Verfassungsrechts" um die „Kriegsverfassung".[1342] *Huber* war damit einer der wenigen

[1337] *Huber*, Verfassungsrecht des Großdeutschen Reiches, S. 167

[1338] *Huber* griff mit der Bezeichnung „Reich" auch die von *Hitler* offiziell angeordnete Sprachregelung auf, der sich ebenfalls an den terminologischen Vorgaben des Auslandes orientierte. „Der Führer wünscht", so gab *Heß* am 13.06.1939 per Rundschreiben (R 127/39) bekannt, „dass die Bezeichnung und der Begriff `Drittes Reich` nicht mehr verwendet werden". Die `Vertraulichen Informationen` der Parteikanzlei (V.I. 23/306) gaben hierzu am 21.03.1942 die Erläuterung: Die Briten haben es verstanden, unter dem Begriff `Empire` für die ganze Welt ihre über die Erdkugel gespannten nationalen Besitzungen als einheitlichen Staat kenntlich zu machen. Es muss unser Bestreben sein, unter dem Begriff `Das Reich` künftig das neue Deutschland in all seinen Besitzungen vor der Weltöffentlichkeit als geschlossene staatliche Einheit aufzuzeigen" (aus: *Diehl-Thiele*, Partei und Staat im Dritten Reich , S. 12 Fn. 35)

[1339] Erschienen in: ZgesStW Bd. 101 (1940/41), S. 530-579.

[1340] Zu Recht stellt *Walkenhaus* fest, dass *Hubers* Bemerkung „Abgeschlossen am 27. März 1941" (*Huber*, Reichsgewalt und Reichsführung im Kriege, in: aaO, S. 579) den sich wandelnden Strukturen der Reichsverfassung Rechnung trägt, sein Beitrag von 1941 folglich wiederum nur als Momentaufnahme begriffen werden kann (*Walkenhaus*, Konservatives Staatsdenken, S. 244).

[1341] *Huber* begab sich in seinen Ausführungen bis auf die Ebene der Wehrkreise, für die er die Aufgaben und Mittel der Reichsverteidigungskommissare, des Verteidigungsausschusses und der einzelnen Beauftragten erläuterte (*Huber*, Reichsgewalt und Reichsführung im Kriege, in: aaO, S. 576-579).

[1342] Zum Begriff der Kriegs- oder Wehrverfassung und der von *Huber* festgestellten Wechselwirkung, in der diese mit der politischen Ordnung eines Volkes standen: *ders.*, Wehrverfassung und politische Ordnung, in: Deutschlands Erneuerung, 24. Jg. (1940), S. 410-418 (insbes. 417f)

Staatsrechtler,[1343] die zu diesem späten Zeitpunkt noch den ernsthaften Versuch unternahmen, das sich spätestens seit Kriegsausbruch zunehmend in Auflösung befindliche Herrschaftssystem verfassungsrechtlich darzustellen.[1344] Der direkte Zusammenhang zwischen den Schriften von 1939 und 1941 erschließt sich jedoch nicht nur inhaltlich, sondern wurde von *Huber* auch ausdrücklich betont. Die Kontinuität zwischen Friedens- und Kriegsverfassung geriet zum dominierenden Moment in *Hubers* Werk.

Danach konnte sich die Kriegsordnung des Großdeutschen Reiches aufgrund ihrer Führungskraft darauf beschränken, „das in der Friedensverfassung bereits enthaltene System der Reichsführung durch eine stärkere Konzentration, durch eine gewisse Vereinheitlichung und eine weitere Vereinfachung an die kriegsmäßigen Notwendigkeiten anzupassen".[1345] Im Gegensatz zum Ersten Weltkrieg, in dem aufgrund der ungeklärten Führungsfrage eine Militärdiktatur als Ausnahmeregelung an die Stelle der Friedensordnung treten musste,[1346] hatte der Nationalsozialismus für *Huber* verfassungsrechtliche Strukturen geschaffen, die sich auch im Krieg bewährten. Bei allen Veränderungen, die im einzelnen notwendig waren, handelte es sich bei der Kriegsverfassung des Großdeutschen Reiches daher „um eine bloß technische Ausgestaltung der gegebenen Grundordnung, nicht um die Verdrängung der normalen Friedensordnung durch ein ihr entgegenstehendes Ausnahmesystem".[1347] Die auf der Basis des „Verfassungsrechts" von 1939 entworfene kriegsbedingte Ordnung des Reiches skizzierte *Huber* so detailliert wie nur möglich, denn „auch die konkret-gegenwärtige Wirklichkeit von Volk und Reich bedarf nach innen und außen der unmittelbar anschaulichen Verkörperung in klar umrissenen Einrichtungen und Gestalten".[1348]

Grundlage des Reichsaufbaus blieb die umfassende Führergewalt. Vergleicht man den bereits 1935 entworfenen Kompetenzbereich mit dem des Jahres 1941,

[1343] Neben *Huber* ebenfalls ausführlich: *Scheuner*, Die deutsche Staatsführung im Kriege, in: DRW Bd. 5 (1940), S. 1-43. *Scheuner* ging über *Hubers* bloße Beschreibung der Verfassungsstrukturen hinaus und forderte die planmäßige Lenkung der Wirtschaft, die Integration der Führung des Volkes in die Abwehrfront und die Vereinfachung und Konzentration der Staatsverwaltung.

[1344] *Kirschenmann* bewertet *Hubers* Darstellung über das Reich im Krieg daher berechtigterweise als „eine der besten und zugleich auch letzten zusammenfassenden Darstellungen der 'Verfassung' des deutschen Staates der totalen nationalsozialistischen Herrschaft" (*Kirschenmann*, „Gesetz" im Staatsrecht und in der Staatsrechtslehre des Nationalsozialismus, S. 106 Fn. 46).

[1345] *Huber*, Reichsgewalt und Reichsführung im Kriege, in: aaO, S. 566

[1346] *Huber*, Wehrverfassung und politische Ordnung, in: aaO, S. 416f

[1347] *Huber*, Reichsgewalt und Reichsführung im Kriege, in: aaO, S. 566

[1348] *Huber*, Reichsgewalt und Reichsführung im Kriege, in: aaO, S. 544

so wurde dieser unverändert auf das Großdeutsche Reich übertragen.[1349] Auch die Korrelation von „Führerstaat“ und „Bewegungsstaat“ als Ausdruck der Spannung von hoheitlicher Ordnung und gemeinschaftsgebundenem Volk blieb nach 1939 für *Hubers* Verfassungstheorie weiterhin konstitutiv.[1350] Die Verkörperung der Einheit durch den Führer wurde im Krieg aber über die Bereiche von Staatsführung und Volksführung hinaus erweitert. Denn der für *Huber* entscheidende Vorteil der nationalsozialistischen Kriegsverfassung gegenüber der des Ersten Weltkriegs bestand in der „Einheit von politischer und militärischer Führung“[1351], von „Staatsmann und Feldherr“.[1352] Erst damit sei *Clausewitz*` Grundregel vom Vorrang der Politik vor der Kriegsführung wiederhergestellt gewesen. Dass *Hitler* auf diese Weise *Clausewitzsche* Prinzipien zugeschrieben wurden, erscheint unerträglich. Aber für den Unitarist *Huber* hatte die vollkommene Machtkonzentration auf den Führer tatsächlich eine Unterordnung des Militärs unter die Politik bewirkt.

Mit der Person des Führers endete jedoch bereits die planvolle Leitung und Lenkung des Reiches, die für *Huber* Voraussetzung einer Wehrordnung war. Offen kritisierte er Regierung und Zentralverwaltung, die als „vielgliedriger Organismus“[1353] die aufgeblähte und durch Kompetenzverteilung entscheidungsunfähig gewordene Staatsorganisation symbolisierten. Sie nahmen in *Hubers* Kriegsverfassung keine gewichtige Rolle mehr ein. Stattdessen forderte er Ersatzstrukturen, die „die rationale Gliederung und die planvolle Zusammenfassung aller entscheidenden Aufgaben in der Hand eines engen, arbeitsfähigen Kreises“[1354] gewährleisteten.

Nicht mehr in das Bild einer überschaubaren Kriegsregierung passte vor allem die große Anzahl der Ressortminister.[1355] Unmittelbar den Führer beratende Ab-

---

[1349] Vgl. dazu: *Huber*, Das Staatsoberhaupt des Deutschen Reiches, in: ZgesStW Bd. 95 (1934/35), S. 202-229 (216-223) und *ders.*, Reichsgewalt und Reichsführung im Kriege, in: aaO, S. 542-552. *Hubers* Gliederung des Jahres 1941 ist lediglich detaillierter, inhaltliche Unterschiede ergeben sich jedoch nicht.

[1350] *Walkenhaus*, Konservatives Staatsdenken, S. 242

[1351] *Huber*, Reichsgewalt und Reichsführung im Kriege, in: aaO, S. 567

[1352] *Huber*, Wehrverfassung und politische Ordnung, in: aaO, S. 411

[1353] So kam *Huber* durch Addition auf eine Zahl von 42 dem Führer unmittelbar untergeordneten Reichsstellen: „3 Kanzleien, 18 Reichsministerien, 1 Reichminister ohne Ressort (*Schacht*), 4 Träger der Reichshoheit in eingegliederten oder zugeordneten Gebieten, 3 Chefs der Zivilverwaltung, 3 Oberbefehlshaber der Wehrmachtsteile, 4 Oberste Reichsbehörden, 6 selbständige Zentralstellen“ (*ders.*, Reichsgewalt und Reichsführung im Kriege, in: aaO, S. 561).

[1354] *Huber*, Reichsgewalt und Reichsführung im Kriege, in: aaO, S. 561

[1355] Die Einführung eines handlungsfähigen Kriegskabinetts war an sich nichts Ungewöhnliches, *Hitler* hatte den Einfluss der Ministerien jedoch schon vor 1939 stark geschwächt. Die letzte ordentliche Kabinettssitzung fand beispielsweise 1937 statt.

teilungen konnten für *Huber* daher nicht mehr die Ministerien sein, sondern nur die dem Führer zugeordneten drei Kanzleien und zwei persönlichen Adjutanturen.[1356] Aufgrund ihrer besonderen Stellung innerhalb der Regierung wurden von ihm zudem der Stellvertreter des Führers, der Chef des Oberkommandos der Wehrmacht (OKW) und der Beauftragte für den Vierjahresplan besonders hervorgehoben. Bedenkt man die spätere Umbenennung der Dienststelle von *Hitlers* Stellvertreter in „Parteikanzlei"[1357] und die einer Kanzlei vergleichbare Stellung des OKW, standen dem Führer jedoch bereits fünf Kanzleien zur Seite,[1358] so dass auch zwischen diesen ein Kompetenzstreit vorprogrammiert war.[1359]

Neben den schon seit Jahren immer mächtiger werdenden Stäben des Führers setzte *Huber* seine Hoffnungen jedoch vor allem auf verfassungsrechtliche Neuerungen, die eine handlungsfähige Regierung gewährleisten sollten. An erster Stelle[1360] nannte er den Ministerrat für die Reichsverteidigung als „das dem Füh-

---

[1356] Reichskanzlei, Präsidialkanzlei, Kanzlei des Führers der NSDAP, Persönliche Adjutantur und Wehrmachtsadjutantur (*Huber*, Reichsgewalt und Reichsführung im Kriege, in: aaO, S. 556f).

Zwischen der Spitze der politischen Macht und den immer weiter an Einfluss verlierenden Ministerien entstand ein Freiraum, der durch neue, überministerielle Gebilde ausgefüllt wurde. Diese konnten keine Behörden im herkömmlichen Sinne, sondern nur höchstpersönliche Stäbe, so genannte Kanzleien des Führers, sein (*Diehl-Thiele*, Partei und Staat im Dritten Reich, S. 247).

[1357] *Huber* hatte seinen Aufsatz bereits am 27. März 1941 abgeschlossen. Die Berufung *Bormanns* und die damit verbundene Umbenennung erfolgte jedoch erst nach dem überraschenden Flug von *Rudolf Heß* nach England (10.05.1941) am 12.05.1941.

[1358] Eine exponierte Rolle hatten dabei die drei wichtigsten Kanzleien, die den drei Stützen des Regimes, Partei (Parteikanzlei), Wehrmacht (OKW) und Staat (Reichskanzlei) entsprachen. Die Kanzlei des Führers und die Präsidialkanzlei waren zwar nicht bedeutungslos, besaßen aber keine den anderen vergleichbare Machtstellung.

[1359] Der Zugang zum Führer wurde aufgrund der immer einsameren Entscheidungen *Hitlers* zur zentralen innenpolitischen Machtfrage des Dritten Reiches. *Carl Schmitt* hat 1947 als erster auf dieses „wichtigste politische, organisatorische und verfassungsrechtliche Problem" hingewiesen (*Schmitt*, Der Zugang zum Machthaber als zentrales, verfassungsrechtliches Problem, abgedruckt in: *ders.*, Verfassungsrechtliche Aufsätze aus den Jahren 1924-1954, S. 430-439. Die schon vor Kriegsbeginn abgeschlossene Entmachtung der Ressortminister symbolisierte der Chef der Reichskanzlei (*Lammers*), der von 1937 bis 1943 als „Gesetzgebungsminister" allgemeines Unterrichtungs- und Beratungsorgan des Führers war. Er entschied darüber, wer, mit welchen Anliegen zu *Hitler* durchdringen durfte und hatte damit als Bindeglied zwischen Führer und Staatsbehörden eine dominierende Stellung. 1943 wurde diese Machtposition an *Martin Bormann* übertragen, der als „Sekretär des Führers" und Chef der Parteikanzlei von nun an den Zugang zu *Hitler* kontrollierte (*Diehl-Thiele*, Partei und Staat im Dritten Reich, S. 255ff).

[1360] Der erste zusätzliche Gesetzgeber neben *Hitler* war der Beauftragte für den Vierjahresplan. Dieser bekam in einer Führerverordnung vom 18.10.1936 die Befugnis zugebilligt, alle für die Durchführung des Vierjahresplanes notwendigen Maßnahmen, auch mit Gesetzeskraft, treffen zu können. Da diese Verordnung jedoch schon lange vor Kriegsausbruch erging, wurde dieser von *Huber* nicht im Zusammenhang der Kriegsverfassung aufgeführt. Nach 1939

rer nachgeordnete oberste Organ der zivilen, inneren Kriegsregierung".[1361] Eingesetzt auf der Grundlage eines Führererlasses vom 30. August 1939, wurde diesem „die Kriegsgesetzgebung und die oberste Leitung der Kriegsverwaltung übertragen",[1362] ohne dass dadurch sein genauer Zuständigkeitsbereich geregelt worden wäre. Zwar beauftragte *Hitler* den Ministerrat nur mit der „einheitlichen Leitung der Verwaltung und Wirtschaft", übertrug ihm aber zugleich ganz allgemein die „Reichsverteidigung".[1363] Diese Kompetenzzuweisung war für *Huber* nicht hinreichend bestimmt, da „im totalen Kriege alle Angelegenheiten in irgendeiner Beziehung zur Reichsverteidigung stehen".[1364] Aus der dem Ministerrat gestellten Aufgabe ergebe sich jedoch, dass er zumindest nicht für „die auswärtige Politik und die eigentliche Kriegsführung"[1365] zuständig sei.[1366]

Als Mitglieder des Ministerrates wurden „Reichsmarschall *Göring* als Vorsitzender sowie der Stellvertreter des Führers *Heß*, der Generalbevollmächtigte für die Reichsverwaltung Reichsminister *Frick*, der Generalbevollmächtigte für die Wirtschaft Reichsminister *Funk*, der Chef der Reichskanzlei Reichsminister *Lammers* und der Chef des Oberkommandos der Wehrmacht Generalfeldmarschall *Keitel*"[1367] berufen. Wie bei den bedeutenden Kanzleien des Führers, waren auch hier wieder die drei Stützen des völkischen Reiches, Partei, Staat und Militär im kleinen Kreis verbunden.

Mit Hilfe der Befugnisse Planung, gesetzesvertretender Verordnung[1368] und dem Erlass von Verwaltungsakten,[1369] sollte der Ministerrat Entscheidungen in wesentlich stärkerer Unabhängigkeit vom Führer treffen, als das bis dahin bei der Reichsregierung der Fall war. Aber auch hier klafften Theorie und Praxis des nationalsozialistischen Reichs weit auseinander. Trotz der in der Rechts-

---

erfolgte nur noch am 20.09.1944 eine Verlängerung der Befugnis „bis zur Beendigung des Krieges" (RGBl. I 1944/45, 212).

1361 *Huber*, Reichsgewalt und Reichsführung im Kriege, in: aaO, S. 569

1362 RGBl. I, 1539

1363 *Huber*, Reichsgewalt und Reichsführung im Kriege, in: aaO, S. 570

1364 *Huber*, Reichsgewalt und Reichsführung im Kriege, in: aaO, S. 571

1365 Ebenda

1366 Siehe dazu *Scheuner*, der die Zuständigkeitsgrenzen des Ministerrates nicht in vergleichbarer Eindeutigkeit festlegte (*ders.*, Die deutsche Staatsführung im Kriege, in: aaO, S. 24).

1367 *Huber*, Reichsgewalt und Reichsführung im Kriege, in: aaO, S. 570

1368 Da der Ministerrat innerhalb des Verfassungsaufbaus dem staatlichen Bereich angehörte, war er nicht berechtigt, gegenüber der Partei verbindliche Anordnungen zu erlassen. Da aber der ihm angehörende Stellvertreter des Führers ein solches Weisungsrecht kraft Parteiamtes besaß, betonte *Huber* die Möglichkeit „gemeinsamer Anordnungen" des Vorsitzenden des Ministerrats und des Führer-Stellvertreters, um einheitliche Bestimmungen für Staat und Partei erlassen zu können. Für *Huber* handelte es sich bei diesem Verordnungsrecht, für das keine gesetzliche Ermächtigung vorlag, um eine „besonders wichtige neue Form der Rechtssetzung, die selbständig neben den zahlreichen anderen Methoden der heutigen Rechtssetzung steht" (*Huber*, Reichsgewalt und Reichsführung im Kriege, in: aaO, S. 596).

1369 *Huber*, Reichsgewalt und Reichsführung im Kriege, in: aaO, S. 571

grundlage festgelegten Umkehrung des Verhältnisses zwischen Regel- und Ausnahmegesetzgeber,[1370] erfüllten sich *Hubers* Hoffnungen auf eine dominierende Stellung des Ministerrats als Gesetzgeber nicht. Denn auch in seine Zuständigkeitsbereiche griff die Führer-Gesetzgebung ständig ein. So ergeben sich aus dem Reichsgesetzblatt (Bd. I) des Jahres 1942 folgende Vergleichszahlen: „Es ergingen 38 direkte Führer-Gesetze, 8 Regierungsgesetze und 17 Gesetze des Ministerrats für die Reichsverteidigung".[1371]

Mit Unverständnis reagierte *Huber* daher auch auf die Berufung eines weiteren Gesetzgebers für die Kriegsverfassung, da dieser das Ziel einer stringenten Führung zunehmend verwässerte. Durch eine nicht veröffentlichte gesetzliche Ermächtigung installierte *Hitler* das so genannte „Dreierkollegium"[1372]. Darin wurden neben ihrer Zugehörigkeit zum Ministerrat die Generalbevollmächtigten für Reichsverwaltung und Wirtschaft sowie der Chef des OKW zusammengeschlossen.[1373] Aufgrund der personellen Übereinstimmung beider Organe erschien die Doppelberufung völlig sinnlos, und auch *Huber* konnte über den Zuständigkeitsbereich des Dreierkollegiums nur spekulieren: „Offenbar haben nach der ursprünglichen Ermächtigung die drei genannten Stellen das Recht, im Rahmen ihres Aufgabenkreises die im Interesse der deutschen Verwaltung und Wirtschaft während des Krieges notwendigen Maßnahmen im Verordnungswege zu treffen."[1374] Als einziger Zweck dieses Organs erschloss sich *Huber* damit lediglich die weitere Konzentration des Ministerrats auf ein Kollegium mit nur drei Mitgliedern. Seine Zweifel an der höheren Effizienz dieser Gruppierung wurden durch ihre Tätigkeitsbilanz bestätigt, denn bereits 1940 hatte sich der Anteil des „Dreierkollegiums" an der Gesetzgebung merklich verringert.[1375]

1370 Nach dem Willen des Führers sollte der Ministerrat die Gesetze erlassen, *Hitler* behielt sich lediglich für einzelne Fälle vor, eine andere Weise der Gesetzgebung anzuordnen (Art. II des Erlasses vom 30.08.1939).

1371 *Kirschenmann*, „Gesetz" im Staatsrecht und in der Staatsrechtslehre des Nationalsozialismus, S. 115

1372 *Kirschenmann* geht zu Recht davon aus, dass die gesetzliche Ermächtigung dazu wohl gleichzeitig mit dem veröffentlichten Erlass über die Bildung des Ministerrats (30.08.1939) erging (*ders*., „Gesetz" im Staatsrecht und in der Staatsrechtslehre des Nationalsozialismus, S. 116). Dafür spricht, dass die erste Verordnung des „Dreierkollegiums" am 01.09.1939 erlassen wurde (RGBl. II, 958).

1373 Im Januar 1940 wurde der Generalbevollmächtigte für die Wirtschaft durch den Beauftragten für den Vierjahresplan ersetzt. Auch diese Zuständigkeitsänderung blieb unveröffentlicht (*Huber*, Reichsgewalt und Reichsführung im Kriege, in: aaO, S. 574).

1374 *Huber*, Reichsgewalt und Reichsführung im Kriege, in: aaO, S. 573

1375 Siehe die Anmerkungen *Hubers* in: *ders.*, Reichsgewalt und Reichsführung im Kriege, in: aaO, S. 573-575

Neben dem Führer mit seiner direkten und medialen Gesetzgebung stellt *Hubers* Kriegsverfassung folglich drei weitere Gesetzgeber fest, den Ministerrat für die Reichsverteidigung, das Dreierkollegium und den Beauftragten für die Durchführung des Vierjahresplans.

Hatte *Huber* 1939 die Existenz mehrerer Gesetzgeber noch als ein im Führerstaat „überraschendes Ergebnis"[1376] angesehen, wurde diese Parallelität 1941 kommentarlos hingenommen, im Fall des Ministerrates sogar ausdrücklich begrüßt. Damit erkannte *Huber* staatsrechtliche Realitäten an, die mit seiner Konstruktion von der absoluten Führergewalt eigentlich unvereinbar waren. Gerade das Gesetzgebungsrecht musste dem Führer als Träger aller Staatsorgane unbeschränkt zustehen, anders konnte seine Dominanz nicht aufrechterhalten werden. Fraglich war also, wie *Huber* das Verhältnis der Gesetzgeber zueinander erklärte, ohne dass die von ihm festgelegte Position der obersten Führergewalt gefährdet war. Als Abgrenzungskriterium zwischen dem Führer und den übrigen Gesetzgebern diente *Huber* die oberste, nicht ableitbare Macht.[1377] Diese konnte *Huber* den Gesetzgebern neben *Hitler* keinesfalls zugestehen, wollte er den Führer nicht auf eine Stufe mit dem Ministerrat und den anderen Legislativorganen stellen.

Wie viele andere Staatsrechtler konstruierte *Huber* daher die Möglichkeit einer delegierten Gesetzgebungsmacht, die der Führer als originärer Gesetzgeber den ihm unterstellten besonderen Regierungsorganen erteilt habe. Die von diesen erlassenen Rechtssätze waren „eine neue Art von gesetzesvertretenden Verordnungen"[1378], da sie nicht nur zur Durchführung und Anwendung,[1379] sondern zur Aufhebung, Änderung und Durchbrechung bestehender Gesetze und selbständiger Führerverordnungen in der Lage gewesen sind. Damit waren die Verordnungen der neuen Gesetzgeber „formell zwar nur sekundäre Rechtsgebote; materiell aber stellen sie wie die eigentlichen Gesetze `Rechtsgebote obersten Ranges` dar".[1380] Mit Hilfe dieser Differenzierung aus der Zeit des verachteten parlamentarischen Gesetzgebungsstaates[1381] versuchte *Huber* erneut die Quadra-

---

[1376] *Huber*, Verfassungsrecht des Großdeutschen Reiches, S. 237

[1377] *Kirschenmann*, „Gesetz" im Staatsrecht und in der Staatsrechtslehre des Nationalsozialismus, S. 119

[1378] *Huber*, Reichsgewalt und Reichsführung im Kriege, in: aaO, S. 571

[1379] So die Rechtssetzungsmacht der Organe, die dem Führer nicht nur nachgeordnet waren, sondern auch nur zweitrangige, gesetzesabhängige Rechtssätze erlassen konnten. Zu dieser Differenzierung: *Huber*, Verfassungsrecht des Großdeutschen Reiches, S. 251ff.

[1380] *Huber*, Verfassungsrecht des Großdeutschen Reiches, S. 251ff

[1381] Die Staatsrechtslehre verkehrte die ursprüngliche Unterscheidung jedoch in ihr Gegenteil. Hieß es zunächst, neben formell-materiellen Gesetzen könne es auch „nur-formelle" geben, so besagte die Differenzierung nun, außer formell-materiellen Gesetzen (den medialen Führer-Gesetzen) gebe es auch „nur-materielle" Gesetze. Damit wurde das materielle Gesetz zum umfassenden Begriff für alle staatlichen Gebote obersten Ranges, die Regierungs- und Reichstagsgesetze entwickelten sich dagegen zahlenmäßig gesehen zu Unterfällen (*Kir-*

tur des Kreises: Es gab mehrere Gesetzgeber, die gleichrangige Rechtssätze erlassen konnten, ohne dass sie mit dem Führer auf einer Stufe standen.

Insgesamt gesehen widersprach die tatsächliche Kriegsverfassung damit genau den von *Huber* geforderten Prinzipien. Während dieser aufgrund der Unübersichtlichkeit der Regierung eine streng hierarchische Gliederung des Reiches anmahnte, die mit den Mitteln der Herrschaft, Planung und Führung[1382] die Regierungsfähigkeit sicherstellen sollte, setzte *Hitler* einen Gesetzgeber nach dem anderen ein. Es erfolgte keine Konzentration, sondern eine weitere Zergliederung der Kräfte, denn nach der Berufung neuer Gesetzgeber hörten die alten nicht auf, selber tätig zu sein. Zu dem Nebeneinander von Regierungs-, Reichstags- und Volksgesetzen, den direkten Führergesetzen, Führer-Verordnungen und Führererlassen, kamen jetzt noch die gesetzesgleichen Verordnungen des Ministerrates, des Dreierkollegiums und des Beauftragten für die Durchführung des Vierjahresplans hinzu.

Die Diskrepanz zwischen autoritärer Führung und Kompetenzenchaos und damit das Auseinanderfallen von Anspruch und Wirklichkeit des Reiches, wirft die Frage auf, ob das Regime nicht willens oder nicht fähig war, seinen eigenen Herrschaftsprinzipien gerecht zu werden. Dieses in der Totalitarismus-Forschung viel diskutierte Problem kann in diesem Zusammenhang nicht im einzelnen aufgerollt werden.[1383] Festzuhalten bleibt aber, dass Art und Weise der

---

schenmann, „Gesetz" im Staatsrecht und in der Staatsrechtslehre des Nationalsozialismus, S. 128f).

[1382] Die Prinzipien „Herrschaft", „Planung" und „Führung" waren für *Huber* „besondere Kennzeichen unserer Epoche". In ihnen verdeutlichte sich der grundlegende Unterschied zwischen dem „chaotischen Charakter des parteienstaatlichen Parlamentsbetriebs" und der planmäßigen „Entfaltung der völkischen Lebensordnung" (*Huber*, Der Führer als Gesetzgeber, in: DR Ausg. A, 9. Jg. (1939) Halbbd. 1, S. 275-278 (275f). Alle drei Grundsätze bedingten bei *Huber* einander und stellten den Zusammenhang zwischen „Verfassung" und „Verwaltung" her. Was in der Verfassung konstituiert wurde, musste durch die Verwaltung konkretisiert werden (*Huber*, Verfassung und Verwaltung, in: Pariser Zeitung 3. Jg., Nr. 260, 20. September 1943, S. 1-2 (1)).

[1383] Seit Zusammenbruch des Führerreiches wird kontrovers über die Frage diskutiert, ob *Hitler* von der Polykratie des nationalistischen Regimes abhing und dieser ohnmächtig gegenüberstand, oder er selbst den Staat dominierte, das institutionelle Durcheinander damit persönlich zu verantworten hatte. Die ganz herrschende Ansicht der Literatur neigt zu letzterer Position, denn gerade durch seine anti-etatistische Haltung, die das Kompetenzenchaos immer weiter ausufern gelassen habe, konnte *Hitler* sich die zentrale Entscheidungsposition sichern. Während die potentielle Opposition durch fehlende klare Machtverhältnisse gelähmt wurde, behielt der Führer „als höchster Punkt eines Mobiles" (*Dreier*, Die deutsche Staatsrechtslehre in der Zeit des Nationalsozialismus, in: VVDStRL Heft 60 (2000), S. 46) alle Strippen des Machtgefüges in seiner Hand. (Vgl. *Neumann*, Behemoth, S. 521ff; *Gruchmann*, Die „Reichsregierung" im Führerstaat, in: *Doeker/Steffani* (Hrsg.), Klassenjustiz und Pluralismus. Fest-

Aufteilung nicht rational erklärt werden können. Bestes Beispiel dafür sind die gleichzeitig berufenen, mit den selben Aufgaben betrauten und personell identisch besetzten Organe Ministerrat und Dreierkollegium. Die offenkundige Funktionslosigkeit einer dieser doppeltbesetzten Instanzen verdeutlicht, dass der Grund ihrer Einrichtung nicht in dem ihnen gestellten Aufgabenbereich, sondern in ihrer bloßen Existenz liegen musste. Auch die von *Huber* angeführte Rechtfertigung, dass sich der Führer durch die Berufung weiterer Gesetzgeber „von einem Teil der Regierungsgeschäfte entlastet",[1384] kann nicht verdecken, wie konzeptlos diese Aufgabenverteilung vorgenommen wurde. Selbst wenn ein Beweis für die Vorsätzlichkeit dieser Unordnung nicht erbracht werden kann, steht fest, dass allein *Hitler* von der „geplanten Strukturlosigkeit"[1385] profitierte. Seine Stellung erschien inmitten dieser Unordnung nicht nur umso souveräner, sondern es erhob sich allgemein sogar die Forderung nach einer weiteren Stärkung seiner Position. So gab es beispielsweise für den unitaristisch denkenden *Ernst Rudolf Huber* nur einen einzigen Ausweg aus diesem staatsrechtlichen Durcheinander: „Je stärker die Reichsregierung selbst durch die zahlenmäßige Vermehrung der Ressorts aufhört, eine Einheit zu sein, in desto höherem Maße ist es notwendig, in der Reichsleitung eine wirkliche Einheit der Regierung, d.h. der planvollen Leitung und Lenkung, wiederherzustellen."[1386]

Zwar handelt es sich bei *Hubers* Beschreibung der Regierung als „vielgliedriger Organismus" und seinen Forderungen nach „streng hierarchischer Gliederung"[1387] um Kritik am damaligen Zustand des Reiches, dennoch fiel diese recht zurückhaltend aus.[1388] Die hier erkennbare Tendenz, den staatlichen Auflö-

---

schrift für Ernst Fraenkl, S.187-223 (212); *Jäckel*, Hitlers Herrschaft. Vollzug einer Weltanschauung, S. 60, 64) Anders *J. Fest*, der es ablehnt, in dem staatsrechtlichen Durcheinander im Nationalsozialismus zuviel „Absicht und System" zu erblicken, denn vieles sei in „Wirklichkeit nur Zufall und nicht selten auch Schlamperei, Ignoranz, Gleichgültigkeit" gewesen (*ders.*, Das Gesicht des Dritten Reiches, Profile einer totalitären Herrschaft, S. 175ff mit Fn. 1). Vor allem *Hans Mommsen* vertritt ein ganz entgegenstehendes *Hitler*-Bild: „*Hitlers* Haltung ist irrtümlich als bewusstes Ausspielen konkurrierender Kräfte interpretiert worden, er war aber in allen Fragen, die einer grundsätzlichen und definitiven Stellungnahme bedurften, ein schwacher Diktator" (*Mommsen*, Beamtentum im Dritten Reich, S. 98 Fn. 25).

1384 *Huber*, Reichsgewalt und Reichsführung im Kriege, in: aaO, S. 553

1385 Mit dieser Formel umschrieb *Hannah Arendt* ein nicht nur im Nationalsozialismus existentes Prinzip, das nach Machtminderung aussah, jedoch nur dazu diente, Instanzen zwischen Führung und Beherrschten auszuschalten: „Die dauernde Konkurrenz von Instanzen, deren Funktionen sich nicht nur überschneiden, sondern die mit der gleichen Aufgabe betraut sind, macht Opposition oder Sabotage nahezu unmöglich" (*Arendt*, Elemente und Ursprünge totaler Herrschaft, S. 639).

1386 *Huber*, Reichsgewalt und Reichsführung im Kriege, in: aaO, S. 561

1387 *Huber*, Reichsgewalt und Reichsführung im Kriege, in: aaO, S. 553

1388 Wie klar die nationalsozialistische Polykratie von anderen zeitgenössischen Beobachtern erkannt und vor allem beschrieben wurde, zeigt das Beispiel *Wilhelm Stuckarts* (SS-

sungserscheinungen durch eine Stärkung der Führergewalt beikommen zu wollen, spricht vielmehr dafür, dass *Huber* in seiner Kriegsverfassung die Führungsfrage im nationalsozialistischen Sinn beantwortete. Denn bei *Huber* wurde die Führergewalt gerade in der Kriegsverfassung zum Garanten der Ordnung und schwang sich damit endgültig zum politischen Formprinzip des völkischen Führerstaates auf: „Von einer Führungsordnung und von Führung als einem verfassungsrechtlichen Strukturprinzip kann man nur sprechen, ... wenn sie darüber hinaus als dauernde institutionelle Form politischer Existenz festgehalten werden kann."[1389]

4. Die Außenverfassung[1390]: Das Reich im Völkerrecht

Auch wenn die Wendung vom Staat zum Reich bei *Huber* in erster Linie innenpolitische Gründe und damit staatsrechtliche Bedeutung hatte, verzichtete auch er nicht darauf, die Stellung des Reiches im völkerrechtlichen Zusammenhang darzustellen. Damit schloss *Huber* sich jedoch nicht der breiten Bewegung innerhalb der Staatsrechtslehre an, die allgemein ab 1938/39 einen grundsätzlichen Primat der Außenpolitik feststellte, der zukünftig die Sorge um die innere Ordnung unterzuordnen sei. Vielmehr wies *Huber* wiederholt darauf hin, dass das von *Carl Schmitt* 1939 in einem Vortrag in Kiel[1391] vorgestellte Prinzip der völ-

---

Brigadeführer und Staatssekretär im Innenministerium !). Für ihn hatte das Kompetenzenwirrwarr überhand genommen und sollte deshalb in Zukunft zurückgestutzt werden, da es sonst zu „Behördeninflation und Behördenkrieg, Doppelarbeit und Leerlauf der Behörden, Unproduktivität der Behördenarbeit, Publikumsbelastung durch vermehrte Behördenlauferei, Verminderung der Rechtssicherheit durch erhöhte Möglichkeit voneinander abweichender Behördenentscheidungen, Verteuerung der Verwaltung, Aufblähung des gesamten Staatsapparates und zu überflüssigem Zentralismus mangels Ausgleich in der Mittel- und Unterstufe" führte (*Stuckart*, Zentralgewalt, Dezentralisation und Verwaltungseinheit, in: Festgabe für Heinrich Himmler, S. 24).

1389 *Huber*, Herrschaft und Führung, in: DR Ausg. A, 11. Jg. (1941) Halbbd. 2, S. 2017-2024 (2018f)

1390 Hierbei handelt es sich um einen von *Huber* selbst gewählten Begriff (siehe *Huber*, Großraum und völkerrechtliche Neuordnung, in: Straßburger Monatshefte 5. Jg. (1941), S. 744-748). Die Bezeichnung verdeutlicht, wie umfassend *Huber* seine Verfassung konzipiert sehen mochte. Innen- und Außenpolitik, Staats- und Völkerrecht, sollten in einer einzigen Grundordnung berücksichtigt werden. *Walkenhaus* spricht dabei von der „innen/außen-Logik des Planungsdenkens" (*Walkenhaus*, Konservatives Staatsdenken, S. 247 Fn. 55).

1391 Der Vortrag wurde am 01.04.1939 auf dem Kongress zur Feier des 25jährigen Bestehens des „Instituts für Politik und Internationales Recht" an der Universität Kiel gehalten. *Huber* selbst war bei dieser Feier nicht anwesend und bedauerte das später gegenüber *Schmitt* in einem persönlichen Brief (Schreiben *Hubers* an *Schmitt* v. 30.05.1939, Nachlass Schmitt, Nordrhein-Westfälisches Hauptstaatsarchiv Düsseldorf, RW 265-6269/1). Bald darauf wurde die Schrift veröffentlicht als „*Schmitt*, Völkerrechtliche Großraumordnung mit Interventionsver-

kerrechtlichen Großraumordnung[1392] zunächst lediglich die politische Realität aufgreife, nicht jedoch rechtliches Prinzip und damit Element des Völkerrechts sei.[1393] *Huber* warnte damit vor voreiligen Schlüssen, die darauf abzielten, den Staat grundsätzlich als Völkerrechtssubjekt in Frage zu stellen, ohne einen rechtlich gleichwertigen Ersatz etabliert zu haben: „Entscheidendes ist hier noch im Fluss und bedarf noch der endgültigen Formung".[1394] Stattdessen mahnte er zur „Gewissenhaftigkeit, die den Juristen verpflichtet."[1395]

Grundsätzlich diente zwar das Reich auch bei *Huber* dazu, die ab 1938/39 einsetzende deutsche Hegemonialpolitik in sein Verfassungssystem zu integrieren. Im Gegensatz zu *Schmitt* setzte *Huber* dabei aber viel stärker auf eine Instrumentalisierung der Reichsgeschichte, verbunden mit der hegelschen Auffas-

---

bot für raumfremde Mächte. Ein Beitrag zum Reichsbegriff im Völkerrecht (1939), Schriften des Instituts für Politik und Internationales Recht an der Universität Kiel, hrsg. von *Paul Ritterbusch*". Die Veröffentlichung erschien bis 1942 in vier Auflagen und wurde 1991 nochmals als 5. Auflage herausgegeben (*Schmoeckel*, Die Großraumtheorie: ein Beitrag zur Geschichte der Völkerrechtswissenschaft im Dritten Reich, insbesondere der Kriegszeit, S. 20 Fn. 1).

1392 *Schmitt* vertrat auf dieser Arbeitstagung als erster das Großraumprinzip im Völkerrecht und berief sich dabei ausdrücklich auf die ursprüngliche Monroe-Doktrin von 1823 als „Präzedenzfall" (*Gruchmann*, Nationalsozialistische Großraumordnung – Die Konstruktion einer deutschen Monroe-Doktrin, S. 22). Dieses sollte Grundlage einer neuen Weltordnung sein. Abgelöst wurde dadurch das bisherige Völkerrecht, das von der Konzeption souveräner Staaten, einem durch die westlichen Demokratien dominierten Völkerbund, Universalismus und dem Primat des Ökonomischen geprägt, und sowohl durch die technische Entwicklung als auch durch die politische Wirklichkeit überholt gewesen sei (*Schmitt*, Völkerrechtliche Großraumordnung, (1941), S. 18, 45ff). Zukünftig bedurfte es daher eines neuen Raumordnungsprinzips, das in der Monroe-Doktrin sein bisher erfolgreichstes Vorbild hatte. Das Ordnungskriterium innerhalb des Großraumes erblickte *Schmitt* im Reich. „Reiche" waren danach als Träger und Gestalter des Völkerrechts Nachfolger der souveränen Staaten und definierten die Großräume durch ihre politische Idee. Dadurch schlossen sie aber auch für diesen Bereich die Interventionen raumfremder, d.h. nicht dem Großraum zugehöriger Mächte grundsätzlich aus (*Schmitt*, Völkerrechtliche Großraumordnung, S. 49). Die in den Großraum eingegliederten Staaten blieben zwar „Staaten", waren aber nicht länger formal gleich. Schmitt entwarf vielmehr eine gegliederte Völkerrechtsrangfolge, nach der die Reiche Subjekte erster Kategorie, die übrigen Großraumstaaten lediglich Völkerrechtssubjekte zweiten Ranges waren (*Schmitt*, Völkerrechtliche Großraumordnung, S. 45) Das Völkerrecht verlor damit seine bisherige Eigenschaft als zwischenstaatliches Recht und gliederte sich neu in vier Arten von Rechtsbeziehungen: 1. solche zwischen den Großräumen, 2. solche zwischen den führenden Reichen, 3. solche zwischen den Völkern eines Großraumes und 4. solche zwischen den Völkern verschiedener Großräume (*Schmitt*, Völkerrechtliche Großraumordnung, S. 47f).

1393 *Huber*, „Positionen und Begriffe" – Eine Auseinandersetzung mit Carl Schmitt, in: ZgesStW Bd. 101 (1941), S. 1-44 (37)

1394 *Huber*, Bau und Gefüge des Reiches, in: Idee und Ordnung des Reiches, S. 51

1395 Ebenda

sung vom Weltvolk,[1396] als auf die Rechtfertigung durch eine neue völkerrechtliche Ordnung. Vergleicht man die Veröffentlichungen der beiden Rechtslehrer zum Reich, so wird dieser Unterschied evident. Während sich *Schmitt* seit seines Sturzes als Vordenker des deutschen Staats- und Verfassungsrechts auffallend dem Völkerrecht zugewandt hatte,[1397] blieb *Huber* noch ganz dem Staatsrecht verhaftet. So wurde die völkerrechtliche Stellung des Reiches bei *Huber* nicht annähernd in dem gleichen Umfang behandelt, wie dies bezüglich der Binnenverfassung der Fall war.[1398] Folglich beschränkte sich *Hubers* Interesse an der völkerrechtlichen Großraumordnung auf eine Auseinandersetzung mit den Positionen *Carl Schmitts*. Die Entwicklung einer eigenen völkerrechtlichen Theorie bzw. einer eigenständigen Position fand dagegen nicht statt.[1399]

Huber reihte sich damit in die große Anzahl der Rezensenten der völkerrechtlichen Großraumordnung ein, deren Bandbreite von begeisterter Zustimmung bis zu völliger Ablehnung reichte.[1400] Neben Kritik in einzelnen Punkten unterschied sich *Huber* jedoch vor allem dadurch, dass bei ihm nicht das Reich der Großraumordnung untergeordnet, sondern letztere die sinnvolle Ergänzung seiner Reichskonzeption war. So bedeutete die Entwicklung einer Außenverfassung vor allem das Entstehen einer „echte(n) Rechtsordnung“, „verfassungsrechtlich nach innen und völkerrechtlich nach außen“.[1401] Das Reich und die ihm zugeordnete Rechtsordnung bekam erst dadurch seine staatsrechtliche Vollen-

---

[1396] *Huber*, „Positionen und Begriffe“, in: aaO, S. 40f Fn.1

[1397] *Blindow*, Carl Schmitts Reichsordnung: Strategie für einen europäischen Großraum, S. 47

[1398] Wie zögernd *Huber* die Großraumtheorie *Schmitts* aufnahm, lässt sich anhand der Datierung seiner Beiträge zu dieser Thematik ersehen. Berücksichtigt man, dass sich *Huber* trotz seiner Abwesenheit am 01.04.1939 in Kiel bereits Ende Mai 1939 bestens informiert zeigte (siehe sein Brief an *Schmitt* vom 30.05.1939, Hauptstaatsarchiv Düsseldorf, RW 265-6269), fällt auf, dass seine erste Auseinandersetzung mit der neuen Theorie erst 1941 erfolgte. Dies mag damit zusammenhängen, dass auch *Huber* erst den im September 1940 geschlossenen „Dreimächtepakt“ als die völkerrechtliche Anerkennung der neuen Theorie wertete (vgl. *Huber*, Großraum und völkerrechtliche Neuordnung, in: aaO, S. 745). 1941/42 erreichte die Beschäftigung *Hubers* mit der Großraumtheorie ihren Höhepunkt. Nach 1942 erschien nur noch ein Beitrag. Dies erscheint vor dem Hintergrund der damaligen militärischen Lage plausibel. Spätestens seit der endgültigen Niederlage von Stalingrad (02.02.1943) verlor die Beschäftigung mit dem Ausgriff in den Raum erheblich an Aktualität.

[1399] Vgl. dazu *Huber*, Großraum und völkerrechtliche Neuordnung, in: Straßburger Monatshefte, 5. Jg. (1941), S. 744-748; *ders.*, Das neue Völkerrecht, in: Pariser Zeitung, 3. Jg., Nr. 348, 17.12.1943; *ders.*, Positionen und Begriffe. Eine Auseinandersetzung mit Carl Schmitt, in: ZgesStW Bd. 101 (1941), S. 1-44 (36-44); *ders.*, Herrschaft und Führung, aaO, S. 2017-2024 (2023f); *ders.*, Bau und Gefüge des Reiches, in: Idee und Ordnung des Reiches, S. 5-53 (51-53); *ders.*, Verfassungsrecht des Großdeutschen Reiches, S. 155ff

[1400] *Schmoeckel*, Die Großraumtheorie, S. 153ff

[1401] *Huber*, Bau und Gefüge des Reiches, in: aaO, S. 52

dung. Denn Voraussetzung dafür, dass das deutsche Volk als „Weltvolk“[1402] seinen außenpolitischen Ambitionen durch expansives Streben nachkommen konnte, war für *Huber* die Existenz einer Außenverfassung.

So wie sich *Huber* auf der innenpolitischen Seite stets bestrebt zeigte, auch das völkische Reich staatsrechtlich fassen zu wollen, mochte er auch die 1938/39 beginnende Hegemonialrolle „verrechtlichen“. *Schmitts* Lehre vom völkerrechtlichen Großraum hatte für *Huber* daher vor allem den Sinn, „die politische Wirklichkeit des Imperialismus als einen rechtlichen Tatbestand anzuerkennen und sie zur Grundlage eines neuen völkerrechtlichen Systems zu machen“.[1403] Auch bewirkte die rechtliche Erfassung jedoch wieder zweierlei: Indem *Huber* die Expansionspolitik verfassungsrechtlich untermauerte, wurde sie zwar gegen Willkür gesichert, aber eben auch legalisiert.

Die Erhebung eines faktischen Zustandes zur neuen Rechtsordnung war für *Huber* an materielle Voraussetzungen gekoppelt, ein „Positivismus der Macht“ allein reichte nicht aus: „Macht und Recht sind vielmehr die beiden Elemente der politischen Rechtsordnung, die sich zur innerlich begründeten Einheit verbinden müssen, wenn diese Ordnung zur vollkommenen Gestalt entwickelt werden soll.“[1404] „Auctoritas“ und „potestas“ gründeten sich bei *Huber* damit auf eine Wertüberlegenheit, die durch die Effektivität der Ordnung ergänzt wurde.[1405] Mit seiner betonten Wertorientiertheit zeigte *Huber* die Schwachstelle der Großraumordnung *Schmitts* auf. Diese rekurrierte, dem Freund-Feind-Denken entsprechend, kaum auf inhaltliche Werte.

Erforderlich für die Legitimität der bloßen Machtordnung waren für *Huber* „nach innen die Anerkennung der Eigenwertigkeit, nach außen der Schutz der Glieder, die in einer machtmäßig verbundenen Lebenseinheit verbunden sind“.[1406] Nicht imperiales Expansionsdenken stand bei *Huber* im Vordergrund des Großraumprinzips, sondern „eine sittlich begründete, gerechte und ausgleichende Ordnung des Zusammenlebens und Zusammenwirkens unter den verbundenen Völkern“[1407]. *Huber* forderte in offensichtlichem Widerspruch zu der deutschen Besatzungspolitik in Osteuropa, die Gewährung „wirtschaftlicher, kultureller und politischer Existenz der europäischen Völker“[1408] und die „Ach-

---

[1402] *Huber*, Bau und Gefüge des Reiches, in aaO, S. 53

[1403] *Huber*, „Positionen und Begriffe“ – Eine Auseinandersetzung mit Carl Schmitt, in: aaO, S. 39

[1404] *Huber*, Großraum und völkerrechtliche Neuordnung, in: aaO, S. 746

[1405] *Huber*, Herrschaft und Führung, in: aaO, S. 2018

[1406] *Huber*, Großraum und völkerrechtliche Neuordnung, in: aaO, S. 746

[1407] Ebenda

[1408] Diese erstaunlich anti-imperialistisch klingenden Forderungen konnten *Huber* jedoch nicht davon abbringen, gegenüber der deutschen Politik in der Tschechoslowakei und Polen keinerlei Vorbehalte zu äußern. Die Eingliederung des „Reichsprotektorates Böhmen und Mähren“ und des „Generalgouvernements für die besetzten polnischen Gebiete“ wurde vielmehr als „wirkungsvolle Gestaltung“ der Aufgabe des Reiches, „Ordner des mitteleuropäi-

tung vor fremder Nationalität".[1409] In strenger Abgrenzung zu dem „kolonialkapitalistischen Imperialismus[1410]" des 19. Jahrhundert sollte es für die Großraumordnung als Rechtsordnung darauf ankommen, „ob das Volk, das den Kern eines solchen Großraums bildet, den Raum, den es sich erschlossen hat, lediglich als unterworfenen Herrschaftsbereich ausbeutet, oder ob es ihn als anvertrautes Lebensganzes zu führen entschlossen ist".[1411]

Das Abgrenzungskriterium zwischen reiner Machtlage und wirklicher Rechtsordnung bildete für *Huber* auch im Völkerrecht wieder der Begriff der Führung, der bereits in der Innenverfassung sowohl auf Staats- als auch auf Reichsebene zentrale Bedeutung hatte.[1412] Imperialismus klassischer Prägung oder Großraumordnung, Ausbeutung durch Herrschaft oder Führung hießen die grundlegenden Weichenstellungen für *Huber*. Sie bestimmten die künftige Struktur der Reichsgewalt.[1413] Die Unterscheidung zwischen „Führung" und „Herrschaft" wurde damit zu dem Mittel, die bestehenden Verhältnisse zu hinterfragen. So stand hinter der Kritik an *Werner Best*, der den Vorschlag gemacht hatte, nicht von „völkerrechtlicher", sondern von „völkischer Großraumordnung" zu sprechen,[1414] die Forderung an die Reichsregierung, endlich eine rechtsverfasste Ordnung herbeizuführen.[1415] Aber auch den Umgang mit den übrigen Völkern des Großraums stellte *Huber* über das Kriterium „Führung" in Frage. Denn von „Führung im Großraum kann man nur dann sprechen, soweit es gelingt, die Völker selbst in unmittelbare und freiwillige Zuordnung zum Träger des Großraums zu bringen, was wiederum voraussetzt, dass ihnen im Rahmen des Ganzen die Freiheit völkischer Selbstgestaltung gewährleistet ist"[1416]. Es ging ihm um das „gerechte Walten der Macht".[1417]

---

schen Raumes" (*Huber*, Verfassungsrecht des Großdeutschen Reiches, S. 157 Fn. 1) zu sein, begrüßt. Von nationaler Eigenständigkeit war nicht mehr die Rede.

[1409] *Huber*, Bau und Gefüge des Reiches, in: aaO, S. 53

[1410] *Huber*, Großraum und völkerrechtliche Neuordnung, in: aaO, S. 746

[1411] *Huber*, Großraum und völkerrechtliche Neuordnung, in: aaO, S. 746

[1412] Siehe dazu die Ausführungen auf den Seiten 195-201 dieser Arbeit.

[1413] *Huber*, Herrschaft und Führung, in: aaO, S. 2024

[1414] *Best*, Nochmals: Völkische Großraumordnung statt: „Völkerrechtliche Großraumordnung", in: DR 1941, S. 1533-1534

[1415] Deshalb betonte *Huber* auch, dass das Wesentliche an *Schmitts* Ausführungen gewesen sei, dass die neuentstehende Großraumordnung nicht nur ein politisches Machtgebilde, sondern ein *völkerrechtliches* (Hervorhebung durch *Huber*) Gefüge sei. Diese These sei jedoch noch nicht allgemein begriffen worden, so auch die Tatsache, dass „Recht" und „Ordnung" Synonyme seien (*Huber*, Herrschaft und Führung, in: aaO, S. 2023 Fn. 39; Adressat dieser Kritik war *Werner Best* und mit ihm sämtliche Vertreter der völkischen Richtung innerhalb der Staatsrechtslehre).

[1416] *Huber*, Herrschaft und Führung, in: aaO, S. 2024

[1417] *Huber*, „Positionen und Begriffe", in: aaO, S. 42

Aus dem Lob für die Führung folgte die Abwertung der Herrschaft, die für *Huber* noch charakteristisch für die damalige Situation in Europa war. Um Führung tatsächlich zu verwirklichen, hätte das Reich seine Politik wesentlich verändern müssen. Das Reich sollte die Bevölkerung der eroberten Gebiete nicht als Unterworfene, Unterlegene oder Minderwertige erfassen, sondern müsse versuchen, sie für die neue Ordnung zu gewinnen und sie durch Zusammenarbeit einzubinden. Indem *Huber* davon ausging, dass der damalige Zustand noch gar keine Autonomie verwirklichte und er eine wirkliche politische Mitwirkung verlangte, war *Huber* in diesem Punkt wesentlich konkreter, als jene Autoren, die nur oberflächlich von der Erhaltung der völkischen Autonomie sprachen. Insoweit enthalten *Hubers* Ausführungen zum Großraum deutliche Kritik an der Politik der deutschen Reichsführung. *Hubers* Beiträge zur Großraumordnung zeugen daher nicht nur von einer ständigen Suche nach dem Recht und wissenschaftlicher Präzision auf politischem Gebiet, sondern auch von auffallender Freiheit im Umgang mit der offiziellen Politik und einzelnen NS-Persönlichkeiten.

Huber nutzte die Auseinandersetzung mit der imperialistischen Außenpolitik des Deutschen Reiches insofern auf zweifache Weise zum Ausbau seines eigenen Verfassungssystems: Die Hegemonialpolitik verpflichtete danach nicht nur zum Aufbau einer völker*rechtlichen* (Hervorh. durch Verf.) Großraumordnung, sondern auch zur Konkretisierung der eigentlichen Reichsverfassung. Denn nicht der außenpolitische Imperialismus, sondern die für diese Politik sinnstiftende innenpolitische Ordnungsaufgabe war für *Huber* die verfassungspolitische Aufgabe: „Ein Volk muss in einer bestimmten inneren Verfassung gefestigt sein, um der Verantwortung für eine weitere Ordnung genügen zu können. Hier liegt die entscheidende Aufgabe beim weiteren Ausbau der Verfassung.“[1418]

Neben der grundsätzlichen Zustimmung zu einer völkerrechtlichen Großraumordnung grenzte sich *Huber* jedoch in Einzelfragen klar von *Schmitt* ab. So bezweifelte *Huber*, dass es einen tatsächlichen Unterschied zwischen der neuen Raumhoheit und der traditionellen Gebietshoheit gab. *Hubers* Raumdenken beschränkte sich vielmehr auf geopolitische „Erkenntnisse“ wie die wechselseitige Beeinflussung von Volk und Raum[1419] und die territoriale Festlegung des Geltungsbereiches einer Staatsordnung. Dahinter stand nicht mehr als das herkömmliche Konzept des Staatsgebietes,[1420] ergänzt durch geowissenschaftliches Denken. Konsequenterweise warf *Huber* daher auch die Frage auf, inwiefern

[1418] *Huber*, Bau und Gefüge des Reiches, in: aaO, S. 53
[1419] *Huber*, Verfassungsrecht des Großdeutschen Reiches, S. 156f
[1420] *Schmoeckel*, Die Großraumtheorie, S. 177

sich der mit Raumhoheit ausgestattete Großraum „noch von einem Großstaat oder Überstaat unterscheidet“.[1421]

Auch das Reich als Träger des Großraumes erhielt bei *Huber* eine andere Bedeutung, als von *Schmitt* vorgesehen. So sprach *Huber* im Gegensatz zu *Schmitt* nicht von „Reichen“, sondern beschränkte den Begriff auf die konkrete Gestalt des Großdeutschen Reiches.[1422] Darin verdeutlicht sich, dass *Huber* ganz im Einfluss der historischen Argumentation stand, die die Reichsentwicklung allein auf das Deutsche Reich und seine Vorläufer projizierte. *Schmitt* ging dagegen davon aus, dass auf anderen Erdteilen gleichrangige und gleichgeartete Staatswesen existierten, die das Deutsche Reich als gleichwertig anerkennen müsse. Auch hier zeigt sich, dass *Schmitt* an der Entwicklung einer neuen Weltordnung interessiert war, während *Hubers* Gedanken allein auf den mittel-/osteuropäischen Raum und damit auf das Verfassungsrecht des Großdeutschen Reiches beschränkt blieben.

Universal dachte *Huber* jedoch insofern, als er den Großraumgedanken auf die Idee des mittelalterlichen Reiches und auf *Hegels* Vorstellung vom führenden Weltvolk gründete. Im Unterschied zu *Schmitt* bezog er diese Universalität jedoch nur auf die Rolle des deutschen Volkes. *Huber* entwarf keine weltweiten Beziehungen zwischen Großräumen und damit Reichen, sondern eine Ordnungsaufgabe, die das Deutsche Reich zum Hüter des Friedens und der Sicherheit in Europa werden ließ. Dieses Ziel beschrieb *Huber* wiederholt in seinen Veröffentlichungen, sowohl auf Deutsch als auch auf Latein, pax et securitas.[1423] Interessant ist dabei, dass er mit der lateinischen Form eine Wortkombination verwendete, die in diesem Zusammenhang lediglich an einer einzigen Stelle in der Bibel,[1424] dafür aber als gängige Formel der mittelalterlichen Antichristdichtung auftauchte. Die ansonsten von *Huber* immer wieder beschworene Kontinuitätslinie des Deutschen Reiches zum sacrum imperium wurde auf diese Weise in Frage gestellt, bezeichnete *Schmitt* doch jenes Sicherheitsbedürfnis als „Massenglauben eines antireligiösen Diesseitsaktivismus“.[1425] Seine Bestätigung fand diese Assoziation auch in den revolutionär-konservativen Kreisen des *Huber* wohlvertrauten „Deutschen Volkstums“. Ende der zwanziger Jahre wurde die antichristliche Formel von „pax et securitas“ von den Herausgebern *Dr. Wilhelm*

[1421] *Huber*, „Positionen und Begriffe“, in: aaO, S. 44

[1422] *Huber*, „Positionen und Begriffe“, in: aaO, S. 36 Fn. 3

[1423] So z.B. in *Huber*, Bau und Gefüge des Reiches, in: aaO, S. 13f: „Wenn es galt, dem deutschen Volk Frieden und Sicherheit zu schaffen, so zeigte sich bald, dass dieses Ziel nur erreicht werden konnte, wenn in Europa und der Welt pax und securitas wiederhergestellt wurden.“

[1424] Erster Brief an die Thessalonicher 5, 3

[1425] *Schmitt*, Das Zeitalter der Neutralisierungen und Entpolitisierungen, in: *ders.*, Positionen und Begriffe, S. 120-132 (131)

Stapel und *Albrecht Erich Günther* für die politische Auseinandersetzung benutzt. Für *Stapel* war sie Ausdruck der „Vernunft in ihrer vollendeten Banalität".[1426]

Kritisch betrachtete *Huber* auch die von *Schmitt* vorgenommene Differenzierung zwischen der Monroe-Doktrin und dem britischen Weltreich. Während jener erstere als echten Präzedenzfall des völkerrechtlichen Großraumprinzips wertete, verstand *Schmitt* letzteres lediglich als ein „System von Verkehrswegen".[1427] In „Positionen und Begriffe", seiner Auseinandersetzung mit *Carl Schmitt*, ließ *Huber* diese Ansicht unkommentiert gelten, privat äußerte er seine Ablehnung jedoch eindeutig. So schrieb er *Schmitt* als Reaktion auf dessen Kieler Vortrag: „Selbstverständlich sehe ich, dass Sie die Monroe-Doktrin nur als Beispiel und nicht als Vorbild aufführen. Doch empfinden Sie offenbar die klassische Monroe-Doktrin als ein irgendwie gerechtfertigtes politisches Prinzip, das englische Weltreich aber als ein in sich brüchiges und verwerfliches politisches System. Obwohl Sie darin vielleicht atavistisch-nationalliberale Anglophilie vermuten werden, bekenne ich, dass mir der englische Reichsgedanke als ein großartiger und in sich gerechtfertigter Fall von Großraumordnung erscheint (gerechtfertigt durch eine große Leistung des Aufbaus und der Ordnung), während ich die Monroe-Doktrin auch in ihrer klassischen Prägung für eine durch keinerlei Leistung oder sonstige Titel legitimierte Anmaßung halte".[1428]

Insgesamt gesehen bezweifelte *Huber*, dass *Schmitt* tatsächlich neues Völkerrecht entwickelt hatte, oder ob die mit Raumhoheit ausgestatteten Großräume nicht vielmehr eine Bestätigung des herkömmlichen Staatsgedankens darstellten. Nicht zuletzt der von *Schmitt* immer wieder beschworene Kampf gegen „indirekte Gewalten", die Kennzeichen des modernen Imperialismus gewesen seien, wurde von *Huber* in Frage gestellt. Denn wenn sich über die Großraumordnung eine neue Gewaltausübung etablieren sollte, mussten die führenden Mächte zu einem System der „offenen, verantwortlichen Herrschaft übergehen".[1429] Die sich auf diese Weise entwickelnde Raumhoheit stellte für *Huber* jedoch keinerlei Neuerung dar. Diese bedeutete vielmehr „Erweiterung der staatlichen Hoheit, Ausdehnung der staatlichen Grenzen"[1430], also die Errichtung eines Überstaates und nicht die Schaffung etwas grundsätzlich Neuen.

[1426] *Blindow*, Carl Schmitts Reichsordnung: Strategie für einen europäischen Großraum, S. 153f

[1427] *Huber*, „Positionen und Begriffe", in: aaO, S. 37

[1428] Schreiben *Hubers* an *Schmitt* v. 30.05.1939, Nachlass Schmitt, Nordrhein-Westfälisches Hauptstaatsarchiv Düsseldorf, RW 265-6269/1

[1429] *Huber*, „Positionen und Begriffe", in: aaO, S. 44

[1430] *Huber*, „Positionen und Begriffe", in: aaO, S. 43

Für *Huber* war das Reich eben lediglich die Anpassung des Staates an völkisches Gedankengut, sowohl auf staats- als auch auf völkerrechtlicher Ebene. Die Aufgabe der Staatsidee, wie von der völkischen Richtung innerhalb der Staatsrechtslehre vorgesehen, wäre ihm niemals in den Sinn gekommen. *Hubers* Versuch, den Staat mit dem völkischen Prinzip zu vereinen, stellte letztlich eine Bestätigung des Staatsbegriffs dar. Dieser kehrte ab 1938 in erheblich erweitertem Maßstab als staatsrechtliche Konstante wieder und dokumentierte damit gegenüber den „völkischen Vitalisten" seine Unersetzbarkeit.[1431]

Das einzige, das *Huber* bei *Schmitts* Großraumtheorie als Novum anerkannte, war die gestufte Völkerrechtssubjektivität. Darunter verstand *Huber* die längst überfällige Festschreibung eines schon immer faktisch existierenden Bedeutungsgefälles zwischen den einzelnen Staaten: „Die Großraumtheorie reißt den Schleier von einer Rechtstheorie, die mit ihrem Prinzip der Gleichheit und Unabhängigkeit der Staaten die politische Wirklichkeit verhüllte."[1432] So entstand für *Huber* innerhalb eines Großraums ein auf Führung beruhendes gegenseitiges System von Abhängigkeit und Verantwortlichkeit. *Huber* sah damit im Großraum ein Strukturprinzip verwirklicht, das er Ende der zwanziger Jahre in der Verfassungsreformdiskussion vergeblich zu Gunsten Preußens gefordert hatte, den „hegemonialen Föderalismus".[1433]

[1431] *Schmoeckel*, Die Großraumtheorie, S. 237

[1432] *Huber*, „Positionen und Begriffe", in: aaO, S. 39

[1433] *Huber*, Großraum und völkerrechtliche Neuordnung, in: aaO, S. 746; Siehe dazu die Seiten 115f dieser Arbeit.

E. Ergebnis

Wie viele andere der so genannten „Jungkonservativen“ fühlte sich Ernst Rudolf Huber zu Beginn der dreißiger Jahre abgestoßen von dem ungewohnten demokratischen Pluralismus teils dem Staat und teilweise dem privaten Bereich zugeordneter Machtträger, von denen in der Tat anzunehmen war, dass mit ihnen die Staatskrise nicht zu bewältigen war. Für alles, was den national-konservativen Kreisen um Huber verwerflich vorkam, stand die liberale Demokratie, die Verbindung zweier im Grunde nicht miteinander zu vereinbarender Elemente. An ihrer Stelle wünschte sich Huber eine Ordnung, die sich dadurch auszeichnete, dass sie dem schrankenlosen Egoismus der konkurrierenden Machtgruppen entgegentrat und alle verfügbaren Kräfte für ein gemeinsames Ziel bündelte. Der Staat und seine Verfassung sollten keinen Kompromisscharakter mehr haben, sondern das „objektive Grundgesetz des völkischen Seins“, also ein nur irrational begründetes Gemeinwohl, verwirklichen. Dazu bedurfte es endlich politischer Führung, die auch Huber nur im nationalsozialistischen Führerstaat gewährleistet sah.

Der Wandel, den Huber nach 1933 in erstaunlicher Geschwindigkeit vollzog, wird in seinem Werk durch zwei Schlüsselbegriffe beschrieben, Einheit und Ganzheit. Beide waren Reaktion auf seine in der Weimarer Republik gemachten Erfahrungen und verkörperten ein Denken, das die Weimarer Reichsverfassung entschieden aufgab ohne aber jemals im Großdeutschen Reich wirkliche Erfüllung zu finden. Alle Formen der von ihm verlangten Einheit waren mit dem Nationalsozialismus unvereinbar. Sie waren lediglich Bilder, um die Weimarer Republik zu bekämpfen, versagten aber, als es galt, sich auch in der Wirklichkeit zu bewähren. So geriet die Formel der Einheit von Staat und Volk, zu der sich Huber erst nach 1933 durchgerungen hatte, plötzlich zu einem reaktionären Bekenntnis, das der Verschleierung bedurfte. Huber musste trotz aller integrativen Denkansätze zunehmend einsehen, dass sein in den Nationalsozialismus hinübergeretteter Etatismus den Zielen der neuen Machthaber nicht entsprach und daher ständige Rechtfertigung erforderte.

Das Hubers wissenschaftliche Arbeit während des Nationalsozialismus dominierende Prinzip, die Einheit der Rechtsordnung, blieb gleichfalls nur theoretisches Programm. Sein ernsthaftes Bemühen um eine konservativ-ordnungsstaatliche Durchdringung der durch die nationalsozialistische Revolution geschaffenen politischen und rechtlichen Gegebenheiten war von Anfang an zum Scheitern verurteilt. Hubers Vorhaben, durch seine Veröffentlichungen für die Ordnung Partei zu ergreifen, Recht und Unrecht nach allgemeinen Regeln zu unterscheiden und den Führer mitsamt der alles umfassenden Bewegung für den Staat in die Pflicht zu nehmen, konnte in einem System, das den Staat und die Rechtsordnung selbst zu seinem Diener machte, nicht gelingen.

Auch innerhalb seines Fachbereichs strebte er vergeblich nach Einheit, der Einheit der Rechtswissenschaft. Kein anderer Staatsrechtler war so bestrebt, möglichst viele noch mit der Arbeit am deutschen Staatsrecht beschäftigte Kollegen für seine Ideen und den gemeinsamen Einsatz der Rechtslehrer zu begeistern. Niemand vermochte dabei auch eine solche Integrationskraft zu entfalten wie Huber. Immer von dem Vorhaben geleitet, alle divergierenden Kräfte zu bündeln, unternahm er bei fast jeder innerhalb der Staatsrechtslehrerschaft umstrittenen Frage den Versuch, einen dritten Weg zu finden. Dieser diente stets der Vermittlung unterschiedlicher Auffassungen und hatte dabei immer ein Ziel, die Einheit der Staatsrechtswissenschaft. Die Nachteile eines solchen Bemühens liegen auf der Hand. Seine Integrationsversuche waren ständiger Kritik beider Extrempositionen ausgesetzt. Die Vorwürfe hatten, bei aller inhaltlichen Diskrepanz, einen übereinstimmenden Kern. Sowohl Merk (für die konservative Seite), als auch Höhn (als Vertreter der völkischen Richtung) warfen Huber Unschärfe und Unentschiedenheit vor. Hubers Vorgehen, mit Hilfe dehnbarer Begrifflichkeiten und der Verwendung von „sowohl-als-auch-Formeln“ alle ernstzunehmenden Strömungen des Staatsrechts zu vereinen, ging tatsächlich zu Lasten der wissenschaftlichen Genauigkeit, die Huber sonst auszeichnete.

Dass Hubers Denken durch die Erfahrungen der Weimarer Republik geprägt war, zeigt sich in der Art und Weise, wie er die von ihm erstrebten Mittelwege erklärte. Sie waren Synthesen, also auf einer neuen Ebene durch Aufhebung von Gegensätzen erlangte Übereinstimmungen. Huber erkor die hegelsche Dialektik zum unverzichtbaren Element seines Integrationsbedürfnisses, damit die Brückenschläge niemals nur Kompromisse waren. Kompromisse waren für Huber ein Symbol der Weimarer Republik. Sie standen für den verzweifelten Versuch, Meinungen überein zu bringen, die nicht miteinander vereinbar sind und daher nur aus der Not geboren waren. Im Gegensatz dazu erkannte Huber in jeder Synthese eine tragende Basis, wurden die bisherigen Antithesen doch zu einer neuen Einheit überwunden.

Hubers fortwährendes Bemühen um die Integration divergierender Tendenzen hatte eine Grenze, die er energisch verteidigte, die Zerstörung des Rechts als wissenschaftliche Disziplin. Huber wusste, dass seine rechtliche Ordnung nur dann Akzeptanz finden konnte, wenn diese allen Ansprüchen des nationalsozialistischen Regimes genügte. Dennoch ließ er es nicht zu, dass die Protagonisten der neuen Rechtsfeindlichkeit versuchten, sämtliche Rechtsformen vollständig zu zerstören und durch eine „völkische Gemeinschaft“ zu ersetzen. Wie auch andere, dem Nationalsozialismus durchaus zugeneigte Rechtsprofessoren, wollte Huber gewisse Restformen von Recht erhalten. Huber beschritt daher einen anderen Weg, um die von ihm entwickelte Verfassung auch im Führerstaat überlebensfähig zu gestalten. Huber verwendete die vertrauten juristischen Begrifflichkeiten und Rechtsprinzipien weiter, machte diese aber mit Hilfe seines antipositivistischen Verständnisses einer geistesgeschichtlichen und nach 1933 vor allem einer politischen Auslegung zugänglich. So konnten die traditionellen Rechtsformen mit nationalsozialistischen Inhalten gefüllt und damit bewahrt werden.

Inwieweit zwischen der Gruppierung um Reinhard Höhn und Vertretern wie Ernst Rudolf Huber inhaltlich eine größere oder geringere Nähe zur nationalsozialistischen Führung festzustellen war, ist allein anhand ihrer Einstellung zu der Rechtsordnung nicht zu entscheiden. Sicherlich kann in Hubers Bestrebungen, das Staatsrecht auch im Nationalsozialismus noch in einer Verfassung zu systematisieren, keine Opposition gegen das herrschende Regime gesehen werden. Vielmehr hatte Huber das neue Staatsrecht als geltendes Recht akzeptiert, erläutert und erklärt. Er hat es sogar geformt und damit letztlich gestützt und andere dafür gewonnen. Hubers Werk allein als „konservativ-ordnungsstaatliche Leistung im Rahmen der damaligen politischen und rechtlichen Gegebenheiten" (so Böckenförde, Ernst Rudolf Huber zum 70. Geburtstag, AöR 98 (1973), S. 255-259 (257)) zu verstehen, ist verfehlt. Denn seine Arbeit als Rechtswissenschaftler bedeutete mehr als eine bloße Beschreibung der nationalsozialistischen Wirklichkeit ohne jede innere Beteiligung. Meines Erachtens lag bei Huber eine tiefe innere Überzeugung dessen vor, was er, in all seiner Verirrung über den völkischen Staat, über den Führer und seine Gefolgschaft geschrieben hat. Huber hat viele Missstände und Unmenschlichkeiten in bemerkenswert offener Weise angesprochen. Das spricht ihn allerdings nicht davon frei, die Ereignisse auch gebilligt zu haben. So zeichnet es ihn beispielsweise aus, dass er sich an der Verschleierung rein diktatorischer Politik durch die begrifflich nicht greifbare „Führung" nicht beteiligte, verurteilt hat er sie jedoch auch nicht

Darüber hinaus klingt in Hubers Veröffentlichungen auch immer wieder deutliche Kritik an den herrschenden Verhältnissen an. Hierbei zielte er aber meist nicht auf inhaltliche Aspekte, sondern allein auf ordnungsstaatliche Gesichtspunkte. Seine rücksichtslose Missbilligung der chaotischen Staatsorganisation verband Huber daher auch nur mit dem Vorschlag, dass die Führung gestärkt werden müsse. Beanstandungen, die das Wesen des Führerstaates an sich in Frage stellten, existieren nicht, konnten in der staatsrechtlichen Literatur einer Diktatur aber wohl auch nicht erwartet werden. Als Option hätte Huber der Weg in die wissenschaftliche Zurückhaltung offengestanden, denn niemand hatte Huber gezwungen zu schreiben. Diesen Schritt ist er bewusst nicht gegangen.

Dennoch kann in den letzten Kriegsjahren auch bei Huber eine gewisse Entwicklung zur Distanz gegenüber der politischen Wirklichkeit festgestellt werden. Huber verlegte sich zunehmend auf die Veröffentlichung verfassungshistorischer Beiträge und wandte sich damit offensichtlich von der staatsrechtlichen Tagesproblematik ab. Insbesondere im Zusammenhang mit der Außenverfassung fällt zudem Kritik an der deutschen Hegemonialpolitik auf. Huber prangerte den real praktizierten Umgang mit anderen Völkern offen an, ein in seiner Position nicht selbstverständlicher Vorgang.

Seine Illusionen über den Führerstaat waren kein Einzelfall. Huber hat sich wie viele andere Hochschullehrer seiner Generation von der nationalsozialistischen Machtergreifung begeistern lassen. Nicht zuletzt sein Geschichtsverständnis spricht dafür, dass er sicherlich in mancher Hinsicht arglos war und zu lange hoffte, dass sich das Gute durchsetzen werde.

Die in vielen Veröffentlichungen gezogene Grenze zwischen der Riege um Reinhard Höhn und ihrer innerfachlichen Gegner wie Ernst Rudolf Huber, Carl Schmitt und Ernst Koellreutter hat durchaus ihre Begründung, stützt sich aber nicht allein darauf, dass die einen mehr, und die anderen weniger nationalsozialistisch gesinnt waren. Man könnte sogar die These aufstellen, dass Personen wie Huber, die eine Führerdiktatur durch eine Verfassung oder genauer durch ein Zusammenspiel von Volk, Bewegung und Staat rechtlich zu begreifen suchten, viel gefährlicher und dem Regime deutlich dienlicher waren, als all diejenigen, die jede Rechtsform zerstören wollten und sich dadurch, sogar im Führerstaat, als Juristen disqualifizierten.

Eine Differenzierung zwischen Huber und Höhn ist unter zwei Gesichtspunkten aber offensichtlich gerechtfertigt: Zunächst wandte sich Hubers Bemühen um den Entwurf einer nationalsozialistischen Verfassung zumindest gegen Willkür. Auch wenn jedes Verbrechen mit Hilfe einer Verfassung oder Rechtsordnung legalisiert werden kann, so bedeutete jedes Gesetz, geschrieben oder ungeschrieben, dennoch ein Maß an Bindung, das im Führerstaat unerwünscht war. Bereits der Kampf gegen Willkür ist daher zumindest als ein Schritt zu betrachten, eigene wissenschaftliche Ansprüche nicht gänzlich den politischen Erfordernissen zu opfern. Hubers Werk war folglich zwar durch den Leitsatz „Das Staatsrecht hört dort auf, wo die Willkür herrscht“ bestimmt, dabei aber von einer Form der Opposition zu sprechen, halte ich für verfehlt.

Darüber hinaus hat Huber nach 1945 nicht nur den Willen gezeigt, zurück auf einen juristischen Lehrstuhl zu gelangen, sondern er strebte auch nach einer Umkehr seines Denkens. Huber schloss nachträglich den Frieden mit der Demokratie, den er durch die leidvollen Erfahrungen in der Weimarer Republik verloren zu haben glaubte.

Sein Neuanfang nach dem Krieg basierte nicht auf Lippenbekenntnissen. Huber verlieh dem Vorhaben mit Hilfe einer enormen Schaffenskraft Ausdruck, ohne dabei unglaubwürdig zu werden. Um das zu erreichen, blieb er vielen seiner Prinzipien treu, so beispielsweise dem Etatismus. Unter dem Grundgesetz bedeutete Hubers Staatsfixiertheit aber gleichzeitig, dass er sich jetzt dem neuen, geläuterten Staat zuwandte. Diese Rückbesinnung auf Demokratie und Rechtsstaat bekräftigte Huber durch sein letztes und umfangreichstes literarisches

Großprojekt. Nach 1968 setzte er sich die Aufgabe, die Geschichte der Entwicklung zur Demokratie und der daraus folgenden Einrichtungen aufzuspüren. Dabei stellte er heraus, dass die Demokratie nicht eine wurzel- und folgenlose Theorie, sondern das Ergebnis einer zivilisatorischen und über den Staat hinausweisenden Bewusstseinsbildung war. Damit erfuhr der Demokratiebegriff eine Verankerung im Bewusstsein nachfolgender Generationen, die ihn nach langen Anfeindungen und wiederholten Rückschlägen allgemein legitimiert erscheinen lässt.

Ernst Rudolf Hubers Leben, das an den letzten vier Epochen deutscher Geschichte aktiv teilnahm, steht beispielhaft für eine deutsche Karriere im 20. Jahrhundert: Die unbefriedigende Leere der Weimarer Republik, die kritiklose Rettung in ein als gutartig missverstandenes Glaubensschema, das entsetzte Erwachen und schließlich die bemerkenswerte Bemühung, eine neue, jetzt als unumgänglich erkannte Lebensform zu übernehmen, wurde das Schicksal vieler Entscheidungsträger seiner Generation.

F. Literaturverzeichnis

I. Primärliteratur (chronologisch nach ihrem Erscheinungsdatum)

Die Garantie der kirchlichen Vermögensrechte in der Weimarer Verfassung. Zwei Abhandlungen zum Problem der Auseinandersetzung von Staat und Kirche.
Tübingen: J. C. B. Mohr, 1927. IV, 106 Seiten

Die politische Bedeutung des Konkordates.
Ring, 2. Jg., 1929, S. 933-935

Die neutralen Mächte im modernen Staat.
Ring, 2. Jg., 1929, S. 1001-1002 (ungezeichnet)

Verträge zwischen Staat und Kirche im Deutschen Reich.
Breslau: M. & H. Marcus, 1930. VII, 229 S. (Abhandlungen aus dem Staats- und Verwaltungsrecht sowie aus dem Völkerrecht, Heft 14)

Die Gleichheit in der Verhältniswahl.
Ring, 3. Jg., 1930, S. 65-67 (unter dem Pseudonym Cassius)

Demokratie und Wirtschaft.
Ring, 3. Jg., 1930, S. 323-325 (u. d. Pseudonym Friedrich Schreyer)

Repräsentation.
Ring, 3. Jg., 1930, S. 545-547 (u. d. Pseudonym Manfred Wild)

Hugo Preuß.
Ring, 3. Jg., 1930, S. 552 (ungezeichnet)

Politische Macht und ökonomisches Gesetz.
Ring, 3. Jg., 1930, S. 635-637 (u. d. Pseudonym Friedrich Schreyer)

Das Deutsche Reich als Wirtschaftsstaat.
Tübingen: J. C. B. Mohr, 1931. 35 S. (Recht und Staat in Geschichte und Gegenwart, Heft 85)

Der Hüter der Verfassung.
Ring, 4. Jg., 1931, S. 328-330 (u. d. Pseudonym Manfred Wild)

Gewerkschaften, Betriebsräte und Faschismus.
Ring, 4. Jg., 1931, S. 561-563 (u. d. Pseudonym Friedrich Schreyer)

Nationalsozialismus und katholische Publizistik.
Ring, 4. Jg., 1931, S. 567-568 (gezeichnet Fr. Schr.)

Sozialistische Deutung und Kritik des Nationalsozialismus.
Ring, 4. Jg., 1931, S. 568-569 (gezeichnet Fr. Schr.)

Sozialrevolutionärer Nationalsozialismus.
Ring, 4. Jg., 1931, S. 569 (gezeichnet Fr. Schr.)

„Reich Gottes – Marxismus – Nationalsozialismus".
Ring, 4. Jg., 1931, S. 921 (gezeichnet M. E.)

Besprechung: Otto Stählin, Die deutsche Jugendbewegung.
Ihre Geschichte, ihr Wesen, ihre Formen. 2. Auflage, Leipzig: A. Deichert, 1930. IV., 72 S.
Ring, 4. Jg., 1931, S. 236-237 (gezeichnet M. W.)

Besprechung: Albert Hensel, Grundrechte und politische Weltanschauung. Tübingen: J. C. B. Mohr, 1931, 34 S. (Recht und Staat in Geschichte und Gegenwart, Heft 80)
Ring, 4. Jg., 1931, S. 667-668 (gezeichnet Fr. Schr.)

Verfassung und Verfassungswirklichkeit bei Carl Schmitt.
Blätter für Deutsche Philosophie, Bd. 5, 1931/32, S. 302-315

Reichsgewalt und Staatsgerichtshof.
Oldenburg: Stalling, 1932. 74 S. (Stalling-Bücherei „Schriften an die Nation", Nr.42)

Wirtschaftsverwaltungsrecht. Institutionen des öffentlichen Arbeits- und Unternehmensrechts.
Tübingen: J. C. B. Mohr, 1932. XI, 304 S.

Die Stellung der Geschäftsregierung in den deutschen Ländern.
DJZ, 37. Jg., 1932, S. 194-199

Die Rechtsfragen der Reichstagsauflösung vom 12. September 1932.
DJZ, 37. Jg., 1932, S. 1186-1193

Staat und Gesellschaft. Bemerkungen zu Hans Freyers „Soziologie als Wirklichkeitswissenschaft".
Dt. Volkstum, 14. Jg., 1932, S. 299-305 (u. d. Pseudonym Friedrich Landeck)

Die Deutsche Nation.
Dt. Volkstum, 14. Jg., 1932, S. 564-571

Obrigkeit und Volk.
Dt. Volkstum, 14. Jg., 1932, S. 682-684 (gezeichnet Friedrich Landeck)

Verfassung und Legalität.
Dt. Volkstum, 14. Jg., 1932, S. 733-737 (u. d. Pseudonym Friedrich Landeck)

Das Volk als Hüter der Verfassung.
Dt. Volkstum, 14. Jg., 1932, S. 807-808 (gezeichnet Friedrich Landeck)

Selbstverwaltung der Wirtschaft.
Dt. Volkstum, 14. Jg., 1932, S. 883-889

Die Berufsverbände und der Staat.
Dt. Volkstum, 14. Jg., 1932, S. 953-958

Verfassungsnotstand.
Dt. Volkstum, 14. Jg., 1932, S. 983-984 (gezeichnet Lothar Veeck)

Das Urteil des Staatsgerichtshofs.
Dt. Volkstum, 14. Jg., 1932, S. 985-986 (gezeichnet K. Fehling)

Die Nichtigkeit der Handelsgesellschaften und ihrer Beschlüsse in verwaltungsrechtlicher Betrachtung.
VerwArch., Bd. 37, 1932, S. 1-38

Rechtsformen der wirtschaftlichen Selbstverwaltung.
VerwArch., Bd. 37, 1932, S. 301-367

Bedeutungswandel der Grundrechte.
AöR NF, Bd. 23, 1932/33, S. 1-98

Besprechung: Helmut Bindewald, Der Gleichheitsgedanke im Rechtsstaate der Gegenwart Greifswald: Ratsbuchhandlung L. Bamberg, 1931. XI, 82 S.
Ring 5. Jg., 1932, S. 376 (gezeichnet M. W.) ebenso erschienen in:
AöR NF Bd. 23,1932/33, S. 354-355

Selbstverwaltung und Verfassungsaufbau.
DJZ, 38. Jg., 1933, Sp. 209-215

Das Gesetz über die Berufsverbände.
Deutsches Volkstum, 15. Jg., 1933, S. 333-339

Besprechung: Gustav Giere, Das Problem des Wertsystems der Weimarer Grundrechte. Breslau-Neukirch: A. Kurtze, 1932. 123 S. (Abhandlungen der rechts- und staatswissenschaftlichen Fakultät der Universität Königsberg, Heft 3)
AöR NF, Bd. 24, 1933/34, S. 394-395

Die Gestalt des deutschen Sozialismus.
Hamburg: Hanseatische Verlagsanstalt, 1934. 88 S. (Der deutsche Staat der Gegenwart, Heft 2)

Die Einheit der Staatsgewalt.
DJZ, 39. Jg., 1934, Sp. 950-960

Die deutsche Rechtserneuerung.
Europäische Revue, 10. Jg., 1934, S. 693-702

Das Ende des Parteienbundesstaats.
JW, 63. Jg., 1934, Teilbd. I, S. 193-197

Die Gestalt des deutschen Sozialismus.
In: Deutscher Geist. Kulturdokumente der Gegenwart.
Hrsg.: Carl Lange und Ernst Adolf Dreyer. Jahresbd. 2, 1935: Gestaltung des Reiches.
Leipzig: Voigtländer, 1934. S. 193-201

Die Totalität des völkischen Staates.
Die Tat. Wege zu freiem Menschentum, 26. Jg., 1934/35, S. 30-42

Die deutsche Staatswissenschaft:
ZgesStW, Bd. 95, 1934/35, S. 1-65

Das Staatsoberhaupt des Deutschen Reiches.
ZgesStW, Bd. 95, 1934/35, S. 202-229

„Auf dem Weg zum Neuen Reiche". Bemerkungen zu den politischen Schriften von Hans Gerber.
ZgesStW, Bd. 95, 1934/35, S. 545-551

Vom Sinn der Verfassung. Rede, gehalten am 30. Januar 1935 anlässlich der Feier des Reichsgründungstages und des Tages der deutschen Revolution.
Hamburg: Hanseatische Verlagsanstalt, 1935. 25 S. (Kieler Universitätsreden, Neue Folge, Heft 4)

Wesen und Inhalt der politischen Verfassung.
Hamburg: Hanseatische Verlagsanstalt, 1935. 97 S. (Der deutsche Staat der Gegenwart, Heft 16)

Neue Grundbegriffe des hoheitlichen Rechts.
Berlin: Junker & Dünnhaupt, 1935. 50 S.; Ebenfalls erschienen in:
Grundfragen der neuen Rechtswissenschaft, Hrsg.: Karl Larenz.
Berlin: Junker & Dünnhaupt, 1935. S. 143-188

Ist ein SA-Führer Beamter im Sinne des § 359 ? (Zum Urteil des RG vom 17. Juni 1935 – 2 D 1486/34 -)
DJZ, 40. Jg., 1935, Sp. 1022-1024

Partei, Staat, Volk.
DR, 5. Jg., 1935, S. 309-312

Die Rechtsstellung des Volksgenossen. Erläutert am Beispiel der Eigentumsordnung.
ZgesStW, Bd. 96, 1935/36, S. 438-474

„Staatsphilosophie". Bemerkungen zu einigen Schriften über die Geschichte der Staatsphilosophie.
ZgesStW, Bd. 97, 1936/37, S. 549-558

Friedrich Christoph Dahlmann und die deutsche Verfassungsbewegung.
Hamburg: Hanseatische Verlagsanstalt, 1937. 55 S.

Verfassung.
Hamburg: Hanseatische Verlagsanstalt, 1937. 338 S. (Grundzüge der Rechts- und Wirtschaftswissenschaft, Reihe A: Rechtswissenschaft)

Die volksgenössische Rechtsstellung in der Verwaltung.
ZAkDR, 4. Jg., 1937, S. 323-327

Die Verwirkung der volksgenössischen Rechtsstellung im Verwaltungsrecht.
ZAkDR, 4. Jg., 1937, S. 366-369

„Politik und Justiz". Zu Hans Peter Ipsens Schrift über das Problem der „justizlosen Hoheitsakte".
ZgesStW, Bd. 98, 1937/38, S. 193-200

Der Schutz der Verfassung.
ZAkDR, 5. Jg., 1938, S. 78-81

Der Volksgedanke in der Revolution von 1848.
ZgesStW, Bd. 99, 1938/39, S. 393-439

Der Führer als Gesetzgeber.
DR, Ausg. A, 9. Jg., 1939, Halbbd. 1, S. 275-278

Die Rechtsgestalt der NSDAP.
Deutsche Rechtswissenschaft, Bd. 4, 1939, S. 314-351

Die Rechtsnatur der Deutschen Arbeitsfront.
ZAkDR, 6. Jg., 1939, S. 435-440

Verfassungsrecht des Großdeutschen Reiches.
Zweite, stark erweiterte Auflage der „Verfassung"
Hamburg: Hanseatische Verlagsanstalt, 1939. 527 S. (Grundzüge der Rechts- und Wirtschaftswissenschaft, Reihe A: Rechtswissenschaft)

Wehrverfassung und politische Ordnung.
Deutschlands Erneuerung, 24. Jg., 1940, S. 410-418

Zum Begriff der Körperschaft des öffentlichen Rechts.
RVBl., Bd. 61, 1940, S. 613-617

Das richterliche Prüfungsrecht und seine künftige Gestaltung.
ZAkDR, 7. Jg., 1940, S. 261-264

Aufbau und Ausbau der deutschen Reichsverfassung.
Das Reich. Deutsche Wochenzeitung, 1940, Nr. 21 vom 13. Oktober, S. 6

Verfassungskrisen des Zweiten Reiches.
Leipzig: J. A. Barth, 1940. 31 S. (Leipziger Universitätsreden, Heft 1)

„Positionen und Begriffe". Eine Auseinandersetzung mit Carl Schmitt.
ZgesStW, Bd. 101, 1940/41, S. 1-44

Reichsgewalt und Reichsführung im Kriege.
ZgesStW, Bd. 101, 1940/41, S. 530-579

Die deutsche Polizei. Bemerkungen zum Schrifttum des Polizeirechts.
ZgesStW, Bd. 101, 1940/41, S. 723-728

Die verfassungsrechtliche Stellung des Beamtentums.
Leipzig u. Berlin: Weicher, 1941, 51 S. (Leipziger rechtswissenschaftliche Studien, Nr. 124)

Herrschaft und Führung.
DR, Ausg. A, 11. Jg., 1941, Halbbd. 2, S. 2017-2024

Bau und Gefüge des Reiches.
Hamburg: Hanseatische Verlagsanstalt, 1941. 53 S. Ebenfalls erschienen in:
Idee und Ordnung des Reiches, s. u. und:
Deutsche Rechtswissenschaft, Bd. 6, 1941, S. 22-32

Großraum und völkerrechtliche Neuordnung.
Straßburger Monatshefte, 5. Jg., 1941, S. 744-748

„Machtstaat und Utopie".
ZgesStW, Bd. 102, 1941/42, S. 168-176

Reich, Volk und Staat in der Reichsrechtswissenschaft des 17. und 18. Jahrhunderts.
ZgesStW, Bd. 102, 1941/42, S. 593-627

Idee und Ordnung des Reiches.
Gemeinschaftsarbeit deutscher Staatsrechtslehrer, 2 Bände, Hrsg.: Ernst Rudolf Huber
Hamburg: Hanseatische Verlagsanstalt, o.J. (1942-1943). Band I o.J. (1942),
1. Beitrag, 53 S.

Aufstieg und Entfaltung des deutschen Volksbewusstseins.
Straßburg: Hünenburg, 1942. 24 S. (Straßburger Universitätsreden, Heft 2)

Der preußische Staatspatriotismus im Zeitalter Friedrichs des Großen.
ZgesStW, Bd. 103, 1942/43, S. 430-463

„Verfassungskampf und Heereseid". Eine Auseinandersetzung mit Reinhard Höhn.
ZgesStW, Bd. 103, 1942/43, S. 546-558

Verfassung und Verwaltung.
Pariser Zeitung, 3. Jg., 1943, Nr. 260 vom 20. September, S. 1-2

Das neue Völkerrecht.
Pariser Zeitung, 3. Jg., 1943, Nr. 348 vom 17. Dezember, S. 1

Adam Müller und der Preußische Staat.
Zeitschrift für Deutsche Geisteswissenschaft, 6. Jg., 1943/44, S. 162-180

Lessing, Klopstock, Möser und die Wendung vom aufgeklärten zum historisch-individuellen Volksbegriff.
ZgesStW, Bd. 104, 1943/44, S. 121-159

Besprechung: Werner Weber, Die Verkündung von Rechtsvorschriften. Stuttgart u. Berlin: W. Kohlhammer, 1942. 53 S. (Gegenwartsaufgaben der Zivilrechtswissenschaft, Gemeinschaftsarbeit deutscher Rechtslehrer, hrsg. von Karl Michaelis)
ZgesStW, Bd. 104, 1943/1944, S. 336-340

Goethe und der Staat. Straßburg, 1944. 26 S. (Als Manuskript gedruckt)
Ebenfalls veröffentlicht in:
Das Innere Reich. Zeitschrift für Dichtung, Kunst und deutsches Leben, 11. Jg., 1944/45, S. 1-19
Mit geringfügigen Korrekturen wieder abgedruckt in (s.u.):
Nationalstaat und Verfassungsstaat, S. 11-19

Quellen zum Staatsrecht der Neuzeit. 2 Bde.
Tübingen: M. Matthiesen, 1949-1951; Bd. 1: Deutsches Verfassungsrecht im Zeitalter des Konstitutionalismus (1806-1918). 1949. 400 S. (ohne Angabe des Herausgebers).
Bd. 2: Deutsche Verfassungsdokumente der Gegenwart (1919-1951). 1951. 694 S.
Auch als Sonderausgabe der Wissenschaftlichen Buchgemeinschaft e. V., Tübingen erschienen.

Deutsche Verfassungsgeschichte seit 1789.
Stuttgart: W. Kohlhammer, 1957-1990
Bd. I: Reform und Restauration 1789-1830. 1957, 2. und verbesserte Auflage 1967.
Bd. II: Der Kampf um Einheit und Freiheit 1830-1850. 1960, 2. und verbesserte Auflage 1968.
Bd. III: Bismarck und das Reich. 1963, 2. und verbesserte Auflage 1970.
Bd. IV: Struktur und Krisen des Kaiserreichs. 1969, 2. verbesserte und ergänzte Auflage 1982.
Bd. V: Weltkrieg, Revolution und Reichserneuerung 1914-1919, 1978
Bd. VI: Die Weimarer Reichsverfassung, 1981
Bd. VII: Ausbau, Schutz und Untergang der Weimarer Republik, 1984
Bd. VIII: Registerband, 1990

Zur Problematik des Kulturstaats.
Tübingen: J. C. B. Mohr, 1958. 30 S.
(Recht und Staat in Geschichte und Gegenwart, Heft 212).

Primärliteratur

Lorenz von Stein und die Grundlegung der Sozialwissenschaften.
In: Aspekte sozialer Wirklichkeit. Mit Beiträgen von H. Bollnow, W. Haacke, P. R. Hofstätter, E. R. Huber, W. Ritzel, B. Seidel, G. K. Schmelzeisen und H. Schönebaum.
Berlin: Duncker & Humblot, 1958. S. 55-70
(Sozialwissenschaftliche Abhandlungen, Hrsg. Hochschule für Sozialwissenschaften Wilhelmshaven-Rüstersiel, Heft 7)

Nationalstaat und Verfassungsstaat. Studien zur Geschichte der modernen Staatsidee.
Stuttgart: W. Kohlhammer, 1965. 293 S.

Lorenz von Stein und die Grundlegung der Idee des Sozialstaates.
In: Nationalstaat und Verfassungsstaat, S. 127-143

Vorsorge für das Dasein. Ein Grundbegriff der Staatslehre Hegels und Lorenz von Steins.
In: Festschrift für Ernst Forsthoff zum 70. Geburtstag.
Hrsg.: Roman Schnur.
München: C. H. Beck, 1972. S. 139-163

Friedrich Naumanns Weimarer Grundrechtsentwurf.
In: Behrends (Hrsg.), Festschrift für Franz Wieacker, S. 384-398
Vandenhoeck & Ruprecht, Göttingen 1978

Verfassungswirklichkeit und Verfassungswert im Staatsdenken der Weimarer Zeit.
In: Thümmel (Hrsg.), Arbeiten zur Rechtsgeschichte. Festschrift für Gustaf Klemens Schmelzeisen, S. 126-141
Klett-Cotta, Stuttgart 1980

Carl Schmitt in der Reichskrise der Weimarer Endzeit
In: Quaritsch (Hrsg.), Complexio Oppositorum – Über Carl Schmitt, S. 33-70
Schriftenreihe der Hochschule Speyer
Duncker & Humblot, Berlin 1988

II. Sekundärliteratur

ADOMEIT, KLAUS
Rechts- und Staatsphilosophie Bd. II: Rechtsdenker der Neuzeit
C. F. Müller, Heidelberg 1992

ANDERBRÜGGE, KLAUS
Völkisches Rechtsdenken – Beiträge zur Politischen Wissenschaft Bd. 28
Duncker & Humblot 1978

ANSCHÜTZ, GERHARD
Die Verfassung des Deutschen Reiches vom 11. August 1919, 14. Auflage
Stilkes Rechtsbibliothek, Berlin 1933

ANSCHÜTZ, GERHARD; THOMA, RICHARD (HRSG.)
Handbuch des Deutschen Staatsrechts in zwei Bänden
Verlag Mohr Siebeck, Tübingen 1930 (Bd. 1),1932 (Bd. 2)

APELT, WILLIBALT
Geschichte der Weimarer Reichsverfassung, 2. Auflage
Verlag C. H. Beck, München Berlin 1964

ARENDT, HANNAH
Elemente und Ursprünge totaler Herrschaft
Europäische Verlagsanstalt, Frankfurt/Main 1955

ARETIN, KARL OTMAR FRH. V.; HAMMERSTEIN, NOTKER
Reich: IV. Frühe Neuzeit
In: Brunner; Conze; Koselleck (Hrsg.), Geschichtliche Grundbegriffe, Historisches Lexikon zur politisch-sozialen Sprache in Deutschland Bd. V, S. 456-486

ARNOLD, HANS JOACHIM
Begriff und Verfahren der Verfassungsänderung nach der Weimarer Reichsverfassung
Heymann, Berlin 1932

BACHNIK, UWE
Die Verfassungsreformvorstellungen im nationalsozialistischen Deutschen Reich und ihre Verwirklichung
Schriften zur Verfassungsgeschichte, Bd. 45
Duncker & Humblot, Berlin 1995

BADER, KARL S.
Besprechung: Huber, Deutsche Verfassungsgeschichte seit 1789
JZ 1958, S. 710-711

BECKER, ERICH
Führungsordnung und Hierarchie
In: Festgabe Erich Jung, Beiträge zur Neugestaltung des Deutschen Rechts, S. 12-44
Braun, Marburg 1937

BECKER, LOTHAR
"Schritte auf einer abschüssigen Bahn": Das Archiv des öffentlichen Rechts (AöR) und die deutsche Staatsrechtswissenschaft im Dritten Reich
Bd. 24 der Reihe: Beiträge zur Rechtsgeschichte des 20. Jahrhunderts
Verlag Mohr Siebeck, Tübingen 1999

BEST, WERNER
Rechtsbegriff und Verfassung
DR 1939, S. 1201-1203

Nochmals: Völkische Großraumordnung statt: "Völkerrechtliche Großraumordnung"
DR 1941, S. 1533-1534

BILFINGER, KARL
Der Reichskommissar
Walter de Gruyter, Berlin Leipzig 1928

Nationaldemokratie als Grundlage der Weimarer Verfassung. Rede bei der Feier der 10jährigen Wiederkehr des Verfassungstages, gehalten am 24.07.1929
Niemeyer, Halle 1929

Exekution, Diktatur und Föderalismus
DJZ 1932, Sp. 1017-1021

Reichsexekution
DJZ 1933, Sp. 145-150

BLASIUS, DIRK
Lorenz von Steins Lehre vom Königtum der sozialen Reform und ihre verfassungspolitischen Grundlagen
Der Staat 10 (1971), S. 33-51

Carl Schmitt – Preußischer Staatsrat in Hitlers Reich
Vandenhoeck & Ruprecht, Göttingen 2001

Blindow, Felix
Carl Schmitts Reichsordnung: Strategie für einen europäischen Großraum
Akademie Verlag, Berlin 1999

Böckenförde, Ernst Wolfgang (Hrsg.)
Staatsrecht und Staatsrechtslehre im Dritten Reich
C. F. Müller Verlag, Heidelberg 1985

Boehm, Max Hildebert
Moeller van den Bruck im Kreise seiner politischen Freunde
Dt. Volkstum 14. Jg. (1932) Heft 34, S. 695

Boldt, Hans
Der Art. 48 der Weimarer Reichsverfassung
In: Stürmer (Hrsg.), Die Weimarer Republik: Belagerte Civitas, S. 288-309

Die Stellung von Parlament und Parteien in der Weimarer Reichsverfassung. Verfassungstheorie und Verfassungswirklichkeit
In: Kolb; Mühlhausen (Hrsg.), Demokratie in der Krise: Parteien im Verfassungssystem der Weimarer Republik, S. 19-58
R. Oldenbourg Verlag GmbH, München 1997

Bourgeois, Bernard
Der Begriff des Staates (§§ 257-271)
In: Siep (Hrsg.), G. W. F. Hegel, Grundlinien der Philosophie des Rechts

Brockhaus
Enzyklopädie in 24 Bänden, Bd. 13, 19. Auflage
F. A. Brockhaus, Mannheim 1990

Brunner, Otto; Conze, Werner; Koselleck, Reinhart (Hrsg.)
Geschichtliche Grundbegriffe. Historisches Lexikon zur politisch-sozialen Sprache in Deutschland, sieben Bände mit Registerband in zwei Teilen
Klett-Cotta, Stuttgart 1972-1997

Cassirer, Ernst
Vom Mythos des Staates
Artemis Verlag, Zürich 1949

Conze, Werner
Besprechung: Huber, Deutsche Verfassungsgeschichte seit 1789
NJW 11 (1958), S. 2056-2057

Dahm, Georg
Deutsches Recht. Die geschichtlichen und dogmatischen Grundlagen des geltenden Rechts
Verlag Kohlhammer, Stuttgart 1951

Dannemann, Gerhard
Legale Revolution, Nationale Revolution
In : Böckenförde (Hrsg.), Staatsrecht und Staatsrechtslehre im Dritten Reich, S. 3-23

Dennewitz, Bodo
Das nationale Deutschland, ein Rechtsstaat. Die Rechtsgrundlagen des neuen deutschen Staates
Verlag Vahlen, Berlin 1933

Dieckmann, Charlotte
Der Vorbehalt des Führerwillens und der Vorbehalt im nationalsozialistischen Verfassungsrecht
Dissertation, Bonn 1937

Diehl-Thiele, Peter
Partei und Staat im Dritten Reich – Untersuchungen zum Verhältnis von NSDAP und allgemeiner innerer Staatsverwaltung 1933-1945
Verlag C. H. Beck, München 1969

Dietze, Hans-Helmut
Naturrecht in der Gegenwart
Röhrscheid Verlag, Bonn 1936

Döhring, Erich
Die juristische Fakultät (Geschichte der Christian-Albrechts-Universität Kiel 1665-1965)
Verlag Wachholtz, Neumünster 1965

Dreier, Horst
Die deutsche Staatsrechtslehre in der Zeit des Nationalsozialismus
VVDStRL Heft 60 (2000), S. 9-72

Dreier, Ralf
Karl Larenz über seine Haltung im „Dritten Reich“
JZ 1993, S. 454-457

Eck, Thomas
Das Volk als Hüter der Verfassung
Neue Blätter für den Sozialismus Heft 7 (1932), S. 347-355

Eckardt, Albrecht (Hrsg.)
Findbuch zum Bestand Nachlass Prof. Hermann Oncken, bearbeitet von Stefan Harmann
Veröffentlichungen der Niedersächsischen Archivverwaltung
Vandenhoeck & Ruprecht, Göttingen 1979

Eckert, Jörn
Was war die Kieler Schule?
In: Säcker (Hrsg.) Recht und Rechtslehre im Nationalsozialismus, S. 37-70

Feder, Gottfried
Das Programm der NSDAP und seine weltanschaulichen Grundgedanken, 21. Auflage
Verlag F. Eher Nachf., München 1930

Fehrenbach, Elisabeth
Reich: VI. Vom Ende des „Heiligen Römischen Reichs“ bis zum Kaiserreich; VII. Ausblick: Imperialismus und Weltreich. Der Reichsmythos des 20. Jahrhunderts
In: Brunner; Conze; Koselleck (Hrsg.), Geschichtliche Grundbegriffe: Historisches Lexikon zur politisch-sozialen Sprache in Deutschland Bd. V, S. 488-508

Fest, Joachim C.
Das Gesicht des Dritten Reiches, Profile einer totalitären Herrschaft
Verlag Piper, München 1963

Festgabe der Berliner juristischen Fakultät
für Wilhelm Kahl zum Doktorjubiläum am 19.04.1923
Verlag Mohr Siebeck, Tübingen 1923

Fezer, Karl-Heinz
Ansprache aus Anlass des Festakts zur Wiedererrichtung der Juristenfakultät am 26.04.1993
Leipziger Universitätsreden, Neue Folge Heft 75
Leipzig 1994

FICHTE, JOHANN GOTTLIEB

Grundlage des Naturrechts (1796)
Gubler Verlag, Jena Leipzig

Der geschlossene Handelsstaat (1800)
In: Werke Bd. III
Eckhardt Verlag, Leipzig

Reden an die deutsche Nation, 5. Auflage
Bd. 204 der Philosophischen Bibliothek
Felix Meiner Verlag, Hamburg 1978

FORSTHOFF, ERNST (HRSG.)

Festschrift zum 70. Geburtstag Ernst Rudolf Hubers
Vandenhoeck & Ruprecht, Göttingen 1973

FORSTHOFF, ERNST

Der totale Staat
Hanseatische Verlagsanstalt, Hamburg 1934

Das neue Gesicht der Verwaltung und der Verwaltungswissenschaft
DR 1935, S. 331-333

Führung und Bürokratie – Einige grundsätzliche Erwägungen
Deutsches Adelsblatt 1935, S. 1339-1340

Die Verwaltung als Leistungsträger
Kohlhammer, Berlin 1938

FRANZ, ECKHARDT G.

Besprechung: Huber, Deutsche Verfassungsgeschichte seit 1789
Blätter für deutsche Landesgeschichte 94 (1958), S. 278-279

FRASSEK, RALF

Von der völkischen Lebensordnung zum Recht
Reihe: Fundamenta Juridica
Nomos Verlag, Baden-Baden 1996

FRICK, WILHELM

Freiheit und Bindung der Selbstverwaltung
Eher Verlag, München 1937

FRIEDRICH, MANFRED
Der Methoden- und Richtungsstreit – Zur Grundlagendiskussion der Weimarer Staatsrechtslehre
In: AöR Bd. 102 (1977), S. 161-209

Geschichte der deutschen Staatsrechtswissenschaft
Schriften zur Verfassungsgeschichte Bd. 50
Duncker & Humblot, Berlin 1997

FRIESENHAHN, ERNST
Juristen an der Universität Bonn
In: Friesenhahn (Hrsg.), Juristen und Nationalökonomen an der Universität Bonn, S. 21-48
Alma Mater-Beiträge zur Geschichte der Universität Bonn 25/26
Peter Hanstein Verlag, Bonn 1970

GEIGER, CORNELIA
Die Rechtsstellung der NSDAP und ihrer Gliederungen HJ, SA und SS
In: Böckenförde (Hrsg.), Staatsrecht und Staatsrechtslehre im Dritten Reich, S. 147-165

GEIS, MAX-EMANUEL
Der Methoden- und Richtungsstreit in der Weimarer Staatslehre
JuS 1989, S. 91-96

Kulturstaat und kulturelle Freiheit – Das Kulturstaatskonzept Ernst Rudolf Hubers
Nomos Verlag, Baden-Baden 1990

GLATZEL, FRANK
Der jungdeutsche Bund
In: Kindt: Die deutsche Jugendbewegung Bd. I: Grundschriften der deutschen Jugendbewegung

GÖPPINGER, HORST; REIßMÜLLER, JOHANN GEORG
Die Verfolgung der Juristen jüdischer Abstammung durch den Nationalsozialismus
Ring Verlag, Villingen 1963

GRIMM, DIETER (HRSG.)
Recht und Staat der bürgerlichen Gesellschaft
Suhrkamp Verlag, Frankfurt/Main 1987

GRIMM, DIETER
Methode als Machtfaktor
In: ders., Recht und Staat der bürgerlichen Gesellschaft, S. 347-372

Verfassungserfüllung – Verfassungsbewahrung – Verfassungsauflösung. Positionen der Staatsrechtslehre in der Staatskrise der Weimarer Republik
In: Winkler (Hrsg.), Die deutsche Staatskrise 1930-1933 – Handlungsspielräume und Alternativen, S. 183-199
Schriften des Historischen Kollegs: Kolloquien, Bd. 26
R. Oldenbourg Verlag GmbH, München 1992

Verfassung II: XVII. Entwicklungsrichtung – XXI. Ausblick
In: Brunner; Conze; Koselleck (Hrsg.), Geschichtliche Grundbegriffe. Historisches Lexikon zur politisch-sozialen Sprache in Deutschland Bd. VI, S. 863-898

GROTHE, EWALD
Eine „lautlose" Angelegenheit ? – Zur Rückkehr des Verfassungshistorikers Ernst Rudolf Huber in die universitäre Wissenschaft nach 1945
Zeitschrift für Geisteswissenschaft 47 (1999), S. 980-1001

GRUCHMANN, LOTHAR
Nationalsozialistische Großraumordnung. Die Konstruktion einer deutschen Monroe-Doktrin
Deutsche Verlags Anstalt, Stuttgart 1962

Die „Reichsregierung" im Führerstaat. Stellung und Funktion des Kabinetts im nationalsozialistischen Rechtssystem
In: Doeker; Steffani (Hrsg.), Klassenjustiz und Pluralismus. Festschrift für Ernst Fraenkl, S. 187-223
Hoffmann & Campe, Hamburg 1973

GUSY, CHRISTOPH
Selbstmord oder Tod ? – Die Verfassungsreformdiskussion der Jahre 1930-1932
ZfP – Organ der Hochschule für Politik München, Heft 1 März 1993, S. 393-417
Carl Heymanns Verlag KG Köln

Die Grundrechte der Weimarer Republik
ZNR 1993, S. 163-183

Die Lehre vom Parteienstaat in der Weimarer Republik
Der Staat 1993 Bd. I. S. 57-86

Die Änderung der Weimarer Reichsverfassung
ZNR 1996 Bd. 1, 2, S. 44-65

Die Weimarer Reichsverfassung
Verlag Mohr Siebeck, Tübingen 1997

HÄBERLE, PETER
Die Wesensgehaltsgarantie des Art. 19 II GG, 2. Auflage
Bd. 21 der Freiburger Rechts- und staatswissenschaftlichen Abhandlungen
Verlag Müller, Karlsruhe 1962

HAVERKATE, GÖRG
Staat: IV. Deutsche Staatsrechtslehre und Verfassungspolitik
In: Brunner; Conze; Koselleck (Hrsg.), Geschichtliche Grundbegriffe: Historisches Lexikon zur politisch-sozialen Sprache in Deutschland Bd. VI, S. 64-96

HAYM, RUDOLF
Hegel und seine Zeit, 2. Auflage
Heims Verlag, Leipzig 1927

HECKEL, JOHANNES
Diktatur, Notverordnungsrecht, Verfassungsnotstand mit besonderer Rücksicht auf das Budgetrecht
AöR Bd. 61 (1932), S. 257-338

Das Urteil des Staatsgerichtshofs vom 25.10.1932 im Verfassungsstreit Reich-Preußen
AöR Bd. 62 (1933), S. 183-246

Staats-, Verwaltungs- und Kirchenrecht im Dritten Reich
In: ders. u.a. (Hrsg.), Berichte über die Lage und das Studium des öffentlichen Rechts, S. 9-29, Reihe: Der Deutsche Staat der Gegenwart
Hanseatische Verlagsanstalt, Hamburg 1935

Wehrrecht und Wehrmachtsbeamtentum
Die Heeresverwaltung Bd. 6 (1941), S. 57ff

Besprechung: Huber, Verfassungsrecht des Großdeutschen Reiches
Kritische Vierteljahresschrift für Gesetzgebung und Rechtswissenschaft NF Bd. 31 (1941), S. 245-264

HEGEL, GEORG WILHELM FRIEDRICH
Grundlinien der Philosophie des Rechts, herausgegeben von Georg Lasson, 2. Auflage
Felix Meiner Verlag, Leipzig 1921

Schriften zur Politik und Rechtsphilosophie, 2. Auflage
Meiner Verlag, Leipzig 1923

HEIBER, HELMUT
Universitäten unterm Hakenkreuz, Bd. 2: Die Kapitulation der hohen Schule
Verlag Saur, München 1991

HEIMPEL, HERMANN
Zwei Historiker: Friedrich Christoph Dahlmann, Jacob Burckhardt
Bd. 141 der Kleinen Vandenhoeck-Reihe
Vandenhoeck & Ruprecht, Göttingen 1962

HEINE, GÖTZ-THOMAS
Juristische Zeitschriften zur NS-Zeit
In: Salje (Hrsg.) Recht und Unrecht im Nationalsozialismus, S. 272-293

HELFRITZ, HANS
Otto v. Gierke und die neueste Lehre von der juristischen Staatsperson
RVBl 1935, S. 485-490

Allgemeines Staatsrecht mit einem Abriss der Staatstheorien, 5. erw. und veränderte Auflage
Nauck, Erlangen 1949

HELLENTHAL, MARKUS DANIEL
Reichsidee und Deutscher Staat - Eine Untersuchung zu den Begriffen Staat und Reich in Bezug auf Deutschlands Rechtslage nach Ende des Zweiten Weltkrieges
Dissertation, Köln 1985

HENSEL, ALBERT
Die Rangordnung der Rechtsquellen, insbesondere das Verhältnis von Reichs- und Landesgesetzgebung (§ 84)
In: Anschütz; Thoma (Hrsg.), Handbuch des Deutschen Staatsrechts Bd. II (1932), S. 313-329

HIPPEL, ERNST V.

Untersuchungen zum Problem des fehlerhaften Staatsaktes. Beiträge zur Methode einer teleologischen Rechtsauslegung
Springer, Berlin 1924

Über Objektivität im öffentlichen Recht
AöR Bd. 51 (1927), S. 393-419

Geschichte der Staatsphilosophie in Hauptkapiteln Bd. II, 2. Aufl.
Verlag Anton Hain, Meisenheim am Glan 1957

HITLER, ADOLF

Mein Kampf, 39. Auflage
Eher Verlag, München 1933

HÖHN, REINHARD

Das Gesetz als Akt der Führung
DR 1934, S. 433-435

Die Wandlung im staatsrechtlichen Denken
Hanseatische Verlagsanstalt, Hamburg 1934

Der individualistische Staatsbegriff und die juristische Staatsperson
Heymann, Berlin 1935

Otto von Gierkes Staatsrechtslehre und unsere Zeit. Zugleich eine Auseinandersetzung mit dem Rechtssystem des 19. Jahrhunderts.
Hanseatische Verlagsanstalt, Hamburg 1936

Volk und Verfassung
DRW Bd. 2 (1937), S. 193-218

HÖPFNER, HANS-PAUL

Die Universität Bonn im Dritten Reich – Akademische Biographien unter nationalsozialistischer Herrschaft
Bouvier Verlag, Bonn 1999

HOFER, WALTHER

Der Nationalsozialismus – Dokumente 1933-1945
Fischer Taschenbuch Verlag, Frankfurt/Main 1957

HORNEFFER, REINHOLD
Das Problem der Rechtsgeltung und der Restbestand der Weimarer Verfassung
ZgesStW Bd. 99 (1939), S. 148-178

HORSTMANN, ROLF-PETER
Hegels Theorie der bürgerlichen Gesellschaft (§§ 158-256)
In: Siep (Hrsg.), G. W. F. Hegel, Grundlinien der Philosophie des Rechts

HUFELD, ULRICH
Carl Schmitt und Ernst Jünger
NJW 2001 Heft 8, S. 565-571

HUGELMANN, KARL GOTTFRIED
Besprechung von „Der Hüter der Verfassung“ (Carl Schmitt) und „Wer soll der Hüter der Verfassung sein ?“ (Hans Kelsen)
ZöR 13 (1933), S. 274-279

Der völkische Staat und der Rechtsgedanke
DRW Bd. 5 (1940), S. 179-201

JÄCKEL, EBERHARD
Hitlers Herrschaft. Vollzug einer Weltanschauung, 2. Auflage
Deutsche Verlags Anstalt, Stuttgart 1988

JELLINEK, GEORG
Allgemeine Staatslehre, 3. Auflage
Hermann Gentner Verlag, Bad Homburg von der Höhe 1959

JELLINEK, WALTER
Grenzen der Verfassungsgesetzgebung
Springer, Berlin 1931

JERUSALEM, FRANZ W.
Gemeinschaft und Staat
Verlag Mohr Siebeck, Tübingen 1930

Der Staat. Ein Beitrag zur Staatslehre
Fischer, Jena 1935

JESELSOHN, SIGMUND
Arten und Grenzen der Verfassungsänderung nach Reichsrecht
Heidelberger rechtswissenschaftliche Abhandlungen
Winter, Heidelberg 1929

JÜNGER, ERNST
Die totale Mobilmachung, 2. Auflage
Juncker & Dünnhaupt, Berlin 1934

KASTL, KATRIN
Neuhegelianismus und Nationalsozialismus bei Karl Larenz
In: Nehlsen; Brun (Hrsg.), Münchner rechtshistorische Studien zum Nationalsozialismus, S. 347-377
Bd. 156 der rechtshistorischen Reihe, herausgegeben von H.-J. Becker u.a.
Verlag Peter Lang, Frankfurt/Main 1996

KAUFMANN, ERICH
Kritik der neukantischen Rechtsphilosophie
Verlag Mohr Siebeck, Tübingen 1921

Die Gleichheit vor dem Gesetz im Sinne des Art. 109 der Reichsverfassung
VVDStRL Heft 3 (1927), S. 2-24

KELSEN, HANS
Allgemeine Staatslehre
Springer, Berlin 1925

Wer soll der Hüter der Verfassung sein ?
Springer, Berlin 1931

Reine Rechtslehre. Einleitung in die rechtswissenschaftliche Problematik, 2. Auflage
Deuticke, Leipzig Wien 1934

KERN, BERND-RÜDIGER
Die Geschichte der Leipziger Juristenfakultät
In: Leipzig - Stadt der Rechtsprechung, S. 53-84
Bd. 3 der Sächsischen Justizgeschichte – Schriftenreihe des Sächsischen Staatsministeriums der Justiz

Die Geschichte der Leipziger Juristenfakultät
Redaktionsbeilage zu NJW aus Anlass des 63. deutschen Juristentags in Leipzig vom 26.-29.09.2000, NJW 2001, S. 84-89

KESSLER, HEINRICH
Wilhelm Stapel als politischer Publizist
Dissertation, Erlangen-Nürnberg 1967

KILLY, WALTHER (HRSG.)
Deutsche Biographische Enzyklopädie Bd. 5
Verlag Saur, München 1997

KINDT, WERNER (HRSG.)
Dokumentation der Jugendbewegung in drei Bänden:
Bd. I: Grundschriften der Deutschen Jugendbewegung, Eugen Diederichs Verlag, Düsseldorf/Köln, 1963; Bd. II: Die Wandervogelzeit (1896-1919), 1968; Bd. III: Die Bündische Zeit (1920-1933), 1974

KIRSCHENMANN, DIETRICH
"Gesetz" im Staatsrecht und in der Staatsrechtslehre des Nationalsozialismus
Bd. 135 der Reihe: Schriften zum öffentlichen Recht
Duncker & Humblot, Berlin 1970

KLEIN, HANS
Zum Gedenken an Ernst Rudolf Huber
AöR Bd. 116 (1991), S. 112-119

KNOLL, JOACHIM H.
Der autoritäre Staat – Konservative Ideologie und Staatstheorie am Ende der Weimarer Republik
In: Schumann (Hrsg.) Konservativismus, S. 224-243
Neue Wissenschaftliche Bibliothek – Geschichte
Verlag Kiepenheuer & Witsch, Köln 1974

KOELLREUTTER, OTTO
Verfassungstheoretische Bemerkungen zur Gültigkeit der geplanten parlamentarischen Reichspräsidentenwahl 1932
AöR Bd. 61 (1932), S. 129-146

Der nationale Rechtsstaat. Zum Wandel der Deutschen Staatsidee
Verlag Mohr Siebeck, Tübingen 1932

Vom Sinn und Wesen der nationalen Revolution
Verlag Mohr Siebeck, Tübingen 1933

Die politische und rechtliche Bedeutung des Rassebegriffs
DR 1934, S. 77-78

Wesen und Rechtscharakter des deutschen Volksstaates
RVBl 1934, S. 806-807

Deutsches Verwaltungsrecht, 2. Auflage
Juncker & Dünnhaupt, Berlin 1938

KÖTTGEN, ARNOLD
Die achte Tagung der Vereinigung deutscher Staatsrechtslehrer
AöR Bd. 60 (1932), S. 404-431

KOSELLECK, REINHART
Volk: XIV. Volk, Nation, Nationalismus und Masse 1914-1945
In: Brunner; Conze; Koselleck (Hrsg.), Geschichtliche Grundbegriffe. Historisches Lexikon zur politisch-sozialen Sprache in Deutschland Bd. VII, S. 389-420

Staat: III. „Staat im Zeitalter" revolutionärer Bewegung.
In: Brunner; Conze; Koselleck (Hrsg.), Geschichtliche Grundbegriffe: Historisches Lexikon zur politisch sozialen Sprache in Deutschland Bd. VI, S. 25-64

KRAISS, EBERHARD
Das klagbare subjektiv öffentliche Recht im deutschen Führerstaat
Dissertation, Tübingen 1935

KROCKOW, CHRISTIAN V.
Die Entscheidung – Eine Untersuchung über Ernst Jünger, Carl Schmitt und Martin Heidegger
Ferdinand Enke Verlag, Stuttgart 1958

KRÖGER, KLAUS
Grundrechtsentwicklungen in Deutschland – von ihren Anfängen bis zur Gegenwart
Verlag Mohr Siebeck, Tübingen 1998

KROLLE, STEFAN
"Bündische Umtriebe" – Die Geschichte des Nerother Wandervogels vor und unter dem NS-Staat
LIT Verlag, Münster 1986

Krüger, Herbert
Der moderne Reichsgedanke I und II
Die Tat. Unabhängige Monatsschrift, 25. Jg. Bd. II Oktober/März 1933/34, S. 703-715; 795-804

Der Aufbau der Führerverfassung
DR 1935, S. 210-212

KÜCHENHOFF, GÜNTHER
Nationaler Gemeinschaftsstaat, Volksrecht und Volksrechtsprechung
Berlin und Leipzig 1934

KUNKEL, WOLFGANG
Der Professor im Dritten Reich
In: Kuhn (Hrsg.) Die deutsche Universität im Dritten Reich, S. 103-133
Verlag Piper, München 1966

LABAND, PAUL
Das Staatsrecht des Deutschen Reiches, Vier Bände, Bd. I
5. Auflage, 1911
Verlag Mohr Siebeck, Tübingen 1911

LANDAU, PETER
Die deutschen Juristen und der nationalsozialistische Juristentag in Leipzig 1933
Reihe: Leipziger Juristische Vorträge, Heft 19
Leipziger Universitätsverlag, Leipzig 1998

LANGE, HEINRICH
Die Entwicklung der Wissenschaft vom Bürgerlichen Recht seit 1933
Verlag Mohr Siebeck, Tübingen 1941

LARENZ, KARL
Rechts- und Staatsphilosophie der Gegenwart, 2. Auflage
Duncker & Dünnhaupt, Berlin 1935

Rechtsperson und subjektives Recht. Zur Wandlung der Rechtsbegriffe
Reihe: Grundfragen der neuen Rechtswissenschaft
Duncker & Dünnhaupt, Berlin 1935

Gemeinschaft und Rechtsstellung
DRW Bd. 1 (1936), S. 31-39

LARENZ, KARL; DAHM, GEORG (HRSG.)
Grundfragen der neuen Rechtswissenschaft
Juncker & Dünnhaupt, Berlin 1935

LAUFS, ADOLF
Rechtsentwicklungen in Deutschland, 5. Auflage
Walter de Gruyter & Co., Berlin 1996

LEIBHOLZ, GERHARD
Die Gleichheit vor dem Gesetz. Eine Studie auf rechtsvergleichender und rechtsphilosophischer Grundlage
Liebmann, Berlin 1925

Die Gleichheit vor dem Gesetz. Ein Nachwort zur Auslegung des Art. 109 Abs. I RV
AöR Bd. 51 (1927), S. 1-36

Das Wesen der Repräsentation unter besonderer Berücksichtigung des Repräsentationssystems
Walter de Gruyter, Berlin 1929

LOBE, ADOLF
Das richterliche Prüfungsrecht und die Entwicklung der gesetzgebenden Gewalt im neuen Reich
AöR Bd. 67 (1937), S. 194-220

LÜBBE, ANNA
Die deutsche Verfassungsgeschichtsschreibung unter dem Einfluss der nationalsozialistischen Machtergreifung
In: Stolleis; Simon (Hrsg.), Rechtsgeschichte im Nationalsozialismus, S. 63-78

LÜDTKE, GERHARD (HRSG.)
Kürschners Deutscher Gelehrtenkalender 1928/29, Dritte Ausgabe
Walter de Gruyter & Co., Berlin und Leipzig

Kürschners deutscher Gelehrtenkalender 1940/41, Sechste Ausgabe, Band I und II
Walter de Gruyter & Co., Berlin und Leipzig

MAJER, DIEMUT
Grundlagen des nationalsozialistischen Rechtssystems. Führerprinzip – Sonderrecht – Einheitspartei
Verlag W. Kohlhammer, Stuttgart 1987

MAUNZ, THEODOR
Das Ende des subjektiven öffentlichen Rechts
ZgesStW Bd. 96 (1935/36), S 71-111

Das Verwaltungsrecht des nationalsozialistischen Staates
In: Frank (Hrsg.), Deutsches Verwaltungsrecht, S. 27-48
Verlag Franz Eher Nachf., München 1937

MAURER, HARTMUT
Das richterliche Prüfungsrecht zur Zeit der Weimarer Verfassung – Ein Beitrag zum historischen Vorverständnis des Art. 100 GG
DÖV 1963, S. 683-688

MEINCK, JÜRGEN
Weimarer Staatslehre und Nationalsozialismus – Eine Studie zum Problem der Kontinuität im staatsrechtlichen Denken in Deutschland 1928-1936
Campus Verlag, Frankfurt/Main 1978

Die nationalsozialistische Machtergreifung und die deutsche Staatsrechtswissenschaft
DuR 1979, S. 153-162

MEINECKE, FRIEDRICH
Die Idee der Staatsräson in der neueren Geschichte
Verlag Oldenbourg, München 1963

MERK, WILHELM
Die Steuerschuld nach dem Reichsabgabenrecht
Dissertation, Freiburg i. Br. 1922

Der Staatsgedanke im Dritten Reich
Verlag Kohlhammer 1935

Besprechung: Huber, „Verfassung" (1937)
AöR Bd. 68 (1938), S. 99-114

MEYER, GEORG
Lehrbuch des deutschen Staatsrechts, 1. Auflage
Duncker & Humblot, Leipzig 1878

MEYER, GEORG; Anschütz, Gerhard
Lehrbuch des deutschen Staatsrechts; bearbeitet von Gerhard Anschütz, 7. Auflage, Teil 1-3
Duncker & Humblot, Berlin 1914

MOLL, MARTIN
"Führer-Erlasse" 1939-1945
Steiner Verlag, Stuttgart 1997

MOMMSEN, HANS
Beamtentum im Dritten Reich. Mit ausgewählten Quellen zur nationalsozialistischen Beamtenpolitik
Deutsche Verlags Anstalt, Stuttgart 1966

NAUCKE, WOLFGANG
Rechtsphilosophische Grundbegriffe
Luchterhand Verlag, Berlin 1996

NEEßE, GOTTFRIED
Verfassungsrechtliches Schrifttum
ZgesStW Bd. 96 (1935/36), S. 388-403

NEHLSEN, HERMANN
Nachruf auf Karl August Eckardt
SavZRG (germ. Abt.) Bd. 104 (1987), S. 497-536

NEUMANN, FRANZ L.
Behemoth. The structure and practice of National Socialism, 2. Auflage
Octagon Books, New York 1944

NEUMEYER, KARL
Karl Rothenbücher
ZöR 13 (1933), S. 1-7

NORPOTH, MARIE-THERES
Norm und Wirklichkeit – Staat und Verfassung im Werk Ernst Rudolf Hubers
LIT Verlag, Hamburg 1998

POETZSCH-HEFFTER, FRITZ; IN ZUSAMMENARBEIT MIT ULE, CARL-HERMANN UND DERNEDDE, CARL
Vom Deutschen Staatsleben (vom 30. Januar bis 31. Dezember 1933)
JöR Bd. 22 (1935), S. 1-272

POHL, HEINRICH
Die Zuständigkeiten des Reichspräsidenten (§ 42)
In: Anschütz; Thoma (Hrsg.), Handbuch des deutschen Staatsrechts Bd. I (1930), S. 482-502

PYTA, WOLFRAM; SEIBERTH, GABRIEL
Die Staatskrise der Weimarer Republik im Spiegel des Tagebuchs von Carl Schmitt
Der Staat 1999, Heft 3, S. 423-448

QUARITSCH, HELMUT (HRSG.)
Complexio Oppositorum – Über Carl Schmitt
Schriftenreihe der Hochschule Speyer
Duncker & Humblot, Berlin 1988

RABE, HANS
Die staatsrechtliche Stellung des Reichskanzlers des Deutschen Reiches in den Jahren 1871-1945
Dissertation, Hamburg 1970

RENNERT, KLAUS
Die „geisteswissenschaftliche Richtung" in der Staatslehre der Weimarer Republik – Untersuchungen zu Erich Kaufmann, Günther Holstein und Rudolf Smend
Schriften zum öffentlichen Recht Bd. 518
Duncker & Humblot, Berlin 1987

RIDDER, HELMUT
Zur Verfassungsdoktrin des NS-Staates
In: Redaktion Kritische Justiz (Hrsg.), Der Unrechts-Staat, S. 24-46
Nomos Verlagsgesellschaft, Baden-Baden 1983

RITTER, GERHARD (HRSG.)
Henry Picker, Hitlers Tischgespräche im Führerhauptquartier 1941-42
Arthemis Verlag, Bonn 1951

RITTER, GERHARD A.
Politische Repräsentation durch Berufsstände – Konzepte und Realitäten in Deutschland 1871-1933
In: Pyta; Richter (Hrsg.), Gestaltungskraft des Politischen, Festschrift für Eberhard Kolb, S. 261-280
Duncker & Humblot, Berlin 1998

RITTERBUSCH, PAUL
Der Führer und Reichskanzler, des deutschen Volkes Staatsoberhaupt
JW 1934, Sp. 2193-2196

Kieler Blätter 1815 und 1938. Ein Kapitel zur Geistesgeschichte von Politik und Wissenschaft
Kieler Blätter 1938

ROSENBERG, ALFRED
Der Völkische Staatsgedanke, Untergang und Neugeburt, 2. Auflage
1924

ROSENBERG, ALFRED
Das erste Reich der Deutschen
In: ders. (Hrsg.), Gestaltung der Idee, Blut und Ehre, 4. Auflage, S. 266ff
Eher Verlag, München 1937

RÜCKERT, JOACHIM; WILLOWEIT, DIETMAR
Die deutsche Rechtsgeschichte im Nationalsozialismus
Verlag Mohr Siebeck, Tübingen 1995

RÜTHERS, BERND
Die unbegrenzte Auslegung. Zum Wandel der Privatrechtsordnung im Nationalsozialismus
Verlag Mohr Siebeck, Tübingen 1968

Entartetes Recht – Rechtslehren und Kronjuristen im Dritten Reich
C. H. Beck, München 1988

Reinhard Höhn, Carl Schmitt und andere – Geschichten und Legenden aus der NS-Zeit
NJW 2000, Heft 39, S. 2866-2871

SÄCKER, FRANZ J. (HRSG.)
Recht und Rechtslehre im Nationalsozialismus. Ringvorlesung der Rechtswissenschaftlichen Fakultät der Christian-Albrechts-Universität zu Kiel
Nomos Verlag, Baden-Baden 1992

SALJE, PETER (HRSG.)
Recht und Unrecht im Nationalsozialismus
Wissenschaftliche Verlagsgesellschaft Regensberg & Biermann, Münster 1985

SAUERMANN, HEINZ

Die gesamte Staatswissenschaft im Spiegel ihrer Zeitschrift
ZgesStW Bd. 134 (1978/79), S. 1-14

SCHAEFER, ALISA

Führergewalt statt Gewaltenteilung
In: Böckenförde (Hrsg.), Staatsrecht und Staatsrechtslehre im Nationalsozialismus, S. 89-105

SCHÄFER, HERWIG

Die Rechtsstellung des Einzelnen – Von den Grundrechten zur volksgenössischen Gliedstellung
In: Böckenförde (Hrsg.), Staatsrecht und Staatsrechtslehre im Dritten Reich, S. 106-121

Juristische Lehre und Forschung an der Reichsuniversität Straßburg
Verlag Mohr Siebeck, Tübingen 1999

SCHELLENBERG, ULRICH

Die Rechtsstaatskritik. Vom liberalen zum nationalen und nationalsozialistischen Rechtsstaat.
In: Böckenförde (Hrsg.), Staatsrecht und Staatsrechtslehre im Dritten Reich, S. 71-87

SCHEUNER, ULRICH

Die nationale Revolution. Eine staatsrechtliche Untersuchung
AöR Bd. 63 (1933), S. 166-220, 261-344

Die deutsche Staatsführung im Kriege
DRW Bd. 5 (1940), S. 1-43

SCHMIDT-JORTZIG, EBERHARD

Entstehung und Wesen der Verfassung des „Großdeutschen Reiches"
In: Säcker (Hrsg.), Recht und Rechtslehre im Dritten Reich, S. 71-87
Ebenfalls abgedruckt in: Verwaltungsrundschau 7. Jg. (1991), S. 37-43

SCHMITT, CARL

Der Gegensatz von Parlamentarismus und moderner Massendemokratie
Hochland 23. Jg. (1926), S. 257-270

Die geistesgeschichtliche Lage des heutigen Parlamentarismus, 2. Auflage
Duncker & Humblot, München 1926

Artikel „Diktatur“
In: Sacher (Hrsg.), Staatslexikon Bd. I, 5. Auflage, Sp. 1448-1453
Herder-Verlag, Freiburg 1926

Verfassungslehre (1928)
und: Dritte unveränderte Auflage
Verlag Duncker & Humblot, Berlin 1957

Der Hüter der Verfassung
Beiträge zum Öffentlichen Recht der Gegenwart Bd. 1
Verlag Mohr Siebeck, Tübingen 1931

Die Wendung zum totalen Staat
Europäische Revue 7. Jg. (1931), S. 241-250

Legalität und Legitimität
Verlag Duncker & Humblot, München Leipzig 1932

Die Verfassungsmäßigkeit der Bestellung eines Reichskommissars für das Land Preußen
DJZ 37. Jg. (1932), Sp. 953-958

Der Begriff des Politischen, 2. Auflage
Hanseatische Verlagsanstalt, Hamburg 1932

Inhalt und Bedeutung des zweiten Hauptteils der Reichsverfassung
In: Anschütz; Thoma (Hrsg.), Handbuch des Deutschen Staatsrechts Bd. II (1932), S. 572-606

Weiterentwicklung des totalen Staats in Deutschland
Europäische Revue 9. Jg. (1933), S. 65-70

Neue Leitsätze für die Rechtspraxis
JW Heft 50 (1933), S. 2793-2794

Der Führer schützt das Recht
DJZ 1934, Sp. 945-950

Nationalsozialismus und Rechtsstaat
JW 1934, S. 713-718

Sekundärliteratur

Staatsgefüge und Zusammenbruch des zweiten Reiches. Der Sieg des Bürgers über den Soldaten
Hanseatische Verlagsanstalt, Hamburg 1934

Staat, Bewegung und Volk. Die Dreigliederung der politischen Einheit
Heft 1 der Reihe: Der deutsche Staat der Gegenwart, 2. Auflage
Hanseatische Verlagsanstalt, Hamburg 1934

Über die drei Arten des rechtswissenschaftlichen Denkens
Schriften der AkDR, herausgegeben von Hans Frank
Hanseatische Verlagsanstalt, Hamburg 1934

Politische Theologie I. Vier Kapitel zur Lehre der Souveränität 2. Auflage
Duncker & Humblot, München Leipzig 1934

Was bedeutet der Streit um den Rechtsstaat ?
ZgesStW Bd. 95 (1934/35), S. 189-201

Der Leviathan in der Staatslehre des Thomas Hobbes – Sinn und Fehlschlag eines politischen Symbols
Hanseatische Verlagsanstalt, Hamburg 1938

Positionen und Begriffe im Kampf mit Weimar, Genf, Versailles 1923-1939
Hanseatische Verlagsanstalt, Hamburg 1940

Totaler Feind, totaler Krieg, totaler Staat
In: ders., Positionen und Begriffe, S. 235-239

Die Wendung zum totalen Staat
In: ders., Positionen und Begriffe, S. 146-157

Das Zeitalter der Neutralisierungen und Entpolitisierungen
In: ders., Positionen und Begriffe, S. 120-132

Völkerrechtliche Großraumordnung mit Interventionsverbot für raumfremde Mächte. Ein Beitrag zum Reichsbegriff im Völkerrecht
In: Ritterbusch (Hrsg.), Schriften des Instituts für Politik und Internationales Recht an der Universität Kiel, 3. Auflage (1941)

Verfassungsrechtliche Aufsätze aus den Jahren 1924-1954. Materialien zu einer Verfassungslehre
Duncker & Humblot, Berlin 1958

Das Reichsgericht als Hüter der Verfassung
In: ders., Verfassungsrechtliche Aufsätze, S. 63-100

Der Zugang zum Machthaber als zentrales, verfassungsrechtliches Problem
In: ders., Verfassungsrechtliche Aufsätze, S. 430-439

SCHMITZ, MATTHIAS
Die Freund-Feind-Theorie Carl Schmitts
Dissertation, Freiburg i. Br. 1963

SCHMOECKEL, MATTHIAS
Die Großraumtheorie: ein Beitrag zur Geschichte der Völkerrechtswissenschaft im Dritten Reich, insbesondere der Kriegszeit
Bd. 112 der Reihe: Schriften zum Völkerrecht
Duncker & Humblot, Berlin 1994

SCHNÄDELBACH, HERBERT
Die Verfassung der Freiheit (§§ 272-340)
In: Siep (Hrsg.), G. W. F. Hegel, Grundlinien der Philosophie des Rechts

SCHÖNEMANN, BERND
Volk: IX. Vom Westfälischen Frieden bis zum Wiener Kongress
In: Brunner; Conze; Koselleck (Hrsg.), Geschichtliche Grundbegriffe. Historisches Lexikon zur politisch-sozialen Sprache in Deutschland Bd. VII, S. 302-337

SCHOEPS, HANS JOACHIM
Die letzten dreißig Jahre - Rückblicke
Ernst Klett Verlag, Stuttgart 1956

SCHULZE, WINFRIED
Deutsche Geschichtswissenschaft nach 1945, Band 10
In: Gall (Hrsg.), Historische Zeitschrift – Beihefte, S. 66-74
Oldenbourg Verlag, München 1989

SCHWEINICHEN, OTTO V.
In: ders. und Krauss (Hrsg.), Disputation über den Rechtsstaat
Reihe: Der Deutsche Staat der Gegenwart
Hanseatische Verlagsanstalt, Hamburg 1935

SIEBERT, WOLFGANG
Subjektives Recht, konkrete Berechtigung, Pflichtenordnung
DRW Bd. 1 (1936), S. 23-31

Siep, Ludwig (Hrsg.)
G. W. F. Hegel, Grundlinien der Philosophie des Rechts, Reihe Klassiker Auslegen
Bd. 9 Akademie Verlag, Berlin 1997

Sirinelli, Jean-Francoise
Dictionnaire de la politique francaise, 2 Bde.
Pr. Univ. De Paris, Paris 1995

Smend, Rudolf
Die politische Gewalt im Verfassungsstaat
In: Festgabe der Berliner juristischen Fakultät für Wilhelm Kahl zum Doktorjubiläum
am 19.04.1923

Staatsrechtliche Abhandlungen und andere Aufsätze, 2. Auflage
Duncker & Humblot, Berlin 1968

Sontheimer, Kurt
Antidemokratisches Denken in der Weimarer Republik
Nymphenburger Verlagshandlung 1968

Spann, Othmar
Der wahre Staat, 3. Auflage
Quelle und Meyer, Leipzig 1931

Stapel, Wilhelm
Der christliche Staatsmann. Eine Theologie des Nationalsozialismus
Hanseatische Verlagsanstalt, Hamburg 1932

Starck, Christian
Ernst Rudolf Huber 18. Juni 1903 – 28. Oktober 1990
In: Jahrbuch der Akademie der Wissenschaften in Göttingen, S. 232-243
Vandenhoeck & Ruprecht, Göttingen 1991

Stein, Lorenz v.
Verwaltungslehre 1. Teil, Abteilungen 1-3
Neudruck Scientia Verlag, Aalen 1962

Gesellschaft – Staat – Recht, herausgegeben von Ernst Forsthoff
Propyläen-Verlag, Frankfurt/Main 1972

STERN, KLAUS
Das Staatsrecht der Bundesrepublik Deutschland, Bd. V: Die Geschichtlichen Grundlagen des Deutschen Staatsrechts
C. H. Beck`sche Verlagsbuchhandlung, München 2000

STOLLEIS, MICHAEL; SIMON, DIETER (HRSG.)
Rechtsgeschichte im Nationalsozialismus. Beiträge zur Geschichte einer Disziplin
Verlag Mohr Siebeck, Tübingen 1989

STOLLEIS, MICHAEL
Gemeinschaft und Volksgemeinschaft – Zur juristischen Terminologie im Nationalsozialismus
In: ders., Recht im Unrecht – Studien zur Rechtsgeschichte im Nationalsozialismus, S. 94-125
Suhrkamp Verlag, Frankfurt/Main 1994

Juristen – Ein biographisches Lexikon, Von der Antike bis zum 20. Jahrhundert
C. H. Beck, München 1995

Die Vereinigung der Deutschen Staatsrechtslehrer – Bemerkungen zu ihrer Geschichte
Kritische Vierteljahresschrift für Gesetzgebung und Rechtswissenschaft Heft 1/97, S. 339-358

Geschichte des öffentlichen Rechts in Deutschland, Band III: 1914-1945
C. H. Beck Verlag, München 1999

STOROST, ULRICH
Staat und Verfassung bei Ernst Forsthoff
Verlag Peter Lang, Frankfurt/Main 1978

STRODEL U.A. (HRSG.)
Kürschners Gelehrtenkalender 1996, Geistes- und Sozialwissenschaften
Verlag Saur, München 1996

STUCKART, WILHELM
Zentralgewalt, Dezentralisation und Verwaltungseinheit
In: Festgabe für Heinrich Himmler
Verlag Wittich, Darmstadt 1941

STÜRMER, MICHAEL
Der unvollendete Parteienstaat
In: ders. (Hrsg.), Die Weimarer Republik: Belagerte Civitas, S. 310-317
Verlag Anton Hain Meisenheim GmbH, Königsstein/Taunus 1980

TATARIN-TARNHEYDEN, EDGAR
Werdendes Staatsrecht. Gedanken zu einem organischen und deutschen Verfassungsaufbau
Heymann, Berlin 1934

TERWIESCHE, MICHAEL
Konstitutionalismus und Nationalismus: Beginn und vorläufiges Ende der Grundrechte
JR 1997 Heft 6, S. 227-234

THEISEN, E.
Verfassung und Richter
AöR Bd. 47 (1925), S. 257-282

THOMA, RICHARD
Das richterliche Prüfungsrecht
AöR Bd. 43 (1922), S. 267-286

Zur Frage des richterlichen Prüfungsrechts
DJZ 1922, Sp. 729-730

Die rechtliche Ordnung des parlamentarischen Regierungssystems (§ 43)
In: Anschütz; Thoma (Hrsg.), Handbuch des deutschen Staatsrechts Bd. I (1930), S. 503-511

Die Funktionen der Staatsgewalt. Grundbegriffe und Grundsätze (§ 71)
In: Anschütz; Thoma (Hrsg.), Handbuch des Deutschen Staatsrechts Bd. II (1932), S. 108-159

TRIEPEL, HEINRICH
Der Weg der Gesetzgebung nach der neuen RV
AöR Bd. 39 (1920), S. 456-546

Goldbilanzverordnung und Vorzugsaktien.
Walter de Gruyter, Berlin Leipzig 1924

Staatsrecht und Politik – Rede beim Antritt des Rektorats der Friedrich-Wilhelm-Universität zu Berlin am 15.10.1926
Beiträge zum ausländischen öffentlichen Recht und Verwaltungsrecht Heft 1
Walter de Gruyter & Co., Berlin und Leipzig 1927

Seine Beteiligung an der Aussprache über die Berichte zum ersten Beratungsgegenstand (Das Recht der freien Meinungsäußerung)
VVDStRL Bd. 4 (1928), S. 74-97

Die Staatsverfassung und die politischen Parteien
Liebmann, Berlin 1928

Die Entscheidung des Staatsgerichtshofs im Verfassungsstreit zwischen Preußen und dem Reich
DJZ 37. Jg. (1932), Sp. 1501-1508

ULE, CARL HERMANN
Herrschaft und Führung im nationalsozialistischen Reich
VerwArch 46 (1941), S. 51

VOIGT, ALFRED
Die Staatsrechtslehrer und das Dritte Reich
Zeitschrift für Religions- und Geistesgeschichte, Heft 31, 1979, S. 195-202

VOLBEHR, FRIEDRICH
Professoren und Dozenten der Christian-Albrechts-Universität zu Kiel
Schleswig-Holsteinische Universitätsgesellschaft
Verlag Hirt, Kiel 1956

VOLKMANN, UWE
Relativität des Staates – Staatsbegriff und Staatsverständnis im Spiegel der jüngeren Geschichte
JuS 1996, S. 1058-1064

WADLE, ELMAR
Visionen vom „Reich" – Streiflichter zur Deutschen Rechtsgeschichte zwischen 1933 und 1945
In: Rückert; Willoweit (Hrsg.), Die deutsche Rechtsgeschichte im Nationalsozialismus, S. 241-299

WAGNER, NORBERT BERTHOLD
Das Staatsoberhaupt im NS-Staat und seine Stellvertretung
JURA 1999 Heft 11, S. 571-577

WALKENHAUS, RALF
Konservatives Staatsdenken. Eine wissenssoziologische Studie zu Ernst Rudolf Huber
Akademie Verlag, Berlin 1997

WALZ, GUSTAV ADOLF
Das Ende der Zwischenverfassung Betrachtungen zur Entstehung des nationalsozialistischen Staates
Verlag Kohlhammer, Stuttgart 1933

WEBER, WERNER
Die Verkündung von Rechtsvorschriften
Gegenwartsfragen der Zivilrechtswissenschaft. Gemeinschaftsarbeit deutscher Rechtslehrer, herausgegeben von Karl Michaelis
Verlag W. Kohlhammer, Stuttgart und Berlin 1942

WEHLER, WOLFGANG
Der Staatsgerichtshof für das Deutsche Reich – Die politische Rolle der Verfassungsgerichtsbarkeit in der Zeit der Weimarer Republik
Dissertation, Bonn 1979

WEITZEL, JÜRGEN
Das alte Reich und die neue Union
In: Köbler; Nehlsen (Hrsg.), Wirkungen europäischer Rechtskultur, Festschrift für Karl Kroeschell zum 70. Geburtstag, S. 1347-1361
C. H. Beck, Verlagsbuchhandlung München 1997

WERLE, GERHARD
Der Holocaust als Gegenstand der bundesdeutschen Strafjustiz
NJW 1992 Heft 40, S. 2529-2535

WESEL, UWE
Der Letzte – Zum Tod des Juristen Reinhard Höhn
FAZ v. 23.05.2000

WIEACKER, FRANZ
Das Kitzeberger Lager junger Rechtslehrer
DRW Bd. 1 (1936), S. 74-80

Wilms, Heinrich
Die Staatsrechtslehre im Nationalsozialismus
DVBl 2000 Heft 17, S. 1237-1249

Windelband, Wilhelm
Fichtes Idee des Deutschen Staates: Rede zur Feier des Geburtstages sr. Maj. des Kaisers am 27.01.1890 in der Aula der Kaiser-Wilhelm-Universität Straßburg
Verlag Mohr Siebeck, Tübingen 1921

Zehrer, Hans
Revolution und Restauration
Die Tat – Unabhängige Monatszeitschrift zur Gestaltung Neuer Wirklichkeit, herausgegeben von Hans Zehrer, 24. Jg. Augustheft 1932

Ziegler, Heinz O.
Autoritärer oder Totaler Staat ?
Recht und Staat in Geschichte und Gegenwart Bd. 90
Verlag Mohr Siebeck, Tübingen 1932

Zippelius, Reinhold
Allgemeine Staatslehre
C.H. Beck, München 1969

G. Archivverzeichnis

Archiv der Rheinischen Friedrich-Wilhelms-Universität Bonn

Archiv der Albert-Ludwigs-Universität Freiburg

Archiv der Georg-Augusts-Universität Göttingen

Archiv der Ruprecht-Karls-Universität Heidelberg

Archiv der Ludwig-Maximilians-Universität München

Archiv des Ministeriums für Wissenschaft und Kultus Hannover

Archiv des Verlages J. C. B. Mohr (Paul Siebeck), Tübingen

Bundesarchiv, Berlin-Lichterfelde

Bundesarchiv, Koblenz

Deutsches Zentralarchiv, Merseburg

Geheimes Staatsarchiv Preußischer Kulturbesitz, Berlin

Institut für Zeitgeschichte, München

Nordrhein-Westfälisches Hauptstaatsarchiv Düsseldorf

Personal- und Vorlesungsverzeichnisse der Universitäten:
- Bonn
- Kiel
- Leipzig
- Straßburg

RECHTSHISTORISCHE REIHE

Band 1 Studien zu den germanischen Volksrechten. Gedächtnisschrift für Wilhelm Ebel. Vorträge gehalten auf dem Fest-Symposion anläßlich des 70. Geburtstages von Wilhelm Ebel am 16. Juni 1978 in Göttingen. Götz Landwehr (Hrsg.) 1982.

Band 2 Hans Poeschel: Die Statuten der Banken, Sparkassen und Kreditgenossenschaften in Hamburg und Altona von 1710 bis 1889. 1978.

Band 3 Thomas Kolbeck: Juristenschwemmen, Untersuchungen über den juristischen Arbeitsmarkt im 19. und 20. Jahrhundert. 1978.

Band 4 Norbert Hempel: Richterleitbilder in der Weimarer Republik. 1978.

Band 5 Rolf Stratmann: Die Scheinbußen im mittelalterlichen Recht. 1978.

Band 6 Martin C. Lockert: Die niedersächsischen Stadtrechte zwischen Aller und Weser. Vorkommen und Verflechtungen. Eine Bestandsaufnahme. 1979.

Band 7 Joachim Rückert/Wolfgang Friedrich: Betriebliche Arbeiterausschüsse in Deutschland, Großbritannien und Frankreich im späten 19. und frühen 20. Jahrhundert. Eine vergleichende Studie zur Entwicklung des kollektiven Arbeitsrechts. 1979.

Band 8 Peter Bender: Die Rezeption des römischen Rechts im Urteil der deutschen Rechtswissenschaft. 1979.

Band 9 Friedrich Karl Alsdorf: Untersuchungen zur Rechtsgestalt und Teilung deutscher Ganerbenburgen. 1980.

Band 10 Dietmar Willoweit/Winfried Schich (Hrsg.): Studien zur Geschichte des sächsisch-magdeburgischen Rechts in Deutschland und Polen (Sammelband). 1980.

Band 11 Brigitte Hempel: Der Entwurf einer Polizeiordnung für das Herzogtum Sachsen-Lauenburg aus dem Jahre 1591. 1980.

Band 12 Klaus-Detlev Godau-Schüttke: Rechtsverwalter des Reiches. Staatssekretär Dr. Curt Joël. 1981.

Band 13 Rainer Polley: Anton Friedrich Justus Thibaut (AD 1772-1840) in seinen Selbstzeugnissen und Briefen. Teil 1: Abhandlung. Teil 2: Briefwechsel. Teil 3: Register zum Briefwechsel. 1982.

Band 14 Michael Wettengel: Der Streit um die Vogtei Kelkheim 1275-1276. Ein kanonischer Prozeß.1981.

Band 15 Otto Wilhelm Krause: Naturrechtler des sechzehnten Jahrhunderts. Ihre Bedeutung für die Entwicklung eines natürlichen Privatrechts. 1982.

Band 16 Helga Spindler: Von der Genossenschaft zur Betriebsgemeinschaft. Kritische Darstellung der Sozialrechtslehre Otto von Gierkes. 1982.

Band 17 Holger Otte: Gustav Radbruchs Kieler Jahre 1919 - 1926. 1982.

Band 18 Rüdiger Teuner: Die fuldische Ritterschaft 1510 - 1656. 1982.

Band 19 Gerhard Dilcher/Rudolf Hoke/Gian Savino Pene Vidari/Hans Winterberg (Hrsg.): Grundrechte im 19. Jahrhundert. 1982.

Band 20 Karl-Hans Schloßstein: Die westfälischen Fabrikengerichtsdeputationen - Vorbilder, Werdegang und Scheitern. 1982.

Band 21 Birger Schulz: Der Republikanische Richterbund (1921-1933). 1982.

Band 22 Engelbert Krause: Die gegenseitigen Unterhaltsansprüche zwischen Eltern und Kindern in der deutschen Privatrechtsgeschichte. 1982.

Band 23 Meent W. Francksen: Staatsrat und Gesetzgebung im Großherzogtum Berg (1806-1813). 1982.

Band 24 Gerd von Sonnleithner: Bearbeitung des Handelsrechts durch Ignaz von Sonnleithner in seinem "Leitfaden über das österreichische Handels- und Wechselrecht". 1982.

Band 25 Rudolf Palme: Rechts-, Wirtschafts- und Sozialgeschichte der inneralpinen Salzwerke bis zu deren Monopolisierung. 1983.

Band 26 Helen Bosshard: Pestalozzis Staats- und Rechtsverständnis und seine Stellung in der Aufklärung. 1983.

Band 27 Jens Jessen: Die Selbstzeugnisse der deutschen Juristen. Erinnerungen, Tagebücher und Briefe. Eine Bibliographie. 1983.

Band 28 Günter Martin Jensen: Das Domanium Waldeck. Die rechtliche Zuordnung eines Fürstenvermögens. 1984.

Band 29 Johann Heinrich Kumpf: Petitionsrecht und öffentliche Meinung im Entstehungsprozeß der Paulskirchenverfassung 1848/49. 1983.

Band 30 Sabine Frey: Rechtsschutz der Juden gegen Ausweisungen im 16. Jahrhundert. 1983.

Band 31 Dietrich Joswig: Die germanische Grundstücksübertragung. 1984.

Band 32 Andreas Baryli: Konzessionssystem contra Gewerbefreiheit. Zur Diskussion der österreichischen Gewerberechtsreform 1835 bis 1860. 1984.

Band 33 Gerhard Oberkofler: Studien zur Geschichte der österreichischen Rechtswissenschaft. 1984.

Band 34 Rudolf Lauda: Kaufmännische Gewohnheit und Burgrecht bei Notker dem Deutschen. Zum Verhältnis von literarischer Tradition und zeitgenössischer Realität in der frühmittelalterlichen Rhetorik. 1984.

Band 35 Jens Jensen: Die Ehescheidung des Bischofs Hans von Lübeck von Prinzessin Julia Felicitas von Württemberg-Weiltingen AD 1648-1653. Ein Beitrag zum protestantischen Ehescheidungsrecht im Zeitalter des beginnenden Absolutismus. 1984.

Band 36 Horst Schröder: Friedrich Karl von Savigny. Geschichte und Rechtsdenken beim Übergang vom Feudalismus zum Kapitalismus in Deutschland. 1984.

Band 37 Andreas Hatzung: Dogmengeschichtliche Grundlagen und Entstehung des zivilrechtlichen Notstands. 1984.

Band 38 Matthias Klasen: Das Billwerder Landrecht. Landrecht und Landgericht in den Hamburger Elbmarschen. 1985.

Band 39 Rainer Jamin: Aufbau, Tätigkeit und Verfahren der Auseinandersetzungsbehörden bei der Durchführung der preußischen Agrarreformen. 1985.

Band 40 Henry Winter: Teilschuld, Gesamtschuld und unechte Gesamtschuld. Zur Konzeption der §§ 420 ff. BGB - Ein Beitrag zur Entstehungsgeschichte des BGB. 1985.

Band 41 Hermann Eichler: Verfassungsbewegung in Amerika und Europa. 1985.

Band 42 Dagmar Bandemer: Heinrich Albert Zachariae. Rechtsdenken zwischen Restauration und Reformation. 1985.

Band 43 Eva-Christine Frentz: Das Hamburgische Admiralitätsgericht (1623-1811). Prozeß und Rechtsprechung. 1985.

Band 44 Karl Lillig: Rechtsetzung im Herzogtum Pfalz-Zweibrücken während des 18. Jahrhunderts. Ein Beitrag zur Geschichte der territorialen Rechtsbildung. 1985.

Band 45 Walter Weber: Die Entwicklung der Sparkassen zu selbständigen Anstalten des öffentlichen Rechts. Ein Beitrag zur Entwicklung des Anstaltsbegriffs im 19. Jahrhundert. 1985.

Band 46 Bärbel Baum: Der Stabreim im Recht. Vorkommen und Bedeutung des Stabreims in Antike und Mittelalter. 1986.

Band 47 Hans Popp: Die nationalsozialistische Sicht einiger Institute des Zivilprozeß- und Gerichtsverfassungsrechts. 1986.

Band 48 John Karl-Heinz Montag: Die Lehrdarstellung des Handelsrechts von Georg Friedrich von Martens bis Meno Pöhls. Die Wissenschaft des Handelsrechts im ersten Drittel des 19. Jahrhunderts. 1986.

Band 49 Volker D. Anhäusser: Das internationale Obligationenrecht in der höchstrichterlichen Rechtsprechung des 19. Jahrhunderts. 1986.

Band 50 Udo Beer: Die Juden, das Recht und die Republik. Verbandswesen und Rechtsschutz 1919-1933. 1986.

Band 51 Herbert Grziwotz: Der moderne Verfassungsbegriff und die "Römische Verfassung" in der deutschen Forschung des 19. und 20. Jahrhunderts. 1986.

Band 52 Ralf Conradi: Karl Friedrich Eichhorn als Staatsrechtslehrer. Seine Göttinger Vorlesung über "Das Staatsrecht der deutschen Bundesstaaten" nach einer Kollegmitschrift aus dem Wintersemester 1821/22. 1987.

Band 53 Dieter Dannreuther: Der Zivilprozeß als Gegenstand der Rechtspolitik im Deutschen Reich 1871 - 1945. Ein Beitrag zur Geschichte des Zivilprozeßrechts in Deutschland. 1987.

Band 54 Stephan Felix Pauly: Organisation, Geschichte und Praxis der Gesetzesauslegung des (Königlich) Preußischen Oberverwaltungsgerichtes 1875 - 1933. 1987.

Band 55 Rüdiger Schulz: Die Entstehung des Seerechts des Allgemeinen Deutschen Handelsgesetzbuches unter besonderer Berücksichtigung der Bestimmungen über die Reederei, den Schiffer und die Schiffsmannschaft. 1987.

Band 56 Reinhold Reis: Deutsches Privatrecht in den Weistümern der Zenten Schriesheim und Kirchheim. 1987.

Band 57 Jürgen Christoph: Die politischen Reichsamnestien 1918 - 1933. 1987.

Band 58 Gerhard Oberkofler/Eduard Rabofsky: Hans Kelsen im Kriegseinsatz der k.u.k.-Wehrmacht. Eine kritische Würdigung seiner militärtheoretischen Angebote. 1988.

Band 59 Arne Wulff: Staatssekretär Prof. Dr. Dr. h.c. Franz Schlegelberger. 1876-1970. 1991.

Band 60 Gerhard Köbler (Hrsg.): Wege europäischer Rechtsgeschichte. Karl Kroeschell zum 60. Geburtstag. 1987.

Band 61 Rüdiger Hütte: Der Gemeinschaftsgedanke in den Erbrechtsreformen des Dritten Reichs. 1988.

Band 62 Markus Göldner: Politische Symbole der europäischen Integration. Fahne, Hymne, Hauptstadt, Paß, Briefmarke, Auszeichnungen. 1988.

Band 63 Wolfgang Kröner: Freiheitsstrafe und Strafvollzug in den Herzogtümern Schleswig, Holstein und Lauenburg von 1700 bis 1864. 1988.

Band 64 Werner Gaile: Die Norder Theelacht. 1988.

Band 65 Karl v. Kempis: Andreas Gaill (1526 - 1587). Zum Leben und Werk eines Juristen der frühen Neuzeit. 1988.

Band 66 Wolf-Rüdiger Osburg: Die Verwaltung Hamburgs in der Franzosenzeit. 1811-1814. 1988.

Band 67 Christian Schudnagies: Hans Frank. Aufstieg und Fall des NS-Juristen und Generalgouverneurs. 1988.

Band 68 Otmar Jung: Senatspräsident Freymuth. Richter, Sozialdemokrat und Pazifist in der Weimarer Republik. Eine politische Biographie. 1989.

Band 69 Joachim Lohner: Das landeshauptmannschaftliche Gericht in Oberösterreich zu Beginn der Neuzeit. Eine Darstellung des oberösterreichischen Prozeßrechts am obersten Territorialgericht des Landes anhand der oberösterreichischen Landtafel.1989.

Band 70 Bernd Klemann: Rudolf von Jhering und die Historische Rechtsschule. 1989.

Band 71 Adalbert Langer: Männer um die österreichische Zivilprozeßordnung 1895. Zusammenspiel / Soziales Ziel. 1990.

Band 72 Robert-Dieter Klee: Die Landessuperintendentur Lauenburg. Ursprung und Entwicklung sowie Ende der Sonderstellung des Kirchenkreises Herzogtum Lauenburg durch die nordelbische Kirchenvereinigung. 1989.

Band 73 Heinrich Herrmann: Die Gehöferschaften im Bezirk Trier. 1989.

Band 74 Wilhelm Brauneder, Franz Baltzarek (Hrsg.): Modell einer neuen Wirtschaftsordnung. Wirtschaftsverwaltung in Österreich 1914 - 1918. 1991.

Band 75 Thomas Dreyer: Die "Assecuranz- und Haverey-Ordnung" der Freien und Hansestadt Hamburg von 1731. 1990.

Band 76 Bernhard Sendler: Die Rechtssprache in den süddeutschen Stadtrechtsreformationen. 1990.

Band 77 Brigitte Lehmann: Ehevereinbarungen im 19. und 20. Jahrhundert. 1990.

Band 78 Michael Sunnus: Der NS-Rechtswahrerbund (1928-1945). Zur Geschichte der nationalsozialistischen Juristenorganisation. 1990.

Band 79 Stefan Schulz: Die historische Entwicklung des Rechts an Bienen. (§§ 961 - 964 BGB). 1990.

Band 80 Gerhard Lingelbach, Heiner Lück (Hrsg.): Deutsches Recht zwischen Sachsenspiegel und Aufklärung. Rolf Lieberwirth zum 70. Geburtstag dargebracht von Schülern, Freunden und Kollegen, herausgegeben von Gerhard Lingelbach und Heiner Lück. 1991.

Band 81 Manfred Krohn: Die deutsche Justiz im Urteil der Nationalsozialisten 1920 - 1933. 1991.

Band 82 Angelika Kühn: Privilegierung nationaler Minderheiten im Wahlrecht der Bundesrepublik Deutschland und Schleswig-Holsteins. 1991.

Band 83 Georg Brun: Leben und Werk des Rechtshistorikers Heinrich Mitteis unter besonderer Berücksichtigung seines Verhältnisses zum Nationalsozialismus. 1991.

Band 84 Wolfgang Simon: Claudius Freiherr von Schwerin. Rechtshistoriker während dreier Epochen deutscher Geschichte. 1991.

Band 85 Friedrich-Carl Wachs: Das Verordnungswerk des Reichsdemobilmachungsamtes. Stabilisierender Faktor zu Beginn der Weimarer Republik. 1991.

Band 86 Jens-Uwe Petersen: Die Vorgeschichte und die Entstehung des Mieterschutzgesetzes von 1923 nebst der Anordnung für das Verfahren vor dem Mieteinigungsamt und der Beschwerdestelle. 1991.

Band 87 Ulrike Haibach: Familienrecht in der Rechtssprache. Die historische Entwicklung zentraler Ausdrücke des geltenden Familienrechts. 1991.

Band 88 Joern Christian Nissen: Die Beratungen des Seeversicherungsausschusses der Akademie für Deutsches Recht zu einem neuen Seeversicherungsgesetz (1934-1939). Ein Beitrag zur Entwicklung der allgemeinen Lehren des Seeversicherungsrechts unter besonderer Berücksichtigung des Handelsgesetzbuchs und der Allgemeinen Deutschen Seeversicherungs-Bedingungen 1919. 1991.

Band 89 Diethard Bühler: Die Entstehung der allgemeinen Vertragsschluß-Vorschriften im Allgemeinen Deutschen Handelsgesetzbuch (ADHGB) von 1861. Ein Beitrag zur Kodifikationsgeschichte des Privatrechts im 19. Jahrhundert. 1991.

Band 90 Gerhard Oberkofler: Die Vertreter des Römischen Rechts mit deutscher Unterrichtssprache an der Karls-Universität in Prag. Vom Vormärz bis 1945. 1991.

Band 91 Ulrich Andermann: Ritterliche Gewalt und bürgerliche Selbstbehauptung. Untersuchungen zur Kriminalisierung und Bekämpfung des spätmittelalterlichen Raubrittertums am Beispiel norddeutscher Hansestädte. 1991.

Band 92 Heinz Marcus Hanke: Luftkrieg und Zivilbevölkerung. Der kriegsvölkerrechtliche Schutz der Zivilbevölkerung gegen Luftbombardements von den Anfängen bis zum Ausbruch des Zweiten Weltkrieges. 1991.

Band 93 Kirsten Kraglund: Familien- und Erbrecht. Materielles Recht und Methoden der Rechtsanwendung in der Rechtsprechung des Oberappellationsgerichts der vier Freien Städte Deutschlands zu Lübeck. 1991.

Band 94 Reinhard Lorenz: Die politische und rechtliche Stellung des Proletariats in Preußen in der Zeit zwischen den Reformen und der Revolution 1848/49. 1991.

Band 95 Eric Hilgendorf: Die Entwicklungsgeschichte der parlamentarischen Redefreiheit in Deutschland. 1991.

Band 96 Hans J. Reiter: Die Handelsgesellschaft Villeroy & Boch von der Gründung 1836 bis zum Jahr 1878. 1992.

Band 97 Martin Johannes Heller: Reform der deutschen Rechtssprache im 18. Jahrhundert. 1992.

Band 98 Michael Kotulla: Die Tragweite der Grundrechte der revidierten preußischen Verfassung vom 31.01.1850. 1992.

Band 99 Michael Siefener: Hexerei im Spiegel der Rechtstheorie. Das crimen magiae in der Literatur von 1574 bis 1608. 1992.

Band 100 Andreas Ebert-Weidenfeller: Hamburgisches Kaufmannsrecht im 17. und 18. Jahrhundert. Die Rechtsprechung des Rates und des Reichskammergerichtes. 1992.

Band 101 Enno Bommel: Die Entstehung der Verwirkungslehre in der Krise des Positivismus. 1992.

Band 102 Ralph Steppacher: Die Berücksichtigung der bäuerlichen Postulate bei der Entstehung des ZGB und der Revision des OR. Ein Beitrag zur schweizerischen Kodifikationsgeschichte (1893 - 1912). 1992.

Band 103 Martin Fleckenstein: Die Todesstrafe im Werk Carl Joseph Anton Mittermaiers (1787 - 1867). Zur Entwicklungsgeschichte eines Werkbereichs und seiner Bedeutung für Theorie- und Methodenbildung. 1992.

Band 104 Jörn Eckert: Der Kampf um die Familienfideikommisse in Deutschland. Studien zum Absterben eines Rechtsinstitutes. 1992.

Band 105 Jörg Grotkopp: Beamtentum und Staatsformwechsel. Die Auswirkungen der Staatsformwechsel von 1918, 1933 und 1945 auf das Beamtenrecht und die personelle Zusammensetzung der deutschen Beamtenschaft. 1992.

Band 106 Andreas Rohde: Die Garantiehaftung des Vermieters und ihr Verhältnis zum Unmöglichkeitsrecht in dogmengeschichtlicher und modernrechtlicher Sicht. 1992.

Band 107 Tjark Siefke Kunstreich: Gesamtvertretung. Eine historisch-systematische Darstellung. 1992.

Band 108 Jürgen Krüger: Blindheit und Königtum. Die Blindheit des Königs Georg V. von Hannover als verfassungsrechtliches Problem. 1992.

Band 109 Wolfgang Putschek: Ständische Verfassung und autoritäre Verfassungspraxis in Österreich 1933-1938 mit Dokumentenanhang. Verfassung und Verfassungswirklichkeit. Mit einem Anhang: Denkschriften von Rechtsanwalt Dr. Erich Führer 1936/37. 1993.

Band 110 Klaus Hofmann: Die Verdrängung der Juden aus öffentlichem Dienst und selbständigen Berufen in Regensburg 1933-1939. 1993.

Band 111 Franz Kilger: Die Entwicklung des Telegraphenrechts im 19. Jahrhundert mit besonderer Berücksichtigung der technischen Entwicklung. Telegraphenrecht im 19. Jahrhundert. 1993.

Band 112 Wilhelm Brauneder (Hrsg.): Heiliges Römisches Reich und moderne Staatlichkeit. 1993.

Band 113 Thomas Heinrich: Das preußische Nichtehelichenrecht: Von der Aufklärung zur Reaktion. 1993.

Band 114 Gerald Kohl: Jagd und Revolution. Das Jagdrecht in den Jahren 1848 und 1849. 1993.

Band 115 Christian Schudnagies: Der Kriegs- oder Belagerungszustand im Deutschen Reich während des Ersten Weltkrieges. Eine Studie zur Entwicklung und Handhabung des deutschen Ausnahmezustandsrechts bis 1918. 1994.

Band 116 Elisabeth Bellmann: Die Internationale Kriminalistische Vereinigung (1889-1933). 1994.

Band 117 Julia Pfannkuch: Volksrichterausbildung in Sachsen 1945-1950. 1993.

Band 118 Jörg Offen: Von der Verwaltungsgemeinschaft des BGB von 1896 zur Zugewinngemeinschaft des Gleichberechtigungsgesetzes von 1957. 1994.

Band 119 Dorothee Kohlhas-Müller: Untersuchungen zur Rechtsstellung Theoderichs des Großen. 1995.

Band 120 Monika Rose: Das Gerichtswesen des Herzogtums Pfalz-Zweibrücken im 18. Jahrhundert. Ein Beitrag zur territorialen Gerichtsbarkeit im Alten Reich. 1994.

Band 121 Jörn Eckert / Hans Hattenhauer (Hrsg.): Bibel und Recht. Rechtshistorisches Kolloquium 9. - 13. Juni 1992 an der Christian-Albrechts-Universität zu Kiel. 1994.

Band 122 Robert Martin Mizia: Der Rechtsbegriff der Autonomie und die Begründung des Privatfürstenrechts in der deutschen Rechtswissenschaft des 19. Jahrhunderts. 1995.

Band 123 Walther Graf von Plettenberg: Das Fortleben des Liber Iudiciorum in Asturien/León (8. - 13. Jh.). 1994.

Band 124 Wolfgang Schulz: Das deutsche Börsengesetz. Die Entstehungsgeschichte und wirtschaftlichen Auswirkungen des Börsengesetzes von 1896. 1994.

Band 125 Frank Hagemann: Der Untersuchungsausschuß Freiheitlicher Juristen. 1949 – 1969. 1994.

Band 126 Andreas Rethmeier: "Nürnberger Rassegesetze" und Entrechtung der Juden im Zivilrecht. 1995.

Band 127 Edith Grether: Die Poesie der Throne. Die Juristen in der Fruchtbringenden Gesellschaft. 1995.

Band 128 Anna Bartels-Ishikawa: Der Lippische Thronfolgestreit. Eine Studie zu verfassungsrechtlichen Problemen des Deutschen Kaiserreiches im Spiegel der zeitgenössischen Staats. 1995.

Band 129 Jörg Schmidt: Otto Koellreutter 1883-1972. Sein Leben, sein Werk, seine Zeit. 1995.

Band 130 Christian Hattenhauer: Wahl und Krönung Franz II. AD 1792. Das Heilige Reich krönt seinen letzten Kaiser - Das Tagebuch des Reichsquartiermeisters Hieronymus Gottfried von Müller und Anlagen. 1995.

Band 131 Jutta v. der Decken: Das Seearbeitsrecht im Hamburger Stadtrecht von 1301 bis 1603. 1995.

Band 132 Detlev Schmidt: Die Reform des Rechts der Handelsvertreter von 1953. 1995.

Band 133 Gabi Roßdeutscher: Privatautonomie im Scheidungsrecht. Scheidungsbezogene Vereinbarungen in den letzten 200 Jahren. 1995.

Band 134 Harald Kahlenberg: Leben und Werk des Rechtshistorikers Walther Merk. Ein Beispiel für das Verhältnis von Rechtsgeschichte und Nationalsozialismus. 1995.

Band 135 Michael Steitz: Adelbert Düringer am Reichsgericht (1902-1915). Seine aktienrechtlichen Entscheidungen und sein Einfluß auf das Aktienrecht in Deutschland. 1995.

Band 136 Christian Becker: Beata Justorum Translatio. Juristen in schleswig-holsteinischen Leichenpredigten. 1996.

Band 137 Christoph Seiler: Vom Allgemeinen Landrecht zum Bürgerlichen Gesetzbuch. Dargestellt am Beispiel der höchstrichterlichen Judikatur zum kaufrechtlichen Sachmängelgewährleistungsrecht. 1996.

Band 138 Bernd Mayer: Die Vertrauensmännerausschüsse auf den preußischen Steinkohlegruben an der Saar. Entstehung und Wirken. Eine rechtshistorische Untersuchung. 1996.

Band 139 Rochus Scholl: Juden und Judenrecht im Herzogtum Pfalz-Zweibrücken. Ein Beitrag zur Rechtsgeschichte eines deutschen Kleinstaates am Ende des alten Reiches. 1996.

Band 140 Meike Bursch: Judentaufe und frühneuzeitliches Strafrecht. Die Verfahren gegen Christian Treu aus Weener/Ostfriesland 1720-1728. 1996.

Band 141 Markus Hillenbrand: Fürstliche Eheverträge. Gottorfer Hausrecht 1544 - 1773. 1996.

Band 142 Ulf Häder: Das gemeinschaftliche Oberappellationsgericht thüringischer Staaten in Jena. Ein Beitrag zur Geschichte des Gerichtswesens im 19. Jahrhundert. 1996.

Band 143 Andreas Bauer: Das Gnadenbitten in der Strafrechtspflege des 15. und 16. Jahrhunderts. Dargestellt unter besonderer Berücksichtigung von Quellen der Vorarlberger Gerichtsbezirke Feldkirch und des Hinteren Bregenzerwaldes. 1996.

Band 144 Christian Wirth: Der Jurist Johann Andreas Georg Friedrich Rebmann zwischen Revolution und Restauration. 1996.

Band 145 Stefanie Müller: Die Rechtsprechung des Hanseatischen Oberlandesgerichts zum persönlichen Eherecht in Hamburgischen Gerichtsfällen von 1879 -1900. 1996.

Band 146 Jean-Nicolas Morisset: Der Frachtvertrag in der *Ordonnance de la marine* von 1681. 1996.

Band 147 Dirk Lentfer: Die Glogauer Landesprivilegien des Andreas Gryphius von 1653. 1996.

Band 148 Wencke Mull: Die Haftung für Einsturzschäden nach den §§ 836-838 BGB in der Rechtsprechung des Reichsgerichts. 1996.

Band 149 Renate Zelger: Teufelsverträge. Märchen, Sage, Schwank, Legende im Spiegel der Rechtsgeschichte. 1996.

Band 150 Guido Kraß: Das Arrestverfahren in Frankfurt am Main im Spätmittelalter. 1996.

Band 151 F. Benedict Heyn: Die Entwicklung des Eisenbahnfrachtrechts von den Anfangen bis zur Einführung des Allgemeinen Deutschen Handelsgesetzbuches (ADHGB). 1996.

Band 152 Thomas Lang: Die Staats- und Verfassungslehre Carl Salomo Zachariaes. 1996.

Band 153 Michael Hebeis: Karl Anton von Martini (1726-1800). Leben und Werk. 1996.

Band 154 Gerald Hubert: Die Diskussion um die rechtliche Natur der Bizone in den Jahren 1947-1949. 1996.

Band 155 Christof Horn: Die Rechtsprechung des Reichsgerichts in Ehescheidungssachen der Jahre 1900 bis 1905. 1996.

Band 156 Hermann Nehlsen / Georg Brun (Hrsg.): Münchener rechtshistorische Studien zum Nationalsozialismus. 1996.

Band 157 Jan Otto Clemens Kehrberg: Die Entwicklung des Elektrizitätsrechts in Deutschland. Der Weg zum Energiewirtschaftsgesetz von 1935. 1997.

Band 158 Johannes Tradt: Der Religionsprozeß gegen den Zopfschulzen (1791-1799). Ein Beitrag zur protestantischen Lehrpflicht und Lehrzucht in Brandenburg-Preußen gegen Ende des 18. Jahrhunderts. 1997.

Band 159 Dietmar Olsen: Das kaufrechtliche Sachmängelgewährleistungsrecht des Code civil in der Rechtsprechung deutscher Gerichte im 19. Jahrhundert. Ein Beitrag zur Ablösung der Partikularrechte durch das BGB. 1997.

Band 160 Ulrich Bernhardt: Die Deutsche Akademie für Staats- und Rechtswissenschaft „Walter Ulbricht" 1948-1971. 1997.

Band 161 Claudia Susan Hoppe: Die Bürgschaft im Rechtsleben Hamburgs von 1600 bis 1900. 1997.

Band 162 Franz-Rudolf Ecker: Die Entwicklung des Bergrechts im Saarbrücker Steinkohlenrevier bis zum Ende des 18. Jahrhunderts. Ein Vergleich mit dem älteren deutschen Bergrecht. 1997.

Band 163 Anne Katrin Rückert: Politik und Privatrecht in der „konservativen Revolution". 1997.

Band 164 Gisbert Laube: Der Reichskunstwart. Geschichte einer Kulturbehörde 1919-1933. 1997.

Band 165 Nicolas Lührig: Die Diskussion über die Reform der Juristenausbildung von 1945 bis 1995. 1997.

Band 166 Regula Gerber Jenni: Die Emanzipation der mehrjährigen Frauenzimmer. Frauen im bernischen Privatrecht des 19. Jahrhunderts. 1997.

Band 167 Mischa A. Färber: Das gemeinschaftliche Testament in der höchstrichterlichen Rechtsprechung zum Allgemeinen Preußischen Landrecht und zum BGB. Ein Beitrag zur Ablösung der Partikularrechte durch das BGB. 1997.

Band 168 Catherine Antoinette Gasser: Philipp Lotmar 1850-1922. Professor der Universität Bern. Sein Engagement für das Schweizerische Arbeitsrecht. 1997.

Band 169 Lars Immisch: Der sozialistische Richter in der DDR und seine Unabhängigkeit. Der Versuch eines Rechtsvergleiches zum Unabhängigkeitsbegriff in der bundesdeutschen Rechtsordnung. 1997.

Band 170 Jessica Jacobi: Besitzschutz vor dem Reichskammergericht. Die friedenssichernde Funktion der Besitzschutzklagen am Reichskammergericht im 16. Jahrhundert, dargestellt anhand von Kameralisten. 1998.

Band 171 Ewald Hügemann: Die Geschichte des öffentlichen und privaten Mietpreisrechts vom Ersten Weltkrieg bis zum Gesetz zur Regelung der Miethöhe von 1974. 1998.

Band 172 Lutz Rentzow: Die Entstehungs- und Wirkungsgeschichte der Vernewerten Landesordnung für das Königreich Böhmen von 1627. 1998.

Band 173 Sabine Stürmer: Mühlenrecht im Herzogtum Pfalz-Zweibrücken während des 18. Jahrhunderts. Ein Beitrag zum Wirtschaftsrecht eines deutschen Kleinstaates im Alten Reich. 1998.

Band 174 Mario Bogisch: *Nemo testis in re sua*. Das Problem der Zeugnisfähigkeit bei der Anwendung der deutschen Zivilprozeßordnung von 1877. 1998.

Band 175 Rainer Oßwald: Pactane sunt servanda? Freiwilligkeit, Zwang und Unverbindlichkeitserklärungen im islamischen Vertragsrecht malikitischer Schule. 1998.

Band 176 Bettina Kern: Der preußische BGB-Entwurf von 1842. 1998.

Band 177 Inken Fuhrmann: Die Diskussion über die Einführung der fakultativen Zivilehe in Deutschland und Österreich seit Mitte des 19. Jahrhunderts. 1998.

Band 178 Annette Rieck: Der Heilige Ivo von Hélory (1247-1303). Advocatus pauperum und Patron der Juristen. 1998.

Band 179 Frank Bottenberg: Die Hamburgische Strafprozeßordnung von 1869. 1998.

Band 180 Matthias Krauß: Das kursächsische Postrecht von seinen Anfängen bis zum Ende des Alten Reichs. 1998.

Band 181 Torsten Schmidt: Die Entmündigung von den Anfängen des BGB bis zu ihrer Ablösung durch das Institut der Betreuung. 1998.

Band 182 Christian Nunn: Rudolf Müller-Erzbach. 1874-1959. Von der realen Methode über die Interessenjurisprudenz zum kausalen Rechtsdenken (Leben und Werk) 1998.

Band 183 Christian Ortloff: Das staatskirchenrechtliche System Wilhelm Traugott Krugs. Glaubens- und Gewissensfreiheit – eine Forderung der Vernunft. 1998.

Band 184 Christian Hattenhauer: Schuldenregulierung nach dem Westfälischen Frieden. Der sog. § *de indaganda* und seine Umsetzung im Jüngsten Reichsabschied (AD 1648 und 1654). 1998.

Band 185 Werner Schubert: Preußen im Vormärz. Die Verhandlungen der Provinziallandtage von Brandenburg, Pommern, Posen, Sachsen und Schlesien sowie – im Anhang – von Ostpreußen, Westfalen und der Rheinprovinz (1841-1845). 1998.

Band 186 Silvia Schumacher: Das Rechtsverhältnis zwischen Eltern und Kindern in der Privatrechtsgeschichte. 1999.

Band 187 Kai Sommer: Die Strafbarkeit der Homosexualität von der Kaiserzeit bis zum Nationalsozialismus. Eine Analyse der Straftatbestände im Strafgesetzbuch und in den Reformentwürfen (1871-1945). 1998.

Band 188 Jan Erik Backhaus: Volksrichterkarrieren in der DDR. 1999.

Band 189 Ralf Ruhnau: Die Fürstlich Thurn und Taxissche Privatgerichtsbarkeit in Regensburg. Ein Kuriosum der deutschen Rechtsgeschichte. 1999.

Band 190 Antonio Grilli: Die französische Justizorganisation am linken Rheinufer 1797-1803. 1999.

Band 191 Stephanie Kammerloher-Lis: Die Entstehung des Gesetzes über die religiöse Kindererziehung vom 15. Juli 1921. 1999.

Band 192 Jan Telp: Ausmerzung und Verrat Zur Diskussion um Strafzwecke und Verbrechensbegriffe im Dritten Reich. 1999.

Band 193 Kurt von Pannwitz: Die Entstehung der Allgemeinen Deutschen Wechselordnung. Ein Beitrag zur Geschichte der Vereinheitlichung des deutschen Zivilrechts im 19. Jahrhundert. 1999.

Band 194 Sylvia Busch: Die Entstehung der Allgemeinen Gerichtsordnung für die Preussischen Staaten von 1793/95. Ein Beitrag zur Geschichte der Kodifikationsbewegung und der Reform des Zivilprozesses in Preußen im 18. Jahrhundert. 1999.

Band 195 Dirk Bieresborn: Klage und Klageerwiderung im deutschen und englischen Zivilprozeß. Eine rechtshistorische und rechtsvergleichende Untersuchung unter besonderer Berücksichtigung der Beeinflussung durch das römisch-kanonische Verfahren. 1999.

Band 196 Andreas Thier / Guido Pfeifer / Philipp Grzimek (Hrsg.): Kontinuitäten und Zäsuren in der Europäischen Rechtsgeschichte. Europäisches Forum Junger Rechtshistorikerinnen und Rechtshistoriker München 22.-24. Juli 1998. 1999.

Band 197 Franz Smola: Die Fürstlich Liechtenstein'sche Kunstsammlung. Rechtsfragen zur Verbringung der Sammlung von Wien nach Vaduz in den Jahren 1944/45. 1999.

Band 198 Frank Martin Krauss: Das geteilte Eigentum im 19. und 20. Jahrhundert. Eine Untersuchung zum Fortbestand des Teilungsgedankens. 1999.

Band 199 Matthias Frey: Die spanische Aktiengesellschaft im 18. Jahrhundert und unter dem Código de Comercio von 1829. 1999.

Band 200 Alexandra Gilde: Die Stellung der Frau im Reichsstrafgesetzbuch von 1870/71 und in den Reformentwürfen bis 1919 im Urteil der bürgerlichen Frauenbewegung. Eine Analyse ausgewählter Straftatbestände. 1999.

Band 201 Malte Dießelhorst / Arne Duncker: Hans Kohlhase. Die Geschichte einer Fehde in Sachsen und Brandenburg zur Zeit der Reformation. 1999.

Band 202 Jörg Hillmann: Territorialrechtliche Auseinandersetzungen der Herzöge von Sachsen-Lauenburg vor dem Reichskammergericht im 16. Jahrhundert. 1999.

Band 203 Carsten Engler: Die Kommanditgesellschaft (KG) und die stille Gesellschaft im Allgemeinen Deutschen Handelsgesetzbuch (ADHGB) von 1861. 1999.

Band 204 Vesta Hoffmann-Steudner: Die Rechtsprechung des Reichsgerichts zu dem Scheidungsgrund des § 49 EheG (EheG 1938) in den Jahren 1938-1945. 1999.

Band 205 Michaela Thiele: Die Auflösung von Arbeitsverhältnissen aufgrund Anfechtung und außerordentlicher Kündigung nach der Rechtsprechung des Reichsarbeitsgerichts (1927-1945). 2000.

Band 206 Peter Landau / Hermann Nehlsen / Mathias Schmoeckel (Hrsg.): Karl von Amira zum Gedächtnis. 1999.

Band 207 Marcus Flinder: Die Entstehungsgeschichte des Zivilgesetzbuches der DDR. 1999.

Band 208 Boris Franz Leo Bromm: Die Entstehungsgeschichte des Berufs des Handelsvertreters. Unter besonderer Berücksichtigung der Sozialgesetzgebung in den Jahren von 1871-1933. 2000.

Band 209 Winfried C. J. Eberstein: Das Tierschutzrecht in Deutschland bis zum Erlaß des Reichs-Tierschutzgesetzes vom 24. November 1933. Unter Berücksichtigung der Entwicklung in England. 1999.

Band 210 Patrick Deller: Der „nach dem Vertrage" vorausgesetzte Gebrauch (§ 459 Absatz 1 Satz 1 BGB). Eine kaufrechtliche Untersuchung unter Berücksichtigung rechtshistorischer wie rechtsvergleichender Grundlagen. 2000.

Band 211 Eckard Freiherr von Bodenhausen: Haftung des Geschäftsherrn für Verrichtungsgehilfen im Straßen- und Schienenverkehr. Eine Analyse der Entscheidungen des Reichsgerichts zu § 831 BGB (1900-1945). 2000.

Band 212 Birte Gast: Der Allgemeine Teil und das Schuldrecht des Bürgerlichen Gesetzbuchs im Urteil von Raymond Saleilles (1855-1912). 2000.

Band 213 Hansjörg Michael Huber: Koloniale Selbstverwaltung in Deutsch-Südwestafrika. Entstehung, Kodifizierung und Umsetzung. 2000.

Band 214 Ulf Björner: Die Verfassungsgerichtsbarkeit im Norddeutschen Bund und Deutschen Reich (1867-1918). Eine rechtshistorische Untersuchung über Gerichtsbarkeit im Spannungsfeld von Politik und Recht innerhalb der von Bismarck geschaffenen deutschen Bundesstaaten. 2000.

Band 215 Mathias Freiherr von Rosenberg: Friedrich Carl von Savigny (1779-1861) im Urteil seiner Zeit. 2000.

Band 216 Reinhard Binder-Krieglstein: Österreichisches Adelsrecht 1868-1918/19. Von der Ausgestaltung des Adelsrechts der cisleithanischen Reichshälfte bis zum Adelsaufhebungsgesetz der Republik unter besonderer Berücksichtigung des adeligen Namensrechts. 2000.

Band 217 Claudia-Regine Nerius: Johannes Lehmann-Hohenberg (1851-1925). Eine Studie zur völkischen Rechts- und Justizkritik im Deutschen Kaiserreich. 2000.

Band 218 Ludger Meuten: Die Erbfolgeordnung des Sachsenspiegels und des Magdeburger Rechts. Ein Beitrag zur Geschichte des sächsisch-magdeburgischen Rechts. 2000.

Band 219 Christoph Alexander von Wilcken: Die Reformbestrebungen zum Genossenschaftsgesetz in der Frühzeit der Bundesrepublik. Die Beratungen der Sachverständigenkommission zur Überprüfung des Genossenschaftsrechts 1954 bis 1958 und der Referentenentwurf von 1962. 2000.

Band 220 Verein Junger Rechtshistoriker innen Zürich (Hrsg.): ¿Rechtsgeschichte(n)? ¿Histoire(s) du droit? ¿Storia/storie del diritto? ¿Legal Histori(es)? Europäisches Forum Junger Rechtshistorikerinnen und Rechtshistoriker Zürich 28.-30. Mai 1999. 2000.

Band 221 Hans Christian Schüler: Die Entstehungsgeschichte der Bundesnotarordnung vom 24. Februar 1961. 2000.

Band 222 Nils-Eberhard Schramm: Die Vereinigung demokratischer Juristen (1949-1999). 2000.

Band 223 Silke Anke Torp: Das Rechtsverhältnis zwischen den Eltern und ihren Kindern. Dienstleistungspflicht, Aussteuer und Ausstattung. Eine Analyse der Rechtsprechung des Reichsgerichts und des Reichsarbeitsgerichts zu den Vorschriften der §§ 1616 bis 1625 des Bürgerlichen Gesetzbuches in der Zeit von 1900 bis 1945. 2000.

Band 224 Martin Jürgen Maaß: Die Geschichte des Eigentumsvorbehalts, insbesondere im 18. und 19. Jahrhundert. 2000.

Band 225 Stefanie Langer: Rechtswissenschaftliche Itinerarien. Lebenswege namhafter europäischer Juristen vom 11. bis zum 18. Jahrhundert. 2000.

Band 226 Ulrich Schmitz: Der Unterhaltsanspruch des nichtehelichen Kindes gegen seinen Erzeuger. Die rechtsgeschichtliche und dogmatische Entwicklung im deutschen Recht. 2000.

Band 227 Sebastian Günther: Friedrich Carl von Savigny als Grundherr. 2000.

Band 228 Henning Ibs: Hermann J. Held (1890-1963). Ein Kieler Gelehrtenleben in den Fängen der Zeitläufe. 2000.

Band 229 Matthias Rücker: Wirtschaftswerbung unter dem Nationalsozialismus. Rechtliche Ausgestaltung der Werbung und Tätigkeit des Werberats der deutschen Wirtschaft. 2000.

Band 230 Hendrik Sandmann: Die Entwicklung von Begriff und Inhalt des Wirtschaftsrechts durch die Rechtswissenschaft in der Weimarer Republik. 2000.

Band 231 Sibylle Müller: Gibt es Menschenrechte bei Samuel Pufendorf? 2000.

Band 232 Karin Olechowski-Hrdlicka: Die gemeinsamen Angelegenheiten der Österreichisch-Ungarischen Monarchie. Vorgeschichte – Ausgleich 1867 – Staatsrechtliche Kontroversen. 2001.

Band 233 Johannes Mierau: Die juristischen Abschluß- und Diplomprüfungen in der SBZ/DDR. Ein Einblick in die Juristenausbildung im Sozialismus. 2001.

Band 234 Jörg Wolff (Hrsg.): Stillstand, Erneuerung und Kontinuität. Einsprüche zur Preußenforschung. 2001.

Band 235 Friedo Schröder: Die anwaltliche Tätigkeit während der nationalsozialistischen Herrschaft. Eine Analyse der anwaltlichen Argumentation in Zivilprozessen anhand der vorhandenen Prozeßakten der Landgerichte Frankenthal, Wiesbaden, Limburg und Frankfurt und der Handakten der *jüdischen Konsulenten* des OLG-Bezirks Frankfurt. 2001.

Band 236 Der Code pénal des Königreichs Westphalen von 1813 mit dem Code pénal von 1810 im Original und in deutscher Übersetzung. Herausgegeben und mit einer Einleitung versehen von Werner Schubert. 2001.

Band 237 Klaus Richter: Deutsches Kolonialrecht in Ostafrika 1885-1891. 2001.

Band 238 Kai von Lewinski: Deutschrechtliche Systembildung im 19. Jahrhundert. 2001.

Band 239 Alexander Herzog: Sittenwidrige Rechtsgeschäfte in der höchstrichterlichen Rechtsprechung aus den Jahren 1948-1965. 2001.

Band 240 Claudia Rönnau: Die Beratungen des Wasserrechtsausschusses der Akademie für Deutsches Recht zu einem Reichswassergesetz (1934-1941). Ein Beitrag zur Dogmatik der Begriffe *Gemeingebrauch* und *Sondergebrauch* in der Zeit des Nationalsozialismus. 2001.

Band 241 Momme Rohlack: Kriegsgesellschaften (1914-1918). Arten, Rechtsformen und Funktionen in der Kriegswirtschaft des Ersten Weltkrieges. 2001.

Band 242 Rolf Geyer: Der Gedanke des Verbraucherschutzes im Reichsrecht des Kaiserreichs und der Weimarer Republik (1871-1933). Eine Studie zur Geschichte des Verbraucherrechts in Deutschland. 2001.

Band 243 Felix Lorenz Benjamin Lehmann: Der Rote Adlerorden. Entstehung und rechtliche Grundlagen (1705-1918). 2002.

Band 244 Marc Ludwig: Der Pfändungsschutz für Lohneinkommen. Die Entstehungs- und Entwicklungsgeschichte der Vorschriften zum Schutz vor Lohnpfändung in Deutschland. 2001.

Band 245 Alexander Wachter: Dorfschule zwischen Pastor und Schulmeister. Zur Säkularisierung des niederhessischen Schulwesens im 19. Jahrhundert. 2001.

Band 246 Richard Scholz: Analyse der Entstehungsbedingungen der reichsgerichtlichen Aufwertungsrechtsprechung. Untersuchung unter besonderer Berücksichtigung der konservativen Geldpolitik der Reichsbank und der Inflationspolitik der Reichsregierung. 2001.

Band 247 Judith Laeverenz: Märchen und Recht. Eine Darstellung verschiedener Ansätze zur Erfassung des rechtlichen Gehalts der Märchen. 2001.

Band 248 Christina Schenk: Bestrebungen zur einheitlichen Regelung des Strafvollzugs in Deutschland von 1870 bis 1923. 2001.

Band 249 Nils Werner: Die Prozesse gegen die Landvolkbewegung in Schleswig-Holstein 1929/32. Ein Beitrag zur Justizkritik in der späten Weimarer Republik. 2001.

Band 250 Wolfgang Walter: Das Duell in Bayern. Ein Beitrag zur bayerischen Strafrechtsgeschichte. 2002.

Band 251 Jörn Eckert / Kjell Å. Modéer (Hrsg.): Geschichte und Perspektiven des Rechts im Ostseeraum. Erster Rechtshistorikertag im Ostseeraum 8.–12. März 2000. 2001.

Band 252 Jan Könighaus: Die Inauguration der Christian-Albrechts-Universität zu Kiel 1665. Symbolgehalt und rechtliche Bedeutung des Universitätszeremoniells. 2002.

Band 253 Andreas Görgen: Rechtssprache in der Frühen Neuzeit. Eine vergleichende Untersuchung der Fremdwortverwendung in Gesetzen des 16. und 17. Jahrhunderts. 2002.

Band 254 Ralf Schäfer: Die Rechtsstellung der Haigerlocher Juden im Fürstentum Hohenzollern-Sigmaringen von 1634-1850. Eine rechtsgeschichtliche Untersuchung. 2002.

Band 255 Regine Schmalhorst: Die Tierhalterhaftung im BGB von 1896. Die Entstehung und Änderung des § 833 BGB sowie eine Analyse der Rechtsprechung des Reichsgerichts bis 1908. 2002.

Band 256 Thomas Hense: Konrad Beyerle. Sein Wirken für Wissenschaft und Politik in Kaiserreich und Weimarer Republik. 2002.

Band 257 Christian Mahlmann: Die Strafrechtswissenschaft der DDR. Klassenkampftheorie und Verbrechenslehre. 2002.

Band 258 Henning Kahmann: Die Bankiers von Jacquier & Securius 1933–1945. Eine rechtshistorische Fallstudie zur "Arisierung" eines Berliner Bankhauses. Mit einem Geleitwort von John Kornblum. 2002.

Band 259 Volker Friedrich Drecktrah: Die Gerichtsbarkeit in den Herzogtümern Bremen und Verden und in der preußischen Landdrostei Stade von 1715 bis 1879. 2002.

Band 260 Andreas Klass: Standes- oder Leistungselite? Eine Untersuchung der Karrieren der Wetzlarer Anwälte des Reichskammergerichts (1693-1806). 2002.

Band 261 Wolfgang Eder: Das italienische Tribunale Speciale per la Difesa dello Stato und der deutsche Volksgerichtshof. Ein Vergleich zwischen zwei politischen Gerichtshöfen. 2002.

Band 262 Albrecht Cordes / Bernd Kannowski (Hrsg.): Rechtsbegriffe im Mittelalter. 2002.

Band 263 Thomas Hildebrandt: Die Brandenburgischen Provinziallandtage von 1841, 1843 und 1845 anhand ausgewählter Verhandlungsgegenstände. 2002.

Band 264 Jan Finzel: Georg Adam Struve (1619–1692) als Zivilrechtler. 2003.

Band 265 Björn Carsten Frenzel: Das Selbstverständis der Justiz nach 1945. Analyse der Rolle der Justiz unter Berücksichtigung der Reden zur *Wiedereröffnung* der Bundes- und Oberlandesgerichte. 2003.

Band 266 Nils Reichhelm: Die marxistisch-leninistische Staats- und Rechtstheorie Karl Polaks. 2003.

Band 267 Raik Schneider: Altrechtliche Personenzusammenschlüsse. Ihre Entwicklung unter besonderer Berücksichtigung des Rechts des Großherzogtums Sachsen-Weimar-Eisenach sowie der Herzogtümer Sachsen-Meiningen und Sachsen-Gotha. 2003.

Band 268 Anke Meier: Die Geschichte des deutschen Konkursrechts, insbesondere die Entstehung der Reichskonkursordnung von 1877. 2003.

Band 269 Stefan Jens Jordan: Leben und Werk des Tübinger Rechtsprofessors Wilhelm Gottlieb Tafinger 1760–1813. 2003.

Band 270 Stefanie Hubig: Die historische Entwicklung des § 23 ZPO. Zum Ursprung und Fortleben des Vermögensgerichtsstandes im deutschen Prozeßrecht des 19. Jahrhunderts. 2003.

Band 271 Michael G. Perband: Der Grundsatz der freien Beweiswürdigung im Zivilprozeß (§ 286 ZPO) in der Rechtsprechung des Reichsgerichts. 2003.

Band 272 Mathias Bouveret: Die Stellung des Staatsoberhauptes in der parlamentarischen Diskussion und Staatsrechtslehre von 1848 bis 1918. 2003.

Band 273 Barbara Széchényi: Rechtliche Grundlagen bayerischer Zensur im 19. Jahrhundert. 2003.

Band 274 Sylvia Scharfenberg: Die Entstehungsgeschichte des Beurkundungsgesetzes vom 28. August 1969. 2003.

Band 275 Urte Nesemann: Die schwedische Familiengesetzgebung von 1734 bis zu den Reformgesetzen von 1915 bis 1920 und deren Einfluss auf die Gesetzgebungsprojekte der Weimarer Republik. Unter besonderer Berücksichtigung der Rechtsstellung der Frau und des unehelichen Kindes. 2003.

Band 276 Alexandra Brück: Die Polizeiordnung Herzog Christians von Braunschweig-Lüneburg vom 6. Oktober 1618. 2003.

Band 277 Torsten Landwehr: Das Kommissionsgeschäft in Rechtswissenschaft, Gesetzgebung und Rechtspraxis vom 16. bis zum Ende des 18. Jahrhunderts. 2003.

Band 278 Tassilo Wilhelm Maria Englert: Deutsche und italienische Zivilrechtsgesetzgebung von 1933–1945. Parallelen in der Rechtsetzung und gegenseitige Beeinflussung unter besonderer Berücksichtigung des Familien- und Erbrechts. 2003.

Band 279 Tobias Prang: Der Schutz der Versicherungsnehmer bei der Auslegung von Versicherungsbedingungen durch das Reichsgericht. 2003.

Band 280 Thorsten Lieb: Privileg und Verwaltungsakt. Handlungsformen der öffentlichen Gewalt im 18. und 19. Jahrhundert. 2004.

Band 281 Michael Rühling: Das Ladenschlussgesetz vom 28. November 1956. Vorgeschichte, Entstehung des Gesetzes und weitere Entwicklung. 2004.

Band 282 Kathrin Nawotki: Die schleswigsche Deichstavengerechtigkeit. Vom 17. Jahrundert bis in die Gegenwart. Eine gewohnheitsrechtliche Superfizies an nordfriesischen Deichgrundstücken und ihre Entwicklung. 2004.

Band 283 Erik Nils Voigt: Die Gesetzgebungsgeschichte der militärischen Ehrenstrafen und der Offizierehrengerichtsbarkeit im preußischen und deutschen Heer von 1806 bis 1918. 2004.

Band 284 Dorothea Riedi Hunold: Die Einführung der allgemeinen Wechselfähigkeit in der Schweiz in der zweiten Hälfte des 19. Jahrhunderts. Unter besonderer Berücksichtigung der politischen, wirtschaftlichen und sozialen Verhältnisse. 2004.

Band 285 Thomas Gergen: Pratique juridique de la paix et trêve de Dieu à partir du concile de Charroux (989–1250). Juristische Praxis der Pax und Treuga Dei ausgehend vom Konzil von Charroux (989–1250). 2004.

Band 286 Kathrin Bethkenhagen: Die Entwicklung des Luftrechts bis zum Luftverkehrsgesetz von 1922. 2004.

Band 287 Heiko Lüpkes: Die Verbrechen der Diener des Staats im Allgemeinen Landrecht für die Preußischen Staaten von 1794 und ihre Entwicklung zu den Vergehen und Verbrechen im Amte im Strafgesetzbuch für die Preußischen Staaten von 1851. 2004.

Band 288 Mirco Peter Hirsch: Von der Erbbescheinigung des Preußischen Rechts zum Erbschein des Bürgerlichen Gesetzbuchs. 2004.

Band 289 Bettina Günther: Die Behandlung der Sittlichkeitsdelikte in den Policeyordnungen und der Spruchpraxis der Reichsstädte Frankfurt am Main und Nürnberg im 15. bis 17. Jahrhundert. 2004.

Band 290 Seunghyeon Seong: Der Begriff der *nicht gehörigen Erfüllung* aus dogmengeschichtlicher und rechtsvergleichender Sicht. 2004.

Band 291 Steffen-Werner Meyer: Bemühungen um ein Reichsgesetz gegen den Büchernachdruck. Anläßlich der Wahlkapitulation Leopolds II. aus dem Jahre 1790. 2004.

Band 292 Ulrich Löffler: Instrumentalisierte Vergangenheit? Die nationalsozialistische Vergangenheit als Argumentationsfigur in der Rechtsprechung des Bundesverfassungsgerichts. 2004.

Band 293 Norbert Koch: Die Entwicklung des deutschen privaten Immissionsschutzrechts seit Beginn der Industrialisierung. Unter besonderer Berücksichtigung des Einflusses der höchstrichterlichen Rechtsprechung. 2004.

Band 294 Julius Ludwig Pfeiffer: Das Tierschutzgesetz vom 24. Juli 1972. Die Geschichte des deutschen Tierschutzrechts von 1950 bis 1972. 2004.

Band 295 Bert-Hagen Strodthoff: Die richterliche Frage- und Erörterungspflicht im deutschen Zivilprozeß in historischer Perspektive. 2004.

Band 296 Tim Kannewurf: Die Höfeordnung vom 24. April 1947. Entstehungsgeschichte und Einordnung in die Entwicklung des Anerbenrechts. 2004.

Band 297 Steffi Heine: Die Methodendiskussion nach Inkrafttreten des Bürgerlichen Gesetzbuches und die Gründung des Vereins *Recht und Wirtschaft*. 2004.

Band 298 Anne Marlene Simon-Holtorf: Geschichte des Familienwahlrechts in Frankreich (1871 bis 1945). 2004.

Band 299 Jürgen Busch: Das Germanenbild der deutschen Rechtsgeschichte. Zwischen Wissenschaft und Ideologie. Mit einem Vorwort von Herwig Wolfram. 2004.

Band 300 Jan Kohlmann: Der Marsch zu den Gräbern von Karl und Rosa. Geschichte eines Gedenktages. 2004.

Band 301 Christian Rainer Schlicht: Die kumulative Schuldübernahme in der Rechtsprechung des Reichsgerichts und in der zeitgenössischen Literatur. 2004.

Band 302 Hans Peter Glöckner: Positive Vertragsverletzung. Die Geburt eines Rechtsinstituts. 2004.

Band 303 João Manuel Azevedo Alexandrino Fernandes: Die Theorie der Interpretation des Gesetzes bei Francisco Suárez. 2005.

Band 304 René Funk: Die Wahlprüfung der volksgewählten Abgeordneten der Volksvertretungen im Frühkonstitutionalismus. Eine Untersuchung der Wahlprüfung in den Kammern der Abgeordneten des Großherzogtums Baden, des Königreichs Württemberg und des Großherzogtums Hessen. 2005.

Band 305 Carolin O'Sullivan. Die Ahndung von Rechtsbrüchen der Seeleute im mittelalterlichen hamburgischen und hansischen Seerecht (1301–1482). 2005.

Band 306 Martin Jürgens: Staat und Reich bei Ernst Rudolf Huber. Sein Leben und Werk bis 1945 aus rechtsgeschichtlicher Sicht. 2005.

www.peterlang.de

Peter Lang · Europäischer Verlag der Wissenschaften

Manfred Gangl (Hrsg.)

Linke Juristen in der Weimarer Republik

Frankfurt am Main, Berlin, Bern, Bruxelles, New York, Oxford, Wien, 2003.
332 S., 1 Tab.
Schriften zur politischen Kultur der Weimarer Republik.
Herausgegeben von Wolfgang Bialas und Gérard Raulet. Bd. 7
ISBN 3-631-51178-7 · br. € 49.80*

Der staatsrechtliche Diskurs linker Juristen liegt zur allgemeinen Staatsrechtsdebatte der Weimarer Republik eigentümlich quer. Er geht weder umstandslos in die üblichen Unterscheidungen von Demokraten und Antidemokraten, Rechtspositivisten und Antipositivisten auf, noch läßt er sich klar davon abgrenzen. Die Positionen linker Juristen mögen sich inhaltlich mit denen der bekannten Kommentatoren der Weimarer Reichsverfassung, Gerhard Anschütz und Richard Thoma, oder Gustav Radbruchs, des zeitweiligen sozialdemokratischen Justizministers oder auch Hans Kelsens, Begründer der reinen Rechtslehre und Gründer der demokratischen Verfassung Österreichs decken, ohne jedoch deren rechtspositivistische Prämissen vollständig zu teilen. Sie können aber auch mit deren theoretischen und oft genug politischen Gegnern, mit den Positionen eines Carl Schmitt oder Rudolf Smend analytisch und methodisch konform gehen, und dennoch konträre politische Folgerungen ziehen. In dem Versuch, die Umrisse und Inhalte eines linken staatsrechtlichen Diskurses zu bestimmen, liegt daher theoretische und politische Brisanz.

Aus dem Inhalt: *M. Gangl:* Positivismus und Antipositivismus im Rechts-Links-Gefüge · *H. Brunkhorst:* Parlamentarismus zwischen Untertanenrepräsentation und Volkssouveränität · *D. Lehnert:* Hugo Preuß und Hans Kelsen als „linke Juristen" in der Weimarer Republik · *L. Rizzi:* Théorie du Droit, souveraineté et démocratie chez Kelsen · *K. Malowitz:* Anmerkungen zur Genossenschaftstheorie Otto von Gierkes und ihrer Rezeption durch Hugo Preuß und Hugo Sinzheimer

Frankfurt am Main · Berlin · Bern · Bruxelles · New York · Oxford · Wien
Auslieferung: Verlag Peter Lang AG
Moosstr. 1, CH-2542 Pieterlen
Telefax 00 41 (0) 32 / 376 17 27

www.ingramcontent.com/pod-product-compliance
Ingram Content Group UK Ltd.
Pitfield, Milton Keynes, MK11 3LW, UK
UKHW021917290926
8980IPUK00015B/1315

9 783631 533222